辉煌新时代

十八大以来的中国

曹　普／著

人民出版社

前　言

从党的十八大开始，中国特色社会主义进入新时代。这个新时代，是承前启后、继往开来、在新的历史条件下继续夺取中国特色社会主义伟大胜利的时代，是决胜全面建成小康社会、进而全面建设社会主义现代化强国的时代，是全国各族人民团结奋斗、不断创造美好生活、逐步实现全体人民共同富裕的时代，是全体中华儿女勠力同心、奋力实现中华民族伟大复兴中国梦的时代，是我国不断为人类作出更大贡献的时代。中国特色社会主义进入新时代，标注了我国发展的新方位、新高度、新阶段，在中华人民共和国发展史上、中华民族发展史上具有重大意义，在世界社会主义发展史上、人类社会发展史上也具有重大意义。

新时代以来，以习近平同志为核心的党中央，以伟大的历史主动精神、巨大的政治勇气、强烈的责任担当，统筹国内国际两个大局，贯彻党的基本理论、基本路线、基本方略，统揽伟大斗争、伟大工程、伟大事业、伟大梦想，坚持稳中求进工作总基调，出台一系列重大方针政策，推出一系列重大举措，推进一系列重大工作，战胜一系列重大风险挑战，解决了许多长期想解决而没有解决的难题，办成了许多过去想办而没有办成的大事，推动党和国家事业取得历史性成就、发生历史性变革，推动我国迈上全面建设社会主义现代化国家新征程。择其要者，体现在：在指导思想上，创立习近平新时代中国特色社会主义思想，为新时代党和国家事业发展提供了根本遵循；在坚持和加强党的全面领导上，明确中国特色社会主义最本质的特征是中国共产党领导，中国特色社会主义制度的最大优势是中国共产党领导，中国共产党是最高政治领导力量，坚持党中央集中统一领导是最高政治原则，全党深刻领悟"两个确立"的决定性意义，坚决做到"两个维护"，拥有九千九百多万名党员的马克思主义执政党更加团结统一、坚强有力；在对新时代党和国家事业发展的科学擘画和总体部署上，提出实现中华民族伟大复兴的中国梦目标，以中国式现代化推进中华民族伟大复兴，统揽"四个伟大"，明确"五位一体"总体布局和"四个全面"战略布局，紧紧围绕新时代我国社会主要矛盾推进各项工作；在完成民族复兴阶段性任务上，如期全面建成小康社会，打赢人类历史上规模最大的脱贫攻坚战，我国发展站到了更高历史起点；在创新发展理念、推进经济建设上，提出并贯彻新发展理念，着力推进高质量发展，推动构建新发展格局，实施供给侧结构性改革，制定一系列具有全局性意义的区域重大战略，我国经济实力实现历史性跃升；在全面深化改革上，打响改革攻坚战，冲破思想观念束缚，突破利益固化藩篱，坚决破除各方面体制机制弊端，各领域基础性制度框架基本建立，许多领域实现历史性变革、系统性重塑、整体性重构，中国特色社会主义制度更加成熟更加定型，国家治理体系和治理能力现代化水平明显提高；在对外开放上，实行更加积极主动的开放战略，形成更大范围、更宽领域、更深层次的对外开放格局，推动共建"一带一路"国际合作从无到有、进入高质量发展的新阶段；在政治建设上，坚定不移走中国特色社会主义政治发展道路，发展全过程人民民主，社会主义法治国家建设深入推进，全面依法治国总体格局基本形成；在文化建设上，确立和坚持马克思主义在意识形态领域指导地位的根本制度，中华优秀传统文化创造性转化、创新性发展，意识形态领域形势发生全局性、根本性转变；在社会建设上，深入贯彻以人民为中心的发展思想，在幼有所育、学有所教、劳有所得、病有所医、老有所养、住有所居、弱有所扶上持续用力，人民生活全方位改善，共同富裕取得新成效；在生态文明建设上，全方位、全地域、全过程加强生态环境保护，绿色、循环、低碳发展迈出坚实步伐，生态环境保护发生历史性、转折性、全局性变化；在维护国家安全上，贯彻总体国家安全观，以坚定的意志品质维护国家主权、安全、发展利益，国家安全得到全面加强，平安中国建设迈向更高水平；在国防和军队建设上，确立新时代强军目标，贯彻新时代党的强军思想，坚持党对人民军队的绝对领导，大刀阔斧深化国防和军队改革，人民军队体制一新、结构一新、格局一新、面貌一新，现代化水平和实战能力显著提升；在坚持和完善"一国两制"、推进祖国统一上，全面准确推进"一国两制"实践，推动香港进入由乱到治走向由治及兴的新阶段，香港、澳门保持长期稳定发展良好态势，提出新时代解决台湾问题的总体方略，牢牢把握两岸关系主导权和主动权；在外交工作上，全面推进中国特色大国外交，推动构建人类命运共同体，坚定维护国际公平正义，倡导践行真正的多边主义，旗帜鲜明反对一切霸权主义和强权政治，毫不动摇反对任何单边主义、保护主义、霸凌行径，我国国际影响力、感召力、塑造力显著提升；在深入推进全面从严治党上，坚持打铁必须自身硬，从制定和落实中央八项规定开局破题，提出和落实新时代党的建设总要求，找到自我革命这一跳出治乱兴衰历史周期率的第二个答案，坚持不敢腐、不能腐、不想腐一体推进，惩治震慑、制度约束、提高觉悟一体发力，猛药去疴、重典治乱，刮骨疗毒、壮士断腕，开展史无前例的反腐败斗争，管党治党宽松软状况得到根本扭转，反腐败斗争取得压倒性胜利并全面巩固。

新时代以来党和国家事业取得的历史性成就、发生的历史性变革、铸就的历史性辉煌，充分彰显了中国共产党的强大领导力、中国特色社会主义的强大生命力，中国人民和中华民族的强大创造力，为以中国式现代化全面推进强国建设、民族复兴伟业提供了更为完善的制度保证、更为坚实的物质基础、更为主动的精神力量，中国特色社会主义道路越走越宽广，实现中华民族伟大复兴进入了不可逆转的历史进程。

本书依据习近平总书记关于党史、新中国史、改革开放史、社会主义发展史、中华民族发展史的相关重要论述，以党的第三个历史决议为遵循，坚持辩证唯物主义和历史唯物主义，坚持正确党史观，全方位、全景式回顾总结了新时代以来，以习近平同志为核心的党中央团结带领全党全军全国各族人民在有效有力应对国际国内严峻复杂风险挑战中走过的不平凡历程和取得的辉煌成就，涉及改革发展稳定、内政外交国防、治党治国治军各领域各方面，是对新时代党治国理政伟大实践的系统梳理、集中归纳、整体呈现、全面展示。

本书出版之际，正值中华人民共和国成立75周年，意义尤为特殊而重大。希望本书能够为阅读者较为全面地把握新中国在新时代这十几年来各项建设事业的新进展、新变化、取得的新成就提供有益帮助，进而更加深刻领悟"两个确立"的决定性意义，更加深刻认识"两个维护"的极端重要性，更加深刻理解中国共产党为什么能、马克思主义为什么行、中国特色社会主义为什么好等道理，进一步增强"四个意识"、坚定"四个自信"，更加紧密地团结在以习近平同志为核心的党中央周围，为全面建成社会主义现代化强国、实现第二个百年奋斗目标，为以中国式现代化全面推进中华民族伟大复兴而凝心聚力、不懈奋斗。

目 录

第一章　新时代新征程的战略谋划：方位·布局·目标

　　党的十八大以来，中国特色社会主义进入新时代。党面临的主要任务是，实现第一个百年奋斗目标，开启实现第二个百年奋斗目标新征程，朝着实现中华民族伟大复兴的宏伟目标继续前进。以习近平同志为核心的党中央科学判断我国发展所处的历史方位，统筹把握中华民族伟大复兴战略全局和世界百年未有之大变局，统筹推进"五位一体"总体布局、协调推进"四个全面"战略布局，以对关系新时代党和国家事业发展全局的一系列重大理论和实践问题的深邃思考，创立习近平新时代中国特色社会主义思想，贯彻党的基本理论、基本路线、基本方略，统揽伟大斗争、伟大工程、伟大事业、伟大梦想，坚持稳中求进工作总基调，出台一系列重大方针政策，推出一系列重大举措，推进一系列重大工作，战胜一系列重大风险挑战，解决了许多长期想解决而没有解决的难题，办成了许多过去想办而没有办成的大事，推动党和国家事业取得历史性成就、发生历史性变革，如期全面建成小康社会、实现第一个百年奋斗目标，乘势而上开启全面建设社会主义现代化国家、向第二个百年奋斗目标进军的新征程，在以中国式现代化全面推进强国建设、民族复兴的道路上，团结带领全党全国各族人民众志成城，攻坚克难，奋勇前行。

一、进入新时代：党的十八大和实现中华民族伟大复兴中国梦

2012 年 11 月 8 日至 14 日，中国共产党第十八次全国代表大会在北京举行。胡锦涛代表第十七届中央委员会向大会作了题为《坚定不移沿着中国特色社会主义道路前进　为全面建成小康社会而奋斗》的报告，大会通过了这个报告和《中国共产党章程（修正案）》，批准了中央纪律检查委员会的工作报告，选举产生了新一届中央委员会和中央纪律检查委员会。

党的十八大是在我国进入全面建成小康社会决定性阶段召开的一次十分重要的大会。大会的主题是：高举中国特色社会主义伟大旗帜，以邓小平理论、"三个代表"重要思想、科学发展观为指导，解放思想，改革开放，凝聚力量，攻坚克难，坚定不移沿着中国特色社会主义道路前进，为全面建成小康社会而奋斗。

大会在回顾过去 5 年工作并对党的十六大以来全面建设小康社会十年实践作出基本总结的基础上，确立了科学发展观的历史地位。大会指出：总结十年奋斗历程，最重要的就是我们坚持以马克思列宁主义、毛泽东思想、邓小平理论、"三个代表"重要思想为指导，勇于推进实践基础上的理论创新，围绕坚持和发展中国特色社会主义提出一系列紧密相连、相互贯通的新思想、新观点、新论断，形成和贯彻了科学发展观。科学发展观是马克思主义同当代中国实际和时代特征相结合的产物，是马克思主义关于发展的世界观和方法论的集中体现，对新形势下实现什么样的发展、怎样发展等重大问题作出了新的科学回答，把我们对中国特色社会主义规律的认识提高到新的水平，开辟了当代中国马克思主义发展新境界。科学发展观是中国特色社会主义理论体系最新成果，是中国共产党集体智慧的结晶，是指导党和国家全部工作的强大思想武器。科学发展观同马克思列宁主义、毛泽东思想、邓小平理论、"三个代表"重要思想一道，是党必须

长期坚持的指导思想。

大会深入阐述了"中国特色社会主义"的历史由来和科学内涵，明确提出中国特色社会主义经济、政治、文化、社会、生态文明建设"五位一体"总体布局。大会指出，中国特色社会主义道路，中国特色社会主义理论体系，中国特色社会主义制度，是党和人民90多年奋斗、创造、积累的根本成就，必须倍加珍惜、始终坚持、不断发展。中国特色社会主义道路，就是在中国共产党领导下，立足基本国情，以经济建设为中心，坚持四项基本原则，坚持改革开放，解放和发展社会生产力，建设社会主义市场经济、社会主义民主政治、社会主义先进文化、社会主义和谐社会、社会主义生态文明，促进人的全面发展，逐步实现全体人民共同富裕，建设富强民主文明和谐的社会主义现代化国家。中国特色社会主义理论体系，就是包括邓小平理论、"三个代表"重要思想、科学发展观在内的科学理论体系，是对马克思列宁主义、毛泽东思想的坚持和发展。中国特色社会主义制度，就是人民代表大会制度的根本政治制度，中国共产党领导的多党合作和政治协商制度、民族区域自治制度以及基层群众自治制度等基本政治制度，中国特色社会主义法律体系，公有制为主体、多种所有制经济共同发展的基本经济制度，以及建立在这些制度基础上的经济体制、政治体制、文化体制、社会体制等各项具体制度。中国特色社会主义道路是实现途径，中国特色社会主义理论体系是行动指南，中国特色社会主义制度是根本保障，三者统一于中国特色社会主义伟大实践，这是党领导人民在建设社会主义长期实践中形成的最鲜明特色。建设中国特色社会主义，总依据是社会主义初级阶段，总布局是"五位一体"，总任务是实现社会主义现代化和中华民族伟大复兴。大会特别指出，发展中国特色社会主义是一项长期的艰巨的历史任务，必须准备进行具有许多新的历史特点的伟大斗争。在新的历史条件下夺取中国特色社会主义新胜利，必须坚持人民主体地位；必须坚持解放和发展社会生产力；必须坚持推进改革开放；必须坚持维护社会公平正义；必须坚持走共同富裕道路；必须坚持促进社会和谐；必须坚持和平发展；必须坚持党的领导。大会强调，只要我们胸怀理想、坚定信念，不动摇、不懈怠、不折腾，顽强奋斗、艰苦奋斗、不懈奋斗，就一定能在中国共产党成立 100 年时全面建成小康社会，就一定能在新中国成立 100 年时建成富强民主文明和谐的社会主义现代化国家。

大会综观国际国内大势，提出了全面建成小康社会新要求和全面深化改革开放的目标路径。大会在党的十六大、十七大确立的全面建设小康社会目标的基础上，依据我国经济社会发展的实际，提出了全面建成小康社会 5 个方面的新要求。一是经济持续健康发展：转变经济发展方式取得重大进展，国内生产总值和城乡居民人均收入比 2010 年翻一番；科技进步对经济增长的贡献率大幅上升，进入创新型国家行列；工业化基本实现，信息化水平大幅提升，城镇化质量明显提高，农业现代化和社会主义新农村建设成效显著，区域协调发展机制基本形成；对外开放水平进一步提高，国际竞争力明显增强。二是人民民主不断扩大：民主制度更加完善，民主形式更加丰富，人民积极性、主动性、创造性进一步发挥。依法治国基本方略全面落实，法治政府基本建成，司法公信力不断提高，人权得到切实尊重和保障。三是文化软实力显著增强：社会主义核心价值体系深入人心，公民文明素质和社会文明程度明显提高；文化产品更加丰富，公共文化服务体系基本建成，文化产业成为国民经济支柱性产业，中华文化走出去迈出更大步伐，社会主义文化强国建设基础更加坚实。四是人民生活水平全面提高：基本公共服务均等化总体实现；全民受教育程度和创新人才培养水平明显提高，进入人才强国和人力资源强国行列，教育现代化基本实现；就业更加充分；收入分配差距缩小，中等收入群体持续扩大，扶贫对象大幅减少；社会保障全民覆盖，人人享有基本医疗卫生服务，住房保障体系基本形成，社会和谐稳定。五是资源节约型、环境友好型社会建设取得重大进展：主体功能区布局基本形成，资源循环利用体系初步建立；单位国内生产总值能源消耗和二氧化碳排放大幅下降，主要污染物排放总量显著减少；森林覆盖率提高，生态系统稳定性增强，人居环境明显改善。大会强调，全面建成小康社会，必须以更大的政治勇气和智慧，不失时机深化重要领域改革，坚决破除一切妨碍科学发展的思想观念和体制机制弊端，构建系统完备、科学规范、运行有效的制度体系，使各方面制度更加成熟更加定型。大会为此提出了"五个加快"要求：加快完善社会主义市场经济体制，完善公有制为主体、多种所有制经济共同发展的基本经济制度，完善按劳分配为主体、多种分配方式并存的分配制度，更大程度更广范围发挥市场在资源配置中的基础性作用，完善宏观调控体系，完善开放型经济体系，推动经济更有效率、更加公平、更可持续发展；加快推进社会主义民主政治制度化、规范化、程序化，从各层次各领域扩大公民有序政治参与，实现国家各项工作法治化；加快完善文化管理体制和文化生产经营机制，基本建立现代文化市场体系，健全国有文化资产管理体制，形成有利于创新创造的文化发展环境；加快形成科学有效的社会管理体制，完善社会保障体系，健全基层公共服务和社会管理网络，建立确保社会既充满活力又和谐有序的体制机制；加快建立生态文明制度，健全国土空间开发、资源节约、生态环境保护的体制机制，推动形成人与自然和谐发展现代化建设新格局。

大会依据全面建成小康社会新要求，对推进党和国家改革发展的一系列重大问题作出规划和部署。大会提出，要加快完善社会主义市场经济体制和加快转变经济发展方式。以经济建设为中心是兴国之要，必须坚持发展是硬道理的战略思想，决不能有丝毫动摇。坚持发展是硬道理的本质要求是坚持科学发展，以科学发展为主题，以加快转变经济发展方式为主线，是关系我国发展全局的战略抉择。要把推动发展的立足点转到提高质量和效益上来，着力激发各类市场主体发展新活力，着力增强创新驱动发展新动力，着力构建现代产业发展新体系，着力培育开放型经济发展新优势，使经济发展更多依靠内需特别是消费需求拉动，更多依靠现代服务业和战略性新兴产业带动，更多依靠科技进步、劳动者素质提高、管理创新驱动，更多依靠节约资源和循环经济推动，更多依靠城乡区域发展协调互动，不断增强长期发展后劲。要坚持走中国特色新型工业化、信息化、城镇化、农业现代化道路，推动信息化和工业化深度融合、工业化和城镇化良性互动、城镇化和农业现代化相互协调。要坚持走中国特色社会主义政治发展道路和推进政治体制改革。支持和保证人民通过人民代表大会行使国家权力；健全社会主义协商民主制度；完善基层民主制度；全面推进依法治国；深化行政体制改革；健全权力运行制约和监督体系；巩固和发展最广泛的爱国统一战线。要扎实推进社会主义文化强国建设。倡导富强、民主、文明、和谐，倡导自由、平等、公正、法治，倡导爱国、敬业、诚信、友善，积极培育和践行社会主义核心价值观，牢牢掌握意识形态工作领导权和主导权；要坚持依法治国和以德治国相结合，全面提高公民道德素质；不断丰富人民精神文化生活；增强文化整体实力和竞争力。要在改善民生和创新管理中加强社会建设。加快形成党委领导、政府负责、社会协同、公众参与、法治保障的社会管理体制和政府主导、覆盖城乡、可持续的基本公共服务体系。要大力推进生态文明建设。树立尊重自然、顺应自然、保护自然的生态文明理念，把生态文明建设放在突出地位，融入经济建设、政治建设、文化建设、社会建设各方面和全过程，建设美丽中国，实现中华民族永续发展。大会对加快推进国防和军队现代化、丰富"一国两制"实践和推进祖国统一、做好对外工作也进行了部署。

大会从党担负的历史重任和执政使命出发，提出了全面提高党的建设科学化水平的重大任务。大会指出，新形势下，党面临的执政考验、改革开放考验、市场经济考验、外部环境考验是长期的、复杂的、严峻的，精神懈怠危险、能力不足危险、脱离群众危险、消极腐败危险更加尖锐地摆在全党面前。不断提高党的领导水平和执政水平、提高拒腐防变和抵御风险能力，是党巩固执政地位、实现执政使命必须解决好的重大课题。全党要增强紧迫感和责任感，牢牢把握加强党的执政能力建设、先进性和纯洁性建设这条主线，坚持解放思想、改革创新，坚持党要管党、从严治党，全面加强党的思想建设、组织建设、作风建设、反腐倡廉建设、制度建设，增强自我净化、自我完善、自我革新、自我提高能力，建设学习型、服务型、创新型的马克思主义执政党，确保党始终成为中国特色社会主义事业的坚强领导核心。大会从"坚定理想信念，坚守共产党人精神追求""坚持以人为本、执政为民，始终保持党同人民群众的血肉联系""积极发展党内民主，增强党的创造活力""深化干部人事制度改革，建设高素质执政骨干队伍""坚持党管人才原则，把各方面优秀人才集聚到党和国家事业中来""创新基层党建工作，夯实党执政的组织基础""坚定不移反对腐败，永葆共产党人清正廉洁的政治本色""严明党的纪律，自觉维护党的集中统一"8个方面对加强党的自身建设、提高党的建设科学化水平作出部署。

大会审议并一致通过了党的十七届中央委员会提出的《中国共产党章程（修正案）》。党章修改的主要内容是：对科学发展观作出定位和阐述，把科学发展观同马克思列宁主义、毛泽东思想、邓小平理论、"三个代表"重要思想一道，确立为我们党的行动指南；充实了中国特色社会主义主要成就的内容，把确立了中国特色社会主义制度与开辟了中国特色社会主义道路、形成了中国特色社会主义理论体系一道，作为改革开放以来我们取得一切成绩和进步的根本原因；充实了坚持改革开放的内容，强调只有改革开放，才能发展中国、发展社会主义、发展马克思主义；完善了中国特色社会主义事业总体布局的内容，把生态文明建设纳入中国特色社会主义事业总体布局，充实了经济建设、政治建设、文化建设、社会建设的内容，增写了生态文明建设的段落；充实了加强党的建设总体要求的内容，对党员、党的基层组织、党的干部分别提出了一些新要求。党的十八大对党章的修改，使党章的内容更加科学、更加完善，更加有效地发挥推进党的事业、加强党的建设的根本性规范和指导作用。

大会选举产生了由205名委员、171名候补委员组成的中央委员会和由130名委员组成的中央纪律检查委员会。党的十八届一中全会选举产生了新一届中央政治局，选举习近平、李克强、张德江、俞正声、刘云山、王岐山、张高丽为中央政治局常委，习近平为中央委员会总书记；根据中央政治局常委会的提名，通过了中央书记处成员；决定习近平为中央军事委员会主席；批准王岐山为中央纪律检查委员会书记。通过党的十八大和十八届一中全会，我们党顺利实现了党的中央领导集体的又一次新老交替。

2012年11月15日，在与中外记者见面会上，习近平代表新一届中央领导集体庄严承诺："人民对美好生活的向往，就是我们的奋斗目标。""我们一定要始终与人民心心相印、与人民同甘共苦、与人民团结奋斗，夙夜在公，勤勉工作，努力向历史、向人民交出一份合格的答卷。""打铁还需自身硬。我们的责任，就是同全党同志一道，坚持党要管党、从严治党，切实解决自身存在的突出问题，切实改进工作作风，密切联系群众，使我们党始终成为中国特色社会主义事业的坚强领导核心。""我们的责任，就是要团结带领全党全国各族人民，接过历史的接力棒，继续为实现中华民族伟大复兴而努力奋斗，使中华民族更加坚强有力地自立于世界民族之林，为人类作出新的更大的贡献。"①

党的十八大吹响了全面建成小康社会、全面深化改革开放的号角。党的十八大以来，以习近平同志为核心的党中央，以伟大的历史主动精神、巨大的政治勇气、强烈的责任担当，统筹国内国际两个大局，提出一系列新理念新思想新战略，出台一系列重大方针政策，推出一系列重大举措，

---

① 习近平：《人民对美好生活的向往　就是我们的奋斗目标》，《人民日报》2012年11月16日。

推进一系列重大工作，战胜一系列重大风险挑战，解决了许多长期想解决而没有解决的难题，办成了许多过去想办而没有办成的大事，推动党和国家事业取得历史性成就、发生历史性变革，推动中国特色社会主义进入了新时代——这是中国发展新的历史方位。

2012 年 11 月 16 日，习近平主持召开中央政治局会议，提出认真学习宣传和全面贯彻落实党的十八大精神是首要政治任务，要认真研读党的十八大文件，原原本本学习党的十八大报告和新修订的党章，全面准确学习领会党的十八大精神。习近平强调："党员领导干部要做学习党章、遵守党章的模范。各级领导干部要把学习党章作为必修课，走上新的领导岗位的同志要把学习党章作为第一课，带头遵守党章各项规定。凡是党章规定党员必须做到的，领导干部要首先做到；凡是党章规定党员不能做的，领导干部要带头不做。要严格按照党章规定的党员领导干部必须具备的六项基本条件，提高自身素质和能力，经常检查和弥补自身不足。特别是要在坚定理想信念、坚持实事求是、推动科学发展、密切联系群众、加强道德修养、严守党的纪律等方面为广大党员作出表率。"[①]

在新的历史条件下续写坚持和发展中国特色社会主义这篇大文章，需要凝心聚力，需要精神支撑，需要目标引领。2012 年 11 月 29 日，习近平在参观《复兴之路》大型展览时首次提出并阐述实现中华民族伟大复兴的中国梦，指出："实现中华民族伟大复兴，就是中华民族近代以来最伟大的梦想。这个梦想，凝聚了几代中国人的夙愿，体现了中华民族和中国人民的整体利益，是每一个中华儿女的共同期盼。""实现中华民族伟大复兴是一项光荣而艰巨的事业，需要一代又一代中国人共同为之努力。空谈误国，实干兴邦。我们这一代共产党人一定要承前启后、继往开来，把我们的党建设好，团结全体中华儿女把我们国家建设好，把我们民族发

[①]　习近平：《认真学习党章　严格遵守党章》，《人民日报》2012 年 11 月 20 日。

展好，继续朝着中华民族伟大复兴的目标奋勇前进。"①中国梦的提出，贯通了中华民族的昨天、今天和明天，传递出新一届中央领导集体对中国特色社会主义的坚定自信和对国家、对民族、对人民的使命担当，是我们党引领中华民族走向繁荣昌盛、伟大复兴的重大政治宣示，为新时代坚持和发展中国特色社会主义注入了新的内涵，成为激励中华儿女团结奋进、开辟未来的一面精神旗帜。

此后，习近平在十二届全国人大一次会议等重要场合，进一步阐述和丰富了中国梦的基本内涵、实践途径和依靠力量。习近平指出，中国梦核心内涵是中华民族伟大复兴，本质是国家富强、民族振兴、人民幸福。实现中国梦必须走中国道路，这就是中国特色社会主义道路；必须弘扬中国精神，这就是以爱国主义为核心的民族精神和以改革创新为核心的时代精神；必须凝聚中国力量，这就是中国各族人民大团结的力量。中国梦是国家的梦、民族的梦，也是每一个中华儿女的梦。中国梦归根到底是人民的梦，必须紧紧依靠人民来实现，必须不断为人民造福。中国梦是和平、发展、合作、共赢的梦，不仅造福中国人民，而且造福世界人民。中国梦把国家的追求、民族的向往、人民的期盼融为一体，体现了中华民族和中国人民的整体利益，表达了每一个中华儿女的共同愿景，成为激荡在中国人民心中的高昂旋律，成为中华民族团结奋斗的最大公约数和最大同心圆。

2012年12月4日，习近平主持召开中央政治局会议，研究改进工作作风问题，强调领导干部特别是高级干部作风如何，对党风政风乃至整个社会风气具有重要影响。抓作风建设，首先要从中央政治局做起，要求别人做到的自己先要做到，要求别人不做的自己坚决不做。会议审议并一致同意《十八届中央政治局关于改进工作作风、密切联系群众的八项规

---

① 中共中央文献研究室编：《十八大以来重要文献选编》（上），中央文献出版社2014年版，第84页。

定》。规定要求,中央政治局全体同志要改进调查研究,到基层调研要深入了解真实情况,总结经验、研究问题、解决困难、指导工作,向群众学习、向实践学习,多同群众座谈,多同干部谈心,多商量讨论,多解剖典型,多到困难和矛盾集中、群众意见多的地方去,切忌走过场、搞形式主义;要轻车简从、减少陪同、简化接待,不张贴悬挂标语横幅,不安排群众迎送,不铺设迎宾地毯,不摆放花草,不安排宴请。要精简会议活动,切实改进会风,严格控制以中央名义召开的各类全国性会议和举行的重大活动,不开泛泛部署工作和提要求的会,未经中央批准一律不出席各类剪彩、奠基活动和庆祝会、纪念会、表彰会、博览会、研讨会及各类论坛;提高会议实效,开短会、讲短话,力戒空话、套话。要精简文件简报,切实改进文风,没有实质内容、可发可不发的文件、简报一律不发。要规范出访活动,从外交工作大局需要出发合理安排出访活动,严格控制出访随行人员,严格按照规定乘坐交通工具,一般不安排中资机构、华侨华人、留学生代表等到机场迎送。要改进警卫工作,坚持有利于联系群众的原则,减少交通管制,一般情况下不得封路、不清场闭馆。要改进新闻报道,中央政治局同志出席会议和活动应根据工作需要、新闻价值、社会效果决定是否报道,进一步压缩报道的数量、字数、时长。要严格文稿发表,除中央统一安排外,个人不公开出版著作、讲话单行本,不发贺信、贺电,不题词、题字。要厉行勤俭节约,严格遵守廉洁从政有关规定,严格执行住房、车辆配备等有关工作和生活待遇的规定。这八项规定,紧扣党风政风中人民群众反映强烈的突出问题,细致具体,针对性强,彰显了新一届中央领导集体密切联系群众的坚定决心、鲜明态度和求真务实、实干兴邦的巨大魄力。

为了表明继续坚定不移推进改革开放的决心,2012年12月7日至11日,习近平首次离京考察就来到我国改革开放的前沿阵地——深圳、珠海、佛山、广州等地,深入农村、企业、社区、部队和科研院所进行调研，强调"改革开放是当代中国发展进步的活力之源，是我们党和人民大踏步赶上时代前进步伐的重要法宝，是坚持和发展中国特色社会主义的必由之路"，表明了新一届中央领导集体承前启后"改革不停顿，开放不止步"的坚强决心和坚定意志。从广东返京不久，习近平主持中共十八届中央政治局第二次集体学习，主题是回顾和学习我国改革开放的历史，坚定不移继续推进改革开放。2013 年 1 月 5 日，习近平在新进中央委员会的委员、候补委员学习贯彻党的十八大精神研讨班开班式上发表重要讲话，进一步强调，道路问题是关系党的事业兴衰成败第一位的问题，道路就是党的生命；坚持和发展中国特色社会主义是一篇大文章，我们这一代共产党人的任务，就是继续把这篇大文章写下去。2013 年 4 月 8 日，在同出席博鳌亚洲论坛 2013 年年会的中外企业家代表座谈时，习近平宣布："中国开放的大门不会关上"，"中国将在更大范围、更宽领域、更深层次上提高开放型经济水平"。此后一段时间，新一届中央领导集体以行政审批制度改革和政府职能转变为突破口，在财税、金融、价格、投融资、民生保障、社会管理、生态文明建设、农业农村等领域相继推出了一系列重要改革举措，一些长期制约经济社会发展的突出矛盾逐步破解。

坚持"老虎""苍蝇"一起打，零容忍惩治腐败。2012 年 12 月 6 日，四川省委副书记李春城涉嫌严重违纪接受组织调查，拉开了党的十八大以来党中央密集"打虎"的序幕。2013 年 1 月 22 日，习近平在十八届中央纪委第二次全体会议上发表讲话，强调纪律严明是党的光荣传统和独特优势，工作作风上的问题绝对不是小事，要坚持"老虎""苍蝇"一起打，既坚决查处领导干部违纪违法案件，又切实解决发生在群众身边的不正之风和腐败问题。要坚持党纪国法面前没有例外，不管涉及谁，都要一查到底，决不姑息。要继续全面加强惩治和预防腐败体系建设，加强反腐倡廉教育和廉政文化建设，健全权力运行制约和监督体系，加强反腐败国家立法，加强反腐倡廉党内法规制度建设，深化腐败问题多发领域和环节的改革，确保国家机关按照法定权限和程序行使权力。

2013 年 3 月 5 日，十二届全国人大一次会议召开，会议选举产生了新一届中华人民共和国国家领导人：选举习近平为中华人民共和国主席、中华人民共和国中央军事委员会主席；选举张德江为全国人大常委会委员长；决定李克强为国务院总理。同时召开的全国政协十二届一次会议选举俞正声为全国政协主席。

二、新时代推进中国特色社会主义的总体布局和战略布局

中华民族伟大复兴，绝不是轻轻松松、敲锣打鼓就能实现的，必须在前人不懈奋斗的基础上准备付出更为艰巨、更为艰苦的努力，必须从战略和全局上做好通盘谋划，系统运筹。为了实现中华民族伟大复兴，坚持和发展好中国特色社会主义，以习近平同志为核心的党中央作出了统筹推进"五位一体"总体布局、协调推进"四个全面"战略布局的部署。

战略问题是一个政党、一个国家的根本性问题。战略上判断得准确，战略上谋划得科学，战略上赢得主动，党和人民事业就大有希望。遵循坚持和发展中国特色社会主义的大逻辑，统筹谋划好重大战略问题，对党和国家事业的发展至关重要。党的十八大指出，建设中国特色社会主义，总依据是社会主义初级阶段，总布局是"五位一体"，总任务是实现社会主义现代化和中华民族伟大复兴。"五位一体"总体布局的形成，就是我们党从战略上认识和把握中国特色社会主义取得的重大成果。1982 年党的十二大提出"大力推进社会主义物质文明和精神文明建设"是党在新的历史时期的总任务，此时中国特色社会主义总体布局可以表述为"两位一体"。1986 年党的十二届六中全会第一次明确提出："我国社会主义现代化建设的总体布局是：以经济建设为中心，坚定不移地进行经济体制改革，坚定不移地进行政治体制改革，坚定不移地加强精神文明建设，并且使这

几个方面互相配合，互相促进。"这可谓是关于"三位一体"总体布局的描述。这个布局框架经党的十三大、十四大、十五大一直延续使用到党的十六大。2006年党的十六届六中全会对构建社会主义和谐社会作出部署，要求"推动社会建设与经济建设、政治建设、文化建设协调发展"，总体布局因之拓展为"四位一体"。

党的十八大第一次把"生态文明建设"纳入中国特色社会主义事业总体布局，总体布局由"四位一体"进一步拓展为"五位一体"。生态文明作为对绵延几千年的农业文明、历时几百年的工业文明的继承、发展和超越，代表着更为高级的人类文明形态。改革开放后一段时间里，由于未能正确认识和处理好经济发展与生态文明建设的关系，导致了资源的过度开发和浪费，水土流失，环境、资源与经济社会发展的矛盾日益突出。因此，不能再走传统的工业化道路，而必须坚持节约资源和保护环境的基本国策，坚持节约优先、保护优先、自然恢复为主的方针，着力推进绿色发展、循环发展、低碳发展，建设资源节约型、环境友好型社会，从源头上扭转生态环境恶化趋势，走出一条科技含量高、经济效益好、环境污染少、人力资源得以充分发挥的生产发展、生活富裕、生态良好的具有中国特色的文明发展道路。党的十八大要求加强生态文明建设，是我们党对自然规律及人与自然关系再认识的重要成果，是推动我国经济社会实现科学发展的必然要求。党的十八大将"生态文明建设"作为中国特色社会主义总体布局的一部分写入党章并增设专段阐述，使中国特色社会主义事业总体布局更加完善健全，使生态文明建设的战略地位更加明确，有利于动员全党全国各族人民更好全面推进中国特色社会主义。

"五位一体"总体布局相互联系、相互促进、不可分割，体现了中国特色社会主义事业的内在机理和发展逻辑，共同构成中国特色社会主义事业的整体和全局。党的十八大以后，按照"五位一体"总体布局的目标要求，以习近平同志为核心的党中央毫不动摇坚持以经济建设为中心，统筹推进经济建设、政治建设、文化建设、社会建设、生态文明建设，推动生产关系与生产力、上层建筑与经济基础相适应，引领推动中国特色社会主义事业全面发展、全面进步。

经过党的十一届三中全会后 30 多年"凤凰涅槃"式的发展，进入新世纪，中国更紧迫地遭遇着"成长的烦恼"。改革开放从起步之初的艰难探索跋涉，到击水中流的豪迈挺进，中国经济社会发展走过万重山岳，进入了更加广阔的境界。未来的发展之路应如何绘就？更深层次的改革该如何推进？"五位一体"总体布局的部署应怎样更好落地？这是需要深入思考、深刻研究的重大理论和实践问题。习近平就此指出，我们既要注重总体谋划，又要注重牵住"牛鼻子"，坚持"摸着石头过河"和加强顶层设计相结合。经过深入思考研究，以习近平同志为核心的党中央立足新时代新问题新要求，把握我国发展所处历史方位和特征，明确将"四个全面"定位为战略布局，作为党在新时代治国理政的总抓手。

"四个全面"战略布局的形成有一个过程。党的十八大提出了全面建成小康社会的奋斗目标。怎样实现这个奋斗目标？动力只能来自改革开放。根据党的十八大的部署，2013 年 11 月，党的十八届三中全会作出关于全面深化改革若干重大问题的决定，对全面深化改革作出了顶层设计，吹响了全面深化改革的进军号。2014 年 10 月 8 日，在党的群众路线教育实践活动总结大会上的讲话中，习近平又对"全面推进从严治党"① 提出明确要求。要实现全面建成小康社会的奋斗目标，要落实全面深化改革的顶层设计，习近平强调，"需要从法治上提供可靠保障"②。2014 年 10 月

---

① 习近平：《在党的群众路线教育实践活动总结大会上的讲话》，《人民日报》2014 年10 月 9 日。

② 习近平：《关于〈中共中央关于全面推进依法治国若干重大问题的决定〉的说明》，载《人民代表大会制度重要文献选编》（四），中国民主法制出版社、中央文献出版社 2015 年版，第 1785 页。

20 日至 23 日，党的十八届四中全会专题研究法治建设问题，通过《中共中央关于全面推进依法治国若干重大问题的决定》，制定了全面推进依法治国的总蓝图、路线图、施工图，标志着依法治国按下了"快进键"、进入了"快车道"。党的十八届三中、四中全会分别把全面深化改革、全面推进依法治国作为主题并作出决定，有其紧密的内在逻辑，"可以说是一个总体战略部署在时间轴上的顺序展开。全面建成小康社会、全面深化改革都离不开全面推进依法治国。党的十八届四中全会决定是党的十八届三中全会决定的姊妹篇"①，"体现了'破'和'立'的辩证统一"②，"我们要让全面深化改革、全面推进依法治国如鸟之两翼、车之双轮，推动全面建成小康社会的目标如期实现"③。11 月初，习近平在福建考察调研时强调，要"协调推进全面建成小康社会、全面深化改革、全面推进依法治国进程"④。12 月 13 日至 14 日，在江苏调研时，习近平首次明确提出要"协调推进全面建成小康社会、全面深化改革、全面推进依法治国、全面从严治党，推动改革开放和社会主义现代化建设迈上新台阶"⑤——"四个全面"战略布局的完整表述呼之欲出。2015 年 1 月 23 日，在主持中共十八届中央政治局第二十次集体学习时发表的重要讲话中，习近平强调，全面建成小康社会、全面深化改革、全面依法治国、全面从严治党，"这'四个全面'是当前党和国家事业发展中必须解决好的主要矛盾"。

2015 年 2 月 2 日，在省部级主要领导干部学习贯彻党的十八届四中

---

① 中共中央文献研究室编：《习近平关于协调推进"四个全面"战略布局论述摘编》，中央文献出版社 2015 年版，第 12 页。

② 中共中央文献研究室编：《习近平关于协调推进"四个全面"战略布局论述摘编》，中央文献出版社 2015 年版，第 14 页。

③ 《国家主席习近平发表二〇一五年新年贺词》，《人民日报》2015 年 1 月 1 日。

④ 《习近平在福建调研时强调　全面深化改革全面推进依法治国　为全面建成小康社会提供动力和保障》，《人民日报》2014 年 11 月 3 日。

⑤ 《习近平在江苏调研时强调　主动把握和积极适应经济发展新常态　推动改革开放和现代化建设迈上新台阶》，《人民日报》2014 年 12 月 15 日。

全会精神全面推进依法治国专题研讨班开班式上，习近平第一次从"战略布局"的角度对"四个全面"及其相互关系进行系统论述，指出："党的十八大以来，党中央从坚持和发展中国特色社会主义全局出发，提出并形成了全面建成小康社会、全面深化改革、全面依法治国、全面从严治党的战略布局。这个战略布局，既有战略目标，也有战略举措，每一个'全面'都具有重大战略意义。全面建成小康社会是我们的战略目标，到二〇二〇年实现这个目标，我们国家的发展水平就会迈上一个大台阶，我们所有奋斗都要聚焦于这个目标。全面深化改革、全面依法治国、全面从严治党是三大战略举措，对实现全面建成小康社会战略目标一个都不能缺。不全面深化改革，发展就缺少动力，社会就没有活力。不全面依法治国，国家生活和社会生活就不能有序运行，就难以实现社会和谐稳定。不全面从严治党，党就做不到'打铁还需自身硬'，也就难以发挥好领导核心作用。"①"四个全面"要做到相辅相成、相互促进、相得益彰。3月29日，在海南会见博鳌亚洲论坛第四届理事会成员时，习近平指出："两年多来，我们立足中国发展实际，坚持问题导向，逐步形成并积极推进全面建成小康社会、全面深化改革、全面依法治国、全面从严治党的战略布局。这是中国在新的历史条件下治国理政方略，也是实现中华民族伟大复兴中国梦的重要保障。"②7月9日，在出席金砖国家领导人第七次会晤发表的讲话中，习近平对"四个全面"战略布局的各自内容作了进一步阐发："全面建成小康社会是我们现阶段战略目标，也是实现中华民族伟大复兴中国梦关键一步。我们将继续坚持以经济建设为中心，致力于建设改革发展成果真正惠及人民，经济、政治、文化、社会、生态文明全面发展的小康社

---

① 中共中央文献研究室编：《习近平关于全面依法治国论述摘编》，中央文献出版社2015年版，第14—15页。

② 《习近平会见博鳌亚洲论坛理事会成员　强调中国愿为世界发展提供更多中国机遇》，《人民日报》2015年3月30日。

会。我们将坚定不移深化改革，推进国家治理体系和治理能力现代化，推动经济社会持续健康发展。我们将坚持依法治国、依法执政、依法行政共同推进，坚持法治国家、法治政府、法治社会一体建设，实现科学立法、严格执法、公正司法、全民守法。我们将全面推进中国共产党自身建设，提高党的自我完善、自我革新、自我提高能力，保持对腐败零容忍的高压态势，完善体制机制建设，不断增强执政能力。"①10月，党的十八届五中全会紧紧围绕到2020年实现全面建成小康社会奋斗目标提出"十三五"规划建议，作出战略部署。2016年10月，党的十八届六中全会专题研究全面从严治党重大问题，制定新形势下党内政治生活若干准则，修订《中国共产党党内监督条例（试行）》。

从党的十八届三中、四中、五中全会到党的十八届六中全会，我们党分别就全面深化改革、全面依法治国、全面建成小康社会、全面从严治党进行专题研究，完成了"四个全面"战略布局的整体设计。

全面建成小康社会是实现社会主义现代化和中华民族伟大复兴中国梦的关键一步，在"四个全面"战略布局中居于目标引领地位。实现全面建成小康社会的目标要求，必须紧扣我国社会主要矛盾变化，统筹推进经济建设、政治建设、文化建设、社会建设、生态文明建设"五位一体"总体布局，坚定实施科教兴国战略、人才强国战略、创新驱动发展战略、乡村振兴战略、区域协调发展战略、可持续发展战略等重大战略，突出抓重点、补短板、强弱项，特别要坚决打好防范化解重大风险、精准脱贫、污染防治的攻坚战，使全面建成小康社会得到人民认可、经得起历史检验。

全面深化改革既是"四个全面"战略布局中具有突破性和先导性的关键环节，也是统筹推进"五位一体"总体布局、协调推进"四个全面"战

---

① 习近平：《共建伙伴关系 共创美好未来——在金砖国家领导人第七次会晤上的讲话》，《人民日报》2015年7月10日。

略布局的强大动力。在中国这样一个拥有14亿多人口的国家深化改革，绝非易事。只有坚决打赢全面深化改革这场攻坚战，才能破解发展中面临的难题，化解来自各方面的风险挑战，抢占未来发展制高点，为党和国家事业发展注入生机活力。中国改革已经进入深水区、攻坚期，容易的、皆大欢喜的改革已经完成，剩下的都是难啃的硬骨头。必须以更大的政治勇气和智慧，逢山开路，遇水架桥，不失时机、蹄疾步稳深化重要领域和关键环节改革，集中推出一些力度大、措施实的改革方案，在牵动全局的改革上取得新突破，不断完善和健全使市场在资源配置中起决定性作用、更好发挥政府作用的体制机制，为发展提供持续动力，提升改革综合效能。

全面依法治国是我们党从坚持和发展中国特色社会主义出发、为更好治国理政提出的重大战略任务，也是着眼于实现中华民族伟大复兴中国梦、实现党和国家长治久安的长远考虑。在全党全国人民的共同努力下，只要国际国内不发生大的波折，经过努力，全面建成小康社会目标可以如期实现。但人无远虑，必有近忧。全面建成小康社会之后路该怎么走？我们党如何能够真正跳出"历史周期率"、实现长期执政？如何实现党和国家长治久安？只有推进和落实全面依法治国，把党和国家工作纳入法治化轨道，坚持在法治轨道上统筹社会力量、平衡社会利益、调节社会关系、规范社会行为，依靠法治解决各种社会矛盾和问题，才能确保我国社会在深刻变革中既生机勃勃又井然有序，才能避免重蹈历史覆辙，为全面建成小康社会和实现中华民族伟大复兴提供不可或缺的坚实保障。

全面从严治党是保持党的先进性和纯洁性，在新时代应对世情国情党情变化，应对执政考验、改革开放考验、市场经济考验、外部环境考验"四大考验"，克服精神懈怠危险、能力不足危险、脱离群众危险、消极腐败危险"四大危险"的必然选择，是协调推进"四个全面"战略布局的根本保证和关键因素。进入新时代，中华民族处于走向伟大复兴关键期，各种矛盾叠加，风险隐患集聚。当今世界，国际力量对比和综合国力竞争发生新的变化，世界政治经济格局进入深度调整，我国发展面临的国际环境更加复杂严峻。在这样的国内外形势下，我们要赢得优势、赢得主动、赢得未来，要跨越前进道路上的各种各样的"拦路虎""绊脚石""陷阱"，只有坚持党要管党、全面从严治党，只有把党建设得更加坚强有力，我们才能团结带领人民有力应对重大挑战、抵御重大风险、克服重大阻力、解决重大矛盾，成为引领中华民族实现伟大复兴的坚强领导核心。

"四个全面"战略布局，抓住了党和国家事业发展中根本性、全局性重大问题，集中概括了我国改革开放和现代化建设的战略目标和举措，是以习近平同志为核心的党中央治国理政的总方略、总部署、总抓手，是中国特色社会主义事业"五位一体"总体布局在新时代的实践落实和具体化。

2016 年 7 月 1 日，在庆祝中国共产党成立 95 周年大会上的讲话中，习近平指出，为实现"两个一百年"奋斗目标，党的十八大以来，"我们党形成并积极推进经济建设、政治建设、文化建设、社会建设、生态文明建设五位一体的总体布局，形成并积极推进全面建成小康社会、全面深化改革、全面依法治国、全面从严治党的战略布局"。习近平强调，"要统筹推进'五位一体'总体布局，协调推进'四个全面'战略布局，全力推进全面建成小康社会进程，不断把实现'两个一百年'奋斗目标推向前进"。①

"五位一体"总体布局和"四个全面"战略布局，是总体长远战略与既有总体性又体现阶段性目标要求和特点的具体战略的关系。"五位一体"总体布局是在建设中国特色社会主义的整个历史进程中都必须坚持的战略布局——鉴于这个历史进程的长期性，必然要分阶段推进，也就必然要提出阶段性目标和阶段性任务，以及实现这些阶段性目标任务的阶段性战略；"四个全面"战略布局，首先是为了实现全面建成小康社会这个阶段

---

① 习近平：《在庆祝中国共产党成立 95 周年大会上的讲话》，人民出版社 2016 年版，第 14、15 页。

性目标任务而提出的战略布局，同时又是体现中国特色社会主义"五位一体"总体布局要求、将"五位一体"各项要求具体贯彻落实于全面建成小康社会阶段性目标任务的战略布局。两大布局的形成，标志着我们党对中国特色社会主义建设规律的把握达到了一个前所未有的新高度，使得实现"两个一百年"奋斗目标、实现中华民族伟大复兴的中国梦有了根本战略依托。随着中国特色社会主义事业的不断推进，随着全面小康社会的建成，在"四个全面"战略布局中处于目标引领地位的第一个"全面"——全面建成小康社会，也历史性地转变成了全面建设社会主义现代化国家。

三、党的十九大和确立习近平新时代中国特色社会主义思想为党的指导思想

2017 年 10 月 18 日至 24 日，中国共产党第十九次全国代表大会在北京召开。大会正式代表 2280 人，特邀代表 74 人，代表全国 8900 多万名党员。

习近平代表第十八届中央委员会向大会作了题为《决胜全面建成小康社会　夺取新时代中国特色社会主义伟大胜利》的报告。大会通过了这个报告和《中国共产党章程（修正案）》，批准了中央纪律检查委员会的工作报告，选举产生了新一届中央委员会和中央纪律检查委员会。

党的十九大是在全面建成小康社会决胜阶段、中国特色社会主义进入新时代的关键时期召开的一次十分重要的大会。大会的主题是：不忘初心，牢记使命，高举中国特色社会主义伟大旗帜，决胜全面建成小康社会，夺取新时代中国特色社会主义伟大胜利，为实现中华民族伟大复兴的中国梦不懈奋斗。

党的十九大的主要历史贡献是：

第一，作出中国特色社会主义进入新时代的重大政治判断，深刻阐述

了新时代中国共产党的历史使命。

大会高度评价党的十八大以来党和国家事业取得的历史性成就、发生的历史性变革。大会指出，五年来，我们党以巨大的政治勇气和强烈的责任担当，提出一系列新理念新思想新战略，出台一系列重大方针政策，推出一系列重大举措，推进一系列重大工作，解决了许多长期想解决而没有解决的难题，办成了许多过去想办而没有办成的大事，推动党和国家事业发生历史性变革；我们勇于面对党面临的重大风险考验和党内存在的突出问题，以顽强意志品质正风肃纪、反腐惩恶，消除了党和国家内部存在的严重隐患，党内政治生活气象更新，党内政治生态明显好转，党的创造力、凝聚力、战斗力显著增强，党的团结统一更加巩固，党群关系明显改善，党在革命性锻造中更加坚强，焕发出新的强大生机活力，为党和国家事业发展提供了坚强政治保证。

正确认识和把握党和人民事业所处的历史方位，是我们党明确阶段性中心任务、制定路线方针政策的根本依据。大会指出，改革开放之初，我们党发出了走自己的路、建设中国特色社会主义的伟大号召。从那时以来，我们党团结带领全国各族人民不懈奋斗，推动我国经济实力、科技实力、国防实力、综合国力进入世界前列，推动我国国际地位实现前所未有的提升，党的面貌、国家的面貌、人民的面貌、军队的面貌、中华民族的面貌发生了前所未有的变化，中华民族正以崭新姿态屹立于世界的东方。大会由此作出明确政治判断："经过长期努力，中国特色社会主义进入了新时代。"大会对中国特色社会主义进入新时代的重大意义和内涵作了深入阐述，强调中国特色社会主义进入新时代，意味着近代以来久经磨难的中华民族迎来了从站起来、富起来到强起来的伟大飞跃，迎来了实现中华民族伟大复兴的光明前景；意味着科学社会主义在 21 世纪的中国焕发出强大生机活力，在世界上高高举起了中国特色社会主义伟大旗帜；意味着中国特色社会主义道路、理论、制度、文化不断发展，拓展了发展中国家走向现代化的途径，给世界上那些既希望加快发展又希望保持自身独立性的国家和民族提供了全新选择，为解决人类问题贡献了中国智慧和中国方案。强调这个新时代，是承前启后、继往开来、在新的历史条件下继续夺取中国特色社会主义伟大胜利的时代，是决胜全面建成小康社会、进而全面建设社会主义现代化国家的时代，是全国各族人民团结奋斗、不断创造美好生活、逐步实现全体人民共同富裕的时代，是全体中华儿女勠力同心、奋力实现中华民族伟大复兴中国梦的时代，是我国日益走近世界舞台中央、不断为人类作出更大贡献的时代。

大会指出，中国特色社会主义进入新时代，我国社会主要矛盾已经转化为人民日益增长的美好生活需要和不平衡不充分的发展之间的矛盾。我国社会主要矛盾的变化是关系全局的历史性变化，对党和国家工作提出了许多新要求，但这一变化，没有改变我们对我国社会主义所处历史阶段的判断，我国仍处于并将长期处于社会主义初级阶段的基本国情没有变，我国是世界最大发展中国家的国际地位没有变。大会强调，全党要牢牢把握社会主义初级阶段这个基本国情，牢牢立足社会主义初级阶段这个最大实际，牢牢坚持党的基本路线这个党和国家的生命线、人民的幸福线，领导和团结全国各族人民，以经济建设为中心，坚持四项基本原则，坚持改革开放，自力更生，艰苦创业，为把我国建设成为富强民主文明和谐美丽的社会主义现代化强国而奋斗。

习近平在大会上的报告开篇伊始就明确指出，中国共产党人的初心和使命，就是为中国人民谋幸福，为中华民族谋复兴。这个初心和使命是激励中国共产党人不断前进的根本动力。大会围绕实现中华民族伟大复兴这一近代以来中华民族最伟大的梦想，回顾了近代中国的命运和中国共产党成立以来近百年的奋斗历程，强调：今天，我们比历史上任何时期都更接近、更有信心和能力实现中华民族伟大复兴的目标。强调实现中华民族伟大复兴的伟大梦想，必须进行具有许多新的历史特点的伟大斗争，必须深入推进党的建设新的伟大工程,必须深入推进中国特色社会主义伟大事业。伟大斗争,伟大工程,伟大事业,伟大梦想,紧密联系、相互贯通、相互作用,其中起决定性作用的是党的建设新的伟大工程。当代中国共产党人的光荣历史使命就是继续推进实现中华民族伟大复兴的伟大梦想。

第二,把习近平新时代中国特色社会主义思想确立为党的指导思想,实现了党在指导思想上的又一次与时俱进。

党的十九大着眼中国特色社会主义事业长远发展,郑重提出习近平新时代中国特色社会主义思想,并把这一思想确立为党必须长期坚持的指导思想,写进党章,实现了党在指导思想上的又一次与时俱进。

习近平新时代中国特色社会主义思想这一科学概念的形成有一个过程。党的十八大后一段时间里,报刊媒体对习近平发表的一系列重要讲话、论述和提出的重要思想理论观点,有的表述为"习近平重要讲话精神""习近平总书记的一系列重要讲话精神""习近平同志重要讲话精神""习近平同志系列重要讲话精神",还有的表述为"习近平同志重要论述"或"习近平治国理政思想"等。2013年下半年后在《人民日报》等报刊中逐步规范表述为"习近平总书记系列重要讲话精神"。2014年10月,"习近平总书记系列重要讲话精神"概念首次被写入党的重要文献——党的十八届四中全会通过的《中共中央关于全面推进依法治国若干重大问题的决定》。2015年10月党的十八届五中全会后,"习近平治国理政新理念新思想新战略"或"习近平总书记治国理政新思想新理念新战略"等概念开始见诸报端。2016年10月,党的十八届六中全会公报首次使用"习近平总书记系列重要讲话精神和治国理政新理念新思想新战略"表述。党的十九大正式提出"习近平新时代中国特色社会主义思想"这个科学概念。

确立习近平新时代中国特色社会主义思想为党的指导思想,是中国特色社会主义进入新时代的必然选择。"党的十八大以来,国内外形势变化和我国各项事业发展都给我们提出了一个重大时代课题，这就是必须从理论和实践结合上系统回答新时代坚持和发展什么样的中国特色社会主义、怎样坚持和发展中国特色社会主义，包括新时代坚持和发展中国特色社会主义的总目标、总任务、总体布局、战略布局和发展方向、发展方式、发展动力、战略步骤、外部条件、政治保证等基本问题，并且要根据新的实践对经济、政治、法治、科技、文化、教育、民生、民族、宗教、社会、生态文明、国家安全、国防和军队、'一国两制'和祖国统一、统一战线、外交、党的建设等各方面作出理论分析和政策指导，以利于更好坚持和发展中国特色社会主义。"正是"围绕这个重大时代课题"，"我们党坚持以马克思列宁主义、毛泽东思想、邓小平理论、'三个代表'重要思想、科学发展观为指导，坚持解放思想、实事求是、与时俱进、求真务实，坚持辩证唯物主义和历史唯物主义，紧密结合新的时代条件和实践要求，以全新的视野深化对共产党执政规律、社会主义建设规律、人类社会发展规律的认识，进行艰辛理论探索，取得重大理论创新成果，形成了新时代中国特色社会主义思想"，即习近平新时代中国特色社会主义思想。

习近平新时代中国特色社会主义思想是系统完备、逻辑严密、内在统一的科学理论体系，为新时代坚持和发展中国特色社会主义、推进党和国家事业提供了基本遵循，是当代中国马克思主义、21世纪马克思主义。党的十九大将这一科学理论最重要、最核心的内容概括为"八个明确"，即明确坚持和发展中国特色社会主义，总任务是实现社会主义现代化和中华民族伟大复兴，在全面建成小康社会的基础上，分两步走在本世纪中叶建成富强民主文明和谐美丽的社会主义现代化强国；明确新时代我国社会主要矛盾是人民日益增长的美好生活需要和不平衡不充分的发展之间的矛盾，必须坚持以人民为中心的发展思想，不断促进人的全面发展、全体人民共同富裕；明确中国特色社会主义事业总体布局是"五位一体"、战略布局是"四个全面"，强调坚定道路自信、理论自信、制度自信、文化自信；明确全面深化改革总目标是完善和发展中国特色社会主义制度、推进国家治理体系和治理能力现代化；明确全面推进依法治国总目标是建设中国特色社会主义法治体系、建设社会主义法治国家；明确党在新时代的强军目标是建设一支听党指挥、能打胜仗、作风优良的人民军队，把人民军队建设成为世界一流军队；明确中国特色大国外交要推动构建新型国际关系，推动构建人类命运共同体；明确中国特色社会主义最本质的特征是中国共产党领导，中国特色社会主义制度的最大优势是中国共产党领导，党是最高政治领导力量，提出新时代党的建设总要求，突出政治建设在党的建设中的重要地位。总体来说，习近平新时代中国特色社会主义思想来源于实践又指导实践，坚持和发展中国特色社会主义是其核心要义。

为贯彻落实习近平新时代中国特色社会主义思想，党的十九大报告提出了新时代坚持和发展中国特色社会主义的基本方略，并将之概括为"十四个坚持"，即坚持党对一切工作的领导、坚持以人民为中心、坚持全面深化改革、坚持新发展理念、坚持人民当家作主、坚持全面依法治国、坚持社会主义核心价值体系、坚持在发展中保障和改善民生、坚持人与自然和谐共生、坚持总体国家安全观、坚持党对人民军队的绝对领导、坚持"一国两制"和推进祖国统一、坚持推动构建人类命运共同体、坚持全面从严治党。这"十四个坚持"，涵盖坚持党的领导和"五位一体"总体布局、"四个全面"战略布局，涵盖国防和军队建设、维护国家安全、对外战略，是对党的治国理政重大方针、原则的最新概括，是实现"两个一百年"奋斗目标、实现中华民族伟大复兴中国梦的路线图和方法论。

"八个明确"和"十四个坚持"各有侧重又有机统一，都是习近平新时代中国特色社会主义思想的重要组成部分。"八个明确"是习近平新时代中国特色社会主义思想在理论层面的表述，是更侧重于理论指引和思想导向的概括；"十四个坚持"是习近平新时代中国特色社会主义思想在实践层面的表述，是更侧重于实践指引和具体方针政策的要求，两者共同体现了习近平新时代中国特色社会主义思想理论与实践相统一、战略与战术相统一、目标与路径相统一、顶层设计与微观指导相统一、认识论与方法论相统一、继承性与创新性相统一、历史和现实与未来相统一、中国关怀与世界关切相统一的独特魅力和实践价值。

大会指出，习近平新时代中国特色社会主义思想，是对马克思列宁主义、毛泽东思想、邓小平理论、"三个代表"重要思想、科学发展观的继承和发展，是马克思主义中国化最新成果，是党和人民实践经验和集体智慧的结晶，是全党全国人民为实现中华民族伟大复兴而奋斗的行动指南，必须长期坚持并不断发展。

习近平是习近平新时代中国特色社会主义思想的主要创立者。在领导全党全国推进党和国家事业的实践中，习近平以马克思主义政治家、理论家的深刻洞察力、敏锐判断力和战略定力，提出了一系列具有开创性意义的新理念新思想新战略，为新时代中国特色社会主义思想的创立发挥了决定性作用、作出了决定性贡献。党的十八大以来，党和国家事业之所以取得历史性成就、发生历史性变革，最根本的就在于有以习近平同志为核心的党中央的坚强领导，有习近平新时代中国特色社会主义思想的科学指导。

习近平新时代中国特色社会主义思想，坚持马克思主义立场观点方法，坚持科学社会主义基本原则，科学总结世界社会主义运动经验教训，根据时代和实践发展变化，以崭新的思想内容丰富和发展了马克思主义，使我们党对共产党执政规律、社会主义建设规律、人类社会发展规律的认识达到了新高度。习近平新时代中国特色社会主义思想是不断发展的开放的理论，在指导新时代伟大社会革命和伟大自我革命的历史进程中，随着中国特色社会主义伟大实践的深入推进而持续发展、不断丰富、更加完善。习近平强军思想、习近平经济思想、习近平外交思想、习近平生态文明思想、习近平法治思想、习近平文化思想是这一理论体系在相关领域的展开。实践永无止境，理论创新也永无止境，习近平新时代中国特色社会主义思想作为当代中国马克思主义、21世纪马克思主义，必然随着时代的变化和实践的发展不断实现创新发展。

第三，对2020年到本世纪中叶的中国现代化建设作出两个阶段的战略安排，围绕这个战略安排对中国特色社会主义各项重大工作作出部署。

大会强调，从党的十九大到党的二十大，是"两个一百年"奋斗目标的历史交汇期。我们既要全面建成小康社会、实现第一个百年奋斗目标，又要乘势而上开启全面建设社会主义现代化国家新征程，向第二个百年奋斗目标进军。大会综合分析国际国内形势和我国发展条件，对从2020年到本世纪中叶的中国现代化建设作出了分两个阶段进行的战略安排。第一个阶段，从2020年到2035年，在全面建成小康社会的基础上，再奋斗15年，基本实现社会主义现代化。到那时，我国经济实力、科技实力将大幅跃升，跻身创新型国家前列；人民平等参与、平等发展权利得到充分保障，法治国家、法治政府、法治社会基本建成，各方面制度更加完善，国家治理体系和治理能力现代化基本实现；社会文明程度达到新的高度，国家文化软实力显著增强，中华文化影响更加广泛深入；人民生活更为宽裕，中等收入群体比例明显提高，城乡区域发展差距和居民生活水平差距显著缩小，基本公共服务均等化基本实现，全体人民共同富裕迈出坚实步伐；现代社会治理格局基本形成，社会充满活力又和谐有序；生态环境根本好转，美丽中国目标基本实现。第二个阶段，从2035年到本世纪中叶，在基本实现现代化的基础上，再奋斗15年，把我国建成富强民主文明和谐美丽的社会主义现代化强国。到那时，我国物质文明、政治文明、精神文明、社会文明、生态文明将全面提升，实现国家治理体系和治理能力现代化，成为综合国力和国际影响力领先的国家，全体人民共同富裕基本实现，我国人民将享有更加幸福安康的生活，中华民族将以更加昂扬的姿态屹立于世界民族之林。这个战略安排，细化了实现第二个百年奋斗目标的步骤和路径，更加清晰地描绘了实现中华民族伟大复兴的壮丽前景，是关于中国现代化长远发展的又一个顶层设计，令人鼓舞，催人奋进。

大会围绕决胜全面建成小康社会和新时代中国特色社会主义发展的战略安排，就中国特色社会主义经济、政治、文化、社会、生态文明建设以及国防和军队、"一国两制"和祖国统一、外交、党的建设等各方面工作进行全面部署。

大会提出，要"贯彻新发展理念，建设现代化经济体系"，深化供给侧结构性改革，加快建设创新型国家，实施乡村振兴战略，实施区域协调发展战略，加快完善社会主义市场经济体制，推动形成全面开放新格局。要"健全人民当家作主制度体系，发展社会主义民主政治"，坚持党的领导、人民当家作主、依法治国有机统一，加强人民当家作主制度保障，发挥社会主义协商民主重要作用，深化依法治国实践，深化机构和行政体制改革，巩固和发展爱国统一战线。要"坚定文化自信，推动社会主义文化繁荣兴盛"，牢牢掌握意识形态工作领导权，培育和践行社会主义核心价值观，加强思想道德建设，繁荣发展社会主义文艺，推动文化事业和文化产业发展。要"提高保障和改善民生水平，加强和创新社会治理"，优先发展教育事业，提高就业质量和人民收入水平，加强社会保障体系建设，坚决打赢脱贫攻坚战，实施健康中国战略，打造共建共治共享的社会治理格局，有效维护国家安全。要"加快生态文明体制改革，建设美丽中国"，推进绿色发展，着力解决突出环境问题，加大生态系统保护力度，改革生态环境监管体制。要"坚持走中国特色强军之路，全面推进国防和军队现代化"。要"坚持'一国两制'，推进祖国统一"。要"坚持和平发展道路，推动构建人类命运共同体"。

大会指出，中国特色社会主义进入新时代，我们党一定要有新气象新作为。大会提出了新时代党的建设总要求，这就是：坚持和加强党的全面领导，坚持党要管党、全面从严治党，以加强党的长期执政能力建设、先进性和纯洁性建设为主线,以党的政治建设为统领,以坚定理想信念宗旨为根基,以调动全党积极性、主动性、创造性为着力点,全面推进党的政治建设、思想建设、组织建设、作风建设、纪律建设,把制度建设贯穿其中,深入推进反腐败斗争,不断提高党的建设质量,把党建设成为始终走在时代前列、人民衷心拥护、勇于自我革命、经得起各种风浪考验、朝气蓬勃的马克思主义执政党。围绕这个总要求,大会提出了全面从严治党8个方面的重点任务:一是把党的政治建设摆在首位,保证全党服从中央,坚持党中央权威和集中统一领导;二是用习近平新时代中国特色社会主义思想武装全党,以县处级以上领导干部为重点,在全党开展"不忘初心、牢记使命"主题教育;三是建设高素质专业化干部队伍,突出政治标准,提拔重用牢固树立"四个意识"和"四个自信"、坚决维护党中央权威、全面贯彻执行党的理论和路线方针政策、忠诚干净担当的干部;四是加强基层组织建设,以提升组织力为重点,突出政治功能,把企业、农村、机关、学校、科研院所、街道社区、社会组织等基层党组织建设成为宣传党的主张、贯彻党的决定、领导基层治理、团结动员群众、推动改革发展的坚强战斗堡垒;五是持之以恒正风肃纪,坚持以上率下,巩固拓展落实中央八项规定精神成果,继续整治"四风"问题,坚决反对特权思想和特权现象;六是夺取反腐败斗争压倒性胜利,坚持无禁区、全覆盖、零容忍,坚持重遏制、强高压、长震慑,坚持受贿行贿一起查,坚决防止党内形成利益集团,在市县党委建立巡察制度;七是健全党和国家监督体系,深化政治巡视,深化国家监察体制改革,组建国家、省、市、县监察委员会;八是全面增强执政本领,包括增强学习本领、增强政治领导本领、增强改革创新本领、增强科学发展本领、增强依法执政本领、增强群众工作本领、增强狠抓落实本领、增强驾驭风险本领。

大会选举产生了由204名委员、172名候补委员组成的十九届中央委员会和由133名委员组成的十九届中央纪律检查委员会。党的十九届一中全会选举产生了新一届中央政治局：选举习近平、李克强、栗战书、汪洋、王沪宁、赵乐际、韩正为中央政治局常委，习近平为中央委员会总书记；根据中央政治局常委会的提名，通过了中央书记处成员；决定习近平为中央军事委员会主席；批准赵乐际为中央纪律检查委员会书记。

2018年3月召开的十三届全国人大一次会议产生了新一届中华人民共和国国家领导人：选举习近平为中华人民共和国主席、中华人民共和国中央军事委员会主席；选举栗战书为全国人大常委会委员长；决定李克强为国务院总理。同时召开的全国政协十三届一次会议选举汪洋为全国政协主席。

2017年10月27日，新产生的中共十九届中央政治局第一次召开会议，研究部署学习宣传贯彻党的十九大精神，审议《中共中央政治局关于加强和维护党中央集中统一领导的若干规定》和《中共中央政治局贯彻落实中央八项规定的实施细则》。会议强调，党中央集中统一领导是党的领导的最高原则，从根本上关乎党和国家前途命运、关乎人民根本利益。加强和维护党中央集中统一领导是全党共同的政治责任，首先是中央领导层的政治责任。中央政治局要带头树立政治意识、大局意识、核心意识、看齐意识，严格遵守党章和党内政治生活准则，全面落实党的十九大关于加强和维护党中央集中统一领导的各项要求，自觉在以习近平同志为核心的党中央集中统一领导下履行职责、开展工作，坚决维护习近平总书记党中央的核心、全党的核心地位。中央政治局全体同志要牢固树立"四个意识"，坚定"四个自信"，主动将重大问题报请党中央研究，认真落实党中央决策部署并及时报告落实的重要进展；要带头执行党的干部政策，结合分管工作负责任地向党中央推荐干部；要对党忠诚老实，自觉同违反党章、破坏党的纪律、危害党中央集中领导和团结统一的言行作斗争，认真履行所分管部门、领域或所在地区的全面从严治党责任；要坚持每年向党中央和总书记书面述职；要严格遵守有关宣传报道的规定。中央书记处和中央纪律检查委员会、全国人大常委会党组、国务院党组、全国政协党组、最高人民法院党组、最高人民检察院党组每年向中央政治局常委会、中央政治局报告工作。会议就学习宣传贯彻党的十九大精神作出部署。

2017年10月31日，习近平带领中央政治局常委李克强、栗战书、汪洋、王沪宁、赵乐际、韩正，专程从北京前往上海和浙江嘉兴，瞻仰上海中共一大会址和浙江嘉兴南湖红船，回顾建党历史，重温入党誓词，宣示新一届党中央领导集体的坚定政治信念。同年12月25日至26日，中央政治局召开民主生活会，重点对照《中共中央政治局关于加强和维护党中央集中统一领导的若干规定》《中共中央政治局贯彻落实中央八项规定的实施细则》，进行自我检查、党性分析，开展批评和自我批评。

2018年1月5日，新进中央委员会的委员、候补委员和省部级主要领导干部学习贯彻习近平新时代中国特色社会主义思想和党的十九大精神研讨班在中央党校开班。习近平在开班式上讲话强调，建设好我们这样的大党，领导好我们这样的大国，中央委员会成员和省部级主要领导干部至关重要，必须提高政治站位、树立历史眼光、强化理论思维、增强大局观念、丰富知识素养、坚持问题导向，做到坚持和发展中国特色社会主义要一以贯之，推进党的建设新的伟大工程要一以贯之，增强忧患意识、防范风险挑战要一以贯之，以时不我待、只争朝夕的精神投入工作，推动全党全国各族人民把思想统一到党的十九大精神上来，把力量凝聚到实现党的十九大确定的目标任务上来，不断开创新时代中国特色社会主义事业新局面。习近平强调，要把我们党建设好，必须抓住"关键少数"。中央委员会成员和省部级主要领导干部必须做到信念过硬，带头做共产主义远大理想和中国特色社会主义共同理想的坚定信仰者和忠实实践者；必须做到政治过硬，牢固树立"四个意识"，在思想政治上讲政治立场、政治方向、政治原则、政治道路，在行动实践上讲维护党中央权威、执行党的政治路线、严格遵守党的政治纪律和政治规矩；必须做到责任过硬，树立正确政绩观，发扬求真务实、真抓实干的作风，以钉钉子精神担当尽责，真正做到对历史和人民负责；必须做到能力过硬，不断掌握新知识、熟悉新领域、开拓新视野，全面提高领导能力和执政水平；必须做到作风过硬，把人民群众放在心中，广泛开展调查研究，在全心全意为人民服务中提升政治站位、提高工作能力，在真心实意向人民学习中拓展工作视野、丰富工作经验、提高理论联系实际的水平，在倾听人民呼声、虚心接受人民监督中自觉进行自我反省、自我批评、自我教育，在服务人民中不断完善自己，持之以恒克服形式主义、官僚主义，久久为功祛除享乐主义和奢靡之风。

根据党的十九大精神，为了更好发挥宪法在新时代坚持和发展中国特色社会主义中的重大作用，把党的十八大以来党和人民在实践中取得的重大理论创新、实践创新、制度创新成果上升为宪法规定，2018年1月，党的十九届二中全会审议通过《中共中央关于修改宪法部分内容的建议》，提出对《中华人民共和国宪法》部分内容作出修改。建议提出的主要修改内容包括：一是确立科学发展观、习近平新时代中国特色社会主义思想在国家政治和社会生活中的指导地位，将宪法序言第七自然段中"在马克思列宁主义、毛泽东思想、邓小平理论和'三个代表'重要思想指引下"修改为"在马克思列宁主义、毛泽东思想、邓小平理论、'三个代表'重要思想、科学发展观、习近平新时代中国特色社会主义思想指引下"。二是调整充实中国特色社会主义事业总体布局和第二个百年奋斗目标的内容，将宪法序言第七自然段中"推动物质文明、政治文明和精神文明协调发展，把我国建设成为富强、民主、文明的社会主义国家"修改为"推动物质文明、政治文明、精神文明、社会文明、生态文明协调发展，把我国建设成为富强民主文明和谐美丽的社会主义现代化强国，实现中华民族伟大复兴"。三是完善依法治国和宪法实施举措，将宪法序言第七自然段中"健全社会主义法制"修改为"健全社会主义法治"。四是充实和平外交政策方面的内容，在宪法序言第十二自然段中"中国坚持独立自主的对外政策，坚持互相尊重主权和领土完整、互不侵犯、互不干涉内政、平等互利、和平共处的五项原则"后增加"坚持和平发展道路，坚持互利共赢开放战略"；将"发展同各国的外交关系和经济、文化的交流"修改为"发展同各国的外交关系和经济、文化交流，推动构建人类命运共同体"。五是充实坚持和加强中国共产党全面领导的内容，在宪法第一章总纲第一条第二款"社会主义制度是中华人民共和国的根本制度"后增写一句，内容为"中国共产党领导是中国特色社会主义最本质的特征"。六是修改国家主席任职规定，将宪法第三章国家机构第七十九条第三款"中华人民共和国主席、副主席每届任期同全国人民代表大会每届任期相同，连续任职不得超过两届"修改为"中华人民共和国主席、副主席每届任期同全国人民代表大会每届任期相同"。七是赋予监察委员会宪法地位，在宪法第三章国家机构中专门增加"监察委员会"一节，并对国家监察委员会和地方各级监察委员会的性质、地位、名称、人员组成、任期任届等作出规定。2018年1月26日，中共中央将以上修宪建议向全国人大常委会提出，建议提请十三届全国人大一次会议审议。

为了给十三届全国人大一次会议做相关准备并就党和国家机构改革作出部署，2018年2月，党中央召开十九届三中全会，审议通过了《中共中央关于深化党和国家机构改革的决定》《深化党和国家机构改革方案》以及中央政治局拟向十三届全国人大一次会议推荐的国家机构领导人员人选建议名单、拟向全国政协十三届一次会议推荐的全国政协领导人员人选建议名单等，同意把方案的部分内容按照法定程序提交十三届全国人大一次会议审议。

2018年3月召开的十三届全国人大一次会议审议通过了《中华人民共和国宪法修正案》《国务院机构改革方案》《中华人民共和国监察法》等。宪法修正案把习近平新时代中国特色社会主义思想载入国家根本法，体现了国家发展的根本需要。国务院机构改革方案的实施，使国务院机构设置更加符合实际、科学合理、更有效率，为全面贯彻落实党的十九大部署的各项任务提供了有力组织保障。监察法为构建集中统一、权威高效的中国特色国家监察体制提供了有力法治保障。

四、乘势而上开启全面建设社会主义现代化国家新征程

党的十九大以后，加强党的全面领导得到有效落实，维护党的集中统一领导的机构职能体系更加健全；全面深化改革向纵深推进，系统集成党的十八届三中全会后全面深化改革的理论成果、制度成果、实践成果，对新时代全面深化改革作出更加清晰的顶层设计，由前期重点是夯基垒台、立柱架梁，中期重点在全面推进、积厚成势，发展到着力点放到加强系统集成、系统高效上来；贯彻新发展理念日益成为从中央到地方各层级党政领导干部的自觉行动。党中央统筹中华民族伟大复兴战略全局和世界百年未有之大变局，从容自信应对各方面风险挑战，中国的改革开放和中国特色社会主义各项事业发展生机勃发，呈现新的气象。

继 2018 年隆重庆祝改革开放 40 周年之后，2019 年党和政府又举行了气势恢宏、隆重热烈的庆祝中华人民共和国成立 70 周年活动。2019 年 9 月 29 日，党中央在人民大会堂隆重举行中华人民共和国国家勋章和国家荣誉称号颁授仪式，习近平向 42 名国家勋章和国家荣誉称号获得者颁授勋章奖章。9 月 29 日晚，在人民大会堂以大型音乐舞蹈史诗形式举办庆祝中华人民共和国成立 70 周年文艺晚会《奋斗吧，中华儿女》。9 月 30 日烈士纪念日，在天安门广场人民英雄纪念碑前举行向人民英雄敬献花篮仪式，习近平等党和国家领导人和首都各界群众代表参加。10 月 1 日上午，在天安门广场隆重举行庆祝中华人民共和国成立 70 周年大会。习近平在天安门城楼上发表重要讲话，强调"今天，社会主义中国巍然屹立在世界东方，没有任何力量能够撼动我们伟大祖国的地位，没有任何力量能够阻

挡中国人民和中华民族的前进步伐"①。随后举行了盛大阅兵仪式,59个方队梯队、近1.5万官兵接受检阅。10万群众举行了以"同心共筑中国梦"为主题的群众游行。当晚,在天安门广场举办首都国庆联欢活动,党和国家领导人同6万多名北京各界群众一起联欢。9月起,在北京展览馆举办"伟大历程 辉煌成就——庆祝中华人民共和国成立70周年大型成就展"。各地各部门也组织开展了形式多样的庆祝活动和宣传教育活动。中华人民共和国成立70周年庆祝活动,充分展示了新中国成立70年来的辉煌成就,有力彰显了国威军威,极大振奋了民族精神,广泛激发了各方面力量,这是在第一个百年即将到来之际,全党全军全国各族人民万众一心,朝着全面建成小康社会目标奋进的一次伟力凝聚;是在实现中华民族伟大复兴中国梦的征程上,全体中华儿女对共同理想所作的一次豪迈宣示;是在当今世界正经历百年未有之大变局的形势下,中华人民共和国始终巍然屹立于世界东方,并且愈发蓬勃、愈发健强的一次盛大亮相。②

2020年是我国"十三五"规划的收官之年。"十三五"时期,以习近平同志为核心的党中央高瞻远瞩、统揽全局,以非凡的判断力、决策力、行动力,引领中国经济巨轮劈波斩浪、砥砺前行,取得历史性成就,经济实力、科技实力、综合国力跃上新的大台阶。2016年至2019年,我国国内生产总值年均增长6.7%。2016年至2018年,我国经济总量相继突破70万亿元、80万亿元、90万亿元大关。2020年首次突破100万亿元大关,成为全球唯一实现经济正增长的主要经济体,人均GDP 2019年、2020年连续两年超过1万美元,稳居中等偏上收入国家行列。经济结构持续优化。2015年至2020年粮食产量连续6年稳定在6.5亿吨以上,制

---

① 习近平:《在庆祝中华人民共和国成立70周年大会上的讲话》,《人民日报》2019年10月2日。

② 《中华人民共和国成立70周年庆祝活动总结会议在京举行 习近平亲切会见庆祝活动筹办工作有关方面代表》,《人民日报》2019年10月17日。

造业增加值多年位居世界首位，220 多种工业产品产量居世界第一。社会消费品零售总额接近 40 万亿元规模，消费对经济增长的贡献率进一步提升。创新型国家建设成果丰硕，2020 年，我国研发经费支出 24426 亿元，比 2015 年增长 10256 亿元，稳居世界第二；在载人航天、探月工程、深海工程、超级计算、量子信息等领域取得一批重大科技成果，若干领域实现从"跟跑"到"并跑""领跑"的跃升。基础设施日益完善，高速铁路、高速公路、发电装机容量、互联网基础设施规模均居世界第一。三大攻坚战取得重大突破。脱贫攻坚成果举世瞩目，组织实施了人类历史上规模最大、力度最强的脱贫攻坚战，5575 万农村贫困人口实现脱贫，1385 万建档立卡贫困户全部实现了"两不愁三保障"。农业现代化稳步推进，粮食生产连年丰收。1 亿农业转移人口和其他常住人口在城镇落户目标顺利实现，城镇棚户区住房改造超过 2100 万套。区域重大战略扎实推进，东中西和东北"四大板块"联动发展，京津冀协同发展、长江经济带发展、粤港澳大湾区建设、长三角一体化发展、黄河流域生态保护和高质量发展等重大区域战略加快落实。新型城镇化稳步推进，到 2019 年末，常住人口城镇化率达 60.6%。污染防治力度加大，资源能源利用效率显著提升，生态环境明显改善。2020 年，全国 337 个地级及以上城市空气质量平均优良天数的比例达到 87%，比 2015 年上升 5.8 个百分点。防范化解重大风险取得成效，初步建立系统重要性金融机构、金融控股公司、金融基础设施等统筹监管框架，全面深化资本市场改革，为防风险筑牢更加持久稳固的"防火墙"，金融风险总体可控，地方政府债务余额控制在全国人大批准的限额之内。全面深化改革取得重大突破，供给侧结构性改革持续推进。对外开放持续扩大，共建"一带一路"成果丰硕。人民生活水平显著提高，2020 年，全国居民人均可支配收入达到 32189 元，比 2015 年实际增长 31.3%，居民生活质量显著提升，消费较快增长，吃穿用有余，家电全面普及，汽车快速进入寻常百姓家。建成世界上规模最大的社会保障体系，基本医疗保障覆盖超过 13 亿人，基本养老保障覆盖近 10 亿人；全面建立实施困难残疾人生活补贴和重度残疾人护理补贴制度。教育、卫生、文化等领域发展取得新成就，教育公平和质量较大提升，医疗卫生事业加快发展，文化事业和文化产业繁荣发展。国防和军队建设水平大幅提升。国家安全全面加强，社会保持和谐稳定。"五位一体"总体布局统筹推进，经济建设、政治建设、文化建设、社会建设、生态文明建设全面加强，国家治理体系和治理能力现代化加快推进，全党全国各族人民的自信心、自豪感和凝聚力、向心力显著增强。

随着"十三五"规划目标任务的完成、全面建成小康社会胜利在望，中华民族伟大复兴向前迈出了新的一大步，标志着我国进入了一个新的发展阶段，即全面建设社会主义现代化国家向第二个百年奋斗目标进军的阶段。这在我国发展进程中具有里程碑式意义，是中华民族伟大复兴历史进程的大跨越。

"十四五"时期是我国在全面建成小康社会、实现第一个百年奋斗目标之后，乘势而上开启全面建设社会主义现代化国家新征程、向第二个百年奋斗目标进军的第一个五年。在"两个一百年"奋斗目标的历史交汇点上，2020 年 10 月，党的十九届五中全会审议通过《中共中央关于制定国民经济和社会发展第十四个五年规划和二〇三五年远景目标的建议》（以下简称《建议》）。《建议》坚持立足国内和全球视野相统筹，坚持问题导向和目标导向相统一，坚持中长期目标和短期目标相贯通，坚持全面规划和突出重点相协调，把"两个一百年"奋斗目标有机衔接起来，突出新发展理念的引领作用，明确了"十四五"时期我国经济社会发展的基本思路、主要目标以及 2035 年远景目标，统筹谋划重要领域的接续改革，提出了一批具有标志性的重大战略和富有前瞻性、全局性、基础性、针对性的重大举措。

《建议》展望 2035 年，明确我国基本实现社会主义现代化的远景目标是：经济实力、科技实力、综合国力将大幅跃升，经济总量和城乡居民人均收入将再迈上新的大台阶，关键核心技术实现重大突破，进入创新型国家前列；基本实现新型工业化、信息化、城镇化、农业现代化，建成现代化经济体系；基本实现国家治理体系和治理能力现代化，人民平等参与、平等发展权利得到充分保障，基本建成法治国家、法治政府、法治社会；建成文化强国、教育强国、人才强国、体育强国、健康中国，国民素质和社会文明程度达到新高度，国家文化软实力显著增强；广泛形成绿色生产生活方式，碳排放碳达峰后稳中有降，生态环境根本好转，美丽中国建设目标基本实现；形成对外开放新格局，参与国际经济合作和竞争新优势明显增强；人均国内生产总值达到中等发达国家水平，中等收入群体显著扩大，基本公共服务实现均等化，城乡区域发展差距和居民生活水平差距显著缩小；平安中国建设达到更高水平，基本实现国防和军队现代化；人民生活更加美好，人的全面发展、全体人民共同富裕取得更为明显的实质性进展。《建议》锚定 2035 年远景目标，强调"十四五"时期我国经济社会发展，必须统筹推进经济建设、政治建设、文化建设、社会建设、生态文明建设的总体布局，协调推进全面建设社会主义现代化国家、全面深化改革、全面依法治国、全面从严治党的战略布局，坚定不移贯彻创新、协调、绿色、开放、共享的新发展理念，坚持稳中求进工作总基调，以推动高质量发展为主题，以深化供给侧结构性改革为主线，以改革创新为根本动力，以满足人民日益增长的美好生活需要为根本目的，统筹发展和安全，加快建设现代化经济体系，加快构建以国内大循环为主体、国内国际双循环相互促进的新发展格局，推进国家治理体系和治理能力现代化，实现经济行稳致远、社会安定和谐，为全面建设社会主义现代化国家开好局、起好步。《建议》综合考虑国内外发展趋势和我国发展条件，确定"十四五"我国经济社会发展要努力实现以下主要目标：经济发展取得新成效；改革开放迈出新步伐；社会文明程度得到新提高；生态文明建设实现新进步；民生福祉达到新水平；国家治理效能得到新提升。围绕以上目标，《建议》对坚持创新驱动发展，全面塑造发展新优势；加快发展现代产业体系，推动经济体系优化升级；形成强大国内市场，构建新发展格局；全面深化改革，构建高水平社会主义市场经济体制；优先发展农业农村，全面推进乡村振兴；优化国土空间布局，推进区域协调发展和新型城镇化；繁荣发展文化事业和文化产业，提高国家文化软实力；推动绿色发展，促进人与自然和谐共生；实行高水平对外开放，开拓合作共赢新局面；改善人民生活品质，提高社会建设水平；统筹发展和安全，建设更高水平的平安中国；加快国防和军队现代化，实现富国和强军相统一等重点任务作了部署，号召全党全国各族人民团结起来，为实现"十四五"规划和2035年远景目标努力奋斗。《建议》是开启全面建设社会主义现代化国家新征程向第二个百年奋斗目标进军的纲领性文件，是此后五年乃至更长时期我国经济社会发展的行动指南。2021年3月，十三届全国人大四次会议批准实施根据《建议》编制的《中华人民共和国国民经济和社会发展第十四个五年规划和2035年远景目标纲要》。

2021年是中国共产党成立100周年。为从党的百年伟大奋斗历程中汲取继续前进的智慧和力量，深入学习贯彻习近平新时代中国特色社会主义思想，巩固深化"不忘初心、牢记使命"主题教育成果，激励全党全国各族人民满怀信心迈进全面建设社会主义现代化国家新征程，党中央决定，在全党开展党史学习教育，要求紧紧围绕学懂弄通做实党的创新理论，做到学史明理、学史增信、学史崇德、学史力行。2月20日，习近平在党史学习教育动员大会上指出："我们党的一百年，是矢志践行初心使命的一百年，是筚路蓝缕奠基立业的一百年，是创造辉煌开辟未来的一百年。在百年接续奋斗中，党团结带领人民开辟了伟大道路，建立了伟大功业，铸就了伟大精神，积累了宝贵经验，创造了中华民族发展史、人类社会进步史上令人刮目相看的奇迹。"①6月18日，习近平前往中国共产党历史展览馆，参观"'不忘初心、牢记使命'中国共产党历史展览"，并带领党员领导同志重温入党誓词。展览通过2600余幅图片、3500多件（套）文物实物，第一次全方位、全过程、全景式、史诗般展现中国共产党波澜壮阔的百年历程，浓墨重彩地反映党的不懈奋斗史、不怕牺牲史、理论探索史、为民造福史、自身建设史，使人们深刻认识到红色政权来之不易、新中国来之不易、中国特色社会主义来之不易，深刻认识到中国共产党为什么能、马克思主义为什么行、中国特色社会主义为什么好。习近平在参观时指出，党的历史是最生动、最有说服力的教科书。回望过往的奋斗路，眺望前方的奋进路，必须把党的历史学习好、总结好，把党的宝贵经验传承好、发扬好，铭记奋斗历程，担当历史使命，从党的奋斗历史中汲取前进力量。6月28日晚，庆祝中国共产党成立100周年文艺演出《伟大征程》在国家体育场盛大举行。习近平等党和国家领导人，同约2万名观众一起观看演出。6月29日，庆祝中国共产党成立100周年"七一勋章"颁授仪式在人民大会堂金色大厅隆重举行。"七一勋章"是党内最高荣誉，用于表彰全国优秀共产党员、全国优秀党务工作者和全国先进基层党组织。习近平向"七一勋章"获得者颁授勋章并发表了重要讲话。

2021年7月1日上午，庆祝中国共产党成立100周年大会在北京天安门广场隆重举行，各界代表7万余人以盛大仪式欢庆中国共产党百年华诞。习近平发表重要讲话强调，过去一百年，中国共产党向人民、向历史交出了一份优异的答卷。现在，中国共产党团结带领中国人民又踏上了实现第二个百年奋斗目标新的赶考之路。中国共产党立志于中华民族千秋伟业，百年恰是风华正茂。回首过去，展望未来，有中国共产党的坚强领导，有全国各族人民的紧密团结，全面建成社会主义现代化强国的目标一

---

① 习近平：《在党史学习教育动员大会上的讲话》，《求是》2021年第7期。

定能够实现,中华民族伟大复兴的中国梦一定能够实现。习近平代表党和人民庄严宣告:"经过全党全国各族人民持续奋斗,我们实现了第一个百年奋斗目标,在中华大地上全面建成了小康社会,历史性地解决了绝对贫困问题,正在意气风发向着全面建成社会主义现代化强国的第二个百年奋斗目标迈进。这是中华民族的伟大光荣!这是中国人民的伟大光荣!这是中国共产党的伟大光荣!"①习近平在讲话中全面回顾了中国共产党百年奋斗的光辉历程,高度评价了一百年来中国共产党团结带领中国人民创造的伟大成就,首次精辟概括了"坚持真理、坚守理想,践行初心、担当使命,不怕牺牲、英勇斗争,对党忠诚、不负人民"的伟大建党精神,深刻阐述了以史为鉴、开创未来的"九个必须",深刻回答了过去我们党为什么能够成功、未来怎样才能继续成功这个历史之问、时代之问,号召全体中国共产党员在新的赶考之路上努力为党和人民争取更大光荣。讲话高屋建瓴、思想深刻、内涵丰富,体现了深远的战略思维、强烈的历史担当、真挚的为民情怀,为全党全国各族人民向第二个百年奋斗目标迈进指明了前进方向、提供了根本遵循。

我们党历来高度注重总结历史经验。党中央认为,在党成立一百周年的重要历史时刻,在党和人民胜利实现第一个百年奋斗目标、全面建成小康社会,正在向着全面建成社会主义现代化强国的第二个百年奋斗目标迈进的重大历史关头,全面总结党的百年奋斗重大成就和历史经验,对推动全党进一步统一思想、统一意志、统一行动,团结带领全国各族人民夺取新时代中国特色社会主义新的伟大胜利,具有重大现实意义和深远历史意义。2021年11月8日至11日,党的十九届六中全会召开,审议通过了《中共中央关于党的百年奋斗重大成就和历史经验的决议》(以下简称《决议》)。

---

① 习近平:《在庆祝中国共产党成立100周年大会上的讲话》,《人民日报》2021年7月2日。

《决议》坚持辩证唯物主义和历史唯物主义的方法论，坚持正确党史观、树立大历史观，聚焦总结党的百年奋斗重大成就和历史经验，突出中国特色社会主义新时代这个重点，对重大事件、重要会议、重要人物的评价注重同党中央已有结论相衔接，是一篇光辉的马克思主义纲领性文献。

《决议》指出，一百年来，党领导人民浴血奋战、百折不挠，创造了新民主主义革命的伟大成就；自力更生、发愤图强，创造了社会主义革命和建设的伟大成就；解放思想、锐意进取，创造了改革开放和社会主义现代化建设的伟大成就；自信自强、守正创新，创造了新时代中国特色社会主义的伟大成就。党和人民百年奋斗，书写了中华民族几千年历史上最恢宏的史诗。《决议》以"夺取新民主主义革命伟大胜利""完成社会主义革命和推进社会主义建设""进行改革开放和社会主义现代化建设""开创中国特色社会主义新时代"四个部分回顾了党的百年奋斗史，强调我们党在艰辛奋斗中，把马克思列宁主义基本原理同中国具体实际相结合，创立了毛泽东思想，实现了马克思主义中国化的第一次历史性飞跃；形成中国特色社会主义理论体系，实现了马克思主义中国化新的飞跃。《决议》指出，党的十八大以来，以习近平同志为主要代表的中国共产党人，坚持把马克思主义基本原理同中国具体实际相结合、同中华优秀传统文化相结合，坚持毛泽东思想、邓小平理论、"三个代表"重要思想、科学发展观，深刻总结并充分运用党成立以来的历史经验，从新的实际出发，创立了习近平新时代中国特色社会主义思想，实现了马克思主义中国化新的飞跃。《决议》把习近平新时代中国特色社会主义思想的科学内涵从党的十九大概括的"八个明确"扩展为"十个明确"，强调这一思想回答了新时代坚持和发展什么样的中国特色社会主义、怎样坚持和发展中国特色社会主义，建设什么样的社会主义现代化强国、怎样建设社会主义现代化强国，建设什么样的长期执政的马克思主义政党、怎样建设长期执政的马克思主义政党等重大时代课题，是当代中国马克思主义、二十一世纪马克思主义，是中华文化和中国精神的时代精华；强调习近平是这一思想的主要创立者，党确立习近平同志党中央的核心、全党的核心地位，确立习近平新时代中国特色社会主义思想的指导地位，反映了全党全军全国各族人民共同心愿，对新时代党和国家事业发展、对推进中华民族伟大复兴历史进程具有决定性意义。《决议》从坚持党的全面领导、全面从严治党、经济建设、全面深化改革开放、政治建设、全面依法治国、文化建设、社会建设、生态文明建设、国防和军队建设、维护国家安全、坚持"一国两制"和推进祖国统一、外交工作等 13 个方面，分领域总结新时代党和国家事业取得的历史性成就、发生的历史性变革，重点总结九年来的原创性思想、变革性实践、突破性进展、标志性成果。强调这一时期党领导人民创造的伟大成就，为实现中华民族伟大复兴提供了更为完善的制度保证、更为坚实的物质基础、更为主动的精神力量；中国共产党和中国人民以英勇顽强的奋斗向世界庄严宣告，中华民族迎来了从站起来、富起来到强起来的伟大飞跃。《决议》深刻阐述了中国共产党百年奋斗的历史意义，指出：党的百年奋斗从根本上改变了中国人民的前途命运、开辟了实现中华民族伟大复兴的正确道路、展示了马克思主义的强大生命力、深刻影响了世界历史进程、锻造了走在时代前列的中国共产党。《决议》用"十个坚持"概括了党百年奋斗具有根本性和长远指导意义的十条历史经验，即坚持党的领导、坚持人民至上、坚持理论创新、坚持独立自主、坚持中国道路、坚持胸怀天下、坚持开拓创新、坚持敢于斗争、坚持统一战线、坚持自我革命。这十条历史经验揭示了党和人民事业不断成功的根本保证，揭示了党始终立于不败之地的力量源泉，揭示了党始终掌握历史主动的根本原因，揭示了党永葆先进性和纯洁性、始终走在时代前列的根本途径。

党的十九届六中全会《决议》，同党在 1945 年、1981 年先后通过的两个历史决议既一脉相承又与时俱进，是新时代中国共产党人牢记初心使命、坚持和发展中国特色社会主义的政治宣言，是以史为鉴、开创未来、实现中华民族伟大复兴的行动指南。

五、以中国式现代化全面推进中华民族伟大复兴

2022 年 10 月 16 日至 10 月 22 日，中国共产党第二十次全国代表大会在北京举行。习近平代表第十九届中央委员会向大会作了题为《高举中国特色社会主义伟大旗帜　为全面建设社会主义现代化国家而团结奋斗》的报告。大会通过了这个报告和《中国共产党章程（修正案）》，批准了中央纪律检查委员会的工作报告，选举产生了新一届中央委员会和中央纪律检查委员会。

党的二十大是在全党全国各族人民迈上全面建设社会主义现代化国家新征程、向第二个百年奋斗目标进军的关键时刻召开的一次十分重要的大会。大会的主题是：高举中国特色社会主义伟大旗帜，全面贯彻新时代中国特色社会主义思想，弘扬伟大建党精神，自信自强、守正创新，踔厉奋发、勇毅前行，为全面建设社会主义现代化国家、全面推进中华民族伟大复兴而团结奋斗。

大会高度评价党的十九大以来五年的工作和新时代十年的伟大变革。大会指出，党的十九大以来的五年，是极不寻常、极不平凡的五年。党中央统筹中华民族伟大复兴战略全局和世界百年未有之大变局，团结带领全党全军全国各族人民有效应对严峻复杂的国际形势和接踵而至的巨大风险挑战，攻克了许多长期没有解决的难题，办成了许多事关长远的大事要事，推动党和国家事业取得举世瞩目的重大成就。大会报告在概述党的十九大以来五年党和国家工作的基础上，以"3+16+4"的结构，全面回顾总结了新时代十年的伟大成就、伟大变革。大会报告指出，党的十八大以后的十来年，党和人民经历了 3 件具有重大现实意义和深远历史意义的大事：一是迎来中国共产党成立一百周年，二是中国特色社会主义进入

新时代，三是完成脱贫攻坚、全面建成小康社会的历史任务，实现第一个百年奋斗目标。大会从十六个方面全面系统总结了新时代十年党和国家的工作和取得的历史性成就、发生的历史性变革，包括：创立习近平新时代中国特色社会主义思想、全面加强党的领导、对新时代党和国家事业发展作出科学完整的战略部署、实现小康这个中华民族的千年梦想、提出并贯彻新发展理念、以巨大的政治勇气全面深化改革、实行更加积极主动的开放战略、坚持走中国特色社会主义政治发展道路、确立和坚持马克思主义在意识形态领域指导地位的根本制度、深入贯彻以人民为中心的发展思想、坚持绿水青山就是金山银山的理念、贯彻总体国家安全观、确立党在新时代的强军目标、全面准确推进"一国两制"实践、全面推进中国特色大国外交、深入推进全面从严治党等。大会报告从中国共产党在革命性锻造中更加坚强有力、中国人民焕发出更为强烈的历史自觉和主动精神、实现中华民族伟大复兴进入了不可逆转的历史进程、科学社会主义在 21 世纪的中国焕发出新的蓬勃生机等 4 个层面突出强调了新时代十年伟大变革在党史、新中国史、改革开放史、社会主义发展史、中华民族发展史上的里程碑式意义。

拥有马克思主义科学理论指导是我们党坚定信仰信念、把握历史主动的根本所在。大会旗帜鲜明提出：中国共产党为什么能，中国特色社会主义为什么好，归根到底是马克思主义行，是中国化时代化的马克思主义行。党的十八大以来，我们党勇于进行理论探索和创新，以全新的视野深化对共产党执政规律、社会主义建设规律、人类社会发展规律的认识，取得重大理论创新成果，集中体现为习近平新时代中国特色社会主义思想。党的十九大、十九届六中全会提出的"十个明确""十四个坚持""十三个方面成就"概括了这一思想的主要内容，必须长期坚持并不断丰富发展。大会就开辟马克思主义中国化时代化新境界进行集中阐述，提出了"两个结合"的重大命题，强调"只有把马克思主义基本原理同中国具体实际相结合、同中华优秀传统文化相结合，坚持运用辩证唯物主义和历史唯物主义，才能正确回答时代和实践提出的重大问题，才能始终保持马克思主义的蓬勃生机和旺盛活力"。大会强调，不断谱写马克思主义中国化时代化新篇章，是当代中国共产党人的庄严历史责任。继续推进实践基础上的理论创新，首先要把握好习近平新时代中国特色社会主义思想的世界观和方法论，这就是"六个必须坚持"，即：必须坚持人民至上、必须坚持自信自立、必须坚持守正创新、必须坚持问题导向、必须坚持系统观念、必须坚持胸怀天下。"六个必须坚持"高度概括、深刻阐述了习近平新时代中国特色社会主义思想的立场观点方法，为把握好、运用好这一科学理论的思想精髓，进一步提高全党马克思主义水平提供了"金钥匙"，为继续推进党的理论创新解决了"桥"和"船"的问题。"六个必须坚持"相互联系、内在统一，贯穿体现在"十个明确""十四个坚持""十三个方面成就"的全部内容之中。

中国共产党一经诞生，就把实现中国的现代化、实现中华民族伟大复兴作为自己的神圣使命，为此不懈奋斗了一百年。习近平在大会报告中庄严宣示："从现在起，中国共产党的中心任务就是团结带领全国各族人民全面建成社会主义现代化强国、实现第二个百年奋斗目标，以中国式现代化全面推进中华民族伟大复兴。"中国式现代化，是中国共产党领导的社会主义现代化，既有各国现代化的共同特征，更有基于自己国情的中国特色。大会对中国式现代化五个方面的中国特色，即是人口规模巨大的现代化、是全体人民共同富裕的现代化、是物质文明和精神文明相协调的现代化、是人与自然和谐共生的现代化、是走和平发展道路的现代化作了进一步深入阐述，同时还令人瞩目地提出了中国式现代化的九个方面本质要求和前进道路上必须牢牢把握的"五个坚持"重大原则。中国式现代化的本质要求是：坚持中国共产党领导，坚持中国特色社会主义，实现高质量发展，发展全过程人民民主，丰富人民精神世界，实现全体人民共同富裕，促进人与自然和谐共生，推动构建人类命运共同体，创造人类文明新形态。必须牢牢把握的"五个坚持"重大原则是：坚持和加强党的全面领导、坚持中国特色社会主义道路、坚持以人民为中心的发展思想、坚持深化改革开放、坚持发扬斗争精神。五个方面的中国特色、九条本质要求和"五个坚持"重大原则的提出，明确了中国式现代化的科学内涵、旨归意义、目标任务、实现途径，揭示了中国式现代化的独特优势、实践指引、光明前景，标志着我们党对中国式现代化的认识提升到一个新的高度。

大会在党的十九大描绘的全面建设社会主义现代化国家宏伟蓝图的基础上，对全面建成社会主义现代化强国作出进一步科学谋划：明确了到2035年我国"经济实力、科技实力、综合国力大幅跃升，人均国内生产总值迈上新的大台阶""实现高水平科技自立自强""基本实现国家治理体系和治理能力现代化""人的全面发展、全体人民共同富裕取得更为明显的实质性进展"等八个方面总体目标；展望到本世纪中叶，要把我国建设成为综合国力和国际影响力领先的社会主义现代化强国；明确未来五年是全面建设社会主义现代化国家开局起步的关键时期，提出了"经济高质量发展取得新突破""全过程人民民主制度化、规范化、程序化水平进一步提高""居民收入增长和经济增长基本同步""国家安全更为巩固"等主要目标任务。大会强调，教育、科技、人才是全面建设社会主义现代化国家的基础性、战略性支撑，全面依法治国是国家治理的一场深刻革命，国家安全是民族复兴的根基，大会报告为此将教育科技人才、依法治国、国家安全等三方面工作分别单独作为一个部分进行深入阐述，体现了我们党对中国式现代化规律性认识的深化，彰显了抓关键、补短板、防风险的战略考量。

围绕全面建成社会主义现代化强国特别是未来五年我国发展的目标任务，大会分别从加快构建新发展格局，着力推动高质量发展；实施科教兴国战略，强化现代化建设人才支撑；发展全过程人民民主，保障人民当家作主；坚持全面依法治国，推进法治中国建设；推进文化自信自强，铸就社会主义文化新辉煌；增进民生福祉，提高人民生活品质；推动绿色发展，促进人与自然和谐共生；推进国家安全体系和能力现代化，坚决维护国家安全和社会稳定；实现建军一百年奋斗目标，开创国防和军队现代化新局面；坚持和完善"一国两制"，推进祖国统一；促进世界和平与发展，推动构建人类命运共同体等方面进行系统设计和战略部署。

全面建设社会主义现代化国家、全面推进中华民族伟大复兴，关键在党。大会深刻分析了党所处历史方位、面临形势任务、党情发展变化，以高度的战略自信、战略清醒、战略自觉坚定不移全面从严治党，对深入推进新时代党的建设新的伟大工程进行深入阐述，强调我们党作为世界上最大的马克思主义执政党，要始终赢得人民拥护、巩固长期执政地位，必须时刻保持解决大党独有难题的清醒和坚定；要深刻认识我们党面临的"四大考验""四种危险"将长期存在，牢记全面从严治党永远在路上，党的自我革命永远在路上，决不能有松劲歇脚、疲劳厌战的情绪，必须持之以恒推进全面从严治党，深入推进新时代党的建设新的伟大工程，以党的自我革命引领社会革命。大会报告从坚持和加强党中央集中统一领导、坚持不懈用习近平新时代中国特色社会主义思想凝心铸魂、完善党的自我革命制度规范体系、建设堪当民族复兴重任的高素质干部队伍、增强党组织政治功能和组织功能、坚持以严的基调强化正风肃纪、坚决打赢反腐败斗争攻坚战持久战等七个方面对党的建设工作作出部署，提出明确要求。

习近平在大会报告的结语部分呼吁全党牢记"五个必由之路"："坚持党的全面领导是坚持和发展中国特色社会主义的必由之路，中国特色社会主义是实现中华民族伟大复兴的必由之路，团结奋斗是中国人民创造历史伟业的必由之路，贯彻新发展理念是新时代我国发展壮大的必由之路，全面从严治党是党永葆生机活力、走好新的赶考之路的必由之路。"强调这"五个必由之路"，是我们在长期实践中得出的至关紧要的规律性认识，必须倍加珍惜、始终坚持，咬定青山不放松，引领和保障中国特色社会主义巍巍巨轮乘风破浪、行稳致远。

大会通过的《中国共产党章程（修正案）》，对习近平新时代中国特色社会主义思想的科学内涵和历史定位作了充实完善；增写了党百年奋斗的重大成就和历史经验相关内容；对党的奋斗目标、社会主义初级阶段基本经济制度、"五位一体"总体布局、党的建设总体要求等相关内容作了调整和充实完善。

大会选举产生了由 205 名委员、171 名候补委员组成的二十届中央委员会和由 133 名委员组成的二十届中央纪律检查委员会。在大会闭幕后第二天召开的党的二十届一中全会上，选举产生了新一届中央政治局，选举习近平、李强、赵乐际、王沪宁、蔡奇、丁薛祥、李希为中央政治局常委，习近平全票当选为中央委员会总书记；根据中央政治局常委会的提名，通过了中央书记处成员；决定习近平为中央军事委员会主席；批准李希为中央纪律检查委员会书记。

2023 年 3 月召开的十四届全国人大一次会议产生了新一届中华人民共和国国家领导人：习近平全票当选为中华人民共和国主席、中华人民共和国中央军事委员会主席；选举赵乐际为全国人大常委会委员长；决定李强为国务院总理。同时召开的全国政协十四届一次会议选举王沪宁为全国政协主席。

为了把全党全国各族人民的思想统一到党的二十大精神上来，大会之后，中共中央发布《关于认真学习宣传贯彻党的二十大精神的决定》，对学习宣传贯彻党的二十大精神作出部署。

2023 年 2 月 7 日，新进中央委员会的委员、候补委员和省部级主要领导干部学习贯彻习近平新时代中国特色社会主义思想和党的二十大精神研讨班在中央党校（国家行政学院）开班。习近平出席开班式并发表重要讲话，就"正确理解和大力推进中国式现代化"进行深入阐述，强调概括提出并深入阐述中国式现代化理论，是党的二十大的一个重大理论创新，是科学社会主义的最新重大成果；"'中国式现代化，是中国共产党领导的社会主义现代化。'这是对中国式现代化定性的话，是管总、管根本的"①，党的领导直接关系中国式现代化的根本方向、前途命运、最终成败；中国式现代化五个方面的中国特色，深刻揭示了中国式现代化的科学内涵，既是理论概括，也是实践要求，为全面建成社会主义现代化强国、实现中华民族伟大复兴指明了一条康庄大道；中国式现代化，深深植根于中华优秀传统文化，体现科学社会主义的先进本质，借鉴吸收一切人类优秀文明成果，代表人类文明进步的发展方向，展现了不同于西方现代化模式的新图景，是一种全新的人类文明形态；中国式现代化，打破了"现代化＝西方化"的迷思，展现了现代化的另一幅图景，拓展了发展中国家走向现代化的路径选择，为人类对更好社会制度的探索提供了中国方案；推进中国式现代化是一个系统工程，需要统筹兼顾、系统谋划、整体推进，正确处理好顶层设计与实践探索、战略与策略、守正与创新、效率与公平、活力与秩序、自立自强与对外开放等一系列重大关系。讲话深刻阐述了中国式现代化的一系列重大理论和实践问题，是对中国式现代化理论的极大丰富和发展，具有很强的政治性、理论性、针对性、指导性。

2023 年 2 月，党的二十届二中全会召开。全会审议通过了拟向十四届全国人大一次会议推荐的国家机构领导人员人选建议名单和拟向全国政协十四届一次会议推荐的全国政协领导人员人选建议名单以及《党和国家机构改革方案》。3 月 16 日，《党和国家机构改革方案》对外发布，从组建中央金融委员会到组建中央科技委员会，从组建中央社会工作部到组建国家金融监督管理总局等，通过设立新的党中央决策议事协调机构、组建

---

① 习近平：《中国式现代化是中国共产党领导的社会主义现代化》，《求是》2023 年第 11 期。

新的党中央职能部门和办事机构、在重要领域设立新的党中央派出机关等，加强了党中央对重大工作的集中统一领导。

根据党的二十大部署，党中央决定，以县处级以上领导干部为重点在全党深入开展学习贯彻习近平新时代中国特色社会主义思想主题教育。2023年4月1日，中共中央发布《关于在全党深入开展学习贯彻习近平新时代中国特色社会主义思想主题教育的意见》，对主题教育作出部署。4月3日，学习贯彻习近平新时代中国特色社会主义思想主题教育工作会议在北京召开，习近平出席会议并发表动员讲话，从新时代新征程党和国家事业发展全局的战略高度，深刻阐述开展主题教育的重大意义和目标要求，对主题教育各项工作作出全面部署。这次主题教育的总要求是"学思想、强党性、重实践、建新功"，根本任务是坚持学思用贯通、知信行统一，把习近平新时代中国特色社会主义思想转化为坚定理想、锤炼党性和指导实践、推动工作的强大力量，使全党始终保持统一的思想、坚定的意志、协调的行动、强大的战斗力，努力在以学铸魂、以学增智、以学正风、以学促干方面取得实实在在的成效。主题教育自上而下分两批进行，从2023年4月开始，到2024年1月基本结束，不划阶段、不分环节，把理论学习、调查研究、推动发展、检视整改等贯通起来，有机融合、一体推进。习近平对主题教育高度重视，亲自谋划部署、全程指导推动，就如何以学铸魂、以学增智、以学正风、以学促干提出明确要求。根据党中央的统一部署，全党紧扣主题教育总要求，聚焦主题主线，明确目标任务，着力解决制约高质量发展问题、群众急难愁盼问题、党的建设突出问题，达到了预期目的，取得明显成效。

2024年1月，习近平在二十届中央纪委三次全会上提出，以学习贯彻新修订的《中国共产党纪律处分条例》（以下简称《条例》）为契机，在全党开展一次集中性纪律教育。中共中央办公厅印发《关于在全党开展党纪学习教育的通知》（以下简称《通知》），决定自2024年4月至7月，在全党开展党纪学习教育。《通知》明确，要坚持以习近平新时代中国特色社会主义思想为指导，聚焦解决一些党员、干部对党规党纪不上心、不了解、不掌握等问题，组织党员特别是党员领导干部认真学习《条例》，做到学纪、知纪、明纪、守纪，搞清楚党的纪律规矩是什么，弄明白能干什么、不能干什么，把遵规守纪刻印在心，内化为言行准则，进一步强化纪律意识、加强自我约束、提高免疫能力，增强政治定力、纪律定力、道德定力、抵腐定力，始终做到忠诚干净担当。《通知》强调，党纪学习教育要注重融入日常、抓在经常。要原原本本学，坚持个人自学与集中学习相结合，紧扣党的政治纪律、组织纪律、廉洁纪律、群众纪律、工作纪律、生活纪律进行研讨，推动《条例》入脑入心。要加强警示教育，深刻剖析违纪典型案例，注重用身边事教育身边人，让党员、干部受警醒、明底线、知敬畏。要加强解读和培训，深化《条例》理解运用。习近平多次就开展党纪学习教育发表重要讲话、作出重要指示，为开展党纪学习教育提供了重要遵循。经过学习教育，广大党员干部学纪知纪明纪守纪意识有了新的提高，党纪学习教育成果持续转化为推动高质量发展的强大动力。

六、进一步全面深化改革、推进中国式现代化

2024 年 7 月 15 日至 18 日，中国共产党第二十届中央委员会第三次全体会议在北京举行。这次全会，是在以中国式现代化全面推进强国建设、民族复兴伟业的关键时期举行的一次十分重要的会议。全会听取和讨论了习近平受中央政治局委托所作的工作报告，充分肯定党的二十届二中全会以来中央政治局的工作，高度评价新时代以来全面深化改革的成功实践和伟大成就，审议通过了《中共中央关于进一步全面深化改革、推进中国式现代化的决定》（以下简称《决定》）。

全会通过的《决定》，紧紧围绕推进中国式现代化这个主题擘画进一

步全面深化改革的指导思想、总目标、重大原则、战略举措、根本保证等，除引言和结束语外，共有 15 个部分，分三大板块。第一部分为第一板块，是总论，主要阐述进一步全面深化改革、推进中国式现代化的重大意义和总体要求。第二至第十四部分为第二板块，是分论，主要从经济、政治、文化、社会、生态文明、国家安全、国防和军队等方面部署改革。第十五部分为第三板块，主要讲加强党对改革的领导、深化党的建设制度改革、党风廉政建设和反腐败斗争。

《决定》强调，进一步全面深化改革，必须坚持马克思列宁主义、毛泽东思想、邓小平理论、"三个代表"重要思想、科学发展观，全面贯彻习近平新时代中国特色社会主义思想，深入学习贯彻习近平总书记关于全面深化改革的一系列新思想、新观点、新论断，完整准确全面贯彻新发展理念，坚持稳中求进工作总基调，坚持解放思想、实事求是、与时俱进、求真务实，进一步解放和发展社会生产力、激发和增强社会活力，统筹国内国际两个大局，统筹推进"五位一体"总体布局，协调推进"四个全面"战略布局，以经济体制改革为牵引，以促进社会公平正义、增进人民福祉为出发点和落脚点，更加注重系统集成，更加注重突出重点，更加注重改革实效，推动生产关系和生产力、上层建筑和经济基础、国家治理和社会发展更好相适应，为中国式现代化提供强大动力和制度保障。《决定》明确进一步全面深化改革的总目标是：继续完善和发展中国特色社会主义制度，推进国家治理体系和治理能力现代化。到 2035 年，全面建成高水平社会主义市场经济体制，中国特色社会主义制度更加完善，基本实现国家治理体系和治理能力现代化，基本实现社会主义现代化，为到本世纪中叶全面建成社会主义现代化强国奠定坚实基础。要聚焦构建高水平社会主义市场经济体制，聚焦发展全过程人民民主，聚焦建设社会主义文化强国，聚焦提高人民生活品质，聚焦建设美丽中国，聚焦建设更高水平平安中国，聚焦提高党的领导水平和长期执政能力，继续把改革推向前进。到

2029 年中华人民共和国成立 80 周年时，完成本决定提出的改革任务。这实际上是清晰规划了进一步全面深化改革的路线图、时间表。《决定》同时强调，进一步全面深化改革要总结和运用改革开放以来特别是新时代全面深化改革的宝贵经验，贯彻坚持党的全面领导、坚持以人民为中心、坚持守正创新、坚持以制度建设为主线、坚持全面依法治国、坚持系统观念等原则。

《决定》锚定 2035 年基本实现社会主义现代化目标，围绕党和国家中心任务，对未来五年进一步全面深化改革作出系统部署，提出了一系列重大改革举措。强调要构建高水平社会主义市场经济体制，健全推动经济高质量发展体制机制，构建支持全面创新体制机制，健全宏观经济治理体系，完善城乡融合发展体制机制，完善高水平对外开放体制机制，健全全过程人民民主制度体系，完善中国特色社会主义法治体系，深化文化体制机制改革，健全保障和改善民生制度体系，深化生态文明体制改革，推进国家安全体系和能力现代化，持续深化国防和军队改革，提高党对进一步全面深化改革、推进中国式现代化的领导水平。

《决定》注重发挥经济体制改革的牵引作用。深化经济体制改革仍是进一步全面深化改革的重点，主要任务是完善有利于推动高质量发展的体制机制，塑造发展新动能新优势，坚持和落实"两个毫不动摇"，构建全国统一大市场，完善市场经济基础制度。高水平社会主义市场经济体制是中国式现代化的重要保障。《决定》围绕处理好政府和市场关系这个核心问题，把构建高水平社会主义市场经济体制摆在突出位置，强调必须更好发挥市场机制作用，创造更加公平、更有活力的市场环境，实现资源配置效率最优化和效益最大化，既"放得活"又"管得住"，更好维护市场秩序、弥补市场失灵，畅通国民经济循环，激发全社会内生动力和创新活力。着眼增强国有企业核心功能、提升核心竞争力，提出增强各有关管理部门战略协同，推进国有经济布局优化和结构调整，推动国有资本和国有企业做强做优做大；着眼推动非公有制经济发展，提出制定民营经济促进法，加强产权执法司法保护，防止和纠正利用行政、刑事手段干预经济纠纷。提出加强公平竞争审查刚性约束，清理和废除妨碍全国统一市场和公平竞争的各种规定和做法，完善要素市场制度和规则，等等。这些举措将更好激发全社会内生动力和创新活力。高质量发展是全面建设社会主义现代化国家的首要任务。《决定》对健全推动经济高质量发展体制机制、促进新质生产力发展作出部署。围绕发展以高技术、高效能、高质量为特征的生产力，提出加强新领域新赛道制度供给，建立未来产业投入增长机制，以国家标准提升引领传统产业优化升级，促进各类先进生产要素向发展新质生产力集聚。科学的宏观调控、有效的政府治理是发挥社会主义市场经济体制优势的内在要求。《决定》对健全宏观经济治理体系作出部署，提出必须增强宏观政策取向的一致性，完善国家战略规划体系和政策统筹协调机制；统筹推进财税体制改革，增加地方自主财力，拓展地方税源，合理扩大地方政府专项债券支持范围，适当加强中央事权、提高中央财政支出比例；完善金融机构定位和治理，健全投资和融资相协调的资本市场功能，完善金融监管体系。《决定》对完善城乡融合发展体制机制作出部署，提出健全推进新型城镇化体制机制；巩固和完善农村基本经营制度；完善强农惠农富农支持制度；深化土地制度改革。对完善高水平对外开放体制机制作出部署，提出稳步扩大制度型开放；深化外贸体制改革；深化外商投资和对外投资管理体制改革；优化区域开放布局；完善推进高质量共建"一带一路"机制等。

教育、科技、人才是中国式现代化的基础性、战略性支撑。《决定》注重构建支持全面创新的体制机制，提出必须深入实施科教兴国战略、人才强国战略、创新驱动发展战略，统筹推进教育科技人才体制机制一体改革，健全新型举国体制，提升国家创新体系整体效能。在教育体制改革方面，提出分类推进高校改革，建立科技发展、国家战略需求牵引的学科设置调整机制和人才培养模式，超常布局急需学科专业；完善高校科技创新机制，提高成果转化效能。在科技体制改革方面，提出加强国家战略科技力量建设，优化国家科研机构、高水平研究型大学、科技领军企业定位和布局，改进科技计划管理，强化基础研究领域、交叉前沿领域、重点领域前瞻性、引领性布局；强化企业科技创新主体地位，建立培育壮大科技领军企业机制；允许科研类事业单位实行比一般事业单位更灵活的管理制度，探索实行企业化管理；深化职务科技成果赋权改革。在人才发展体制机制改革方面，提出加快建设国家战略人才力量，提高各类人才素质；完善青年创新人才发现、选拔、培养机制，更好保障青年科技人员待遇；强化人才激励机制，坚持向用人主体授权、为人才松绑；完善海外引进人才支持保障机制。

《决定》在统筹推进"五位一体"总体布局、协调推进"四个全面"战略布局框架下谋划进一步全面深化改革，统筹部署经济体制改革和其他各领域改革。在民主和法治领域改革方面，对健全全过程人民民主制度体系、完善中国特色社会主义法治体系分别作出部署。提出加强人民当家作主制度建设；健全协商民主机制；健全基层民主制度；完善大统战工作格局。提出加强重点领域、新兴领域、涉外领域立法；健全监察机关、公安机关、检察机关、审判机关、司法行政机关各司其职，监察权、侦查权、检察权、审判权、执行权相互配合、相互制约的体制机制；完善推进法治社会建设机制。在文化体制改革方面，着眼于推进物质文明和精神文明相协调的现代化，提出推动理想信念教育常态化制度化，改进创新文明培育、文明实践、文明创建工作机制；优化文化服务和文化产品供给机制，建立优质文化资源直达基层机制；健全网络综合治理体系；推进国际传播格局重构，构建更有效力的国际传播体系。在健全保障和改善民生制度体系方面，提出完善收入分配制度，规范收入分配秩序；优化创业促进就业政策环境，支持和规范发展新就业形态；健全灵活就业人员、农民工、新就业形态人员社保制度，全面取消在就业地参保户籍限制；提出加快构建房地产发展新模式，充分赋予各城市政府房地产市场调控自主权；提出深化医药卫生体制改革，实施健康优先发展战略；提出健全人口发展支持和服务体系，完善生育支持政策体系和激励机制，完善发展养老事业和养老产业政策机制，按照自愿、弹性原则稳妥有序推进渐进式延迟法定退休年龄改革。在生态文明体制改革方面，提出完善生态文明基础体制，健全生态环境治理体系，健全绿色低碳发展机制；提出实施分区域、差异化、精准管控的生态环境管理制度，健全横向生态保护补偿机制，实施支持绿色低碳发展的财税、金融、投资、价格政策和标准体系，加快规划建设新型能源体系。

国家安全是中国式现代化行稳致远的重要基础。《决定》把维护国家安全放到更加突出位置，强调要全面贯彻总体国家安全观，完善维护国家安全体制机制，实现高质量发展和高水平安全良性互动，切实保障国家长治久安。围绕推进国家安全体系和能力现代化，提出构建联动高效的国家安全防护体系，推进国家安全科技赋能；健全重大突发公共事件处置保障体系；建立人工智能安全监管制度；探索建立全国统一的人口管理制度；完善社会治安整体防控体系，依法严惩群众反映强烈的违法犯罪活动。提出建立健全周边安全工作协调机制；健全反制裁、反干涉、反"长臂管辖"机制；健全贸易风险防控机制，完善涉外法律法规体系和法治实施体系，深化执法司法国际合作。围绕持续深化国防和军队改革，提出完善人民军队领导管理体制机制，深化联合作战体系改革，深化跨军地改革。

党的领导是进一步全面深化改革、推进中国式现代化的根本保证。《决定》强调，要坚持党中央对进一步全面深化改革的集中统一领导。党中央领导改革的总体设计、统筹协调、整体推进，提出完善党中央重大决策部署落实机制。要深化党的建设制度改革，以调动全党抓改革、促发展的积极性、主动性、创造性为着力点，完善党的建设制度机制。深化干部人事制度改革，鲜明树立选人用人正确导向，大力选拔政治过硬、敢于担当、锐意改革、实绩突出、清正廉洁的干部，着力解决干部乱作为、不作为、不敢为、不善为问题；树立和践行正确政绩观，落实"三个区分开来"，激励干部开拓进取、干事创业；增强党组织政治功能和组织功能。要深入推进党风廉政建设和反腐败斗争，健全政治监督具体化、精准化、常态化机制。健全防治形式主义、官僚主义制度机制，健全不正之风和腐败问题同查同治机制，丰富防治新型腐败和隐性腐败的有效办法。《决定》强调，要以钉钉子精神抓好改革落实。全党必须求真务实抓落实、敢作善为抓落实，坚持上下协同、条块结合，科学制定改革任务书、时间表、优先序，明确各项改革实施主体和责任，以实绩实效和人民群众满意度检验改革。

党的二十届三中全会及通过的《决定》，坚持正确政治方向，着力抓住推进中国式现代化需要破解的重大体制机制问题谋划改革，主题鲜明，重点突出，举措务实可行，充分彰显了以习近平同志为核心的党中央将改革进行到底的坚强决心和强烈使命担当，是对新时代新征程举什么旗、走什么路的再宣示，是新时代新征程上推动全面深化改革向广度和深度进军的总动员、总部署，必将为以中国式现代化全面推进强国建设、民族复兴伟业提供强大动力和制度保障。

全面建成社会主义现代化强国，实现中华民族伟大复兴，是一场接力跑，每一代人都要为下一代人跑出一个好成绩。改革开放以来特别是党的十八大以来，中国人民和中华民族在历史进程中积累的强大能量已经充分爆发出来了。全党全国各族人民更加紧密地团结在以习近平同志为核心的党中央周围，高举中国特色社会主义伟大旗帜，全面贯彻习近平新时代中国特色社会主义思想，以坚如磐石的信心、只争朝夕的劲头、坚韧不拔的毅力，求真务实、真抓实干，攻坚克难、善作善成，一定能够战胜一切艰难险阻、惊涛骇浪，扎扎实实、踏踏实实把强国建设、民族复兴伟业不断推向前进，一定能够用新的伟大奋斗在中国式现代化康庄大道上创造新的时代辉煌，创造让世界刮目相看的新的更大的中国奇迹。

第二章 "万山磅礴有主峰"：坚持和加强党的全面领导

中国特色社会主义最本质的特征是中国共产党领导，中国特色社会主义制度的最大优势是中国共产党领导，党是最高政治领导力量。党的十八大以来，以习近平同志为核心的党中央旗帜鲜明提出，党的领导是党和国家的根本所在、命脉所在，是全国各族人民的利益所系、命运所系，全党必须自觉在思想上政治上行动上同党中央保持高度一致，提高科学执政、民主执政、依法执政水平，提高把方向、谋大局、定政策、促改革的能力，确保充分发挥党总揽全局、协调各方的领导核心作用。党中央出台一系列加强和维护党中央集中统一领导的若干规定，防止和反对个人主义、分散主义、自由主义、本位主义、好人主义等，健全党的领导制度体系，完善党领导人大、政府、政协、监察机关、审判机关、检察机关、武装力量、人民团体、企事业单位、基层群众性自治组织、社会组织等制度，确保党在各种组织中发挥领导作用；完善推动党中央重大决策落实机制，严格执行向党中央请示报告制度。党的十八大以来，党中央权威和集中统一领导得到有力保证，党的领导方式更加科学，全党思想上更加统一、政治上更加团结、行动上更加一致，党的政治领导力、思想引领力、群众组织力、社会号召力显著增强。

一、党的领导是中国特色社会主义最本质特征，是新时代坚持和发展中国特色社会主义的根本保证

党的十一届三中全会后，党为加强和改善党的领导不懈努力，为党和国家事业发展提供了根本政治保证。但是，必须清醒看到，在坚持和加强党的领导方面，一段时间里党内也存在不少认识模糊、行动乏力问题，存在不少落实党的领导弱化、虚化、淡化、边缘化问题，特别是对党中央重大决策部署执行不力，有的搞上有政策、下有对策，甚至口是心非、擅自行事。党的十八大以来，以习近平同志为核心的党中央旗帜鲜明提出，党的领导是党和国家的根本所在、命脉所在，是全国各族人民的利益所系、命运所系，全党必须自觉在思想上政治上行动上同党中央保持高度一致，提高科学执政、民主执政、依法执政水平，提高把方向、谋大局、定政策、促改革的能力，确保充分发挥党总揽全局、协调各方的领导核心作用。

2013 年 12 月 10 日，在中央经济工作会议上，习近平指出，"中国特色社会主义有很多特点和特征，但最本质的特征是坚持中国共产党领导。加强党对经济工作的领导，全面提高党领导经济工作水平，是坚持民主集中制的必然要求，也是我们政治制度的优势。党是总揽全局、协调各方的，经济工作是中心工作，党的领导当然要在中心工作中得到充分体现"①。2014 年 1 月 14 日，在十八届中央纪委三次全会上，他又说："党是我们各项事业的领导核心，古人讲的'六合同风，九州共贯'，在当代中国，没有党的领导，这个是做不到的。中央委员会，中央政治局，中央政治局常委会，这是党的领导决策核心。党中央作出的决策部署，党的组

---

① 中共中央文献研究室编：《习近平关于社会主义经济建设论述摘编》，中央文献出版社 2017 年版，第 318 页。

织、宣传、统战、政法等部门要贯彻落实，人大、政府、政协、法院、检察院的党组织要贯彻落实，事业单位、人民团体等的党组织也要贯彻落实，党组织要发挥作用。各方面党组织应该对党委负责、向党委报告工作。有的同志习惯于把分管工作当成自己的禁脔，觉得既然分管就没有必要报告了，也不希望其他人来过问，有的甚至不愿意党委过问，不然就是党政不分了。这种想法是不正确的。党委是起领导核心作用的，各方面都应该自觉向党委报告重大工作和重大情况，在党委统一领导下尽心尽力做好自身职责范围内的工作。报告一下有好处，集思广益，群策群力，事情能办得更好。各地区各部门党委（党组）要加强向党中央报告工作，这也是一个规矩。"[1]同年2月17日，在省部级主要领导干部学习贯彻十八届三中全会精神全面深化改革专题研讨班上，习近平说："我们必须搞清楚，我国人民民主与西方所谓的'宪政'本质上是不同的。中国共产党领导是中国特色社会主义最本质的特征。""我们讲依宪治国、依宪执政，不是要否定和放弃党的领导，而是强调党领导人民制定宪法和法律，党领导人民执行宪法和法律，党自身必须在宪法和法律范围内活动。"[2]5月9日，在参加河南省兰考县委常委班子专题民主生活会时，习近平深刻指出："中国最大的国情就是中国共产党的领导。什么是中国特色？这就是中国特色。中国共产党领导的制度是我们自己的，不是从哪里克隆来的，也不是亦步亦趋效仿别人的。"[3]2015年2月2日，在省部级主要领导干部学习贯彻党的十八届四中全会精神全面推进依法治国专题研讨班上，习近平进一步强调："在当今中国，没有大于中国共产

---

[1] 中共中央文献研究室编：《十八大以来重要文献选编》（上），中央文献出版社2014年版，第772页。

[2] 中共中央文献研究室编：《习近平关于社会主义政治建设论述摘编》，中央文献出版社2017年版，第27—28页。

[3] 中共中央文献研究室编：《习近平关于社会主义政治建设论述摘编》，中央文献出版社2017年版，第28页。

党的政治力量或其他什么力量。党政军民学，东西南北中，党是领导一切的，是最高的政治领导力量。""我国社会主义政治制度优越性的一个突出特点是党总揽全局、协调各方的领导核心作用，形象地说是'众星捧月'，这个'月'就是中国共产党。在国家治理体系的大棋局中，党中央是坐镇中军帐的'帅'，车马炮各展其长，一盘棋大局分明。如果中国出现了各自为政、一盘散沙的局面，不仅我们确定的目标不能实现，而且必定会产生灾难性后果。"①同年7月6日，在中央党的群团工作会议上，习近平指出："国家治理体系是由众多子系统构成的复杂系统。这个系统的核心是中国共产党，党是领导一切的，人大、政府、政协、法院、检察院、军队，各民主党派和无党派人士，各企事业单位，工会、共青团、妇联等群团组织，既各负其责，又相互配合，一个都不能少。"②2015年12月，在中央政治局"三严三实"专题民主生活会上，他又指出："我们这么大一个党、一个国家，没有集中统一，没有党中央坚强领导，没有强有力的中央权威，是不行的、不可想象的。""维护党中央权威，决不是一般问题和个人的事，而是方向性、原则性问题，是党性，是大局"。③2016年1月29日，中央政治局召开会议，审议《中央政治局常委会听取和研究全国人大常委会、国务院、全国政协、最高人民法院、最高人民检察院党组工作汇报和中央书记处工作报告的综合情况报告》。会议第一次明确提出"四个意识"，强调"只有增强政治意识、大局意识、核心意识、看齐意识，自觉在思想上政治上行动上同以习近平同志为核心的党中央保持高度一致，才能使我们党更加团结统

---

①　习近平：《论坚持党对一切工作的领导》，中央文献出版社2019年版，第8—9页。

②　习近平：《论坚持党对一切工作的领导》，中央文献出版社2019年版，第9—10页。

③　中共中央党史和文献研究院、中央"不忘初心、牢记使命"主题教育领导小组办公室编：《习近平关于"不忘初心、牢记使命"论述摘编》，中央文献出版社、党建读物出版社2019年版，第102页。

一、坚强有力，始终成为中国特色社会主义事业的坚强领导核心"①。在庆祝中国共产党成立 95 周年大会上，习近平重申："办好中国的事情，关键在党。中国特色社会主义最本质的特征是中国共产党领导，中国特色社会主义制度的最大优势是中国共产党领导。"②

2017 年 2 月 13 日，在省部级主要领导干部学习贯彻党的十八届六中全会精神专题研讨班上，习近平进一步指出："只有党中央有权威，才能把全党牢固凝聚起来，进而把全国各族人民紧密团结起来，形成万众一心、无坚不摧的磅礴力量。如果党中央没有权威，党的理论和路线方针政策可以随意不执行，大家各自为政、各行其是，想干什么就干什么，想不干什么就不干什么，党就会变成一盘散沙，就会成为自行其是的'私人俱乐部'，党的领导就会成为一句空话。"③ 十八届六中全会指出，一个国家、一个政党，领导核心至关重要。全党必须牢固树立政治意识、大局意识、核心意识、看齐意识，自觉在思想上政治上行动上同党中央保持高度一致。党的各级组织、全体党员特别是高级干部都要向党中央看齐，向党的理论和路线方针政策看齐，向党中央决策部署看齐，做到党中央提倡的坚决响应、党中央决定的坚决执行、党中央禁止的坚决不做。一段时间内，无视党中央权威的现象广泛存在，有些还很严重。习近平就此列举："有的立场不稳、丧失原则，在重大原则问题和大是大非面前立场摇摆、态度暧昧，没有同党中央保持高度一致；有的自以为是、胡言乱语，在重大政治问题上公开发表同党中央精神相违背的意见，对党中央大政方针说三道四；有的有令不行、有禁不止，在贯彻党的决议和党中央决策部署上搞上

---

① 《中共中央政治局召开会议 审议〈中央政治局常委会听取和研究全国人大常委会、国务院、全国政协、最高人民法院、最高人民检察院党组工作汇报和中央书记处工作报告的综合情况报告〉》，《人民日报》2016 年 1 月 30 日。

② 习近平：《在庆祝中国共产党成立 95 周年大会上的讲话》，《人民日报》2016 年 7 月 2 日。

③ 中共中央文献研究室编：《习近平关于社会主义政治建设论述摘编》，中央文献出版社 2017 年版，第 36 页。

有政策下有对策……有的弄虚作假、欺上瞒下，事前不请示，事后不报告，或者只报成绩不报问题和缺点，向党中央打埋伏；有的自作主张、瞒天过海，对党中央决策部署打折扣、做选择、搞变通，致使党中央决策部署在贯彻执行中变形走样、落不了地；有的狂妄自大、阳奉阴违，把自己凌驾于党组织之上，把自己主政或分管的地方和部门当成'独立王国''私人领地'，拥护党中央的口号喊得震天响，实际上却是公开或者变相贩卖私货，背着党中央另搞一套；有的野心膨胀、权欲熏心，在党内培植个人势力，搞各种非组织派别活动，甚至公开搞分裂党的政治勾当，同党中央对着干。周永康、薄熙来、郭伯雄、徐才厚、令计划等人就是其中的典型代表。这说明，一些人目无政治纪律、无视党中央权威已经到了何种程度？如不坚决克服，就会对党和人民事业造成严重损害。"①习近平总书记关于加强党的全面领导的重要论述，具有强烈的问题导向和现实针对性。

党的十九大报告把"坚持党对一切工作的领导"作为全面贯彻落实习近平新时代中国特色社会主义思想 14 条基本方略的第一条，明确要求："党政军民学，东西南北中，党是领导一切的。必须增强政治意识、大局意识、核心意识、看齐意识，自觉维护党中央权威和集中统一领导，自觉在思想上政治上行动上同党中央保持高度一致，完善坚持党的领导的体制机制……提高党把方向、谋大局、定政策、促改革的能力和定力，确保党始终总揽全局、协调各方。"②2017 年 10 月 25 日，党的十九届一中全会选举产生了新一届中央领导机构，习近平在会上发表讲话，再次强调加强党的领导特别是党中央权威和集中统一领导问题，指出："党中央权威和集中统一领导，最关键的是政治领导。看一名党员干部特别是

---

① 中共中央党史和文献研究院、中央"不忘初心、牢记使命"主题教育领导小组办公室编：《习近平关于"不忘初心、牢记使命"论述摘编》，中央文献出版社、党建读物出版社 2019 年版，第 109 页。

② 《党的十九大报告学习辅导百问》，党建读物出版社、学习出版社 2017 年版，第 16 页。

高级干部的素质和能力，首先看政治上是否站得稳、靠得住。站得稳、靠得住，最重要的就是要牢固树立'四个意识'，自觉在思想上政治上行动上同党中央保持高度一致，坚决维护党中央权威和集中统一领导，在各项工作中毫不动摇、百折不挠贯彻落实党中央决策部署，不打任何折扣，不要任何小聪明，不搞任何小动作。中央委员会的每一位同志都要旗帜鲜明讲政治，自觉以马克思主义政治家的标准严格要求自己，找准政治站位，增强政治意识，强化政治担当。要注重提高政治能力，特别是把握方向、把握大势、把握全局的能力和保持政治定力、驾驭政治局面、防范政治风险的能力。"[①] 党的十九大选举产生了由 204 名中央委员、172 名候补中央委员组成的新一届中央委员会。2018 年 1 月 5 日，在新进中央委员会的委员、候补委员和省部级主要领导干部学习贯彻习近平新时代中国特色社会主义思想和党的十九大精神研讨班上，习近平发表讲话，强调"党的领导是新时代坚持和发展中国特色社会主义的根本保证。没有中国共产党，哪有社会主义中国？哪有中国特色社会主义？哪有中华民族伟大复兴？"[②] 同年 1 月 11 日，在党的十九届中央纪委二次全会上，习近平又指出："坚持党的领导是方向性问题，必须旗帜鲜明、立场坚定，决不能羞羞答答、语焉不详，决不能遮遮掩掩、搞自我麻痹。坚持党的领导，最根本的是坚持党中央权威和集中统一领导。党章规定'四个服从'，最根本的是全党各个组织和全体党员服从党的全国代表大会和中央委员会；党中央强调'四个意识'，最根本的是坚决维护党中央权威和集中统一领导。这都不是空洞的口号，不能只停留在口头表态上，要落实到行动上。党中央要求各级领导干部特别是高级干部当政治上的

---

① 中共中央党史和文献研究院、中央"不忘初心、牢记使命"主题教育领导小组办公室编：《习近平关于"不忘初心、牢记使命"论述摘编》，中央文献出版社、党建读物出版社2019 年版，第 113—114 页。

② 习近平：《推进党的建设新的伟大工程要一以贯之》，《求是》2019 年第 19 期。

明白人，做到心中有党，就是要自觉把工作放在党中央工作大局中考量和部署，自觉做到党中央提倡的坚决响应、党中央决定的坚决执行、党中央禁止的坚决不做，执行党中央决策部署不讲条件、不打折扣、不搞变通。"①2018 年 7 月 3 日，习近平在全国组织工作会议上强调，"坚持党的领导，首先是坚持党中央权威和集中统一领导，这是党的领导的最高原则，任何时候任何情况下都不能含糊、不能动摇"。"党中央必须有定于一尊、一锤定音的权威。党的地方组织的根本任务是确保党中央决策部署贯彻落实，有令即行、有禁即止"，要"坚决扭转一些地方和部门存在的党的领导弱化、党的建设缺失现象"。② 中国的改革开放是中国共产党启动和推进的改革开放。在庆祝改革开放 40 周年大会上，习近平全面回顾总结我国改革开放波澜壮阔的历史进程和宝贵经验，指出："正是因为始终坚持党的集中统一领导，我们才能实现伟大历史转折、开启改革开放新时期和中华民族伟大复兴新征程，才能成功应对一系列重大风险挑战、克服无数艰难险阻，才能有力应变局、平风波、战洪水、防非典、抗地震、化危机，才能既不走封闭僵化的老路也不走改旗易帜的邪路，而是坚定不移走中国特色社会主义道路。坚持党的领导，必须不断改善党的领导，让党的领导更加适应实践、时代、人民的要求。在坚持党的领导这个决定党和国家前途命运的重大原则问题上，全党全国必须保持高度的思想自觉、政治自觉、行动自觉，丝毫不能动摇。"③2019 年 10 月 31 日，在党的十九届四中全会第二次全体会议上，习近平指出："中国特色社会主义制度是一个严密完整的科学制度体系，起四梁八柱作用的是根本制度、基本制度、重要制度，其中具有统领地位的是党的领导制度。

---

① 习近平：《论坚持党对一切工作的领导》，中央文献出版社 2019 年版，第 223 页。

② 中共中央文献研究室编：《十九大以来重要文献选编》（上），中央文献出版社 2019 年版，第 554—555、560 页。

③ 习近平：《在庆祝改革开放 40 周年大会上的讲话》，《人民日报》2018 年 12 月 19 日。

党的领导制度是我国的根本领导制度。""我们推进各方面制度建设、推动各项事业发展、加强和改进各方面工作，都必须坚持党的领导，自觉贯彻党总揽全局、协调各方的根本要求。"①2020年6月29日，中共十九届中央政治局就"深入学习领会和贯彻落实新时代党的组织路线"举行第二十一次集体学习。习近平在主持学习时发表讲话，深刻阐明："加强党的组织建设，根本目的是坚持和加强党的全面领导，为推进中国特色社会主义事业提供坚强保证"，全党要"自觉在思想上政治上行动上同党中央保持高度一致，保持坚强政治定力和正确前进方向，充分发挥各级党委（党组）、各领域基层党组织的政治功能和组织功能，把广大党员、干部和各方面人才有效组织起来，把广大人民群众广泛凝聚起来，形成为夺取新时代中国特色社会主义新胜利而团结奋斗的强大力量"。②

2021年7月1日，习近平在庆祝中国共产党成立100周年大会上发表重要讲话，同年11月党的十九届六中全会通过《中共中央关于党的百年奋斗重大成就和历史经验的决议》，讲话和《决议》都把"坚持党的领导"作为党百年奋斗取得的最重要历史经验并放在第一位突出强调，指出："中华民族近代以来180多年的历史、中国共产党成立以来100年的历史、中华人民共和国成立以来70多年的历史都充分证明，没有中国共产党，就没有新中国，就没有中华民族伟大复兴。"③"只要我们坚持党的全面领导不动摇，坚决维护党的核心和党中央权威，充分发挥党的领导政治优势，把党的领导落实到党和国家事业各领域各方面各环节，就一定能

---

① 习近平：《中国共产党领导是中国特色社会主义最本质的特征》，《求是》2020年第14期。

② 习近平：《贯彻落实新时代党的组织路线　不断把党建设得更加坚强有力》，《求是》2020年第15期。

③ 习近平：《在庆祝中国共产党成立100周年大会上的讲话》，《人民日报》2021年7月2日。

够确保全党全军全国各族人民团结一致向前进。"①

二、坚决维护习近平总书记党中央的核心、全党的核心地位，深刻领悟"两个确立"的决定性意义

坚决维护习近平总书记党中央的核心、全党的核心地位，保证全党令行禁止，形成思想和行动高度统一的整体，这对于维护党中央权威和集中统一领导，更好地凝聚党和人民的力量，推进中国特色社会主义伟大事业和民族复兴大业，意义重大而深远。

确立和维护无产阶级政党的领导核心，始终是马克思主义建党学说的一个基本观点。马克思、恩格斯在领导欧洲工人运动和创立科学社会主义理论、建立无产阶级政党的实践中，始终强调"权威"的必要性和重要性。马克思指出："一个单独的提琴手是自己指挥自己，一个乐队就需要一个乐队指挥。"1872年1月，恩格斯在总结巴黎公社失败教训时，更是一针见血指出："巴黎公社遭到灭亡，就是由于缺乏集中和权威。"只有"集中和权威"才能"把我们的一切力量捏在一起，并使这些力量集中在同一个攻击点上"。②1871年建立的巴黎公社是人类历史上第一次由无产阶级夺取和掌握政权的伟大尝试。巴黎公社建立后，选举产生了由86人组成的巴黎公社委员会，但是因为过分强调集体领导，委员会不设主席，只在开会的时候设会议主席，会议主席没有实际权力，而且几天就更换，导致公社领导层"群龙无首"；在巴黎公社委员会下，设立了军事、财政、司法、粮食、治安等9个专门委员会，由9个专门委员会再各选出1名代表组成执行委员会，公社的权力就是由这9人执行委员会行使，造成"九龙

---

① 《中共中央关于党的百年奋斗重大成就和历史经验的决议》，《人民日报》2021年11月17日。

② 《马克思恩格斯文集》第10卷，人民出版社2009年版，第375页。

治水"。"群龙无首","九龙治水",既无权威、核心,也无集中、统一,这是巴黎公社遭受灭亡的最重要原因之一。"没有权威,就不可能有任何的一致行动。"①1873 年,恩格斯特别写出《论权威》一文,在文中形象地比喻说,能最清楚说明权威的重要性的,"要算是在汪洋大海上航行的船了。那里,在危急关头,大家的生命能否得救,就要看所有的人能否立即绝对服从一个人的意志"②。1917 年俄国十月革命前,在无产阶级敢不敢于组织队伍夺取政权、何时夺取政权、以什么方式夺取政权等重大问题上,俄国布尔什维克党内也曾发生严重分歧,但是由于这时党内有列宁这个全党高度信赖的核心,在关键时刻能够力排众议,凝聚力量,指点迷津,才使得十月革命得以发动并最终取得胜利。从中国共产党的历史看,邓小平 1989 年 6 月说过,在 1935 年"遵义会议以前,我们的党没有形成过一个成熟的党中央。从陈独秀、瞿秋白、向忠发、李立三到王明,都没有形成过有能力的中央"③。由于没有形成成熟的、有能力的中央——当然也就谈不上形成大家公认的党中央的核心、全党的核心——这是民主革命时期一段时间我们党多次出现"左"、右倾错误,革命屡遭挫折失败的重要原因。直到经过遵义会议,经过延安整风,在不断反思和多次比较中,毛泽东的领袖地位,毛泽东的核心地位,毛泽东思想的指导地位,被全党"心悦诚服地""空前一致地""空前自觉地"公认,被党的六届七中全会和党的七大所进一步确认,才保证了中国革命不断从胜利走向胜利,最终夺取政权。关于领导核心问题,毛泽东曾明确表示:"领导核心只能有一个。一个桃子剖开来有几个核心吗?不,只有一个核心。"如果"各人都以自己为核心,那么就是有了好多核心了";作为无产阶级政党领导核心的人必须"十分忠诚"和"十分有经验",如若没有这样的领导核心,那"怎样进行斗争呢?怎样搞经济、

---

① 《马克思恩格斯文集》第 10 卷,人民出版社 2009 年版,第 372 页。
② 《马克思恩格斯文集》第 3 卷,人民出版社 2009 年版,第 337 页。
③ 《邓小平文选》第三卷,人民出版社 1993 年版,第 309 页。

怎样搞财政、怎样搞干部教育……呢？不可以的"。因此"要形成领导核心，我们党要有领导核心"，① 要"反对'一国三公'"②。邓小平也说过："任何一个领导集体都要有一个核心，没有核心的领导是靠不住的。"③1994 年 9 月，党的十四届四中全会通过的《中共中央关于加强党的建设几个重大问题的决定》强调："必须有一个在实践中形成的坚强的中央领导集体，在这个领导集体中必须有一个核心。如果没有这样的领导集体和核心，党的事业就不能胜利。"④

今天的中国共产党是一个有着 9900 多万名党员、510 多万个基层党组织的马克思主义政党，团结带领 14 亿多人民进行社会主义现代化建设，治国理政任务之艰巨、责任之重大、情况之复杂是世界上其他任何政党都无法比拟的。没有党中央的核心、全党的核心，就没有党中央的权威和集中统一领导，就会导致各自为政，就什么事都干不成。"每一个社会时代都需要有自己的大人物，如果没有这样的人物，它就要把他们创造出来。"⑤这是马克思引用过的一句名言。列宁在十月革命后也说过，"伟大的革命在其斗争过程中会造就伟大的人物，使过去看来不可能发挥的才能发挥出来"⑥。对于马克思主义政党来说，这样的"大人物"，毫无疑问，就是这个党的最高权威和核心，只有强有力的"核心"才能够带领出强有力的政党。

党的十八大以来，中国特色社会主义进入新时代，中华民族迎来了从站起来、富起来到强起来的伟大飞跃。对于进入复兴关键期、正经历伟大变革的中华民族来说，这是一个需要领袖而且产生了领袖、需要巨人而且产生了巨人的时代。面对艰巨繁重的国内改革发展稳定任务和波诡云谲的

---

① 毛泽东在西北高干会议上的报告《党的布尔什维克化（十二条）》，1942 年 11 月 21 日。
② 《毛泽东文集》第三卷，人民出版社 1996 年版，第 69 页。
③ 《邓小平文选》第三卷，人民出版社 1993 年版，第 310 页。
④ 《中共中央关于加强党的建设几个重大问题的决定》，《人民日报》1994 年 10 月 7 日。
⑤ 《马克思恩格斯文集》第 2 卷，人民出版社 2009 年版，第 137 页。
⑥ 《列宁选集》第 3 卷，人民出版社 2012 年版，第 712 页。

国际局势，习近平作为党的总书记，以马克思主义政治家、思想家、战略家的深刻洞察力、敏锐判断力和战略定力，以伟大历史主动精神、巨大政治勇气、强烈责任担当和"我将无我，不负人民"的赤子情怀，在带领全党全国各族人民奋进新时代的伟大实践中，统筹国内国际两个大局，统揽伟大斗争、伟大工程、伟大事业、伟大梦想，正本清源，扶危定倾，出台一系列重大方针政策，推出一系列重大举措，推进一系列重大工作，战胜一系列重大风险挑战，深刻回答了事关党和国家发展的一系列方向性、根本性、全局性、战略性重大问题，解决了许多长期想解决而没有解决的难题，办成了许多过去想办而没有办成的大事，引领"中国号"巨轮不断驶向光明彼岸，赢得了全党全军全国各族人民的衷心爱戴、高度信赖和国际社会的广泛赞誉，成为当之无愧的党中央的核心、全党的核心。

党的核心地位不是自封的，而是在长期艰苦实践和伟大斗争中形成的。习近平从小受革命家庭的红色熏陶，不到 16 岁就上山下乡，在陕北黄土高原度过艰苦的知青岁月，之后进入清华大学学习，离开大学校园后进入中央机关工作，然后主动要求下到地方当县委书记这样的"一线总指挥"，长期在县、市、省重要领导岗位做实际工作。陕北 7 年，清华 4 年，军委机关 3 年，正定 3 年，福建 17 年，浙江 5 年，上海近 1 年，然后到中央工作。从西北到华北，再到东南沿海地区，中国的西部、中部、东部地区，习近平都待过，党和国家各个领导层级都干过，农民、大学生、军人、干部都当过。习近平总书记这个党中央核心、全党核心的形成，具有深厚的政治基础、实践基础、群众基础、历史基础。

2016 年，在党的十八届六中全会文件征求意见的过程中，广大党员干部就希望这次全会能够明确习近平总书记为党中央的核心、全党的核心。在党的十八届六中全会上，中央委员会成员一致赞成正式提出"以习近平同志为核心的党中央"，一致认为党的十八大以来的实践充分证明，习近平总书记作为党中央的核心、全党的核心，是众望所归，当之无愧、名副其实；一致表示明确习近平总书记的核心地位，反映了全党的共同意志，反映了全党全军全国各族人民的共同心愿。2016年10月28日，即党的十八届六中全会闭幕第二天，《人民日报》发表社论指出："我们这样的大国、大党，要凝聚全党、团结人民、战胜挑战、破浪前进，保证我们党始终成为坚强有力的马克思主义执政党、始终成为中国特色社会主义的坚强领导力量，党中央、全党必须有一个核心。党的十八大以来，习近平总书记带领全党全军全国各族人民开创了中国特色社会主义伟大事业和党的建设新的伟大工程新局面，在改革发展稳定、内政外交国防、治党治国治军等方面取得了一系列具有重大现实意义和深远历史意义的成就，实现了党和国家事业的继往开来。习近平总书记在新的伟大斗争实践中已经成为党中央的核心、全党的核心。"①党的十九大通过的党章修正案将由习近平为主要创立者的习近平新时代中国特色社会主义思想确立为党的指导思想。党的十九大以后，在指导学习宣传贯彻十九大精神的过程中，党中央明确提出要引导全党自觉"维护习近平总书记党中央的核心、全党的核心地位，维护党中央权威和集中统一领导"②。2017年11月，中共中央办公厅转发的《中央宣传部、中央组织部关于认真组织学习〈习近平谈治国理政〉第二卷的通知》指出："学习贯彻习近平新时代中国特色社会主义思想是当前和今后一个时期全党的重大政治任务，也是增强政治意识、大局意识、核心意识、看齐意识，维护习近平总书记党中央的核心、全党的核心地位，维护党中央权威和集中统一领导，在思想上政治上行动上同以习近平同志为核心的党中央保持高度一致的实际举措。"③同年12月25

---

① 《坚定不移推进全面从严治党》，《人民日报》2016年10月28日。

② 《全面准确宣讲党的十九大精神 增强宣讲活动针对性和实效性》，《人民日报》2017年11月2日。

③ 《中办转发〈中央宣传部、中央组织部关于认真组织学习《习近平谈治国理政》第二卷的通知〉》，《人民日报》2017年11月23日。

日至 26 日召开的中央政治局民主生活会把"带头维护习近平总书记党中央的核心、全党的核心地位，维护党中央权威和集中统一领导情况"作为中央政治局成员对照检查的重点内容之一。2018 年 8 月，中共中央印发修订后的《中国共产党纪律处分条例》，增加了"两个维护""四个意识"等内容，并对在重大原则问题上不同党中央保持一致，搞山头主义、落实党中央决策部署打折扣、搞变通、搞两面派、做两面人等行为的处理作出具体规定。同年 9 月 21 日召开的中央政治局会议完整提出全党要"增强'四个意识'、坚定'四个自信'、做到'两个维护'"①。2019 年 1 月，中共中央印发《关于加强党的政治建设的意见》，进一步指出："坚持和加强党的全面领导，最重要的是坚决维护党中央权威和集中统一领导；坚决维护党中央权威和集中统一领导，最关键的是坚决维护习近平总书记党中央的核心、全党的核心地位。"②这一要求，要言不烦地深刻揭示了"两个维护"的内在联系和政治逻辑。

2021 年 11 月召开的党的十九届六中全会进一步提出"两个确立"重大论断，强调"党确立习近平同志党中央的核心、全党的核心地位，确立习近平新时代中国特色社会主义思想的指导地位，反映了全党全军全国各族人民共同心愿，对新时代党和国家事业发展、对推进中华民族伟大复兴历史进程具有决定性意义"③。万山磅礴，必有主峰；船重千钧，掌舵一人。在新时代伟大变革中，习近平总书记作为党中央的核心、全党的核心，在风云变幻中举旗定向、掌舵领航，在大战大考中指挥若定、运筹帷幄，在惊涛骇浪中力挽狂澜、砥柱中流，统领改革发展稳定、内政外交国

---

① 《中共中央政治局召开会议 审议〈中国共产党支部工作条例（试行）〉和〈2018—2022 年全国干部教育培训规划〉》，《人民日报》2018 年 9 月 22 日。

② 《中共中央关于加强党的政治建设的意见》，《人民日报》2019 年 2 月 28 日。

③ 《中共中央关于党的百年奋斗重大成就和历史经验的决议》，《人民日报》2021 年 11 月 17 日。

防、治党治国治军，充分展现了马克思主义政治家、思想家、战略家的恢弘气魄、远见卓识、雄韬伟略，不愧为党的核心、人民领袖、军队统帅，不愧为党领导人民成就伟业的主心骨，不愧为中华民族伟大复兴号巨轮的掌舵者、领航人。事实有力证明，党确立习近平同志党中央的核心、全党的核心地位，确立习近平新时代中国特色社会主义思想的指导地位，对新时代党和国家事业发展、对推进中华民族伟大复兴历史进程具有决定性意义。"两个确立"是战胜一切艰难险阻、应对一切不确定性的最大确定性、最大底气、最大保证，是推动党和国家事业取得历史性成就、发生历史性变革的决定性因素。

三、把坚持党的全面领导落实到国家治理各领域各环节

坚持和加强党对一切工作的领导，坚持党总揽全局、协调各方的领导核心地位，这一要求不是空洞的、抽象的，必须体现和落实到国家治理的方方面面，体现和落实到国家政权的机构、体制、制度等的设计、安排、运行之中，确保党的领导贯穿治国理政全过程、实现全覆盖，确保党的领导始终坚强有力。

——健全党中央集中统一领导的体制机制。党的领导制度是我国的根本领导制度，是一个系统完备、内涵丰富的制度体系，主要包括 6 个方面的制度。一是建立不忘初心、牢记使命的制度并形成长效机制，为坚持和完善党的领导制度体系奠定坚实基础；二是完善坚定维护党中央权威和集中统一领导的各项制度，坚决把维护习近平总书记党中央的核心、全党的核心地位落到实处，明确了这一制度体系必须坚持的最高原则；三是健全党的全面领导制度，确保党在各种组织中发挥领导作用，是这一制度体系的主体内容；四是健全为人民执政、靠人民执政各项制度，巩固党执政的阶级基础，厚植党执政的群众基础，体现了这一制度体系的价值追求；五

是健全提高党的执政能力和领导水平制度，提高党把方向、谋大局、定政策、促改革的能力，反映了这一制度体系的实践要求；六是完善全面从严治党制度，贯彻新时代党的建设总要求，为坚持和完善党的领导制度体系提供坚强保证。这6个方面的制度彼此支撑、相互联系，共同构筑了党的领导制度体系大厦，是坚持和加强党对一切工作领导的根本制度保障。

坚持党的全面领导，确保党的领导核心地位，首先是坚持党中央的集中统一领导。党中央对党和国家工作的全方位领导，涵盖了改革发展稳定、内政外交国防、治党治国治军的各个方面、各个领域，体现在统筹推进"五位一体"总体布局、协调推进"四个全面"战略布局全过程。要建立健全党对重大工作的领导体制机制，在中央政治局及其常委会领导下，优化党中央决策议事协调机构，负责重大工作的顶层设计、总体布局、统筹协调、整体推进。其他方面的议事协调机构要同党中央议事协调机构的设立调整相衔接，保证令行禁止和工作高效。2015年1月16日，中共中央政治局常委会全天召开会议，专门听取全国人大常委会、国务院、全国政协、最高人民法院、最高人民检察院党组汇报工作。会议指出，加强党中央的集中统一领导，支持全国人大常委会、国务院、全国政协、最高人民法院、最高人民检察院依法依章程履行职责、大胆工作、发挥作用，这两个方面是统一的，两个方面哪一方面都不能偏。中央政治局常委会听取全国人大常委会、国务院、全国政协、最高人民法院、最高人民检察院党组汇报工作，是保证党中央集中统一领导的制度性安排，意义十分重大。之后这成为一种惯例。党中央对全国人大常委会、国务院、全国政协、最高人民法院、最高人民检察院的统一领导，很重要的一个制度安排是通过党组。党组是党中央和地方各级党委在非党组织的领导机关中设立的组织机构，是实现党对非党组织领导的重要组织形式和制度保证。同年6月，中共中央印发《中国共产党党组工作条例（试行）》，对党组的设立、职责、组织原则、议事决策等作出明确规范，成为党组设立和运行的总遵循。根据党中央规定，党的组织在同级组织中处于领导地位，在国家机关、事业单位、群团组织、社会组织、企业和其他组织中设立的党委（党组），接受批准其成立的党委统一领导，定期汇报工作，确保党的方针政策和决策部署在同级组织中得到贯彻落实，加快在新型经济组织和社会组织中建立健全党的组织机构，做到党的工作进展到哪里，党的组织就覆盖到哪里。党的十八大以来，针对国有企业不同程度存在的党的领导弱化、淡化、虚化、边缘化问题，2015年党中央批准印发了《关于在深化国有企业改革中坚持党的领导加强党的建设的若干意见》等。2016年10月，习近平出席全国国有企业党的建设工作会议并发表重要讲话，强调坚持党的领导、加强党的建设，是国企的"根"和"魂"，明确要求新形势下必须发挥企业党组织的领导核心和政治核心作用，保证党和国家方针政策、重大部署在国企贯彻执行。针对金融工作存在的问题，2017年7月，习近平在全国金融工作会议上强调，做好新形势下金融工作，要坚持党中央对金融工作集中统一领导，确保金融改革发展正确方向。针对一些党组织对群团工作领导不到位、不得力等问题，2014年底，中央政治局会议审议通过《关于加强和改进党的群团工作的意见》。2015年7月，在中央党的群团工作会议上，习近平提出要形成和坚持党委统一领导、党政齐抓共管、部门各负其责、党员干部带头示范、群团履职尽责的群团工作格局。针对一些地方和高校在办学方向上的模糊认识、思想政治工作重视不够等问题，习近平2016年12月在全国高校思想政治工作会议上强调，必须牢牢掌握党对高校工作的领导权，使高校成为坚持党的领导的坚强阵地。2017年2月，中共中央、国务院印发《关于加强和改进新形势下高校思想政治工作的意见》，明确提出了加强和改进高校思想政治工作的指导思想、基本原则和主要任务等。在这一系列重要决策和重大部署的指引下，党总揽全局、协调各方的作用充分发挥，党的领导弱化、淡化、虚化、边缘化的状况得到根本扭转，党的坚强有力领导成为全党全军全国人民统一思想、统一意志、统一行动、战胜各种风险挑战，为实现中华民族伟大复兴而不懈奋斗的根本保证。

为了加强党中央集中统一领导，习近平亲自担任中央全面深化改革领导小组、中央网络安全和信息化领导小组、中央军委深化国防和军队改革领导小组、中央财经领导小组等多个领导小组的组长，统揽全局，全面加强对经济建设、政治建设、文化建设、社会建设、生态文明建设、军队和国防建设等工作的领导。仅党的十八大后的5年间，习近平就主持召开38次中央全面深化改革领导小组会议，审议通过重点改革文件360多个。

2017年10月27日，新产生的党的十九届中央政治局第一次召开会议即审议《中共中央政治局关于加强和维护党中央集中统一领导的若干规定》，强调党中央集中统一领导是党的领导的最高原则，从根本上关乎党和国家前途命运、关乎人民根本利益。加强和维护党中央集中统一领导是全党共同的政治责任，首先是中央领导层的政治责任。中央政治局要带头树立"四个意识"，严格遵守党章和党内政治生活准则，全面落实党的十九大关于加强和维护党中央集中统一领导的各项要求，自觉在以习近平同志为核心的党中央集中统一领导下履行职责、开展工作，坚决维护习近平总书记作为党中央的核心、全党的核心地位，凝聚全党意志，激发全国各族人民朝着实现"两个一百年"奋斗目标、建设社会主义现代化强国、实现中华民族伟大复兴中国梦的宏伟目标奋勇前进。

党的十九届四中全会明确提出"完善坚定维护党中央权威和集中统一领导的各项制度"，强调推动全党增强"四个意识"、坚定"四个自信"、做到"两个维护"，自觉在思想上政治上行动上同以习近平同志为核心的党中央保持高度一致，坚决把维护习近平总书记党中央的核心、全党的核心地位落到实处；健全党中央对重大工作的领导体制，强化党中央决策议事协调机构职能作用，完善推动党中央重大决策落实机制，严格执行向党中央请示报告制度，确保令行禁止；健全维护党的集中统一的组织制度，形成党的中央组织、地方组织、基层组织上下贯通、执行有力的严密体系，实现党的组织和党的工作全覆盖。这一制度安排为强化党中央权威和集中统一领导提供了有力保证。

2020年9月，中共中央印发《中国共产党中央委员会工作条例》，把"坚持党对一切工作的领导，确保党中央集中统一领导"作为中央委员会开展工作必须把握的第一条原则，强调中央委员会、中央政治局、中央政治局常务委员会是党的组织体系的大脑和中枢，在推进中国特色社会主义事业中把方向、谋大局、定政策、促改革。涉及全党全国性的重大方针政策问题，只有党中央有权作出决定和解释。《条例》着眼加强中央委员会工作，对党中央的领导地位、领导体制、领导职权、领导方式、决策部署、自身建设等作出全面规定，为保证党中央对党和国家事业的集中统一领导提供了基本遵循。

——严格执行向党中央请示报告制度。请示报告制度是我们党的一项重要制度，从制度上保证了党中央的权威和集中统一领导。党的十八届六中全会通过的《关于新形势下党内政治生活的若干准则》规定："全国人大常委会、国务院、全国政协，中央纪律检查委员会，最高人民法院、最高人民检察院，中央和国家机关各部门，各人民团体，各省、自治区、直辖市，其党组织要定期向党中央报告工作。研究涉及全局的重大事项或作出重大决定要及时向党中央请示报告，执行党中央重要决定的情况要专题报告。遇有突发性重大问题和工作中重大问题要及时向党中央请示报告，情况紧急必须临机处置的，要尽职尽力做好工作，并迅速报告。"①《中共中央政治局关于加强和维护党中央集中统一领导的若干规定》要求：中央政治局全体同志要牢固树立"四个意识"，坚定"四个自信"，主动将重大问题报请党中央研究，认真落实党中央决策部署并及时报告落实的重要

---

① 《关于新形势下党内政治生活的若干准则》，《人民日报》2016年11月3日。

进展；要带头执行党的干部政策，结合分管工作负责任地向党中央推荐干部；要对党忠诚老实，自觉同违反党章、破坏党的纪律、危害党中央集中领导和团结统一的言行作斗争，认真履行所分管部门、领域或所在地区的全面从严治党责任；要坚持每年向党中央和总书记书面述职；要严格遵守有关宣传报道的规定。中央书记处和中央纪律检查委员会、全国人大常委会党组、国务院党组、全国政协党组、最高人民法院党组、最高人民检察院党组每年向中央政治局常委会、中央政治局报告工作。2019年2月，中共中央印发《中国共产党重大事项请示报告条例》，强调涉及党和国家工作全局的重大方针政策，经济、政治、文化、社会、生态文明建设和党的建设中的重大原则和问题，国家安全、港澳台侨、外交、国防、军队等党中央集中统一管理的事项，以及其他只能由党中央领导和决策的重大事项，必须向党中央请示报告。《条例》对于坚决做到"两个维护"，保证全党团结统一和行动一致，推动请示报告工作全面走上制度化、规范化、科学化轨道，具有重要意义。根据党章和《中国共产党党内监督条例》《中国共产党地方委员会工作条例》《中国共产党党组工作条例（试行）》《中国共产党工作机关条例（试行）》等制度规定，各地区各部门党委（党组）也要加强向党中央报告工作。

——深化党和国家机构改革。为了从党和国家机构职能上确保坚持和加强党的领导、坚持和完善中国特色社会主义制度，党中央把深化党和国家机构改革工作提上议事日程。2018年2月，党的十九届三中全会通过了《中共中央关于深化党和国家机构改革的决定》和《深化党和国家机构改革方案》。《决定》明确了深化党和国家机构改革的指导思想、目标、原则，强调深化党和国家机构改革的目标是构建系统完备、科学规范、运行高效的党和国家机构职能体系，形成总揽全局、协调各方的党的领导体系，职责明确、依法行政的政府治理体系，中国特色、世界一流的武装力量体系，联系广泛、服务群众的群团工作体系，推动人大、政府、政协、监察机关、审判机关、检察机关、人民团体、企事业单位、社会组织等在党的统一领导下协调行动、增强合力，全面提高国家治理能力和治理水平；强调深化党和国家机构改革的首要任务，是完善坚持党的全面领导的制度，加强党对各领域各方面工作领导，确保党的领导全覆盖，确保党的领导更加坚强有力；要建立健全党对重大工作的领导体制机制，强化党的组织在同级组织中的领导地位，更好发挥党的职能部门作用，统筹设置党政机构，推进党的纪律检查体制和国家监察体制改革。《决定》还就优化政府机构设置和职能配置、统筹党政军群机构改革、合理设置地方机构、推进机构编制法定化等工作作出部署。

全会通过的《深化党和国家机构改革方案》决定：深化党中央机构改革，组建国家监察委员会；组建中央全面依法治国委员会；组建中央审计委员会；中央全面深化改革领导小组、中央网络安全和信息化领导小组、中央财经领导小组、中央外事工作领导小组改为委员会；组建中央教育工作领导小组；组建中央和国家机关工作委员会；组建新的中央党校（国家行政学院）；组建中央党史和文献研究院；中央组织部统一管理中央机构编制委员会办公室和公务员工作；中央宣传部统一管理新闻出版、电影工作；中央统战部统一领导国家民族事务委员会，统一管理宗教、侨务工作等。深化全国人大机构改革，组建全国人大社会建设委员会；全国人大内务司法委员会更名为全国人大监察和司法委员会；全国人大法律委员会更名为全国人大宪法和法律委员会。深化国务院机构改革，组建自然资源部；组建生态环境部；组建农业农村部；组建文化和旅游部；组建国家卫生健康委员会；组建退役军人事务部；组建应急管理部；重新组建科学技术部；重新组建司法部；优化审计署职责；组建国家市场监督管理总局；组建国家广播电视总局；组建中央广播电视总台；组建中国银行保险监督管理委员会；组建国家国际发展合作署；组建国家医疗保障局；组建国家粮食和物资储备局；组建国家移民管理局；组建国家林业和草原局；重新组建国家知识产权局；改革国税地税征管体制等。深化全国政协机构改革，组建全国政协农业和农村委员会；全国政协文史和学习委员会更名为全国政协文化文史和学习委员会；全国政协教科文卫体委员会更名为全国政协教科卫体委员会。深化行政执法体制改革，整合组建市场监管综合执法队伍；整合组建生态环境保护综合执法队伍；整合组建文化市场综合执法队伍；整合组建交通运输综合执法队伍；整合组建农业综合执法队伍。深化跨军地改革，按照军是军、警是警、民是民原则，将列武警部队序列、国务院部门领导管理的现役力量全部退出武警，将国家海洋局领导管理的海警队伍转隶武警部队，将武警部队担负民事属性任务的黄金、森林、水电部队整体移交国家相关职能部门并改编为非现役专业队伍，撤收武警部队海关执勤兵力，理顺武警部队领导管理和指挥使用关系。深化群团组织改革，着力解决"机关化、行政化、贵族化、娱乐化"等问题，把群团组织建设得更加充满活力、更加坚强有力。深化地方机构改革，着力完善维护党中央权威和集中统一领导的体制机制，省市县各级涉及党中央集中统一领导和国家法制统一、政令统一、市场统一的机构职能要基本对应。赋予省级及以下机构更多自主权，突出不同层级职责特点，允许地方根据本地区经济社会发展实际，在规定限额内因地制宜设置机构和配置职能。统筹设置党政群机构，在省市县对职能相近的党政机关探索合并设立或合署办公，市县要加大党政机关合并设立或合署办公力度。《方案》要求中央和国家机关机构改革在2018年底前落实到位；省级党政机构改革方案2018年9月底前报党中央审批，2018年底前机构调整基本到位。所有地方机构改革任务在2019年3月底前基本完成。党的十九届三中全会作出的决定和相关决策在2018年3月召开的十三届全国人大一次会议和十三届全国政协一次会议上经过法定程序得到体现和贯彻落实。

深化党和国家机构改革，是贯彻落实党的十九大决策部署的第一场硬仗，是对党和国家组织结构和管理体制的一次系统性、整体性重构。党的十九届三中全会后，从中央到地方，上下同心、扎实推进，各项改革部署迅速落实到位。2018 年 3 月，新组建的国家监察委员会正式揭牌运行，党和国家机构改革全面铺开。11 月，31 个省（区、市）机构改革方案全部对外公布。党中央加大统的力度、明确改的章法、做好人的工作、执行严的纪律，按照先中央、后省级、再省以下的路线图压茬推进，用一年多的时间总体完成了改革任务。新组建和重新组建部级机构 25 个，调整优化领导管理体制和职责部级机构 31 个，印发 39 个部门"三定"规定和 25 个部门调整职责的通知。部门机构编制职数严格控制在总盘子内，总体实现精简。通过机构改革，整体性调整优化了中央和地方各级各类组织机构和管理体制，重构性健全了党的领导体系、政府治理体系、武装力量体系、群团工作体系，加强了党对深化改革、依法治国、经济、国家安全、网络信息、外交、机构编制、军民融合、审计、教育、农业农村等重大工作的领导，充实了党的组织、宣传、统战、政法、机关党建、教育培训等部门职责配置，强化了归口协调本系统本领域重大工作职能，加强党的全面领导得到有效落实，维护党的集中统一领导的机构职能体系更加健全。通过改革，党把方向、谋大局、定政策、促改革的能力得到提高，党总揽全局、协调各方的地位得到巩固。

——严格执行民主集中制。坚持党对一切工作的领导，必须健全和认真落实民主集中制的各项具体制度，特别是要健全党领导国家权力机关、行政机关、监察机关、司法机关和人民团体的制度，健全各级党委（党组）的工作制度和行为规范，健全正确处理上下级党组织工作关系的具体制度，健全各级党委议事规则，把党章规定的基本原则具体化、制度化，保证全党在思想上政治上行动上高度一致。民主集中制是我们党的根本组织原则和领导制度，把充分发扬党内民主和正确实行集中有机结合起来，既可以最大限度激发全党创造活力，又可以统一全党思想和行动，有效防止和克服议而不决、决而不行的分散主义，是科学合理而又有效率的制度。

党的十八大以来，我们党高度重视发展党内民主。习近平举例说："党的代表大会报告、党的全会文件、党的重要文件和重大决策、政府工作报告、重大改革发展举措、部门重要工作文件，都要在党内一定范围征求意见，有的不止征求一次，还要征求两次、三次，部门的重要文件，有的要征求全部省区市的意见和建议，有的要征求几十家中央和国家部门的意见和建议。""我们中央领导同志也经常通过召开座谈会、下去调研、找人谈话、研究调研材料等多种形式，听取各方面意见和建议。党中央作出重大决策都是很慎重的，重大方案要经过部门讨论、各有关中央领导小组讨论、国务院讨论，然后才拿到中央政治局常委会会议、中央政治局会议上审议。如果审议通不过，还要拿回去重新研究……这些环节都有制度性规定，不是可有可无的。很多重大工作部署，从部门提出到中央政治局会议审议通过，要经过五六道关，涉法事项还要到全国人大讨论。看上去有些繁琐，但这样做的目的，就是为了充分发扬民主，广泛听取意见和建议，做到兼听则明、防止偏听则暗，做到科学决策、民主决策、依法决策。"但是，在听了各方面意见建议之后，一旦党中央作出决定，各方就要坚决贯彻执行，不能某个决策不符合自己的意见、不对自己的胃口就不执行。在坚决执行的条件下，有意见、有问题可以通过党内程序反映，直至向党中央反映。习近平强调："我们这么大一个党、这么大一个国家，如果没有党中央定于一尊的权威，公说公有理，婆说婆有理，争论不休，不仅会误事，而且要乱套！"①

---

① 习近平：《论坚持全面深化改革》，中央文献出版社 2018 年版，第 322—323 页。

第三章 树立和贯彻新发展理念，
引领经济高质量发展

　　发展是解决我国一切问题的基础和关键。改革开放以后，我们党紧紧扭住经济建设这个中心，创造出经济快速发展奇迹。党的十八大以来，针对一些地方和部门存在片面追求速度规模、发展方式粗放，经济结构性体制性矛盾不断积累，发展不平衡、不协调、不可持续等问题，党中央提出，我国经济发展进入新常态，已由高速增长阶段转向高质量发展阶段，传统发展模式难以为继。党中央强调，贯彻新发展理念是关系我国发展全局的一场深刻变革，不能简单以生产总值增长率论英雄，必须实现创新成为第一动力、协调成为内生特点、绿色成为普遍形态、开放成为必由之路、共享成为根本目的的高质量发展，推动经济发展质量变革、效率变革、动力变革。党加强对经济工作的战略谋划和统一领导，作出坚持以高质量发展为主题、以供给侧结构性改革为主线、建设现代化经济体系、把握扩大内需战略基点，打好防范化解重大风险、精准脱贫、污染防治三大攻坚战等重大决策。党毫不动摇巩固和发展公有制经济，毫不动摇鼓励、支持、引导非公有制经济发展，加快完善社会主义市场经济体制；坚持实施创新驱动发展战略，把科技自立自强作为国家发展的战略支撑；全面实施供给侧结构性改革，推进去产能、去库存、去杠杆、降成本、补短板，壮大实体经济，发展数字经济；完善宏观经济治理，创新宏观调控思路和方式，增强宏观政策自主性，实施积极的财政政策和稳健的货币政策，坚持推进简政放权、放管结合、优化服务，保障粮食安全、能源资源安全、产业链供应链安全；实施区域协调发展战略，促进京津冀协同发展、长江经济带发展、粤港澳大湾区建设、长三角一体化发展、黄河流域生态保护和高质量发展；把握新发展阶段、贯彻新发展理念、构建新发展格局。党的十八大以来，我国经济发展平衡性、协调性、可持续性明显增强，国内生产总值突破百万亿元大关，人均国内生产总值超过一万美元，国家经济实力、科技实力、综合国力跃上新台阶，我国经济迈上更高质量、更有效率、更加公平、更可持续、更为安全的发展之路。

一、适应和引领经济发展新常态，深化供给侧结构性改革

2013 年下半年，党中央作出了我国经济正处于增长速度换挡期、结构调整阵痛期、前期刺激政策消化期"三期叠加"阶段的重要判断。在这年底召开的中央经济工作会议上，习近平指出："面对我国经济增长速度换挡期、结构调整阵痛期、前期刺激政策消化期'三期叠加'的状况……我们强调要冷静观察、谨慎从事、谋定而后动。"[1]"三期叠加"描述了我国经济发展所处的状态和阶段性特征，为谋划和制定适应这一特征的经济发展政策提供了重要依据。

2014 年 5 月 10 日，在河南考察工作时，习近平进一步把"三期叠加"的特征用经济发展"新常态"论断加以概括，指出："我国发展仍处于重要战略机遇期，我们要增强信心，从当前我国经济发展的阶段性特征出发，适应新常态，保持战略上的平常心态。"[2]在年中召开的中央政治局会

---

① 中共中央文献研究室编：《习近平关于社会主义经济建设论述摘编》，中央文献出版社 2017 年版，第 73 页。

② 《习近平在河南考察时强调 深化改革发挥优势创新思路统筹兼顾 确保经济持续健康发展社会和谐稳定》，《人民日报》2014 年 5 月 11 日。

议上，习近平对"三期叠加"又作了分析，强调"经济工作要适应经济发展新常态"①。同年7月29日，在党外人士座谈会上，习近平提出，要"正确认识我国经济发展的阶段性特征，进一步增强信心，适应新常态，共同推动经济持续健康发展"②。2014年11月，在亚太经合组织工商领导人峰会开幕式上发表的主旨演讲中，习近平概要阐述了中国经济发展新常态下呈现的速度变化、结构优化、动力转换三大特点："一是从高速增长转为中高速增长。二是经济结构不断优化升级，第三产业、消费需求逐步成为主体，城乡区域差距逐步缩小，居民收入占比上升，发展成果惠及更广大民众。三是从要素驱动、投资驱动转向创新驱动。"③

2014年12月9日至11日，中央经济工作会议召开。习近平在会上结合对经济形势的分析，从消费需求、投资需求、出口和国际收支、生产能力和产业组织方式、市场竞争特点、资源环境约束、经济风险积累和化解、资源配置模式和宏观调控方式等9个方面详尽分析了中国经济发展新常态带来的趋势性变化，强调指出："我国经济发展进入新常态，是我国经济发展阶段性特征的必然反映，是不以人的意志为转移的。认识新常态、适应新常态、引领新常态，是当前和今后一个时期我国经济发展的大逻辑。"④这就把经济发展新常态提升到了国家战略层面。2015年3月28日，在同出席博鳌亚洲论坛年会的中外企业家代表座谈时，习近平强调，"中国经济发展已经进入新常态，向形态更高级、分工更复杂、结构更合理阶

---

① 中共中央文献研究室编：《十八大以来重要文献选编》（中），中央文献出版社2016年版，第241页。

② 《就当前经济形势和下半年经济工作　中共中央召开党外人士座谈会》，《人民日报》2014年7月30日。

③ 习近平：《谋求持久发展　共筑亚太梦想——在亚太经合组织工商领导人峰会开幕式上的演讲》，《人民日报》2014年11月10日。

④ 中共中央文献研究室编：《习近平关于社会主义经济建设论述摘编》，中央文献出版社2017年版，第79页。

段演化，这也是我们做好经济工作的出发点"①。提出我国经济发展进入新常态，是党中央从战略和全局的高度综合分析世界经济长周期和我国发展阶段性特征及其相互作用作出的重大判断，对指导和引领中国经济发展迈向更高级阶段具有重大的理论和实践意义。

发展理念是发展行动的先导，是管全局、管根本、管方向、管长远的东西，是发展思路、发展方向、发展着力点的集中体现。发展理念搞对了，目标任务就好定了，政策举措也就跟着好定了。2015 年 5 月至 7 月，习近平先后在浙江、贵州、吉林主持召开座谈会，听取 18 个省区市主要负责人对"十三五"时期经济社会发展的意见建议。在深入调研基础上，习近平提出，在新常态下，必须彻底摒弃简单以 GDP 论英雄，确立以人民为中心的发展思想，用新的发展理念引领发展行动。2015 年 10 月，党的十八届五中全会审议通过《中共中央关于制定国民经济和社会发展第十三个五年规划的建议》(以下简称《建议》)。《建议》强调，实现"十三五"时期发展目标，破解发展难题，厚植发展优势，必须牢固树立创新、协调、绿色、开放、共享的发展理念。《建议》深入阐述了新发展理念的科学内涵：创新是引领发展的第一动力。必须把创新摆在国家发展全局的核心位置，不断推进理论创新、制度创新、科技创新、文化创新等各方面创新，让创新贯穿党和国家一切工作，让创新在全社会蔚然成风。协调是持续健康发展的内在要求。必须牢牢把握中国特色社会主义事业总体布局，正确处理发展中的重大关系，重点促进城乡区域协调发展，促进经济社会协调发展，促进新型工业化、信息化、城镇化、农业现代化同步发展，在增强国家硬实力的同时注重提升国家软实力，不断增强发展整体性。绿色是永续发展的必要条件和人民对美好生活追求的重要体现。必须坚持节约

---

① 《习近平同出席博鳌亚洲论坛年会的中外企业家代表座谈》，《人民日报》2015 年 3 月 30 日。

资源和保护环境的基本国策，坚持可持续发展，坚定走生产发展、生活富裕、生态良好的文明发展道路，加快建设资源节约型、环境友好型社会，形成人与自然和谐发展现代化建设新格局，推进美丽中国建设，为全球生态安全作出新贡献。开放是国家繁荣发展的必由之路。必须顺应我国经济深度融入世界经济的趋势，奉行互利共赢的开放战略，坚持内外需协调、进出口平衡、引进来和走出去并重、引资和引技引智并举，发展更高层次的开放型经济，积极参与全球经济治理和公共产品供给，提高我国在全球经济治理中的制度性话语权，构建广泛的利益共同体。共享是中国特色社会主义的本质要求。必须坚持发展为了人民、发展依靠人民、发展成果由人民共享，作出更有效的制度安排，使全体人民在共建共享发展中有更多获得感，增强发展动力，增进人民团结，朝着共同富裕方向稳步前进。

《建议》强调，"坚持创新发展、协调发展、绿色发展、开放发展、共享发展，是关系我国发展全局的一场深刻变革。全党同志要充分认识这场变革的重大现实意义和深远历史意义，统一思想，协调行动，深化改革，开拓前进，推动我国发展迈上新台阶"①。

《建议》根据五大发展理念，重点就"十三五"时期如何坚持创新发展、协调发展、绿色发展、开放发展、共享发展进行了系统阐述和部署。《建议》提出，坚持创新发展、着力提高发展质量和效益，就是要培育发展新动力、拓展发展新空间、深入实施创新驱动发展战略、大力推进农业现代化、构建产业新体系、构建发展新体制、创新和完善宏观调控方式；坚持协调发展、着力形成平衡发展结构，就是要推动区域协调发展、推动城乡协调发展、推动物质文明和精神文明协调发展、推动经济建设和国防建设融合发展；坚持绿色发展、着力改善生态环境，就是要促进人与自然和谐

---

① 中共中央文献研究室编：《十八大以来重要文献选编》（中），中央文献出版社 2016年版，第 793 页。

共生、加快建设主体功能区、推动低碳循环发展、全面节约和高效利用资源、加大环境治理力度、筑牢生态安全屏障；坚持开放发展、着力实现合作共赢，就是要完善对外开放战略布局、形成对外开放新体制、推进"一带一路"建设、深化内地和港澳以及大陆和台湾地区合作发展、积极参与全球经济治理、积极承担国际责任和义务；坚持共享发展、着力增进人民福祉，就是要增加公共服务供给、实施脱贫攻坚工程、提高教育质量、促进就业创业、缩小收入差距、建立更加公平更可持续的社会保障制度、推进健康中国建设、促进人口均衡发展等。《建议》还就加强和改善党的领导、为实现"十三五"规划提供坚强保证，加快建设人才强国、运用法治思维和法治方式推动发展、加强和创新社会治理、确保"十三五"规划建议的目标任务落到实处等工作提出明确要求。

2015年10月29日，习近平在党的十八届五中全会第二次全体会议上发表重要讲话，就如何认识国际国内形势，如何准确把握和扎实推进《建议》提出的目标要求，特别是如何以新的发展理念引领发展、下大气力破解制约如期全面建成小康社会的重点难点问题，作了深入阐述。一是要转方式，着力解决好发展质量和效益问题。习近平强调，提高发展质量和效益，关键是要加快转变经济发展方式、调整经济结构，采取果断措施化解产能过剩，这是唯一正确的选择。"十三五"时期是转方式调结构的重要窗口期，面对传统经济发展方式积累的矛盾和问题，如果一直迟疑和等待，不仅会丧失窗口期的宝贵机遇，而且还会耗尽改革开放以来积累下来的宝贵资源；要以结构深度调整、振兴实体经济为主线调整完善相关政策，构建产业新体系，培育一批战略性产业，构建现代农业产业体系，加快建设制造强国，加快发展现代服务业；转方式调结构的基础动力在创新，要推动新技术、新产业、新业态蓬勃发展，瞄准世界科技前沿，形成一批重大创新成果，推进科技成果产业化，使创新成果变成实实在在的经济活动，形成新的产品群、产业群。二是要补短板，着力解决好发展不平衡问题。习近平指出，全面建成小康社会，强调的不仅是"小康"，而且更重要的也是更难做到的是"全面"。"小康"讲的是发展水平，"全面"讲的是发展的平衡性、协调性、可持续性。全面小康社会要求经济更加发展、民主更加健全、科教更加进步、文化更加繁荣、社会更加和谐、人民生活更加殷实，要在坚持以经济建设为中心的同时，全面推进经济建设、政治建设、文化建设、社会建设、生态文明建设，促进现代化建设各个环节、各个方面协调发展，不能长的很长、短的很短。要补齐生态文明建设短板，民生领域短板，努力缩小城乡区域发展差距。三是要防风险，着力增强风险防控意识和能力。习近平强调，如果发生重大风险又扛不住，国家安全就可能面临重大威胁，全面建成小康社会进程就可能被迫中断；要加强对各种风险源的调查研判，提高动态监测、实时预警能力，对各种可能的风险及其原因都要心中有数、对症下药、综合施策，出手及时有力，力争把风险化解在源头，不让小风险演化为大风险，不让个别风险演化为综合风险，不让局部风险演化为区域性或系统性风险，不让经济风险演化为社会政治风险，不让国际风险演化为国内风险。

2016年1月18日，在省部级主要领导干部学习贯彻党的十八届五中全会精神专题研讨班开班式上，习近平就如何深入认识我国经济发展进入新常态、如何深入理解新发展理念、如何把新发展理念落到实处等理论和实践问题作了进一步深入阐述。习近平指出，"'十三五'时期，我国经济发展的显著特征就是进入新常态。新常态下，我国经济发展的主要特点是：增长速度要从高速转向中高速，发展方式要从规模速度型转向质量效率型，经济结构调整要从增量扩能为主转向调整存量、做优增量并举，发展动力要从主要依靠资源和低成本劳动力等要素投入转向创新驱动。这些变化，是我国经济向形态更高级、分工更优化、结构更合理的阶段演进的必经过程。……谋划和推动'十三五'时期我国经济社会发展，就要把适应新常态、把握新常态、引领新常态作为贯穿发展全局和全过程的大逻辑"。"新常态下，尽管我国经济面临较大下行压力，但'十三五'及今后一个时期，我国仍处于发展的重要战略机遇期，经济发展长期向好的基本面没有变，经济韧性好、潜力足、回旋空间大的基本特质没有变，经济持续增长的良好支撑基础和条件没有变，经济结构调整优化的前进态势没有变。我们要把握这些大势，坚持以经济建设为中心，坚持发展是硬道理的战略思想，变中求新、新中求进、进中突破，推动我国发展不断迈上新台阶。"①

党的十八届五中全会《建议》以及习近平围绕全会精神发表的重要讲话，吹响了全面建成小康社会决胜阶段的冲锋号，发出了开拓中国发展新境界、推动中国发展迈上更高台阶的动员令。

以供给侧结构性改革作为贯彻落实新发展理念的抓手，以适应和引领经济发展新常态，是党中央的一项重大战略部署。2015 年 11 月 10 日，习近平在中央财经领导小组第十一次会议上首次提出了"加强供给侧结构性改革"的要求。供给和需求是市场经济内在关系的两个基本方面，既对立又统一。在全面建成小康社会的历史时段和今后一个时期，我国经济发展面临的问题，供给和需求两侧都有，但矛盾的主要方面在供给侧。我国钢铁、煤炭等行业和产业产能严重过剩，同时大量关键装备、核心技术、高端产品却依赖进口，国内庞大的市场没有掌握在我们自己手中。我国农业发展形势很好，但一些供给未能很好适应需求变化，牛奶就难以满足消费者对质量、信誉保障的要求，大豆生产缺口很大，而玉米增产则超过了需求增长，农产品库存也过大。我国一些有大量购买力支撑的消费需求在国内得不到有效供给，消费者将大把钞票花费在出境购物、"海淘"购物上，购买的商品从珠宝首饰、名包名表、名牌服饰、化妆品等奢侈品延伸

---

① 习近平：《在省部级主要领导干部学习贯彻党的十八届五中全会精神专题研讨班上的讲话》，《人民日报》2016 年 5 月 10 日。

到电饭煲、马桶盖、奶粉、奶瓶等普通日用品，2015 年我国居民全年出境旅行 1.2 亿人次，境外消费总额近 1.5 万亿元。事实表明，我国经济发展不是简单的需求不足或没有需求的问题，而是人民群众的需求变了、升级了、层次提高了，国内供给的产品却没有变，质量、服务、层次跟不上。有效供给能力不足导致大量"需求外溢"，消费能力严重外流。解决这些结构性问题，根本之途是推进供给侧结构性改革。

2015 年 12 月，在中央经济工作会议上，习近平对推进供给侧结构性改革的意义和相关政策作了深入阐述，强调引领经济发展新常态，"要更加注重供给侧结构性改革"，"推进供给侧结构性改革，是适应和引领经济发展新常态的重大创新，是适应国际金融危机发生后综合国力竞争新形势的主动选择，是适应我国经济发展新常态的必然要求"。① 这次中央经济工作会议认为，2016 年是全面建成小康社会决胜阶段的开局之年，也是推进结构性改革的攻坚之年。做好经济工作要牢固树立和贯彻落实创新、协调、绿色、开放、共享的发展理念，适应经济发展新常态，坚持改革开放，坚持稳中求进工作总基调，坚持稳增长、调结构、惠民生、防风险，实行宏观政策要稳、产业政策要准、微观政策要活、改革政策要实、社会政策要托底的总体思路，保持经济运行在合理区间，战略上坚持持久战，战术上打好歼灭战，着力加强结构性改革，在适度扩大总需求的同时，去产能、去库存、去杠杆、降成本、补短板（简称"三去一降一补"），提高供给体系质量和效率，提高投资有效性，加快培育新的发展动能，改造提升传统比较优势，增强持续增长动力，推动我国社会生产力水平整体改善，努力实现"十三五"时期经济社会发展的良好开局。在 2016 年底召开的中央经济工作会议上，习近平进一步从"实体经济结构性供需失

---

① 中共中央文献研究室编：《十八大以来重要文献选编》（下），中央文献出版社 2016 年版，第 76—77 页。

衡""金融和实体经济失衡""房地产和实体经济失衡"这"三大失衡"分析了我国经济运行面临的突出矛盾和问题，强调必须从供给侧结构性改革上想办法、定政策，通过去除没有需求的无效供给、创造适应新需求的有效供给，打通供求渠道，努力实现供求关系新的动态均衡。2017年是供给侧结构性改革的深化之年。1月22日，习近平在主持中共十八届中央政治局第三十八次集体学习时强调，深入推进供给侧结构性改革是当前我国经济发展必须抓紧抓好的一件大事，是一场关系全局、关系长远的攻坚战，要在已有工作和成效的基础上，在目标、任务、方式、政策、路径、举措等方面深化落实，不断取得实质性进展。

党中央提出推进供给侧结构性改革，是综合研判世界经济形势和我国经济发展新常态，对我国经济发展思路和工作着力点的重大调整，是改变沿袭已久的量化宽松和"大水漫灌"式的强刺激、推动经济发展方式转变的治本良方，对于解决我国长期积累的结构性矛盾、促进经济持续健康发展具有重大而深远的意义。推进供给侧结构性改革，主攻方向是减少无效供给、扩大有效供给，着力提升整个供给体系质量，提高供给结构对需求结构的适应性，重点是"三去一降一补"，从生产端加强优质供给。去产能，就是让过剩的产能退烧去热；去库存，就是消除困扰发展的炎症病痛；去杠杆，就是消除瘀堵虚肿，让资金血脉畅行；降成本，就是减税降费，为企业休养生息创造良好的政策环境；补短板，就是提升基础设施、加强公共服务、培育发展新产业，让经济社会发展强身健体。通过大力推进"三去一降一补"，中国经济以壮士断腕的决心意志向难以为继的旧的发展方式告别。

围绕供给侧结构性改革这条主线，党中央开出了一系列标本兼治的药方，各地区各部门全力落实"三去一降一补"任务并取得重要进展。

在去产能方面，坚持运用市场化、法治化手段化解过剩产能，严控新增产能，加快出清低端、落后产能。以钢铁、煤炭等行业为重点，中央设立 1000 亿元专项资金，对地方和企业化解过剩产能进行奖补。2016 年，钢铁、煤炭产能分别退出 6500 万吨以上和 2.9 亿吨以上，超额完成目标任务。2017 年，钢铁、煤炭行业淘汰落后产能取得新进展，全国共退出钢铁产能 5000 万吨以上、煤炭产能 1.5 亿吨以上。在去库存方面，重点是降低房地产高库存，抑制房地产泡沫，坚持分类调控，因城因地施策，积极推进新型城镇化，加快农民工市民化进程，提高棚户区改造货币化安置比例，大力发展住房租赁市场，房地产销售明显加快，库存持续减少。2017 年末商品房待售面积比上年末下降 15.3%。在去杠杆方面，积极推动市场化兼并重组，依法依规实施企业破产，进一步完善多层次资本市场，发展股权融资，实施市场化债转股试点，强化企业负债自我约束，企业杠杆率持续降低。2016 年，非金融企业境内股票融资规模比上年增加 4826 亿元；国有大型银行与企业签订债转股框架协议金额超过 2500 亿元。2017 年，企业杠杆率稳中趋降，年末规模以上工业企业资产负债率为 55.5%，下降 0.6 个百分点。在降成本方面，坚持多措并举、综合施策，积极降低企业成本。在税费负担方面，2016 年营改增试点全面推开，降低企业税负 5700 多亿元；开展涉企收费政策落实情况大督查，降低收费标准，减轻企业和个人负担 460 亿元。在资金、能源、交通等方面，2016 年，普遍降低金融机构人民币存款准备金率，减少融资中间环节费用，下调全国燃煤发电上网电价降低企业用能成本，取消政府还贷二级路收费、提高物流效率等措施降低全社会物流成本 350 亿元左右。在制度性交易成本方面，深入推进简政放权、放管结合、优化服务改革，中央政府层面核准企业投资项目削减比例累计接近 90%，外商投资企业设立及变更审批减少 95% 以上；工商登记前置审批累计精简 85% 以上。2017 年，继续加大减税降费力度，全年为各类市场主体减负超过 1 万亿元，2020 年实施阶段性大规模减税降费，与制度性安排相结合，为市场主体减负超过 2.6 万亿元。在补短板方面，从严重制约经济发展的重要领域和关键环节、人民群众迫切需要解决的突出问题着手，围绕中小水利治理加固、重大软硬基础设施和脱贫攻坚等领域，加大投入力度，加快建设进度。2016年，城市地下综合管廊建设累计开工447个项目，总长度2005公里；城镇棚户区改造和公租房基本建成658万套，新建高速铁路投产里程1903公里，新增高速公路6745公里。[①]2017年，关键领域和薄弱环节补短板工作继续推进，生态环保、基础设施、贫困地区公共服务设施等领域投资保持较快增长，生态保护和环境治理业、水利管理业、农业投资分别增长23.9%、16.4%和16.4%。

2018年以后，我国外部形势发生深刻复杂变化，特别是美国单方面执意挑起中美贸易摩擦，对我国进行全方位遏制打压，给我国经济运行带来不利影响。党中央密切关注、稳妥应对。2018年3月后，我国采取有力反制措施，坚决捍卫自身合法利益；同时始终坚持通过对话协商解决争议的基本立场，努力稳定双边经贸关系。我国向世界申明了我们不愿打、不怕打、必要时不得不打这场贸易战的原则立场，采取反制措施是为了捍卫国家正当利益、捍卫自由贸易和多边体制、捍卫各国人民共同利益，这一立场得到了全国人民广泛支持和国际社会普遍认同。2018年7月，中央政治局会议提出做好"六稳"工作的要求，即做好稳就业、稳金融、稳外贸、稳外资、稳投资、稳预期工作，以稳定宏观经济大局，增强应对复杂局面和各种挑战的底气。2018年12月，中央经济工作会议进一步提出"巩固、增强、提升、畅通"八字方针，为进一步坚持以供给侧结构性改革为主线不动摇、推动高质量发展指明了方向——巩固"三去一降一补"成果，推动更多产能过剩行业加快出清，降低全社会各类营商成本，加大基础设施等领域补短板力度。增强各类市场主体活力，建立公平开放透明的市场规则和法治化营商环境，促进正向激励和优胜劣汰，发展更多优质

---

① 宁吉喆：《继续深化供给侧结构性改革》，《学习时报》2017年6月9日。

企业。提升产业链供应链现代化水平，注重利用技术创新和规模效应形成新的竞争优势，加快解决关键核心技术"卡脖子"问题，培育和发展新的产业集群。畅通国民经济循环，加快建设统一开放、竞争有序的现代市场体系，提高金融体系服务实体经济能力，形成国内市场和生产主体、经济增长和就业扩大、金融和实体经济良性循环。

经过艰苦努力，"十三五"时期供给侧结构性改革取得阶段性显著进展。钢铁、煤炭等重点行业去产能目标完成，一批落后产能和"僵尸企业"出清，重点行业供求关系发生明显变化，传统产业加快转型升级。结构性去杠杆稳步推进。企业制度性交易成本和生产经营成本不断降低。重点领域补短板力度加大。重大科技创新成果不断涌现，战略性新兴产业和现代服务业加快发展，新技术新产业新业态迅速成长。我国经济实力、科技实力、综合国力跃上新的大台阶，经济运行总体平稳，经济结构持续优化，人民生活水平显著提升，为"十四五"时期巩固"三去一降一补"成果，继续推进"破、立、降"①，打下了坚实基础。实践充分证明，以习近平同志为核心的党中央关于深化供给侧结构性改革的决策是完全正确的，是改善供给结构、提高经济发展质量和效益的治本之策。

二、坚持基本经济制度，加快完善社会主义市场经济体制

"社会主义基本经济制度"这一概念最早出现于党的十五大报告中。党的十五大报告指出："公有制为主体、多种所有制经济共同发展，是我

---

① "破、立、降"，2017年12月中央经济工作会议提出。"破"，就是大力破除无效供给，把处置"僵尸企业"作为重要抓手，推动化解过剩产能；"立"，就是大力培育新动能，强化科技创新，推动传统产业优化升级，培育一批具有创新能力的排头兵企业，积极推进军民融合深度发展；"降"，就是大力降低实体经济成本，降低制度性交易成本，继续清理涉企收费，加大对乱收费的查处和整治力度，深化电力、石油、天然气、铁路等行业改革，降低用能、物流成本。

国社会主义初级阶段的一项基本经济制度。"同时提出:"坚持按劳分配为主体、多种分配方式并存的制度。把按劳分配和按生产要素分配结合起来。"①还在1992年党的十四大报告中就明确提出:"经济体制改革的目标,是在坚持公有制和按劳分配为主体、其他经济成分和分配方式为补充的基础上,建立和完善社会主义市场经济体制","使市场在社会主义国家宏观调控下对资源配置起基础性作用"②——这是中国特色社会主义经济理论的重大突破。2002年党的十六大报告在论述坚持和完善基本经济制度时,首次提出"两个毫不动摇":"毫不动摇地巩固和发展公有制经济","毫不动摇地鼓励、支持和引导非公有制经济发展";同时首次提出:"确立劳动、资本、技术和管理等生产要素按贡献参与分配的原则,完善按劳分配为主体、多种分配方式并存的分配制度"。③2007年党的十七大报告、2012年党的十八大报告都重申并强调坚持完善基本经济制度和"两个毫不动摇"。2013年党的十八届三中全会通过的《中共中央关于全面深化改革若干重大问题的决定》进一步提出:"使市场在资源配置中起决定性作用和更好发挥政府作用。"这是在理论和实践上对经济体制改革目标和内涵的又一次新发展。2019年党的十九届四中全会通过的《中共中央关于坚持和完善中国特色社会主义制度、推进国家治理体系和治理能力现代化若干重大问题的决定》将公有制为主体、多种所有制经济共同发展,按劳分配为主体、多种分配方式并存,社会主义市场经济体制等确立为社会主义基本经济制度,标志着我们党对基本经济制度的认识达到了新高度。2020年党的十九届五中全会重申"两个毫不动摇",并围绕进一步"激发各类市场主体活力",强调要深化国资国企改革,加快完善中国特色现代企业制度,做强做优做大国有资本和国有企业;优化民营经济发展环境,依法平等保

---

① 《江泽民文选》第二卷,人民出版社2006年版,第22页。
② 《江泽民文选》第一卷,人民出版社2006年版,第226页。
③ 《江泽民文选》第三卷,人民出版社2006年版,第550页。

护民营企业产权和企业家权益，破除制约民营企业发展的各种壁垒，完善促进中小微企业和个体工商户发展的法律环境和政策体系。

国有企业是中国特色社会主义的重要物质基础和政治基础，是党执政兴国的重要支柱和依靠力量，是党领导的国家治理体系的重要组成部分。做强做优做大国有资本和国有企业，对坚持和发展中国特色社会主义、实现"两个一百年"奋斗目标具有十分重大的意义。党的十八大以来，国有企业改革仍然是经济体制改革的重点内容之一。2015 年 8 月，党中央、国务院印发《关于深化国有企业改革的指导意见》，从改革的总体要求，到分类推进国有企业改革、完善现代企业制度和国有资产管理体制、发展混合所有制经济、强化监督防止国有资产流失、加强和改进党对国有企业的领导、为国有企业改革创造良好环境条件等，全面提出了新时期国有企业改革的目标任务和重大举措。在此前后，还出台了 22 个配套文件，形成了"1+N"文件体系及相关细则，通过顶层设计确立了国有企业改革四梁八柱的政策框架。自 2016 年起，以混合所有制改革为重要突破口，全力推进国有企业十项改革试点。这十项改革试点包括：落实董事会职权试点，市场化选聘经营管理者试点，推行职业经理人制度试点，企业薪酬分配差异化改革试点，国有资本投资、运营公司试点，中央企业兼并重组试点，部分重要领域混合所有制改革试点（电力、石油、天然气、铁路、民航、电信、军工等领域），混合所有制企业员工持股试点，国有企业信息公开工作试点，剥离企业办社会职能和解决历史遗留问题试点。这些试点都取得了重大进展，形成了一批可复制推广的经验。到 2017 年 9 月，全国国有企业公司制改制面达到 90% 以上，中央企业各级子企业公司制改制面达 92%。超过三分之二的中央企业引入了各类社会资本并推进股权多元化。中央企业结构优化调整和重组整合扎实推进，先后完成了对南车、北车、宝钢、武钢、中国远洋海运等 18 组 34 家企业的重组，新组建了中国航发、中国铁塔两家公司，中央企业户数从 117 户调整至 98

户。国有企业劳动、人事、分配三项制度改革进一步深化，国有资本监管职能进一步转变，国有资产监督不断强化。国有企业党的建设得到全面加强，为国企改革发展提供了坚强保证。2020年6月，中央全面深化改革委员会第十四次会议审议通过《国企改革三年行动方案（2020—2022年）》，这是落实国有企业改革"1+N"政策体系和顶层设计的具体施工图，也是对党的十八大以来各项国企改革重大举措的再深化。经过改革，国有经济的竞争力、创新力、控制力、影响力、抗风险能力显著增强。2021年，中央企业实现营业收入36.3万亿元，同比增长19.5%；实现利润总额2.4万亿元，净利润1.8万亿元，分别同比增长30.3%和29.8%。到2021年底，国企改革三年行动70%的目标任务顺利完成；国有企业公司制改革基本完成，中央党政机关和直属事业单位所管理企业中公司制企业占比97.7%，地方国有企业中公司制企业占比99.9%，实现历史性突破。

鼓励、支持、引导民营经济发展。民营经济是我国经济制度的内在要素，是我们党长期执政、团结带领全国人民实现"两个一百年"奋斗目标和中华民族伟大复兴中国梦的重要力量。党的十一届三中全会以后，我们党破除所有制问题上的传统观念束缚，为非公有制经济发展打开了大门。1980年，温州的章华妹领到了第一张个体工商户营业执照。到1987年，全国城镇个体工商等各行业从业人员已经达569万人，一大批民营企业蓬勃兴起。1992年邓小平南方谈话发表后，兴起了新一轮创业兴业、发展民营经济的热潮，很多知名大型民营企业在这个时期起步。党的十五大明确提出"非公有制经济是我国社会主义市场经济的重要组成部分"；党的十六大提出"毫不动摇地鼓励、支持和引导非公有制经济发展"。

党的十八大进一步提出"毫不动摇鼓励、支持、引导非公有制经济发展，保证各种所有制经济依法平等使用生产要素、公平参与市场竞争、同等受到法律保护"。党的十八届三中全会强调，公有制经济和非公有制经济都是社会主义市场经济的重要组成部分；公有制经济财产权不可侵犯，非公有制经济财产权同样不可侵犯。党的十八届四中全会提出要"健全以公平为核心原则的产权保护制度"。党的十八届五中全会强调要"鼓励民营企业依法进入更多领域，引入非国有资本参与国有企业改革，更好激发非公有制经济活力和创造力"。

党的十八大以来，习近平多次重申坚持基本经济制度，坚持"两个毫不动摇"，充分肯定民营经济的作用和贡献。2016年3月4日，在参加全国政协十二届四次会议民建、工商联界委员联组会时，习近平就坚持我国基本经济制度问题发表重要讲话，阐明了党和国家对待民营经济的方针政策，重申"两个毫不动摇"，强调"三个没有变"，即"非公有制经济在我国经济社会发展中的地位和作用没有变，我们毫不动摇鼓励、支持、引导非公有制经济发展的方针政策没有变，我们致力于为非公有制经济发展营造良好环境和提供更多机会的方针政策没有变"，强调"把公有制经济巩固好、发展好，同鼓励、支持、引导非公有制经济发展不是对立的，而是有机统一的"，"公有制经济、非公有制经济应该相辅相成、相得益彰，而不是相互排斥、相互抵消"。①2018年10月20日，习近平就民营经济发展问题给"万企帮万村"行动中受表彰的民营企业家回信，强调"改革开放40年来，民营企业蓬勃发展，民营经济从小到大、由弱变强，在稳定增长、促进创新、增加就业、改善民生等方面发挥了重要作用，成为推动经济社会发展的重要力量。民营经济的历史贡献不可磨灭，民营经济的地位作用不容置疑，任何否定、弱化民营经济的言论和做法都是错误的"②。2018年11月1日，习近平主持召开民营企业座谈会并发表重要讲话，再次重申"两个毫不动摇"和"三个没有变"，强调"我国基本经济制度写入

①　习近平：《毫不动摇坚持我国基本经济制度　推动各种所有制经济健康发展》，《人民日报》2016年3月9日。

②　《习近平回信勉励广大民营企业家　心无旁骛创新创造　踏踏实实办好企业》，《人民日报》2018年10月22日。

了宪法、党章，这是不会变的，也是不能变的"。他明确表示，社会上有的人发表了一些否定、怀疑民营经济的言论，如所谓"民营经济离场论"、"新公私合营论"、加强企业党建和工会工作是要对民营企业进行控制等，"这些说法是完全错误的，不符合党的大政方针"①。习近平要求从减轻企业税费负担、解决民营企业融资难融资贵问题、营造公平竞争环境、完善政策执行方式、构建亲清新型政商关系、保护企业家人身和财产安全等6个方面抓好政策举措落实，不断为民营经济营造更好发展环境，帮助民营经济解决发展中的困难，支持民营企业改革发展。

党的十八大以来，党中央、国务院出台了一系列政策措施，有力推动了民营企业的改革、创新、转型。截至2017年底，我国民营企业数量超过2700万家，个体工商户超过6500万户，注册资本超过165万亿元。概括起来说，民营经济具有"五六七八九"的特征，即贡献了50%以上的税收，60%以上的国内生产总值，70%以上的技术创新成果，80%以上的城镇劳动就业，90%以上的企业数量。在世界500强企业中，我国民营企业由2010年的1家增加到2018年的28家，民营经济已经成为推动我国发展不可或缺的力量，成为创业就业的主要领域、技术创新的重要主体、国家税收的重要来源，为我国社会主义市场经济发展、政府职能转变、农村富余劳动力转移、国际市场开拓等发挥了重要作用。我国经济发展能够创造中国奇迹，民营经济功不可没。2019年12月，党中央、国务院印发《关于营造更好发展环境支持民营企业改革发展的意见》，这是关于民营企业改革发展的首个中央文件，明确提出了进一步放开民营企业市场准入，实施公平统一的市场监管制度，强化公平竞争审查制度刚性约束，破除招投标隐性壁垒等支持民营企业改革发展的一系列措施，一系列困扰企业发

---

① 中共中央党史和文献研究院编：《十九大以来重要文献选编》（上），中央文献出版社2019年版，第674页。

展的"老大难"问题得到有效破解，为民营经济发展提供政策制度保障。

党的十九届四中全会明确将按劳分配为主体、多种分配方式并存确立为社会主义基本经济制度之一，强调要增加劳动者特别是一线劳动者劳动报酬，提高劳动报酬在初次分配中的比重；健全劳动、资本、土地、知识、技术、管理、数据等生产要素由市场评价贡献、按贡献决定报酬的机制；完善相关制度和政策，合理调节城乡、区域、不同群体间分配关系；重视发挥第三次分配作用，发展慈善等社会公益事业；鼓励勤劳致富，保护合法收入，增加低收入者收入，扩大中等收入群体，调节过高收入，清理规范隐性收入，取缔非法收入。这是社会主义分配理论和实践的重大创新，不但对进一步完善我国的分配制度具有重大意义，而且对促进各类生产要素活力竞相迸发、实现共同富裕具有推动和引导作用。党的十八大以来，居民收入与经济同步增长，居民收入分配格局逐步改善。2020 年全国居民人均可支配收入 32189 元。2011—2020 年，农村居民人均可支配收入年均名义增长 10.6%，年均增速快于城镇居民 1.8 个百分点，城乡居民人均可支配收入比从 2010 年的 2.99 逐年下降到 2020 年的 2.56；2011—2020 年，收入最高省份与最低省份间居民人均可支配收入比由 2011 年的 4.62 降低到 2020 年的 3.55，是进入新世纪以来的最低水平。[①]

把社会主义市场经济体制等纳入社会主义基本经济制度，是我们党的一个伟大的理论创造。党的十八大以来，在全面深化改革实践中，党中央突出强调以经济体制改革为重点，发挥经济体制改革牵引作用，着力处理好市场和政府两者各自作用及其相互关系，"充分发挥市场在资源配置中的决定性作用，更好发挥政府作用，推动有效市场和有为政府更好结合"[②]。

---

① 《有关部门负责同志介绍解读〈中国的全面小康〉白皮书——实现全面小康，迈向伟大复兴》，《人民日报》2021 年 9 月 29 日。

② 《中共中央关于制定国民经济和社会发展第十四个五年规划和二〇三五年远景目标的建议》，《人民日报》2020 年 11 月 4 日。

习近平就此强调指出，"我们是在中国共产党领导和社会主义制度的大前提下发展市场经济，什么时候都不能忘了'社会主义'这个定语。之所以说是社会主义市场经济，就是要坚持我们的制度优越性，有效防范资本主义市场经济的弊端。我们要坚持辩证法、两点论，继续在社会主义基本制度与市场经济的结合上下功夫，把两方面优势都发挥好，既要'有效的市场'，也要'有为的政府'"①；"'看不见的手'和'看得见的手'都要用好，努力形成市场作用和政府作用有机统一、相互补充、相互协调、相互促进的格局"②，构建高水平的社会主义市场经济体制。2020年5月，党中央、国务院印发《关于新时代加快完善社会主义市场经济体制的意见》，针对我国经济已由高速增长阶段转向高质量发展阶段，但还存在着市场体系不健全、市场发育不充分，政府和市场的关系还没有完全理顺，市场激励不足、要素流动不畅、资源配置效率不高、微观经济活力不强等问题，提出要在更高起点、更高层次、更高目标上推进经济体制改革及其他各方面体制改革，构建更加系统完备、更加成熟定型的高水平社会主义市场经济体制，并从坚持公有制为主体、多种所有制经济共同发展，增强微观主体活力；夯实市场经济基础性制度，保障市场公平竞争；构建更加完善的要素市场化配置体制机制，进一步激发全社会创造力和市场活力；创新政府管理和服务方式，完善宏观经济治理体制；坚持和完善民生保障制度，促进社会公平正义；建设更高水平开放型经济新体制，以开放促改革促发展；完善社会主义市场经济法律制度，强化法治保障；坚持和加强党的全面领导，确保改革举措有效实施等8个方面进行了部署。

在更好发挥政府作用方面，2015年5月，全国推进简政放权放管结

---

① 习近平：《论坚持全面深化改革》，中央文献出版社2018年版，第190页。
② 习近平：《论坚持全面深化改革》，中央文献出版社2018年版，第104页。

合职能转变工作电视电话会议首次提出"简政放权、放管结合、优化服务协同推进"即"'放、管、服'三管齐下"的改革要求。[①]2016年3月，十二届全国人大四次会议审议通过的《政府工作报告》再次强调"推动简政放权、放管结合、优化服务改革向纵深发展"[②]。在各方努力下，"放管服"改革取得积极成效。在取消和下放行政审批方面，2013年3月以后的4年间，国务院分9批取消和下放国务院部门行政审批事项618项；分3批取消中央指定地方实施行政审批事项283项；分3批取消国务院部门行政审批中介服务事项323项；取消和下放行政审批事项的比例超过40%，一些地方超过70%；非行政许可审批彻底终结；国务院各部门设置的职业资格削减70%以上；中央层面核准的投资项目数量累计减少90%；外商投资项目95%以上已由核准改为备案管理。尤其是商事制度明显简化，工商登记由"先证后照"改为"先照后证"，前置审批事项压减87%以上，注册资本由"实缴制"改为"认缴制"，"多证合一、一照一码"改革深化，企业注册登记所需时间大幅缩短，便利化程度大为提高。在加强事中事后监管方面，2016年6月，国务院出台《关于在市场体系建设中建立公平竞争审查制度的意见》，清理废除妨碍全国统一市场和公平竞争的规定和做法；建立投资项目在线审批监管平台，建立国家企业信用信息公示系统和守信联合激励、失信联合惩戒机制，推进"双随机、一公开"[③]监管和综合执法改革。在优化政府服务方面，2016年9月，国务院印发《关于加快推进"互联网＋政务服务"工作的指导意见》，通过优化服务流程，

---

① 李克强：《简政放权　放管结合　优化服务　深化行政体制改革　切实转变政府职能——在全国推进简政放权放管结合职能转变工作电视电话会议上的讲话》，《人民日报》2015年5月15日。

② 李克强：《政府工作报告——2016年3月5日在第十二届全国人民代表大会第四次会议上》，《人民日报》2016年3月18日。

③ "双随机、一公开"，即在监管过程中随机抽取检查对象，随机选派执法检查人员，抽查情况及查处结果及时向社会公开。

创新服务方式，推进数据共享等便民举措，取消、简化一大批不必要的证明和繁琐手续，大大减少了企业、群众奔波之苦和烦扰。"放管服"改革是对"政府自身的一场深刻革命"①，通过改革，极大地激发了企业活力和社会创造力，极大地优化了我国的营商环境。2016 年，全国平均每天新增登记企业 1.51 万户，比 2013 年改革前翻了一番。2020 年 7 月，国务院办公厅印发《关于进一步优化营商环境更好服务市场主体的实施意见》，要求进一步聚焦市场主体关切，完善优化营商环境长效机制。"放管服"改革激发了企业活力和社会创造力，优化了我国营商环境。

在更好发挥市场配置资源的决定性作用方面，经过 40 多年持续推进经济市场化改革，我国商品和服务价格已由原来的 97% 以上由政府定价，转变为 97% 以上由市场定价。要素市场建设和改革取得重要进展，资本、土地、劳动力市场从无到有、从小到大，市场配置要素资源的能力明显增强。2019 年，银行间债券市场成交量达 218 万亿元，A 股总市值达 59.29 万亿元，土地出让面积和金额分别达 22.58 万公顷、6.98 万亿元，城镇新增就业 1352 万人，全国技术合同成交额达到 2 万多亿元。但同商品市场相比，总的来看，我国要素市场发育还不够充分，存在市场决定要素配置范围有限、要素流动存在体制机制障碍、要素价格传导机制不畅等问题。这影响了市场对资源配置决定性作用的发挥，成为高标准市场体系建设的一个突出短板。2020 年 3 月，党中央、国务院印发《关于构建更加完善的要素市场化配置体制机制的意见》，明确了要素市场制度建设的方向及重点改革任务，并就破除阻碍要素自由流动的体制机制障碍，扩大要素市场化配置范围，健全要素市场体系，推进要素市场制度建设，实现要素价格市场决定、流动自主有序、配置高效公平等作出部署。这是党和政府关

---

① 李克强：《政府工作报告——2017 年 3 月 5 日在第十二届全国人民代表大会第五次会议上》，《人民日报》2017 年 3 月 17 日。

于要素市场化配置的第一份中央文件。2021年4月，国务院常务会议通过的《中华人民共和国市场主体登记管理条例（草案）》，整合已出台的关于市场主体登记管理的行政法规，就提升登记便利度、精简申请材料和登记环节、推动解决"注销难"、设立歇业制度、明确诚信和监管要求、明确违法行为的法律责任和处罚措施等作出统一规定，为培育壮大市场主体和促进公平竞争提供了法治保障。按照条例，市场主体包括各类企业、个体工商户和农民专业合作社等。通过不断深化商事制度等领域的改革，我国市场主体不断培育壮大。2013年以来，平均每年新增市场主体超过千万户，登记在册的市场主体总数由2012年的近5500万户增至2021年4月的1.43亿户，增长了1.6倍。其中，企业从1300多万户增到4500多万户，个体工商户从4000多万户增到近9600万户，农民专业合作社从近70万家增到220多万家。①

三、深入实施区域协调发展、创新驱动发展等重大战略

针对我国发展中关系全局、事关长远的问题，党中央提出并实施了一系列重大发展战略，主要包括：以疏解北京非首都功能为重点的京津冀协同发展战略，以共抓大保护、不搞大开发为原则的长江经济带发展战略，以促进合作共赢为落脚点的"一带一路"建设，以及粤港澳大湾区发展战略，以促进人的城镇化为核心、提高质量为导向的新型城镇化战略，强化激励实施创新驱动发展战略，谷物基本自给、口粮绝对安全的新粮食安全观，水资源水生态水环境水灾害统筹治理的治水新思路，推动能源消费、能源供给、能源技术、能源体制革命和加强能源国际合作的能源安全新战

---

① 李克强：《在全国深化"放管服"改革着力培育和激发市场主体活力电视电话会议上的讲话》，《人民日报》2021年6月8日。

略，支持长江三角洲区域一体化发展并上升为国家战略，推动黄河流域生态保护和高质量发展，继续深入实施西部开发、东北振兴、中部崛起、东部率先的"四大板块"区域发展总体战略，加快实施主体功能区战略，支持老少边穷地区加快发展，等等。这些重大战略已经并将继续对我国经济社会发展变革产生深远影响。

实施区域协调发展战略是新时代国家重大战略之一，是贯彻新发展理念、建设现代化经济体系的重要组成部分。2018年11月，党中央、国务院印发实施《关于建立更加有效的区域协调发展新机制的意见》，针对我国区域发展差距依然较大，区域分化现象逐渐显现，无序开发与恶性竞争仍然存在，区域发展不平衡不充分依然比较突出等问题，强调要按照高质量发展要求，立足发挥各地区比较优势和缩小区域发展差距，围绕努力实现基本公共服务均等化、基础设施通达程度比较均衡、人民基本生活保障水平大体相当的目标，深化改革开放，坚决破除地区之间利益藩篱和政策壁垒，加快形成统筹有力、竞争有序、绿色协调、共享共赢的区域协调发展新机制，促进区域协调发展。党的十九届五中全会围绕坚持实施区域重大战略、区域协调发展战略、主体功能区战略，健全区域协调发展体制机制，完善新型城镇化战略，构建高质量发展的国土空间布局和支撑体系，进行了全面部署，提出了构建国土空间开发保护新格局、推动区域协调发展、推进以人为核心的新型城镇化等"十四五"规划目标。2021年7月，习近平主持召开中央全面深化改革委员会第二十次会议，强调要坚持全国一盘棋，更好发挥中央、地方和各方面积极性，推动部门高效联动、区域协同发展。

——实施京津冀协同发展战略。

北京、天津、河北三地人口加起来有1亿多，土地面积有21.6万平方公里，京津冀同属京畿重地，地缘相接，地域一体，是我国经济最具活力、开放程度最高、创新能力最强、吸纳人口最多的地区之一。党的十八大以来，党中央对推动京津冀协同发展高度重视。2013 年 5 月，习近平在天津调研时提出，要谱写新时期社会主义现代化的京津"双城记"。8 月，在北戴河主持研究河北发展问题时提出，要推动京津冀协同发展。2014年 2 月 26 日，习近平在北京主持召开座谈会，专题听取京津冀协同发展工作汇报并作重要讲话，全面阐述了京津冀协同发展的重大意义、推进思路和重点任务。会后，国务院成立京津冀协同发展领导小组，并组织专门班子集中开展京津冀协同发展规划纲要的编制工作。2015 年 4 月 30 日，中央政治局会议审议通过《京津冀协同发展规划纲要》，确定京津冀协同发展的目标是：近期到 2017 年，有序疏解北京非首都功能取得明显进展，在符合协同发展目标且现实急需、具备条件、取得共识的交通一体化、生态环境保护、产业升级转移等重点领域率先取得突破，深化改革、创新驱动、试点示范有序推进，协同发展取得显著成效。中期到 2020 年，北京市常住人口控制在 2300 万人以内，北京"大城市病"等突出问题得到缓解；区域一体化交通网络基本形成，生态环境质量得到有效改善，产业联动发展取得重大进展。公共服务共建共享取得积极成效，协同发展机制有效运转，区域内发展差距趋于缩小，初步形成京津冀协同发展、互利共赢新局面。远期到 2030 年，首都核心功能更加优化，京津冀区域一体化格局基本形成，区域经济结构更加合理，生态环境质量总体良好，公共服务水平趋于均衡，成为具有较强国际竞争力和影响力的重要区域，在引领和支撑全国经济社会发展中发挥更大作用。①

有序疏解北京非首都功能是京津冀协同发展战略的核心，是重中之重。2016 年 3 月 24 日，习近平主持召开中央政治局常委会会议，审议并原则同意《关于北京市行政副中心和疏解北京非首都功能集中承载地有关情况

---

① 《京津冀协同发展领导小组办公室负责人就京津冀协同发展有关问题答记者问》，《人民日报》2015 年 8 月 24 日。

的汇报》，确定北京市通州区为北京市行政副中心，疏解北京非首都功能。5月27日，中央政治局又听取和审议了《关于规划建设北京城市副中心和研究设立河北雄安新区的有关情况的汇报》，明确在河北省设立雄安新区作为疏解北京非首都功能集中承载地，重点承接北京疏解出的行政事业单位、总部企业、金融机构、高等院校、科研院所等。2017年2月23日，习近平专程到河北省安新县进行实地考察，主持召开河北雄安新区规划建设工作座谈会，强调规划建设雄安新区，要坚持世界眼光、国际标准、中国特色、高点定位，坚持生态优先、绿色发展，坚持以人民为中心、注重保障和改善民生，坚持保护弘扬中华优秀传统文化、延续历史文脉，建设绿色生态宜居新城区、创新驱动发展引领区、协调发展示范区、开放发展先行区，努力打造贯彻落实新发展理念的创新发展示范区。2017年4月1日，党中央、国务院印发通知，正式对外宣布设立河北雄安新区。雄安新区规划范围涉及河北省雄县、容城、安新3县及周边部分区域，地处北京、天津、保定腹地，区位优势明显，发展空间充裕，具备高起点高标准开发建设的基本条件。设立雄安新区，是以习近平同志为核心的党中央深入推进京津冀协同发展作出的一项重大决策部署，是继深圳经济特区和上海浦东新区之后又一具有全国意义的新区，对于集中疏解北京非首都功能，探索人口经济密集地区优化开发新模式，调整优化京津冀城市布局和空间结构，具有重大现实意义和深远历史意义。2019年1月16日至18日，习近平深入雄安新区、天津、北京考察，主持召开京津冀协同发展座谈会并发表重要讲话，强调要牢牢扭住疏解北京非首都功能这个"牛鼻子"；从全局的高度和更长远的考虑来认识和做好京津冀协同发展工作，增强协同发展的自觉性、主动性、创造性，保持历史耐心和战略定力，稳扎稳打，勇于担当，敢于创新，善作善成，下更大气力推动京津冀协同发展取得新的更大进展。

按照党中央、国务院的决策部署，京津冀协同发展有力有序推进，取得重大进展。一是协同发展规划体系"四梁八柱"基本建立。党中央、国务院于 2015 年 6 月印发实施《京津冀协同发展规划纲要》，这是京津冀协同发展的顶层设计和行动指南。围绕贯彻实施《规划纲要》，2016 年 2 月，《"十三五"时期京津冀国民经济和社会发展规划》印发实施，这是全国第一个跨省市的区域"十三五"规划。京津冀产业、交通、科技、生态环保等 12 个专项规划及北京新机场临空经济区、京冀交界地区规划建设管理等工作方案也相继出台实施。北京印发实施加强全国科技创新中心建设总体方案，天津市、河北省分别制定了落实各自功能定位的规划方案。京津冀协同发展基本形成目标一致、层次明确、互相衔接的规划体系。二是雄安新区从规划阶段转入大规模建设阶段。2018 年 4 月，党中央、国务院批复《河北雄安新区规划纲要》。12 月，经党中央、国务院同意，国务院正式批复《河北雄安新区总体规划（2018—2035 年）》。2019 年 1 月，党中央、国务院印发《关于支持河北雄安新区全面深化改革和扩大开放的指导意见》。5 月，雄安新区征迁安置工作正式启动实施。2020 年底，京雄城际铁路开通运营，北京西站至雄安新区最快 50 分钟可达。2021 年 4 月，中国卫星网络集团有限公司在雄安新区揭牌成立，这是首家注册落户雄安新区的中央企业。到 2021 年 10 月，雄安启动区和起步区市政基础设施等 230 个重点项目建设有序推进。三是北京非首都功能疏解取得阶段性成效。非首都功能增量得到严控。按照"能不增则不增、能少增则少增"的总体要求，严格审批北京市域范围内投资项目，累计不予办理新设立或变更登记业务超过 2.3 万件。部分北京非首都功能存量有序疏解。2014 年截至 2021 年 7 月，已有 20 多所北京市属学校、医院向京郊转移，疏解一般制造业企业累计约 3000 家，疏解提升区域性批发市场和物流中心累计约 1000 个。非首都功能疏解空间格局加快构建。北京城市副中心加快建设，北京市级机关 35 个部门共 1.2 万人搬入副中心办公。首都功能核心区控制性详细规划出台实施，推进首都功能不断优化提升。北京经济结构和人口规模得到调整优化。北京市科技、信息等"高精尖"产业新设市场主体占比从 2013 年的 40.7% 上升至 2020 年的 60%。北京人口调控机制不断完善，2020 年北京常住人口 2189.3 万人，控制在 2300 万人以内的目标顺利完成。四是道路交通、环境治理等重点领域率先突破。以北京为中心、"半小时通勤圈"逐步扩大，京津保 1 小时交通圈构建完成，京津冀地区近 800 公里"断头路""瓶颈路"基本打通或扩容，交通一卡通全面覆盖京津冀 13 个地级以上城市。2019 年 9 月 25 日，北京大兴国际机场正式通航。京津冀大气污染传输通道治理协作机制正式建立。津冀引滦入津横向生态补偿机制启动实施，北京长城国家公园体制试点方案获批。五是改革创新试点示范深入开展。京津冀城际铁路投资公司正式设立。京津冀手机长途及漫游费全面取消。京津冀协同发展试点示范工作方案印发实施，新机场临空经济区等先行先试平台加快打造。六是教育、医疗等公共服务共建共享取得突破，人民群众幸福感提升。为了进一步引导京津冀三地产业有序转移和精准承接，京津冀三省市共同研究制定了第一份综合性、指导性文件——《关于加强京津冀产业转移承接重点平台建设的意见》，并于 2017 年 12 月印发实施。

2023 年 5 月 12 日，习近平在河北省石家庄市主持召开深入推进京津冀协同发展座谈会并发表重要讲话，强调要坚定信心，保持定力，增强抓机遇、应挑战、化危机、育先机的能力，统筹发展和安全，以更加奋发有为的精神状态推进各项工作，推动京津冀协同发展不断迈上新台阶，努力使京津冀成为中国式现代化建设的先行区、示范区。

——实施长江经济带发展战略。

长江是我国第一大河，是货运量位居全球内河第一的黄金水道。由沿江附近经济圈构成的长江经济带，覆盖上海、江苏、浙江、安徽、江西、湖北、湖南、重庆、四川、云南、贵州等 9 个省和 2 个直辖市，横跨我国东中西三大区域，人口和生产总值均超过全国的 40%，是我国综合实力最强、战略支撑作用最大的经济带之一。党的十八大以来，以习近平同志为核心的党中央适应经济发展新常态，把推动长江经济带发展，作为谋划中国经济新棋局、推动区域协调发展的又一重大战略抓紧抓实。

2013年7月21日，习近平在武汉调研时指出，"长江流域要加强合作，充分发挥内河航运作用，发展江海联运，把全流域打造成黄金水道"①。2014年9月，国务院印发《关于依托黄金水道推动长江经济带发展的指导意见》。2014年底，中央成立推动长江经济带发展领导小组，研究编制《长江经济带发展规划纲要》。2015年10月，党的十八届五中全会明确提出，要"推进长江经济带建设，改善长江流域生态环境，高起点建设综合立体交通走廊，引导产业优化布局和分工协作"②。2016年是长江经济带发展全面推进之年。2016年1月5日，习近平在重庆主持召开推动长江经济带发展座谈会并发表重要讲话，全面深刻阐述了长江经济带发展战略的重大意义、推进思路和重点任务，强调推动长江经济带发展是国家一项重大区域发展战略，要走生态优先、绿色发展之路，把修复长江生态环境摆在压倒性位置，共抓大保护，不搞大开发。9月，党中央、国务院印发《长江经济带发展规划纲要》。《规划纲要》围绕"生态优先、绿色发展"的基本思路，从规划背景、总体要求、大力保护长江生态环境、加快构建综合立体交通走廊、创新驱动产业转型升级、积极推进新型城镇化、努力构建全方位开放新格局、创新区域协调发展体制机制、保障措施等方面描绘了长江经济带发展的宏伟蓝图。推动长江经济带发展的目标是：到2020年，生态环境明显改善，水资源得到有效保护和合理利用，河湖、湿地生态功能基本恢复，水质优良（达到或优于Ⅲ类）比例达到75%以上，森林覆

---

① 《习近平在湖北考察改革发展工作时强调　坚定不移全面深化改革开放　脚踏实地推动经济社会发展》，《人民日报》2013年7月24日。

② 中共中央文献研究室编：《十八大以来重要文献选编》（中），中央文献出版社2016年版，第801页。

盖率达到43%，生态环境保护体制机制进一步完善；长江黄金水道瓶颈制约有效疏畅、功能显著提升，基本建成衔接高效、安全便捷、绿色低碳的综合立体交通走廊；创新驱动取得重大进展，研究与试验发展经费投入强度达到2.5%以上，战略性新兴产业形成规模，培育形成一批世界级的企业和产业集群，参与国际竞争的能力显著增强；基本形成陆海统筹、双向开放，与"一带一路"建设深度融合的全方位对外开放新格局；发展的统筹度和整体性、协调性、可持续性进一步增强，基本建立以城市群为主体形态的城镇化战略格局，城镇化率达到60%以上，人民生活水平显著提升，现行标准下农村贫困人口实现脱贫；重点领域和关键环节改革取得重要进展，协调统一、运行高效的长江流域管理体制全面建立，统一开放的现代市场体系基本建立；经济发展质量和效益大幅提升，基本形成引领全国经济社会发展的战略支撑带。到2030年，水环境和水生态质量全面改善，生态系统功能显著增强，水脉畅通、功能完备的长江全流域黄金水道全面建成，创新型现代产业体系全面建立，上中下游一体化发展格局全面形成，生态环境更加美好、经济发展更具活力、人民生活更加殷实，在全国经济社会发展中发挥更加重要的示范引领和战略支撑作用。

2016—2018年的两年间，推动长江经济带发展领导小组办公室会同国务院有关部门、沿江省市做了大量工作，在强化顶层设计、改善生态环境、促进转型发展、探索体制机制改革等方面取得了积极进展。一是规划政策体系不断完善，《长江经济带发展规划纲要》及10个专项规划印发实施，超过10个各领域政策文件出台实施。二是共抓大保护格局基本确立，开展系列专项整治行动，非法码头中有959座已彻底拆除、402座已基本整改规范，饮用水源地、入河排污口、化工污染、固体废物等专项整治行动扎实开展，长江水质优良比例由2015年底的74.3%提高到2017年三季度的77.3%。三是综合立体交通走廊建设加快推进，产业转型升级取得积极进展，新型城镇化持续推进，对外开放水平明显提升，经济保持稳定增长势头，长江沿线 11 省市的地区生产总值占全国比重超过了 45%。四是聚焦民生改善重点问题，扎实推进基本公共服务均等化，人民生活水平明显提高。在此基础上，2018 年 4 月 26 日，习近平在湖北武汉主持召开深入推动长江经济带发展座谈会并发表重要讲话，强调新形势下推动长江经济带发展，关键是要正确把握整体推进和重点突破、生态环境保护和经济发展、总体谋划和久久为功、破除旧动能和培育新动能、自我发展和协同发展的关系，坚持新发展理念，坚持稳中求进工作总基调，坚持共抓大保护、不搞大开发，加强改革创新、战略统筹、规划引导，以长江经济带发展推动经济高质量发展。2020 年 11 月 14 日，习近平在江苏南京主持召开全面推动长江经济带发展座谈会并发表重要讲话，强调要坚定不移贯彻新发展理念，推动长江经济带高质量发展，谱写生态优先绿色发展新篇章，打造区域协调发展新样板，构筑高水平对外开放新高地，塑造创新驱动发展新优势，绘就山水人城和谐相融新画卷，使长江经济带成为我国生态优先绿色发展主战场、畅通国内国际双循环主动脉、引领经济高质量发展主力军。

根据党中央的决策部署，长江经济带奏响了高质量发展的新乐。2020 年 1 月 1 日零时起，长江流域 332 个自然保护区和水产种质资源保护区全面禁止生产性捕捞，长江流域各地重点水域也相继进入为期 10 年的常年禁捕期。截至 2020 年 11 月，长江干流沿线城市和县城集中式污水垃圾处理设施接近实现全覆盖；沿江省级化工园区基本实现污水达标排放；畜禽粪污综合利用率提高到 75%；长江干流沿线码头船舶垃圾处理设施基本建成；1641 座需治理的尾矿库中 1612 座完成了治理方案编制，1318 座完成了初步治理；完成沿江 11 省市 63 个城市入河排污口排查，排查出入河排污口 60292 个；长江经济带地级及以上城市 1372 个黑臭水体完成消除 96.7%；全面开展长江岸线清理整治，2441 个违法违规项目整改完成 98.9%；累计完成新营造林 1165 万亩，退耕还湿 51 万亩。拆除鄱阳湖、洞庭湖非法围堤 59 公里，恢复水域面积 6.8 万亩。

2023 年 10 月 12 日，习近平在江西省南昌市主持召开进一步推动长江经济带高质量发展座谈会并发表重要讲话，强调要完整、准确、全面贯彻新发展理念，坚持共抓大保护、不搞大开发，坚持生态优先、绿色发展，以科技创新为引领，统筹推进生态环境保护和经济社会发展，加强政策协同和工作协同，谋长远之势、行长久之策、建久安之基，进一步推动长江经济带高质量发展，更好支撑和服务中国式现代化。

——实施粤港澳大湾区发展战略。

粤港澳大湾区由香港特别行政区、澳门特别行政区和广东省的珠三角九市组成，总面积 5.6 万平方公里，是我国开放程度最高、经济活力最强的区域之一。建设粤港澳大湾区，是习近平亲自谋划、亲自部署、亲自推动的一项重大国家战略，是新时代推动形成全面开放新格局的新举措，也是推动"一国两制"事业发展的新实践。

2012 年 12 月，习近平在党的十八大后首次离京考察就来到广东，希望广东联手港澳打造更具综合竞争力的世界级城市群。2016 年 3 月，国家"十三五"规划纲要提出"支持港澳在泛珠三角区域合作中发挥重要作用，推动粤港澳大湾区和跨省区重大合作平台建设"①；同月，国务院印发《关于深化泛珠三角区域合作的指导意见》，明确要求广州、深圳携手港澳，共同打造粤港澳大湾区，建设世界级城市群。2017 年 7 月，习近平在庆祝香港回归祖国 20 周年大会暨香港特别行政区第五届政府就职典礼上发表重要讲话指出，中央政府将一如既往"支持香港在推进'一带一路'建设、粤港澳大湾区建设、人民币国际化等重大发展战略中发挥优势和作用"②。在港期间，习近平亲自出席了《深化粤港澳合作　推进大湾区建设框架协议》

①　《中华人民共和国国民经济和社会发展第十三个五年规划纲要》，《人民日报》2016年 3 月 18 日。

②　习近平：《在庆祝香港回归祖国二十周年大会暨香港特别行政区第五届政府就职典礼上的讲话》，《人民日报》2017 年 7 月 2 日。

签署仪式。在党的十九大报告中，习近平指出，"要支持香港、澳门融入国家发展大局，以粤港澳大湾区建设、粤港澳合作、泛珠三角区域合作等为重点，全面推进内地同香港、澳门互利合作"。2019 年 12 月，习近平出席庆祝澳门回归祖国 20 周年大会暨澳门特别行政区第五届政府就职典礼并发表重要讲话，提出澳门"要积极对接国家战略，把握共建'一带一路'和粤港澳大湾区建设的机遇，更好发挥自身所长，增强竞争优势"①。2020 年 10 月，习近平在深圳经济特区建立 40 周年庆祝大会上指出，粤港澳大湾区建设是国家重大发展战略，深圳是大湾区建设的重要引擎，要推动粤港澳三地经济运行的规则衔接、机制对接，提升市场一体化水平。

推动粤港澳大湾区发展的顶层设计密集推出。2019 年 2 月，党中央、国务院印发《粤港澳大湾区发展规划纲要》，明确提出粤港澳大湾区的五大战略定位：充满活力的世界级城市群；具有全球影响力的国际科技创新中心；"一带一路"建设的重要支撑；内地与港澳深度合作示范区；宜居宜业宜游的优质生活圈。发展目标是：到 2022 年，粤港澳大湾区综合实力显著增强，粤港澳合作更加深入广泛，区域内生发展动力进一步提升，发展活力充沛、创新能力突出、产业结构优化、要素流动顺畅、生态环境优美的国际一流湾区和世界级城市群框架基本形成；到 2035 年，大湾区形成以创新为主要支撑的经济体系和发展模式，经济实力、科技实力大幅跃升，国际竞争力、影响力进一步增强；大湾区内市场高水平互联互通基本实现，各类资源要素高效便捷流动；区域发展协调性显著增强，对周边地区的引领带动能力进一步提升；人民生活更加富裕；社会文明程度达到新高度，文化软实力显著增强，中华文化影响更加广泛深入，多元文化进一步交流融合；资源节约集约利用水平显著提高，生态环境得到有效保护，

---

① 习近平：《在庆祝澳门回归祖国二十周年大会暨澳门特别行政区第五届政府就职典礼上的讲话》，《人民日报》2019 年 12 月 21 日。

宜居宜业宜游的国际一流湾区全面建成。2021年3月，"十四五"规划和2035年远景目标纲要提出"高质量建设粤港澳大湾区"。9月5日、6日，党中央、国务院相继印发《横琴粤澳深度合作区建设总体方案》和《全面深化前海深港现代服务业合作区改革开放方案》，前者是中央从国家战略全局的高度支持澳门经济适度多元发展的重要举措，为澳门长远发展拓展了空间、勾画了蓝图，为澳门经济发展注入了强劲动能，有力推动澳门更好融入国家发展大局。后者是深入实施《粤港澳大湾区发展规划纲要》的重大部署，以"扩区"和深化改革、扩大开放为主题，大幅扩展了前海深港现代服务业合作区的发展空间，彰显了香港在高质量建设粤港澳大湾区中所具有的突出优势，为香港发展拓展了新空间、注入了新动能。

——支持长江三角洲区域一体化发展并上升为国家战略。

长江三角洲包括上海市、江苏省、浙江省、安徽省全域，面积35.8万平方公里，是我国经济发展最活跃、开放程度最高、创新能力最强的区域之一。推动长三角一体化发展，增强长三角地区创新能力和竞争能力，提高经济集聚度、区域连接性和政策协同效率，对引领全国高质量发展、建设现代化经济体系意义重大。2018年11月5日，习近平在首届中国国际进口博览会开幕式上宣布，支持长江三角洲区域一体化发展并上升为国家战略，着力落实新发展理念，构建现代化经济体系，推进更高起点的深化改革和更高层次的对外开放，同"一带一路"建设、京津冀协同发展、长江经济带发展、粤港澳大湾区建设相互配合，完善中国改革开放空间布局。2019年12月，党中央、国务院印发实施《长江三角洲区域一体化发展规划纲要》，确定长三角区域发展目标是：到2025年，长三角一体化发展取得实质性进展。跨界区域、城市乡村等区域板块一体化发展达到较高水平，在科创产业、基础设施、生态环境、公共服务等领域基本实现一体化发展，全面建立一体化发展的体制机制。到2035年，长三角一体化发展达到较高水平。现代化经济体系基本建成，城乡区域差距明显缩小，公共服务水平趋于均衡，基础设施互联互通全面实现，人民基本生活保障水平大体相当，一体化发展体制机制更加完善，整体达到全国领先水平，成为最具影响力和带动力的强劲活跃增长极。2020年8月，习近平在安徽合肥主持召开扎实推进长三角一体化发展座谈会并发表重要讲话，强调要深刻认识长三角区域在国家经济社会发展中的地位和作用，结合长三角一体化发展面临的新形势新要求，坚持目标导向、问题导向相统一，紧扣一体化和高质量两个关键词抓好重点工作，真抓实干、埋头苦干，推动长三角一体化发展不断取得成效。2021年1月，推进长三角一体化发展领导小组办公室印发《长江三角洲区域生态环境共同保护规划》，强调要共同建设绿色美丽长三角、着力打造美丽中国建设的先行示范区。根据党中央的决策部署，长三角区域在打通基础设施互联互通瓶颈、推进生态绿色一体化、跨省域国土空间总体规划、实现市场要素自由流动、促进基本公共服务一体化等方面取得重要进展。2023年11月30日，习近平在上海主持召开深入推进长三角一体化发展座谈会并发表重要讲话，强调要完整、准确、全面贯彻新发展理念，紧扣一体化和高质量这两个关键词，树立全球视野和战略思维，坚定不移深化改革、扩大高水平开放，统筹科技创新和产业创新，统筹龙头带动和各扬所长，统筹硬件联通和机制协同，统筹生态环保和经济发展，在推进共同富裕上先行示范，在建设中华民族现代文明上积极探索，推动长三角一体化发展取得新的重大突破，在中国式现代化中走在前列，更好发挥先行探路、引领示范、辐射带动作用。2024年4月30日，中央政治局会议审议《关于持续深入推进长三角一体化高质量发展若干政策措施的意见》，强调要推动长三角一体化发展取得更大突破，更好发挥先行探路、引领示范、辐射带动作用。

　　——继续深入实施西部开发、东北振兴、中部崛起、东部率先的区域发展总体战略。

　　2017年1月，经国务院批复同意，国家发展改革委印发实施《西部大开发"十三五"规划》。2017年10月,习近平在党的十九大报告中提出"强化举措推进西部大开发形成新格局"。2020年5月,中共中央、国务院印发《关于新时代推进西部大开发形成新格局的指导意见》,吹响了新一轮西部大开发的号角。这个指导意见要求强化举措抓重点、补短板、强弱项,形成大保护、大开放、高质量发展的新格局,推动经济发展质量变革、效率变革、动力变革,促进西部地区经济发展与人口、资源、环境相协调,实现更高质量、更有效率、更加公平、更可持续发展,确保到2020年西部地区生态环境、营商环境、开放环境、创新环境明显改善,与全国一道全面建成小康社会;到2035年,西部地区基本实现社会主义现代化,基本公共服务、基础设施通达程度、人民生活水平与东部地区大体相当,努力实现不同类型地区互补发展、东西双向开放协同并进、民族边疆地区繁荣安全稳固、人与自然和谐共生。2024年4月23日,习近平在重庆主持召开新时代推动西部大开发座谈会,强调要进一步形成大保护大开放高质量发展新格局,奋力谱写西部大开发新篇章。深化改革加快东北等老工业基地振兴。2013年8月,习近平在辽宁考察工作时强调,全面振兴东北地区等老工业基地是国家既定战略,要总结经验、完善政策,形成战略性新兴产业和传统制造业并驾齐驱、现代服务业和传统服务业相互促进、信息化和工业化深度融合的产业发展新格局,为全面振兴老工业基地增添原动力。2015年7月,习近平在长春召开部分省区党委主要负责同志座谈会并发表重要讲话,强调振兴东北老工业基地已到了滚石上山、爬坡过坎的关键阶段,国家要加大支持力度,东北地区要增强内生发展活力和动力,精准发力,扎实工作,加快老工业基地振兴发展。2016年4月,党中央、国务院印发《关于全面振兴东北地区等老工业基地的若干意见》,从顶层设计和系统部署两个层面谋划和部署了东北新一轮振兴方略,掀开了实施新一轮东北振兴战略的大幕。11月,国务院批复实施《东北振兴"十三五"规划》。2018年9月28日,习近平在沈阳主持召开深入推进东北振兴座谈会，强调新时代东北振兴，是全面振兴、全方位振兴，要坚持新发展理念，解放思想、锐意进取，瞄准方向、保持定力，深化改革、破解矛盾，扬长避短、发挥优势，以新气象新担当新作为推进东北振兴。2023 年 9 月 7 日，习近平在黑龙江省哈尔滨市主持召开新时代推动东北全面振兴座谈会并发表重要讲话，强调新时代新征程推动东北全面振兴，要贯彻落实党的二十大关于推动东北全面振兴实现新突破的部署，完整准确全面贯彻新发展理念，牢牢把握东北在维护国家"五大安全"① 中的重要使命，牢牢把握高质量发展这个首要任务和构建新发展格局这个战略任务，统筹发展和安全，坚持目标导向和问题导向相结合，坚持锻长板、补短板相结合，坚持加大支持力度和激发内生动力相结合，咬定目标不放松，敢闯敢干加实干，努力走出一条高质量发展、可持续振兴的新路子，奋力谱写东北全面振兴新篇章。发挥优势推动中部地区崛起。2016 年 12 月，国家发展改革委发布《促进中部地区崛起"十三五"规划》，明确了"十三五"期间促进中部地区崛起的总体思路。2019 年 5 月 21 日，习近平在南昌主持召开推动中部地区崛起工作座谈会并发表重要讲话，强调要贯彻新发展理念，在供给侧结构性改革上下更大功夫，在实施创新驱动发展战略、发展战略性新兴产业上下更大功夫，积极主动融入国家战略，推动高质量发展，不断增强中部地区综合实力和竞争力，奋力开创中部地区崛起新局面。2024 年 3 月 20 日，习近平在湖南省长沙市主持召开新时代推动中部地区崛起座谈会并发表重要讲话，强调中部地区是我国重要粮食生产基地、能源原材料基地、现代装备制造及高技术产业基地和综合交通运输枢纽，在全国具有举足轻重的地位。要一以贯之抓好党中央推动中部地区崛起一系列政策举措的贯彻落实，形成推动高质量发展的合力，在中国式现代化建设中奋力谱写中部地区崛起新篇章。创新引

---

① 即：国防安全、粮食安全、生态安全、能源安全、产业安全。

领率先实现东部地区优化发展。东部地区占我国经济总规模的一半以上。党的十八大以来，根据党中央的决策部署，东部地区推进重点领域改革试验，着力实施创新驱动发展战略，打造具有国际影响力的创新高地；推动产业进一步优化升级，促进新兴产业和现代服务业加快发展，着力打造全球先进制造业基地；支持深化改革开放，建立健全国际化管理体制，完善全方位开放型经济体系，促进在更高层次上参与国际合作和竞争；探索陆海统筹新机制，不断拓展经济发展空间。经过努力，东部地区在中国深化供给侧结构性改革、加快新旧动能转换的关键时期，率先发展的脚步坚实有力，在调整转型中进一步焕发了生机活力，在全国继续发挥重要增长引擎和辐射带动作用。

——推动黄河流域生态保护和高质量发展；支持革命老区、民族地区加快发展，加强边疆地区建设，推进兴边富民、稳边固边；坚持陆海统筹，发展海洋经济，建设海洋强国；健全区域战略统筹、市场一体化发展、区域合作互助、区际利益补偿等机制，促进发达地区和欠发达地区、东中西部和东北地区共同发展。

创新是发展的新引擎。国际经济竞争乃至综合国力竞争，说到底是创新能力的竞争。历史事实表明，一个国家是否强大不是单由经济总量大小而定，一个民族是否强盛也不单凭人口规模、领土幅员多寡而定，科学技术是对一国兴衰起决定性作用的关键变量。历史上，我国曾长期位居世界经济大国之列，经济总量一度占到世界的三分之一，但鸦片战争之后却屡屡被经济总量远不如我们的国家打败。为什么会这样？我们不是输在经济总量上，而是输在科技落后上。由于技术创新和工业制造落后于人，西方列强因此得以用坚船利炮轰开中国的国门。中国近代史上落后挨打的根子就是技术落后。这方面的教训极为深刻，应牢牢记取。

党的十八大作出了"实施创新驱动发展战略"的重大部署，强调"科技创新是提高社会生产力和综合国力的战略支撑，必须摆在国家发展全局的核心位置"，要以全球视野谋划和推动创新，提高原始创新、集成创新和引进消化吸收再创新能力，更加注重协同创新；深化科技体制改革，着力构建以企业为主体、市场为导向、产学研相结合的技术创新体系；实施国家科技重大专项，实施知识产权战略，把全社会智慧和力量凝聚到创新发展上来。这是党中央综合分析国内外大势、立足我国发展全局作出的重大战略抉择。党的十八大以来，以习近平同志为核心的党中央就实施创新驱动发展战略作出了一系列重要论述和部署。

2013 年 9 月 30 日，中共十八届中央政治局以实施创新驱动发展战略为题举行第九次集体学习。习近平在主持学习时强调："实施创新驱动发展战略决定着中华民族前途命运。没有强大的科技，'两个翻番'、'两个一百年'的奋斗目标难以顺利达成，中国梦这篇大文章难以顺利写下去，我们也难以从大国走向强国。全党全社会都要充分认识科技创新的巨大作用，把创新驱动发展作为面向未来的一项重大战略，常抓不懈。"[1]2014年 6 月 9 日，习近平在中国科学院第十七次院士大会、中国工程院第十二次院士大会上，进一步深入阐述了实施创新驱动发展战略的重大意义和努力方向，强调"实施创新驱动发展战略，最根本的是要增强自主创新能力，最紧迫的是要破除体制机制障碍，最大限度解放和激发科技作为第一生产力所蕴藏的巨大潜能"。"我国能否在未来发展中后来居上、弯道超车，主要就看我们能否在创新驱动发展上迈出实实在在的步伐。"[2]2014年 8 月 18 日，习近平主持召开中央财经领导小组第七次会议，专题研究实施创新驱动发展战略。2015 年 3 月，党中央、国务院印发《关于深化体制机制改革加快实施创新驱动发展战略的若干意见》，从思路目标、创

---

[1] 中共中央文献研究室编：《习近平关于社会主义经济建设论述摘编》，中央文献出版社 2017 年版，第 128 页。

[2] 中共中央文献研究室编：《十八大以来重要文献选编》（中），中央文献出版社 2016 年版，第 21、23 页。

新环境、创新导向、创新金融、政策激励、科研体系、创新人才、开放创新、统筹协调等多方面对实施创新驱动发展战略作出顶层设计。同年9月，中共中央办公厅、国务院办公厅印发《深化科技体制改革实施方案》，明确深化科技体制改革的指导思想、基本原则、主要目标和工作重点。国务院相继发布《关于发展众创空间推进大众创新创业的指导意见》《关于大力推进大众创业万众创新若干政策措施的意见》，以科技创新引领大众创业、万众创新，支持龙头企业、中小微企业、科研院所、高校、创客等多方协同，打造专业化众创空间和创新平台。2015年8月十二届全国人大常委会第十六次会议修订颁布《中华人民共和国促进科技成果转化法》，2016年2月国务院印发《实施〈中华人民共和国促进科技成果转化法〉若干规定》，2016年4月国务院办公厅印发《促进科技成果转移转化行动方案》，初步形成了具有中国特色的促进科技成果转化制度体系。党的十八届五中全会提出，创新是引领发展的第一动力，必须把发展基点放在创新上，塑造更多依靠创新驱动、更多发挥先发优势的引领型发展。2016年5月，党中央、国务院颁布《国家创新驱动发展战略纲要》，强调要把创新驱动发展作为国家的优先战略，以科技创新为核心带动全面创新，以体制机制改革激发创新活力，以高效率的创新体系支撑高水平的创新型国家建设，推动经济社会发展动力根本转换。党的十九大要求加快建设创新型国家，强调创新是引领发展的第一动力，是建设现代化经济体系的战略支撑，要瞄准世界科技前沿，强化基础研究，实现前瞻性基础研究、引领性原创成果重大突破。党的十九届五中全会确立了创新在我国现代化建设全局中的核心地位，创新驱动日益成为我国发展的关键问题。"十四五"规划纲要明确提出，要坚持创新驱动发展，全面塑造发展新优势。2021年8月，国务院办公厅印发《关于改革完善中央财政科研经费管理的若干意见》，坚持问题导向和目标导向，从扩大科研项目经费管理自主权、完善科研项目经费拨付机制、加大科研人员激励力度等7个方面，回应科技界关切，完善科研经费管理，赋予科研工作者更大经费使用自主权，让科研单位和科研人员从繁琐、不必要的体制机制束缚中解放出来，激发科研创新创造活力，多出高质量的科技成果。

随着创新驱动发展战略深入实施，国家整体科技实力和许多领域科技水平明显提升。研发投入持续增长，2021年，全社会研发投入2.79万亿元，研发投入强度2.44%，超过欧盟国家平均水平，国家创新能力综合排名升至世界第十二位，国际专利申请蝉联全球第一。在载人航天、探月工程、超级计算、量子通信等前沿领域取得一系列标志性成果，部分领域实现从跟跑向并跑、领跑转变。2020年，在个别国家对我国进行科技打压的背景下，我国加大关键核心技术攻关力度，科技创新取得重大进展，北斗三号全球卫星导航系统建成开通，嫦娥五号成功实施月球探测任务，"奋斗者"号完成万米海试，"九章"量子计算机研制取得重大进展。云计算、大数据、物联网、移动互联网、人工智能等新一代信息技术广泛深入应用，移动支付、共享出行、工业互联、智慧城市等数字经济加快推进，为发展注入新动能，为社会带来深刻变革。我国在世界知识产权组织2020年发布的全球创新指数排名升至第十四位，是前30名国家中唯一的中等收入经济体。2023年，高水平科技自立自强扎实推进，科技创新实现新的突破。5月28日，C919大客机圆满完成首个商业航班飞行。5月30日，神舟十六号载人飞船从酒泉卫星发射中心发射升空，随后与天和核心舱对接形成组合体；10月31日，神舟十六号载人飞船返回舱在东风着陆场成功着陆。我国空间站应用与发展阶段首次载人飞行任务圆满成功。长征系列运载火箭完成第500次发射。"九章三号"量子计算原型机研制成功。完成第13次北冰洋科考。进行第40次南极考察。我国科技创新不断实现新突破，科技创新资源加速整合，战略性新兴产业和未来产业发展势头强劲，新质生产力加快形成。

四、重中之重强"三农":"重农固本是安民之基、治国之要"

农业、农村、农民问题,是关系国计民生的根本性问题,在我国革命、建设、改革中始终占有特殊重要的位置,在我国社会建设、民生改善和保障中也占有特殊重要的地位。我们党始终高度重视"三农"问题。习近平作为党的总书记,有从在陕北梁家河担任大队党支部书记到担任河北正定县委书记、福建宁德地委书记等长达十几年的地方从政经历,一路走来,更是与"三农"结下了不解之缘,对"三农"问题、乡村治理问题的极端重要性,有着深刻体会。党的十八大以来,以习近平同志为核心的党中央立足中华民族伟大复兴战略全局,继续始终如一高度重视"三农"工作,提出一系列新理念新思想新战略,大力加强和改善党对"三农"工作的领导,推动农业更强、农村更美、农民更富取得历史性成就,为在更高水平上提出和推进乡村振兴战略打下了坚实基础。

2013年12月23日,习近平在中央农村工作会议上指出:"中国要强,农业必须强;中国要美,农村必须美;中国要富,农民必须富","我们必须坚持把解决好'三农'问题作为全党工作重中之重,坚持工业反哺农业、城市支持农村和多予少取放活方针,不断加大强农惠农富农政策力度,始终把'三农'工作牢牢抓住、紧紧抓好"。2015年7月在吉林调研时,习近平指出:"任何时候都不能忽视农业、忘记农民、淡漠农村。必须始终坚持强农惠农富农政策不减弱、推进农村全面小康不松劲,在认识的高度、重视的程度、投入的力度上保持好势头。"①"三个不能"为正确认识和做好新形势下"三农"工作指明了努力方向。同年12月,在中央

①《习近平在吉林调研时强调 保持战略定力增强发展自信 坚持变中求新变中求进变中求破》,《人民日报》2015年7月19日。

农村工作会议上，习近平就做好"三农"工作作出重要指示："重农固本，是安民之基。'十二五'时期，我国农业农村发展成果丰硕，为我们赢得全局工作主动发挥了重要作用。同时，必须看到，我国农业农村发展面临的难题和挑战还很多，任何时候都不能忽视和放松'三农'工作。"2016年4月25日，在安徽凤阳县小岗村召开的农村改革座谈会上，习近平提出了"三个坚定不移"：要坚定不移深化农村改革，坚定不移加快农村发展，坚定不移维护农村和谐稳定，从战略和全局角度明确了"三农"工作重点；同时强调："要坚持把解决好'三农'问题作为全党工作重中之重，加大推进新形势下农村改革力度，加强城乡统筹，全面落实强农惠农富农政策，促进农业基础稳固、农村和谐稳定、农民安居乐业。"2017年3月8日，习近平在参加十二届全国人大五次会议四川代表团审议时强调，重视农业，夯实农业这个基础，历来是固本安民之要。我国农业农村发展已进入新的历史阶段，农业的主要矛盾由总量不足转变为结构性矛盾、矛盾的主要方面在供给侧，必须深入推进农业供给侧结构性改革，加快培育农业农村发展新动能，开创农业现代化建设新局面。

党的十九大明确提出要"实施乡村振兴战略"。党的十九大以后，习近平对实施乡村振兴战略高度重视，并将之放在"三农"这个全党工作重中之重的大棋盘上来谋划，强调"实施乡村振兴战略，这是党中央从党和国家事业全局出发、着眼于实现'两个一百年'奋斗目标、顺应亿万农民对美好生活的向往作出的重大决策。这是中国特色社会主义进入新时代做好'三农'工作的总抓手"。2018年3月8日，在参加十三届全国人大一次会议山东代表团审议时，习近平指出："农业强不强、农村美不美、农民富不富，决定着全面小康社会的成色和社会主义现代化的质量。要深刻认识实施乡村振兴战略的重要性和必要性，扎扎实实把乡村振兴战略实施好。"9月21日，在主持中共十九届中央政治局第八次集体学习时，习近平指出：没有农业农村现代化，就没有整个国家现代化，"我在党的十九大报告中对乡村振兴战略进行了概括，提出要坚持农业农村优先发展，按照产业兴旺、生态宜居、乡风文明、治理有效、生活富裕的总要求，建立健全城乡融合发展体制机制和政策体系，加快推进农业农村现代化。这其中，农业农村现代化是实施乡村振兴战略的总目标，坚持农业农村优先发展是总方针，产业兴旺、生态宜居、乡风文明、治理有效、生活富裕是总要求，建立健全城乡融合发展体制机制和政策体系是制度保障"。习近平强调："在现代化进程中，城的比重上升，乡的比重下降，是客观规律，但在我国拥有近 14 亿人口的国情下，不管工业化、城镇化进展到哪一步，农业都要发展，乡村都不会消亡，城乡将长期共生并存，这也是客观规律。即便我国城镇化率达到 70%，农村仍将有 4 亿多人口。如果在现代化进程中把农村 4 亿多人落下，到头来'一边是繁荣的城市、一边是凋敝的农村'，这不符合我们党的执政宗旨，也不符合社会主义的本质要求。这样的现代化是不可能取得成功的！40 年前，我们通过农村改革拉开了改革开放大幕。40 年后的今天，我们应该通过振兴乡村，开启城乡融合发展和现代化建设新局面。"要坚持农业现代化和农村现代化一体设计、一并推进，实现农业大国向农业强国跨越；要在资金投入、要素配置、公共服务、干部配备等方面采取有力举措，加快补齐农业农村发展短板，不断缩小城乡差距，让农业成为有奔头的产业，让农民成为有吸引力的职业，让农村成为安居乐业的家园。9 月 23 日，我国迎来第一个"中国农民丰收节"。习近平代表党中央，向全国亿万农民致以节日问候，指出："我国是农业大国，重农固本是安民之基、治国之要"，"设立中国农民丰收节，是党中央研究决定的，进一步彰显了'三农'工作重中之重的基础地位，是一件影响深远的大事"。2020 年 12 月 28 日，在中央农村工作会议上，习近平指出："稳住农业基本盘、守好'三农'基础是应变局、开新局的'压舱石'。对我们这样一个拥有 14 亿人口的大国来说，'三农'向好，全局主动。""脱贫攻坚取得胜利后，要全面推进乡村振兴，这是'三农'工作重心的历史性转移"，"全党务必充分认识新发展阶段做好'三农'工作的重要性和紧迫性，坚持把解决好'三农'问题作为全党工作重中之重，举全党全社会之力推动乡村振兴，促进农业高质高效、乡村宜居宜业、农民富裕富足"。[①]2021年2月3日，习近平在贵州黔西县考察调研时指出："全面建成小康社会，一个民族不能落下；全面建设社会主义现代化，一个民族也不能落下。脱贫之后，要接续推进乡村振兴，加快推进农业农村现代化。"2月25日，在全国脱贫攻坚总结表彰大会上，习近平再次强调："乡村振兴是实现中华民族伟大复兴的一项重大任务。要围绕立足新发展阶段、贯彻新发展理念、构建新发展格局带来的新形势、提出的新要求，坚持把解决好'三农'问题作为全党工作重中之重，坚持农业农村优先发展，走中国特色社会主义乡村振兴道路，持续缩小城乡区域发展差距，让低收入人口和欠发达地区共享发展成果，在现代化进程中不掉队、赶上来。"2021年4月、7月，习近平在广西、西藏考察时又指出，"全面推进乡村振兴的深度、广度、难度都不亚于脱贫攻坚，决不能有任何喘口气、歇歇脚的想法"；要"推动巩固拓展脱贫攻坚成果同全面推进乡村振兴有效衔接，更加聚焦群众普遍关注的民生问题，办好就业、教育、社保、医疗、养老、托幼、住房等民生实事，一件一件抓落实，让各族群众的获得感成色更足、幸福感更可持续、安全感更有保障"。

习近平还就形成以工促农、以城带乡、工农互惠、城乡一体的新型工农城乡关系，实现粮食安全和现代高效农业相统一，把增加农民收入作为"三农"工作的中心任务，健全自治法治德治相结合的乡村治理体系，打造农民安居乐业的美丽家园，加强党对"三农"工作的全面领导等重大问题提出一系列明确要求。

---

① 《谱写农业农村改革发展新的华彩乐章——习近平总书记关于"三农"工作重要论述综述》，《人民日报》2021年9月23日。

在以习近平同志为核心的党中央统筹谋划下，党的十八大以来，党和政府始终坚持把解决好"三农"问题作为全党工作重中之重，连续9年印发9个中央一号文件，坚持农业农村优先发展，坚持走中国特色社会主义乡村振兴道路，推动"三农"工作持续取得新的重大成就，书写了新时代"三农"工作新篇章。

2013年1月，中共中央、国务院印发《关于加快发展现代农业 进一步增强农村发展活力的若干意见》的一号文件，强调："坚定不移沿着中国特色社会主义道路前进，为全面建成小康社会而奋斗，必须固本强基，始终把解决好农业农村农民问题作为全党工作重中之重，把城乡发展一体化作为解决'三农'问题的根本途径；必须统筹协调，促进工业化、信息化、城镇化、农业现代化同步发展，着力强化现代农业基础支撑，深入推进社会主义新农村建设。"《意见》提出，要按照保供增收惠民生、改革创新添活力的工作目标，加大农村改革力度、政策扶持力度、科技驱动力度，围绕现代农业建设，充分发挥农村基本经营制度的优越性，着力构建集约化、专业化、组织化、社会化相结合的新型农业经营体系，进一步解放和发展农村社会生产力，巩固和发展农业农村大好形势。2013年，我国农业农村发展持续向好、稳中有进，粮食生产再创历史新高。为了适应我国经济社会发展转型期的新形势，进一步破除妨碍农业农村发展的体制机制弊端，推动社会主义新农村建设取得新进展，2014年1月，中共中央、国务院印发《关于全面深化农村改革加快推进农业现代化的若干意见》的一号文件，强调全面深化农村改革，要坚持社会主义市场经济改革方向，处理好政府和市场的关系，激发农村经济社会活力；要鼓励探索创新，在明确底线的前提下，支持地方先行先试，尊重农民群众实践创造；要因地制宜、循序渐进，不搞"一刀切"、不追求一步到位，允许采取差异性、过渡性的制度和政策安排；要城乡统筹联动，赋予农民更多财产权利，推进城乡要素平等交换和公共资源均衡配置，让农民平等参与现代化进程、共同分享现代化成果。2015 年，党中央、国务院印发《关于加大改革创新力度加快农业现代化建设的若干意见》的一号文件中强调，我国经济发展已进入新常态，正从高速增长转向中高速增长，农业农村工作必须主动适应经济发展新常态，按照稳粮增收、提质增效、创新驱动的总要求，继续全面深化农村改革，全面推进农村法治建设，推动新型工业化、信息化、城镇化和农业现代化同步发展，努力在提高粮食生产能力上挖掘新潜力，在优化农业结构上开辟新途径，在转变农业发展方式上寻求新突破，在促进农民增收上获得新成效，在建设新农村上迈出新步伐，为经济社会持续健康发展提供有力支撑。

"十二五"时期，是我国农业农村发展的又一个黄金期。粮食连年高位增产，实现了农业综合生产能力质的飞跃；农民收入持续较快增长，扭转了城乡居民收入差距扩大的态势；农村基础设施和公共服务明显改善，提高了农民群众的民生保障水平；农村社会和谐稳定，夯实了党在农村的执政基础。但随着我国农业农村发展环境发生重大变化，如何在经济发展新常态背景下，促进农民收入稳定较快增长，加快缩小城乡差距；如何在资源环境约束趋紧背景下，加快转变农业发展方式，确保粮食等重要农产品有效供给，实现绿色发展和资源永续利用；如何在受国际农产品市场影响加深背景下，统筹利用国际国内两个市场、两种资源，提升我国农业竞争力，是农业农村发展面临的新问题新挑战。党中央提出，"十三五"时期推进农村改革发展，要把坚持农民主体地位、增进农民福祉作为农村一切工作的出发点和落脚点，用发展新理念破解"三农"新难题，厚植农业农村发展优势，加大创新驱动力度，推进农业供给侧结构性改革，加快转变农业发展方式，保持农业稳定发展和农民持续增收，走产出高效、产品安全、资源节约、环境友好的农业现代化道路，推动新型城镇化与新农村建设双轮驱动、互促共进，让广大农民平等参与现代化进程、共同分享现代化成果。同时要求到 2020 年，我国现代农业建设取得明显进展，粮食产能进一步巩固提升，国家粮食安全和重要农产品供给得到有效保障，农产品供给体系的质量和效率显著提高；农民生活达到全面小康水平，农村居民人均收入比 2010 年翻一番，城乡居民收入差距继续缩小；我国现行标准下农村贫困人口实现脱贫，贫困县全部摘帽，解决区域性整体贫困；农民素质和农村社会文明程度显著提升，社会主义新农村建设水平进一步提高；农村基本经济制度、农业支持保护制度、农村社会治理制度、城乡发展一体化体制机制进一步完善。根据这些部署和要求，2016 年 1 月，党中央、国务院印发《关于落实发展新理念加快农业现代化　实现全面小康目标的若干意见》的一号文件提出，要持续夯实现代农业基础，提高农业质量效益和竞争力；加强资源保护和生态修复，推动农业绿色发展；推进农村产业融合，促进农民收入持续较快增长；推动城乡协调发展，提高新农村建设水平；深入推进农村改革，增强农村发展内生动力；加强和改善党对"三农"工作领导。经过多年不懈努力，我国农业农村发展不断迈上新台阶，农业的主要矛盾由总量不足转变为结构性矛盾，突出表现为阶段性供过于求和供给不足并存，矛盾的主要方面在供给侧。为了深入推进农业供给侧结构性改革，开创农业现代化建设新局面，2017 年 2 月，党中央、国务院印发《关于深入推进农业供给侧结构性改革加快培育农业农村发展新动能的若干意见》的一号文件，强调 2017 年的农业农村工作要坚持新发展理念，协调推进农业现代化与新型城镇化，以推进农业供给侧结构性改革为主线，围绕农业增效、农民增收、农村增绿，加强科技创新引领，加快结构调整步伐，加大农村改革力度，提高农业综合效益和竞争力，推动社会主义新农村建设取得新的进展，力争农村全面小康建设迈出更大步伐。

根据党的十八届三中全会的部署，农业农村改革扎实开展，特别是农村土地制度改革加速推进。2013 年 12 月，中央城镇化工作会议明确了推进新型城镇化的指导思想、主要目标、基本原则和重点任务。2014 年 3

月，党中央、国务院印发实施《国家新型城镇化规划（2014—2020年)》。2015年1月，中共中央办公厅、国务院办公厅印发《关于农村土地征收、集体经营性建设用地入市、宅基地制度改革试点工作的意见》，试点改革的主要任务，一是完善土地征收制度，缩小土地征收范围，探索制定土地征收目录，严格界定公共利益用地范围；规范土地征收程序，建立社会稳定风险评估制度，健全矛盾纠纷调处机制，全面公开土地征收信息；完善对被征地农民合理、规范、多元保障机制。二是探索建立农村集体经营性建设用地入市制度，明确农村集体经营性建设用地产权，赋予农村集体经营性建设用地出让、租赁、入股权能；明确农村集体经营性建设用地入市范围和途径；建立健全市场交易规则和服务监管制度。三是改革完善农村宅基地制度，完善宅基地权益保障和取得方式，探索农民住房保障在不同区域户有所居的多种实现形式；对历史原因形成超标准占用宅基地和一户多宅等情况，探索实行有偿使用；探索进城落户农民在本集体经济组织内部自愿有偿退出或转让宅基地；改革宅基地审批制度，发挥村民自治组织的民主管理作用。四是建立兼顾国家、集体、个人的土地增值收益分配机制，合理提高个人收益。到2015年11月，农村土地征收、集体经营性建设用地入市、宅基地制度三项改革试点在全国33个有基础、有条件的县（市、区）获批分类开展，全国人大常委会授权试点地区在试点期内暂停实行相关法律条款。农村土地确权登记颁证工作整省试点扩大到全国12个省，有2215个县（市、区）安排了试点工作，完成确权登记面积2.6亿亩以上。农村集体资产管理、运行体制改革试点顺利展开，29个试点县（市、区）启动赋予农民对集体资产股份权能改革试点。农村土地经营权流转平稳有序，全国家庭承包耕地经营权流转面积达到4.3亿亩，占家庭承包耕地总面积的32.3%。新型农业经营主体不断壮大，全国有家庭农场87万家，工商注册农民专业合作社140.2万家，龙头企业12.6万家，产业化组织35.4万个。供销合作社、农垦、水利、林业、农业科技体制改革逐步深化，户籍制度改革有序推进。随着我国经济发展进入新常态，新型工业化、城镇化深入推进，农村经济社会深刻变革，农村改革涉及的利益关系更加复杂、目标更加多元。为了从全局上更好地指导和协调农村各项改革，2015年8月，中共中央办公厅、国务院办公厅印发《深化农村改革综合性实施方案》，明确了深化农村改革的指导思想、目标任务和基本原则，并针对深化农村集体产权制度改革、加快构建新型农业经营体系、健全农业支持保护制度、健全城乡发展一体化体制机制、加强和创新农村社会治理等5个关键领域，提出了26项重大改革举措。2016年10月，中共中央办公厅、国务院办公厅印发《关于完善农村土地所有权承包权经营权分置办法的意见》，将原土地承包经营权进一步分解为承包权和经营权，实行所有权、承包权、经营权分置并行（简称"三权分置"），着力推进农业现代化。农村改革发展协调推进，综合效应日益显现，促进"三农"工作在高起点上迈出新步伐。一是国家坚持把"三农"作为公共财政的支出重点，优先保障"三农"投入稳定增长。2013年到2017年全国一般公共预算农林水事务支出达到8.2万亿元。二是农业综合生产能力迈上新台阶，国家粮食安全和重要农产品供给得到有效保障。三是农民收入增速连年快于城镇居民。城乡居民收入差距由2012年的2.88∶1缩小到2016年的2.72∶1。四是脱贫攻坚取得举世公认的巨大成就。五是农村新产业新业态迅速成长，休闲农业和乡村旅游快速发展。农村电商蓬勃兴起，呈现持续快速增长势头。城乡融合发展取得历史性成就：农业转移人口市民化取得重大进展，城乡一体的基本公共服务提供机制逐步建立，城乡一体的基础设施建设取得显著成效。

实施乡村振兴战略，是党的十九大作出的重大决策部署，是决胜全面建成小康社会、全面建设社会主义现代化国家的重大历史任务，是新时代"三农"工作的总抓手。2018年1月，党中央、国务院印发《关于实施乡村振兴战略的意见》的一号文件，深入阐述了新时代实施乡村振兴战略的重大意义、总体要求和重点工作，分别提出了实施乡村振兴战略到 2020 年、2035 年、2050 年的目标任务。同年 9 月，党中央、国务院印发《乡村振兴战略规划（2018—2022 年）》，规划围绕农业农村现代化的总目标，按照分三个阶段实施乡村振兴战略的总部署，细化实化了 2018—2022 年乡村振兴各项工作，部署了一系列重大工程、重大计划和重大行动，是推进实施乡村振兴战略的总蓝图、总路线图。随着全面建成小康社会进入决胜期，"三农"领域有不少必须完成的硬任务。2019 年 1 月，党中央、国务院印发《关于坚持农业农村优先发展做好"三农"工作的若干意见》的一号文件强调，做好"三农"工作，必须继续坚持农业农村优先发展总方针，以实施乡村振兴战略为总抓手，对标全面建成小康社会"三农"工作必须完成的硬任务，抓重点、补短板、强基础，围绕"巩固、增强、提升、畅通"深化农业供给侧结构性改革，坚决打赢脱贫攻坚战。2020 年是全面建成小康社会目标实现之年，是全面打赢脱贫攻坚战收官之年。党中央认为，完成上述两大目标任务，脱贫攻坚最后堡垒必须攻克，全面小康"三农"领域突出短板必须补上。2020 年 1 月，党中央、国务院印发《关于抓好"三农"领域重点工作确保如期实现全面小康的意见》的一号文件强调，要对标对表全面建成小康社会目标，强化举措、狠抓落实，集中力量完成打赢脱贫攻坚战和补上全面小康"三农"领域突出短板两大重点任务，持续抓好农业稳产保供和农民增收，推进农业高质量发展，保持农村社会和谐稳定，提升农民群众获得感、幸福感、安全感，确保脱贫攻坚战圆满收官，确保农村同步全面建成小康社会。党的十九届五中全会对优先发展农业农村、全面推进乡村振兴作出全面部署，强调要走中国特色社会主义乡村振兴道路，"实现巩固拓展脱贫攻坚成果同乡村振兴有效衔接"①。

---

① 《中共中央关于制定国民经济和社会发展第十四个五年规划和二〇三五年远景目标的建议》，《人民日报》2020 年 11 月 4 日。

　　"十三五"时期，我国现代农业建设取得重大进展，乡村振兴实现良好开局。2021年全国粮食总产量13657亿斤，连续7年保持在1.3万亿斤以上，新时代脱贫攻坚目标任务如期完成。农业农村发展取得的成就，为党和国家战胜各种艰难险阻、稳定经济社会发展大局，发挥了"压舱石"作用。在"十四五"到来之际，2021年1月，党中央、国务院印发《关于全面推进乡村振兴加快农业农村现代化的意见》的一号文件，强调民族要复兴，乡村必振兴，全面建设社会主义现代化国家，实现中华民族伟大复兴，最艰巨最繁重的任务依然在农村，最广泛最深厚的基础依然在农村；新发展阶段"三农"工作依然极端重要，须臾不可放松，务必抓紧抓实；要坚持把解决好"三农"问题作为全党工作重中之重，把全面推进乡村振兴作为实现中华民族伟大复兴的一项重大任务，举全党全社会之力加快农业农村现代化，让广大农民过上更加美好的生活。该意见对"十四五"时期推进乡村振兴的指导思想、目标任务和重点工作提出了明确要求。打赢脱贫攻坚战、全面建成小康社会后，为了进一步巩固拓展脱贫攻坚成果，接续推动脱贫地区发展和乡村全面振兴，2021年3月，党中央、国务院印发《关于实现巩固拓展脱贫攻坚成果同乡村振兴有效衔接的意见》，就进一步巩固拓展脱贫攻坚成果，接续推动脱贫地区发展和乡村全面振兴的重大意义、基本思路和目标任务、主要原则及相关工作等作出部署。同年6月，党中央、国务院印发《关于支持浙江高质量发展建设共同富裕示范区的意见》，明确要求浙江率先实现城乡一体化发展，就高质量创建乡村振兴示范省，推动新型城镇化与乡村振兴全面对接，深入探索破解城乡二元结构、缩小城乡差距、健全城乡融合发展的体制机制等先行先试。同年8月，农业农村部、浙江省人民政府联合印发《高质量创建乡村振兴示范省推进共同富裕示范区建设行动方案（2021—2025年）》，就高质量创建乡村振兴示范省从6个方面进行具体规划落实。2022年2月，国务院印发《"十四五"推进农业农村现代化规划》，对"十四五"时期推进农业农村现代化的战略导向、主要目标、重点任务和政策措施等作出全面安排，增强农业农村对经济社会发展的支撑保障能力和"压舱石"的稳定作用，持续提高农民生活水平。

2022年2月，党中央、国务院印发《关于做好2022年全面推进乡村振兴重点工作的意见》的一号文件，强调从容应对百年变局和世纪疫情，推动经济社会平稳健康发展，必须着眼国家重大战略需要，稳住农业基本盘、做好"三农"工作，接续全面推进乡村振兴，确保农业稳产增产、农民稳步增收、农村稳定安宁；强调要牢牢守住保障国家粮食安全和不发生规模性返贫两条底线，突出年度性任务、针对性举措、实效性导向，充分发挥农村基层党组织领导作用，推动乡村振兴取得新进展、农业农村现代化迈出新步伐。该意见从全力抓好粮食生产和重要农产品供给、强化现代农业基础支撑、坚决守住不发生规模性返贫底线、聚焦产业促进乡村发展、扎实稳妥推进乡村建设、突出实效改进乡村治理、加大政策保障和体制机制创新力度、坚持和加强党对"三农"工作的全面领导等8个方面对做好2022年全面推进乡村振兴重点工作作出全面部署。

五、贯彻新发展理念、构建新发展格局、推动高质量发展

创新、协调、绿色、开放、共享的新发展理念，从战略和全局上回答了我国经济社会发展的目的、动力、方式、路径等重大问题，阐明了我们党关于发展的政治立场和价值追求，是中国特色社会主义政治经济学的重大创新。习近平强调，"新的发展理念就是指挥棒"，"全党要把思想和行动统一到新的发展理念上来"，"努力提高统筹贯彻新的发展理念能力和水平"，"对不适应、不适合甚至违背新的发展理念的认识要立即调整，对不适应、不适合甚至违背新的发展理念的行为要坚决纠正，对不适应、不适

合甚至违背新的发展理念的做法要彻底摒弃"。①

以习近平同志为核心的党中央对我国经济形势进行科学判断，对我国发展理念和思路作出及时调整，对发展理念进行重大创新，提出了以下重要理论和观点。

一是坚持以人民为中心的发展思想。2012 年 11 月 15 日，新当选的党的十八届中央政治局常委同中外记者见面时，习近平鲜明提出，人民对美好生活的向往就是我们的奋斗目标，强调要坚定不移走共同富裕道路。2015 年 10 月 29 日，在党的十八届五中全会上，习近平第一次明确提出了坚持以人民为中心的发展思想。2020 年 10 月 29 日，在党的十九届五中全会上，习近平进一步强调要努力促进全体人民共同富裕取得更为明显的实质性进展。

二是不再简单以国内生产总值增长率论英雄。2012 年 12 月 15 日，在中央经济工作会议上，习近平强调不能不顾客观条件、违背规律盲目追求高速度。2013 年 4 月 25 日，在中央政治局常委会会议上，他强调不要把国家确定的调控目标作为各地经济增长的底线，更不要相互攀比甚至层层加码，要立足提高质量和效益来推动经济持续健康发展，追求实实在在、没有水分的生产总值，追求有效益、有质量、可持续的经济发展。2013 年 6 月 28 日，在全国组织工作会议上，他提出，要改进对领导干部的考核方法手段，"既看发展又看基础，既看显绩又看潜绩，把民生改善、社会进步、生态效益等指标和实绩作为重要考核内容，再也不能简单以国内生产总值增长率来论英雄了"②。

三是明确我国经济处于"三期叠加"时期。2013 年 7 月 25 日，在中

---

① 中共中央文献研究室编：《习近平关于社会主义经济建设论述摘编》，中央文献出版社 2017 年版，第 32—33 页。

② 中共中央文献研究室编：《十八大以来重要文献选编》（上），中央文献出版社 2014 年版，第 343—344 页。

央政治局常委会会议上，习近平强调我国经济正处于增长速度换挡期、结构调整阵痛期、前期刺激政策消化期叠加的阶段，加上世界经济也在深度调整，发展环境十分复杂，要准确认识我国经济发展阶段性特征，实事求是进行改革调整。

四是提出我国经济发展进入新常态。2013 年 12 月 10 日，在中央经济工作会议上，习近平提出"新常态"。2014 年 12 月 9 日，也是在中央经济工作会议上，他从 9 个方面的趋势性变化分析了我国经济发展进入新常态的原因，强调认识新常态、适应新常态、引领新常态是当前和今后一个时期我国经济发展的大逻辑。

五是使市场在资源配置中起决定性作用，更好发挥政府作用。2013 年 11 月，在党的十八届三中全会上，习近平强调市场配置资源是最有效率的形式，市场决定资源配置是市场经济的一般规律，强调要使市场在资源配置中起决定性作用，对市场作用作了全新定位。

六是绿水青山就是金山银山。2013 年 9 月 7 日，在纳扎尔巴耶夫大学发表演讲时，习近平明确提出这个观点，强调建设生态文明、建设美丽中国是我们的一项战略任务，要给子孙后代留下天蓝、地绿、水净的美好家园。2014 年 3 月 7 日，在参加十二届全国人大二次会议贵州代表团审议时，他进一步强调了这个观点。

七是坚持新发展理念。2015 年 10 月，在党的十八届五中全会上，习近平提出了创新、协调、绿色、开放、共享的新发展理念，强调坚持新发展理念是关系我国发展全局的一场深刻变革。

八是推进供给侧结构性改革。2015 年 11 月 10 日，在中央财经领导小组第十一次会议上，习近平提出要着力加强供给侧结构性改革。2015 年 12 月 18 日，在中央经济工作会议上，他强调供给侧结构性改革的关键是抓好"去产能、去库存、去杠杆、降成本、补短板"。2018 年 12 月 19 日，在中央经济工作会议上，他进一步提出了"巩固、增强、提升、畅通"的

8 字新要求，强调这八字方针是当前和今后一个时期深化供给侧结构性改革、推动经济高质量发展管总的要求。

九是我国发展面临不平衡不充分问题。2017 年 10 月，在党的十九大上，习近平强调我国社会主要矛盾已经转化为人民日益增长的美好生活需要和不平衡不充分的发展之间的矛盾，强调这是关系全局的历史性变化。

十是推动高质量发展。在党的十九大上，习近平强调基于我国社会主要矛盾已经转化为人民日益增长的美好生活需要和不平衡不充分的发展之间的矛盾这一事实，以及新发展理念的要求，我国经济已由高速增长阶段转向高质量发展阶段。2017 年 12 月 18 日，在中央经济工作会议上，他进一步指出：中国特色社会主义进入了新时代，我国经济发展也进入了新时代，高质量发展，就是能够很好满足人民日益增长的美好生活需要的发展，是体现新发展理念的发展，是创新成为第一动力、协调成为内生特点、绿色成为普遍形态、开放成为必由之路、共享成为根本目的的发展。

十一是建设现代化经济体系。在党的十九大上，习近平强调建设现代化经济体系是跨越关口的迫切要求和我国发展的战略目标。

十二是构建以国内大循环为主体、国内国际双循环相互促进的新发展格局。2020 年 4 月 10 日，在中央财经委员会第七次会议上，习近平强调要构建以国内大循环为主体、国内国际双循环相互促进的新发展格局。

十三是统筹发展和安全。2015 年 5 月 29 日，在中共十八届中央政治局第二十三次集体学习时，习近平强调要牢固树立安全发展理念。2016 年 1 月 18 日，在省部级主要领导干部学习贯彻党的十八届五中全会精神专题研讨班上，他从 4 个方面分析了我们搞开放发展所面临的风险挑战。2018 年 1 月 5 日，在新进中央委员会的委员、候补委员和省部级主要领导干部学习贯彻习近平新时代中国特色社会主义思想和党的十九大精神研讨班开班式上，习近平又从 8 个方面列举了 16 个需要高度重视的风险。2019 年 1 月 21 日，党中央专门举办了省部级主要领导干部坚持底线思维着力防范化解重大风险专题研讨班，习近平在开班式上分析了要防范化解政治、意识形态、经济、对美经贸斗争、科技、社会、对外工作、党自身等8个领域的重大风险并提出了明确要求，强调我们必须始终保持高度警惕，既要高度警惕"黑天鹅"事件，也要防范"灰犀牛"事件。

在上述理论和理念中，最重要、最主要的，是提出了以创新、协调、绿色、开放、共享为主要内容的新发展理念。习近平强调，"新发展理念是一个整体，提出的要求是全方位的、多层面的，绝不是只有经济指标这一项"，"要树立全面的观念，克服单打一思想，不能只顾一点不及其余"，要从根本宗旨把握新发展理念，坚持发展为了人民、发展依靠人民、发展成果由人民共享；要从问题导向把握新发展理念，根据新发展阶段的新要求，切实解决好发展不平衡不充分的问题，推动高质量发展；要从忧患意识把握新发展理念，既要敢于斗争，也要善于斗争，全面做强自己，特别是要增强威慑的实力。

牢固树立和贯彻新发展理念，必须正确认识和把握党和人民事业所处历史方位和发展阶段，这是我们党明确阶段性中心任务、制定路线方针政策的根本依据，也是我们党领导革命、建设、改革不断取得胜利的重要经验。我国仍处于并将长期处于社会主义初级阶段的基本国情没有变，但必须认识到，社会主义初级阶段不是一个静态、一成不变、停滞不前的阶段，也不是一个自发、被动、不用费多大气力自然而然就可以跨过的阶段，而是一个动态、积极有为、始终洋溢着蓬勃生机活力的过程，是一个阶梯式递进、不断发展进步、日益接近质的飞跃的量的积累和发展变化的过程。到2020年底，随着"十三五"规划目标任务完成，我国全面建成小康社会胜利在望，在全面建成小康社会、实现第一个百年奋斗目标之后，我国进入了乘势而上开启全面建设社会主义现代化国家新征程、向第二个百年奋斗目标进军的新发展阶段。

新发展阶段有雄厚的物质基础。经过新中国成立以来特别是改革开放 40 多年的不懈奋斗，到"十三五"规划收官之时，我国经济实力、科技实力、综合国力和人民生活水平跃上了新的大台阶，成为世界第二大经济体、第一大工业国、第一大货物贸易国、第一大外汇储备国，国内生产总值超过 100 万亿元，人均国内生产总值超过 1 万美元，城镇化率超过 60%，中等收入群体超过 4 亿人。特别是全面建成小康社会取得伟大历史成果，解决困扰中华民族几千年的绝对贫困问题取得历史性成就——这在我国社会主义现代化建设进程中都具有里程碑式意义，为我国进入新发展阶段、朝着第二个百年奋斗目标进军奠定了坚实基础。

新发展阶段也面临内外发展环境的深刻复杂变化。当今世界正经历百年未有之大变局，新一轮科技革命和产业变革深入发展，国际力量对比深刻调整，和平与发展仍然是时代主题，人类命运共同体理念深入人心，同时国际环境日趋复杂，不稳定性不确定性明显增加，新冠疫情影响广泛深远，经济全球化遭遇逆流，世界进入动荡变革期，单边主义、保护主义、霸权主义对世界和平与发展构成威胁。我国转向高质量发展阶段，制度优势显著，治理效能提升，经济长期向好，物质基础雄厚，人力资源丰富，市场空间广阔，发展韧性强劲，社会大局稳定，继续发展具有多方面优势和条件，同时我国发展不平衡不充分问题仍然突出，重点领域关键环节改革任务仍然艰巨，创新能力不适应高质量发展要求，农业基础还不稳固，城乡区域发展和收入分配差距较大，生态环保任重道远，民生保障存在短板，社会治理还有弱项。这都要求全党要增强机遇意识和风险意识，立足社会主义初级阶段基本国情，保持战略定力，办好自己的事，认识和把握发展规律，发扬斗争精神，树立底线思维，准确识变、科学应变、主动求变，善于在危机中育先机、于变局中开新局，抓住机遇，应对挑战，趋利避害，奋勇前进。

新发展阶段的任务是全面建设社会主义现代化国家。中国要建设的现代化是具有中国特色、符合中国实际的现代化，是人口规模巨大的现代化，是全体人民共同富裕的现代化，是物质文明和精神文明相协调的现代化，是人与自然和谐共生的现代化，是走和平发展道路的现代化。这是我国现代化建设必须坚持的方向，在我国发展的方针政策、战略战术、政策举措、工作部署中都应得到体现。新发展阶段是我国社会主义发展进程中的一个重要阶段。1992 年，邓小平说："我们搞社会主义才几十年，还处在初级阶段。巩固和发展社会主义制度，还需要一个很长的历史阶段，需要我们几代人、十几代人，甚至几十代人坚持不懈地努力奋斗，决不能掉以轻心。"①邓小平这个话，主要是从政治上讲的，强调的是在当时我国经济基础薄弱的条件下，需要很长时间的艰苦奋斗才能实现现代化，同时强调即使实现了现代化，要把我国社会主义制度世世代代坚持下去，仍然要一以贯之地把巩固和发展社会主义制度的问题解决好，不可能一劳永逸。全面建设社会主义现代化国家、基本实现社会主义现代化，既是社会主义初级阶段我国发展的要求，也是我国社会主义从初级阶段向更高阶段迈进的要求。

从理念到推动实践，需要路径选择、行动框架。进入新发展阶段，"贯彻新发展理念，必然要求构建新发展格局"，习近平强调，"这是历史逻辑和现实逻辑共同作用使然。要坚持系统观念，加强对各领域发展的前瞻性思考、全局性谋划、战略性布局、整体性推进，加强政策协调配合，使发展的各方面相互促进，把贯彻新发展理念的实践不断引向深入"②。改革开放以来特别是 2001 年加入世贸组织以后，我国加入国际大循环，市场和资源"两头在外"，形成"世界工厂"发展模式，对我国快速提升经济实力、改善人民生活发挥了重要作用。但进入新世纪第二个十年后，随着全球政治经济环境变化，逆全球化趋势加剧，有的国家大搞单边主义、保护主义，

---

① 《邓小平文选》第三卷，人民出版社 1993 年版，第 379—380 页。

② 《关系我国发展全局的一场深刻变革——习近平总书记关于完整准确全面贯彻新发展理念重要论述综述》，《人民日报》2021 年 12 月 8 日。

传统国际循环明显弱化，不确定、不稳定性增加。在这种情况下，必须把发展立足点放在国内，更多依靠国内市场实现经济发展。新冠疫情期间，习近平到湖北、浙江、陕西等省调查研究，深入了解抗击新冠疫情情况，调研复工复产中出现的问题。他在浙江考察时发现，在疫情冲击下全球产业链供应链发生局部断裂，直接影响到我国国内经济循环。浙江有不少企业需要的国外原材料进不来、海外人员来不了、货物出不去，不得不停工停产。他由此感到，现在的发展形势已经和过去很不一样了，大进大出的环境条件已经变化，必须根据新的形势提出引领发展的新思路。

2020年4月8日，习近平主持召开中央政治局常委会会议，研究部署落实常态化疫情防控举措，强调要千方百计创造有利于复工复产的条件，不失时机畅通产业循环、市场循环、经济社会循环。4月10日，习近平主持召开中央财经委员会第七次会议，并以《国家中长期经济社会发展战略若干重大问题》为题发表重要讲话，首次提出构建以国内大循环为主体、国内国际双循环相互促进的新发展格局的重要思想。5月14日，习近平主持召开中央政治局常委会会议，明确提出要深化供给侧结构性改革，充分发挥我国超大规模市场优势和内需潜力，构建国内国际双循环相互促进的新发展格局。5月23日，在参加全国政协十三届三次会议的经济界委员联组会时，习近平全面、深入阐述了构建新发展格局提出的背景和原因，指出：我国经济正处在转变发展方式、优化经济结构、转换增长动力的攻关期，经济发展前景向好，但也面临着结构性、体制性、周期性问题相互交织所带来的困难和挑战，加上新冠疫情冲击，我国经济运行面临较大压力。我国还面对世界经济深度衰退、国际贸易和投资大幅萎缩、国际金融市场动荡、国际交往受限、经济全球化遭遇逆流、一些国家保护主义和单边主义盛行、地缘政治风险上升等不利局面，必须在一个更加不稳定不确定的世界中谋求我国发展。同时要看到，我国经济潜力足、韧性强、回旋空间大、政策工具多的基本特点没有变。面向未来，要把满足国内需求作为发展的出发点和落脚点，加快构建完整的内需体系，大力推进科技创新及其他各方面创新，加快推进数字经济、智能制造、生命健康、新材料等战略性新兴产业，形成更多新的增长点、增长极，着力打通生产、分配、流通、消费各个环节，逐步形成以国内大循环为主体、国内国际双循环相互促进的新发展格局，培育新形势下我国参与国际合作和竞争新优势。7月21日，在企业家座谈会上，他又指出："面向未来，我们要逐步形成以国内大循环为主体、国内国际双循环相互促进的新发展格局。主要考虑是：当今世界正经历百年未有之大变局，新一轮科技革命和产业变革蓬勃兴起。以前，在经济全球化深入发展的外部环境下，市场和资源'两头在外'对我国快速发展发挥了重要作用。在当前保护主义上升、世界经济低迷、全球市场萎缩的外部环境下，我们必须充分发挥国内超大规模市场优势，通过繁荣国内经济、畅通国内大循环为我国经济发展增添动力，带动世界经济复苏。要提升产业链供应链现代化水平，大力推动科技创新，加快关键核心技术攻关，打造未来发展新优势。"[①]9月9日，中央财经委员会第八次会议强调，统筹推进现代流通体系建设，为构建新发展格局提供有力支撑。

党的十九届五中全会以推动高质量发展为主题，把"加快构建以国内大循环为主体、国内国际双循环相互促进的新发展格局"纳入"十四五"时期我国经济社会发展指导方针，对构建新发展格局作出全面部署。强调要畅通国内大循环，坚持扩大内需这个战略基点，加快培育完整内需体系，把实施扩大内需战略同深化供给侧结构性改革有机结合起来，以创新驱动、高质量供给引领和创造新需求。要在立足国内大循环的基础上，发挥比较优势，促进国内国际双循环，协同推进强大国内市场和贸易强国建设，以国内大循环吸引全球资源要素，充分利用国内国际两个市场

---

① 习近平：《在企业家座谈会上的讲话》，《人民日报》2020年7月22日。

两种资源，积极促进内需和外需、进口和出口、引进外资和对外投资协调发展，促进国际收支基本平衡；完善内外贸一体化调控体系，促进内外贸法律法规、监管体制、经营资质、质量标准、检验检疫、认证认可等相衔接，推进同线同标同质；优化国内国际市场布局、商品结构、贸易方式，提升出口质量，增加优质产品进口，实施贸易投资融合工程，构建现代物流体系。要全面促进消费，增强消费对经济发展的基础性作用；拓展投资空间，优化投资结构，保持投资合理增长。习近平在全会上作的关于"十四五"规划决议的说明中指出，"改革开放以来，我们遭遇过很多外部风险冲击，最终都能化险为夷，靠的就是办好自己的事、把发展立足点放在国内"。构建新发展格局，是与时俱进提升我国经济发展水平、塑造我国国际经济合作和竞争新优势的战略抉择，"要坚持扩大内需这个战略基点，使生产、分配、流通、消费更多依托国内市场，形成国民经济良性循环。要坚持供给侧结构性改革的战略方向，提升供给体系对国内需求的适配性，打通经济循环堵点，提升产业链、供应链的完整性，使国内市场成为最终需求的主要来源，形成需求牵引供给、供给创造需求的更高水平动态平衡"。习近平强调："新发展格局决不是封闭的国内循环，而是开放的国内国际双循环。推动形成宏大顺畅的国内经济循环，就能更好吸引全球资源要素，既满足国内需求，又提升我国产业技术发展水平，形成参与国际经济合作和竞争新优势。"①

2021年1月11日，省部级主要领导干部学习贯彻党的十九届五中全会精神专题研讨班在中央党校（国家行政学院）开班，习近平出席开班式并发表重要讲话，对我国进入新发展阶段的主要依据和目标要求作了科学分析，对深入贯彻新发展理念提出了明确要求，对加快构建新发展格局提

---

① 习近平：《关于〈中共中央关于制定国民经济和社会发展第十四个五年规划和二〇三五年远景目标的建议〉的说明》，《人民日报》2020年11月4日。

出了主攻方向。习近平强调，进入新发展阶段、贯彻新发展理念、构建新发展格局，是由我国经济社会发展的理论逻辑、历史逻辑、现实逻辑决定的。进入新发展阶段明确了我国发展的历史方位，贯彻新发展理念明确了我国现代化建设的指导原则，构建新发展格局明确了我国经济现代化的路径选择。把握新发展阶段是贯彻新发展理念、构建新发展格局的现实依据，贯彻新发展理念为把握新发展阶段、构建新发展格局提供了行动指南，构建新发展格局则是应对新发展阶段机遇和挑战、贯彻新发展理念的战略选择。习近平指出，我国作为一个人口众多和超大市场规模的社会主义国家，在迈向现代化的历史进程中，必然要承受其他国家都不曾遇到的各种压力和严峻挑战。我们只有立足自身，把国内大循环畅通起来，努力炼就百毒不侵、金刚不坏之身，才能任由国际风云变幻，始终充满朝气生存和发展下去，没有任何人能打倒我们、卡死我们！加快构建新发展格局，就是要在各种可以预见和难以预见的狂风暴雨、惊涛骇浪中，增强我们的生存力、竞争力、发展力、持续力，确保中华民族伟大复兴进程不被迟滞甚至中断。习近平强调，构建新发展格局的关键在于经济循环的畅通无阻，必须坚持深化供给侧结构性改革这条主线，继续完成"三去一降一补"的重要任务，全面优化升级产业结构，提升创新能力、竞争力和综合实力，增强供给体系的韧性，形成更高效率和更高质量的投入产出关系，实现经济在高水平上的动态平衡。当今世界，最稀缺的资源是市场。市场资源是我国的巨大优势，必须充分利用和发挥这个优势，不断巩固和增强这个优势，形成构建新发展格局的雄厚支撑。要根据我国经济发展实际情况，建立起扩大内需的有效制度，释放内需潜力，加快培育完整内需体系，加强需求侧管理，扩大居民消费，提升消费层次，使建设超大规模的国内市场成为一个可持续的历史过程。要加强国内大循环在双循环中的主导作用，塑造我国参与国际合作和竞争新优势。要重视以国际循环提升国内大循环效率和水平，改善我国生产要素质量和配置水平。要通过参与国际市场竞争，增强我国出口产品和服务竞争力，推动我国产业转型升级，增强我国在全球产业链供应链创新链中的影响力。同年 7 月 9 日，在中央全面深化改革委员会第二十次会议上，习近平强调，加快构建新发展格局，是把握未来发展主动权的战略举措，是为了在各种可以预见和难以预见的惊涛骇浪中增强生存力、竞争力、发展力、持续力，是一场需要保持顽强斗志和战略定力的攻坚战、持久战。他要求各地区各部门要自觉把工作纳入构建新发展格局中统筹考虑和谋划，以更加坚定的思想自觉、精准务实的举措、真抓实干的劲头，推动构建新发展格局取得扎扎实实成效。

加快构建以国内大循环为主体、国内国际双循环相互促进的新发展格局，是以习近平同志为核心的党中央基于对我国发展阶段、发展环境、发展条件发生重大变化的深刻洞察提出来的，是把握未来发展主动权的战略性布局和先手棋，是关系我国发展全局的重大战略任务。面对复杂严峻的国际国内形势，只有深刻把握新发展阶段、深入贯彻新发展理念、加快构建新发展格局，我们党才能在统筹中华民族伟大复兴战略全局和世界百年未有之大变局的斗争中，保持战略定力，认识和把握发展规律，准确识变、科学应变、主动求变，在危机中育先机、于变局中开新局，抓住机遇，应对挑战，实现更高质量、更有效率、更加公平、更可持续、更为安全的发展，不断夺取全面建设社会主义现代化国家的新胜利。

做好新时代经济工作，引领经济高质量发展，必须全面贯彻落实习近平经济思想。2017 年 12 月 18 日至 20 日召开的中央经济工作会议，第一次将习近平经济思想概括为"七个坚持"，即坚持加强党对经济工作的集中统一领导，保证我国经济沿着正确方向发展；坚持以人民为中心的发展思想，贯穿到统筹推进"五位一体"总体布局和协调推进"四个全面"战略布局之中；坚持适应把握引领经济发展新常态，立足大局，把握规律；坚持使市场在资源配置中起决定性作用，更好发挥政府作用，坚决扫除经济发展的体制机制障碍；坚持适应我国经济发展主要矛盾变化完善宏观调控，相机抉择，开准药方，把推进供给侧结构性改革作为经济工作的主线；坚持问题导向部署经济发展新战略，对我国经济社会发展变革产生深远影响；坚持正确工作策略和方法，稳中求进，保持战略定力、坚持底线思维，一步一个脚印向前迈进。2022年6月，由中央宣传部、国家发展改革委组织编写出版的《习近平经济思想学习纲要》进一步将习近平经济思想归纳为十三个方面，即：加强党对经济工作的全面领导是我国经济发展的根本保证；坚持以人民为中心的发展思想是我国经济发展的根本立场；进入新发展阶段是我国经济发展的历史方位；坚持新发展理念是我国经济发展的指导原则；构建新发展格局是我国经济发展的路径选择；推动高质量发展是我国经济发展的鲜明主题；坚持和完善社会主义基本经济制度是我国经济发展的制度基础；坚持问题导向部署实施国家重大发展战略是我国经济发展的战略举措；坚持创新驱动发展是我国经济发展的第一动力；大力发展制造业和实体经济是我国经济发展的主要着力点；坚定不移全面扩大开放是我国经济发展的重要法宝；统筹发展和安全是我国经济发展的重要保障；坚持正确工作策略和方法是做好经济工作的方法论。习近平经济思想是习近平新时代中国特色社会主义思想的重要组成部分，是马克思主义政治经济学在当代中国、21世纪世界的最新理论成果，是我国经济高质量发展、全面建设社会主义现代化国家的科学指南。

金融是国民经济的血脉，是国家核心竞争力的重要组成部分，推动经济高质量发展离不开金融高质量发展。2023年10月30日至31日，中央金融工作会议举行，习近平出席会议并发表重要讲话，总结党的十八大以来金融工作，分析金融高质量发展面临的形势，部署当前和今后一个时期的金融工作。会议鲜明提出金融要为经济社会发展提供高质量服务，要以加快建设金融强国为目标，以金融高质量发展助力强国建设、民族复兴伟业，将金融工作提升到了更高战略地位。

推动高质量发展需要新的生产力理论来指导。2023年9月7日，习近平在黑龙江省哈尔滨市主持召开新时代推动东北全面振兴座谈会并发表重要讲话，第一次提出"加快形成新质生产力"重要要求，强调要"积极培育新能源、新材料、先进制造、电子信息等战略性新兴产业，积极培育未来产业，加快形成新质生产力，增强发展新动能"①。2024年1月31日，中共二十届中央政治局就扎实推进高质量发展进行第十一次集体学习，习近平在主持学习时强调，高质量发展是新时代的硬道理，发展新质生产力是推动高质量发展的内在要求和重要着力点。新质生产力已经在实践中形成并展示出对高质量发展的强劲推动力、支撑力。新质生产力就是创新起主导作用，摆脱传统经济增长方式、生产力发展路径，具有高科技、高效能、高质量特征，符合新发展理念的先进生产力质态。它由技术革命性突破、生产要素创新性配置、产业深度转型升级而催生，以劳动者、劳动资料、劳动对象及其优化组合的跃升为基本内涵，以全要素生产率大幅提升为核心标志，特点是创新，关键在质优，本质是先进生产力。科技创新能够催生新产业、新模式、新动能，是发展新质生产力的核心要素。必须加强科技创新特别是原创性、颠覆性科技创新，加快实现高水平科技自立自强，打好关键核心技术攻坚战，使原创性、颠覆性科技创新成果竞相涌现，培育发展新质生产力的新动能。要围绕发展新质生产力布局产业链，提升产业链供应链韧性和安全水平。发展新质生产力，必须进一步全面深化改革，形成与之相适应的新型生产关系。要深化经济体制、科技体制等改革，着力打通束缚新质生产力发展的堵点卡点，建立高标准市场体系，创新生产要素配置方式，让各类先进优质生产要素向发展新质生产力顺畅流动。2024年3月5日，在参加十四届全国人大二次会议江苏代表团审议时，习近平进一步强调，要牢牢把握高质量发展这个首要

---

① 《习近平主持召开新时代推动东北全面振兴座谈会强调　牢牢把握东北的重要使命　奋力谱写东北全面振兴新篇章》，《人民日报》2023年9月10日。

任务，因地制宜发展新质生产力；发展新质生产力不是忽视、放弃传统产业，要防止一哄而上、泡沫化，也不要搞一种模式；要坚持从实际出发，先立后破、因地制宜、分类指导。十四届全国人大二次会议表决通过的《政府工作报告》把"大力推进现代化产业体系建设，加快发展新质生产力"列为2024年政府工作十大任务之首。

第四章 全面深化改革开放，着力推进国家治理现代化

党的十八大以来，随着实践深化，我国发展中的一些深层次体制机制问题和利益固化藩篱日益显现，改革进入攻坚期和深水区。党中央深刻认识到，实践发展永无止境，解放思想永无止境，改革开放也永无止境，改革只有进行时、没有完成时，停顿和倒退没有出路，必须以更大的政治勇气和智慧推进全面深化改革，敢于啃硬骨头，敢于涉险滩，突出制度建设，注重改革关联性和耦合性，真枪真刀推进改革，有效破除各方面体制机制弊端。党的十八届三中全会也是划时代的，实现改革由局部探索、破冰突围到系统集成、全面深化的转变，开创了我国改革开放新局面。党坚持改革正确方向，以促进社会公平正义、增进人民福祉为出发点和落脚点，突出问题导向，加强顶层设计和整体谋划，增强改革的系统性、整体性、协同性，激发人民首创精神，推动重要领域和关键环节改革走实走深。党深刻认识到，开放带来进步，封闭必然落后；我国发展要赢得优势、赢得主动、赢得未来，必须顺应经济全球化，依托我国超大规模市场优势，实行更加积极主动的开放战略。我国坚持共商共建共享，推动共建"一带一路"高质量发展，使共建"一带一路"成为当今世界深受欢迎的国际公共产品和国际合作平台。围绕完善和发展中国特色社会主义制度、推进国家治理体系和治理能力现代化这个全面深化改革的总目标，把制度建设和治理能力建设摆到更加突出的位置，党不断推动全面深化改革向广度和深度进军，中国特色社会主义制度更加成熟更加定型，国家治理体系

和治理能力现代化水平不断提高，党和国家事业焕发新的生机活力。

一、"划时代"的战略部署：制定全面深化改革系统方案

习近平指出："在改革开放 40 多年历程中，党的十一届三中全会是划时代的，开启了改革开放和社会主义现代化建设历史新时期；党的十八届三中全会也是划时代的，开启了全面深化改革、系统整体设计推进改革的新时代，开创了我国改革开放的新局面。"①2013 年 11 月，党的十八届三中全会审议通过《中共中央关于全面深化改革若干重大问题的决定》（以下简称《决定》），提出"划时代"的全面深化改革的系统方案。

党的十八大之后，以习近平同志为核心的党中央即着手考虑党的十八届三中全会的议题。党的十八大提出了全面建成小康社会和全面深化改革的目标，强调必须以更大的政治勇气和智慧，不失时机深化重要领域改革，坚决破除一切妨碍科学发展的思想观念和体制机制弊端，构建系统完备、科学规范、运行有效的制度体系，使各方面制度更加成熟更加定型。党中央认为，要完成党的十八大提出的各项战略目标和工作部署，必须抓紧推进全面改革。进入新世纪第二个十年，国内外环境都发生极为广泛而深刻的变化，我国发展面临一系列突出矛盾和挑战，前进道路上还有不少困难和问题。比如：发展中不平衡、不协调、不可持续问题依然突出，科技创新能力不强，产业结构不合理，发展方式依然粗放，城乡区域发展差距和居民收入分配差距依然较大，社会矛盾明显增多，教育、就业、社会保障、医疗、住房、生态环境、食品药品安全、安全生产、社会治安、执法司法等关系群众切身利益的问题较多，部分群众生活困难，形式主义、

① 习近平：《关于〈中共中央关于坚持和完善中国特色社会主义制度 推进国家治理体系和治理能力现代化若干重大问题的决定〉的说明》，《人民日报》2019 年 11 月 6 日。

官僚主义、享乐主义和奢靡之风问题突出，一些领域消极腐败现象易发多发，反腐败斗争形势依然严峻，等等。解决这些问题，关键也在于深化改革。2013年4月，中央政治局经过深入思考和研究、广泛听取党内外各方面意见，决定党的十八届三中全会研究全面深化改革问题并作出决定。

全会议题确定之后，接下来的最重要的工作是起草好全会文件。全会《决定》的起草，突出了5个方面的考虑。一是适应党和国家事业发展新要求，落实党的十八大提出的全面深化改革的战略任务。二是以改革为主线，突出全面深化改革新举措，一般性举措不写，重复性举措不写，纯属发展性举措不写。三是抓住重点，围绕解决好人民群众反映强烈的问题，回应人民群众呼声和期待，突出重要领域和关键环节，突出经济体制改革牵引作用。四是坚持积极稳妥，设计改革措施胆子要大、步子要稳。五是时间设计到2020年，按这个时间段提出改革任务，到2020年在重要领域和关键环节改革上取得决定性成果。基于以上考虑起草、由党的十八届三中全会通过的《决定》，在框架结构上，以亟待解决的重大问题为提领，按条条谋篇布局。除引言和结束语外，共有16个部分。第一部分是总论，主要阐述全面深化改革的重大意义、指导思想、总体思路。第二至第十五部分是分论，主要从经济、政治、文化、社会、生态文明、国防和军队6个方面展开，各含若干条，具体部署全面深化改革的主要任务和重大举措。第十六部分重点阐述加强和改善党对全面深化改革的组织领导。

《决定》确定全面深化改革的总目标是：完善和发展中国特色社会主义制度，推进国家治理体系和治理能力现代化。这个总目标，既强调了对中国特色社会主义基本制度的坚持和完善，揭示了改革的方向，又从国家制度和制度执行能力方面提出了明确要求。邓小平1992年在南方谈话中估计：再有30年的时间，我们才会在各方面形成一整套更加成熟更加定型的制度。这次全会在邓小平战略估计的基础上，提出推进国家治理体系和治理能力现代化，并把国家制度建设、党的执政能力建设要求具体化，丰富发展了党的治国理政方略。推进国家治理体系和治理能力现代化，要求党和国家不断改革创新体制机制、法律法规，实现党、国家、社会各项事务治理的制度化、规范化、程序化；不断推进治理能力建设，善于运用制度和法律治理国家，不断提高党科学执政、民主执政、依法执政的水平。这个总目标是全面深化改革的总引领，根据这个总目标，《决定》用"六个紧紧围绕"阐释了全面深化改革的顶层设计和总体思路，即"路线图"："紧紧围绕使市场在资源配置中起决定性作用深化经济体制改革""紧紧围绕坚持党的领导、人民当家作主、依法治国有机统一深化政治体制改革""紧紧围绕建设社会主义核心价值体系、社会主义文化强国深化文化体制改革""紧紧围绕更好保障和改善民生、促进社会公平正义深化社会体制改革""紧紧围绕建设美丽中国深化生态文明体制改革""紧紧围绕提高科学执政、民主执政、依法执政水平深化党的建设制度改革"。"时间表"是：到 2020 年，在重要领域和关键环节改革上取得决定性成果，完成本决定提出的改革任务，形成系统完备、科学规范、运行有效的制度体系，使各方面制度更加成熟更加定型。

从总目标、路线图和时间表的要求出发，《决定》提出了全面深化改革的一系列新思想、新论断、新举措，在重大理论和政策问题上有一系列新突破。

——在经济体制改革方面，强调要进一步处理好政府和市场的关系，"使市场在资源配置中起决定性作用和更好发挥政府作用"；坚持和完善基本经济制度，坚持"毫不动摇巩固和发展公有制经济""毫不动摇鼓励、支持、引导非公有制经济发展"这"两个毫不动摇"；加快形成企业自主经营、公平竞争，消费者自由选择、自主消费，商品和要素自由流动、平等交换的现代市场体系，着力清除市场壁垒，提高资源配置效率和公平性；加快转变政府职能，深化行政体制改革，创新行政管理方式，增强政府公信力和执行力，建设法治政府和服务型政府；深化财税体制改革，完善立法、明确事权、改革税制、稳定税负、透明预算、提高效率，建立现代财政制度，发挥中央和地方两个积极性；健全城乡发展一体化体制机制，形成以工促农、以城带乡、工农互惠、城乡一体的新型工农城乡关系，让广大农民平等参与现代化进程、共同分享现代化成果；构建开放型经济新体制。

我国经济体制改革确定什么样的目标模式，是关系整个社会主义现代化建设全局的一个重大问题。党的十四大提出我国经济体制改革的目标是建立社会主义市场经济体制，提出"要使市场在社会主义国家宏观调控下对资源配置起基础性作用"。这一重大理论突破，对我国改革开放和现代化建设发挥了极为重要的作用。经过此后 20 多年的实践，我国社会主义市场经济体制初步建立，经济发展的动力和活力充沛。但同时，也存在不少问题，主要是市场秩序不规范，以不正当手段牟取经济利益的现象广泛存在；生产要素市场发展滞后，要素闲置和大量有效需求得不到满足并存；市场规则不统一，部门保护主义和地方保护主义大量存在；市场竞争不充分，阻碍优胜劣汰和结构调整；等等。这些问题不解决好，完善的社会主义市场经济体制就难以形成。在探索和建立社会主义市场经济体制的过程中，我们党就如何正确处理好政府与市场的关系，一直在根据实践拓展和认识深化寻找新的科学定位。党的十五大重申"使市场在国家宏观调控下对资源配置起基础性作用"，党的十六大提出"在更大程度上发挥市场在资源配置中的基础性作用"，党的十七大提出"从制度上更好发挥市场在资源配置中的基础性作用"，党的十八大提出"更大程度更广范围发挥市场在资源配置中的基础性作用"。随着实践和认识的进一步深化，党的十八届三中全会通过的《决定》在此前探索的基础上，对政府和市场的关系作出新的定位，把市场在资源配置中的"基础性作用"修改为"决定性作用"。之所以作这样的修改，是因为理论和实践都证明，市场配置资源是最有效率的形式，市场决定资源配置是市场经济的一般规律，健全社会主义市场经济体制必须遵循这条规律，着力解决市场体系不完善、政府干预过多和监管不到位问题。作出"使市场在资源配置中起决定性作用"的新定位，有利于在全党全社会树立关于政府和市场关系的正确观念，有利于转变经济发展方式，有利于转变政府职能，有利于最大限度抑制由市场因素带来的消极腐败现象。我国实行的是社会主义市场经济体制，市场在资源配置中起决定性作用，但并非起全部作用，仍然要坚持发挥我国社会主义制度的优越性、发挥好党和政府的积极作用。对于如何更好发挥政府作用，全会《决定》强调，科学的宏观调控，有效的政府治理，是发挥社会主义市场经济体制优势的内在要求，从广度和深度上推进市场化改革，必须大幅度减少政府对资源的直接配置，推动资源配置依据市场规则、市场价格、市场竞争实现效益最大化和效率最优化。《决定》从健全宏观调控体系、全面正确履行政府职能、优化政府组织结构等方面对更好发挥政府作用提出明确要求，强调必须切实转变政府职能，深化行政体制改革，创新行政管理方式。政府的职责和作用主要是保持宏观经济稳定，加强和优化公共服务，保障公平竞争，加强市场监管，维护市场秩序，推动可持续发展，促进共同富裕，弥补市场失灵。

公有制为主体、多种所有制经济共同发展的基本经济制度，是中国特色社会主义制度的重要支柱，也是社会主义市场经济体制的根基。改革开放以来，我国所有制结构逐步调整，公有制经济和非公有制经济在发展经济、促进就业等方面的比重不断变化，增强了经济社会发展活力。在这种情况下，如何更好体现和坚持公有制主体地位，进一步探索基本经济制度有效实现形式，是一个重大课题。党的十八届三中全会通过的《决定》强调必须毫不动摇巩固和发展公有制经济，坚持公有制主体地位，发挥国有经济主导作用，不断增强国有经济活力、控制力、影响力；强调国有资本、集体资本、非公有资本等交叉持股、相互融合的混合所有制经济，是基本经济制度的重要实现形式，有利于国有资本放大功能、保值增值、提高竞争力，有利于各种所有制资本取长补短、相互促进、共同发展。《决定》提出，完善国有资产管理体制，以管资本为主加强国有资产监管，改革国有资本授权经营体制；国有资本投资运营要服务于国家战略目标，更多投向关系国家安全、国民经济命脉的重要行业和关键领域，重点提供公共服务、发展重要前瞻性战略性产业、保护生态环境、支持科技进步、保障国家安全；划转部分国有资本充实社会保障基金；完善国有资本经营预算制度，提高国有资本收益上缴公共财政比例，2020年提到30%，更多用于保障和改善民生。国有企业属于全民所有，是推进国家现代化、保障人民共同利益的重要力量，总体上已经同市场经济相融合。但同时，国有企业也积累了一些问题、存在一些弊端，《决定》要求以规范经营决策、资产保值增值、公平参与竞争、提高企业效率、增强企业活力、承担社会责任为重点，进一步深化国有企业改革，并提出了一系列有针对性的改革举措，包括国有资本加大对公益性企业的投入；国有资本继续控股经营的自然垄断行业，实行以政企分开、政资分开、特许经营、政府监管为主要内容的改革，根据不同行业特点实行网运分开、放开竞争性业务；健全协调运转、有效制衡的公司法人治理结构；建立职业经理人制度，更好发挥企业家作用；建立长效激励约束机制，强化国有企业经营投资责任追究；探索推进国有企业财务预算等重大信息公开；国有企业要合理增加市场化选聘比例，合理确定并严格规范国有企业管理人员薪酬水平、职务待遇、职务消费、业务消费；等等。坚持和完善基本经济制度必须坚持"两个毫不动摇"。《决定》从多个层面提出鼓励、支持、引导非公有制经济发展，激发非公有制经济活力和创造力的改革举措。在功能定位上，明确公有制经济和非公有制经济都是社会主义市场经济的重要组成部分，都是我国经济社会发展的重要基础。在产权保护上，明确提出公有制经济财产权不可侵犯，非公有制经济财产权同样不可侵犯。在政策待遇上，强调坚持权利平等、机会平等、规则平等，实行统一的市场准入制度；鼓励非公有制企业参与国有企业改革，鼓励发展非公有资本控股的混合所有制企业，鼓励有条件的私营企业建立现代企业制度。以上政策举措都将推动非公有制经济健康发展。

建设统一开放、竞争有序的市场体系，是使市场在资源配置中起决定性作用的基础。《决定》提出，要建立公平开放透明的市场规则，实行统一的市场准入制度，在制定负面清单基础上，各类市场主体可依法平等进入清单之外领域。要完善主要由市场决定价格的机制，凡是能由市场形成价格的都交给市场，政府不进行不当干预；推进水、石油、天然气、电力、交通、电信等领域价格改革，放开竞争性环节价格；政府定价范围主要限定在重要公用事业、公益性服务、网络型自然垄断环节，提高透明度，接受社会监督。要建立城乡统一的建设用地市场，在符合规划和用途管制前提下，允许农村集体经营性建设用地出让、租赁、入股，实行与国有土地同等入市、同权同价。要完善金融市场体系，在加强监管前提下，允许具备条件的民间资本依法发起设立中小型银行等金融机构；完善人民币汇率市场化形成机制，加快推进利率市场化。要深化科技体制改革，建立健全鼓励原始创新、集成创新、引进消化吸收再创新的体制机制，健全技术创新市场导向机制，发挥市场对技术研发方向、路线选择、要素价格、各类创新要素配置的导向作用；加强知识产权运用和保护，健全技术创新激励机制，探索建立知识产权法院；整合科技规划和资源，完善政府对基础性、战略性、前沿性科学研究和共性技术研究的支持机制；改革院士遴选和管理体制，优化学科布局，提高中青年人才比例，实行院士退休和退出制度。

财政是国家治理的基础和重要支柱，科学的财税体制是优化资源配置、维护市场统一、促进社会公平、实现国家长治久安的制度保障。针对财税体制中存在的不适应新形势新情况的问题，这次全面深化改革，财税体制改革是重点之一。主要涉及改进预算管理制度，完善税收制度，建立事权和支出责任相适应的制度等。党的十八届三中全会提出，要实施全面规范、公开透明的预算制度，适度加强中央事权和支出责任，国防、外交、国家安全、关系全国统一市场规则和管理等作为中央事权；部分社会保障、跨区域重大项目建设维护等作为中央和地方共同事权，逐步理顺事权关系；区域性公共服务作为地方事权。中央可通过安排转移支付将部分事权支出责任委托地方承担；对于跨区域且对其他地区影响较大的公共服务，中央通过转移支付承担一部分地方事权支出责任。这些改革举措的主要目的是明确事权、改革税制、稳定税负、透明预算、提高效率，加快形成有利于转变经济发展方式、有利于建立公平统一市场、有利于推进基本公共服务均等化的现代财政制度，形成中央和地方财力与事权相匹配的财税体制，更好发挥中央和地方两个积极性。

城乡发展不平衡不协调，是我国经济社会发展存在的突出矛盾。改革开放以来，我国农村面貌发生了翻天覆地的变化，但是城乡二元结构没有根本改变，城乡发展差距不断拉大趋势没有根本扭转。解决这些问题，根本出路是推进城乡发展一体化。党的十八届三中全会提出了健全城乡发展一体化体制机制的改革举措。一是加快构建新型农业经营体系。主要是坚持家庭经营在农业中的基础性地位，鼓励土地承包经营权在公开市场上向专业大户、家庭农场、农民合作社、农业企业流转，鼓励农村发展合作经济，鼓励和引导工商资本到农村发展适合企业化经营的现代种养业，允许农民以土地承包经营权入股发展农业产业化经营等。二是赋予农民更多财产权利。主要是依法维护农民土地承包经营权，保障农民集体经济组织成员权利，保障农户宅基地用益物权，慎重稳妥推进农民住房财产权抵押、担保、转让试点。三是推进城乡要素平等交换和公共资源均衡配置。主要是保障农民工同工同酬，保障农民公平分享土地增值收益；完善农业保险制度；鼓励社会资本投向农村建设，允许企业和社会组织在农村兴办各类事业；统筹城乡义务教育资源均衡配置，整合城乡居民基本养老保险制度、基本医疗保险制度，推进城乡最低生活保障制度统筹发展，稳步推进城镇基本公共服务常住人口全覆盖，把进城落户农民完全纳入城镇住房和社会保障体系。

适应经济全球化新形势，必须推动对内对外开放相互促进、引进来和走出去更好结合，促进国际国内要素有序自由流动、资源高效配置、市场深度融合，加快培育参与和引领国际经济合作竞争新优势，以开放促改革。

——在政治体制改革方面，强调要加强社会主义民主政治制度建设，以保证人民当家作主为根本，坚持和完善人民代表大会制度、中国共产党领导的多党合作和政治协商制度、民族区域自治制度以及基层群众自治制度，更加注重健全民主制度、丰富民主形式，从各层次各领域扩大公民有序政治参与，充分发挥我国社会主义政治制度优越性；推进法治中国建设，坚持依法治国、依法执政、依法行政共同推进，坚持法治国家、法治政府、法治社会一体建设，深化司法体制改革，加快建设公正高效权威的社会主义司法制度，维护人民权益，让人民群众在每一个司法案件中都感受到公平正义；强化权力运行制约和监督体系，构建决策科学、执行坚决、监督有力的权力运行体系，健全惩治和预防腐败体系，建设廉洁政治，努力实现干部清正、政府清廉、政治清明。

协商民主是我国社会主义民主政治的特有形式和独特优势，推进协商民主，有利于完善人民有序政治参与、密切党同人民群众的血肉联系、促进决策科学化民主化。党的十八届三中全会通过的《决定》把推进协商民主广泛多层制度化发展作为政治体制改革的重要内容，强调在党的领导下，以经济社会发展重大问题和涉及群众切身利益的实际问题为内容，在全社会开展广泛协商，坚持协商于决策之前和决策实施之中。要构建程序合理、环节完整的协商民主体系，拓宽国家政权机关、政协组织、党派团体、基层组织、社会组织的协商渠道；深入开展立法协商、行政协商、民主协商、参政协商、社会协商；发挥统一战线在协商民主中的重要作用，发挥人民政协作为协商民主重要渠道作用，完善人民政协制度体系，规范协商内容、协商程序，拓展协商民主形式，更加活跃有序地组织专题协商、对口协商、界别协商、提案办理协商，增加协商密度，提高协商成效。

司法体制是政治体制的重要组成部分。针对人民群众对司法不公的意见比较集中、司法公信力不足等问题，司法改革是全面深化改革的重点之一。《决定》提出了一系列相互关联的新举措，包括改革司法管理体制，推动省以下地方法院、检察院人财物统一管理，探索建立与行政区划适当分离的司法管辖制度，建立符合职业特点的司法人员管理制度，健全法官、检察官、人民警察统一招录、有序交流、逐级遴选机制；健全司法权力运行机制，改革审判委员会制度，完善主审法官、合议庭办案责任制，让审判者裁判、由裁判者负责；严格规范减刑、假释、保外就医程序；健全错案防止、纠正、责任追究机制，严格实行非法证据排除规则；废止劳动教养制度，完善对违法犯罪行为的惩治和矫正法律；等等。这些改革举措，对确保司法机关依法独立行使审判权和检察权、健全权责明晰的司法权力运行机制、提高司法透明度和公信力、更好保障人权都有重要意义。

坚持用制度管权管事管人，让人民监督权力，让权力在阳光下运行，是把权力关进制度笼子的根本之策。《决定》提出，要形成科学有效的权力制约和协调机制，规范各级党政主要领导干部职责权限，推行地方各级政府及其工作部门权力清单制度，依法公开权力运行流程；完善党务、政务和各领域办事公开制度，推进决策公开、管理公开、服务公开、结果公开。反腐败是全党全社会关注的重大问题。其中存在的一个主要问题是，反腐败机构职能分散、形不成合力，有些案件难以坚决查办，腐败案件频发却责任追究不够。有鉴于此，《决定》对加强反腐败体制机制创新和制度保障进行了重点部署。主要是加强党对党风廉政建设和反腐败工作统一领导，明确党委负主体责任、纪委负监督责任，制定实施切实可行的责任追究制度；健全反腐败领导体制和工作机制，改革和完善各级反腐败协调小组职能，规定查办腐败案件以上级纪委领导为主；体现强化上级纪委对下级纪委的领导，规定线索处置和案件查办在向同级党委报告的同时必须向上级纪委报告；全面落实中央纪委向中央一级党和国家机关派驻纪检机构，改进中央和省区市巡视制度，做到对地方、部门、企事业单位全覆盖。

——在文化体制改革方面，强调建设社会主义文化强国，增强国家文化软实力，必须坚持社会主义先进文化前进方向，坚持中国特色社会主义文化发展道路，培育和践行社会主义核心价值观，巩固马克思主义在意识形态领域的指导地位，巩固全党全国各族人民团结奋斗的共同思想基础。强调要坚持以人民为中心的工作导向，坚持把社会效益放在首位、社会效益和经济效益相统一，以激发全民族文化创造活力为中心环节，进一步深化文化体制改革。

党的十八届三中全会提出，要按照政企分开、政事分开原则，推动政府部门由办文化向管文化转变，推动党政部门与其所属的文化企事业单位进一步理顺关系，整合新闻媒体资源，推动传统媒体和新兴媒体融合发展；要建立健全现代文化市场体系，完善文化市场准入和退出机制，鼓励各类市场主体公平竞争、优胜劣汰，促进文化资源在全国范围内流动，鼓励非公有制文化企业发展，降低社会资本进入门槛；要构建现代公共文化服务体系，促进基本公共文化服务标准化、均等化；要提高文化开放水平，坚持政府主导、企业主体、市场运作、社会参与，扩大对外文化交流，加强国际传播能力和对外话语体系建设，推动中华文化走向世界。

——在社会体制改革方面，强调要创新社会治理，着眼于维护最广大人民根本利益，最大限度增加和谐因素，增强社会发展活力，提高社会治理水平，全面推进平安中国建设，维护国家安全，确保人民安居乐业、社会安定有序。党的十八届三中全会提出，要改进社会治理方式，坚持系统治理、依法治理、综合治理、源头治理；要激发社会组织活力，正确处理政府和社会关系，加快实施政社分开，推进社会组织明确权责、依法自治、发挥作用；要创新有效预防和化解社会矛盾体制，建立畅通有序的诉求表达、心理干预、矛盾调处、权益保障机制，改革信访工作制度，把涉法涉诉信访纳入法治轨道解决，建立涉法涉诉信访依法终结制度；要健全公共安全体系，建立最严格的覆盖全过程的监管制度，建立食品原产地可追溯制度和质量标识制度。网络和信息安全牵涉到国家安全和社会稳定，是党和国家面临的新的综合性挑战。针对互联网管理体制存在多头管理、职能交叉、权责不一、效率不高的弊端，党的十八届三中全会提出，坚持积极利用、科学发展、依法管理、确保安全的方针，加大依法管理网络力度，完善互联网管理领导体制，目的是整合相关机构职能，形成从技术到内容、从日常安全到打击犯罪的互联网管理合力，确保网络正确运用和安全。

——在生态文明体制改革方面，强调要加快生态文明制度建设，建立系统完整的生态文明制度体系，实行最严格的源头保护制度、损害赔偿制度、责任追究制度，完善环境治理和生态修复制度，用制度保护生态环境。

我国生态环境保护中存在的一些突出问题，很大程度上与体制不健全有关，原因之一是全民所有自然资源资产的所有权人不到位，所有权人权益不落实。针对这方面问题，党的十八届三中全会提出，要健全自然资源资产产权制度和用途管制制度，对水流、森林、山岭、草原、荒地、滩涂等自然生态空间进行统一确权登记，形成归属清晰、权责明确、监管有效的自然资源资产产权制度；健全国家自然资源资产管理体制，统一行使全民所有自然资源资产所有者职责；完善自然资源监管体制，统一行使所有国土空间用途管制职责。要划定生态保护红线，坚定不移实施主体功能区制度，建立国土空间开发保护制度，严格按照主体功能区定位推动发展，建立国家公园体制；建立资源环境承载能力监测预警机制，对限制开发区域和生态脆弱的国家扶贫开发工作重点县取消地区生产总值考核。要实行资源有偿使用制度和生态补偿制度，加快自然资源及其产品价格改革，全面反映市场供求、资源稀缺程度、生态环境损害成本和修复效益。要改革生态环境保护管理体制，建立和完善严格监管所有污染物排放的环境保护管理制度，独立进行环境监管和行政执法；建立陆海统筹的生态系统保护修复和污染防治区域联动机制；健全国有林区经营管理体制，完善集体林权制度改革；完善污染物排放许可制，实行企事业单位污染物排放总量控制制度；对造成生态环境损害的责任者严格实行赔偿制度，依法追究刑事责任。

——在深化国防和军队改革方面，强调要紧紧围绕建设一支听党指挥、能打胜仗、作风优良的人民军队这一强军目标，深化军队体制编制调整改革，推进军队政策制度调整改革，推动军民融合深度发展，着力解决制约国防和军队建设发展的突出矛盾和问题，创新发展军事理论，加强军事战略指导，完善新时期军事战略方针，构建中国特色现代军事力量体系。

全面深化改革是一个复杂、庞大的系统工程，必须加强和改善党的领导，充分发挥党总揽全局、协调各方的领导核心作用，确保改革取得成功。党的十八届三中全会提出，中央成立全面深化改革领导小组，负责改革总体设计、统筹协调、整体推进、督促落实。《决定》特别提出，全面深化改革，需要有力的组织保证和人才支撑，要坚持党管干部原则，深化干部人事制度改革，构建有效管用、简便易行的选人用人机制，强化党委（党组）、分管领导和组织部门在干部选拔任用中的权重和干部考察识别的责任，改革和完善干部考核评价制度，改进竞争性选拔干部办法，改进优秀年轻干部培养选拔机制，区分实施选任制和委任制干部选拔方式，坚决纠正唯票取人、唯分取人等现象；要深化公务员分类改革，推行公务员职务与职级并行、职级与待遇挂钩制度，加快建立专业技术类、行政执法类公务员和聘任人员管理制度；要打破体制壁垒，扫除身份障碍，健全人才向基层流动、向艰苦地区和岗位流动、在一线创业的激励机制。

党的十八届三中全会紧紧抓住我国改革发展中的重大理论和紧迫现实问题，积极回应社会诉求和人民期盼，对经济体制、政治体制、文化体制、社会体制、生态文明体制、国防和军队改革和党的建设制度改革作出部署，确定全面深化改革的总目标、战略重点、优先顺序、主攻方向、工作机制、推进方式和时间表、路线图，是在党的十八大基础上对我国全面深化改革的又一次总部署和再动员。

2013年12月30日，由习近平任组长的中央全面深化改革领导小组成立，主要职责是研究确定经济体制、政治体制、文化体制、社会体制、生态文明体制和党的建设制度等方面改革的重大原则、方针政策、总体方案；统一部署全国性重大改革；统筹协调处理全局性、长远性、跨地区跨部门的重大改革问题；指导、推动、督促中央有关重大改革政策措施的组织落实。2014年1月22日，中央全面深化改革领导小组召开第一次会议，审议通过《中央全面深化改革领导小组工作规则》《中央全面深化改革领导小组专项小组工作规则》、《中央全面深化改革领导小组办公室工作细则》；审议通过中央全面深化改革领导小组下设经济体制和生态文明体制改革、民主法制领域改革、文化体制改革、社会体制改革、党的建设制度改革、纪律检查体制改革6个专项小组名单；审议通过《中央有关部门贯彻落实党的十八届三中全会〈决定〉重要举措分工方案》。

二、改革全面发力，各领域基础性制度框架基本确立

改革是由问题倒逼而产生，又在不断解决问题中而深化。党的十八大以来特别是党的十八届三中全会以来，以习近平同志为核心的党中央举旗

定向、谋篇布局，坚持和突出问题导向，敢于啃硬骨头，敢于涉险滩，以前所未有的决心和力度冲破思想观念的束缚，突破利益固化的藩篱，坚决破除各方面体制机制弊端，积极应对外部环境变化带来的风险挑战，开启气势如虹、波澜壮阔的改革进程。党中央坚持从体制机制层面入手，统筹推进"五位一体"总体布局、协调推进"四个全面"战略布局涉及的相关改革任务，把长远制度建设同解决突出问题结合起来，把整体推进同重点突破结合起来，把试点探路同推动面上改革结合起来，把改革创新同法律法规立改废释结合起来，把破除体制机制顽疾同解决新出现的矛盾问题结合起来，加强顶层设计和整体谋划，突出制度建设，注重改革的关联性和耦合性，增强改革的系统性、整体性、协同性，推动改革全面发力，改革涉及范围之广、出台方案之多、触及利益之深、推进力度之大前所未有，从夯基垒台、立柱架梁到全面推进、积厚成势，再到系统集成、协同高效，主要领域"四梁八柱"性质的改革主体框架基本确立，一些重要领域和关键环节改革取得突破，一批重要理论成果、制度成果、实践成果正在形成，许多领域实现历史性变革、系统性重塑、整体性重构，全面深化改革取得重大进展和历史性成就，为实现中华民族伟大复兴提供了充满新的生机活力的体制制度保证。在党中央正确领导下，广大干部群众积极投身改革，汇聚起推进全面深化改革的磅礴伟力，迎风破浪、大刀阔斧、上下联动、蹄疾步稳，改革成为新时代党的鲜明旗帜和当代中国的时代特征。

2013 年是在新的历史起点上谋划全面深化改革的开局之年，党的十八届三中全会吹响了全面深化改革新的号角。开弓没有回头箭。根据党的十八届三中全会的部署，2014 年我们党蹄疾步稳推进各项改革，中央全面深化改革领导小组确定的 80 个重点改革任务基本完成，中央有关部门完成了 108 个改革任务，各方面共出台 370 条改革成果。经过努力，一些多年来难啃的硬骨头啃下来了，改革为我国发展注入了强大动力。2015 年，党中央团结带领全国各族人民，把握国内外发展大势，协调推进"四个全面"战略布局,推动经济建设、政治建设、文化建设、社会建设、生态文明建设和党的建设取得了新进步。我们党加快推进各领域改革,这一年,中央全面深化改革领导小组确定的 101 个重点改革任务基本完成,中央有关部门完成 153 个改革任务,各方面共出台改革成果 415 条,改革呈现全面发力、纵深推进的良好态势。党中央、中央军委深入贯彻党在新形势下的强军目标,全面实施改革强军战略,部署深化国防和军队改革。2016 年,党中央团结带领全国人民继续推进全面建成小康社会,适应把握引领经济发展新常态,继续推进全面深化改革,完成中央全面深化改革领导小组确定的 97 个重点改革任务,中央和国家机关有关部门完成 194 个改革任务,各方面共出台 419 个改革方案,主要领域"四梁八柱"性质的改革主体框架基本确立。这一年继续推进全面依法治国,深化司法体制改革,着力维护社会公平正义、促进司法公正;继续推进全面从严治党,严肃党内政治生活,强化党内监督执纪问责,推动全面从严治党向纵深发展;以强军目标为引领,国防和军队改革取得重大突破。

2017 年是党和国家发展进程中具有里程碑式意义的一年,党的十九大描绘了决胜全面建成小康社会、开启全面建设社会主义现代化国家新征程、实现中华民族伟大复兴中国梦的宏伟蓝图,我们党坚持稳中求进工作总基调,贯彻新发展理念,统筹推进"五位一体"总体布局、协调推进"四个全面"战略布局,深入推进供给侧结构性改革,有力实施脱贫攻坚,经济建设、政治建设、文化建设、社会建设、生态文明建设、军队和国防建设等各项事业取得新的重大进展;继续推进全面深化改革,完成中央全面深化改革领导小组确定的 79 个重点改革任务,中央和国家机关有关部门完成 211 个改革任务,各方面共出台 399 个改革方案,改革继续呈现全面发力、多点突破、纵深推进的生动局面。

党的十九大后,我们党推动全面深化改革向纵深发展,对新时代全面深化改革作出更加清晰的顶层设计,由前期重点是夯基垒台、立柱架梁,中期重点在全面推进、积厚成势，发展到把着力点放到加强系统集成、系统高效上来，以巩固和深化这些年在解决体制性障碍、机制性梗阻、政策性创新方面取得的改革成果，推动各方面制度更加成熟更加定型。2017 年 11 月 20 日，十九届中央全面深化改革领导小组第一次会议指出，无论改什么、改到哪一步，坚持党对改革的集中统一领导不能变，完善和发展中国特色社会主义制度、推进国家治理体系和治理能力现代化的总目标不能变，坚持以人民为中心的改革价值取向不能变。2018 年 5 月 11 日，党的十九届三中全会后新成立的中央全面深化改革委员会举行第二次会议，审议通过了《党的十九大报告重要改革举措实施规划（2018—2022 年）》，对党的十九大确定的 158 项改革举措进行梳理，列明牵头单位、改革起止时间、改革目标路径、成果形式等要素，形成了未来五年全面深化改革的"大施工图"，立下"确保到 2022 年全面完成党的十九大提出的目标任务"的军令状。

2018 年，是改革开放 40 周年。12 月 18 日，党中央隆重举行庆祝改革开放 40 周年大会。习近平在会上回顾改革开放 40 年的光辉历程，总结改革开放的伟大成就和宝贵经验，宣示了在新时代将改革开放进行到底的信心和决心，强调："我们现在所处的，是一个船到中流浪更急、人到半山路更陡的时候，是一个愈进愈难、愈进愈险而又不进则退、非进不可的时候。改革开放已走过千山万水，但仍需跋山涉水，摆在全党全国各族人民面前的使命更光荣、任务更艰巨、挑战更严峻、工作更伟大。在这个千帆竞发、百舸争流的时代，我们绝不能有半点骄傲自满、固步自封，也绝不能有丝毫犹豫不决、徘徊彷徨"。他动员全党全国各族人民以"勇立潮头、奋勇搏击"的姿态把"改革开放进行到底"，为实现"两个一百年"奋斗目标、实现中华民族伟大复兴的中国梦不懈奋斗，在新时代创造中华民族新的更大奇迹！创造让世界刮目相看的新的更大奇迹！①2018 年这一

①　习近平：《在庆祝改革开放 40 周年大会上的讲话》，《人民日报》2018 年 12 月 19 日。

年，中央全面深化改革委员会部署的 78 个重点改革任务和其他 80 个改革任务基本完成，中央和国家机关有关部门完成 171 个改革任务，各方面共出台 329 个改革方案。这一年，党和国家机构改革顺利推进，国家监察体制改革取得重要阶段性成果，支持海南全岛建设自由贸易试验区、逐步探索建立中国特色自由贸易港建设，持续放宽市场准入，主动扩大进口，举办首届中国国际进口博览会。从党的十八届三中全会召开到 2018 年底，中央共召开了 40 次中央全面深化改革领导小组会议，推出 1932 个改革方案，用行动宣示了在新时代将改革开放进行到底的坚定决心。

2019 年，是新中国成立 70 周年，也是决胜全面建成小康社会关键之年。党中央沉着应对国内外风险挑战明显增多的复杂局面，贯彻新发展理念，着力打好"三大攻坚战"，脱贫攻坚战继续有力推进，"十三五"规划主要指标进度符合预期，为全面建成小康社会打下了更坚实的基础。这一年，我们党继续推进全面深化改革，中央全面深化改革委员会部署的 46 个重点改革任务和其他 61 个改革任务基本完成，中央和国家机关有关部门完成 178 个改革任务，各方面共出台 285 个改革方案。我们深化国防和军队改革，国防和军队现代化建设取得重大成果，强军事业迈出新步伐、展现新气象；我们继续推动构建人类命运共同体，积极参与经济全球化进程，主动出台一系列对外开放新举措，成功举办第二届"一带一路"国际合作高峰论坛、首届亚洲文明对话大会、第二届中国国际进口博览会等主场外交活动，坚定不移维护我国主权、安全、发展利益。

2020 年，是极不平凡的一年，我们党统筹中华民族伟大复兴战略全局和世界百年未有之大变局，以强大战略定力，率先取得抗击新冠疫情斗争重大战略成果，成为全球唯一实现经济正增长的主要经济体，"三大攻坚战"取得决定性成就。这一年，我们党继续坚定不移推进改革开放，中央深改委部署的 50 个重点改革任务和其他 75 个改革任务基本完成，中央和国家机关有关部门完成 143 个改革任务，各方面出台 268 个改革方案。

到 2020 年底，由党的十八届三中全会确定的改革目标任务总体如期完成，各领域基础性制度框架基本确立，为推动形成系统完备、科学规范、运行有效的制度体系，使各方面制度更加成熟更加定型奠定了坚实基础。2020年 12 月 30 日，中央全面深化改革委员会第十七次会议审议了党的十八届三中全会以来全面深化改革总结评估报告，回顾了 7 年来气势如虹、波澜壮阔的改革进程，强调我们党提出的一系列创新理论、采取的一系列重大举措、取得的一系列重大突破，都是革命性的，这是思想理论、改革组织方式、国家制度和治理体系、人民广泛参与的深刻变革，开创了以改革开放推动党和国家各项事业取得历史性成就、发生历史性变革的新局面。会议强调，我们已经啃下了不少硬骨头但还有许多硬骨头要啃，我们攻克了不少难关但还有许多难关要攻克。要把继续推进改革同服务党和国家工作大局结合起来、把深化改革攻坚同促进制度集成结合起来、把推进改革同防范化解重大风险结合起来、把激发创新活力同凝聚奋进力量结合起来，推动改革在新发展阶段打开新局面。

2021 年，中国共产党迎来百年华诞，第一个百年奋斗目标胜利实现，在中华大地全面建成小康社会，历史性地解决了绝对贫困问题，开启全面建设社会主义现代化国家、向着第二个百年奋斗目标进军的新征程。这一年，面对复杂严峻的国际形势和艰巨繁重的国内改革发展稳定任务，我们党沉着应对百年变局和世纪疫情，构建新发展格局迈出新步伐，高质量发展取得新成效，经济发展和疫情防控保持全球领先地位，全面深化改革继续推进，中央深改委部署的 50 个重点改革任务和其他 61 个改革任务基本完成，中央和国家机关有关部门还完成 105 个改革任务，各方面出台 216个改革方案，实现了到我们党成立一百年时在各方面制度更加成熟更加定型上取得明显成效的目标。

从党的十八届三中全会到 2021 年底，习近平主持召开了 40 次中央全面深化改革领导小组会议和 23 次中央全面深化改革委员会会议，各方面共推出 2701 个改革方案。在这个过程中，习近平深刻把握改革规律，深刻汲取由邓小平开创的改革开放事业的宝贵经验，科学分析新时代改革面临的新情况新矛盾新问题，对改革的整体布局、重大问题、关键环节等作出一系列重要指示、重要论述，为全面深化改革提供了理论指导和行动指南。一是坚持党对全面深化改革的集中统一领导。强调"我们的改革是有方向、有立场、有原则的"[1]，"中国是一个大国，决不能在根本性问题上出现颠覆性错误，一旦出现就无法挽回、无法弥补。我们的立场是胆子要大、步子要稳，既要大胆探索、勇于开拓，也要稳妥审慎、三思而后行。我们要坚持改革开放正确方向"[2]，"最核心的是坚持和改善党的领导、坚持和完善中国特色社会主义制度，偏离了这一条，那就南辕北辙了"[3]。二是坚持以人民为中心谋划推进改革。强调"老百姓关心什么、期盼什么，改革就要抓住什么、推进什么"，"不断提高领导、谋划、推动、落实改革的能力和水平，切实做到人民有所呼、改革有所应"。[4] 三是坚持以问题为导向深化改革。在制定方案上，强调改革是奔着问题去的，拿出的方案要有棱角，提出的措施要有针对性。在部署推动上，强调要聚焦主要问题和关键环节，哪里矛盾和问题最突出，就重点抓哪里的改革。在督促落实上，强调要在解决重点、难点问题上下功夫，让实践来检验、让群众来评判，确保改革举措落地见效。四是坚持改革的系统性、整体性、协同性。强调"随着改革不断深入，各个领域各个环节改革的关联性互动性明显增强，每一项改革都会对其他改革产生重要影响"[5]，"改革越深入，越要注意协同，既抓改革方案协同，也抓改革落实协同，更抓改革效果协同，促

[1] 习近平：《论坚持党对一切工作的领导》，中央文献出版社 2019 年版，第 28 页。
[2] 习近平：《论坚持全面深化改革》，中央文献出版社 2018 年版，第 22 页。
[3] 习近平：《论坚持党对一切工作的领导》，中央文献出版社 2019 年版，第 29 页。
[4] 习近平：《论坚持全面深化改革》，中央文献出版社 2018 年版，第 155 页。
[5] 中共中央文献研究室编：《习近平关于全面深化改革论述摘编》，中央文献出版社 2014 年版，第 43 页。

进各项改革举措在政策取向上相互配合、在实施过程中相互促进、在改革成效上相得益彰，朝着全面深化改革总目标聚焦发力"①。五是坚持顶层设计和"摸着石头过河"相结合。强调"全面深化改革是一项复杂的系统工程，需要加强顶层设计和整体谋划"②，同时，"摸着石头过河，是富有中国特色、符合中国国情的改革方法。摸着石头过河就是摸规律"③；"实践中，对必须取得突破但一时还不那么有把握的改革，就采取试点探索、投石问路的方法，先行试点，尊重实践、尊重创造，鼓励大胆探索、勇于开拓，取得经验、看得很准了再推开"。"加强顶层设计和摸着石头过河都是推进改革的重要方法"④。"不能说改革开放初期要摸着石头过河，现在再摸着石头过河就不能提了。"⑤强调要尊重基层实践，多听基层和一线声音，多取得第一手材料，要"大胆探索，积极作为，发挥好试点对全局性改革的示范、突破、带动作用"⑥，最大限度调动各方面推进改革的积极性、主动性、创造性。六是坚持以钉钉子精神狠抓改革落实。强调"要把抓落实作为推进改革工作的重点"⑦，一分部署、九分落实，抓铁有痕、踏石留印；强调"党政主要负责同志是抓改革的关键，要把改革放在更加突出位置来

---

① 《习近平主持召开中央全面深化改革领导小组第三十六次会议强调　抓好各项改革协同发挥改革整体效应　朝着全面深化改革总目标聚焦发力》，《人民日报》2017年6月27日。

② 中共中央文献研究室编：《习近平关于全面深化改革论述摘编》，中央文献出版社2014年版，第38页。

③ 中共中央文献研究室编：《习近平关于全面深化改革论述摘编》，中央文献出版社2014年版，第34页。

④ 中共中央文献研究室编：《习近平关于全面深化改革论述摘编》，中央文献出版社2014年版，第43页。

⑤ 中共中央文献研究室编：《习近平关于全面深化改革论述摘编》，中央文献出版社2014年版，第34—35页。

⑥ 《习近平主持召开中央全面深化改革领导小组第十三次会议强调　树立改革全局观积极探索实践　发挥改革试点示范突破带动作用》，《人民日报》2015年6月6日。

⑦ 《习近平主持召开中央全面深化改革领导小组第二次会议强调　把抓落实作为推进改革工作的重点　真抓实干蹄疾步稳求实效》，《人民日报》2014年3月1日。

抓，不仅亲自抓、带头干，还要勇于挑最重的担子、啃最硬的骨头，做到重要改革亲自部署、重大方案亲自把关、关键环节亲自协调、落实情况亲自督察，扑下身子，狠抓落实"[1]；强调改革工作能不能落实到位，落实责任是关键，要抓好部门和地方两个责任主体，把改革责任理解到位、落实到位，以责促行、以责问效，抓紧抓实改革方案制定、评估、督察、落实等各个环节，做到全程跟进、全程负责、一抓到底，开展督察"回头看"，发现问题要及时列出清单、明确责任、挂账整改，一级抓一级，层层传导压力，确保改革方案落地生根。

习近平总书记关于全面深化改革的一系列重要论述，深化了我们党对社会主义建设规律和改革开放规律的认识，为新时代全面深化改革提供了强大思想武器。在党中央的统筹推进下，党的十八大以来，全面深化改革各项举措相继落地，我国发展面临的一系列深层次矛盾和问题逐步破解，社会主义市场经济体制不断完善，社会主义民主法治制度不断健全，文化领域特别是意识形态领域领导体制加快建立，民生和社会治理领域制度建设不断推进，生态环境保护制度框架基本形成，全面从严治党逐步实现制度化、规范化，国防和军队改革实现历史性突破。

经济体制改革整体推进、重点突破，激发发展动力活力的作用逐步显现。坚持和完善社会主义基本经济制度，市场主体活力持续释放。把公有制为主体、多种所有制经济共同发展，按劳分配为主体、多种分配方式并存，社会主义市场经济体制等确立为社会主义基本经济制度，充分发挥市场在资源配置中的决定性作用，更好发挥政府作用。毫不动摇巩固和发展公有制经济，出台国有企业改革系列文件，推动国有企业改革有序展开，推动国有经济布局优化和结构调整，国有资本和国有企业进一步做强做优做大，建立中国特色现代企业制度；毫不动摇鼓励、支持、引导非公

---

[1]　习近平：《论坚持全面深化改革》，中央文献出版社 2018 年版，第 163 页。

有制经济发展，放开电力、石油、天然气、盐业等行业竞争性环节和公用基础设施、公共服务市场准入，民间资本进入更多领域，构建亲清政商关系，民营经济发展环境不断优化。通过混合所有制改革，国有资本与民营资本交叉持股、相互融合，有效激发了市场主体活力。坚持按劳分配原则，完善按要素分配的体制机制，中等收入群体规模不断扩大。大刀阔斧削减政府对资源的直接配置，推动资源配置依据市场规则、市场价格、市场竞争实现效益最大化和效率最优化，持续深化简政放权、放管结合、优化服务改革，社会信用体系建设稳步推进，市场化法治化国际化营商环境日臻完善。产权保护和要素市场制度建设取得积极进展，市场准入负面清单制度全面实施，反垄断和防止资本无序扩张不断强化，高标准市场体系建设稳步推进，社会主义市场经济体制进一步成熟定型，让各类市场主体的创造活力竞相迸发、充分涌流。为适应和引领经济发展新常态，将推进供给侧结构性改革作为经济发展的主线，更多通过改革的办法推进质量变革、效率变革、动力变革，"三去一降一补"①取得显著成效，经济结构持续优化，供给体系质量不断提高，为我国社会生产力跃升到更高水平打下坚实基础。建立高质量发展的指标、政策、标准、统计、绩效评价和政绩考核等体系，现代化经济体系加快构建。实施创新驱动发展战略迈出实质性步伐。开展全面创新改革试验，发挥新型举国体制优势，推进关键核心技术攻关和自主创新，创新型国家建设成果丰硕。推动新型城镇化体制创新、户籍制度改革，稳步推进农村土地制度改革，提出承包地所有权、承包权、经营权"三权分置"，为乡村振兴提供了强有力杠杆，城乡融合发展体制机制不断健全。京津冀协同发展、长江经济带发展、粤港澳大湾区建设、长三角一体化发展、黄河流域生态保护和高质量发展等区域重大战略和区域协调发展战略深入推进，主体功能明显、优势互补、高质量发展

---

① "三去一降一补"，即"去产能、去库存、去杠杆、降成本、补短板"。

的区域经济布局加快形成。创新和完善宏观调控，宏观经济治理能力稳步提升。充分发挥国家发展规划的战略导向作用，强化宏观政策跨周期设计和逆周期调节，创新实施区间调控、相机调控、精准调控，把握好调控时度效，加强财政、货币和就业、产业、投资、消费、环保、区域等政策协调配合，促进经济中高速增长，推动产业迈向中高端水平。中央与地方财政事权和支出责任划分改革稳步推进，营业税改征增值税全面推开；利率汇率市场化、人民币国际化稳步推进，存款保险制度实施；资本市场基础性制度建设取得重要突破，设立科创板并试点注册制，改革创业板并试点注册制，促进实体经济与虚拟经济良性互动，及时化解压力，有效防范风险，保持了经济社会平稳健康发展。

政治体制改革稳步推进，社会主义民主政治继续完善。深化依法治国实践和改革，中国特色社会主义法治体系不断健全，法治中国建设迈出坚实步伐。立足完善以宪法为核心的中国特色社会主义法律体系，加强党对立法工作的领导，修改立法法，推进经济、民生、环境保护、司法、国家安全等重点领域立法，健全宪法实施和监督制度，推动立法质量不断提高。推动立法与改革决策相衔接，保障重大改革于法有据。发展全过程人民民主，坚持和完善人民代表大会制度，支持和保证人民通过人民代表大会行使国家权力，支持和保证人大依法行使立法权、监督权、决定权、任免权，建立健全人大工作机制，完善人大监督制度。坚持和完善中国共产党领导的多党合作和政治协商制度，完善民主党派中央对重大决策部署贯彻落实情况实施专项监督、直接向中共中央提出建议等制度，加强人民政协专门协商机构制度建设，有序推进政党协商、政协协商、基层协商等多种协商民主渠道，推进社会主义协商民主广泛多层制度化发展，形成中国特色协商民主体系。深化国家监察体制改革取得重大成果，建立对行使公权力的公职人员全面覆盖的国家监察体系。推动以司法责任制为核心的司法权力运行机制改革，推进以审判为中心的刑事诉讼制度改革，努力让人民群众在每一个司法案件中感受到公平正义。按照坚持党的全面领导、坚持以人民为中心、坚持优化协同高效、坚持全面依法治国原则，全面深化党和国家机构改革，党和国家机构职能实现系统性、整体性重构。坚持巩固基层政权，完善基层民主制度，完善办事公开制度，保障人民知情权、参与权、表达权、监督权。

文化体制改革不断深化，确立和坚持马克思主义在意识形态领域指导地位的根本制度，社会主义核心价值观深入人心，国民素质和社会文明程度显著提高。着力解决意识形态领域党的领导弱化问题，就意识形态领域许多方向性、战略性问题作出部署，健全意识形态工作责任制，健全互联网领导和管理体制，坚持依法管网治网，营造清朗的网络空间。深化国有文化单位改革，坚持把社会效益放在首位、实现两个效益相统一的体制机制不断健全。推进文化事业和文化产业全面发展，继续推进国有经营性文化单位转企改制，加快公司制、股份制改造；推动文化企业跨地区、跨行业、跨所有制兼并重组，提高文化产业规模化、集约化、专业化水平；构建现代公共文化服务体系，明确不同文化事业单位功能定位，建立法人治理结构，完善绩效考核机制。着眼提升文化管理效能，巩固壮大宣传思想文化阵地。着眼保障人民群众基本文化权益，推进公共文化设施向社会免费或优惠开放。着眼增强国家文化软实力，加强国际传播能力建设，统筹推进中华文化走出去的工作格局基本形成。文化体制改革激发了文化工作者的劳动热情，解放了文化生产力，中国特色社会主义文化呈现出繁荣发展新局面。

社会体制改革立足保障和改善民生，短板弱项进一步补齐。围绕实现脱贫攻坚目标，推进精准扶贫、精准脱贫机制创新，全面建立健全脱贫攻坚领导责任制。加大民生领域财政投入，更加注重加强普惠性、基础性、兜底性民生建设，在收入分配、就业、教育、社会保障、医疗卫生、住房保障等方面推出一系列重大改革举措，建成了世界上最大的社会保障网。

深化教育体制机制改革，统筹推进县域内城乡义务教育一体化改革发展。统筹推进社会保障领域制度改革，实施机关事业单位养老保险制度改革，推进社会保障城乡统筹、有序衔接。按照"房子是用来住的、不是用来炒的"定位，多主体供给、租购并举、政府保障基本需求的住房制度正在加快形成。深化医药卫生体制改革，全国所有省（区、市）全面推开公立医院综合改革，全部取消药品价格加成，群众就医负担持续减轻。加强儿童医疗卫生服务改革，顺利实施全面三孩政策。健全党组织领导的自治、法治、德治相结合的城乡基层治理体系，健全社会矛盾纠纷多元预防调处化解综合机制，推动社会治理重心向基层下移，建设共建共治共享的社会治理制度。

生态文明体制改革不断深化，生态环境治理能力明显增强。党的十八大至党的十九大 5 年间，中央全面深化改革领导小组召开的 38 次会议中，有 20 次讨论了和生态文明体制改革相关的议题，研究了 48 项重大改革。组建生态环境部，统一行使生态和城乡各类污染排放监管与行政执法职责；组建自然资源部，统一履行所有国土空间用途管制和生态保护修复职责。制定、修订土壤污染防治法、固体废物污染环境防治法等法律法规，构建现代环境治理体系、自然资源资产产权制度、生态环境损害赔偿制度等改革文件或方案出台实施，排污许可、河（湖、林）长制等改革举措加快推进。中央生态环境保护督察成为推动各地区各部门落实生态环境保护责任的硬招实招。严格环境监督执法，严肃查处生态环境违法案件，有效遏制了环境违法行为多发高发态势。在党中央的强力推动下，源头严防、过程严管、后果严惩的生态环境保护基础性制度框架已然建立。

党的领导制度体系不断完善，管党治党日益制度化规范化。加强和维护党中央权威和集中统一领导，推动党的领导方式更加科学，使全党在思想上更加统一、政治上更加团结、行动上更加一致，党的政治领导力、思想引领力、群众组织力、社会号召力显著增强。完善党领导人大、政府、政协、监察机关、审判机关、检察机关、武装力量、人民团体、企事业单位、基层群众性自治组织、社会组织等制度，确保党在各种组织中发挥领导作用；坚持民主集中制，建立健全党对重大工作的领导体制，强化党中央决策议事协调机构职能作用，完善推动党中央重大决策落实机制，严格执行向党中央请示报告制度，强化政治监督，深化政治巡视。着眼补空白、立新规推动党的组织制度改革，制定落实新形势下党内政治生活若干准则，出台中央政治局加强和维护党中央集中统一领导的若干规定，修订党员领导干部民主生活会若干规定。着眼树导向、强监管推动干部人事制度改革，构建科学有效的选人用人机制。着眼强基础、补弱项推动基层组织建设制度改革，出台国有企业、社会组织、民办学校等领域党的建设制度。着眼增优势、添活力推动人才发展体制机制改革，制定实施深化人才发展体制机制改革意见。统筹推动中央和地方群团改革，发挥群团组织密切联系和服务群众作用。

国防和军队改革取得历史性突破。全面实施改革强军战略，重构人民军队领导指挥体制、现代军事力量体系、军事政策制度，形成了军委管总、战区主战、军种主建新格局，人民军队实现整体性革命性重塑，国防实力和经济实力同步提升，为国家改革发展稳定提供了可靠安全保障。

党的十八大以来，全面深化改革不断向广度和深度进军，中国特色社会主义制度更加成熟更加定型，党和国家事业焕发出新的生机活力，使我们对坚持中国特色社会主义道路、理论、制度、文化更加充满自信。

三、实行更加积极主动的对外开放战略，推动共建"一带一路"，不断增强国际竞争新优势

开放带来进步，封闭必然落后。我国发展要赢得优势、赢得主动、赢得未来，必须把握和自觉顺应经济全球化，依托我国超大规模市场优

势，实行更加积极主动的对外开放战略。面对经济全球化强动力不足、多边贸易体制发展坎坷、贸易保护主义升温、经贸摩擦政治化倾向抬头等严峻形势，我国始终坚持对外开放的基本国策不动摇，坚定不移在更大范围、更宽领域、更深层次上提高开放型经济水平，坚定不移引进外资和外来技术，坚定不移完善对外开放体制机制，以扩大开放促进深化改革，以深化改革促进扩大开放，为经济发展注入新动力、增添新活力、拓展新空间，进一步增强了我国国际竞争新优势。

习近平在国内外多个场合就坚持对外开放国策不动摇，加快建立开放型经济新体制，推动形成全面开放新格局作出一系列重要论述。2013年4月8日，在同出席博鳌亚洲论坛2013年年会的中外企业家代表座谈时，习近平强调，中国坚定不移奉行对外开放政策，"将在更大范围、更宽领域、更深层次上提高开放型经济水平"，"坚决反对任何形式的保护主义"。[1] 同年10月7日，在亚太经合组织工商领导人峰会上的演讲中，习近平表示，中国"将实行更加积极主动的开放战略，完善互利共赢、多元平衡、安全高效的开放型经济体系，促进沿海内陆沿边开放优势互补，形成引领国际经济合作和竞争的开放区域，培育带动区域发展的开放高地。坚持出口和进口并重，推动对外贸易平衡发展；坚持'引进来'和'走出去'并重，提高国际投资合作水平；深化涉及投资、贸易体制改革，完善法律法规，为各国在华企业创造公平经营的法治环境"[2]。2014年5月22日，在上海同外国专家座谈时，习近平强调："中国要永远做一个学习大国，不论发展到什么水平都虚心向世界各国人民学习，以更加开放包容的姿态，加强同世界各国的互容、互鉴、互通，不断把对外开放提高到新

---

① 中共中央文献研究室编：《习近平关于全面深化改革论述摘编》，中央文献出版社2014年版，第129页。

② 中共中央文献研究室编：《习近平关于全面深化改革论述摘编》，中央文献出版社2014年版，第132页。

的水平。"①2015 年 9 月 22 日，在华盛顿州当地政府和美国友好团体联合欢迎宴会上的演讲中，习近平进一步明确宣告："对外开放是中国的基本国策，中国利用外资的政策不会变，对外商投资企业合法权益的保障不会变，为各国企业在华投资兴业提供更好服务的方向不会变。"②2016 年 8 月 17 日，在出席推进"一带一路"建设工作座谈会上，习近平指出："对外开放是推动我国经济社会发展的重要动力。随着我国经济总量跃居世界第二，随着我国经济发展进入新常态，我们要保持经济持续健康发展，就必须树立全球视野，更加自觉地统筹国内国际两个大局，全面谋划全方位对外开放大战略，以更加积极主动的姿态走向世界。"③2017 年 1 月 17 日，在瑞士达沃斯举行的世界经济论坛 2017 年年会开幕式上的主旨演讲中，习近平全面阐述了中国关于推进经济全球化和反对贸易保护主义的鲜明态度和主张，指出："人类已经成为你中有我、我中有你的命运共同体，利益高度融合，彼此相互依存。""我们要坚定不移发展开放型世界经济，在开放中分享机会和利益、实现互利共赢。不能一遇到风浪就退回到港湾中去，那是永远不能到达彼岸的。我们要下大气力发展全球互联互通，让世界各国实现联动增长，走向共同繁荣。我们要坚定不移发展全球自由贸易和投资，在开放中推动贸易和投资自由化便利化，旗帜鲜明反对保护主义。搞保护主义如同把自己关进黑屋子，看似躲过了风吹雨打，但也隔绝了阳光和空气。打贸易战的结果只能是两败俱伤。"④

---

① 《习近平在同外国专家座谈时强调　中国要永远做一个学习大国》，《人民日报》2014 年 5 月 24 日。

② 中共中央文献研究室编：《十八大以来重要文献选编》（中），中央文献出版社 2016 年版，第 686 页。

③ 《习近平在推进"一带一路"建设工作座谈会上强调　总结经验坚定信心扎实推进　让"一带一路"建设造福沿线各国人民》，《人民日报》2016 年 8 月 18 日。

④ 习近平：《共担时代责任　共促全球发展——在世界经济论坛 2017 年年会开幕式上的主旨演讲》，《人民日报》2017 年 1 月 18 日。

在党的十九大报告中，习近平强调，要"推动形成全面开放新格局"，"以'一带一路'建设为重点，坚持引进来和走出去并重，遵循共商共建共享原则，加强创新能力开放合作，形成陆海内外联动、东西双向互济的开放格局"。① 在庆祝改革开放 40 周年大会上的讲话中，习近平进一步提出："我们要支持开放、透明、包容、非歧视性的多边贸易体制，促进贸易投资自由化便利化，推动经济全球化朝着更加开放、包容、普惠、平衡、共赢的方向发展。"②2020 年以来，突如其来的新冠疫情全球大流行使世界百年未有之大变局加速演进，国际经济、科技、文化、安全、政治等格局发生深刻调整，习近平在多个场合继续强调中国坚持对外开放不动摇。2020 年 7 月 21 日，在企业家座谈会上，习近平表示："中国开放的大门不会关闭，只会越开越大。以国内大循环为主体，绝不是关起门来封闭运行，而是通过发挥内需潜力，使国内市场和国际市场更好联通，更好利用国际国内两个市场、两种资源，实现更加强劲可持续的发展。"③同年 8 月 24 日，在经济社会领域专家座谈会上，习近平指出："我国经济持续快速发展的一个重要动力就是对外开放。对外开放是基本国策，我们要全面提高对外开放水平，建设更高水平开放型经济新体制，形成国际合作和竞争新优势。"④2021 年 11 月 4 日，习近平在第四届中国国际进口博览会开幕式上发表题为《让开放的春风温暖世界》的主旨演讲，针对"世界百年变局和世纪疫情交织，单边主义、保护主义抬头，经济全球化遭遇逆流"的情况，他郑重强调，"一个国家、一个民族要振兴，就必须在历史前进的逻辑中前进、在时代发展的潮流中发展"。

---

① 习近平：《决胜全面建成小康社会　夺取新时代中国特色社会主义伟大胜利——在中国共产党第十九次全国代表大会上的报告》，人民出版社 2017 年版，第 34—35 页。

② 《习近平谈治国理政》第三卷，外文出版社 2020 年版，第 187 页。

③ 习近平：《在企业家座谈会上的讲话》，《人民日报》2020 年 7 月 22 日。

④ 习近平：《在经济社会领域专家座谈会上的讲话》，《人民日报》2020 年 8 月 25 日。

明确宣示："中国扩大高水平开放的决心不会变，同世界分享发展机遇的决心不会变，推动经济全球化朝着更加开放、包容、普惠、平衡、共赢方向发展的决心不会变。"[1]党的十九届六中全会也强调："我国发展要赢得优势、赢得主动、赢得未来，必须顺应经济全球化，依托我国超大规模市场优势，实行更加积极主动的开放战略。"[2]

党的十八届三中全会准确评估我国改革已进入攻坚期和深水区，对构建开放型经济新体制作出了重要部署。2015年5月，党中央、国务院印发《关于构建开放型经济新体制的若干意见》，就"统筹开放型经济顶层设计，加快构建开放型经济新体制，进一步破除体制机制障碍，使对内对外开放相互促进，引进来与走出去更好结合，以对外开放的主动赢得经济发展和国际竞争的主动，以开放促改革、促发展、促创新，建设开放型经济强国"提出具体要求。2018年11月，商务部发布《中国关于世贸组织改革的立场文件》，阐述了中国对世贸组织改革的基本原则和具体主张，中国以实际行动发出坚定维护多边主义、推动新一轮全球化的清晰信号。2019年4月，习近平在第二届"一带一路"国际合作高峰论坛上宣布，中国将采取一系列重大改革开放举措，加强制度性、结构性安排，促进更高水平对外开放，包括"更广领域扩大外资市场准入""更大力度加强知识产权保护国际合作""更大规模增加商品和服务进口""更加有效实施国际宏观经济政策协调""更加重视对外开放政策贯彻落实"等。2020年9月，中央全面深化改革委员会第十五次会议强调，面对经济全球化遭遇逆流，单边主义、保护主义抬头，我们决不能被逆风和回头浪所阻，要站在历史正确的一边，坚定不移扩大对外开放，增强国内国际

---

[1]　习近平：《让开放的春风温暖世界——在第四届中国国际进口博览会开幕式上的主旨演讲》，《人民日报》2021年11月5日。

[2]　《中共中央关于党的百年奋斗重大成就和历史经验的决议》，《人民日报》2021年11月17日。

经济联动效应，统筹发展和安全，全面防范风险挑战。党的十九届五中全会也明确提出，要实行高水平对外开放，开拓合作共赢新局面；坚持实施更大范围、更宽领域、更深层次对外开放，依托我国大市场优势，促进国际合作，实现互利共赢。

据党中央的决策部署，我国对外开放不断向纵深推进，在错综复杂的外部环境中站稳了脚跟，在日趋激烈的国际竞争中把握了主动，在互利共赢中为助推经济全球化作出了贡献，对外开放的质量、深度、领域、层次都上了一个大台阶。

"一带一路"建设是推进我国新一轮对外开放的重要抓手，是党和国家"着眼欧亚大舞台、世界大棋局的重大谋篇布局"，"是我国今后相当长时期对外开放和对外合作的管总规划，也是我国推动全球治理体系变革的主动作为"。①

2013 年 9 月 7 日，习近平在哈萨克斯坦纳扎尔巴耶夫大学演讲时指出："为了使我们欧亚各国经济联系更加紧密、相互合作更加深入、发展空间更加广阔，我们可以用创新的合作模式，共同建设'丝绸之路经济带'。"他还指出，"这是一项造福沿途各国人民的大事业"，可以从加强政策沟通、道路联通、贸易畅通、货币流通、民心相通几个方面先做起来，"以点带面，从线到片，逐步形成区域大合作"。② 这是中国国家领导人首次提出建设"丝绸之路经济带"倡议。同年 10 月 3 日，在印度尼西亚国会演讲时，习近平指出："东南亚地区自古以来就是'海上丝绸之路'的重要枢纽，中国愿同东盟国家加强海上合作，使用好中国政府设立的中国—东盟海上合作基金，发展好海洋合作伙伴关系，共同建设 21 世纪

---

① 中共中央文献研究室编：《习近平关于社会主义经济建设论述摘编》，中央文献出版社 2017 年版，第 276 页。

② 习近平：《弘扬人民友谊 共创美好未来——在纳扎尔巴耶夫大学的演讲》，《人民日报》2013 年 9 月 8 日。

'海上丝绸之路'。中国愿通过扩大同东盟国家各领域务实合作，互通有无、优势互补，同东盟国家共享机遇、共迎挑战，实现共同发展、共同繁荣。"[①]习近平关于与有关国家共建"丝绸之路经济带"和"21世纪海上丝绸之路"（简称"一带一路"）的重大倡议，得到国际社会高度关注和广泛认同。

"一带一路"构想的出发点，是在国际合作框架内，以政策沟通、设施联通、贸易畅通、资金融通、民心相通为主要内容，各方秉持共商、共建、共享原则，携手应对世界经济新挑战，开创发展新机遇，谋求发展新动力，拓展发展新空间，实现优势互补、互利共赢，不断推进人类命运共同体建设。

2014年11月4日，习近平主持召开中央财经领导小组第八次会议，研究丝绸之路经济带和21世纪海上丝绸之路规划、发起建立亚洲基础设施投资银行和设立丝路基金。发起并同一些国家合作建立亚洲基础设施投资银行是要为"一带一路"有关沿线国家的基础设施建设提供资金支持，促进经济合作。设立丝路基金则是要利用我国资金实力直接支持"一带一路"建设。同年12月2日，党中央、国务院印发《丝绸之路经济带和21世纪海上丝绸之路建设战略规划》。12月29日，丝路基金有限责任公司在北京注册成立，首期资本金100亿美元。2015年2月，中央"一带一路"建设工作领导小组成立。3月28日，经国务院授权，国家发展改革委、外交部、商务部联合发布《推动共建丝绸之路经济带和21世纪海上丝绸之路的愿景与行动》，全面阐述了"一带一路"倡议的时代背景、共建原则、框架思路、合作重点、合作机制等重大问题。到2015年11月，全国31个省区市和新疆生产建设兵团"一带一路"建设实施方案衔接工作基本完

[①] 习近平：《携手建设中国—东盟命运共同体——在印度尼西亚国会的演讲》，《人民日报》2013年10月4日。

成。2015年12月25日，亚洲基础设施投资银行正式成立。

2016年8月17日，推进"一带一路"建设工作座谈会召开。习近平发表重要讲话指出，党的十八大以后，党中央着眼于我国"十三五"时期和更长时期的发展，逐步明确了"一带一路"建设、京津冀协同发展、长江经济带发展3个大的发展战略。截至2016年8月，已经有100多个国家和国际组织参与"一带一路"倡议，我国同30多个沿线国家签署了共建"一带一路"合作协议、同20多个国家开展国际产能合作，联合国等国际组织也态度积极，以亚投行、丝路基金为代表的金融合作不断深入，一批有影响力的标志性项目逐步落地。"一带一路"建设从无到有、由点及面，进度和成果超出预期。2017年5月14日至15日，由中国首倡、以"加强国际合作，共建'一带一路'，实现共赢发展"为主题的"一带一路"国际合作高峰论坛在北京举行，包括29位外国元首和政府首脑在内的来自140多个国家和80多个国际组织约1600名代表出席论坛。习近平在论坛开幕式上发表主旨演讲强调，坚持以和平合作、开放包容、互学互鉴、互利共赢为核心的丝路精神，携手推动"一带一路"建设行稳致远，将"一带一路"建成和平之路、繁荣之路、开放之路、创新之路、文明之路。2019年4月26日，习近平出席以"共建'一带一路'、开创美好未来"为主题的第二届"一带一路"国际合作高峰论坛开幕式并发表主旨演讲，强调共建"一带一路"为世界各国发展提供了新机遇，也为中国开放发展开辟了新天地；面向未来，要秉持共商共建共享原则，坚持开放、绿色、廉洁理念，努力实现高标准、惠民生、可持续目标，推动共建"一带一路"沿着高质量发展方向不断前进。来自150多个国家和90多个国际组织近6000余名外宾出席了本届高峰论坛。

在中国和各方的共同努力和推动下，共建"一带一路"从理念转化为行动，从愿景转变为现实，推动基础设施"硬联通"、规则标准"软联通"、同共建国家人民"心联通"，建设成果丰硕。

"一带一路"政策沟通广泛深入。在全球层面，2016 年 11 月，在第 71 届联合国大会上，193 个会员国一致赞同将"一带一路"倡议写入联大决议；2017 年 3 月，联合国安理会通过第 2344 号决议，呼吁通过"一带一路"建设等加强区域经济合作；联合国开发计划署、世界卫生组织等先后与中国签署"一带一路"合作协议。在区域和多边层面，共建"一带一路"同联合国《2030 年可持续发展议程》、《东盟互联互通总体规划 2025》、东盟印太展望、非盟《2063 年议程》、欧盟欧亚互联互通战略等有效对接，支持区域一体化进程和全球发展事业。在双边层面，共建"一带一路"与俄罗斯欧亚经济联盟建设、哈萨克斯坦"光明之路"新经济政策、土库曼斯坦"复兴丝绸之路"战略、蒙古国"草原之路"倡议、印度尼西亚"全球海洋支点"构想、菲律宾"多建好建"规划、越南"两廊一圈"、南非"经济重建和复苏计划"、埃及苏伊士运河走廊开发计划、沙特"2030 愿景"等多国战略实现对接。截至 2023 年 6 月底，中国与五大洲的 150 多个国家、30 多个国际组织签署了 200 多份共建"一带一路"合作文件。"一带一路"设施联通初具规模。共建"一带一路"以"六廊六路多国多港"为基本架构，基本形成"陆海天网"四位一体的互联互通格局。中巴经济走廊方向，白沙瓦—卡拉奇高速公路（苏库尔至木尔坦段）、喀喇昆仑公路二期（赫韦利扬—塔科特段）、拉合尔轨道交通橙线项目竣工通车，萨希瓦尔、卡西姆港、塔尔、胡布等电站安全稳定运营。新亚欧大陆桥经济走廊方向，匈塞铁路塞尔维亚贝尔格莱德—诺维萨德段于 2022 年 3 月开通运营。克罗地亚佩列沙茨跨海大桥通车。黑山南北高速公路顺利建成并投入运营。中国—中南半岛经济走廊方向，中老铁路全线建成通车，黄金运输通道作用彰显。作为中印尼共建"一带一路"旗舰项目，时速 350 公里的雅万高铁开通运行。中蒙俄经济走廊方向，中俄黑河公路桥、同江铁路桥通车运营，中俄东线天然气管道正式通气。中国—中亚—西亚经济走廊方向，中吉乌公路运输线路实现常态化运行，中国—中亚天然气管道运行稳定，哈萨克斯坦北哈州粮油专线与中欧班列并网运行。孟中印缅经济走廊方向，中缅原油和天然气管道建成投产，中孟友谊大桥、多哈扎里至科克斯巴扎尔铁路等项目建设取得积极进展。在非洲，蒙内铁路、亚吉铁路等先后通车运营。海上互联互通水平不断提升。希腊比雷埃夫斯港年货物吞吐量增至 500 万标箱；巴基斯坦瓜达尔港共建取得重大进展；缅甸皎漂深水港项目开展地勘、环社评等前期工作；斯里兰卡汉班托塔港散杂货年吞吐量增至 120.5 万吨；意大利瓦多集装箱码头开港运营；尼日利亚莱基深水港项目建成并投入运营。"丝路海运"网络持续拓展，截至 2023 年 6 月底，"丝路海运"航线已通达全球 43 个国家的 117 个港口。国际多式联运大通道持续拓展。中欧班列通达欧洲 25 个国家的 200 多个城市，物流配送网络覆盖欧亚大陆。截至 2023 年 6 月底，中欧班列累计开行 7.4 万列，运输近 700 万标箱，货物品类达 5 万多种，涉及汽车整车、机械设备、电子产品等 53 个大门类，合计货值超 3000 亿美元。"一带一路"贸易畅通便捷高效。2013—2022 年，中国与共建国家进出口总额累计 19.1 万亿美元，年均增长 6.4%；与共建国家双向投资累计超过 3800 亿美元，其中中国对外直接投资超过 2400 亿美元；中国在共建国家承包工程新签合同额、完成营业额累计分别达到 2 万亿美元、1.3 万亿美元。2022 年，中国与共建国家进出口总额近 2.9 万亿美元，占同期中国外贸总值的 45.4%；中国民营企业对共建国家进出口总额超过 1.5 万亿美元，占同期中国与共建国家进出口总额的 53.7%。产业合作深入推进。截至 2023 年 6 月底，中国同 40 多个国家签署了产能合作文件，中国企业与共建国家政府、企业合作共建的海外产业园超过 70 个。"一带一路"资金融通日益多元。截至 2023 年 6 月底，共有 13 家中资银行在 50 个共建国家设立 145 家一级机构。中国与 20 个共建国家签署双边本币互换协议，在 17 个共建国家建立人民币清算安排。中国出资设立丝路基金，并与相关国家一道成立亚洲基础设施投资银行；丝路基金专门服务于"一带一路"建设，截至 2023 年 6 月底，丝路基金累计签约投资项目 75 个，承诺投资金额约 220.4 亿美元；亚洲基础设施投资银行有成员 106 个，批准 227 个投资项目，共投资 436 亿美元，项目涉及交通、能源、公共卫生等领域，为共建国家基础设施互联互通和经济社会可持续发展提供投融资支持。"一带一路"民心相通基础稳固。文化旅游合作丰富多彩。截至 2023 年 6 月底，中国已与 144 个共建国家签署文化和旅游领域合作文件。中国在 44 个国家设立 46 家海外中国文化中心，其中共建国家 32 家；教育交流合作广泛深入。中国设立"丝绸之路"中国政府奖学金，中国院校与亚非欧三大洲的 20 多个共建国家院校合作建设一批鲁班工坊。中国与联合国教科文组织连续 7 年举办"一带一路"青年创意与遗产论坛及相关活动。积极增进民生福祉。与近 90 个共建国家和国际组织签署了 100 余份农渔业合作文件，与共建国家农产品贸易额达 1394 亿美元，向 70 多个国家和地区派出 2000 多名农业专家和技术人员，向多个国家推广示范菌草、杂交水稻等 1500 多项农业技术。①

经过 10 年持续努力，共建"一带一路"取得显著成效，开辟了世界经济增长的新空间，搭建了国际贸易和投资的新平台，提升了有关国家的发展能力和民生福祉，为完善全球治理体系拓展了新实践，为变乱交织的世界带来更多确定性和稳定性，共建"一带一路"，既发展了中国，也造福了世界。

中国是全球自由贸易的坚定维护者和积极倡导者。加快实施自由贸易区战略，是我国推进新一轮对外开放的又一重要内容，是适应经济全球化新趋势，"以对外开放的主动赢得经济发展的主动、赢得国际竞争的主动"②、在更高水平上构建开放型经济新体制的重大选择和必然之举。

---

① 中华人民共和国国务院新闻办公室：《共建"一带一路"：构建人类命运共同体的重大实践》，《人民日报》2023 年 10 月 11 日。

② 习近平：《论坚持全面深化改革》，中央文献出版社 2018 年版，第 143 页。

党的十七大把自由贸易区建设上升为国家战略，提出要"实施自由贸易区战略，加强双边多边经贸合作"。党的十八大提出要"统筹双边、多边、区域次区域开放合作，加快实施自由贸易区战略"。党的十八届三中全会提出要"坚持世界贸易体制规则，坚持双边、多边、区域次区域开放合作，扩大同各国各地区利益汇合点，以周边为基础加快实施自由贸易区战略"。2014年12月5日，中央政治局就加快自由贸易区建设进行第十九次集体学习，专题分析研讨我国加快实施自由贸易区战略的国内外环境和政策思路。2015年12月，国务院发布《关于加快实施自由贸易区战略的若干意见》，明确了我国加快实施自由贸易区战略的指导思想、基本原则、重点任务以及近期和中长期目标。2016年9月，习近平在中国杭州出席二十国集团工商峰会开幕式并发表主旨演讲，习近平公开宣示："我们将继续深入参与经济全球化进程，支持多边贸易体制。我们将加大放宽外商投资准入，提高便利化程度，促进公平开放竞争，全力营造优良营商环境。同时，我们将加快同有关国家商签自由贸易协定和投资协定，推进国内高标准自由贸易试验区建设。"[1]同年11月，在亚太经合组织工商领导人峰会上发表的主旨演讲中，习近平进一步表示："我们将深入参与经济全球化进程，支持多边贸易体制，推进亚太自由贸易区建设，推动区域全面经济伙伴关系协定尽早结束谈判。"[2]

2020年11月15日，第四次区域全面经济伙伴关系协定（RCEP）领导人会议以视频方式举行，与会各方共同见证RCEP的签署。作为世界上参与人口最多、成员结构最多元、发展潜力最大的自由贸易区，RCEP不仅是东亚区域合作极具标志性意义的成果，更是多边主义和自由贸易的胜

---

[1] 习近平：《中国发展新起点　全球增长新蓝图——在二十国集团工商峰会开幕式上的主旨演讲》，《人民日报》2016年9月4日。

[2] 习近平：《深化伙伴关系　增强发展动力——在亚太经合组织工商领导人峰会上的主旨演讲》，《人民日报》2016年11月21日。

利。RCEP 将实现地区各国间货物贸易、服务贸易和投资高水平开放，极大提升区域贸易投资自由化便利化水平，提升地区吸引力和竞争力，不仅将有力推动地区经济整体复苏进程、为促进地区的发展繁荣增添新动能，也将成为拉动全球增长的重要引擎。自 2022 年 1 月 1 日，《区域全面经济伙伴关系协定》（RCEP）对新加坡、泰国、越南等 6 个东盟成员国和中国、日本、新西兰、澳大利亚正式生效。中国在 RCEP 中实现多项突破，在投资领域，首次在自由贸易协定下以负面清单加准入前国民待遇方式作出开放承诺；在电子商务领域，首次就数据流动、信息存储等内容作出规定；在贸易救济领域，首次在自贸协定中纳入"禁止归零"条款；在知识产权领域，首次将数字环境下的侵权行为纳入民事救济和刑事救济的实施程序范围。

2020 年 12 月 30 日，习近平在北京同德国总理默克尔、法国总统马克龙、欧洲理事会主席米歇尔、欧盟委员会主席冯德莱恩举行视频会晤，共同宣布如期完成中欧投资协定谈判。中欧投资协定谈判自 2013 年启动，历经 7 年、35 轮谈判，最终达成的协定是一个平衡、高水平、互利共赢的投资协定，将为中欧相互投资提供更大的市场准入、更高水平的营商环境、更有力的制度保障，增强了国际社会对经济全球化和自由贸易的信心。2021 年 9 月，中国正式申请加入《全面与进步跨太平洋伙伴关系协定》（CPTPP）；同年 11 月，正式申请加入《数字经济伙伴关系协定》，这展现了中国进一步扩大对外开放的坚定决心。到 2023 年 8 月，我国与东盟、韩国、澳大利亚、新加坡、巴基斯坦、冰岛、瑞士、智利、秘鲁、哥斯达黎加、新西兰等 28 个国家和地区签署了 21 个自由贸易协定。

在国内推进高标准的自由贸易试验区建设，是我国实施自由贸易的一项重要举措。2013 年 8 月，国务院正式批准设立中国（上海）自由贸易试验区。试验区范围涵盖上海市外高桥保税区、外高桥保税物流园区、洋山保税港区和上海浦东机场综合保税区等 4 个海关特殊监管区域，总面积为 28.78 平方公里。①2013 年 9 月 18 日,国务院印发《中国(上海)自由贸易试验区总体方案》,提出(上海)自由贸易试验区建设的总体目标是:经过两至三年的改革试验,加快转变政府职能,积极推进服务业扩大开放和外商投资管理体制改革,大力发展总部经济和新型贸易业态,加快探索资本项目可兑换和金融服务业全面开放,探索建立货物状态分类监管模式,努力形成促进投资和创新的政策支持体系,着力培育国际化和法治化的营商环境,力争建设成为具有国际水准的投资贸易便利、货币兑换自由、监管高效便捷、法制环境规范的自由贸易试验区,为我国扩大开放和深化改革探索新思路和新途径,更好地为全国服务。主要任务是:按照先行先试、风险可控、分步推进、逐步完善的方式,把扩大开放与体制改革相结合、把培育功能与政策创新相结合,形成与国际投资、贸易通行规则相衔接的基本制度框架。2014 年 5 月,习近平深入上海自由贸易试验区考察调研,强调上海自由贸易试验区是块大试验田,要播下良种,精心耕作,精心管护,期待有好收成,并且把培育良种的经验推广开来。根据党中央、国务院的决策部署,在 2013 年 9 月启动后的三年时间里,上海自由贸易试验区在加快推进以简政放权为核心的政府职能转变、与扩大开放相适应的投资管理体制改革、以便利化为重点的贸易监管模式创新及贸易发展方式转变、深化金融和服务业开放、完善事中事后监管和风险防范体系、服务区域协同发展等方面,大胆先行先试,取得了一系列可复制推广的重要成果,为在全国其他地区建设自由贸易试验区积累了宝贵经验。

---

① 2014 年 12 月 28 日,全国人大常务委员会授权国务院扩展中国(上海)自由贸易试验区的实施范围至 120.72 平方公里,涵盖上海外高桥保税区、上海外高桥保税物流园区、洋山保税港区、上海浦东机场综合保税区 4 个海关特殊监管区域(28.78 平方公里)以及陆家嘴金融片区(34.26 平方公里)、金桥开发片区(20.48 平方公里)、张江高科技片区(37.2 平方公里)。

2014 年 12 月，国务院决定设立中国（广东）自由贸易试验区、中国（天津）自由贸易试验区、中国（福建）自由贸易试验区等 3 个自由贸易试验区。2016 年 8 月，国务院决定设立中国（辽宁）自由贸易试验区、中国（浙江）自由贸易试验区、中国（河南）自由贸易试验区、中国（湖北）自由贸易试验区、中国（重庆）自由贸易试验区、中国（四川）自由贸易试验区、中国（陕西）自由贸易试验区等 7 个自由贸易试验区。2017年 10 月，党的十九大提出赋予自由贸易试验区更大改革自主权，探索建设自由贸易港。2018 年 9 月，国务院发布《关于同意设立中国（海南）自由贸易试验区的批复》，实施范围为海南岛全岛。2019 年 8 月，国务院批复设立中国（山东）自由贸易试验区、中国（江苏）自由贸易试验区、中国（广西）自由贸易试验区、中国（河北）自由贸易试验区、中国（云南）自由贸易试验区、中国（黑龙江）自由贸易试验区等 6 个自由贸易试验区；2020 年 9 月，国务院批复设立中国（北京）自由贸易试验区、中国（湖南）自由贸易试验区、中国（安徽）自由贸易试验区等 3 个自由贸易试验区。2013 年 9 月至 2020 年 9 月，中国分多批次批准了 21 个自由贸易试验区，初步形成了"1+3+7+1+6+3"的自由贸易试验区格局，形成东西南北中协调、陆海统筹的开放态势。2020 年 6 月 1 日，党中央、国务院印发《海南自由贸易港建设总体方案》，要求将海南岛全岛打造成为引领我国新时代对外开放的鲜明旗帜和重要开放门户，到本世纪中叶，全面建成具有较强国际影响力的高水平自由贸易港。作为对外开放新高地，自由贸易试验区、自由贸易港成为我国全方位扩大开放的"排头兵"和"领头雁"。

从 2013 年在上海设立第一个自由贸易试验区，中国自由贸易试验区从无到有、从少到多，覆盖了中国从南到北、从沿海到内陆的广大区域，形成了多领域复合型综合改革开放的态势。自由贸易试验区以制度创新为核心，以可复制可推广为基本要求，形成了战略定位各不相同、互有补充、经验互鉴、协同发展、各具特色的发展格局，发挥了全面深化改革开放试验田的作用。

2018 年 11 月，由习近平亲自谋划、亲自提出、亲自部署、亲自设计、亲自推动的世界上第一个以进口为主题的国家级展会——首届中国国际进口博览会在上海成功举办，吸引了全球 172 个国家、地区和国际组织参会，3600 多家企业参展，超过 40 万名境内外采购商到会洽谈采购，成交额近 600 亿美元。到 2021 年 11 月，中国国际进口博览会已连续举办了 4 届，既为推动世界经济复苏发展指出了重要贡献，也彰显了中国持续扩大对外开放的决心意志。

党的十八大以来，我国坚持"引进来"与"走出去"相结合，利用外资、对外贸易等领域改革不断深入，相关政策机制不断完善。2019 年 3 月，十三届全国人大二次会议表决通过《中华人民共和国外商投资法》，这是中国第一部外商投资领域统一的基础性法律。同年 10 月，国务院颁布《优化营商环境条例》，明确规定国家平等保护各类市场主体，保障各类市场主体依法平等使用各类生产要素和依法平等享受支持政策，保护市场主体经营自主权、财产权和其他合法权益。2020 年 6 月，《外商投资准入特别管理措施（负面清单）（2020 年版）》《自由贸易试验区外商投资准入特别管理措施（负面清单）（2020 年版）》颁布，这两个负面清单连续第四年缩减了外商投资准入负面清单，展示了中国持续、深入扩大对外开放的决心。同年 9 月，国务院召开全国深化"放管服"改革优化营商环境电视电话会议，强调要落实外商投资法及配套法规、外资准入负面清单，回应关切，打造更优开放环境，使中国开放的决心让外商放心、开放的政策让外商受惠。同年 11 月，国务院办公厅印发《关于推进对外贸易创新发展的实施意见》，要求围绕构建以国内大循环为主体、国内国际双循环相互促进的新发展格局，加快推进国际市场布局、国内区域布局、经营主体、商品结构、贸易方式等"五个优化"和外贸转型升级基地、贸易促进平台、国际营销体系等"三项建设"，培育新形势下参与国际合作和竞争新优势，实现外贸创新发展。2021年1月，中共中央办公厅、国务院办公厅印发《建设高标准市场体系行动方案》，就完善外商投资准入前国民待遇加负面清单管理制度、进一步缩减外商投资准入负面清单、扩大鼓励外商投资产业目录范围、支持外资加大创新投入力度、营造内外资企业一视同仁和公平竞争的公正市场环境、破除各种市场准入隐性壁垒、打造市场化法治化国际化营商环境等，提出具体规划和落地要求。

党的十八大以来，我国对外贸易、利用外资、对外投资不断实现新突破。

贸易大国地位进一步巩固。外贸结构不断优化，质量效益逐步提升。改革开放前，我国货物贸易主要是以出口初级产品来换取工业制品。改革开放后，工业制品在商品出口中逐步占据绝对主导地位。2021年，我国机电产品出口1.98万亿美元，同比增长29.1%，占外贸出口比重达到59%，机电产品出口规模和出口增量均创历史新高，增速为11年以来最高。28类重点机电产品出口均实现增长。其中，家电、手机、计算机、集成电路、电子元件、汽车整车及零配件、机械基础件、电工器材等8类机电产品出口均超千亿美元。贸易伙伴日益多元，市场布局更趋平衡。党的十八大以来，我国与新兴市场和发展中国家贸易保持持续较快增长，遍布全球的多元化贸易格局逐步形成。2020年，我国与中东欧国家贸易额首次突破千亿美元，达到1034.5亿美元，同比增长8.4%。新业态蓬勃发展，外贸动能不断释放。2018年，我国货物进出口总额占全球份额达11.8%。2021年，以美元计，我国进出口规模达6.05万亿美元，在2013年首次达到4万亿美元的8年后，年内跨过5万亿、6万亿美元两大台阶，达到历史高点。以人民币计，2021年我国货物贸易进出口总值39.1万亿元，同比增长21.4%。2017年至2021年，我国货物贸易总额连续5年位居全球第一。

利用外资规模、质量不断提高。"十三五"期间，我国连续 4 年修订全国和自由贸易试验区外商投资准入负面清单，鼓励外资投资领域持续增加。2021 年 4 月，国务院批复同意在天津、上海、海南、重庆 4 省市开展服务业扩大开放综合试点，试点期 3 年。开放水平不断提升。加快建设对外开放新平台，办好中国国际进口博览会，充分发挥国际采购、投资促进、人文交流、开放合作平台作用；创新广交会、服贸会办展模式，增强国际影响力；落实海南自由贸易港建设总体方案，加快建设中国特色自由贸易港，推动海南自由贸易港建设顺利开局，蓬勃发展。我国设立的 21 个自贸试验区已向全国复制推广了 260 项制度创新成果。营商环境持续优化。2020 年，外商投资法及其实施条例正式实施，全面取消商务领域外资企业审批备案，实施信息报告制度；出台外资企业投诉工作办法，发布中国外商投资指引，加大投资促进保护。世界银行发布的报告显示，2020 年我国营商环境全球排名升至第 31 位，连续两年跻身全球营商环境改善幅度最大的 10 个经济体之一。2020 年、2021 年，在全球跨国直接投资大幅下降的背景下，我国实际使用外资逆势增长，2021 年实际使用外资 11493.6 亿元，首次超过万亿元，同比增长 14.9%，新设外资企业 4.8 万家，增长 23.5%。从行业看，服务业实际使用外资 9064.9 亿元，同比增长 16.7%。高技术产业实际使用外资同比增长 17.1%，其中高技术制造业增长 10.7%，高技术服务业增长 19.2%。从来源地看，"一带一路"沿线国家和东盟实际投资同比分别增长 29.4% 和 29%。从区域分布看，我国东部、中部、西部地区实际使用外资同比分别增长 14.6%、20.5%、14.2%。外资结构不断优化。高技术制造业中，电子工业专用设备制造、通用仪器仪表制造引资同比分别增长 2 倍和 64.9%；高技术服务业中，电子商务服务、科技成果转化服务引资同比分别增长 2.2 倍和 25%。大项目数量较快增长，合同外资 5000 万美元、1 亿美元以上大项目数量分别增长 26.1%、25.5%。开放高地利用外资成效显著。21 个自贸试验区实际使用外资 2130 亿元，占吸收外资总额的 18.5%。

全球配置资源能力增强，对外投资稳居世界前列。2021 年对外直接投资 9366.9 亿元，增长 2.2%，结构更加优化。对"一带一路"沿线国家投资增长 7.9%，占比提升至 14.8%。对欧盟投资增长 13.4%。对重点行业投资增长较快，对交通运输业、科研服务业、信息技术业投资分别增长 80%、68.5% 和 5%，合计占比提高 3.1 个百分点。合作共赢成效显现。截至 2021 年底，在境外经贸合作区累计投资 507 亿美元，上缴东道国税费 66 亿美元，为当地创造 39.2 万个就业岗位。对外承包工程稳中有升。新签合同额以美元计增长 1.2%，其中上亿美元项目数增加 46 个。对外援助高效执行，全年累计实施各类援助项目 1000 余个。

开放是当代中国的鲜明标识。2021 年是中国加入世界贸易组织 20 周年。20 年来，中国全面履行入世承诺，中国关税总水平由 15.3% 降至 7.4%，低于 9.8% 的入世承诺；中国中央政府清理法律法规 2300 多件，地方政府清理 19 万多件，激发了市场和社会活力；货物贸易从世界第六位上升到第一位，服务贸易从世界第十一位上升到第二位，利用外资稳居发展中国家首位，对外直接投资从世界第二十六位上升到第一位。加入世界贸易组织的 20 年，是中国深化改革、全面开放的 20 年，也是中国把握机遇、迎接挑战，主动担责、造福世界的 20 年。

四、"把制度建设和治理能力建设摆到更加突出的位置"

"新时代谋划全面深化改革，必须以坚持和完善中国特色社会主义制度、推进国家治理体系和治理能力现代化为主轴，深刻把握我国发展要求和时代潮流，把制度建设和治理能力建设摆到更加突出的位置，继续深化各领域各方面体制机制改革，推动各方面制度更加成熟更加定型，推进国家治理体系和治理能力现代化。"①制度建设是确保党和国家兴旺发达、长治久安的根本性建设。新中国成立后，我们党积极运用新民主主义革命时期制度建设的成功经验，大力推进新中国的制度建设。改革开放后，我国国家制度和国家治理体系建设不断迈出新步伐。1980年8月，邓小平在总结"文化大革命"的教训时指出："领导制度、组织制度问题更带有根本性、全局性、稳定性和长期性。"②1992年初，邓小平在南方谈话中说："恐怕再有三十年的时间，我们才会在各方面形成一整套更加成熟、更加定型的制度。"③党的十四大提出："在九十年代，我们要初步建立起新的经济体制，实现达到小康水平的第二步发展目标。再经过二十年的努力，到建党一百周年的时候，我们将在各方面形成一整套更加成熟更加定型的制度。"④党的十五大、十六大、十七大都对制度建设提出明确要求。

在各方面形成一整套更加成熟更加定型的制度，这一历史的接力棒交到了以习近平同志为主要代表的中国共产党人手中。党的十八大以来，以习近平同志为核心的党中央把制度建设摆到更加突出的位置，强调"必须以更大的政治勇气和智慧，不失时机深化重要领域改革，坚决破除一切妨碍科学发展的思想观念和体制机制弊端，构建系统完备、科学规范、运行有效的制度体系，使各方面制度更加成熟更加定型"。党的十八届三中全会首次提出"推进国家治理体系和治理能力现代化"这个重大命题，并把"完善和发展中国特色社会主义制度、推进国家治理体系和治理能力现代化"确定为全面深化改革的总目标。党的十九大作出到本世纪中叶把我国

---

① 习近平：《关于〈中共中央关于坚持和完善中国特色社会主义制度　推进国家治理体系和治理能力现代化若干重大问题的决定〉的说明》，《人民日报》2019年11月6日。

② 《邓小平文选》第二卷，人民出版社1994年版，第333页。

③ 《邓小平文选》第三卷，人民出版社1993年版，第372页。

④ 江泽民：《加快改革开放和现代化建设步伐　夺取有中国特色社会主义事业的更大胜利——在中国共产党第十四次全国代表大会上的报告》，《人民日报》1992年10月21日。

建成富强民主文明和谐美丽的社会主义现代化强国的战略安排，其中制度建设和治理能力建设的目标是：到 2035 年，"各方面制度更加完善，国家治理体系和治理能力现代化基本实现"；到本世纪中叶，"实现国家治理体系和治理能力现代化"。党的十九届二中、三中全会分别就修改宪法和深化党和国家机构改革作出部署，推动制度建设和治理能力建设迈出新的重大步伐。党的十九届三中全会指出："我们党要更好领导人民进行伟大斗争、建设伟大工程、推进伟大事业、实现伟大梦想，必须加快推进国家治理体系和治理能力现代化，努力形成更加成熟更加定型的中国特色社会主义制度。这是摆在我们党面前的一项重大任务。"[①]

中国特色社会主义制度是党和人民在长期实践探索中形成的科学制度体系，我国国家治理一切工作和活动都依照中国特色社会主义制度展开，我国国家治理体系和治理能力是中国特色社会主义制度及其执行能力的集中体现。为了从政治上、全局上、战略上全面总结党领导人民在我国国家制度建设和国家治理方面取得的成就、积累的经验、形成的原则，凝练概括我国国家制度和国家治理体系所具有的显著优势，全面回答我国国家制度和国家治理体系上应该"坚持和巩固什么、完善和发展什么"这个重大政治问题，2019 年 10 月 28 日至 31 日召开的党的十九届四中全会审议通过《中共中央关于坚持和完善中国特色社会主义制度、推进国家治理体系和治理能力现代化若干重大问题的决定》（以下简称《决定》）。《决定》在新中国成立 70 周年这一重要历史节点，站在实现"两个一百年"奋斗目标的历史交汇点上，紧扣"坚持和完善中国特色社会主义制度、推进国家治理体系和治理能力现代化"这个主题，深入阐述了中国特色社会主义制度和国家治理体系发展的历史性成就、显著优势，深入阐述了坚持和完善支撑中国特色社会主义制度的根本制度、基本制度、重要制度，第一次系

---

① 《中共中央关于深化党和国家机构改革的决定》，《人民日报》2018 年 3 月 5 日。

统描绘了中国特色社会主义制度的"图谱";对需要进一步深化的重大体制机制改革、需要推进的重点工作任务作出部署,明确了新时代坚持和完善中国特色社会主义制度、推进国家治理体系和治理能力现代化的总体要求、总体目标和重点任务。

《决定》将我国国家制度和国家治理体系的显著优势集中概括为 13 个方面,这就是:坚持党的集中统一领导,坚持党的科学理论,保持政治稳定,确保国家始终沿着社会主义方向前进的显著优势;坚持人民当家作主,发展人民民主,密切联系群众,紧紧依靠人民推动国家发展的显著优势;坚持全面依法治国,建设社会主义法治国家,切实保障社会公平正义和人民权利的显著优势;坚持全国一盘棋,调动各方面积极性,集中力量办大事的显著优势;坚持各民族一律平等,铸牢中华民族共同体意识,实现共同团结奋斗、共同繁荣发展的显著优势;坚持公有制为主体、多种所有制经济共同发展和按劳分配为主体、多种分配方式并存,把社会主义制度和市场经济有机结合起来,不断解放和发展社会生产力的显著优势;坚持共同的理想信念、价值理念、道德观念,弘扬中华优秀传统文化、革命文化、社会主义先进文化,促进全体人民在思想上精神上紧紧团结在一起的显著优势;坚持以人民为中心的发展思想,不断保障和改善民生、增进人民福祉,走共同富裕道路的显著优势;坚持改革创新、与时俱进,善于自我完善、自我发展,使社会始终充满生机活力的显著优势;坚持德才兼备、选贤任能,聚天下英才而用之,培养造就更多更优秀人才的显著优势;坚持党指挥枪,确保人民军队绝对忠诚于党和人民,有力保障国家主权、安全、发展利益的显著优势;坚持"一国两制",保持香港、澳门长期繁荣稳定,促进祖国和平统一的显著优势;坚持独立自主和对外开放相统一,积极参与全球治理,为构建人类命运共同体不断作出贡献的显著优势。这些显著优势,是我们坚定中国特色社会主义道路自信、理论自信、制度自信、文化自信的基本依据。《决定》指出,当今世界正经历百年未有之大变局，我国正处于实现中华民族伟大复兴关键时期，必须在坚持和完善中国特色社会主义制度、推进国家治理体系和治理能力现代化上下更大功夫；要突出坚持和完善支撑中国特色社会主义制度的根本制度、基本制度、重要制度，着力固根基、扬优势、补短板、强弱项，构建系统完备、科学规范、运行有效的制度体系，加强系统治理、依法治理、综合治理、源头治理，把我国制度优势更好转化为国家治理效能。总体目标是：到党成立100年时，在各方面制度更加成熟更加定型上取得明显成效；到2035年，各方面制度更加完善，基本实现国家治理体系和治理能力现代化；到新中国成立100年时，全面实现国家治理体系和治理能力现代化，使中国特色社会主义制度更加巩固、优越性充分展现。

《决定》的主体部分聚焦坚持和完善支撑中国特色社会主义制度的根本制度、基本制度、重要制度，从13个方面明确了各项制度必须坚持和巩固的根本点、完善和发展的方向，并作出工作部署。构成中国特色社会主义制度"图谱"的13个方面制度是：党的领导制度体系；人民当家作主制度体系；中国特色社会主义法治体系；中国特色社会主义行政体制；社会主义基本经济制度；繁荣发展社会主义先进文化的制度；统筹城乡的民生保障制度；共建共治共享的社会治理制度；生态文明制度体系；党对人民军队的绝对领导制度；"一国两制"制度体系；独立自主的和平外交政策；党和国家监督体系。在中国特色社会主义制度的"图谱"中，党的领导制度是国家的根本领导制度，统领和贯穿其他12个方面制度。《决定》将"坚持和完善党的领导制度体系"列为13个方面制度之首，从而使"中国共产党领导是中国特色社会主义最本质的特征，是中国特色社会主义制度的最大优势"这一重大论断具有了坚实的制度支撑，也使"党政军民学，东西南北中，党是领导一切的，是最高的政治领导力量"这一重大论断在制度体系中得到贯彻落实。《决定》还第一次从6个方面论述了坚持和完善党的领导制度体系的基本要求，包括建立不忘初心、牢记使命的制度；完善坚定维护党中央权威和集中统一领导的各项制度；健全党的全面领导制度；健全为人民执政、靠人民执政各项制度；健全提高党的执政能力和领导水平制度；完善全面从严治党制度等。党的领导制度体系在中国特色社会主义制度体系中处于统摄地位，只有把党的集中统一领导落实到国家治理各领域各方面各环节，才能保证中国特色社会主义制度和国家治理体系的显著优势得到充分发挥。坚持和完善中国特色社会主义制度、推进国家治理体系和治理能力现代化，首先必须坚持和完善党的领导制度体系，这是根本政治要求。

明确中国特色社会主义制度的"图谱"，不仅有利于构建系统完备、科学规范、运行有效的制度体系，而且使党和国家长治久安有了"四梁八柱"的制度支撑。《决定》描绘的中国特色社会主义制度"图谱"由 13 个方面制度组成，这 13 个方面制度又各自包含若干具体制度，这些制度都是中国特色社会主义制度必不可少的组成部分，共同构成我国国家制度和国家治理体系。《决定》坚持根本制度、基本制度、重要制度相衔接，既统筹顶层设计和分层对接，又统筹制度改革和制度运行，体现了总结历史和面向未来的统一、保持定力和改革创新的统一、问题导向和目标导向的统一，必将对推动中国特色社会主义各方面制度更加成熟更加定型、把我国制度优势更好转化为国家治理效能产生重大而深远的影响。

党的十九届四中全会及通过的《决定》，为党和国家推动各方面制度更加成熟更加定型明确了时间表、路线图，为坚持和完善中国特色社会主义制度、推进国家治理体系和治理能力现代化指明了努力方向。党的十八大以来，正是受益于国家制度和国家治理体系的显著优势、不断完善和发展这些显著优势并将其转化为巨大的治理效能，我们党才带领人民夺取了脱贫攻坚全面胜利、如期全面建成了小康社会，成功经受住了新冠疫情全球大流行这场大考，使得我国经济发展和疫情防控保持全球领先地位，党和国家各项事业取得新的重大成就。

第五章　建设社会主义民主政治，发展全过程人民民主

　　世界上没有完全相同的政治制度模式。我国是工人阶级领导的、以工农联盟为基础的人民民主专政的社会主义国家，国家一切权力属于人民。我国社会主义民主是维护人民根本利益的最广泛、最真实、最管用的民主。坚定不移走中国特色社会主义政治发展道路，是近代以来中国人民长期奋斗历史逻辑、理论逻辑、实践逻辑的必然结论，是坚持党的本质属性、践行党的根本宗旨的必然要求。改革开放以后，党领导人民坚持中国特色社会主义政治发展道路，发展社会主义民主，取得重大进展。党的十八大以来，党从国内外政治发展成败得失中深刻认识到，坚定中国特色社会主义制度自信首先要坚定对中国特色社会主义政治制度的自信，建设社会主义民主政治，发展社会主义政治文明，必须使中国特色社会主义政治制度深深扎根于中国社会土壤，照抄照搬他国政治制度行不通，甚至会把国家前途命运葬送掉；必须坚持党的领导、人民当家作主、依法治国有机统一，积极发展全过程人民民主，健全全面、广泛、有机衔接的人民当家作主制度体系，构建多样、畅通、有序的民主渠道，丰富民主形式，从各层次各领域扩大人民有序政治参与，使各方面制度和国家治理更好体现人民意志、保障人民权益、激发人民创造；必须警惕和防范西方所谓"宪政"、多党轮流执政、"三权鼎立"等政治思潮的侵蚀影响。党着眼于党长期执政和国家长治久安，重点部署坚持和完善支撑中国特色社会主义制度的根本制度、基本制度、重要制度，我国社会主义民主政治制度化、规范

化、程序化全面推进，中国特色社会主义政治制度优越性得到更好发挥，生动活泼、安定团结的政治局面得到巩固和发展。

一、中国的"人民民主是一种全过程的民主"

2019 年 11 月 2 日，习近平在上海市长宁区虹桥街道古北市民中心考察全国人大常委会法工委基层立法联系点时，深刻指出："我们走的是一条中国特色社会主义政治发展道路，人民民主是一种全过程的民主，所有的重大立法决策都是依照程序、经过民主酝酿，通过科学决策、民主决策产生的。"① 在庆祝中国共产党成立 100 周年大会上的重要讲话中，他再次强调："发展全过程人民民主"。党的十九届六中全会通过的决议进一步提出："积极发展全过程人民民主，健全全面、广泛、有机衔接的人民当家作主制度体系，构建多样、畅通、有序的民主渠道，丰富民主形式，从各层次各领域扩大人民有序政治参与，使各方面制度和国家治理更好体现人民意志、保障人民权益、激发人民创造。"②"全过程人民民主"的重要论断，深刻阐明了我国社会主义民主的本质特征和显著优势，是总结我们党百年来为实现和保证人民当家作主不懈奋斗的宝贵经验、不断深化对人类政治文明发展规律的认识取得的重大创新成果，为新时代发展社会主义民主政治、建设社会主义政治文明指明了努力方向、提供了根本遵循。

人民民主是中国共产党始终高举的旗帜。我们党从诞生之日起，就以实现人民当家作主和中华民族伟大复兴为己任，为之进行了艰苦卓绝的斗争和艰辛探索。1945 年 7 月，毛泽东同民主人士黄炎培就"跳出历史周

---

① 《"有事好商量，众人的事情由众人商量"——习近平推动人民民主的故事》，《人民日报》2021 年 7 月 6 日。

② 《中共中央关于党的百年奋斗重大成就和历史经验的决议》，《人民日报》2021 年 11 月 17 日。

期率"问题进行了著名的"窑洞对"，鲜明地指出："我们已经找到新路，我们能跳出这周期率。这条新路，就是民主。只有让人民来监督政府，政府才不敢松懈。只有人人起来负责，才不会人亡政息。"1949 年 10 月 1 日，中华人民共和国成立，亿万中国人民从此真正成为国家、社会和自己命运的主人，实现了中国从几千年封建专制政治向人民民主的伟大飞跃。在改革开放新的历史时期，我们党总结发展社会主义民主正反两方面经验，强调人民民主是社会主义的生命，成功开辟和坚持了中国特色社会主义政治发展道路，为实现最广泛的人民民主确立了正确方向。党的十八大以来，以习近平同志为核心的党中央坚持党的领导、人民当家作主、依法治国有机统一，健全人民当家作主制度体系，发展社会主义民主政治，为党和国家事业取得历史性成就、发生历史性变革提供了重要政治保障。

习近平指出："评价一个国家政治制度是不是民主的、有效的，主要看国家领导层能否依法有序更替，全体人民能否依法管理国家事务和社会事务、管理经济和文化事业，人民群众能否畅通表达利益要求，社会各方面能否有效参与国家政治生活，国家决策能否实现科学化、民主化，各方面人才能否通过公平竞争进入国家领导和管理体系，执政党能否依照宪法法律规定实现对国家事务的领导，权力运用能否得到有效制约和监督。"①经过长期努力，党和国家在解决这些重点问题上都取得了决定性进展，这包括：废除了实际上存在的领导干部职务终身制，普遍实行领导干部任期制度，实现了国家机关和领导层的有序更替；不断扩大人民有序政治参与，人民实现了内容广泛、层次丰富的当家作主；坚持发展最广泛的爱国统一战线，发展独具特色的社会主义协商民主，有效凝聚了各党派、各团体、各民族、各阶层、各界人士的智慧和力量；努力建设了解民情、反映

---

① 习近平：《在庆祝全国人民代表大会成立 60 周年大会上的讲话》，《人民日报》2014年 9 月 6 日。

民意、集中民智、珍惜民力的决策机制，增强决策透明度和公众参与度，保证了决策符合人民利益和愿望；积极发展广纳群贤、充满活力的选人用人机制，广泛把各方面优秀人才集聚到党和国家各项事业中来；坚持依法治国、依法执政、依法行政共同推进，坚持法治国家、法治政府、法治社会一体建设，全社会法治水平不断提高；建立健全多层次监督体系，完善各类公开办事制度，保证党和国家领导机关和人员按照法定权限和程序行使权力；等等。

民主不是装饰品，不是用来做摆设的，而是要用来解决人民需要解决的问题的。一个国家民主不民主，关键在于是不是真正做到了人民当家作主，要看人民有没有投票权，更要看人民有没有广泛参与权；要看人民在选举过程中得到了什么口头许诺，更要看选举后这些承诺实现了多少；要看制度和法律规定了什么样的政治程序和政治规则，更要看这些制度和法律是不是真正得到了执行；要看权力运行规则和程序是否民主，更要看权力是否真正受到人民监督和制约。如果人民只有在投票时被唤醒、投票后就进入休眠期，只有竞选时聆听天花乱坠的口号、竞选后就毫无发言权，只有拉票时受宠、选举后就被冷落，这样的民主不是真正的民主。民主是各国人民的权利，而不是少数国家的专利。一个国家是不是民主，应该由这个国家的人民来评判，而不应该由外部少数人指手画脚来评判。国际社会哪个国家是不是民主的，应该由国际社会共同来评判，而不应该由自以为是的少数国家来评判。实现民主有多种方式，不可能千篇一律。用单一的标尺衡量世界丰富多彩的政治制度，用单调的眼光审视人类五彩缤纷的政治文明，本身就是不民主的。邓小平指出："资本主义社会讲的民主是资产阶级的民主，实际上是垄断资本的民主，无非是多党竞选、三权鼎立、两院制。我们的制度是人民代表大会制度，共产党领导下的人民民主制度，不能搞西方那一套。社会主义国家有个最大的优越性，就是干一件事情，一下决心，一做出决议，就立即执行，不受牵扯。我们说搞经济体制改革全国就能立即执行，我们决定建立经济特区就可以立即执行，没有那么多互相牵扯，议而不决，决而不行。就这个范围来说，我们的效率是高的，我讲的是总的效率。这方面是我们的优势，我们要保持这个优势，保证社会主义的优越性。"①

中国共产党始终高举人民民主的旗帜，始终坚持以下基本观点：一是人民民主是社会主义的生命，没有民主就没有社会主义，就没有社会主义的现代化，就没有中华民族伟大复兴。二是人民当家作主是社会主义民主政治的本质和核心，发展社会主义民主政治就是要体现人民意志、保障人民权益、激发人民创造活力，用制度体系保证人民当家作主。三是中国特色社会主义政治发展道路是符合中国国情、保证人民当家作主的正确道路，是近代以来中国人民长期奋斗历史逻辑、理论逻辑、实践逻辑的必然结果，是坚持党的本质属性、践行党的根本宗旨的必然要求。四是人民通过选举、投票行使权利和人民内部各方面在重大决策之前进行充分协商，尽可能就共同性问题取得一致意见，是中国社会主义民主的两种重要形式，共同构成了中国社会主义民主政治的制度特点和优势。五是发展社会主义民主政治关键是要把我国社会主义民主政治的特点和优势充分发挥出来，不断推进社会主义民主政治制度化、规范化、程序化，为党和国家兴旺发达、长治久安提供更加完善的制度保障。这些基本观点，是对中国社会主义民主政治建设的深刻总结，丰富和拓展了中国特色社会主义民主政治的政治内涵、理论内涵、实践内涵，指明了坚持中国特色社会主义政治发展道路的前进方向。

我国发展全过程人民民主，不仅有完整的制度程序，而且有完整的参与实践。新中国成立后，中国共产党带领人民从我国国情和实际出发，建立起以人民代表大会制度这一根本政治制度、中国共产党领导的多党合作

---

① 《邓小平文选》第三卷，人民出版社 1993 年版，第 240 页。

和政治协商制度、民族区域自治制度、基层群众自治制度等为主要内容的全面、广泛、有机衔接的人民当家作主制度体系，构建了多样、畅通、有序的民主渠道。全体人民依法实行民主选举、民主协商、民主决策、民主管理、民主监督，依法通过各种途径和形式管理国家事务，管理经济和文化事业，管理社会事务，真正"实现了过程民主和成果民主、程序民主和实质民主、直接民主和间接民主、人民民主和国家意志相统一，是全链条、全方位、全覆盖的民主，是最广泛、最真实、最管用的社会主义民主"①。我国宪法规定，除了依照法律被剥夺政治权利的人之外，年满18周岁的公民，不分民族、种族、性别、职业、家庭出身、宗教信仰、教育程度、财产状况、居住期限，都有选举权和被选举权。我国坚持普遍、平等、直接选举和间接选举相结合以及差额选举、秘密投票的原则，依法保障人人享有平等的选举权利，实现城乡按相同人口比例选举人大代表，并保证各地区、各民族、各方面都有适当数量的代表，人口最少的少数民族也有自己的代表。在实践中，超过99%的年满18周岁的中国公民享有民主选举权利；改革开放以来历次直接选举县乡两级人大代表，选民参选率均保持在90%左右。

协商民主是中国社会主义民主政治中独特的、独有的、独到的民主形式。在党的领导下，人民通过各种途径、各种渠道、各种方式，就改革发展稳定重大问题，特别是事关人民群众切身利益的问题进行广泛协商，找到全社会意愿和要求的最大公约数。我国协商民主具有显著优势，一是有利于提高民主质量，让人民享有实实在在的民主权利，通过充分表达意见和交流讨论，使各种意见取长补短，减少片面性，把"服从多数"和"尊重少数"有机结合起来；二是有利于提高决策效率和促进决策科学化、民

---

① 《习近平在中央人大工作会议上发表重要讲话强调　坚持和完善人民代表大会制度　不断发展全过程人民民主》，《人民日报》2021年10月15日。

主化，在人民内部各方面广泛商量的过程，就是发扬民主、集思广益的过程，就是科学决策、民主决策的过程；三是有利于化解和减少社会矛盾，广泛凝聚共识，协商的本质是寻求利益交集和最大公约数，照顾各方利益，促进共同利益形成，有利于化解矛盾冲突、促进社会和谐稳定。

民主决策是人民当家作主的重要体现。在我国，党和国家各项决策坚持民主集中制原则，广泛征求和充分听取各方面意见，最大限度吸纳民意、汇集民智、凝聚民力，保证决策科学化民主化。人民广泛、直接参与社会事务管理，依照宪法和法律规定，有权对国家机关和国家工作人员提出批评和建议，有权对国家机关和国家工作人员的违法失职行为提出申诉、控告或者检举。民主选举、民主协商、民主决策、民主管理、民主监督各个环节环环相扣、彼此贯通，形成全过程人民民主的完整链条。党和国家制定实施国民经济和社会发展五年规划（计划）是全过程人民民主的生动而集中的体现。以党中央起草关于国民经济和社会发展第十四个五年规划和2035年远景目标的建议为例，在建议起草过程中，习近平多次深入地方考察调研，主持召开7次座谈会，广泛听取各领域各阶层人士意见建议。全国人大常委会围绕编制"十四五"规划纲要开展专题调研，形成22份专题调研报告。中央有关部门还首次通过互联网就"十四五"规划编制向全社会征求意见和建议，收到人民群众建言101.8万条，把广大人民群众的呼声充分体现到党中央文件中。规划纲要草案提请十三届全国人大四次会议审议后，根据全国人大代表、全国政协委员的意见，又作出了55处修改。① 规划纲要通过后，各国家机关认真实施，调动全体人民的积极性主动性创造性，确保各项目标任务落到实处。

通过全过程人民民主，中国共产党的治国主张和人民意愿高度统一，人民的主体地位得到充分彰显，保证了我国发展始终为了人民、依靠人

---

① 《发展全过程人民民主　彰显中国式民主优势》，《人民日报》2021年8月4日。

民、发展成果由人民共享，从根本上避免了美西方等国家选举时对人民漫天许诺、选举后无人过问，人民形式上有权、实际上无权的"民主"假象、乱象。中国人民对中国式民主高度认同、坚决拥护，是全过程人民民主的建设者、参与者、维护者、受益者。我们要继续推进全过程人民民主建设，把人民当家作主具体地、现实地体现到党治国理政的政策措施上来，具体地、现实地体现到党和国家机关各个方面各个层级工作上来，具体地、现实地体现到实现人民对美好生活向往的工作上来。

二、人民代表大会制度更加成熟、更加定型

全过程人民民主是社会主义民主的本质属性。在我国社会主义民主政治制度下，发展社会主义民主政治就是要体现人民意志、保障人民权益、激发人民创造活力，用制度体系保证人民当家作主。我国实行工人阶级领导的、以工农联盟为基础的人民民主专政的国体，实行人民代表大会制度的政体，实行中国共产党领导的多党合作和政治协商制度，实行民族区域自治制度，实行基层群众自治制度。这样一套制度安排，是在我国历史传承、文化传统、经济社会发展的基础上长期发展、渐进改进、内生性演化的结果，具有鲜明的中国特色。人民代表大会制度"是实现我国全过程人民民主的重要制度载体"，"是符合我国国情和实际、体现社会主义国家性质、保证人民当家作主、保障实现中华民族伟大复兴的好制度，是我们党领导人民在人类政治制度史上的伟大创造，是在我国政治发展史乃至世界政治发展史上具有重大意义的全新政治制度"。[1]

在中国建立什么样的政治制度，是近代以后中国人民面临的一个历史

---

[1] 《习近平在中央人大工作会议上发表重要讲话强调 坚持和完善人民代表大会制度 不断发展全过程人民民主》，《人民日报》2021年10月15日。

性课题。为了救亡图存、振兴中华，无数仁人志士一直苦苦探寻、上下求索，提出了种种政治主张，包括对西方政治制度各种模式几乎都想过、也试过了，但无不以失败告终。历史表明，在中国，对腐朽没落的旧制度，改良修补之路走不通，照搬西方政治制度模式也行不通，必须彻底推翻剥削阶级统治广大人民的政治制度，实行人民当家作主的新型政治制度。中国共产党从成立之日起，就深刻总结中国近现代政治发展的历史教训，深刻总结建立新型人民民主政权的实践经验，顺应历史潮流和人民意愿，得出重要结论，这就是：在党领导新民主主义革命取得胜利后建立的新国家政权，必须实行工人阶级领导的、以工农联盟为基础的人民民主专政的国体，同这一国家政权性质相适应的国家政权形式，只能采取实行民主集中制的人民代表大会制度。

1921 年党的一大通过的中国共产党纲领明确提出："我们党承认苏维埃管理制度，要把工人、农民和士兵组织起来，并以社会革命为自己政策的主要目的。"[1]1931 年 11 月 7 日至 20 日，中华苏维埃第一次全国代表大会在江西瑞金召开，大会制定了《中华苏维埃共和国宪法大纲》，选举产生了中央执行委员会，宣告中华苏维埃共和国临时中央政府成立。1934年 1 月 22 日至 2 月 1 日，又召开了中华苏维埃第二次全国代表大会。这两次大会是中国共产党领导人民开展政权建设的开端，也是人民代表大会制度形成和发展的起点。抗日战争时期，我们党领导的抗日民主政权实行以"三三制"为原则的参议会制度，延安成为当时中国进步人士向往的"民主圣地"。1940 年 1 月，毛泽东在《新民主主义论》中明确提出"人民代表大会"的构想。1945 年 4 月，在《论联合政府》中，他进一步指出："我们主张在彻底地打败日本侵略者之后，建立一个以全国绝对大多数人民为

---

[1]　中央纪委编：《列宁、毛泽东和邓小平论民主集中制》，中国方正出版社 1994 年版，第 274 页。

基础而在工人阶级领导之下的统一战线的民主联盟的国家制度，我们把这样的国家制度称之为新民主主义的国家制度。""新民主主义的政权组织，应该采取民主集中制，由各级人民代表大会决定大政方针，选举政府。它是民主的，又是集中的，就是说，在民主基础上的集中，在集中指导下的民主。只有这个制度，才既能表现广泛的民主，使各级人民代表大会有高度的权力；又能集中处理国事，使各级政府能集中地处理被各级人民代表大会所委托的一切事务，并保障人民的一切必要的民主活动。"① 人民代表大会制度构想的提出，为新民主主义革命胜利后中国政治制度的发展指明了方向。1948 年 8 月 7 日至 19 日，在河北省石家庄召开的华北临时人民代表大会，是新中国成立前以"人民代表大会"命名的最高层次的地方权力机构，与会代表 542 人，进一步标志着人民"真正翻了身，自己管理自己的事，真正实现人民的民主"，"成为全国人民代表大会的前奏和雏形"。② 1949 年 9 月，中国人民政治协商会议第一届全体会议通过的《中国人民政治协商会议共同纲领》规定：中华人民共和国的国家政权属于人民；人民行使国家政权的机关为各级人民代表大会和各级人民政府。

1949 年 10 月中华人民共和国的成立，"彻底结束了旧中国半殖民地半封建社会的历史，彻底结束了极少数剥削者统治广大劳动人民的历史，彻底结束了旧中国一盘散沙的局面，彻底废除了列强强加给中国的不平等条约和帝国主义在中国的一切特权，实现了中国从几千年封建专制政治向人民民主的伟大飞跃"③。1953 年 1 月，中央人民政府委员会决定于 1953 年开始召开由人民用普选方法产生的乡、县、省（市）各级人民代表大会，并在此基础上召开全国人民代表大会。1953 年 12 月至 1954 年 3 月，

---

① 《毛泽东选集》第三卷，人民出版社 1991 年版，第 1056、1057 页。

② 董必武年谱编纂组：《董必武年谱》，中央文献出版社 2007 年版，第 311 页。

③ 《中共中央关于党的百年奋斗重大成就和历史经验的决议》，《人民日报》2021 年 11 月 17 日。

毛泽东在浙江杭州住了 77 天，带领宪法起草小组成员起草了宪法草案。从 1953 年下半年开始，全国 21 万多个基层选举单位、3.24 亿登记选民，选出 566 万余名地方各级人大代表。在此基础上，全国 45 个选举单位产生 1226 位全国人大代表。1954 年 9 月 15 日至 28 日，第一届全国人民代表大会第一次会议在北京中南海怀仁堂举行，会议通过的《中华人民共和国宪法》规定："中华人民共和国的一切权力属于人民。人民行使权力的机关是全国人民代表大会和地方各级人民代表大会。全国人民代表大会、地方各级人民代表大会和其他国家机关，一律实行民主集中制。"① 全国人民代表大会的召开，标志着人民代表大会制度这一国家根本政治制度的正式建立。在中国实行人民代表大会制度，是中国人民在人类政治制度史上的伟大创造，是深刻总结近代以后中国政治生活惨痛教训得出的基本结论，是中国社会一百多年激越变革、激荡发展的历史结果，是中国人民翻身作主、掌握自己命运的必然选择，在中国政治发展史乃至世界政治发展史上都具有划时代意义。1978 年 12 月召开的党的十一届三中全会，开启了人民代表大会制度在历经严重曲折之后的新发展阶段。改革开放 40 多年来，我们党坚定不移推进社会主义民主法治建设，坚持中国特色社会主义政治发展道路，不断健全我国选举制度、国家机构制度体系、基层民主制度、人大组织制度和议事规则，使人民代表大会制度重新焕发出蓬勃生机活力。70 多年来特别是改革开放 40 多年来，人民代表大会制度为党领导人民创造经济快速发展奇迹和社会长期稳定奇迹提供了重要制度保障。

人民代表大会制度作为中国特色社会主义制度的重要组成部分，体现着一系列紧密联系、相互贯通的重要政治思想和理论原则，包含着一整套构建科学、运转协调的重要政治制度和行为规范。按照我国宪法和人民代表大会制度的理论和实践，人民代表大会制度包括以下基本内容：一是坚

---

① 《中华人民共和国宪法》，《人民日报》1954 年 9 月 21 日。

持中国共产党领导，坚持马克思主义国家学说的基本原则，适应人民民主专政的国体，有效保证国家沿着社会主义道路前进；二是坚持国家一切权力属于人民，最大限度保障人民当家作主，把党的领导、人民当家作主、依法治国有机结合起来，有效保证国家治理跳出治乱兴衰的历史周期率；三是人民行使国家权力的机关是全国人民代表大会和地方各级人民代表大会，全国人民代表大会和地方各级人民代表大会都由民主选举产生，对人民负责，受人民监督；四是国家行政机关、监察机关、审判机关、检察机关都由人民代表大会产生，对人大负责，受人大监督；五是中央和地方的国家机构职权的划分，遵循在中央的统一领导下、充分发挥地方的主动性积极性的原则；六是坚持各民族一律平等，实行民族区域自治，巩固和发展平等团结互助和谐的社会主义民族关系；七是实行全面依法治国，健全社会主义法治，建设社会主义法治国家；八是国家根本任务是沿着中国特色社会主义道路前进，建设富强民主文明和谐美丽的社会主义现代化强国，实现中华民族伟大复兴等。

制度竞争是综合国力竞争的重要方面，制度优势是一个国家赢得战略主动的重要优势。党的十八大以来，党中央统筹中华民族伟大复兴战略全局和世界百年未有之大变局，从坚持和完善党的领导、巩固中国特色社会主义制度的战略全局出发，继续推进人民代表大会制度理论和实践创新，提出一系列新理念新思想新要求，强调必须坚持中国共产党领导，必须坚持用制度体系保障人民当家作主，必须坚持全面依法治国，必须坚持民主集中制，必须坚持中国特色社会主义政治发展道路，必须坚持推进国家治理体系和治理能力现代化。我们党立足中国特色社会主义进入新时代这个新的历史方位，积极回应人民群众对民主法治的新要求新期盼，不断健全人民当家作主制度体系，加强人民当家作主制度保障，加强基层政权建设，改进人大代表工作，人大各项工作取得重大进展。

习近平指出："在中国，发展社会主义民主政治，保证人民当家作主，保证国家政治生活既充满活力又安定有序，关键是要坚持党的领导、人民当家作主、依法治国有机统一。人民代表大会制度是坚持党的领导、人民当家作主、依法治国有机统一的根本制度安排。"①人民代表大会制度为实现党的领导和执政，为保障和发展人民当家作主，为全面贯彻依法治国基本方略，提供了有效可靠的制度载体、实施平台和运行轨道，为实现"三者有机统一"创造了根本制度环境和重要运行条件。全国人大常委会通过依法履职，在立法、监督、代表等方面，不断创新人大工作体制机制，形成了很多制度性成果。在立法工作方面，着力推进重点领域立法，立法工作呈现出数量多、分量重、节奏快的特点。截至 2017 年 8 月底，十二届全国人大及其常委会共制定法律 20 件，修改法律 101 件次，通过有关法律问题和重大问题的决议决定 35 件，作出法律解释 9 个，经济、政治、文化、社会、生态文明领域一批重大立法相继出台。根据党的十八届四中全会的部署，2015 年 3 月召开的十二届全国人大第三次会议对《中华人民共和国立法法》进行了修正，完善立法体制和授权立法，新赋予 273 个设区的市、自治州地方立法权，并相应明确了地方立法权限和范围，明确设区的市可以对"城乡建设与管理、环境保护、历史文化保护等方面的事项"制定地方性法规。截至 2017 年 7 月底，在这全国新赋予地方立法权的 273 个市（州）中，已有 256 个市（州）制定并经批准 437 件地方性法规。②与时俱进完善立法体制，为局部地区或者特定领域进行改革的先行先试提供法律依据和支持。同时，出台《关于建立健全全国人大专门委员会、常委会工作机构组织起草重要法律草案制度的实施意见》等重要文件，不断健全法律草案征求代表意见、基层立法联系点等制度。在讨论决定重大事项方面，认真贯彻落实 2016 年中共中央办公厅印发的《关于健全人

---

① 习近平：《在庆祝全国人民代表大会成立 60 周年大会上的讲话》，《人民日报》2014 年 9 月 6 日。

② 《地方立法：让法治触角更灵敏》，《人民日报》2017 年 9 月 27 日。

大讨论决定重大事项制度、各级政府重大决策出台前向本级人大报告的实施意见》，人大讨论决定重大事项的范围和程序进一步完善，人大常委会定期听取和审议国务院、最高人民法院、最高人民检察院工作报告。在监督工作方面，十二届全国人大常委会开展了 24 次执法检查，听取审议"一府两院" 70 个工作报告，开展 13 次专题询问，进行 17 项专题调研，推动解决人民群众普遍关心的热点难点问题，推动"一府两院"依法执政、公正司法；完善监督工作机制和方式方法，改进完善专题询问和审计监督工作，综合运用执法检查、听取审议专项报告、专题询问、专题调研、跟踪监督等多种方式，推动监督工作规范化、制度化。在代表工作和加强人大同人民群众的联系方面，十二届全国人大五次会议表决通过关于十三届全国人大代表名额和选举问题的决定草案，在全国人大代表中增加了一线工人、农民、专业技术人员代表的比例和农民工代表人数，切实保证人民当家作主的主体地位；建立并落实委员长会议组成人员、常委会委员联系代表制度，完善代表联系群众制度，推动建立代表联系人民群众的工作平台和网络平台，健全代表意见建议处理反馈机制；支持和保障代表依法执行代表职务，十二届全国人大常委会共邀请人大代表 1440 多人次列席常委会会议、1230 多人次参加执法检查等活动，实现代表列席常委会会议、参加执法检查、参与专门委员会和工作委员会活动常态化，代表参加管理国家事务的作用得到进一步发挥。在联系指导地方人大工作方面，推动地方人大工作不断完善发展，拓展工作协同和交流，加强工作指导和支持，努力形成人大工作整体合力、增强人大工作整体实效。

党的十九大报告强调："人民代表大会制度是坚持党的领导、人民当家作主、依法治国有机统一的根本政治制度安排，必须长期坚持、不断完善。要支持和保证人民通过人民代表大会行使国家权力。发挥人大及其常委会在立法工作中的主导作用，健全人大组织制度和工作制度，支持和保证人大依法行使立法权、监督权、决定权、任免权，更好发挥人大代表作用，使各级人大及其常委会成为全面担负起宪法法律赋予的各项职责的工作机关，成为同人民群众保持密切联系的代表机关。"2019 年 10 月，党的十九届四中全会作出《中共中央关于坚持和完善中国特色社会主义制度、推进国家治理体系和治理能力现代化若干重大问题的决定》，强调"支持和保证人民通过人民代表大会行使国家权力，保证各级人大都由民主选举产生、对人民负责、受人民监督，保证各级国家机关都由人大产生、对人大负责、受人大监督。支持和保证人大及其常委会依法行使职权，健全人大对'一府一委两院'监督制度。密切人大代表同人民群众的联系，健全代表联络机制，更好发挥人大代表作用。健全人大组织制度、选举制度和议事规则，完善论证、评估、评议、听证制度"。2021 年 10 月 13 日至 14 日，中央人大工作会议召开，这在党的历史上、人民代表大会制度历史上都是第一次。习近平在会上发表重要讲话，从完善和发展中国特色社会主义制度、推进国家治理体系和治理能力现代化的战略高度，明确提出新时代加强和改进人大工作的指导思想、重大原则和主要工作，深刻回答了新时代发展中国特色社会主义民主政治、坚持和完善人民代表大会制度的一系列重大理论和实践问题，对于深刻理解中国特色社会主义民主政治、我国根本政治制度的本质特征和优势功效，在新时代更好坚持完善贯彻人民代表大会制度，推进全过程人民民主建设，具有重要指导意义。

2021 年 11 月 2 日，党中央印发《关于新时代坚持和完善人民代表大会制度、加强和改进人大工作的意见》，这是全面贯彻落实习近平新时代中国特色社会主义思想、推动新时代人大制度建设和人大工作高质量发展、加强社会主义民主政治建设的重要举措。《意见》集中体现了习近平总书记关于坚持和完善人民代表大会制度的重要思想，反映了党的十八大以来人大制度建设和人大工作的理论成果、实践成果、制度成果，为新时代坚持和完善人民代表大会制度、加强和改进人大工作提供了科学指引和行动纲领，对于进一步推进国家治理体系和治理能力现代化，凝聚各方面智慧和力量全面建设社会主义现代化国家，具有重要指导作用。

在以习近平同志为核心的党中央的集中统一领导下，我国人大工作取得历史性成就，人民代表大会制度更加成熟、更加定型。这主要表现在：在加强党对人大工作领导方面，全国人大及其常委会坚持党中央集中统一领导，坚决贯彻党中央重大决策部署，形成了人大工作坚持党的领导的一整套制度体系：围绕党中央重大决策及时制定修改法律、作出决定决议，把党的主张转化为国家意志；坚持党管干部原则，确保党组织推荐的人选经过法定程序成为国家机关工作人员；人大工作中的重大问题、重要情况及时向党中央请示报告等。从 2015 年开始，习近平连续 9 年主持召开中央政治局常委会会议，听取全国人大常委会党组的工作汇报，这已经成为一项重要制度。在加强全国人大及其常委会的组织制度建设方面，党的十九大报告和十九届四中全会决定明确提出，健全人大组织制度、工作制度和议事规则。2021 年 3 月，十三届全国人大四次会议通过了修改的全国人大组织法和全国人大议事规则。全国人大组织法增设了总则一章，规定了全国人大及其常委会依法行使职权的政治原则，完善了主席团和委员长会议职权的相关制度，完善了全国人大专门委员会的相关制度。全国人大议事规则完善了会议召开制度、严明了会议纪律、适当精简了会议程序，提高了议事质量和效率。从 2018 年 3 月十三届全国人大一次会议到 2021 年 10 月，全国人大召开了 102 次委员长会议、30 次常委会会议。

在完善国家机构制度体系方面，2018 年宪法修正案，增加了对监察委员会的规定。在人民代表大会制度之下，国家行政机关、监察机关、审判机关、检察机关都由人大产生，对人大负责，受人大监督。在国家权力配置上，人民代表大会统一行使国家权力，行政、监察、审判、检察等职权分别由政府、监察委员会、法院、检察院依法行使。各国家机关合理分工、密切协作，在党的领导下形成一个统一高效的整体，从制度机制上杜绝议而不决、决而不行的弊端。

在健全完善立法制度和体制方面，2015 年 3 月，十二届全国人大三次会议修改立法法，按照党中央提出的提高立法质量这个关键，进一步完善立法应当遵循的基本原则、立法权限、立法程序、法律解释、立法规划、计划，科学立法、民主立法，保障人民参与权相关规定。赋予设区的市地方立法权、严格界定部门规章和地方政府规章边界、规范授权立法、加强规范性文件备案审查，确保中国特色社会主义法律体系规范、和谐、统一、权威。仅十三届全国人大一次会议至 2021 年 10 月，全国人大及其常委会已审议通过宪法修正案，制定法律 36 件，修改法律 96 件次，作出有关法律问题和重大问题的决定 40 件。

在加强监督制度和机制方面，全国人大常委会坚持围绕大局、贴近民生、突出重点，全面加强对法律实施的监督和对"一府一委两院"工作的监督。监督的重点包括：推进合宪性审查、备案审查工作；听取审议"一府一委两院"相关报告；认真承担党中央赋予人大的新的监督职责，加强国有资产管理情况监督、预算审查监督重点拓展改革和地方债审查监督等，制定《全国人民代表大会常务委员会关于加强国有资产管理情况监督的决定》《关于贯彻〈关于人大预算审查监督重点向支出预算和政策拓展的指导意见〉的实施意见》；聚焦突出问题跟踪监督，连续 4 年对大气、水、土壤、固体废物污染等方面的突出问题开展执法检查。

在强化基层民主制度建设方面，2015 年 6 月，中共中央转发了《中共全国人大常委会党组关于加强县乡人大工作和建设的若干意见》，明确以基层国家政权建设和基层群众自治为抓手，加强县级人大及其常委会、街道人大工作机构、乡镇人大主席团的组织建设。按照党中央的统一部署，全国人大常委会修改了全国人大组织法和全国人大议事规则，将"全过程民主"写入其中；修改了地方组织法、选举法和代表法，从法律制度上为社会主义基层民主政治建设提供了保障。全国人大常委会和地方各级人大常委会设立基层立法联系点、预算审查联系点，倾听人民群众的意见和呼声，保证全过程人民民主不发生堵塞。

在健全完善保障代表主体地位的制度机制方面，截至 2020 年底，全国、省、市、县、乡五级共有人大代表 262 万名，其中县乡两级人大代表占代表总数的 94.5%，全国人大及其常委会着力提高代表议案建议的提出和办理质量，完善常委会组成人员直接联系代表制度，建立与列席常委会会议的代表座谈机制，拓展代表视察、调研范围，支持"一府一委两院"加强与人大代表联系，加强代表履职服务保障。各地方人大积极推进代表之家、代表联络站建设，为代表搭建了立足基层、贴近群众、覆盖城乡的工作平台。到 2021 年 10 月，全国共设有代表之家、代表联络站、代表活动室等约 22.8 万个，平均每 6200 名群众、每 11 名代表就拥有一个代表之家（站、室）。2019 年 6 月 17 日，十三届全国人大常委会第三十二次委员长会议审议并原则通过《关于加强和改进全国人大代表工作的具体措施》，从涉及代表工作的 11 个方面提出 35 条具体措施。包括"深化和拓展全国人大常委会同代表的联系""继续扩大代表对全国人大常委会、专门委员会、工作委员会工作的参与"等，为新时代更好坚持人大代表主体地位、更好发挥人大代表作用提供了制度保障。

人大代表来自人民。一年一度的各级人民代表大会会议，乡、县、市、省、全国自下而上、逐级召开，使得人民群众意愿和呼声能够真实反映、向上传递。改革开放以来，每年的全国人大会议上，近 3000 名全国人大代表共商国家发展大计、共议民生热点问题，党和国家领导人当面倾听意见建议，让人民的所思所盼融入国家发展顶层设计。各国家机关依法认真研究办理人大代表提出的反映民之所呼、民之所愿、民之所盼的议案、建议，许多被吸纳进政策决策中。

三、新型政党制度焕发更加旺盛的生机活力

中国共产党领导的多党合作和政治协商制度，植根中国土壤、彰显中国智慧，又积极借鉴和吸收人类政治文明优秀成果，是中国共产党、中国人民和各民主党派、无党派人士的伟大政治创造，是从中国土壤中生长出来的新型政党制度。《中华人民共和国宪法》规定："中国共产党领导的多党合作和政治协商制度将长期存在和发展。"

中国新型政党制度中包括中国共产党和八个民主党派，以及无党派人士。八个民主党派是中国国民党革命委员会（简称"民革"）、中国民主同盟（简称"民盟"）、中国民主建国会（简称"民建"）、中国民主促进会（简称"民进"）、中国农工民主党（简称"农工党"）、中国致公党（简称"致公党"）、九三学社、台湾民主自治同盟（简称"台盟"），截至 2021 年 6 月，八个民主党派分别有成员 15.1 万余名、33 万余名、21 万余名、18.2 万余名、18.4 万余名、6.3 万余名、19.5 万余名、3300 余名。[①] 在中国，没有反对党，也没有在野党。中国既不是一党专政，也不是多党竞争、轮流执政，而是"共产党领导、多党派合作，共产党执政、多党派参政"。

中国新型政党制度孕育于近代以来中国民主革命的历史进程。辛亥革命后，中国效仿西方国家实行议会政治和多党制，各类政治团体竞相成立，多达 300 余个。1927 年后，蒋介石集团实行一党专制，激起中国共产党、中国人民和各界民主人士强烈反对。中国共产党提出新民主主义革命纲领，在共同抗击日本帝国主义侵略、反对国民党独裁统治的斗争中，与各民主党派建立了亲密的合作关系。1948 年 4 月，中国共产党发布纪念"五一"劳动节口号，提出召开政治协商会议、成立民主联合政府的主张，得到各民主党派、无党派人士和社会各界热烈响应，标志着各民主党

---

① 国务院新闻办公室：《中国新型政党制度》，《人民日报》2021 年 6 月 26 日。

派、无党派人士公开自觉接受中国共产党的领导，揭开了中国共产党同各党派、各团体、各族各界人士协商建国的序幕，奠定了中国共产党领导的多党合作和政治协商制度的基础。1949年9月，中国人民政治协商会议第一届全体会议通过的《中国人民政治协商会议共同纲领》规定：在普选的全国人民代表大会召开以前，由中国人民政治协商会议的全体会议执行全国人民代表大会的职权。在普选的全国人民代表大会召开以后，中国人民政治协商会议得就有关国家建设事业的根本大计及其他重要措施，向全国人民代表大会或中央人民政府提出建议案。中国新型政党制度由此确立。新中国成立后，中国共产党加强与各民主党派、无党派人士的团结合作，提出"长期共存、互相监督"的方针，之后进一步发展为"长期共存、互相监督、肝胆相照、荣辱与共"的方针，确立了中国新型政党制度长期存在和发展的格局。1989年，中共中央制定了关于坚持和完善中国共产党领导的多党合作和政治协商制度的意见，中国新型政党制度建设走上了制度化轨道。1993年，"中国共产党领导的多党合作和政治协商制度将长期存在和发展"载入宪法，中国新型政党制度有了明确的宪法依据。2005年，中共中央制定了关于进一步加强中国共产党领导的多党合作和政治协商制度建设的意见，2006年制定了关于加强人民政协工作的意见，中国新型政党制度不断发展。

中国新型政党制度在政治参与、利益表达、社会整合、民主监督、维护稳定等方面，体现了鲜明的中国特色和独特的制度优势。一是有序的政治参与，通过制度化的渠道，充分协商、广泛参与，使社会主义民主得到更充分的发展；二是充分的利益表达，能够畅通和拓宽利益表达渠道，协调各方面的利益关系，充分反映社会各方面的利益、愿望和诉求；三是较强的社会整合，能够广泛凝聚共识，形成高度的政治认同，调动各方面的积极性，更好地服务国家建设；四是有力的民主监督，民主党派能够代表和反映各自所联系群众的具体利益和要求，反映社会各方面的意见和建议，提供中国共产党自身监督之外更多方面的监督；五是有效地维护稳定，以合作、协商代替对立、争斗，避免了政党互相倾轧造成的政局不稳和政权频繁更迭，最大限度地减少社会内耗，保持政治稳定和社会和谐。

党的十八大以来，中国新型政党制度进一步完善，焕发更加旺盛的生机与活力。以习近平同志为核心的党中央大力推进多党合作理论、政策和实践创新，加强对多党合作事业的全面领导，推进多党合作制度建设，明确提出中国共产党领导的多党合作和政治协商制度是新型政党制度，是国家治理体系的重要组成部分，是对人类政治文明的重大贡献，推动多党合作事业发展进入新阶段；提出各民主党派是中国特色社会主义参政党，明确民主党派的基本职能是参政议政、民主监督、参加中国共产党领导的政治协商，为参政党更好发挥作用提供了广阔空间；提出中国特色社会主义进入新时代，多党合作要有新气象、思想共识要有新提高、履职尽责要有新作为、参政党要有新面貌，为新时代多党合作事业提供了根本遵循。2017年初，党中央制定出台了关于支持民主党派中央开展重点考察调研的意见，这是历史上首次对民主党派重点考察调研工作出台规范性文件。党的十八大至2019年12月，各民主党派中央聚焦推进供给侧结构性改革、创新驱动引领高质量发展、推进"一带一路"建设、优化营商环境激发微观主体活力等重大问题深入调研，向中共中央、国务院报送意见建议694件，其中571件得到中共中央领导同志重要批示。党中央高度重视发挥民主党派对执政党中国共产党的民主监督作用。自2016年起，中共中央委托各民主党派中央分别对口8个脱贫攻坚任务重的中西部省区，开展为期5年的脱贫攻坚民主监督工作，开辟了多党合作服务国家中心工作的新领域。各民主党派深入调研、坦诚建言，围绕贫困人口精准识别、精准脱贫等重点内容，提出一批有建设性的意见、批评、建议。据统计，各民主党派共有3.6万余人次参与脱贫攻坚民主监督工作，向对口省区各级中共党委和政府提出意见建议2400余条，向中共中央、国务院报送各类报告80

余份，为打赢脱贫攻坚战作出重要贡献。

人民政协是中国共产党领导的多党合作和政治协商的重要机构，在这个平台上进行政治协商、民主监督和参政议政，生动体现了社会主义民主政治的特色和优势。党的十八大以来，人民政协动员各级政协组织、广大政协委员把为制定和实施"十三五"规划献计出力作为服务大局的主攻方向，2015 年集中 3 个月时间，连续开展 56 次视察调研和协商议政活动，2016 年围绕全面建成小康社会重点难点问题，开展了 92 项调研议政活动。在人民政协的三项职能中，民主监督具有特殊重要意义。2017 年 3 月，中共中央办公厅印发《关于加强和改进人民政协民主监督工作的意见》，明确了人民政协民主监督的意义、要求和内容、形式、程序、工作机制等，有力地推进了人民政协民主监督制度化规范化程序化。2018 年 3 月 4 日，习近平在参加全国政协十三届一次会议民盟、致公党、无党派人士、侨联界委员联组会上，强调中国共产党领导的多党合作和政治协商制度之所以是新型政党制度，"新就新在它是马克思主义政党理论同中国实际相结合的产物，能够真实、广泛、持久代表和实现最广大人民根本利益、全国各族各界根本利益，有效避免了旧式政党制度代表少数人、少数利益集团的弊端；新就新在它把各个政党和无党派人士紧密团结起来、为着共同目标而奋斗，有效避免了一党缺乏监督或者多党轮流坐庄、恶性竞争的弊端；新就新在它通过制度化、程序化、规范化的安排集中各种意见和建议、推动决策科学化民主化，有效避免了旧式政党制度囿于党派利益、阶级利益、区域和集团利益决策施政导致社会撕裂的弊端"①。新型政党制度不仅符合当代中国实际，而且创造了一种崭新的政党制度模式、崭新的政党关系和执政方式，画出了凝聚各方面各阶层政治力量的最大"同心圆"，

---

① 《习近平在看望参加政协会议的民盟致公党无党派人士侨联界委员时强调 坚持多党合作发展社会主义民主政治 为决胜全面建成小康社会而团结奋斗》，《人民日报》2018 年 3 月 5 日。

提供了政党制度的"中国方案"，是对人类政治文明的新贡献。2019年9月，中央政协工作会议召开，习近平在会上发表重要讲话，高度评价人民政协在中国革命、建设和改革各个时期所作的重要贡献，全面总结党的十八大以来对人民政协工作提出的一系列新要求，深刻阐述新时代人民政协工作的使命任务、总体要求、着力重点，为新时代人民政协事业发展进一步指明了方向。

在中国国家政权中，中国共产党和各民主党派、无党派人士加强团结、合作共事，是中国新型政党制度的重要制度安排。2018年十三届全国人大一次会议以来，民主党派成员和无党派人士共有15.2万余人担任各级人大代表。其中，全国人大常委会副委员长6人，全国人大常委会委员44人；省级人大常委会副主任32人，省级人大常委会委员462人；市级人大常委会副主任364人，市级人大常委会委员2585人。民主党派成员和无党派人士担任政府和司法机关领导职务，截至2021年6月，在最高人民法院、最高人民检察院和国务院部委办、直属局担任领导职务14人；全国31个省（自治区、直辖市）中，担任副省长（副主席、副市长）29人，担任副市（州、盟、区）长380人；有45人担任省级人民法院副院长和人民检察院副检察长，有345人担任地市级人民法院副院长和人民检察院副检察长。在人民政协组织构成中，民主党派、无党派人士等党外代表人士占有较大比例。2018年全国政协十三届一次会议时，党外代表人士担任政协委员的有1299人，占委员总数的60.2%；担任政协常委的有195人，占常委总数的65%；担任全国政协副主席的有13人，占副主席总数的54.2%。全国各级政协组织中，共有41万余名党外代表人士担任政协委员。①

坚定中国特色民主自信，大力发展社会主义协商民主。保障和发展民

---

① 国务院新闻办公室：《中国新型政党制度》，《人民日报》2021年6月26日。

主，是中国特色社会主义民主政治制度的题中应有之义。事实表明，设计和发展一个国家的政治制度和民主样式，必须注重历史和现实、理论和实践、形式和内容有机统一，习近平指出，"不能割断历史，不能想象突然就搬来一座政治制度上的'飞来峰'"，"我们要坚定不移走中国特色社会主义政治发展道路，继续推进社会主义民主政治建设、发展社会主义政治文明"。[1] 社会主义协商民主是实现党的领导的重要方式，是我国社会主义民主政治的特有形式和独特优势，1956 年 12 月，在同工商界人士座谈时，毛泽东就明确表示，"我们政府的性格，你们也都摸熟了，是跟人民商量办事的"，"可以叫它是个商量政府"。[2] 周恩来在《关于人民政协的几个问题》一文中说过："新民主主义的议事精神不在于最后的表决，主要是在于事前的协商和反复的讨论。"[3]2014 年 9 月，在庆祝中国人民政治协商会议成立 65 周年大会上的讲话中，习近平指出："在中国社会主义制度下，有事好商量，众人的事情由众人商量，找到全社会意愿和要求的最大公约数，是人民民主的真谛。""我们要坚持有事多商量，遇事多商量，做事多商量，商量得越多越深入越好。涉及全国各族人民利益的事情，要在全体人民和全社会中广泛商量；涉及一个地方人民群众利益的事情，要在这个地方的人民群众中广泛商量；涉及一部分群众利益、特定群众利益的事情，要在这部分群众中广泛商量；涉及基层群众利益的事情，要在基层群众中广泛商量。在人民内部各方面广泛商量的过程，就是发扬民主、集思广益的过程，就是统一思想、凝聚共识的过程，就是科学决策、民主决策的过程，就是实现人民当家作主的过程。"[4]

---

[1] 习近平：《在庆祝全国人民代表大会成立 60 周年大会上的讲话》，《人民日报》2014 年 9 月 6 日。

[2] 《毛泽东文集》第七卷，人民出版社 1999 年版，第 178 页。

[3] 《周恩来统一战线文选》，人民出版社 1984 年版，第 134 页。

[4] 习近平：《在庆祝中国人民政治协商会议成立 65 周年大会上的讲话》，《人民日报》2014 年 9 月 22 日。

2015 年 2 月，中共中央印发《关于加强社会主义协商民主建设的意见》，深刻阐述了社会主义协商民主的本质属性、基本内涵以及加强社会主义协商民主建设的重要意义、指导思想、基本原则和渠道程序等，从顶层设计的高度，系统谋划了协商民主的发展路径。社会主义协商民主主要包括政党协商、人大协商、政府协商、政协协商、人民团体协商、基层协商、社会组织协商等 7 种协商形式。政党协商在 7 种协商形式中居于首位。2015 年 12 月，中共中央办公厅印发《关于加强政党协商的实施意见》，明确政党协商的主要内容包括：中共全国代表大会、中共中央委员会的有关重要文件；宪法的修改建议，有关重要法律的制定、修改建议；国家领导人建议人选；国民经济和社会发展的中长期规划以及年度经济社会发展情况；关系改革发展稳定等重要问题；统一战线和多党合作的重大问题；其他需要协商的重要问题。政党协商的形式有会议协商、约谈协商、书面协商 3 种形式，进一步提升了政党协商的制度化规范化程序化水平。党的十八大至 2021 年 6 月，中共中央召开或委托有关部门召开政党协商会议 170 余次，先后就中国共产党全国代表大会和中央全会报告、修改宪法部分内容的建议、制定国民经济和社会发展中长期规划的建议、国家领导人建议人选等重大问题同党外人士真诚协商、听取意见，确保重大问题决策更加科学、民主。党的各级地方党委结合实际，就地方重大问题同民主党派各级地方组织进行协商，积极推动了当地经济社会发展。人大协商主要是在重大决策之前根据需要进行充分协商，更好地汇聚民智、听取民意，支持和保证人民通过人民代表大会行使国家权力。政协协商是指在中国共产党领导下，参加人民政协的各党派团体、各族各界人士履行政治协商、民主监督、参政议政职能，围绕改革发展稳定重大问题和涉及群众切身利益的实际问题，在决策之前和决策实施之中广泛协商、凝聚共识的重要民主形式。党的十九大对于推进社会主义协商民主的发展，提出了新的要求。在强调要改进党的领导方式和执政方式时，第一次把"民主协商"和"民主选举""民主决策""民主管理""民主监督"一起，共同作为扩大公民有序政治参与的重要环节，提出要善于通过协商民主这一重要方式实现党的领导。

人民政协专门协商机构是发展全过程人民民主的重要平台。人民政协设有全国委员会和省、市、县（区）委员会四个层级的 3200 多个组织，各级政协委员有 60 多万名；全国政协设 34 个界别，涵盖 8 个民主党派和无党派人士、各主要人民团体、56 个民族和 5 大宗教界人士。

"双周协商座谈会"是全国政协开展协商民主的一种重要的制度化安排，最早可以溯源到第一届全国政协的"双周座谈会"。1950 年 3 月，在章伯钧、史良等民主党派人士倡议发起下，建立了"双周座谈会"制度，决定以参加政协全国委员会的中国共产党、各民主党派、各人民团体所推派的代表以及政协全国委员会常务委员为主体，每两周举行一次时事政治座谈会。主要目的是沟通思想，就时事政治和统一战线工作交换意见。1950 年 4 月到 1966 年 7 月，全国政协共举行"双周座谈会"114 次，对协调统一战线内部关系，促进各党派团体的合作起到了重要作用。①2012 年 11 月党的十八大提出要"健全社会主义协商民主制度""充分发挥人民政协作为协商民主重要渠道作用""推进协商民主广泛、多层、制度化发展"。党的十八届三中全会进一步提出"增加协商密度，提高协商成效"的要求。在此背景下，十二届全国政协在继承的基础上进一步发展创新，建立"双周协商座谈会"制度。2013 年 10 月 22 日，全国政协在俞正声主席主持下召开第一次双周协商座谈会，主要议题是分析宏观经济形势，厉以宁等全国政协委员就如何统筹稳增长、调结构、促改革，保持经济发展良好势头议政建言。截至 2016 年 12 月底，十二届全国政协期间已有政协委员 889 人次、专家学者及有关方面人士 133 人参加了双周协商座谈会；十二届全国政协 295 名常委中，有 188 人次参加了双周协商座谈会，全国

---

①　郑万通：《人民政协六十年的光辉历程和重要启示》，《人民政协报》2009 年 9 月 17 日。

政协副主席共有 207 人次出席，共有 28 人次在双周协商座谈会上发表意见。① 十二届全国政协先后出台了《双周协商座谈会工作办法（试行）》《双周协商座谈会工作规则》等一系列重要规范性文件。双周协商座谈会在规模和人员构成上，每次座谈邀请 20 人左右参加，与会者都是与座谈会主题相关的委员，大多数是相关领域知名专家；在界别组成上，参加双周协商座谈会的人员，按照中共以外的人士占 70%、中共党内的人士占 30% 进行制度化安排，以实现协商人员构成主体更加多元和广泛。每次双周协商座谈会可设议题，也可以不设题目，请政协委员主要是民主党派成员发言讨论。开会的方式一般是先请一位有关主管部门负责人介绍情况，然后请政协委员或特邀代表 10 人左右做预约发言，其他人自由发言或在政协委员移动履职平台上发表意见。到 2017 年 12 月 7 日，十二届全国政协共召开了 76 次双周协商座谈会，其中，2013 年 5 次，2014 年 19 次，2015 年 20 次，2016 年与 2017 年均为 16 次。2018 年 3 月，十三届全国政协组成后，双周协商座谈会制度被完整继承下来，并被进一步明确为人民政协工作体系的一个重要组成部分和社会主义协商民主的重要形式。截至 2021 年 12 月 24 日，十三届全国政协共召开了 58 次双周协商座谈会。

"任何政党的前途和命运最终都取决于人心向背。'人心就是力量'"②，"民心是最大的政治"③。中国特色社会主义进入新时代，以实现大团结大联合为本质要求、被共产党人视若"法宝"的统一战线要越用越灵。党的十八大以来，以习近平同志为核心的党中央把统一战线作为治国理政的重要方略，全面加强对统一战线工作的全面领导，召开一系列重要会议，出

---

① 《协商民主，汇聚改革发展正能量——写在全国政协十二届五次会议即将召开之际》，《人民日报》2017 年 2 月 27 日。

② 习近平：《在纪念毛泽东同志诞辰 120 周年座谈会上的讲话》，《人民日报》2013 年 12 月 27 日。

③ 《习近平谈治国理政》第三卷，外文出版社 2020 年版，第 137 页。

台一系列重要文件，作出一系列重大部署，形成了习近平总书记关于加强和改进统一战线工作的重要思想，开启了统一战线创新发展、巩固壮大的新阶段。2015年5月18日至20日中央统战工作会议召开，这是新中国成立以来第一次以中共中央名义召开的统战工作会议，习近平在会上发表重要讲话，科学回答了新形势下需不需要统一战线，需要什么样的统一战线，以及怎样巩固和发展统一战线等一系列重大问题。会议期间，中共中央颁布了关于统一战线工作的第一部党内法规《中国共产党统一战线工作条例（试行）》。《条例（试行）》规定了民主党派在政治协商中提出意见和建议、在党委主要负责人召开的专门会议上对党委领导班子及其成员提出意见和建议、对党委党风廉政建设和反腐败工作提出意见和建议、向党委及其职能部门提出书面意见和建议等10种民主监督形式。2015年7月30日，中共中央政治局决定设立中央统战工作领导小组，对统一战线贯彻落实中央重大决策部署和中央关于统一战线重大方针、政策、法律法规情况进行研究，指导各地区各部门各单位党委（党组）贯彻落实中央关于统一战线的方针政策、法律法规，督促检查中央关于统一战线的重大方针、政策、法律法规的贯彻落实。2017年10月，在党的十九大报告中，习近平强调，"统一战线是党的事业取得胜利的重要法宝，必须长期坚持"，"要高举爱国主义、社会主义旗帜，牢牢把握大团结大联合的主题，坚持一致性和多样性统一，找到最大公约数，画出最大同心圆"。①

2020年12月21日，中共中央正式发布《中国共产党统一战线工作条例》，这部以习近平新时代中国特色社会主义思想为指导，深入贯彻习近平总书记关于加强和改进统一战线工作的重要思想的党内法规，是做好新时代统一战线工作的基本遵循。

---

① 习近平：《决胜全面建成小康社会 夺取新时代中国特色社会主义伟大胜利——在中国共产党第十九次全国代表大会上的报告》，《人民日报》2017年10月28日。

四、民族区域自治制度和民族宗教工作不断发展完善

民族区域自治制度是我国的一项基本政治制度，是中国特色解决民族问题的正确道路的重要内容和制度保障。早在新中国成立之前的 1947 年，在中国共产党领导下，中国就建立了第一个省级民族自治地方——内蒙古自治区。新中国成立后，根据宪法和法律的规定，中国在少数民族聚居的地方全面推行民族区域自治。1955 年 10 月，新疆维吾尔自治区成立；1958 年 3 月，广西僮族自治区成立（1965 年 10 月，改称广西壮族自治区）；1958 年 10 月，宁夏回族自治区成立；1965 年 9 月，西藏自治区成立。截至 2021 年底，全国共建立了 155 个民族自治地方，包括 5 个自治区、30 个自治州、120 个自治县（旗）。中国还建立了 1100 多个民族乡。中国共产党采取民族区域自治这个新办法，既保证了国家团结统一，又实现了各民族共同当家作主。实践证明，民族区域自治制度符合我国国情，在维护国家统一、领土完整，在加强民族平等团结、促进民族地区发展、增强中华民族凝聚力等方面都起到了重要作用。

党的十八大以来，以习近平同志为核心的党中央始终高度重视民族工作和民族地区发展，将之摆在治国理政的突出位置来谋划，放在实现中华民族伟大复兴的千秋伟业中来推进，推动我国民族区域自治制度和民族宗教工作不断完善发展。2014 年 5 月，在第二次中央新疆工作座谈会上，习近平鲜明提出"中华民族共同体意识"的重大论断。同年 9 月，中央民族工作会议召开，习近平在会上发表重要讲话，深刻阐明统一多民族是我国的一大特色和发展的一大有利因素，强调全党要牢记我国是统一的多民族国家这一基本国情，要坚持打牢中华民族共同体的思想基础；深刻阐明中国特色解决民族问题正确道路的科学内涵，强调要坚定不移地贯彻党的民族政策；深刻阐明民族区域自治制度是我国一大基本政治制度，强调坚持和完善民族区域自治制度要做到"两个结合"，即要做到"统一和自治

相结合""民族因素和区域因素相结合",强调"团结统一是国家最高利益,是各族人民共同利益,是实行民族区域自治的前提和基础。没有国家团结统一,就谈不上民族区域自治",强调"民族区域自治不是某个民族独享的自治,民族自治地方更不是某个民族独有的地方";深刻阐明民族团结是我国各族人民的生命线,强调要把加强民族团结作为战略性、基础性、长远性工作来做,强调"尽管发生了一些事情,但我国民族关系大局是好的,民族团结的基础是稳固的。民族分裂势力企图破坏民族团结,极个别民族地区发生民族隔阂的现象,这是支流,不是主流。不能把某个民族区域自治地方局部出事同这个民族整体捆绑在一起,不能把某一少数民族中极少数人闹事同这个民族全体捆绑在一起,不能把发生在少数民族人员身上的事同实践已经证明并长期行之有效的民族政策捆绑在一起";深刻阐明民族地区全面建成小康社会的总体思路,强调要紧扣民生抓发展,要发挥资源优势,要搞好扶贫开发,要加强边疆建设;深刻阐明民族工作中解决好物质方面问题和精神方面问题的关系,强调要把建设各民族共有精神家园作为战略任务来抓;等等。讲话所提出的一系列新思想、新论断、新认识,作出的一系列新决策、新部署、新要求,对于做好新形势下民族工作、开创民族团结进步事业新局面具有长远的指导意义。2017 年 10 月,党的十九大正式将"铸牢中华民族共同体意识"写入党章。2018 年 3 月,十三届全国人大一次会议通过宪法修正案,"中华民族"一词首次写入国家的根本法。2019 年 9 月,在全国民族团结进步表彰大会上,习近平又开创性提出"四个共同"的中华民族历史观,即我们辽阔的疆域是各民族共同开拓的,我们悠久的历史是各民族共同书写的,我们灿烂的文化是各民族共同创造的,我们伟大的精神是各民族共同培育的。党的十九届四中全会把"坚持各民族一律平等,铸牢中华民族共同体意识,实现共同团结奋斗、共同繁荣发展"明确为我国国家制度和国家治理体系的显著优势之一。2020 年 8 月,习近平在中央第七次西藏工作座谈会上,特别强调铸牢中华民族共同体意识的重大意义。同年 9 月，在第三次中央新疆工作座谈会上，习近平再次强调，要以铸牢中华民族共同体意识为主线，不断巩固各民族大团结。

在 2021 年 8 月召开的中央民族工作会议上，习近平发表重要讲话，系统总结了新时代我们党关于加强和改进民族工作的重要思想，归纳提炼了党的百年民族工作理论和实践经验，深刻揭示了中华民族发展内在规律，明确了以铸牢中华民族共同体意识为主线推进新时代党的民族工作高质量发展的指导思想、战略目标、重点任务、政策举措等重大问题。习近平强调，改革开放特别是党的十八大以来，我们党强调中华民族大家庭、中华民族共同体、铸牢中华民族共同体意识等理念，既一脉相承又与时俱进贯彻党的民族理论和民族政策，积累了把握民族问题、做好民族工作的宝贵经验，形成了党关于加强和改进民族工作的重要思想，概括起来就是 12 个必须：即必须从中华民族伟大复兴战略高度把握新时代党的民族工作的历史方位，以实现中华民族伟大复兴为出发点和落脚点，统筹谋划和推进新时代党的民族工作；必须把推动各民族为全面建设社会主义现代化国家共同奋斗作为新时代党的民族工作的重要任务，促进各民族紧跟时代步伐，共同团结奋斗、共同繁荣发展；必须以铸牢中华民族共同体意识为新时代党的民族工作的主线，推动各民族坚定对伟大祖国、中华民族、中华文化、中国共产党、中国特色社会主义的高度认同，不断推进中华民族共同体建设；必须坚持正确的中华民族历史观，增强对中华民族的认同感和自豪感；必须坚持各民族一律平等，保证各民族共同当家作主、参与国家事务管理，保障各族群众合法权益；必须高举中华民族大团结旗帜，促进各民族在中华民族大家庭中像石榴籽一样紧紧抱在一起；必须坚持和完善民族区域自治制度，确保党中央政令畅通，确保国家法律法规实施，支持各民族发展经济、改善民生，实现共同发展、共同富裕；必须构筑中华民族共有精神家园，使各民族人心归聚、精神相依，形成人心凝聚、团结奋进的强大精神纽带；必须促进各民族广泛交往交流交融，促进各民族在理想、信念、情感、文化上的团结统一，守望相助、手足情深；必须坚持依法治理民族事务，推进民族事务治理体系和治理能力现代化；必须坚决维护国家主权、安全、发展利益，教育引导各民族继承和发扬爱国主义传统，自觉维护祖国统一、国家安全、社会稳定；必须坚持党对民族工作的领导，提升解决民族问题、做好民族工作的能力和水平。习近平强调，铸牢中华民族共同体意识是新时代党的民族工作的"纲"，所有工作要向此聚焦。铸牢中华民族共同体意识，就是要引导各族人民牢固树立休戚与共、荣辱与共、生死与共、命运与共的共同体理念，核心是引导各族人民对伟大祖国、中华民族、中华文化、中国共产党、中国特色社会主义的认同，增强国家意识、公民意识和法治意识。把铸牢中华民族共同体意识作为新时代党的民族工作的主线，是维护各民族根本利益的必然要求，是实现中华民族伟大复兴的必然要求，是巩固和发展平等团结互助和谐社会主义民族关系的必然要求，是党的民族工作开创新局面的必然要求。只有铸牢中华民族共同体意识，才能有效抵御各种极端、分裂思想的渗透颠覆，才能不断排除可能影响中华民族伟大复兴的各种风险隐患，才能有效团结凝聚各族人民，才能按照增进共同性方向改进民族工作。我们要从中华民族的发展历程认识铸牢中华民族共同体意识的历史必然性，从新时代党的使命任务认识铸牢中华民族共同体意识的极端重要性，从民族工作的短板弱项认识铸牢中华民族共同体意识的现实针对性，从民族领域存在的风险隐患认识铸牢中华民族共同体意识的特殊紧迫性。

党的十八大以来，在以习近平同志为核心的党中央的坚强领导下，我国民族区域自治制度更加完善，民族团结进步事业取得新的历史性成就。在脱贫攻坚战中，民族地区 3121 万贫困人口全部脱贫，民族自治地方 420 个贫困县全部摘帽，历史性解决了绝对贫困问题，各少数民族和民族地区与全国一道全面建成小康社会。民族地区城乡面貌发生深刻变化。

经济持续快速发展，2020 年，民族 8 省区生产总值占全国 10.2%，比重稳中有升，其中云南、贵州生产总值在全国排位上升势头明显；"十三五"时期，民族地区生产总值年均增长 6.6%，高于全国同期 0.9 个百分点[①]；基础设施条件明显改善，教育、医疗、社会保障等公共服务水平大幅提升，生态屏障更加牢固。各民族交往交流交融更加广泛深入。据统计，居住在城市和散居地区的少数民族人口已经超过少数民族总人口的 1/3，少数民族流动人口已增长至 3000 多万人，各民族间的政治、经济、文化、社会联系比以往任何时候都更加紧密。各族人民凝聚力向心力极大增强，中华民族的自信心自豪感空前激发，日益走向包容性更广、认同感更高、凝聚力更强的命运共同体。

宗教工作是一项关系党的执政前途和命运的全局性和战略性工作。党的十八大以来，党中央提出一系列关于宗教工作的新理念新举措，回答了新时代怎样认识宗教、怎样处理宗教问题、怎样做好党的宗教工作等重大理论和实践问题。在 2016 年召开的全国宗教工作会议上，习近平深刻阐明了宗教工作的一系列重大理论和实践问题，并就新形势下加强和改进宗教工作作出了全面部署，强调"做好宗教工作，必须坚持党的宗教工作基本方针"；强调"做好党的宗教工作，把党的宗教工作基本方针坚持好，关键是要在'导'上想得深、看得透、把得准，做到'导'之有方、'导'之有力、'导'之有效"；强调"积极引导宗教与社会主义社会相适应，一个重要的任务就是支持我国宗教坚持中国化方向"；强调要"构建积极健康的宗教关系""提高宗教工作法治化水平"；强调"各级党委要提高处理宗教问题能力，把宗教工作纳入重要议事日程"。[②] 此后，习近平在全国

---

① 《唱响铸牢中华民族共同体意识的时代强音——以习近平同志为核心的党中央引领新时代民族工作创新发展纪实》，《人民日报》2021 年 8 月 27 日。

② 《习近平在全国宗教工作会议上强调　发展中国特色社会主义宗教理论　全面提高新形势下宗教工作水平》，《人民日报》2016 年 4 月 24 日。

民族团结进步表彰大会、中央第七次西藏工作座谈会、第三次中央新疆工作座谈会等重要会议上和多次地方考察调研时，对宗教工作也都作出一系列重要指示。在 2021 年 12 月召开的全国宗教工作会议上，习近平站在统筹把握中华民族伟大复兴战略全局和世界百年未有之大变局的高度，全面总结宗教工作的成绩经验，深入分析宗教工作面临的形势任务，强调必须深刻认识做好宗教工作在党和国家工作全局中的重要性，必须建立健全强有力的领导机制，必须坚持和发展中国特色社会主义宗教理论，必须坚持党的宗教工作基本方针，必须坚持我国宗教中国化方向，必须坚持把广大信教群众团结在党和政府周围，必须构建积极健康的宗教关系，必须支持宗教团体加强自身建设，必须提高宗教工作法治化水平；强调要完整、准确、全面贯彻党的宗教信仰自由政策，尊重群众宗教信仰，依法管理宗教事务，坚持独立自主自办原则，积极引导宗教与社会主义社会相适应；要深入推进我国宗教中国化，引导和支持我国宗教以社会主义核心价值观为引领，增进宗教界人士和信教群众对伟大祖国、中华民族、中华文化、中国共产党、中国特色社会主义的认同；要支持引导宗教界加强自我教育、自我管理、自我约束，全面从严治教，带头守法遵规、提升宗教修为。这个讲话系统阐述了新时代宗教工作的新思想新理念新战略，明确了坚持我国宗教中国化方向、做好新时代宗教工作的指导思想、战略目标、重点任务和政策举措，标志着我们党对宗教问题和宗教工作的认识达到了新的高度，为做好新时代宗教工作提供了行动指南和根本遵循。

党的十八大以来，各级党委把宗教工作纳入重要议事日程，纳入理论学习和干部培训内容，纳入巡视巡察和党建述职，纳入意识形态工作责任制，纳入绩效考核，切实把党中央关于宗教工作的重大决策部署落到实处。2015 年 5 月中共中央印发的《中国共产党统一战线工作条例》专辟"宗教工作"一章；制定或新修改的相关法律对宗教事务作出规定；2018 年 2 月起施行经国务院修订的《宗教事务条例》，国家宗教事务局制定一系列配套规章；20余个省区市完成地方宗教事务条例修订或制定工作。通过一系列深入细致的工作，宗教与社会主义社会相适应迈出新步伐。

五、基层群众自治及基层治理进一步加强

作为中国特色民主政治的基本制度之一，我国实行以村民自治制度、居民自治制度和职工代表大会制度为主要内容的基层群众自治制度。这一制度保障人民群众在基层党组织的领导和支持下，依法直接行使民主权利，实现自我管理、自我服务、自我教育、自我监督，有效防止了人民形式上有权、实际上无权的现象。2020年底，全国50.3万个行政村全部建立了村民委员会，11.2万个社区全部建立了居民委员会，共有约281万个基层工会组织，覆盖655万个企事业单位。

党的十八大以来，习近平多次强调要坚持和完善基层群众自治制度，发展基层民主，保障人民依法直接行使民主权利，为基层民主建设提供了有力指引和重要理论支撑。习近平指出，基层民主是中国特色社会主义民主最广泛的实践，发展基层民主，必须长期坚持、全面贯彻人民当家作主的要求，不断丰富民主形式、拓宽民主渠道，既保证人民依法实行民主选举，也保证人民依法实行民主决策、民主管理、民主监督，切实防止出现选举时漫天许诺、选举后无人过问的现象；发展基层民主，必须依法推进基层群众自治制度建设，健全基层选举、议事、公开、述职、问责等机制，促进群众在城乡社区治理、基层公共事务和公益事业中依法自我管理、自我服务、自我教育、自我监督，切实防止出现人民形式上有权、实际上无权的问题，避免出现无章可循、混乱无序的状况；要按照协商于民、协商为民的要求，大力发展基层协商民主，城乡社区协商是基层群众自治的生动实践，是社会主义协商民主建设的重要组成部分和有效实现形式。

根据党中央的部署，中国特色基层民主不断发展。党的领导在基层民

主建设中充分体现。2016年底，全国村民委员会中党员人数约占成员人数的近2/3；村党组织书记和村民委员会主任"一肩挑"约占村民委员会主任人数的1/3强。居民委员会中党员人数约占成员人数的一半以上；社区党组织书记和居民委员会主任"一肩挑"约占居民委员会主任人数的40%。形成村（居）民委员会、村（居）民小组、村落、楼院、门栋上下贯通、左右联动的基层群众性自治组织体系，一大批党组织推荐的人选通过法定程序进入村（居）民委员会班子，成为村、社区带头人，为党的路线方针政策在基层落地见效提供了有力保证。基层民主制度建设取得重要进展。十二届全国人大五次会议审议通过的《民法总则》明确村民委员会、居民委员会具有基层群众性自治组织特别法人资格，可以从事为履行职能所需要的民事活动。到2016年底，全国已有25个省、自治区、直辖市制定或者修订村民委员会组织法实施办法，有27个省、自治区、直辖市制定或修订村民委员会选举办法。党中央、国务院就城乡社区协商、城乡社区治理、乡镇政府服务能力建设等下发文件，党中央有关部门先后就农村基层组织建设、社区服务体系建设、社区减负增效等出台政策措施。民主选举有序推进，到2016年底，全国27个省、自治区、直辖市实现了村民委员会和居民委员会换届选举统一届期、统一部署、统一指导、统一实施，村民参选率达到90%以上，优化了村（居）民委员会班子结构。民主管理机制得到完善，全国乡村普遍制定了村规民约或村民自治章程，城市社区普遍制定了居民公约或居民自治章程。民主监督稳步推进，农村实现村务监督委员会全覆盖，城市社区居务监督形式日渐丰富，普遍实行村（居）务公开。述职、问责等机制逐步健全，全国每年约有170万名村干部进行述职述廉，对23万余名村干部进行经济责任审计。农村基层组织建设不断加强，加大对"村霸"和宗族恶势力的整治力度，严惩各种违法违纪行为。有序推进以村民小组或自然村为基本单元的村民自治试点工作，推动实现村民自治地域范围与农村实际情况和农民意愿相一致。基层协商民主渠道不断拓展。各省、自治区、直辖市全部出台了关于加强城乡社区协商的实施意见，各级党委、政府把城乡社区协商纳入重要议事日程，结合实际制定了具体办法。有些地方还围绕涉及基层群众利益的事项制定协商目录，明确协商内容，为开展社区协商提供制度保障。全国85%以上的村建立村民会议或村民代表会议制度，90%的社区建立了居民（成员）代表大会，60%以上的社区建立协商议事委员会，大部分村能够每年召开一次以上村民代表会议，"有事要商量、有事好商量"已在城乡社区蔚为风气。"村（居）民议事""村（居）民决策听证"等协商形式在全国城乡社区逐步推广，群众有序参与的形式不断丰富、渠道不断拓展。各地普遍建立基层政府及其派出机关与基层群众性自治组织的沟通协调等机制，依法厘清权责边界，促进政府行政管理和基层群众自治有效衔接、良性互动；支持基层群众性自治组织依法依规对驻区单位、社会组织、物业服务企业等开展监督，充分发挥社区多元主体作用，推进驻区单位共建共享，形成多方参与、共同治理格局，健全覆盖城乡、体系健全的社区服务网络，不断增强基层发展活力；基层群众性自治组织积极宣传宪法、法律法规和国家政策，推进文化教育科技知识普及，促进男女平等，在满足群众利益协调、诉求表达、矛盾调处、权益保障等需求方面发挥了积极作用。

基层治理是国家治理的基石。2021年7月，党中央、国务院印发《关于加强基层治理体系和治理能力现代化建设的意见》，深入阐述了加强基层治理体系和治理能力现代化建设的指导思想、工作原则、主要目标、重点任务等重大问题，对于加强党对基层治理的全面领导，构建党的领导、人民当家作主和依法治理有机统一的基层治理体制机制，提高基层治理社会化、法治化、专业化水平，增强人民群众获得感、幸福感、安全感，夯实党长期执政和国家长治久安的基层基础，巩固和发扬中国特色社会主义基层治理制度优势，具有重要意义。

第六章　坚持中国特色法治道路，全面推进依法治国

全面依法治国是中国特色社会主义的本质要求和重要保障，是国家治理的一场深刻革命。改革开放以后，我们党坚持依法治国，不断推进社会主义法治建设。同时，有法不依、执法不严、司法不公、违法不究等问题严重存在，司法腐败时有发生，一些执法司法人员徇私枉法，甚至充当犯罪分子的保护伞，严重损害法治权威，严重影响社会公平正义。党中央强调，法治兴则国家兴，法治衰则国家乱；坚持依法治国首先要坚持依宪治国，坚持依法执政首先要坚持依宪执政。必须坚持中国特色社会主义法治道路，贯彻中国特色社会主义法治理论，坚持依法治国、依法执政、依法行政共同推进，坚持法治国家、法治政府、法治社会一体建设；全面依法治国最广泛、最深厚的基础是人民，必须把体现人民利益、反映人民愿望、维护人民权益、增进人民福祉落实到全面依法治国各领域全过程，保障和促进社会公平正义，努力让人民群众在每一项法律制度、每一个执法决定、每一宗司法案件中都感受到公平正义。通过宪法修正案，制定民法典、外商投资法、国家安全法、监察法等法律，修改立法法、国防法、环境保护法等法律，加强重点领域、新兴领域、涉外领域立法，加快完善以宪法为核心的中国特色社会主义法律体系。党领导深化以司法责任制为重点的司法体制改革，推进政法领域全面深化改革，加强对执法司法活动的监督制约，开展政法队伍教育整顿，依法纠正冤错案件，严厉惩治执法司法腐败。党的十八大以来，中国特色社会主义法治体系不断健全，法治中

国建设迈出坚实步伐，法治固根本、稳预期、利长远的保障作用进一步发挥，党运用法治方式领导和治理国家的能力显著增强。

一、新时代全面依法治国的顶层设计和总施工图

党的十八大以来，以习近平同志为核心的党中央对全面依法治国和法治中国建设作出顶层设计和总体部署，制定一系列重大举措，出台一系列重大政策，推进一系列重大工作。党中央从坚持和发展中国特色社会主义、关系党和国家长治久安的高度，定位法治、布局法治、厉行法治，对加强和完善社会主义法治的理论认识和实践探索达到了新高度，全面依法治国在各领域各环节深入展开。

2012 年 12 月 4 日，在首都各界纪念现行宪法公布施行 30 周年大会上，习近平指出："依法治国是党领导人民治理国家的基本方略，法治是治国理政的基本方式，要更加注重发挥法治在国家治理和社会管理中的重要作用，全面推进依法治国，加快建设社会主义法治国家。"[①]2013 年 1 月，习近平对全国政法工作电视电话会议作出重要指示，要求全力推进平安中国、法治中国、过硬队伍建设，深化司法体制机制改革，坚持从严治警，坚决反对执法不公、司法腐败。同年 2 月，中央政治局就全面推进依法治国进行第四次集体学习，习近平在主持学习时强调，要全面推进科学立法、严格执法、公正司法、全民守法，坚持依法治国、依法执政、依法行政共同推进，坚持法治国家、法治政府、法治社会一体建设，不断开创依法治国新局面。2014 年 1 月 7 日，中央政法工作会议召开，习近平在会上发表讲话强调，要把维护社会大局稳定作为基本任务，把促进社会公

---

① 习近平：《在首都各界纪念现行宪法公布施行 30 周年大会上的讲话》，《人民日报》2012 年 12 月 5 日。

平正义作为核心价值追求，把保障人民安居乐业作为根本目标，坚持严格执法公正司法，让人民群众切实感受到公平正义就在身边；要重点解决好损害群众权益的突出问题，决不允许对群众的报警求助置之不理，决不允许让普通群众打不起官司，决不允许滥用权力侵犯群众合法权益，决不允许执法犯法造成冤假错案。各级领导干部要带头依法办事，带头遵守法律，牢固确立法律红线不能触碰、法律底线不能逾越的观念，不要去行使依法不该由自己行使的权力，更不能以言代法、以权压法、徇私枉法；要建立健全违反法定程序干预司法的登记备案通报制度和责任追究制度。2014 年 2 月 28 日，习近平主持召开中央全面深化改革领导小组第二次会议，强调"凡属重大改革都要于法有据。在整个改革过程中，都要高度重视运用法治思维和法治方式，发挥法治的引领和推动作用，加强对相关立法工作的协调，确保在法治轨道上推进改革"①。

全面落实依法治国，关系改革开放和中国特色社会主义事业长远发展。党的十八届三中全会后，中央政治局在着手研究和考虑党的十八届四中全会议题时，认为党的十八大提出了全面建成小康社会的奋斗目标，党的十八届三中全会对全面深化改革作出了顶层设计，实现这个奋斗目标，落实这个顶层设计，都需要从法治上提供可靠保障，因此决定党的十八届四中全会专题研究全面推进依法治国问题。2014 年 1 月，由习近平任组长的十八届四中全会文件起草组成立。在文件起草组第一次全体会议上，习近平阐述了全面推进依法治国的重大意义，要求文件起草工作必须"就全面推进依法治国提出指导思想、基本方针、奋斗目标，明确战略重点、主要任务、重大举措，为实现社会公平正义、建设法治中国提供根本指引"。文件起草期间，习近平先后 3 次主持召开中央政治局常委会会议、2

---

① 《习近平主持召开中央全面深化改革领导小组第二次会议强调　把抓落实作为推进改革工作的重点　真抓实干蹄疾步稳务求实效》，《人民日报》2014 年 3 月 1 日。

次主持召开中央政治局会议，对全会文件起草工作提出重要指导性意见。2014 年 8 月初，全会文件的征求意见稿下发党内一定范围征求意见，包括征求党内老同志意见，并专门听取了各民主党派中央、全国工商联负责人和无党派人士意见。9 月底，中央政治局决定将文件稿提交十八届四中全会审议。

2014 年 10 月 20 日至 23 日，党的十八届四中全会召开。会议审议通过《中共中央关于全面推进依法治国若干重大问题的决定》（以下简称《决定》）。这是党的历史上第一次专题研究、专门部署全面依法治国的中央全会。全会通过的《决定》立足我国社会主义法治建设实际，直面我国法治建设领域的突出问题，明确了全面推进依法治国的指导思想、总体目标、基本原则，提出了关于依法治国的一系列新观点、新举措，回答了党的领导和依法治国关系等一系列重大理论和实践问题，对科学立法、严格执法、公正司法、全民守法、法治队伍建设、加强和改进党对全面推进依法治国的领导作出全面部署，为坚持走中国特色社会主义法治道路提供了根本遵循，指明了前进方向。《决定》提出，全面推进依法治国的总目标是建设中国特色社会主义法治体系，建设社会主义法治国家。这就是，在中国共产党领导下，坚持中国特色社会主义制度，贯彻中国特色社会主义法治理论，形成完备的法律规范体系、高效的法治实施体系、严密的法治监督体系、有力的法治保障体系，形成完善的党内法规体系，坚持依法治国、依法执政、依法行政共同推进，坚持法治国家、法治政府、法治社会一体建设，实现科学立法、严格执法、公正司法、全民守法，促进国家治理体系和治理能力现代化。这个总目标，既明确了全面推进依法治国的性质和方向，又突出了全面推进依法治国的工作重点和总抓手。围绕这个总目标，《决定》提出了全面推进依法治国的一系列新观点和 180 多项重大改革举措。

坚持党的领导，是社会主义法治的根本要求，是全面推进依法治国的题中应有之义。关于党的领导和依法治国的关系，《决定》提出，党的领导和社会主义法治是一致的，社会主义法治必须坚持党的领导，党的领导必须依靠社会主义法治。《决定》强调，加强和改进党对全面推进依法治国的领导必须做到"三统一""四善于"，即坚持党领导立法、保证执法、支持司法、带头守法，把依法治国基本方略同依法执政基本方式统一起来，把党总揽全局、协调各方同人大、政府、政协、审判机关、检察机关依法依章程履行职能、开展工作统一起来，把党领导人民制定和实施宪法法律同党坚持在宪法法律范围内活动统一起来，善于使党的主张通过法定程序成为国家意志，善于使党组织推荐的人选通过法定程序成为国家政权机关的领导人员，善于通过国家政权机关实施党对国家和社会的领导，善于运用民主集中制原则维护中央权威、维护全党全国团结统一。宪法是国家的根本法，为了树立宪法权威，《决定》提出，要完善全国人大及其常委会宪法监督制度，健全宪法解释程序机制；加强备案审查制度和能力建设，依法撤销和纠正违宪违法的规范性文件；将每年 12 月 4 日定为国家宪法日；建立宪法宣誓制度等。实行宪法宣誓制度，是世界上大多数有成文宪法的国家所采取的一种制度。在 142 个有成文宪法的国家中，规定相关国家公职人员必须宣誓拥护或效忠宪法的有 97 个。《决定》规定，凡经人大及其常委会选举或者决定任命的国家工作人员正式就职时公开向宪法宣誓。这样做，有利于彰显宪法权威，增强公职人员宪法观念，激励公职人员忠于和维护宪法，也有利于在全社会增强宪法意识、树立宪法权威。为了推进科学立法、民主立法，进一步提高立法质量，《决定》提出，要明确立法权力边界，从体制机制和工作程序上有效防止部门利益和地方保护主义法律化。一是健全有立法权的人大主导立法工作的体制机制，发挥人大及其常委会在立法工作中的主导作用；建立由全国人大相关专门委员会、全国人大常委会法制工作委员会组织有关部门参与起草综合性、全局性、基础性等重要法律草案制度；依法建立健全专门委员会、工作委员会立法专家顾问制度。二是加强和改进政府立法制度建设，完善行政法规、规章制定程序，完善公众参与政府立法机制；重要行政管理法律法规由政府法制机构组织起草；对部门间争议较大的重要立法事项，由决策机关引入第三方评估，不能久拖不决。三是明确地方立法权限和范围，禁止地方制发带有立法性质的文件。

关于加快建设法治政府，《决定》提出，各级政府必须坚持在党的领导下、在法治轨道上开展工作，加快建设职能科学、权责法定、执法严明、公开公正、廉洁高效、守法诚信的法治政府。一是推进机构、职能、权限、程序、责任法定化，规定行政机关不得法外设定权力，没有法律法规依据不得作出减损公民、法人和其他组织合法权益或者增加其义务的决定；推行政府权力清单制度，坚决消除权力设租寻租空间。二是建立行政机关内部重大决策合法性审查机制，积极推行政府法律顾问制度，保证法律顾问在制定重大行政决策、推进依法行政中发挥积极作用；建立重大决策终身责任追究制度及责任倒查机制。三是推进综合执法，理顺城管执法体制，完善执法程序，建立执法全过程记录制度，严格执行重大执法决定法制审核制度，全面落实行政执法责任制。四是加强对政府内部权力的制约，对财政资金分配使用、国有资产监管、政府投资、政府采购、公共资源转让、公共工程建设等权力集中的部门和岗位实行分事行权、分岗设权、分级授权，定期轮岗，强化内部流程控制，防止权力滥用；完善政府内部层级监督和专门监督；保障依法独立行使审计监督权。五是全面推进政务公开，推进决策公开、执行公开、管理公开、服务公开、结果公开，重点推进财政预算、公共资源配置、重大建设项目批准和实施、社会公益事业建设等领域的政府信息公开。针对司法领域存在的司法不公、司法公信力不高，司法人员作风不正、办案不廉，办金钱案、关系案、人情案等突出问题，《决定》提出了一系列改革举措。一是为确保依法独立公正行使审判权和检察权，规定建立领导干部干预司法活动、插手具体案件处理的记录、通报和责任追究制度；健全行政机关依法出庭应诉、支持法院受理行政案件、尊重并执行法院生效裁判的制度；建立健全司法人员履行法定职责保护机制等。二是为优化司法职权配置，提出推动实行审判权和执行权相分离的体制改革试点；统一刑罚执行体制；探索实行法院、检察院司法行政事务管理权和审判权、检察权相分离；变立案审查制为立案登记制等。三是为保障人民群众参与司法，提出完善人民陪审员制度，扩大参审范围；推进审判公开、检务公开、警务公开、狱务公开；建立生效法律文书统一上网和公开查询制度等。关于优化司法职权配置，《决定》提出要健全公安机关、检察机关、审判机关、司法行政机关各司其职，侦查权、检察权、审判权、执行权相互配合、相互制约的体制机制。《决定》提出了多项措施：一是完善司法体制，推动实行审判权和执行权相分离的体制改革试点。二是最高人民法院设立巡回法庭，审理跨行政区域重大行政和民商事案件。这样做能够推动审判机关重心下移、就地解决纠纷、方便当事人诉讼，也让最高人民法院本部能够集中更多精力制定司法政策和司法解释、审理对统一法律适用有重大指导意义的案件。三是探索设立跨行政区划的人民法院和人民检察院，办理跨地区案件。这有利于排除对审判工作和检察工作的干扰、保障法院和检察院依法独立公正行使审判权和检察权，有利于构建普通案件在行政区划法院审理、特殊案件在跨行政区划法院审理的诉讼格局。四是改革法院案件受理制度，变立案审查制为立案登记制，做到有案必立、有诉必理，保障当事人诉权。五是针对现实生活中，对一些行政机关违法行使职权或者不作为造成对国家和社会公共利益侵害或者有侵害危险的案件，如国有资产保护、国有土地使用权转让、生态环境和资源保护等，由于与公民、法人和其他社会组织没有直接利害关系，其没有也无法提起公益诉讼，导致违法行政行为缺乏有效司法监督的现象，提出探索建立检察机关提起公益诉讼制度。

法律的权威源自人民的内心拥护和真诚信仰。关于增强全民法治观念，推进法治社会建设，《决定》提出，要推动全社会树立法治意识，把宪法法律列入党委（党组）中心组学习内容，列为党校、行政学院、干部学院、社会主义学院必修课；要推进多层次多领域依法治理，坚持系统治理、依法治理、综合治理、源头治理，提高社会治理法治化水平；要建设完备的法律服务体系，保证人民群众在遇到法律问题或者权利受到侵害时获得及时有效的法律帮助；要健全依法维权和化解纠纷机制，建立健全社会矛盾预警机制、利益表达机制、协商沟通机制、救济救助机制，畅通群众利益协调、权益保障法律渠道。把信访纳入法治化轨道，保障合理合法诉求依照法律规定和程序就能得到合理合法的结果。

《决定》对加强法治工作队伍建设、加强和改进党对全面推进依法治国的领导等问题也作出了部署，提出了一系列重要政策措施。

在 2014 年 10 月 20 日全会开始时，习近平作了《关于〈中共中央关于全面推进依法治国若干重大问题的决定〉的说明》，重点说明了"党的领导和依法治国的关系""全面推进依法治国的总目标""健全宪法实施和监督制度""探索建立检察机关提起公益诉讼制度""推进以审判为中心的诉讼制度改革"等 10 个问题；10 月 23 日，在全会闭幕时召开的第二次全体会议上，习近平结合"法治兴则国家兴，法治衰则国家乱"的古今中外历史，对实施依法治国的重大意义和工作要求作了进一步强调。习近平指出，全面推进依法治国，是我们党从坚持和发展中国特色社会主义出发、为更好治国理政提出的重大战略任务，也是事关我们党执政兴国的一个全局性问题。我们党对依法治国问题的认识经历了一个不断深化的过程。新中国成立初期，我们党在废除旧法统的同时，积极运用新民主主义革命时期根据地法制建设的成功经验，抓紧建设社会主义法制，初步奠定了社会主义法制的基础。后来，党在指导思想上发生"左"的错误，逐渐对法制不那么重视了，特别是"文化大革命"十年内乱使法制遭到严重破坏，付出了沉重代价，教训十分惨痛！我国是一个有 14 亿多人口的大国，地域辽阔，民族众多，国情复杂，我们党在这样一个大国执政，要保证国家统一、法制统一、政令统一、市场统一，要实现经济发展、政治清明、文化昌盛、社会公正、生态良好，都需要秉持法律这个准绳、用好法治这个方式。习近平强调，全面推进依法治国，也是着眼于实现中华民族伟大复兴中国梦、实现党和国家长治久安的长远考虑。从现在的情况看，只要国际国内不发生大的波折，经过努力，全面建成小康社会目标应该可以如期实现。但是，全面建成小康社会之后路该怎么走？如何跳出"历史周期率"、实现长期执政？如何实现党和国家长治久安？这些都是需要我们深入思考的重大问题。习近平指出，综观世界近现代史，凡是顺利实现现代化的国家，没有一个不是较好解决了法治和人治问题的。相反，一些国家虽然也一度实现快速发展，但并没有顺利迈进现代化的门槛，而是陷入这样或那样的"陷阱"，出现经济社会发展停滞甚至倒退的局面，这在很大程度上与法治不彰有关。治理一个国家、一个社会，关键是要立规矩、讲规矩、守规矩。法律是治国理政最大最重要的规矩。推进国家治理体系和治理能力现代化，必须坚持依法治国，为党和国家事业发展提供根本性、全局性、长期性的制度保障。我们提出全面推进依法治国，坚定不移厉行法治，一个重要意图就是为子孙万代计、为长远发展谋。党的十八届三中、四中全会分别把全面深化改革、全面推进依法治国作为主题并作出决定，有其紧密的内在逻辑，是一个总体战略部署在时间轴上的顺序展开。全面建成小康社会、全面深化改革都离不开全面推进依法治国。党的十八届四中全会决定是十八届三中全会决定的姊妹篇，我们要切实抓好落实，让全面深化改革、全面依法治国像两个轮子，共同推动全面建成小康社会的事业滚滚向前。

全面推进依法治国是一个系统工程，是中国国家治理领域一场广泛而深刻的革命。党的十八届四中全会《决定》及习近平在全会上的重要讲话，描绘了全面推进依法治国、建设社会主义法治国家的总蓝图、路线图、施工图，标志着依法治国按下了"快进键"、进入了"快车道"，是新形势下全面推进依法治国的纲领性文件，对坚持和发展中国特色社会主义法治道路、构建中国特色社会主义法治体系、推进国家治理体系和治理能力现代化将产生重大而深远的影响。

2015年2月，由中共中央举办的省部级主要领导干部学习贯彻十八届四中全会精神全面推进依法治国专题研讨班在中央党校开班。习近平在开班式上发表重要讲话强调，全面依法治国必须抓住领导干部这个"关键少数"。领导干部要做尊法的模范，带头尊崇法治、敬畏法律；做学法的模范，带头了解法律、掌握法律；做守法的模范，带头遵纪守法、捍卫法治；做用法的模范，带头厉行法治、依法办事。习近平指出，领导干部都要牢固树立宪法法律至上、法律面前人人平等、权由法定、权依法使等基本法治观念，对各种危害法治、破坏法治、践踏法治的行为要挺身而出、坚决斗争。对领导干部的法治素养，从其踏入干部队伍的那一天起就要开始抓，加强教育、培养自觉，加强管理、强化监督。学法懂法是守法用法的前提。要系统学习中国特色社会主义法治理论，准确把握我们党处理法治问题的基本立场。首要的是学习宪法，还要学习同自己所担负的领导工作密切相关的法律法规。各级领导干部尤其要弄明白法律规定我们怎么用权，什么事能干、什么事不能干，心中高悬法律的明镜，手中紧握法律的戒尺，知晓为官做事的尺度。各级党委要重视法治培训，完善学法制度。领导干部要牢记法律红线不可逾越、法律底线不可触碰，带头遵守法律、执行法律，带头营造办事依法、遇事找法、解决问题用法、化解矛盾靠法的法治环境。谋划工作要运用法治思维，处理问题要运用法治方式，说话做事要先考虑一下是不是合法。领导干部要把对法治的尊崇、对法律的敬畏转化成思维方式和行为方式，做到在法治之下、而不是法治之外、更不是法治之上想问题、作决策、办事情。党纪国法不能成为"橡皮泥""稻草人"，违纪违法都要受到追究。习近平指出，党政主要负责人要履行推进法治建设第一责任人职责，统筹推进科学立法、严格执法、公正司法、全民守法。用人导向最重要、最根本、也最管用。法治素养是干部德才的重要内容。要把能不能遵守法律、依法办事作为考察干部的重要内容。要抓紧对领导干部推进法治建设实绩的考核制度进行设计，对考核结果运用作出规定。习近平强调，全面推进依法治国，方向要正确，政治保证要坚强。他特别指出："'党大还是法大'是一个政治陷阱，是一个伪命题。对这个问题，我们不能含糊其辞、语焉不详，要明确予以回答。"习近平强调，社会主义法治必须坚持党的领导，党的领导必须依靠社会主义法治。在我国，法是党的主张和人民意愿的统一体现，党领导人民制定宪法法律，党领导人民实施宪法法律，党自身必须在宪法法律范围内活动，这就是党的领导力量的体现。全党在宪法法律范围内活动，这是我们党的高度自觉，也是坚持党的领导的具体体现，党和法、党的领导和依法治国是高度统一的。"我们说不存在'党大还是法大'的问题，是把党作为一个执政整体而言的，是指党的执政地位和领导地位而言的，具体到每个党政组织、每个领导干部，就必须服从和遵守宪法法律，就不能以党自居，就不能把党的领导作为个人以言代法、以权压法、徇私枉法的挡箭牌。我们有些事情要提交党委把握，但这种把握不是私情插手，不是包庇性的插手，而是一种政治性、程序性、职责性的把握。"习近平指出，"如果说'党大还是法大'是一个伪命题，那么对各级党政组织、各级领导干部来说，权大还是法大则是一个真命题。……在法治轨道上行使可以造福人民，在法律之外行使则必然祸害国家和人民。"[①]要把权力关进制度的笼子里，就是要依法设定权力、规范权力、制约权力、监督权力。

2015年4月，中央全面深化改革领导小组第十一次会议审议通过《党

---

① 中共中央文献研究室编：《习近平关于全面依法治国论述摘编》，中央文献出版社2015年版，第34、37—38页。

的十八届四中全会重要举措实施规划（2015—2020年）》，强调这个实施规划是今后一个时期推进全面依法治国的总施工图和总台账，要组织好规划实施，注重政策统筹、方案统筹、力量统筹、进度统筹，确保改革任务相互协调，改革进程前后衔接，改革成果彼此配套，及时解决实施中的矛盾问题，努力把各项重要举措落到实处。党中央还把全面依法治国纳入中国特色社会主义事业"四个全面"战略布局之中，以前所未有的决心、举措和力度推进全面依法治国和法治中国建设。

二、全面依法治国全方位实施，法治中国建设迈出坚实步伐

党的十八大以后，全面依法治国全方位实施，在推进中国特色法治体系、法治政府、司法改革和公正司法、全民守法和法治社会建设等方面迈出坚实步伐。

推进科学立法，以宪法为统帅的中国特色社会主义法律体系建设实现新跨越。党的十八大以来，党中央高度重视立法工作，党的十八届三中全会、四中全会确定许多改革举措都涉及立法体制机制的科学化、民主化问题。全国人大及其常委会落实党中央对于立法工作的重大决策部署，采取了一系列加强制度建设、完善体制机制的重要举措。2015年3月，十二届全国人大三次会议通过了修改后的《立法法》，将实践中行之有效的推进科学立法、民主立法、依法立法的经验做法上升为法律规范，进一步完善了法律草案公开征求意见等制度，增加规定了法律案通过前评估等措施。在工作层面上，制定出台立法项目征集和论证工作规范，建立健全全国人大专门委员会、常委会工作机构组织起草重要法律草案制度的实施意见，全国人大常委会法工委基层立法联系点工作规则，向社会公布法律草案征求意见工作规范，法规、司法解释备案审查工作办法等一批实施性文件。宪法是国家的根本法，是治国安邦的总章程，具有最高的法律地位、

法律权威、法律效力，在中国特色社会主义法律体系中处于核心的地位。宪法的生命在于实施，宪法的权威也在于实施。2014年11月1日，根据党的十八届四中全会要求，十二届全国人大常委会第十一次会议表决通过《关于设立国家宪法日的决定》，以立法形式将12月4日设立为国家宪法日，规定通过多种形式开展宪法宣传教育活动。根据决定要求，在2014年至2017年国家宪法日前后，全国深入开展了大量形式多样、内容丰富的宪法宣传教育活动，提高了全社会宪法意识，使宪法精神进一步深入人心。为彰显宪法权威，激励和教育国家工作人员忠于宪法、遵守宪法、维护宪法，加强宪法实施，2015年7月1日，十二届全国人大常委会第十五次会议通过《关于实行宪法宣誓制度的决定》，规定各级人民代表大会及县级以上各级人民代表大会常务委员会选举或者决定任命的国家工作人员，以及各级人民政府、人民法院、人民检察院任命的国家工作人员，在就职时应当公开进行宪法宣誓。2018年3月17日，全票当选国家主席、中央军委主席的习近平在人民大会堂宣誓台上，左手抚按《中华人民共和国宪法》，右手举拳，庄严宣誓——这是中华人民共和国历史上第一次进行国家领导人宪法宣誓。以宪法为核心的法律规范体系、法治实施体系、法治监督体系、法治保障体系、党内法规体系不断完善，相互促进，共同发展。仅党的十八大以后五年间，立法机关就制定《国家安全法》《国家情报法》《国家反间谍法》等或修改《行政诉讼法》等法律48部、行政法规42部、地方性法规2926部、规章3162部；通过"一揽子"方式先后修订法律57部、行政法规130部。截至2021年12月初，我国现行有效法律有288件、行政法规和监察法规611件、地方性法规1.2万余件，中国特色社会主义法律体系日益完备；出台一大批标志性、基础性、关键性的党内法规，制定修订140多部中央党内法规，占现行有效党内法规的70%，党内法规体系建设取得前所未有的重大成就，对全面依法治国发挥了重大推动作用。

严格依法行政，加快法治政府建设步入新阶段。法治政府建设对法治国家、法治社会建设具有示范带动作用。2015 年 12 月党中央、国务院印发《法治政府建设实施纲要（2015—2020 年)》，提出了到 2020 年基本建成"职能科学、权责法定、执法严明、公开公正、廉洁高效、守法诚信"的法治政府的总蓝图、路线图、施工图和时间表。推行地方各级政府工作部门权力清单制度，是党的十八届三中、四中全会部署的重要改革任务。2015 年 3 月中共中央办公厅、国务院办公厅印发《关于推行地方各级政府工作部门权力清单制度的指导意见》，要求"省级政府 2015 年年底前、市县两级政府 2016 年年底前要基本完成政府工作部门、依法承担行政职能的事业单位权力清单的公布工作"。意见发布后，各地按照"清权、减权、制权、晒权"四个主要环节，对政府部门权力进行全面梳理、调整、审核确认并对外公布。安徽省在全国首创政府责任清单，率先公布运行省市县乡四级政府权力清单和责任清单；在省市县三级同步实施涉企收费清单制度，并将清单制度覆盖到服务事项，探索建立了公共服务清单和行政权力中介服务清单，实现行政权力进清单、清单之外无权力。辽宁省把编制权力清单作为简政放权的重要步骤，省级权力清单调整到 1735 项。湖北省推行市县通用权力清单，确定市级政府部门通用权力事项 3737 项，县级通用权力事项 4115 项。[①] 到 2017 年 5 月，全国 31 个省份全部公布了省级政府部门权力清单，其中 29 个省份公布了责任清单，17 个省份公布了市县两级政府部门的权力清单和责任清单。

在地方政府全面公布权力清单的基础上，为探索国务院部门权力和责任清单的编制工作，2015 年 12 月，中央全面深化改革领导小组第十九次会议审议通过《国务院部门权力和责任清单编制试点方案》，确定在国家发展改革委、民政部、司法部、文化部、海关总署、税务总局、证监会等

---

① 张洋：《权责有单可查，政府照单履职》，《人民日报》2017 年 5 月 18 日。

七部门开展试点，用"权力清单"和"责任清单"明确政府权力边界，推动"放管服"改革落地见效。到 2017 年底，国务院部门行政审批事项削减 44%，非行政许可审批彻底终结。为提高行政决策的科学化、民主化、法治化水平，2016 年 6 月，中共中央办公厅、国务院办公厅还印发了《关于推行法律顾问制度和公职律师公司律师制度的意见》，明确到 2017 年底前，中央和国家机关各部委，县级以上地方各级党政机关普遍设立法律顾问、公职律师，乡镇党委和政府根据需要设立法律顾问、公职律师，国有企业深入推进法律顾问、公司律师制度，事业单位探索建立法律顾问制度，到 2020 年全面形成与经济社会发展和法律服务需求相适应的中国特色法律顾问、公职律师、公司律师制度体系。这项改革任务提出后，湖北、上海、江苏、河北、江西、广西、西藏、天津等省（区、市）制定了推行政府法律顾问制度的指导意见。2015 年 5 月上海发布的《关于推行政府法律顾问制度的指导意见》，明确提出要用 3 年左右时间，建立覆盖全市各级政府及其工作部门的政府法律顾问制度。2016 年 1 月江苏省出台的《关于建立政府法律顾问制度的意见》，提出到 2016 年底前，江苏省县级以上地方政府及其工作部门要全部建立政府法律顾问制度，乡镇政府、街道办事处根据需要形成多种形式的政府法律顾问服务方式。到 2017 年 8 月，全国省级政府普遍设立了政府法律顾问。湖北省还在省市县三级党政机关和国有企事业单位全部建立了法律顾问和公职律师、公司律师制度。

行政执法体制改革深入推进。2015 年 11 月，中央全面深化改革领导小组第十八次会议审议通过《关于深入推进城市执法体制改革改进城市管理工作的指导意见》，要求理顺城管执法体制，加强城市管理综合执法机构建设，提高执法和服务水平。行政执法程序是约束行政权力、保护公民权利的重要方式。2015 年 10 月，河北省出台《行政执法全过程记录实施办法》，率先在全国试点推行行政执法全过程记录制度。

2016 年 6 月，公安部印发《公安机关现场执法视音频记录工作规定》，要求公安机关应当对接受群众报警、当场盘问检查、处置重大突发事件和群体性事件等 6 种现场执法活动进行视频、音频记录，且至少保存 6 个月。2017 年 2 月，国务院办公厅《推行行政执法公示制度执法全过程记录制度重大执法决定法制审核制度试点工作方案》，确定在天津市、河北省、安徽省、甘肃省、国土资源部以及呼和浩特市等 32 个地方和部门开展试点，试点地方和部门在行政许可、行政处罚、行政强制、行政征收、行政收费、行政检查等 6 类行政执法行为中推行行政执法公示制度、执法全过程记录制度和重大执法决定法制审核制度。这些制度对于促进行政机关严格规范公正文明执法、保障和监督行政机关有效履行职责、维护群众合法权益发挥了重要作用。

对行政权力的制约和监督进一步加强。严格实行行政执法人员持证上岗和资格管理制度，未经执法资格考试合格，不得授予执法资格，不得从事执法活动。甘肃、山东、陕西、吉林、西藏等地出台各种条例和管理办法，加大行政执法人员资格审查和考核力度，全面落实行政执法责任制。各级政府认真执行向本级人大及其常委会报告工作制度，接受询问和质询；加强和改进行政应诉，积极配合人民法院的行政审判活动；高度重视审计工作，全力支持审计机关依法对公共资金、国有资产、国有资源和领导干部履行经济责任情况的审计。政务公开是制约和监督行政权力运行的有效途径。2016 年 2 月，中共中央办公厅、国务院办公厅印发《关于全面推进政务公开工作的意见》，提出"坚持以公开为常态、不公开为例外，推进行政决策公开、执行公开、管理公开、服务公开和结果公开，推动简政放权、放管结合、优化服务改革，激发市场活力和社会创造力，打造法治政府、创新政府、廉洁政府和服务型政府"。作为推进政务公开的具体举措，国务院及地方各级政府每年都出台政务公开工作要点。2017 年 3 月，国务院办公厅印发《2017 年政务公开工作要点》，具体部署落实 2017 年全国政务公开工作。

坚持公正司法，新一轮司法体制改革揭开新篇章。公正司法是维护社会公平正义的最后一道防线。所谓公正司法，就是受到侵害的权利一定会得到保护和救济，违法犯罪活动一定要受到制裁和惩罚，让人民群众在每一个司法案件中都感受到公平正义。如果人民群众通过司法程序不能保证自己的合法权利，那司法就没有公信力，人民群众也不会相信司法。新形势下坚持公正司法，需要做的工作很多，重点是解决影响司法公正和制约司法能力的深层次问题。相当长一段时间里，无论是民事案件还是刑事案件，不托人情找关系的是少数，尤其是到了法院审判环节，请客送礼、打招呼、批条子的情况很严重。有的司法人员吃了被告吃原告，两头拿好处。这样的案例时有发生，影响极坏，人民群众反映强烈。党的十八大以来，在以习近平同志为核心的党中央领导下，中国司法体制改革积极稳妥推进，司法体制改革取得明显成效。

一是司法管理体制改革有序展开。根据党的十八届四中全会部署，2014年12月，中央全面深化改革领导小组第七次会议审议通过《最高人民法院设立巡回法庭试点方案》和《设立跨行政区划人民法院、人民检察院试点方案》。根据试点方案，2014年12月，上海市第三中级人民法院、北京市第四中级人民法院、上海市人民检察院第三分院、北京市人民检察院第四分院正式成立，成为全国首批成立的跨行政区划的人民法院和首个跨行政区划的人民检察院；2015年1月，最高人民法院第一巡回法庭在广东省深圳市挂牌成立，巡回区为广东、广西、海南三省区；最高人民法院第二巡回法庭在辽宁省沈阳市挂牌成立，巡回区为辽宁、吉林、黑龙江三省。截至2015年12月31日，第一巡回法庭共受理案件898件，结案843件；第二巡回法庭共受理案件876件，结案810件。知识产权保护制度是市场经济最重要的制度之一，司法保护是对知识产权最有效的保护。2014年6月，中央全面深化改革领导小组第三次会议审议通过《关于设立知识产权法院的方案》，同年 8 月，十二届全国人大常委会第十次会议作出决定：在北京、上海、广州设立知识产权法院。2015 年 1 月，最高人民法院公布《关于北京、上海、广州知识产权法院案件管辖的规定》，明确了新的管辖体制。截至 2017 年 6 月，三个知识产权法院共受理案件 46071 件，审结 33135 件。互联网不是法外之地。2017 年 8 月 18 日，杭州互联网法院正式揭牌，这是全世界第一家互联网法院，将集中受理杭州市涉网的一审民商事、部分知识产权案件，以及最高人民法院指定由杭州互联网法院审理的重大、疑难、复杂涉网案件，其最大特点是起诉、立案、举证、开庭、送达、判决、执行全部在网上完成，实现"涉网纠纷在线审"。推进以审判为中心的刑事诉讼制度改革，明确刑事诉讼各阶段的基本证据标准，规范侦查、起诉、审判活动，确保无罪的人不受刑事追究、有罪的人受到公正惩罚；开展刑事案件速裁程序和认罪认罚从宽制度改革试点，党的十八大以后 5 年，有 40% 的案件通过认罪认罚从宽解决，其中 85% 的案件 10 日内结案，90% 的案件当庭宣判，被告人积极退赃退赔、达成和解谅解的占 49%，提高了效率，减少了社会对抗。完善司法人员分类管理制度是一项基础性的司法体制改革。2015 年 9 月，中央全面深化改革领导小组第十六次会议审议通过《法官、检察官单独职务序列改革试点方案》。上海市制定的试点改革方案将法院工作人员分为法官、审判辅助人员、司法行政人员三类，法官员额比例从原来的 49% 下降到 33%。法官员额制，是指法院从事审判工作的法官按照案件数量、人口密度、法院设置等因素来确定法官人数，集中行使国家审判权。2017 年 7 月 3 日，最高人民法院首批遴选产生的 367 名法官庄严宣誓，标志着法官员额制改革在全国法院全面落地。至此，全国法官员额从原有的 21 万减少到 12 万，85% 以上的人力资源配置到了办案一线。司法权运行机制明显优化，普遍建立了"谁审理、谁裁判、谁负责"的审判权力运行机制，各地直接由独任法官、合议庭裁判的案件占案件总数的 99% 以上。健全防止人为干扰司法制度。2015 年 3 月，中共中央办公厅、国务院办公厅和中共中央政法委员会分别印发《领导干部干预司法活动、插手具体案件处理的记录、通报和责任追究规定》《司法机关内部人员过问案件的记录和责任追究规定》（简称"两个规定"），为司法机关依法独立、公正行使职权提供了制度保障。2015 年 11 月，中央政法委公开通报了 5 起领导干部干预司法活动、插手具体案件处理和司法机关内部人员过问案件的典型案件。

二是司法公开和司法责任制改革逐步深入。司法公开是法治社会的重要标志。深化司法公开，让司法权力在阳光下运行，有利于保障公众对司法工作的知情权，增强有效监督，促进司法公正，提高人民群众对司法工作的满意度。2013 年 11 月，最高人民法院公布《关于人民法院在互联网公布裁判文书的规定》，要求各级人民法院"遵循依法、及时、规范、真实的原则"在由最高人民法院设立的"中国裁判文书网"上统一公布生效的各种裁判文书，接受公众监督。为努力实现阳光司法，最高人民法院还着力推进审判公开，除法律规定不宜公开的以外，都公开审判；全国各级法院重点建设了审判流程、裁判文书、执行信息三大公开平台，为人民群众提供了更加优质、便捷、高效的司法服务。最高人民检察院积极推进检务公开，建立不立案、不逮捕、不起诉、不予提起抗诉决定书等检察机关终结性法律文书公开制度，实现当事人通过网络实时查询举报、控告、申诉的受理、流转和办案流程信息。黑龙江、上海、河南、四川、甘肃等地检察机关启动深化检务公开制度改革试点。从 2013 年 1 月 1 日起，公安机关执法公开规定正式施行，各级公安机关普遍通过网上办事大厅、手机短信等公开执法办案信息，提供执法信息查询服务，并定期向社会公开辖区社会治安状况、火灾和道路交通安全形势、安全防范预警信息等；广泛组织开展"警营开放日"、看守所向社会开放等活动，赢得人民群众对公安工作的理解和支持，密切了警民关系。全国监狱系统全面推进狱务公开，依法公开罪犯权利、义务及考核、处遇、行政奖罚和减刑、假释、暂予监外执行的条件、程序、结果，以及监狱收押、管理、教育、执法等方面制度规定，通过设置电子触摸屏、短信平台、设立门户网站、聘请执法监督员等方式，接受服刑人员及其家属以及社会监督，以公开促公正、保廉洁。党的十八大以来，我国司法公开全面提速，让社会公众明显感到司法不再神秘，正义正以百姓看得见、摸得着的方式实现。2013 年 7 月，中央政法委出台《关于切实防止冤假错案的指导意见》，就严格遵守法律程序，加强防止和纠正错案机制建设作出明确规定。指导意见强调，对于定罪证据不足的案件，应当坚持疑罪从无原则，依法宣告被告人无罪，不能降格作出"留有余地"的判决。2013 年 11 月，最高人民法院发布《关于建立健全防范刑事冤假错案工作机制的意见》，立足审判工作实际，对证据审查、案件审理、审核监督和制约等各环节规定了具体工作机制；最高人民检察院也制定了《关于切实履行检察职能、防止和纠正冤假错案的若干意见》，对严格规范职务犯罪案件办案程序，严把审查逮捕和审查起诉关，依法纠正刑事执法活动中的突出问题，完善有关工作机制作出明确规定。公安部、国家安全部、司法部也进一步完善了执法办案等制度，坚守防止冤假错案法律底线。人民陪审员、人民监督员制度不断完善。2015 年 2 月和 4 月，中央全面深化改革领导小组会议先后审议通过《深化人民监督员制度改革方案》和《人民陪审员制度改革试点方案》。实行人民监督员制度，改变了检察机关查办职务犯罪案件的具体程序和要求，健全了对犯罪嫌疑人、被告人的权利保护机制，是对司法权力制约机制的重大改革和完善。探索建立检察机关提起公益诉讼制度。2015 年 7 月，十二届全国人大常委会第十五次会议作出《关于授权最高人民检察院在部分地区开展公益诉讼试点工作的决定》；最高人民检察院印发《检察机关提起公益诉讼改革试点方案》，决定在北京、江苏、云南等 13 个省区市的检察机关中开展为期 2 年的试点；2016 年 1 月，最高人民检察院发布《人民检察院提起公益诉讼试点工作实施办法》，对试点方案办法做了进一步解释。截至 2017 年 3 月，参与试点的 13 个省区市检察机关在生态环境和资源保护等领域共办理公益诉讼案件 5109 件，向人民法院提起诉讼 547 件。通过办案，督促恢复被污染、破坏的耕地、林地、湿地、草原 12.8 万公顷；督促 1443 家违法企业进行整改，索赔治理环境、恢复生态等费用 2 亿元；督促收回欠缴的国有土地出让金 54 亿元。2017 年 5 月，中央全面深化改革领导小组第三十五次会议审议通过《关于检察机关提起公益诉讼试点情况和下一步工作建议的报告》，指出为期两年的提起公益诉讼试点，积累了丰富的案件样本，制度设计得到充分检验，正式建立检察机关提起公益诉讼制度的时机已经成熟。完善司法责任制是党的十八届三中、四中全会确定的重要改革任务。2015 年 8 月召开的中央全面深化改革领导小组第十五次会议审议通过《关于完善人民法院司法责任制的若干意见》和《关于完善人民检察院司法责任制的若干意见》，提出了推进司法责任制改革的目标要求。

三是人权司法保障机制建设取得重要成果。在 2013 年中央政法委出台《关于切实防止冤假错案的规定》的基础上，中央政法单位进一步制定配套措施，建立冤假错案有效防范、及时纠正机制，严格落实罪刑法定、疑罪从无、证据裁判等法律原则和制度。2015 年 12 月，最高人民检察院印发《关于对检察机关办案部门和办案人员违法行使职权行为纠正、记录、通报及责任追究的规定》，明确了办案部门及时纠正违法行使职权行为的主体责任。依法保障律师执业权利。2015 年 9 月，中央全面深化改革领导小组第十六次会议审议通过《关于深化律师制度改革的意见》；会后，最高人民法院、最高人民检察院、公安部、国家安全部、司法部联合出台《关于依法保障律师执业权利的规定》，分别就保障律师的知情权、申请权、申诉权，以及会见、阅卷、收集证据和发问、质证、辩论辩护等方面的权利作出规定。逐步减少适用死刑罪名。2015 年 8 月，十二届全国人大常委会第十六次会议表决通过《中华人民共和国刑法修正案（九）》，取消了走私假币罪、伪造货币罪、集资诈骗罪、组织卖淫罪、强迫卖淫罪等9个非致命性暴力犯罪的死刑罪名，中国的死刑罪名降至46个。减少适用死刑罪名以及废止劳动教养制度，彰显了我国人权司法保障制度的进步。

四是司法便民利民举措陆续出台。推行立案登记制改革是党的十八届四中全会提出的明确要求。2015年4月，中央全面深化改革领导小组第十一次会议审议通过《关于人民法院推行立案登记制改革的意见》，最高人民法院随后发布该意见，自当年5月1日起施行。截至2017年4月底，全国法院登记立案数量超过3200万件，同比增长39.83%；当场立案率超过95%。长期困扰群众的有案不立、拖延立案等问题得到有力整治。法律援助和国家司法救助制度不断健全，社会公平正义不断彰显。2013年至2017年，政府每年对法律援助的投入以10%以上的速度增长，2016年达到21.2亿元，全国办理法律援助案件数超过500万件。司法救助制度源于国家对涉诉涉法纠纷困难群众的关怀和保护，是法治国家尊重保障人权，维护社会公平正义的重要方式。2014年1月，中央政法委联合最高人民法院等部门制发《关于建立完善国家司法救助制度的意见（试行）》，为各地开展国家司法救助工作提供了政策指导。2016年7月，最高人民法院发布《关于加强和规范人民法院国家司法救助工作的意见》，进一步明确了司法救助的概念、司法救助申请、救助金的标准、拨付救助金的程序和救济等。各级政府将救助资金列入财政预算，国家司法救助制度在全国基本建立。2014年至2016年，财政共拿出50多亿元资金，救助27.4万人。

尊法守法成为全民自觉行动，法治社会建设迈出新步伐。法律要发挥作用，需要全社会信仰法律，只有对法律有了信仰，才能自觉按法律办事。党的十八大以来，全民普法不断提挡加速，党中央对法治宣传教育提出了新的更高要求，明确了法治宣传教育的基本定位、重大任务和重要措施。党的十八届三中全会要求"健全社会普法教育机制";党的十八届四中全会要求"坚持把全民普法和守法作为依法治国的长期基础性工作,深入开展法治宣传教育";党的十八届五中全会要求"弘扬社会主义法治精神,增强全社会特别是公职人员尊法学法守法用法观念,在全社会形成良好法治氛围和法治习惯"。习近平多次强调"领导干部要做尊法学法守法用法的模范",要求法治宣传教育"要创新宣传形式,注重宣传实效"。"要坚持法治教育从娃娃抓起,把法治教育纳入国民教育体系和精神文明创建内容","要健全公民和组织守法信用记录,完善守法诚信褒奖机制和违法失信行为惩戒机制,形成守法光荣、违法可耻的社会氛围,使尊法守法成为全体人民共同追求和自觉行动"。[①] 领导干部是落实全面依法治国的关键少数。2016 年 1 月,中央全面深化改革领导小组审议通过《关于完善国家工作人员学法用法制度的意见》,推动国家工作人员学法用法工作制度化、规范化和长效化,促使国家工作人员带头尊法学法守法用法,提高运用法治思维和法治方式解决问题的能力。同年 3 月,党中央、国务院转发《中央宣传部、司法部关于在公民中开展法治宣传教育的第七个五年规划》,明确了"七五"普法的指导思想、主要目标、工作原则、重点任务和具体措施,拉开"七五"普法工作帷幕,要求坚持把领导干部带头学法、模范守法作为树立法治意识的关键,完善国家工作人员学法用法制度;坚持从青少年抓起,把法治教育纳入国民教育体系;坚持法治宣传教育与法治实践相结合,全面提高全社会法治化治理水平;健全普法宣传教育机制,深入开展法治宣传教育,传播法律知识,弘扬法治精神,建设法治文化,推动全社会树立法治意识。2016 年底,中共中央办公厅、国务院办公厅印发《党政主要负责人履行推进法治建设第一责任人职责规定》,明确了县级以上地方党委和政府主要负责人在推进法治建设中应当履行的

---

① 习近平:《加快建设社会主义法治国家》,《求是》2015 年第 1 期。

主要职责，把履行推进法治建设第一责任人职责情况列入党政主要负责人年终述职内容，纳入政绩考核指标体系，并开展定期检查、专项督查，对不履行或不正确履行的严格问责；把能不能遵守法律、依法办事作为考察干部的重要内容。2017 年 5 月，中共中央办公厅、国务院办公厅印发《关于实行国家机关"谁执法谁普法"普法责任制的意见》，国家机关首次被明确为法治宣传教育的责任主体。在法治宣传教育中，全国大、中、小学普遍开设法治教育课程，联通学校、家庭、社会"三位一体"的法治教育网络不断完善。各地农村积极探索"法律明白人""村民议事堂"等多种普法活动。大批基层矛盾纠纷纳入法治轨道并妥善解决，"信访不信法"的局面初步得到扭转，"办事依法、遇事找法、解决问题用法、化解矛盾靠法"日渐成为全社会共识。2020 年，一项全国性的调查分析报告显示：当自己或家人遇到不公平的事情时，选择"通过法律渠道解决"的居第一位，比 2016 年提升 3.7 个百分点；选择"托关系、找熟人"的比例明显下降。[①] 根据党中央的总体部署，各级领导干部带头依法办事，带头遵守法律，运用法治思维和法治方式的能力和水平明显提高。

三、全面依法治国的新部署和编纂通过《中华人民共和国民法典》

党的十九大把坚持全面依法治国上升为新时代坚持和发展中国特色社会主义的基本方略之一。大会报告指出，全面依法治国是国家治理的一场深刻革命，必须坚持厉行法治，推进科学立法、严格执法、公正司法、全民守法；加强宪法实施和监督，推进合宪性审查工作，维护宪法权威；推进科学立法、民主立法、依法立法，以良法促进发展、保障善治；建设法

---

① 参见《全面依法治国实践取得重大进展》，《人民日报》2021 年 7 月 5 日。

治政府，推进依法行政，严格规范公正文明执法；深化司法体制综合配套改革，全面落实司法责任制；加大全民普法力度，建设社会主义法治文化，树立宪法法律至上、法律面前人人平等的法治理念，绝不允许以言代法、以权压法、逐利违法、徇私枉法。为加强党中央对全面依法治国的集中统一领导，2018 年 3 月党中央决定组建中央全面依法治国委员会，负责全面依法治国的顶层设计、总体布局、统筹协调、整体推进、督促落实。这是党的历史上第一次设立这样的机构。习近平亲自担任委员会主任。同年 8 月 24 日，习近平主持召开中央全面依法治国委员会第一次会议，审议通过了《中央全面依法治国委员会工作规则》《中央全面依法治国委员会 2018 年工作要点》，审议了《中华人民共和国人民法院组织法（修订草案）》《中华人民共和国人民检察院组织法（修订草案）》，研究部署了委员会相关工作。

2019 年 10 月召开的党的十九届四中全会对国家治理现代化视域下的全面依法治国作出部署，全会通过的决定提出，必须坚定不移走中国特色社会主义法治道路，全面推进依法治国，坚持依法治国、依法执政、依法行政共同推进，坚持法治国家、法治政府、法治社会一体建设，加快形成完备的法律规范体系、高效的法治实施体系、严密的法治监督体系、有力的法治保障体系，加快形成完善的党内法规体系。要健全保证宪法全面实施的体制机制。依法治国首先要坚持依宪治国，依法执政首先要坚持依宪执政；加强宪法实施和监督，落实宪法解释程序机制，推进合宪性审查工作，加强备案审查制度和能力建设，依法撤销和纠正违宪违法的规范性文件；坚持宪法法律至上，健全法律面前人人平等保障机制，维护国家法制统一、尊严、权威，一切违反宪法法律的行为都必须予以追究。要完善立法体制机制。坚持科学立法、民主立法、依法立法，完善党委领导、人大主导、政府依托、各方参与的立法工作格局，立改废释并举，不断提高立法质量和效率；完善以宪法为核心的中国特色社会主义法律体系，加强重要领域立法，加快我国法域外适用的法律体系建设，以良法保障善治。要健全社会公平正义法治保障制度。坚持法治建设为了人民、依靠人民，加强人权法治保障，保证人民依法享有广泛的权利和自由、承担应尽的义务，引导全体人民做社会主义法治的忠实崇尚者、自觉遵守者、坚定捍卫者；坚持有法必依、执法必严、违法必究，严格规范公正文明执法，规范执法自由裁量权，加大关系群众切身利益的重点领域执法力度；深化司法体制综合配套改革，完善审判制度、检察制度，全面落实司法责任制，完善律师制度，加强对司法活动的监督，确保司法公正高效权威，努力让人民群众在每一个司法案件中都感受到公平正义。要加强对法律实施的监督。保证行政权、监察权、审判权、检察权得到依法正确行使，保证公民、法人和其他组织合法权益得到切实保障，坚决排除对执法司法活动的干预；加大对严重违法行为处罚力度，实行惩罚性赔偿制度，严格刑事责任追究；加大全民普法工作力度，增强全民法治观念，完善公共法律服务体系，夯实依法治国群众基础。

编纂一部真正属于中国人民的民法典，是新中国几代人的夙愿。党和国家曾于1954年、1962年、1979年和2001年先后四次启动民法制定工作。在此基础上，党的十八大以来，我们党顺应实践发展要求和人民群众期待，把编纂民法典摆上重要日程。党的十八届四中全会对编纂民法典作出部署，把编纂民法典确定为一项重大政治任务和立法任务。2015年3月，民法典编纂工作启动。全国人大常委会党组先后多次向党中央请示和报告，就民法典编纂工作的总体考虑、工作步骤、体例结构等重大问题进行汇报。2016年6月、2018年8月、2019年12月，习近平三次主持中央政治局常委会会议，听取并原则同意全国人大常委会党组就民法典编纂工作所作的请示汇报，对民法典编纂工作作出指示。2017年3月，十二届全国人大五次会议表决通过民法总则，民法典编纂迈出第一步。之后，全国人大常委会法制工作委员会与民法典编纂工作各参加单位深入开展立法调研，广泛听取意见建议，以现行物权法、合同法、担保法、婚姻法、收养法、继承法、侵权责任法等为基础，结合我国经济社会发展对民事法律提出的新需求，形成了包括物权、合同、人格权、婚姻家庭、继承、侵权责任等 6 个分编在内的民法典各分编草案，提请 2018 年 8 月召开的第十三届全国人大常委会第五次会议审议。2018 年 12 月、2019 年 4 月、6 月、8 月、10 月，第十三届全国人大常委会第七次、第十次、第十一次、第十二次、第十四次会议对民法典各分编草案进行了拆分审议。在此基础上，将民法总则与经过常委会审议和修改完善的民法典各分编草案合并，形成《中华人民共和国民法典（草案）》，提请 2019 年 12 月召开的第十三届全国人大常委会第十五次会议审议。经审议，全国人大常委会作出决定，将民法典草案提请十三届全国人大三次会议审议。2020 年 5 月 28 日，十三届全国人大三次会议经表决，高票通过《中华人民共和国民法典》。历时 5 年多编纂通过的《中华人民共和国民法典》，包括总则、物权、合同、人格权、婚姻家庭、继承、侵权责任等 7 编以及附则，共 1260 条。民法典既对现行民事法律进行系统整合，又针对新情况新问题作出修改完善，体现了对生命健康、财产安全、交易便利、生活幸福、人格尊严等各方面权利的平等保护。《中华人民共和国民法典》是新中国成立以来第一部以"法典"命名的法律，是以习近平同志为核心的党中央推动完成的一项系统性重大立法工程，竖起了新时代中国特色社会主义制度建设、法治建设进程中的一座里程碑。民法典通过后的第二天，中共十九届中央政治局就"切实实施民法典"举行第二十次集体学习。习近平在主持学习时强调，民法典系统整合了新中国成立 70 多年来长期实践形成的民事法律规范，汲取了中华民族 5000 多年优秀法律文化，借鉴了人类法治文明建设有益成果，在中国特色社会主义法律体系中具有重要地位，是一部固根本、稳预期、利长远的基础性法律，是新时代我国社会主义法治建设的重大成果，对推进全面依法治国、加快建设社会主义法治国家，对发展社会主义市场经济、巩固社会主义基本经济制度，对坚持以人民为中心的发展思想、依法维护人民权益、推动我国人权事业发展，对推进国家治理体系和治理能力现代化，都具有重大意义。

2020 年 11 月 16 日至 17 日，党中央第一次召开中央全面依法治国工作会议。习近平在会上发表重要讲话，就当前和今后一个时期推进全面依法治国要重点抓好的工作提出 11 个方面的要求。一是坚持党对全面依法治国的领导。党的领导是推进全面依法治国的根本保证。二是坚持以人民为中心。全面依法治国最广泛、最深厚的基础是人民，必须坚持为了人民、依靠人民。三是坚持中国特色社会主义法治道路。中国特色社会主义法治道路本质上是中国特色社会主义道路在法治领域的具体体现。四是坚持依宪治国、依宪执政。党领导人民制定宪法法律，领导人民实施宪法法律，党自身要在宪法法律范围内活动。五是坚持在法治轨道上推进国家治理体系和治理能力现代化。法治是国家治理体系和治理能力的重要依托。只有全面依法治国才能有效保障国家治理体系的系统性、规范性、协调性，才能最大限度凝聚社会共识。六是坚持建设中国特色社会主义法治体系。中国特色社会主义法治体系是推进全面依法治国的总抓手。七是坚持依法治国、依法执政、依法行政共同推进，法治国家、法治政府、法治社会一体建设。全面依法治国是一个系统工程，要整体谋划，更加注重系统性、整体性、协同性。八是坚持全面推进科学立法、严格执法、公正司法、全民守法。要继续推进法治领域改革，解决好立法、执法、司法、守法等领域的突出矛盾和问题。九是坚持统筹推进国内法治和涉外法治。要加快涉外法治工作战略布局，协调推进国内治理和国际治理，更好维护国家主权、安全、发展利益。十是坚持建设德才兼备的高素质法治工作队伍。要加强理想信念教育，深入开展社会主义核心价值观和社会主义法治理念教育，推进法治专门队伍革命化、正规化、专业化、职业化，确保做到忠于党、忠于国家、忠于人民、忠于法律。十一是坚持抓住领导干部这个"关键少数"。各级领导干部要坚决贯彻落实党中央关于全面依法治国的重大决策部署，带头尊崇法治、敬畏法律，了解法律、掌握法律，不断提高运用法治思维和法治方式深化改革、推动发展、化解矛盾、维护稳定、应对风险的能力，做尊法学法守法用法的模范。以上"十一个坚持"涉及全面依法治国的政治方向、重要地位、工作布局、重点任务、重大关系、重要保障等方向性、根本性、全局性问题，构成了习近平法治思想的主要内容和核心要义。会议将习近平法治思想明确为全面依法治国的根本遵循和行动指南，强调习近平法治思想从历史和现实相贯通、国际和国内相关联、理论和实际相结合上深刻回答了新时代为什么实行全面依法治国、怎样实行全面依法治国等一系列重大问题，是顺应实现中华民族伟大复兴时代要求应运而生的重大理论创新成果，是马克思主义法治理论中国化最新成果，是习近平新时代中国特色社会主义思想的重要组成部分。

不断开创依法治国新局面，必须坚持法治国家、法治政府、法治社会一体建设。2019年5月，中共中央办公厅、国务院办公厅印发《法治政府建设与责任落实督察工作规定》，明确了法治政府建设与责任落实督察工作的指导思想、适用范围、工作原则、督察主体等，把法治政府建设向纵深推进。2020年12月，中共中央印发《法治社会建设实施纲要（2020—2025年）》，提出到2025年，法治社会建设的总体目标是："八五"普法规划实施完成，法治观念深入人心，社会领域制度规范更加健全，社会主义核心价值观要求融入法治建设和社会治理成效显著，公民、法人和其他组织合法权益得到切实保障，社会治理法治化水平显著提高，形成符合国情、体现时代特征、人民群众满意的法治社会建设生动局面，为2035年基本建成法治社会奠定坚实基础。同月，中共中央印发《法治中国建设规划（2020—2025年）》，强调必须把全面依法治国摆在全局性、战略性、基础性、保障性位置，要以解决法治领域突出问题为着力点，建设中国特色社会主义法治体系，建设社会主义法治国家，在法治轨道上推进国家治理体系和治理能力现代化；明确法治中国建设的总体目标是：实现法律规范科学完备统一，执法司法公正高效权威，权力运行受到有效制约监督，人民合法权益得到充分尊重保障，法治信仰普遍确立，法治国家、法治政府、法治社会全面建成。具体到 2025 年，党领导全面依法治国体制机制更加健全，以宪法为核心的中国特色社会主义法律体系更加完备，职责明确、依法行政的政府治理体系日益健全，相互配合、相互制约的司法权运行机制更加科学有效，法治社会建设取得重大进展，党内法规体系更加完善，中国特色社会主义法治体系初步形成；到 2035 年，法治国家、法治政府、法治社会基本建成，中国特色社会主义法治体系基本形成，人民平等参与、平等发展权利得到充分保障，国家治理体系和治理能力现代化基本实现。

从 2018 年 3 月到 2023 年 3 月，十三届全国人大常委会五年任期期间，通过宪法修正案，共制定法律 47 件，修改法律 111 件次，作出法律解释、有关法律问题和重大问题的决定决议 53 件。完善宪法及宪法相关，明确中国共产党领导是中国特色社会主义最本质的特征，确立习近平新时代中国特色社会主义思想在国家政治和社会生活中的指导地位。健全人大组织制度、选举制度和运行机制，修改选举法、全国人大常委会议事规则，提请代表大会审议修改全国人大组织法、全国人大议事规则、地方组织法，审议立法法修正草案并提请大会审议。制定监察法、监察官法、公职人员政务处分法，作出关于国家监察委员会制定监察法规的决定。修改人民法院组织法、人民检察院组织法、法官法、检察官法，制定人民陪审员法。修改公务员法、工会法、村民委员会组织法、城市居民委员会组织法。制定英雄烈士保护法，修改国旗法、国徽法，推动落实国歌法有关规定，依法维护英雄烈士尊严和合法权益。建立健全合宪性审查工作机制，在立法修法的事前、事中、事后开展全过程、常态化的合宪性审查。紧扣实现国家治理体系和治理能力现代化的重大部署，聚焦法治领域短板和弱项，加强重点领域、新兴领域、涉外领域立法，增强立法系统性、整体性、协同性、时效性。围绕促进高质量发展立法。制定外商投资法、海南自由贸易港法，推动新一轮高水平对外开放。制定乡村振兴促进法，修改种子法、农村土地承包法、土地管理法、农产品质量安全法、畜牧法，审议农村集体经济组织法草案等，助推乡村振兴、农业农村优先发展。制定电子商务法、期货和衍生品法，修改反垄断法、证券法、安全生产法、审计法、城市房地产管理法、台湾同胞投资保护法、对外贸易法，审议金融稳定法草案、公司法修订草案等，推动形成更加公平合理的市场经济法律制度。修改专利法、著作权法、科学技术进步法，助力科技强国建设，推动实现科技自立自强。落实税收法定原则，制定耕地占用税法、车辆购置税法、资源税法、城市维护建设税法、契税法、印花税法，修改个人所得税法等，进一步完善税收法律制度体系。加快国家安全领域立法。制定生物安全法、数据安全法、密码法、陆地国界法、反有组织犯罪法，修改反恐怖主义法、国家情报法、档案法、海上交通安全法，审议反间谍法修订草案。加强涉外领域立法，制定反外国制裁法、出口管制法，审议对外关系法草案、外国国家豁免法草案，健全完善反制裁、反干涉、反"长臂管辖"的法律制度，为维护国家和人民利益提供法律保障。制定国际刑事司法协助法，修改刑事诉讼法，为境外追逃追赃工作提供法律手段。制定海警法、军人地位和权益保障法、预备役人员法、消防救援衔条例，修改国防法、人民武装警察法、兵役法、军事设施保护法等，推动提高国防和军队建设法治化水平。形成生态环保法律制度体系。制定土壤污染防治法、噪声污染防治法、湿地保护法，修改固体废物污染环境防治法、野生动物保护法、森林法，制定长江保护法、黄河保护法、黑土地保护法，起草审议青藏高原生态保护法草案、海洋环境保护法修订草案等。做好社会建设和民生领域立法。制定强化公共卫生法治保障立法修法工作计划，制定基本医疗卫生与健康促进法、疫苗管理法、医师法，修改动物防疫法、药品管理法，作出关于全面禁止野生动物非法交易和食用的决定。制定个人信息保护法、反电信网络诈骗法、法律援助法、社区矫正法、反食品浪费法，修改民事诉讼法、行政处罚法、社会保险法、人口与计划生育法、体育法，作出关于废止有关收容教育法律规定和制度的决定等，用法治保障人民权益、增进民生福祉。制定退役军人保障法，修改妇女权益保障法、未成年人保护法、预防未成年人犯罪法，加强特殊群体权益保障等。

第七章　树立高度文化自信，筑牢民族复兴文化根基

　　文化是一个国家、一个民族的灵魂。没有高度的文化自信，没有文化的繁荣兴盛，就没有中华民族伟大复兴。改革开放以后，党坚持物质文明和精神文明两手抓、两手都要硬，推动社会主义文化繁荣发展，振奋了民族精神，凝聚了民族力量。党的十八大以来，党中央准确把握世界范围内思想文化相互激荡、我国社会思想观念深刻变化的趋势，强调意识形态工作是为国家立心、为民族立魂的工作，文化自信是更基础、更广泛、更深厚的自信，必须坚持以人民为中心的工作导向，牢牢掌握意识形态工作领导权，建设具有强大凝聚力和引领力的社会主义意识形态，建设社会主义文化强国，激发全民族文化创新创造活力，更好构筑中国精神、中国价值、中国力量，巩固全党全国各族人民团结奋斗的共同思想基础。党坚持立破并举、激浊扬清，就意识形态领域许多方向性、战略性问题作出部署；坚持以社会主义核心价值观引领文化建设，注重用社会主义先进文化、革命文化、中华优秀传统文化培根铸魂，推动中华优秀传统文化创造性转化、创新性发展。经过十余年努力，我国意识形态领域形势发生全局性、根本性转变，全党全国各族人民文化自信明显增强，全社会凝聚力和向心力极大提升，为新时代开创党和国家事业新局面提供了坚强思想保证和强大精神力量。

一、"文化自信，是更基础、更广泛、更深厚的自信"

"我们要坚持道路自信、理论自信、制度自信，最根本的还有一个文化自信。"[①] 这是习近平 2014 年 3 月 5 日在参加十二届全国人大二次会议上海代表团审议时的一段讲话。文化自信是一个国家、一个民族、一个政党对自身文化积淀、文化理想、文化价值的高度信心以及对自身文化生命力、创造力的高度信心，"是更基础、更广泛、更深厚的自信，是更基本、更深沉、更持久的力量"[②]。

文化兴则国运兴，文化强则民族强。没有高度的文化自信，没有文化的繁荣兴盛，就没有中华民族伟大复兴。近代以前，中国曾长期是世界强国之一，中国人对自己的历史文化有着强烈的认同感和自豪感。但在鸦片战争以后，随着西方列强纷至沓来侵略中国，腐败的统治者每战必败，被迫割地赔款，中国陷入内忧外患的黑暗境地，中华民族被讥为"东亚病夫"，许多人的民族自信心、文化自信心受到打击，甚至出现了"全盘西化论"的极端论调。直到新中国成立，中国人才真正扬眉吐气站立起来了。改革开放以来特别是党的十八大以来，中国特色社会主义实践创造了举世瞩目的伟大成就，中西力量对比发生了巨大变化，中国人民从精神上的被动转化为完全主动，中华民族的自信心、自豪感极大增强。

进入 21 世纪，"文化自觉""文化自信"概念在报刊上大量出现，主要用于对中国文化发展本身的讨论和评估。党的十八大以来，习近平在多个场合提到并阐发"文化自信"命题，并将之与中国特色社会主义道路自信、理论自信、制度自信进行深度联结。2014 年 2 月 24 日，在主持中

---

① 《"改革的集结号已经吹响"——习近平总书记同人大代表、政协委员共商国是纪实》，《人民日报》2014 年 3 月 13 日。

② 习近平：《在中国文联十大、中国作协九大开幕式上的讲话》，《人民日报》2016 年 12 月 1 日。

共十八届中央政治局第十三次集体学习时，习近平强调，要"增强文化自信和价值观自信"①。之后，他又多次结合中华民族悠久历史文化和民族精神深入阐述这一问题，指出："中华优秀传统文化是中华民族的精神命脉……也是我们在世界文化激荡中站稳脚跟的坚实根基。增强文化自觉和文化自信，是坚定道路自信、理论自信、制度自信的题中应有之义。如果'以洋为尊'、'以洋为美'、'唯洋是从'，把作品在国外获奖作为最高追求，跟在别人后面亦步亦趋、东施效颦，热衷于'去思想化'、'去价值化'、'去历史化'、'去中国化'、'去主流化'那一套，绝对是没有前途的！事实上，外国人也跑到我们这里寻找素材、寻找灵感，好莱坞拍摄的《功夫熊猫》、《花木兰》等影片不就是取材于我们的文化资源吗？"②2015 年 11 月 3 日，在北京会见第二届"读懂中国"国际会议外方代表，回答"一个不断发展的中国怎样处理同外部世界的关系"的现场提问时，习近平推本溯源："我们从哪里来？我们走向何方？中国到了今天，我无时无刻不提醒自己，要有这样一种历史感。……中国有坚定的道路自信、理论自信、制度自信，其本质是建立在 5000 多年文明传承基础上的文化自信。"③"我们说要坚定中国特色社会主义道路自信、理论自信、制度自信，说到底是要坚定文化自信。"④

2016 年 6 月 28 日，习近平在主持中共十八届中央政治局第三十三次集体学习时强调，"要固本培元，把加强思想政治建设摆在首位，引导党员特别是领导干部筑牢信仰之基、补足精神之钙、把稳思想之舵，坚定中国特色社会主义道路自信、理论自信、制度自信、文化自信，增强党的意

---

① 《习近平在中共中央政治局第十三次集体学习时强调　把培育和弘扬社会主义核心价值观作为凝魂聚气强基固本的基础工程》，《人民日报》2014 年 2 月 26 日。

② 习近平：《在文艺工作座谈会上的讲话》，《人民日报》2015 年 10 月 15 日。

③ 《阔步走在中华民族伟大复兴的历史征程上（治国理政新实践）——记以习近平同志为总书记的党中央推进全方位外交的成功实践》，《人民日报》2016 年 1 月 5 日。

④ 习近平：《在哲学社会科学工作座谈会上的讲话》，《人民日报》2016 年 5 月 19 日。

识、党员意识、宗旨意识"①。首次提出"四个自信"。7月1日，在庆祝中国共产党成立95周年大会上的讲话中，他再次郑重强调，"全党要坚定道路自信、理论自信、制度自信、文化自信。当今世界，要说哪个政党、哪个国家、哪个民族能够自信的话，那中国共产党、中华人民共和国、中华民族是最有理由自信的。""在5000多年文明发展中孕育的中华优秀传统文化，在党和人民伟大斗争中孕育的革命文化和社会主义先进文化，积淀着中华民族最深层的精神追求，代表着中华民族独特的精神标识。我们要弘扬社会主义核心价值观，弘扬以爱国主义为核心的民族精神和以改革创新为核心的时代精神，不断增强全党全国各族人民的精神力量。"②"文化自信"由此正式成为与道路自信、理论自信、制度自信并列的中国特色社会主义"第四个自信"。

为什么在道路自信、理论自信、制度自信之外，又提出"文化自信"？习近平强调，这是因为："文化是一个国家、一个民族的灵魂。历史和现实都表明，一个抛弃了或者背叛了自己历史文化的民族，不仅不可能发展起来，而且很可能上演一幕幕历史悲剧。文化自信，是更基础、更广泛、更深厚的自信，是更基本、更深沉、更持久的力量。坚定文化自信，是事关国运兴衰、事关文化安全、事关民族精神独立性的大问题。"③"无论哪一个国家、哪一个民族，如果不珍惜自己的思想文化，丢掉了思想文化这个灵魂，这个国家、这个民族是立不起来的。"④ 就中国而言，"中华民族

①　《习近平在中共中央政治局第三十三次集体学习时强调　严肃党内政治生活净化党内政治生态　为全面从严治党打下重要政治基础》，《人民日报》2016年6月30日。

②　习近平：《在庆祝中国共产党成立95周年大会上的讲话》，《人民日报》2016年7月2日。

③　习近平：《在中国文联十大、中国作协九大开幕式上的讲话》，《人民日报》2016年12月1日。

④　习近平：《在纪念孔子诞辰2565周年国际学术研讨会暨国际儒学联合会第五届会员大会开幕会上的讲话》，《人民日报》2014年9月25日。

有着深厚文化传统，形成了富有特色的思想体系，体现了中国人几千年来积累的知识智慧和理性思辨。这是我国的独特优势。""需要薪火相传、代代守护"。① 在几千年的历史流变中，中华民族曾遇到无数艰难困苦，"但我们都挺过来、走过来了，其中一个很重要的原因就是世世代代的中华儿女培育和发展了独具特色、博大精深的中华文化，为中华民族克服困难、生生不息提供了强大精神支撑"②。"我国今天的国家治理体系，是在我国历史传承、文化传统、经济社会发展的基础上长期发展、渐进改进、内生性演化的结果"③，"只有坚持从历史走向未来，从延续民族文化血脉中开拓前进，我们才能做好今天的事业"④，"每一种文明都延续着一个国家和民族的精神血脉"，"没有文明的继承和发展，没有文化的弘扬和繁荣，就没有中国梦的实现。……随着中国经济社会不断发展，中华文明也必将顺应时代发展焕发出更加蓬勃的生命力。"⑤

我们党提出中国特色社会主义"文化自信"，绝非仅是一句口号、一个名词，而是有着充足理由和强大底气的。"中国特色社会主义文化，源自于中华民族五千多年文明历史所孕育的中华优秀传统文化，熔铸于党领导人民在革命、建设、改革中创造的革命文化和社会主义先进文化，植根于中国特色社会主义伟大实践。"⑥我们强调的文化自信，就是对包括中华

---

① 中共中央文献研究室编：《习近平关于社会主义文化建设论述摘编》，中央文献出版社 2017 年版，第 83 页。

② 习近平：《在文艺工作座谈会上的讲话》，《人民日报》2015 年 10 月 15 日。

③ 《习近平在省部级主要领导干部学习贯彻十八届三中全会精神全面深化改革专题研讨班开班式上发表重要讲话强调　完善和发展中国特色社会主义制度　推进国家治理体系和治理能力现代化》，《人民日报》2014 年 2 月 18 日。

④ 习近平：《在纪念孔子诞辰 2565 周年国际学术研讨会暨国际儒学联合会第五届会员大会开幕会上的讲话》，《人民日报》2014 年 9 月 25 日。

⑤ 习近平：《在联合国教科文组织总部的演讲》，《人民日报》2014 年 3 月 28 日。

⑥ 习近平：《决胜全面建成小康社会　夺取新时代中国特色社会主义伟大胜利——在中国共产党第十九次全国代表大会上的报告》，《人民日报》2017 年 10 月 28 日。

优秀传统文化、革命文化和社会主义先进文化在内的中国特色社会主义文化这一有机整体的自信。在波澜壮阔的中国特色社会主义伟大实践中，优秀传统文化的风骨神韵、革命文化的刚健激越、先进文化的繁荣兴盛，共同构成了我们坚定文化自信的坚实基础。这种自信，是我们民族披荆斩棘、生生不息、意气风发、高歌猛进的强大精神支撑。

博大精深、灿烂辉煌的中华优秀传统文化，不仅为中华民族发展壮大提供了丰厚滋养，也为人类文明进步作出了卓越贡献，是"人类历史上唯一一个绵延5000多年至今未曾中断的灿烂文明"①。正是中华优秀传统文化衍生出了中国近现代文化，也使得中华民族屹立于世界民族之林，这是我们坚定文化自信的深厚基础。习近平指出："当代中国是历史中国的延续和发展，当代中国思想文化也是中国传统思想文化的传承和升华，要认识今天的中国、今天的中国人，就要深入了解中国的文化血脉，准确把握滋养中国人的文化土壤。"②放眼寰宇，世界上很少有国家像中国这样，积淀起如此悠久而深厚的文化，历经数千年风雨洗礼依然生机蓬勃，傲然挺立，在世界文明发展史上熠熠生辉。从先秦子学、两汉经学、魏晋玄学，到隋唐佛学、儒释道合流、宋明理学，中华文明经历了数个学术思想繁荣时期。在漫漫历史长河中，中华民族产生了儒、释、道、墨、名、法、阴阳、农、杂、兵等各家学说，涌现了老子、孔子、庄子、孟子、荀子、韩非子、董仲舒、王充、何晏、王弼、韩愈、周敦颐、程颢、程颐、朱熹、陆九渊、王守仁、李贽、黄宗羲、顾炎武、王夫之、康有为、梁启超、孙中山、鲁迅等一大批思想大家，留下了浩如烟海的历史典籍、气象万千的诗词歌赋、匠心独运的书画雕塑、泽被中外的四大发明等珍贵文化遗产，为人类文明作出了卓越贡献。从"文景之治"到"武帝极盛"再到"昭宣

---

① 习近平：《在庆祝改革开放40周年大会上的讲话》，《人民日报》2018年12月19日。

② 习近平：《在纪念孔子诞辰2565周年国际学术研讨会暨国际儒学联合会第五届会员大会开幕会上的讲话》，《人民日报》2014年9月25日。

中兴"的西汉盛世,从"贞观之治"到"开元全盛"的大唐盛世,直至清代的"康雍乾盛世",中华传统文化在开放的环境中因频繁的双向交融而愈加活跃,中华文化之帆也愈加远扬。中华文化积淀着中华民族最深沉的精神追求和政治理想,强调"民惟邦本""和而不同";强调"天行健,君子以自强不息";强调"天下兴亡,匹夫有责",主张以德治国、以文化人;强调"君子喻于义""君子坦荡荡""君子义以为质";强调"言必信,行必果""人而无信,不知其可也";强调"德不孤,必有邻""己所不欲,勿施于人""出入相友,守望相助""老吾老以及人之老,幼吾幼以及人之幼""扶贫济困""不患寡而患不均";以及"精忠报国"的爱国情怀,"舍生取义"的牺牲精神,"止戈为武""协和万邦"的和平向往;等等,这样的思想和理念,不论过去还是现在,有其永不褪色的时代价值。包括儒家思想在内的中华优秀传统文化中还蕴藏着丰富的关于解决当代人类面临的难题的重要启示,比如,关于道法自然、天人合一的思想,关于天下为公、大同世界的思想,关于自强不息、厚德载物的思想,关于以民为本、安民富民乐民的思想,关于为政以德、政者正也的思想,关于苟日新日日新又日新、革故鼎新、与时俱进的思想,关于脚踏实地、实事求是的思想,关于经世致用、知行合一、躬行实践的思想,关于集思广益、博施众利、群策群力的思想,关于仁者爱人、以德立人的思想,关于以诚待人、讲信修睦的思想,关于清廉从政、勤勉奉公的思想,关于俭约自守、力戒奢华的思想,关于中和、泰和、求同存异、和而不同、和谐相处的思想,关于安不忘危、存不忘亡、治不忘乱、居安思危的思想,等等。这些千百年传承的理念,已浸润于每个中国人的血脉之中,成为"日用而不觉的价值观",构成"中国人的独特精神世界"。① 正如习近平所说,中国传统思

---

① 中共中央文献研究室编:《十八大以来重要文献选编》(中),中央文献出版社 2016 年版,第 5 页。

想文化"体现着中华民族世世代代在生产生活中形成和传承的世界观、人生观、价值观、审美观等，其中最核心的内容已经成为中华民族最基本的文化基因。这些最基本的文化基因，是中华民族和中国人民在修齐治平、尊时守位、知常达变、开物成务、建功立业过程中逐渐形成的有别于其他民族的独特标识"①。它可以为今天的人们认识和改造世界提供有益启迪，可以为治国理政提供有益启示，可以为道德建设提供有益启发。

激昂向上的革命文化和生机勃勃的社会主义先进文化是中华优秀传统文化的凝聚升华，是中国共产党人和中国人民伟大创造精神的生动体现，是激励全党全国各族人民奋勇前进的强大精神力量。这是我们坚定文化自信的坚强基石。我们党自诞生起，就高举起马克思主义这面旗帜，不断推进马克思主义中国化，形成了毛泽东思想、邓小平理论、"三个代表"重要思想、科学发展观、习近平新时代中国特色社会主义思想，为中华文化注入了先进的思想内涵，使中国人民获得了科学的思想武器。正是在马克思主义的指导下，在100年革命、建设和改革的实践中，我们党领导人民创造了鲜明独特、奋发向上的革命文化，形成了以伟大建党精神为源头，包括"井冈山精神、长征精神、遵义会议精神、延安精神、西柏坡精神、红岩精神、抗美援朝精神、'两弹一星'精神、特区精神、抗洪精神、抗震救灾精神、抗疫精神等"②在内的精神谱系。2021年9月，党中央批准了中央宣传部梳理的第一批纳入中国共产党人精神谱系的伟大精神，包括：建党精神；井冈山精神、苏区精神、长征精神、遵义会议精神、延安精神、抗战精神、红岩精神、西柏坡精神、照金精神、东北抗联精神、南泥湾精神、太行精神（吕梁精神）、大别山精神、沂蒙精神、老区精神、张思德精神；抗美援朝精神、"两弹一星"精神、雷锋精神、焦裕禄精神、

---

① 习近平：《在纪念孔子诞辰2565周年国际学术研讨会暨国际儒学联合会第五届会员大会开幕会上的讲话》，《人民日报》2014年9月25日。

② 习近平：《在党史学习教育动员大会上的讲话》，《求是》2021年第7期。

大庆精神（铁人精神）、红旗渠精神、北大荒精神、塞罕坝精神、"两路"精神、老西藏精神（孔繁森精神）、西迁精神、王杰精神；改革开放精神、特区精神、抗洪精神、抗击"非典"精神、抗震救灾精神、载人航天精神、劳模精神（劳动精神、工匠精神）、青藏铁路精神、女排精神；脱贫攻坚精神、抗疫精神、"三牛"精神、科学家精神、企业家精神、探月精神、新时代北斗精神、丝路精神。这些精神，集中彰显了中华民族和中国人民长期以来形成的伟大创造精神、伟大奋斗精神、伟大团结精神、伟大梦想精神，彰显了一代又一代中国共产党人"为有牺牲多壮志，敢教日月换新天"的奋斗精神。党的十八大以来，习近平遍访西柏坡、井冈山、沂蒙山、古田、延安、遵义等革命圣地；党的十九大后，他带领中共中央政治局常委，瞻仰上海中共一大会址和浙江嘉兴南湖红船，回顾建党历史，重温入党誓词，宣示了新时代中国共产党人不忘初心、牢记使命的坚定政治信念，有效推动革命文化不断再生再造、凝聚升华。社会主义先进文化以马克思主义为旗帜，是对中华优秀传统文化和革命文化的继承和发展，其核心内容是中国特色社会主义的共同理想、以爱国主义为核心的民族精神和以改革创新为核心的时代精神。在短短几十年的社会主义实践中，我们创造了中国道路、中国模式、中国奇迹，充分说明了社会主义先进文化是一种有生命力的文化，是体现人类文明发展进步方向的文化。

改革开放以来，我们党团结带领全国各族人民坚持不懈进行中国特色社会主义伟大实践，推动我国经济实力、科技实力、国防实力、综合国力进入世界前列，使科学社会主义在 21 世纪显示出强大生命力，我们比历史上任何时期都更接近实现中华民族伟大复兴的目标，比历史上任何时期都更有信心、更有能力实现这个目标。随着我国综合国力和国际地位的提升，中华文化的影响力不断扩大，中华文化兴盛的势头不可阻挡、不可逆转。这是我们坚定文化自信的强大物质支撑。

二、激浊扬清，引领思想文化领域向上向好态势不断发展

思想政治工作是党的优良传统、鲜明特色和突出政治优势，是一切工作的生命线。加强和改进思想政治工作，事关党的前途命运，事关国家长治久安，事关民族凝聚力和向心力。毛泽东指出："掌握思想领导是掌握一切领导的第一位。"①干革命就要把"笔杆子跟枪杆子结合起来"②。"各地党委的第一书记应该亲自出马来抓思想问题"，"所谓'抓'，就是要把这个问题提到议事日程上，要研究"，③"不应该只委托宣传部长、文教部长、教育和文化厅、局长这些同志去做而自己不去管它们"④；"要责成省委、地委、县委书记管思想工作，管报纸、学校、文学艺术和广播。"⑤邓小平强调："拿笔杆是实行领导的主要方法。领导同志要学会拿笔杆。"拿笔杆也就是做宣传思想工作，"不懂得用笔杆子，这个领导本身就是有缺陷的。"⑥"党的领导机关除了掌握方针政策和决定重要干部的使用以外，要腾出主要的时间和精力来做思想政治工作"⑦。江泽民指出："党委书记主管思想政治和意识形态工作，这是我们党的一个好传统。"⑧"各级党委、特别是主要领导同志一定要充分认识到，做好人的工作，做好思想政治工作，是在现代化建设实践中把两个文明建设统一起来的中心环节。"⑨胡锦涛强调："党管宣传、党管意识形态，是我们党在长期实践中

---

① 《毛泽东文集》第二卷，人民出版社 1993 年版，第 435 页。

② 《毛泽东文集》第二卷，人民出版社 1993 年版，第 257 页。

③ 《毛泽东文集》第七卷，人民出版社 1999 年版，第 282 页。

④ 中共中央文献研究室编：《建国以来重要文献选编》第 10 册，中央文献出版社 2011 年版，第 145 页。

⑤ 《毛泽东文集》第七卷，人民出版社 1999 年版，第 247 页。

⑥ 《邓小平文选》第一卷，人民出版社 1994 年版，第 145—146 页。

⑦ 《邓小平文选》第二卷，人民出版社 1994 年版，第 365 页。

⑧ 《江泽民文选》第三卷，人民出版社 2006 年版，第 96—97 页。

⑨ 《江泽民文选》第一卷，人民出版社 2006 年版，第 583 页。

形成的重要原则和制度，是坚持党的领导的一个重要方面，必须始终牢牢坚持，任何时候都不能动摇。"①"经济工作搞不好要出大问题，意识形态工作搞不好也要出大问题。"②习近平指出："各级党委要负起政治责任和领导责任，加强对宣传思想领域重大问题的分析研判和重大战略性任务的统筹指导，不断提高领导宣传思想工作能力和水平。"③

党的十八大以来，针对一段时间里拜金主义、享乐主义、极端个人主义和历史虚无主义等错误思潮不时出现，网络舆论乱象丛生，一些领导干部政治立场模糊、缺乏斗争精神等问题，我们党召开了两次全国宣传思想工作会议，分别召开文艺工作、党的新闻舆论工作、网络安全和信息化工作、哲学社会科学工作座谈会和全国高校思想政治工作会议等意识形态工作性会议，以及与意识形态工作密切相关的全国党校工作会议、国有企业党建工作会议等，就一系列根本性问题阐明原则立场，廓清是非，校正导向，向全党全社会传递坚定而明晰的信号，引领思想文化领域向上向好态势不断发展，极大巩固了全党全社会思想上的团结统一。

2013年8月19日，全国宣传思想工作会议召开，习近平在会上发表的重要讲话站在党和国家事业全局的高度，深刻阐述了事关宣传思想工作长远发展的一系列重大理论和现实问题，提出了一系列新思想、新观点、新要求，进一步明确了做好新形势下宣传思想工作的方向目标、重点任务和基本遵循。讲话强调，经济建设是党的中心工作，意识形态工作是党的一项极端重要的工作。只有物质文明建设和精神文明建设都搞好，国家物质力量和精神力量都增强，全国各族人民物质生活和精神生活都改善，中

---

① 胡锦涛：《在全国宣传思想工作会议上的讲话》，《人民日报》2003年12月8日。

② 中共中央文献研究室编：《十六大以来重要文献选编》（下），中央文献出版社2008年版，第684页。

③ 习近平：《论坚持党对一切工作的领导》，中央文献出版社2019年版，第27页。

国特色社会主义事业才能顺利向前推进。宣传思想工作就是要努力做到"两个巩固"，即"巩固马克思主义在意识形态领域的指导地位，巩固全党全国人民团结奋斗的共同思想基础"；要深入开展中国特色社会主义宣传教育，把全国各族人民团结和凝聚在中国特色社会主义伟大旗帜之下。讲话进一步强调，党性和人民性从来都是一致的、统一的。坚持党性，核心就是坚持正确政治方向，站稳政治立场，坚定宣传党的理论和路线方针政策，坚定宣传中央重大工作部署，坚定宣传中央关于形势的重大分析判断，坚决同党中央保持高度一致，坚决维护中央权威；坚持人民性，就是要把实现好、维护好、发展好最广大人民根本利益作为出发点和落脚点，坚持以民为本、以人为本。坚持团结稳定鼓劲、正面宣传为主，是宣传思想工作必须遵循的重要方针，必须坚持巩固壮大主流思想舆论，弘扬主旋律，传播正能量，激发全社会团结奋进的强大力量。要在继续大胆推进改革、推动文化事业全面繁荣和文化产业快速发展、建设社会主义文化强国的同时，把握好意识形态属性和产业属性、社会效益和经济效益的关系，始终坚持社会主义先进文化前进方向，始终把社会效益放在首位，无论改什么、怎么改，导向不能改，阵地不能丢。习近平明确要求，做好宣传思想工作必须全党动手，宣传思想部门必须守土有责、守土负责、守土尽责；各级党委要负起政治责任和领导责任，加强对宣传思想领域重大问题的分析研判和重大战略性任务的统筹指导，不断提高领导宣传思想工作能力和水平；要树立大宣传的工作理念，动员各条战线各个部门一起来做，把宣传思想工作同各个领域的行政管理、行业管理、社会管理更加紧密地结合起来。2015年1月召开的全国宣传部长会议强调，宣传工作要把握正确导向、坚持价值引领、讲好中国故事、强化依法管理、奋力创新求进；要深入学习宣传贯彻习近平总书记系列重要讲话精神，深化中国特色社会主义和中国梦学习宣传教育；强化党委领导意识形态工作责任制，牢牢掌握意识形态领域的领导权主动权；推进社会主义核心价值观学习教育实践具体化系统化，努力在全社会形成共同的价值追求；提高舆论引导能力和水平，巩固壮大积极健康向上的主流舆论；推动文艺工作者深入生活繁荣创作，抓好文化体制改革任务落实，真实生动鲜活地讲好中国故事，提升国家文化软实力；加强基层宣传思想文化工作，推动各项任务落地见效。同年4月，中央宣传部等4部门联合印发《关于加强基层宣传思想文化工作的意见》，提出要坚持围绕中心、服务群众，坚持立足实际、因地制宜，坚持整合资源、共建共享，坚持改革创新、务求实效，着力加强基层思想政治工作，着力加大优质文化产品和服务供给，着力加强设施阵地和工作队伍建设，使基层宣传思想文化工作强起来。

文艺工作是意识形态工作的一个重要方面。为了加强党对文艺工作的指导和领导，2014年10月15日，习近平主持召开文艺工作座谈会。在听取了中国作协主席铁凝、中国剧协主席尚长荣、空政文工团一级编剧阎肃、中国美协副主席许江、中国舞协主席赵汝蘅、上海市作协副主席叶辛、中国影协主席李雪健等发言后，习近平发表重要讲话指出，一个民族的复兴需要强大的物质力量，也需要强大的精神力量，实现"两个一百年"奋斗目标、实现中华民族伟大复兴的中国梦，文艺的作用不可替代，文艺工作者大有可为。习近平指出，改革开放以来，我国文艺创作迎来了新的春天，产生了大量脍炙人口的优秀作品，但也存在着有数量缺质量、有"高原"缺"高峰"的现象，存在着抄袭模仿、千篇一律的问题，存在着机械化生产、快餐式消费的问题。习近平强调，文艺不能在市场经济大潮中迷失方向，不能在为什么人的问题上发生偏差，必须把创作生产优秀作品作为文艺工作的中心环节，文艺工作者要在发展社会主义市场经济条件下，正确处理好义利关系，认真严肃地考虑作品的社会效果。社会主义文艺，从本质上讲，就是人民的文艺，要把满足人民精神文化需求作为文艺和文艺工作的出发点和落脚点，坚持以人民为中心的创作导向。一部好的文艺作品，应是社会效益第一位，经济效益第二位，当两个效益、两种价值发生矛盾时，经济效益要服从社会效益，市场价值要服从社会价值。要把爱国主义作为文艺创作的主旋律，引导人民树立和坚持正确的国家观、历史观、民族观、文化观，增强做中国人的骨气和底气；要坚守中华文化立场、传承中华文化基因，展现中华审美风范，传递向上向善的价值观；要学习借鉴世界各国人民创造的优秀文艺，坚持洋为中用、开拓创新，做到中西合璧、融会贯通。要把文艺工作纳入各级党委重要议事日程，加强和改进党对文艺工作的领导，要尊重文艺工作者的创作个性和创造性劳动，不断深化改革、完善政策、健全体制，营造有利于文艺创作的良好环境。2015 年 9 月，中共中央政治局审议通过《中共中央关于繁荣发展社会主义文艺的意见》，就做好文艺工作的重大意义和指导思想、坚持以人民为中心的创作导向、让中国精神成为社会主义文艺的灵魂、创作无愧于时代的优秀作品、建设德艺双馨的文艺队伍、加强和改进党对文艺工作的领导等重要问题作了进一步深入阐述，全面部署、细化落实习近平总书记在文艺工作座谈会上的重要讲话精神，为文艺发展绘制清晰路线图、提供有力的政策与制度保障，将文艺发展提升至国家战略的高度。同年 10 月，中共中央办公厅、国务院办公厅下发《关于全国性文艺评奖制度改革的意见》，要求破除评奖过多过滥、奖项重复交叉、程序不尽规范、个别作品脱离群众的弊端，以压缩数量提升质量，以规范评审扶持精品、引导创新，使文艺评奖的权威性和引导力大大提高。2016 年 1 月，中宣部等 6 部门联合印发《2016—2017 年全国文艺业务骨干和管理干部培训工作规划》，两年中培训文艺工作者 13 万人。中国文联开展"到人民中去""文艺进万家"等文艺采风系列活动，仅 2015 年就有近 7 万名文艺工作者、志愿者参与 2000 多场次的主题实践活动，直接服务 300 多万基层群众。①

① 《无愧时代，不负人民——党的十八大以来社会主义文艺繁荣发展综述》，《人民日报》2016 年 11 月 30 日。

以习近平同志为核心的党中央高度重视党的新闻舆论工作，多次研究有关问题，作出重要部署。2016 年 2 月 19 日，在对人民日报社、新华社、中央电视台等 3 家中央新闻单位进行实地调研后，习近平主持召开党的新闻舆论工作座谈会。在听取人民日报社社长杨振武、新华社社长蔡名照、中央电视台台长聂辰席等发言后，习近平发表重要讲话，深刻阐述了做好新闻舆论工作的重大意义、职责使命、基本方针和实践路径。习近平指出，做好党的新闻舆论工作，事关旗帜和道路，事关贯彻落实党的理论和路线方针政策，事关顺利推进党和国家各项事业，事关全党全国各族人民凝聚力和向心力，事关党和国家前途命运。新的时代条件下党的新闻舆论工作的职责和使命是：高举旗帜、引领导向，围绕中心、服务大局，团结人民、鼓舞士气，成风化人、凝心聚力，澄清谬误、明辨是非，联接中外、沟通世界。习近平强调，党的新闻舆论工作坚持党性原则，最根本的是坚持党对新闻舆论工作的领导。党和政府主办的媒体是党和政府的宣传阵地，必须姓党。党的新闻舆论媒体的所有工作，都要体现党的意志、反映党的主张，维护党中央权威、维护党的团结，做到爱党、护党、为党；都要增强看齐意识，在思想上政治上行动上同党中央保持高度一致；都要坚持党性和人民性相统一，把党的理论和路线方针政策变成人民群众的自觉行动，及时把人民群众创造的经验和面临的实际情况反映出来，丰富人民精神世界，增强人民精神力量。新闻舆论工作各个方面、各个环节都要坚持正确舆论导向。习近平强调，团结稳定鼓劲、正面宣传为主，是党的新闻舆论工作必须遵循的基本方针。随着形势发展，党的新闻舆论工作必须创新理念、内容、体裁、形式、方法、手段、业态、体制、机制，增强针对性和实效性。要加强国际传播能力建设，增强国际话语权，集中讲好中国故事，着力打造具有较强国际影响的外宣旗舰媒体。要加快培养造就一支政治坚定、业务精湛、作风优良、党和人民放心的新闻舆论工作队伍。新闻舆论工作者要增强政治家办报意识，在围绕中心、服务大局中找准坐标定位，牢记社会责任，不断解决好"为了谁、依靠谁、我是谁"这个根本问题。讲话为新闻舆论战线与时俱进改革创新、全面提高工作能力水平提供了基本遵循和行动指南。同年 4 月 19 日，在主持召开网络安全和信息化工作座谈会时，习近平又重点阐述了建设网络良好生态，发挥网络引导舆论、反映民意作用的问题，强调领导干部要善于运用网络了解民意、开展工作，要让互联网成为党同群众交流沟通的新平台，要加强网络内容建设，做强网上正面宣传，充分发挥好互联网舆论监督作用。2017年 5 月，中央宣传部等 4 部门联合印发《关于深化中央主要新闻单位采编播管岗位人事管理制度改革的试行意见》，就深化新闻单位干部人事管理制度改革，不断增强新闻舆论工作队伍事业心归属感忠诚度等问题提出明确要求。

一个没有发达的自然科学的国家不可能走在世界前列，一个没有繁荣的哲学社会科学的国家也不可能走在世界前列。坚持和发展中国特色社会主义，哲学社会科学具有不可替代的重要地位，哲学社会科学工作者具有不可替代的重要作用。为了研究和推动我国哲学社会科学工作创新发展问题，2016 年 5 月 17 日，习近平主持召开哲学社会科学工作座谈会。在听取了中国社科院研究员汝信、北京大学国家发展研究院教授林毅夫、敦煌研究院研究员樊锦诗、复旦大学中国研究院教授张维为等发言后，习近平发表重要讲话强调，观察当代中国哲学社会科学，需要有一个宽广的视角，需要放到世界和我国发展大历史中去看。历史表明，社会大变革的时代，一定是哲学社会科学大发展的时代。当代中国正经历着我国历史上最为广泛而深刻的社会变革，也正在进行着人类历史上最为宏大而独特的实践创新。这种前无古人的伟大实践，必将给理论创造、学术繁荣提供强大动力和广阔空间。这是一个需要理论而且一定能够产生理论的时代，这是一个需要思想而且一定能够产生思想的时代。一切有理想、有抱负的哲学社会科学工作者都应该立时代之潮头、通古今之变化、发思想之先声，积极为党和人民述学立论、建言献策，担负起历史赋予的光荣使命。习近平强调，坚持以马克思主义为指导，是当代中国哲学社会科学区别于其他哲学社会科学的根本标志，必须旗帜鲜明加以坚持。我国哲学社会科学的一项重要任务就是继续推进马克思主义中国化、时代化、大众化，继续发展 21 世纪马克思主义、当代中国马克思主义。我国广大哲学社会科学工作者要自觉坚持以马克思主义为指导，自觉把中国特色社会主义理论体系贯穿研究和教学全过程，转化为清醒的理论自觉、坚定的政治信念、科学的思维方法。要按照立足中国、借鉴国外，挖掘历史、把握当代，关怀人类、面向未来的思路，着力构建中国特色哲学社会科学，在指导思想、学科体系、学术体系、话语体系等方面充分体现中国特色、中国风格、中国气派。习近平指出，加强和改善党对哲学社会科学工作的领导，是繁荣发展我国哲学社会科学事业的根本保证。各级党委要把哲学社会科学工作纳入重要议事日程，加强政治领导和工作指导，一手抓繁荣发展、一手抓引导管理。各级领导干部特别是主要负责同志，既要有比较丰富的自然科学知识，又要有比较丰富的社会科学知识，以不断提高决策和领导水平。要加强中国特色新型智库建设，建立健全决策咨询制度。2017 年 3 月，中共中央印发《关于加快构建中国特色哲学社会科学的意见》，就创新发展加快构建中国特色哲学社会科学，为实现"两个一百年"奋斗目标、实现中华民族伟大复兴的中国梦提供强大思想理论支撑等重大问题提出要求，进行部署。

党校工作是党和国家事业的重要组成部分，重视发挥党校作用是我们党的优良传统和政治优势。2015 年 12 月 11 日，习近平出席全国党校工作会议并发表重要讲话强调，党校因党而立，党校姓党是天经地义的要求。党校姓党，就是要坚持一切教学活动、一切科研活动、一切办学活动都坚持党性原则、遵循党的政治路线，坚持以党的旗帜为旗帜、以党的意志为意志、以党的使命为使命，严守党的政治纪律和政治规矩，坚持在党爱党、在党言党、在党忧党、在党为党，在思想上政治上行动上自觉同党中央保持高度一致。党校姓党，决定了党校工作的重心必须是抓党的理论教育和党性教育，领导干部到党校学习，主要任务是学习党的理论、接受党性教育，如果党校把党的理论教育和党性教育这个主业主课放松了、甚至荒废了，搞了很多其他方面知识、技能、兴趣的东西，那就会喧宾夺主，甚至会在政治方向上发生偏差，"马克思主义就是我们共产党人的'真经'，'真经'没念好，总想着'西天取经'，就要贻误大事！"[1] 党校姓党，决定了党校科研要紧紧围绕党的中心工作展开，为坚持和巩固党对意识形态工作的领导、巩固马克思主义在意识形态领域的指导地位作出积极贡献。当今时代，社会思潮纷纭激荡，思想舆论领域大致有红色、黑色、灰色"三个地带"。红色地带是我们的主阵地，一定要守住；黑色地带主要是负面的东西，要敢于亮剑，大大压缩其地盘；灰色地带要大张旗鼓争取，使其转化为红色地带。落后就要挨打，贫穷就要挨饿，失语就要挨骂，我们党带领人民就是要不断解决"挨打""挨饿""挨骂"这三大问题。党校要发挥自己马克思主义基本理论学科优势，认真研究、宣传、阐述党的思想理论，要充分发挥课堂、报刊、网站、出版物等阵地优势，坚持在重大政治原则和大是大非问题上净化"噪音""杂音"，弘扬主旋律，传播正能量。党校教师是我们党直接掌握的一支教师队伍，是我们党一支不可多得的理论力量，首先要做到自觉坚持党校姓党、党校教师姓党。同时下发的《中共中央关于加强和改进新形势下党校工作的意见》，就坚持党校姓党根本原则、把党的理论教育和党性教育作为党校教学首要任务、提升党校科研水平和影响力、加强党校师资队伍和干部队伍建设等问题进一步提出明确要求。

国有企业是中国特色社会主义的重要物质基础和政治基础，坚持党的

---

[1]　习近平：《在全国党校工作会议上的讲话》，《求是》2016 年第 9 期。

领导、加强党的建设，是国有企业的"根"和"魂"，是我国国有企业的独特优势。2016 年 10 月 10 日至 11 日，全国国有企业党的建设工作会议召开。习近平出席会议并发表重要讲话，明确新形势下国有企业坚持党的领导、加强党的建设的总要求是：坚持党要管党、从严治党，紧紧围绕全面解决党的领导、党的建设弱化、淡化、虚化、边缘化问题，坚持党对国有企业的领导不动摇，发挥企业党组织的领导核心和政治核心作用，保证党和国家方针政策、重大部署在国有企业贯彻执行；坚持服务生产经营不偏离，把提高企业效益、增强企业竞争实力、实现国有资产保值增值作为国有企业党组织工作的出发点和落脚点，以企业改革发展成果检验党组织的工作和战斗力；坚持党组织对国有企业选人用人的领导和把关作用不能变，着力培养一支宏大的高素质企业领导人员队伍；坚持建强国有企业基层党组织不放松，确保企业发展到哪里、党的建设就跟进到哪里、党支部的战斗堡垒作用就体现在哪里，为做强做优做大国有企业提供坚强组织保证。习近平强调，坚持党对国有企业的领导是重大政治原则，必须一以贯之；建立现代企业制度是国有企业改革的方向，也必须一以贯之，中国特色现代国有企业制度，"特"就特在把党的领导融入公司治理各环节，把企业党组织内嵌到公司治理结构之中，明确和落实党组织在公司法人治理结构中的法定地位。党对国有企业的领导是政治领导、思想领导、组织领导的有机统一，国有企业党组织发挥领导核心和政治核心作用，归结到一点，就是把方向、管大局、保落实；要明确党组织在决策、执行、监督各环节的权责和工作方式，使党组织发挥作用组织化、制度化、具体化；要处理好党组织和其他治理主体的关系，明确权责边界，做到无缝衔接，形成各司其职、各负其责、协调运转、有效制衡的公司治理机制。国有企业领导人员是党在经济领域的执政骨干，必须做到对党忠诚、勇于创新、治企有方、兴企有为、清正廉洁，牢记自己的第一职责是为党工作，牢固树立政治意识、大局意识、核心意识、看齐意识，把爱党、忧党、兴党、护党落实到经营管理各项工作中。讲话从巩固党的执政基础执政地位的高度，深刻回答了事关国有企业改革发展和党的建设的一系列重大问题，对于做强做优做大国有企业具有重要指导意义。

做好高校宣传思想工作，加强高校意识形态阵地建设，是一项战略工程。2016 年 12 月 7 日至 8 日全国高校思想政治工作会议召开。习近平出席会议并发表重要讲话，强调高校思想政治工作关系高校培养什么样的人、如何培养人以及为谁培养人这个根本问题。要坚持把立德树人作为中心环节，把思想政治工作贯穿教育教学全过程，实现全程育人、全方位育人，努力开创我国高等教育事业发展新局面。习近平指出，我国有独特的历史、独特的文化、独特的国情，决定了我国必须走自己的高等教育发展道路，扎实办好中国特色社会主义高校；我国高等教育肩负着培养德智体美全面发展的社会主义事业建设者和接班人的重大任务，必须坚持正确政治方向；思想政治工作从根本上说是做人的工作，必须围绕学生、关照学生、服务学生，不断提高学生思想水平、政治觉悟、道德品质、文化素养，让学生成为德才兼备、全面发展的人才；做好高校思想政治工作，要因事而化、因时而进、因势而新。要遵循思想政治工作规律，遵循教书育人规律，遵循学生成长规律，用好课堂教学这个主渠道，加快构建中国特色哲学社会科学学科体系和教材体系等。习近平强调，办好我国高等教育，必须坚持党的领导，牢牢掌握党对高校工作的领导权，使高校成为坚持党的领导的坚强阵地，形成党委统一领导、各部门各方面齐抓共管的工作格局。习近平的重要讲话从全局和战略高度，深刻回答了事关高等教育事业发展和高校思想政治工作的一系列方向性、根本性重大问题，具有很强的政治性、思想性、针对性。2017 年 2 月，中共中央、国务院印发《关于加强和改进新形势下高校思想政治工作的意见》，强调加强和改进高校思想政治工作，事关办什么样的大学、怎样办大学的根本问题，事关党对高校的领导，事关中国特色社会主义事业后继有人，是一项重大的政治任务和战略工程。《意见》围绕强化思想理论教育和价值引领、发挥哲学社会科学育人功能、加强对课堂教学和各类思想文化阵地的建设管理、加强教师队伍和专门力量建设、推进高校思想政治工作改革创新、加强和改善党对高校的领导等问题，就如何加强和改进新形势下高校思想政治工作提出要求。截至 2020 年 11 月，登记在库的全国高校思政课专兼职教师总数达 106411 人，首次突破 10 万人大关。"十三五"时期，高校思政课教师年均增长率 14.4%，其中专职教师增幅达 65.5%。

党的十九大后，2018 年 8 月 21 日至 22 日，全国宣传思想工作会议召开。习近平出席会议并发表重要讲话强调，中国特色社会主义进入新时代，必须把统一思想、凝聚力量作为宣传思想工作的中心环节。做好新形势下宣传思想工作，必须自觉承担起举旗帜、聚民心、育新人、兴文化、展形象的使命任务。举旗帜，就是要高举马克思主义、中国特色社会主义的旗帜；聚民心，就是要牢牢把握正确舆论导向，唱响主旋律，壮大正能量，做大做强主流思想舆论；育新人，就是要坚持立德树人、以文化人，建设社会主义精神文明、培育和践行社会主义核心价值观，提高人民思想觉悟、道德水准、文明素养；兴文化，就是要坚持中国特色社会主义文化发展道路，推动中华优秀传统文化创造性转化、创新性发展，继承革命文化，发展社会主义先进文化，激发全民族文化创新创造活力，建设社会主义文化强国；展形象，就是要推进国际传播能力建设，讲好中国故事、传播好中国声音，向世界展现真实、立体、全面的中国，提高国家文化软实力和中华文化影响力。习近平指出，建设具有强大凝聚力和引领力的社会主义意识形态，是全党特别是宣传思想战线必须担负起的一个战略任务。要做好做强马克思主义宣传教育工作，特别是要在学懂弄通做实新时代中国特色社会主义思想上下功夫；要把坚定"四个自信"作为建设社会主义意识形态的关键，坚持马克思主义在我国哲学社会科学领域的指导地位，建设具有中国特色、中国风格、中国气派的哲学社会科学；要把握正确舆论导向，提高新闻舆论传播力、引导力、影响力、公信力，巩固壮大主流思想舆论；要加强传播手段和话语方式创新，让党的创新理论"飞入寻常百姓家"；要旗帜鲜明坚持真理，立场坚定批驳谬误。习近平强调，要加强党对宣传思想工作的全面领导，旗帜鲜明坚持党管宣传、党管意识形态。这个重要讲话深刻总结了党的十八大以来党的宣传思想工作的历史性成就和历史性变革，深刻阐述了新形势下党的宣传思想工作的历史方位和使命任务，深刻回答了一系列方向性、根本性、全局性、战略性重大问题，对做好新形势下党的宣传思想工作作出重大部署，是做好新形势下党的宣传思想工作的根本遵循。

2019 年 6 月，中共中央印发《中国共产党宣传工作条例》，这一宣传领域的主干性、基础性党内法规，全面贯彻习近平新时代中国特色社会主义思想，把习近平总书记关于宣传思想工作的重要思想上升为制度固定下来，成为做好新时代宣传思想工作的重要遵循。2021 年 7 月，中共中央、国务院印发《关于新时代加强和改进思想政治工作的意见》。《意见》明确了新时代加强和改进思想政治工作的指导思想、方针原则，强调要把思想政治工作作为治党治国的重要方式，强化党委（党组）主体责任；要深入开展思想政治教育，坚持用习近平新时代中国特色社会主义思想武装全党、教育人民，推动理想信念教育常态化制度化；要提升基层思想政治工作质量和水平；要推动新时代思想政治工作守正创新发展，巩固壮大主流思想舆论，坚持正确政治方向、舆论导向、价值取向，把思想政治工作融入主题宣传、形势宣传、政策宣传、成就宣传、典型宣传中，落实到党报党刊、电台电视台、都市类报刊和新媒体等各级各类媒体，不断提高新闻舆论传播力、引导力、影响力、公信力；要构建党委统一领导、党政齐抓共管、宣传部门组织协调、有关部门和人民团体分工负责、全党全社会共同参与的思想政治工作大格局。

"意识形态领域是争夺'制脑权'的没有硝烟的战场"①，是为国家立心、为民族立魂的工作，是国家政治安全的一个极为重要的方面。拿破仑·波拿巴有一句名言："世界上只有两种强大的力量，即刀枪和思想；从长远来看，刀枪总是被思想战胜的。"② 马克思说过："如果从观念上来考察，那么一定的意识形式的解体足以使整个时代覆灭。"③ 美国政治学家摩根索认为："意识形态同一切观念一样都是武器，既能提高国民士气以增强一国实力，与此同时又能削弱敌国斗志。"④ 习近平则强调指出："建设具有强大凝聚力和引领力的社会主义意识形态。这是新时代坚持和发展中国特色社会主义的一个重大命题，也是全党特别是宣传思想战线必须担负起的一个战略任务。"⑤ "能否做好意识形态工作，事关党的前途命运，事关国家长治久安，事关民族凝聚力和向心力。" "一个政权的瓦解往往是从思想领域开始的，政治动荡、政权更迭可能在一夜之间发生，但思想演化是个长期过程。思想防线被攻破了，其他防线就很难守住。我们必须把意识形态工作的领导权、管理权、话语权牢牢掌握在手中，任何时候都不能旁落，否则就要犯无可挽回的历史性错误。"⑥ 他以苏联、苏共为例，指出："苏联为什么解体？苏共为什么垮台？一个重要原因就是意识形态领域的斗争十分激烈，全面否定苏联历史、苏共历史，否定列宁，否定斯大林，搞历史虚无主义，思想搞乱了，各级党组织几乎没任何作用了，军队都不在党的领

① 中共中央宣传部：《习近平新时代中国特色社会主义思想三十讲》，学习出版社 2018 年版，第 257 页。

② ［法］乔治·勒费弗尔：《拿破仑时代》（下），商务印书馆 2017 年版，第 519 页。

③ 《马克思恩格斯文集》第 8 卷，人民出版社 2009 年版，第 170 页。

④ ［美］汉斯·J. 摩根索：《国家间的政治——为权力与和平而斗争》，杨岐鸣等译，商务印书馆 1993 年版，第 128 页。

⑤ 中共中央党史和文献研究院编：《习近平关于社会主义精神文明建设论述摘编》，中央文献出版社 2022 年版，第 85 页。

⑥ 中共中央文献研究室编：《习近平关于社会主义文化建设论述摘编》，中央文献出版社 2017 年版，第 21 页。

导之下了。最后，苏联共产党偌大一个党就作鸟兽散了，苏联偌大一个社会主义国家就分崩离析了。这是前车之鉴啊！"①由以上不难看出，意识形态虽然无形却能够慑服人心，虽然无界却能够统揽全局，它对于维护一个国家的长治久安、一个党的兴旺发达、一个民族的持久发展具有举足轻重的作用，关乎举什么旗、走什么路、立什么制度等重大政治方向问题。在当今世界战略格局深刻变动和思想文化交锋激荡的格局下，意识形态成为国家政治安全和软实力较量的重要内容。

党的十八大以来，以习近平同志为核心的党中央把意识形态作为"党的一项极端重要的工作"高度重视，着力解决意识形态领域党的领导弱化问题，立破并举、激浊扬清，就意识形态领域许多方向性、战略性问题作出部署，确立和坚持马克思主义在意识形态领域指导地位的根本制度，坚定不移坚持党管宣传、党管意识形态、党管媒体，健全意识形态工作责任制，先后出台了《关于推动传统媒体和新兴媒体融合发展的指导意见》《关于实施网络内容建设工程的意见》《党委（党组）意识形态工作责任制实施办法》《党委（党组）网络意识形态工作责任制实施细则》等制度规范，以党内法规形式明确各级党委（党组）的政治责任、主体责任，并将责任落实情况纳入巡视巡察安排，推动全党动手抓宣传思想工作，守土有责、守土负责、守土尽责，敢抓敢管、敢于斗争，旗帜鲜明反对和抵制各种错误观点。习近平明确提出，对违反四项基本原则的，所在地方和单位要切实管起来，决不能让这些人在那里舒舒服服造谣生事、浑水摸鱼、煽风点火、信口雌黄，"绝不允许与中央唱反调，绝不允许吃共产党的饭、砸共产党的锅"。还特别提出："党委主要负责同志要带头抓意识形态工作，带头阅看本地区本部门主要媒体的内容，带头把住本地区本部门媒体的导向，带头批评错误观点和

---

① 中共中央文献研究室编：《十八大以来重要文献选编》（上），中央文献出版社2014年版，第113页。

错误倾向。要选好配强领导班子……对不适合、不适应的坚决作出调整，确保宣传思想工作领导权牢牢掌握在忠于党和人民的人手里。"①

如前所述，党从正本清源入手加强宣传思想工作，分别召开文艺工作、党的新闻舆论工作、网络安全和信息化工作、哲学社会科学工作座谈会和全国高校思想政治工作等会议，就一系列根本性问题阐明原则立场，廓清了理论是非，校正了工作导向。党的十九届四中全会首次把马克思主义在意识形态领域的指导地位作为一项根本制度明确提出来，这是关系党和国家事业长远发展、关系我国文化前进方向和发展道路的重大制度创新。党中央推动用党的创新理论武装全党、教育人民、指导实践，深化马克思主义理论研究和建设，推进中国特色哲学社会科学学科体系、学术体系、话语体系建设。高度重视传播手段建设和创新，推动媒体融合发展，提高新闻舆论传播力、引导力、影响力、公信力，不断巩固壮大主流思想舆论。习近平强调，互联网是一个社会信息大平台，亿万网民在上面获得信息、交流信息，这会对他们的求知途径、思维方式、价值观念产生重要影响；互联网不是法外之地，利用网络鼓吹推翻国家政权，煽动宗教极端主义，宣扬民族分裂思想，教唆暴力恐怖活动，等等，这样的行为必须坚决制止和打击；网上网下要形成同心圆，这个同心圆，"就是在党的领导下，动员全国各族人民，调动各方面积极性，共同为实现中华民族伟大复兴的中国梦而奋斗"②。党坚持以社会主义核心价值观引领文化建设，注重用社会主义先进文化、革命文化、中华优秀传统文化培根铸魂，广泛开展中国特色社会主义和中国梦宣传教育，推动理想信念教育常态化制度化，推动学习党史、新中国史、改革开放

---

① 中共中央文献研究室编：《习近平关于社会主义文化建设论述摘编》，中央文献出版社 2017 年版，第 36、33 页。

② 习近平：《在网络安全和信息化工作座谈会上的讲话》，《人民日报》2016 年 4 月 26 日。

史、社会主义发展史，涤荡侵蚀思想和文化阵地的种种污浊，在全社会唱响主旋律、弘扬正能量。

习近平明确提出，"过不了互联网这一关，就过不了长期执政这一关"，"管好用好互联网，是新形势下掌控新闻舆论阵地的关键"。① 相较于传统媒体，互联网舆论场更为复杂，国际国内、线上线下、虚拟现实、体制外体制内等界限愈益模糊，构成了越来越复杂的大舆论场，更具有自发性、突发性、公开性、多元性、冲突性、匿名性、无界性、难控性等特点。主流媒体主导作用受到巨大冲击，网络往往成为负面舆情发酵、错误思想传播的策源地和放大器，大大增加了舆论引导和内容管理的难度。党高度重视互联网这个意识形态斗争的主阵地、主战场、最前沿，适应新形势下传播形态、传播格局的深刻变革，推进传统媒体和新兴媒体深度融合，提高新闻舆论传播力、引导力、影响力、公信力，推动我国整体传播能力有一个更大的提升。一是加强互联网内容建设，理直气壮唱响网上主旋律，巩固壮大主流思想舆论，形成网上正面舆论强势。二是建立网络综合治理体系，整合相关机构职能，健全基础管理、内容管理、行业管理以及网络违法犯罪防范和打击等工作联动机制，健全网络突发事件处置机制，形成党委领导、政府管理、企业履责、社会监督、网民自律等多主体参与，经济、法律、技术等多种手段相结合的综合治网格局。三是坚持依法管网治网，营造清朗的网络空间。针对美西方对我国意识形态领域的思想渗透，对受其影响通过自媒体、"网络水军"或"大 V"宣传否定马克思主义科学性，宣传崇洋、媚俗、煽情和暴力等违背社会主义核心价值观和中华优秀传统文化，侮辱革命先烈和英模人物等现象，持续深入开展净网专项行动，清理违法和不良信息，依法惩治网络违法犯罪行为。

经过持续努力，党牢牢掌握意识形态工作领导权，我国意识形态领域

---

① 习近平：《论坚持党对一切工作的领导》，中央文献出版社 2019 年版，第 129 页。

形势发生全局性、根本性转变，整体形成向上向好态势，全党全国人民文化自信明显增强，全社会凝聚力向心力极大提升，汇聚起意气风发、勇毅前行的磅礴力量，为维护国家政治安全提供了坚强思想保证和强大精神支撑。

党的十八大以来，面对思想文化大激荡、网络媒体大发展的新时代，以习近平同志为核心的党中央坚持问题导向，敢于发声亮剑，大力加强党对意识形态工作的领导，不断深化对宣传思想工作的规律性认识，提出了一系列新思想新观点新论断，概括起来，主要是：坚持党对意识形态工作的领导权；坚持思想工作"两个巩固"的根本任务；坚持用习近平新时代中国特色社会主义思想武装全党、教育人民；坚持培育和践行社会主义核心价值观；坚持文化自信是更基础、更广泛、更深厚的自信，是更基本、更深沉、更持久的力量；坚持提高新闻舆论传播力、引导力、影响力、公信力；坚持以人民为中心的创作导向；坚持营造风清气正的网络空间；坚持讲好中国故事、传播好中国声音。这些重要思想，是做好宣传思想工作和意识形态工作的根本遵循，必须长期坚持、不断发展。以上述这些规律性认识为指导，通过严格督察和落实意识形态工作责任制，从思想认识、方法手段、体制机制上牢牢掌握意识形态工作的领导权、管理权、话语权，我们党极大扭转了一段时间里意识形态领域的消极被动局面。党的十八大以来我国意识形态领域形势"发生全局性、根本性转变"①，思想文化领域向上向好态势不断发展。

涉及意识形态领域的一系列立破并举、激浊扬清、正本清源的工作，推动和保障我国文化事业更加积极健康的发展。2015年9月，中共中央办公厅、国务院办公厅印发《关于推动国有文化企业把社会效益放在首

---

① 《中共中央关于党的百年奋斗重大成就和历史经验的决议》，《人民日报》2021年11月17日。

位、实现社会效益和经济效益相统一的指导意见》，明确规定国有文化企业"社会效益指标考核权重应占50%以上，并将社会效益考核细化量化到政治导向、文化创作生产和服务、受众反应、社会影响、内部制度和队伍建设等具体指标中，形成对社会效益的可量化、可核查要求"①，从而把社会效益和经济效益"两个效益"相统一的原则转化成了具体的制度设计。出版行业围绕党和国家工作大局，聚焦中国梦、"五位一体"总体布局、"四个全面"战略布局、新发展理念、供给侧结构性改革、中华优秀传统文化、迎接宣传贯彻党的十九大等主题主线，围绕学习党史、新中国史、改革开放史、社会主义发展史，庆祝中国共产党成立100周年、中华人民共和国成立70周年、中国人民解放军建军90周年、改革开放40周年和纪念中国人民抗日战争暨世界反法西斯战争胜利70周年、中国人民志愿军抗美援朝出国作战70周年等重大活动，推出一大批导向正确、质量上乘、有较大社会影响力的优秀出版物，有力彰显党心民心、国威军威，取得了社会效益和经济效益双丰收。文艺界不良风气有力扭转，倡导积极健康的文艺评论，清理、规范各类评奖活动，全面治理豪华晚会，文化市场回归理性，低俗媚俗作品得到遏制，文艺工作者更加注重德艺双馨，艺术创作生产呈现出生机勃发的良好局面。人民基本文化权益得到更好保障，现代公共文化服务体系建设迈出重要步伐。2015年1月，中共中央办公厅、国务院办公厅印发《关于加快构建现代公共文化服务体系的意见》，明确提出"促进基本公共文化服务标准化、均等化"，并确定了14个小类22条基本公共文化服务具体标准，对现代公共文化服务体系建设进行了全面制度设计。同年10月国务院办公厅印发《关于推进基层综合性文化服务中心建设的指导意见》，要求把乡镇（街道）和村（社区）级的党员教育、科学普及、普

---

① 《中共中央办公厅国务院办公厅印发　关于推动国有文化企业把社会效益放在首位、实现社会效益和经济效益相统一的指导意见》，《人民日报》2015年9月15日。

法教育、体育健身等设施资源整合起来，建设基层综合性文化服务中心，推动基层文化资源互联互通、共建共享。与国家脱贫攻坚战略相衔接，2015 年 12 月，文化部等 7 部委联合印发《"十三五"时期贫困地区公共文化服务体系建设规划纲要》，助推贫困地区与全国同步实现文化小康。2016 年 7 月，文化部印发《文化志愿服务管理办法》，推动文化志愿服务规范化、制度化。同年 12 月，十二届全国人大常委会第二十五次会议通过《中华人民共和国公共文化服务保障法》，首次以法律形式规范和界定了各级政府及有关部门在公共文化服务中的责任和义务，将公共文化建设纳入法治化、规范化轨道。2017 年 11 月，十二届全国人大常委会第三十次会议通过《中华人民共和国公共图书馆法》，促进公共图书馆事业发展，发挥公共图书馆功能。截至 2020 年底，全国共有公共图书馆 3212 个、美术馆 618 个、博物馆 5788 个、文化馆 3327 个、文化站 4 万多个、村级综合性文化服务中心 57.54 万个。所有的公共图书馆、文化馆、文化站、美术馆和 90% 以上的博物馆已经实行免费开放。

2018 年 7 月，中央深改委第三次会议审议通过《关于建设新时代文明实践中心试点工作的指导意见》。截至 2021 年 11 月，全国 500 个试点县（市、区）普遍建立新时代文明实践中心，发挥县级党委统揽作用，聚焦群众需求、广泛组织力量，有效调配资源、完善工作网络，着力破解基层宣传思想工作"做什么、谁来做、怎样做"的问题，成为新时代群众工作的创新载体，受到基层干部群众的欢迎。文化产业是文化建设的重要方面，党的十八大以来，我国文化产业加快发展，文化市场主体规模实力不断壮大。截至 2019 年底，我国有文化产业法人单位 209.31 万个，全国文化产业及相关产业增加值 44363 亿元，占 GDP 的比重为 4.5%。[①]2021 年

---

① 《文化日益繁荣　旅游蓬勃发展（权威发布·全面建成小康社会）》，《人民日报》2021 年 8 月 28 日。

中国电影总票房达到 472.58 亿元，继续保持全球第一。其中以抗美援朝战争中长津湖战役为背景、反映中国人民志愿军连队在极度严酷环境下坚守阵地奋勇杀敌的电影《长津湖》引发观影热潮，总票房突破 57 亿元。文化与旅游融合发展，截至 2021 年 6 月底，全国有 A 级旅游景区 1.3 万多家，其中 5A 级景区 306 个；国家级旅游度假区 45 个；全国红色旅游经典景区 300 家，乡村旅游重点村镇 1299 个。

2020 年 10 月党的十九届五中全会明确提出，要"坚持马克思主义在意识形态领域的指导地位，坚定文化自信，坚持以社会主义核心价值观引领文化建设，加强社会主义精神文明建设，围绕举旗帜、聚民心、育新人、兴文化、展形象的使命任务，促进满足人民文化需求和增强人民精神力量相统一"，到 2035 年"建成文化强国"，"国家文化软实力显著增强"，① 并从提高社会文明程度、提升公共文化服务水平、健全现代文化产业体系等方面对"建成文化强国"进行具体部署。

三、坚持用社会主义核心价值观凝魂聚气强基固本

中国特色社会主义文化是"魂""体"兼备的文化，社会主义核心价值观是其"魂"，文化事业文化产业是其"体"，"魂"是核心，"体"为表现，两者互为表里，相辅相成，统一于文化事业改革发展之中。新形势下，加快中国特色社会主义文化改革发展，必须大力培育和弘扬社会主义核心价值观。

社会主义作为资本主义制度的替代者，必须也必然具有与资本主义相区别的核心价值追求和价值体系。社会主义核心价值观是对社会主义核心

---

① 《中共中央关于制定国民经济和社会发展第十四个五年规划和二〇三五年远景目标的建议》，《人民日报》2020 年 11 月 4 日。

价值体系的高度凝练和集中表达。伴随 1949 年新中国的成立，我们党在中国逐步确立了社会主义基本政治制度、基本经济制度和以马克思主义为指导的社会主义意识形态，为社会主义核心价值体系的提出和建设奠定了政治前提、物质基础和文化条件。改革开放后，随着对中国特色社会主义建设规律认识的不断深化，2006 年 10 月，党的十六届六中全会第一次提出了"建设社会主义核心价值体系"的重大命题和战略任务，并概括了社会主义核心价值体系的基本内容。2007 年 10 月，党的十七大强调，"社会主义核心价值体系是社会主义意识形态的本质体现"[①]。2011 年 10 月，党的十七届六中全会进一步提出："社会主义核心价值体系是兴国之魂，是社会主义先进文化的精髓，决定着中国特色社会主义发展方向。"[②]2012 年 11 月，党的十八大凝聚全党全社会共识，在阐述"加强社会主义核心价值体系建设"问题时，第一次从国家、社会、公民三个层面正式提出了"三个倡导"的 24 个字社会主义核心价值观，即在国家层面，倡导"富强、民主、文明、和谐"；在社会层面，倡导"自由、平等、公正、法治"；在公民个人层面，倡导"爱国、敬业、诚信、友善"。这"三个倡导"，把涉及国家、社会、公民的价值要求融为一体，其与社会主义核心价值体系具有内在一致性，都体现了社会主义意识形态的本质要求，体现了社会主义制度在思想和精神层面的质的规定性；又各有侧重，社会主义核心价值体系包括马克思主义指导思想、中国特色社会主义共同理想、民族精神和时代精神、社会主义荣辱观等四个方面内容，社会主义核心价值观则更突出了这个价值体系的核心要素，更清晰地揭示了价值体系的内核，表达更加凝练通俗，便于阐发和传播，也更加强化了实践导向，便于遵循和践行。

---

① 胡锦涛：《高举中国特色社会主义伟大旗帜　为夺取全面建设小康社会新胜利而奋斗──在中国共产党第十七次全国代表大会上的报告》，《人民日报》2007 年 10 月 25 日。

② 《中共中央关于深化文化体制改革推动社会主义文化大发展大繁荣若干重大问题的决定》，《人民日报》2011 年 10 月 26 日。

2013 年 12 月，中共中央办公厅印发《关于培育和践行社会主义核心价值观的意见》，就培育和践行社会主义核心价值观的重要意义、指导思想、原则举措、组织领导等作出总体部署。2014 年 2 月 24 日，在继前一次就提高国家文化软实力问题进行集体学习之后，中共十八届中央政治局第十三次集体学习专门将培育和弘扬社会主义核心价值观、弘扬中华传统美德确定为学习主题。习近平在主持学习时强调，核心价值观是文化软实力的灵魂、文化软实力建设的重点，是决定文化性质和方向的最深层次要素；一个国家的文化软实力，从根本上说，取决于其核心价值观的生命力、凝聚力、感召力；培育和弘扬核心价值观，有效整合社会意识，是社会系统得以正常运转、社会秩序得以有效维护的重要途径，也是国家治理体系和治理能力的重要方面。要"把培育和弘扬社会主义核心价值观作为凝魂聚气、强基固本的基础工程，继承和发扬中华优秀传统文化和传统美德，广泛开展社会主义核心价值观宣传教育，积极引导人们讲道德、尊道德、守道德，追求高尚的道德理想，不断夯实中国特色社会主义的思想道德基础"[1]。习近平指出，培育和弘扬社会主义核心价值观必须立足中华优秀传统文化，要讲清楚中华优秀传统文化的历史渊源、发展脉络、独特创造、价值理念、鲜明特色，深入挖掘和阐发中华优秀传统文化讲仁爱、重民本、守诚信、崇正义、尚和合、求大同的时代价值，使中华优秀传统文化成为涵养社会主义核心价值观的重要源泉。要切实把社会主义核心价值观贯穿于社会生活方方面面，通过教育引导、舆论宣传、文化熏陶、实践养成、制度保障等，使社会主义核心价值观内化为人们的精神追求，外化为人们的自觉行动，要从娃娃抓起、从学校抓起，运用各类文化形式，生动具体地表现社会主义核心价值观，用高质量高水平的作品形象地告诉人

---

[1]　《习近平在中共中央政治局第十三次集体学习时强调　把培育和弘扬社会主义核心价值观作为凝魂聚气强基固本的基础工程》，《人民日报》2014 年 2 月 26 日。

们什么是真善美，什么是假恶丑，什么是值得肯定和赞扬的，什么是必须反对和否定的。要把社会主义核心价值观的基本要求与人们日常生活紧密联系起来，健全各行各业规章制度，完善市民公约、乡规民约、学生守则等行为准则，在落细、落小、落实上下功夫，使社会主义核心价值观成为人们日常工作生活的基本遵循。5月4日，在与北京大学师生座谈时，习近平再次强调："我国是一个有着13亿多人口、56个民族的大国，确立反映全国各族人民共同认同的价值观'最大公约数'，使全体人民同心同德、团结奋进，关乎国家前途命运，关乎人民幸福安康。"关于社会主义核心价值观的"三个倡导"的概括，"实际上回答了我们要建设什么样的国家、建设什么样的社会、培育什么样的公民的重大问题"。①此后的几个月中，习近平在多个场合又反复论及社会主义核心价值观。2014年10月，在文艺工作座谈会上，他就此回顾说："这段时间，我集中强调了培育和践行社会主义核心价值观问题。今年2月，中央政治局专门就培育和弘扬社会主义核心价值观进行集体学习，我作了讲话，对全社会提了要求。五四青年节，我到北京大学去，对大学师生讲了这个问题。5月底，我在上海考察工作时，对领导干部弘扬和践行社会主义核心价值观提了要求。六一儿童节前夕，我在北京海淀区民族小学同师生们座谈时讲了这个问题。6月上旬，我在两院院士大会上对院士们也提了这方面要求。9月教师节前一天，我到北京师范大学同师生座谈，再次强调了这个问题。今天，我也要对文艺界提出这方面要求，因为文艺在培育和弘扬社会主义核心价值观方面具有独特作用。"②在这次座谈会上，习近平指出："核心价值观是一个民族赖以维系的精神纽带，是一个国家共同的思想道德基础。如果没有共同的核心价值观，一个民族、一个国家就会魂无定所、行无依

---

① 习近平：《青年要自觉践行社会主义核心价值观——在北京大学师生座谈会上的讲话》，《人民日报》2014年5月5日。

② 习近平：《在文艺工作座谈会上的讲话》，《人民日报》2015年10月15日。

归。"习近平说，改革开放以来，我国经济发展很快，人民生活水平提高也很快。但与此同时，我国社会处在思想大活跃、观念大碰撞、文化大交融的时代，也出现了不少问题，"其中比较突出的一个问题就是一些人价值观缺失，观念没有善恶，行为没有底线，什么违反党纪国法的事情都敢干，什么缺德的勾当都敢做，没有国家观念、集体观念、家庭观念，不讲对错，不问是非，不知美丑，不辨香臭，浑浑噩噩，穷奢极欲。现在社会上出现的种种问题病根都在这里。这方面的问题如果得不到有效解决，改革开放和社会主义现代化建设就难以顺利推进"。因此，"我们要在全社会大力弘扬和践行社会主义核心价值观，使之像空气一样无处不在、无时不有，成为全体人民的共同价值追求，成为我们生而为中国人的独特精神支柱，成为百姓日用而不觉的行为准则。要号召全社会行动起来，通过教育引导、舆论宣传、文化熏陶、实践养成、制度保障等，使社会主义核心价值观内化为人们的精神追求、外化为人们的自觉行动"。①

2015 年 4 月，作为与《关于培育和践行社会主义核心价值观的意见》相配套的措施，中央宣传部、中央文明办印发《培育和践行社会主义核心价值观行动方案》，强调要紧密联系群众生产生活实际，结合各行各业特点，广泛进行宣传教育，广泛进行探索实践，在贯穿结合融入上下功夫，在落细落小落实上下功夫，在坚持不懈、久久为功上下功夫，广泛深入开展培育和践行社会主义核心价值观主题实践活动，努力在全社会形成共同的价值追求。该行动方案提出了 15 项重点活动项目，主要包括爱国主义教育活动、群众性精神文明创建活动、学雷锋志愿服务活动、诚信建设制度化、节俭养德全民节约行动、公正文明执法司法活动、平安中国建设活动、民族团结进步创建活动、文明旅游活动、全民科学素质行动、扶贫济困活动、爱国卫生运动、文明办网文明上网活动、公众人物"重品行树

---

① 习近平：《在文艺工作座谈会上的讲话》，《人民日报》2015 年 10 月 15 日。

形象做榜样"活动、"三严三实"教育等。行动方案在加强法规导向、深化推广普及、注重典型示范、开展文化培育等方面也提出了明确具体的要求。

2016年12月，中共中央办公厅、国务院办公厅印发《关于进一步把社会主义核心价值观融入法治建设的指导意见》，提出把社会主义核心价值观的要求转化为刚性约束的法律规定，融入法治国家、法治政府、法治社会建设全过程，融入科学立法、严格执法、公正司法、全民守法各环节，以法治体现道德理念、强化法律对道德建设的促进作用，推动社会主义核心价值观更加深入人心。

党的十八大以来，党中央大力推进、持续深化社会主义核心价值观的培育和弘扬，在理论和实践上都迈出了新步伐、达到了新高度，核心价值观日益成为全民族奋发向上、团结和睦的精神纽带。通过教育引导、舆论宣传、文化熏陶、实践养成、制度保障，社会主义核心价值观逐渐内化为人们的精神追求，外化为人们的自觉行动。坚持育人为本、德育为先，围绕立德树人的目标，核心价值观被纳入国民教育总体规划，覆盖到所有学校和受教育者，推动核心价值观进教材、进课堂、进学生头脑，形成家庭、社会与学校携手育人的强大合力。文化、科技、体育界等领域发挥模范引领作用，引导公众人物强化自身修养、提升道德境界，为社会公众作出榜样；司法领域大力加强社会主义法治理念教育，引导法律工作者恪守职业道德，让群众在每一起案件的审理中体会到公平正义。各地各部门还以道德建设为抓手，一方面大力宣传时代楷模、最美人物、身边好人；另一方面扎紧制度的篱笆，狠抓群众反映强烈的道德领域突出问题，惩恶扬善，使崇德向善、知礼守义的道德风尚日益浓厚。各地高度重视"身边的感动"，广泛开展"我推荐、我评议身边好人"、寻找"最美人物""最美家庭"等活动，"好人365""善行义举榜"等品牌活动在群众中树起了口碑。中央文明办主办的"我推荐、我评议身边好人"挖掘30余万件好人好事线索，有 30 多亿人次参与投票和交流。为贯彻落实国务院《社会信用体系建设规划纲要（2014—2020 年)》，中央文明委印发《关于推进诚信建设制度化的意见》，对诚信建设作了顶层设计和工作部署。随着社会征信体系的建立和不断完善，曾经泛滥一时的商业欺诈、合同违法、制假售假、偷逃骗税、学术不端等不良现象得到初步遏制。中华优秀传统文化是中华民族的突出优势，是我们最深厚的文化软实力。培育和弘扬社会主义核心价值观必须从中华优秀传统文化中汲取丰富营养。有关部门深入实施重大文物保护工程，支持 216 个国家重点文化和自然遗产保护设施项目建设；深入挖掘民族传统节日、中医药、中华美食等文化内涵，开展健康有益的民族民间民俗活动；推出《中国成语大会》《汉字英雄》《中国好诗词》等体现中华悠久文化的系列电视节目；贵州省开展"明礼知耻·崇德向善"主题教育实践活动，倡导人们明"仁、义、诚、敬、孝"五礼，知"懒、贪、奢、浮、愚"五耻，营造知荣辱、讲正气、作奉献、促和谐的良好风尚；浙江省杭州市把忠、孝、仁、义、礼等传统美德写入市委文件，紧紧抓住民间传统节日和革命纪念日，通过举办丰富多彩的活动，让传统节日成为爱国节、学习节、道德节、情感节、仁爱节、文明节，使核心价值观悄然走进百姓心中；绍兴市深入挖掘当地乡贤文化，保护乡贤遗产、整理家规家训，用乡贤的嘉言懿行垂范乡里、涵育家风，凝聚道德力量；山东省推行以"孝、诚、爱、仁"为主题的"四德榜"，100 多个县市区建立起两万多个"善行义举榜"，为 1000 多万群众的凡人善举"树碑立传"。①

爱国主义是社会主义核心价值观最深层、最永恒的主题。2014 年 2 月 27 日，十二届全国人大常委会第七次会议通过《关于确定中国人民抗日战争胜利纪念日的决定》，将 9 月 3 日确定为中国人民抗日战争胜利纪念

---

① 《核心价值观，为中国精神凝魂固本（治国理政新实践)》，《人民日报》2016 年 1 月 6 日。

日；通过《关于设立南京大屠杀死难者国家公祭日的决定》，将 12 月 13 日确定为南京大屠杀死难者国家公祭日——习近平 2014 年在南京出席了首个南京大屠杀死难者国家公祭仪式并发表重要讲话。同年 8 月 31 日，十二届全国人大常委会第十次会议通过《关于设立烈士纪念日的决定》，将 9 月 30 日设立为烈士纪念日。2015 年 9 月 3 日，在中国人民抗日战争暨世界反法西斯战争胜利 70 周年纪念大会阅兵现场，由 300 余名抗战老兵组成的乘车方队率先经过天安门城楼。同年 12 月 27 日，十二届全国人大常委会第十八次会议通过《中华人民共和国国家勋章和国家荣誉称号法》，以褒奖在中国特色社会主义建设中作出突出贡献的杰出人士，这是我国最高层级的奖励制度，是国家荣誉制度史上具有里程碑意义的大事。2019 年 9 月 29 日，在新中国成立 70 周年之际，国家勋章和国家荣誉称号首次颁授仪式在人民大会堂金色大厅隆重举行，习近平亲自颁授于敏等 8 人共和国勋章，颁授劳尔·卡斯特罗·鲁斯等 6 人友谊勋章，颁授叶培建等 28 人国家荣誉称号。通过这些形式推动全社会形成见贤思齐、崇尚英雄、争做先锋的良好风气。把弘扬伟大爱国主义精神作为核心价值观建设极为重要的内容贯穿到国民教育和精神文明建设全过程，特别是上升到国家层面，利用重大节点和场合，引导人们"树立和坚持正确的历史观、民族观、国家观、文化观，增强做中国人的骨气和底气"①，是以习近平同志为核心的党中央培育和弘扬社会主义核心价值观的有意之举和顶层设计。"人民有信仰，民族有希望，国家有力量。"②培育和践行社会主义核心价值观，为实现中华民族伟大复兴中国梦凝聚起了强大的精神力量。

---

① 《习近平谈治国理政》第一卷，外文出版社 2018 年版，第 162 页。

② 《习近平在会见第四届全国文明城市、文明村镇、文明单位和未成年人思想道德建设工作先进代表时强调 人民有信仰民族有希望国家有力量 锲而不舍抓好社会主义精神文明建设》，《人民日报》2015 年 3 月 1 日。

四、推动中华优秀传统文化"创造性转化、创新性发展"

2014 年 3 月 5 日，在参加十二届全国人大二次会议上海代表团审议时，习近平指出："体现一个国家综合实力最核心的、最高层的，还是文化软实力，这事关一个民族精气神的凝聚"，从哪里寻找精气神？"要从弘扬优秀传统文化中寻找精气神"。①10 月 13 日，在主持中共十八届中央政治局第十八次集体学习时又说："怎样对待本国历史？怎样对待本国传统文化？这是任何国家在实现现代化过程中都必须解决好的问题。"②12 月 20 日，在澳门大学横琴新校区应邀参加"中华传统文化与当代青年"沙龙时，习近平说："中华文化对中国人的影响已经渗透到了骨髓里。这就是文化 DNA。"③万物有所生，而独知守其根。习近平立足中华文化源头，以博大历史情怀，宏阔时空纵深，把历史、现实、未来联结起来，深刻指出："泱泱中华，历史悠久，文明博大。中华民族在几千年历史中创造和延续的中华优秀传统文化，是中华民族的根和魂"④，"是我们在世界文化激荡中站稳脚跟的根基"⑤。"如果没有中华五千年文明，哪里有什么中国特色？如果不是中国特色，哪有我们今天这么成功的中国特色社会主义道路？我们要特别重视挖掘中华五千年文明中的精华，把弘扬优秀传统文

---

① 《"改革的集结号已经吹响"——习近平总书记同人大代表、政协委员共商国是纪实》，《人民日报》2014 年 3 月 13 日。

② 《习近平在中共中央政治局第十八次集体学习时强调　牢记历史经验历史教训历史警示　为国家治理能力现代化提供有益借鉴》，《人民日报》2014 年 10 月 14 日。

③ 《凝聚澳门心　共圆中国梦——习近平主席考察澳门纪实》，《人民日报》2014 年 12 月 22 日。

④ 习近平：《在庆祝澳门回归祖国 15 周年大会暨澳门特别行政区第四届政府就职典礼上的讲话》，《人民日报》2014 年 12 月 21 日。

⑤ 《习近平在中共中央政治局第十三次集体学习时强调　把培育和弘扬社会主义核心价值观作为凝魂聚气强基固本的基础工程》，《人民日报》2014 年 2 月 26 日。

化同马克思主义立场观点方法结合起来，坚定不移走中国特色社会主义道路。"① 习近平明确提出："要加强对中华优秀传统文化的挖掘和阐发，使中华民族最基本的文化基因与当代文化相适应、与现代社会相协调，把跨越时空、超越国界、富有永恒魅力、具有当代价值的文化精神弘扬起来。要推动中华文明创造性转化、创新性发展，激活其生命力，让中华文明同各国人民创造的多彩文明一道，为人类提供正确精神指引。"② 创造性转化、创新性发展是坚定文化自信，建设文化强国，让中华优秀传统文化在世界文化交融激荡中站稳脚跟、在新时代绽放更加耀眼光彩的根本路径。

党的十八大以来，以习近平同志为核心的党中央将"中华优秀传统文化创造性转化、创新性发展"摆在突出位置，推动中华优秀传统文化与时俱进，焕发新的生机活力。

发挥我国制度优势，将传承发展中华优秀传统文化纳入经济社会发展规划纲要和国家文化发展改革等有关规划。2017 年 1 月，中共中央办公厅、国务院办公厅印发《关于实施中华优秀传统文化传承发展工程的意见》，明确到 2025 年，实施中华优秀传统文化传承发展工程的总体目标是：中华优秀传统文化传承发展体系基本形成，研究阐发、教育普及、保护传承、创新发展、传播交流等方面协同推进并取得重要成果，具有中国特色、中国风格、中国气派的文化产品更加丰富，文化自觉和文化自信显著增强，国家文化软实力的根基更为坚实，中华文化的国际影响力明显提升。随后《关于加强文物保护利用改革的若干意见》《长城、大运河、长征国家文化公园建设方案》《关于在城乡建设中加强历史文化保护传承的意见》等文件相继印发，推动传承发展的重点领域、重点工作相互衔接、形成合力。重视历

① 《"这里的山山水水、一草一木，我深有感情"——记"十四五"开局之际习近平总书记赴福建考察调研》，《人民日报》2021 年 3 月 27 日。

② 中共中央文献研究室编：《习近平关于社会主义文化建设论述摘编》，中央文献出版社 2017 年版，第 83 页。

史、研究历史、借鉴历史是中华民族 5000 多年文明史的一个优良传统。2019 年 1 月 3 日，中国社会科学院中国历史研究院成立。习近平在致研究院的贺信中强调，当代中国是历史中国的延续和发展，新时代坚持和发展中国特色社会主义，更加需要系统研究中国历史和文化，更加需要深刻把握人类发展历史规律，在对历史的深入思考中汲取智慧、走向未来。

深入开展文化资源普查梳理，让文物说话，让历史说话。"每一个民族的文化复兴，都是从总结自己的遗产开始的。"① 启动中华文化资源普查工程，完成可移动文物、古籍、美术馆藏品和戏曲剧种普查，有效提升全国文化遗产资源基础数据的全面性准确性。据统计，全国现有不可移动文物 76.67 万处，国有可移动文物藏品 1.08 亿件（套），非物质文化遗产资源 87 万项。我国有 42 个非物质文化遗产项目列入联合国教科文组织名录、居世界第一，成功申报世界遗产 56 项、居世界第二。截至 2015 年 8 月底，全国有地方戏曲剧种 348 个，其中分布区域在 2 个省区市以上（含）的剧种 48 个，分布区域仅限 1 个省区市的剧种 300 个。② 截至 2020 年，全国累计完成古籍普查登记数据 270 余万部，公布六批《国家珍贵古籍名录》和全国古籍重点保护单位，累计修复古籍 360 多万叶，培训古籍从业人员 1 万余人次；全国累计发布古籍数字资源达 7.2 万部；《中华再造善本（一、二编)》《国学基本典籍丛刊》等重大出版项目顺利实施。③

增强全社会文物保护意识，加大文化遗产保护力量。以中华优秀传统文化传承发展工程为总抓手，确定国家古籍保护、中华经典诵读、非物质文化遗产传承发展、中华民族音乐传承传播、中国传统村落保护等 15 个

---

① 吴良镛 2006 年 4 月 20 日在梁思成诞辰 105 周年座谈会上的发言，引自王军：《采访本上的城市》，生活・读书・新知三联书店 2008 年版，第 309 页。

② 参见《普查数据显示——全国地方戏曲剧种共 348 个》，《人民日报》2018 年 1 月 2 日。

③ 参见《中华优秀传统文化传承发展硕果累累——彰显文化魅力　增强文化自信》，《人民日报》2021 年 4 月 13 日。

重点工程项目为具体抓手，建立由中央有关部门牵头的工程部际协调组，形成全国一盘棋。这些重大工程项目的实施，让一些濒危的传统艺术得到抢救，一些古老的手艺技艺得到传承，一些被破坏的文化生态系统逐步得到修复和优化提升。仅在中国传统村落保护方面，由住房和城乡建设部牵头实施的中国传统村落保护工程，已公布135座国家历史文化名城、799个中国历史文化名镇名村、6819个中国传统村落，划定历史文化街区912片，确定历史建筑3.85万处。在此基础上，2021年4月，中央宣传部印发《中华优秀传统文化传承发展工程"十四五"重点项目规划》，对原有重点工程项目进行调整、补充和完善，并新设农耕文化、中医药、古文字、城市文化生态修复、历史文化名城名镇名村街区和历史建筑保护利用等项目，推动优秀传统文化更好融入经济社会发展和人们日常生活。2018年7月，中共中央办公厅、国务院办公厅还印发了《关于实施革命文物保护利用工程（2018—2022年）的意见》，就加大革命文物保护力度、拓展革命文物利用途径等进行部署。截至2021年底，全国共有不可移动革命文物3.6万多处，国有馆藏革命文物超过100万件（套）；全国共有革命博物馆、纪念馆超过1600家。文物执法督察力度进一步加大，查处了一批重大案件。在做好文物保护工作的同时，新闻媒体和文化文物单位积极开发文化创意产品，推出了一批文化附加值高、深受消费者喜爱的产品。大型纪录片《记住乡愁》《航拍中国》、电视节目《典籍里的中国》《中国诗词大会》《国家宝藏》《唐宫夜宴》《洛神水赋》等引起社会广泛关注，传统文化主题动画片《大禹治水》《愚公移山》《杨家将》《百鸟朝凤》深受少年观众喜爱，越来越多的人走进剧院博物馆，走进历史名城街区，文化遗产价值更加深入人心，全社会保护文化遗产的自觉意识全面提升。①

---

① 参见《〈中共中央关于党的百年奋斗重大成就和历史经验的决议〉辅导读本》，人民出版社2021年版，第288、289页。

深化人文领域国际合作，推动中华文明与各国文明美美与共、和合共生。党中央、国务院先后印发《关于加快发展对外文化贸易的意见》《关于进一步加强和改进中华文化走出去工作的指导意见》《关于加强"一带一路"软力量建设的指导意见》等文件，坚持政府统筹、社会参与、官民并举、市场运作，努力构建全方位、多层次、宽领域、高效率的工作格局，扩大中华文化传播力和影响力。截至 2017 年底，我国已与 157 个国家签署了文化合作协定，累计签署文化交流执行计划近 800 个，我国国际文化话语权不断提升。对外文化交流合作品牌逐步树立，用好中医药、中国美食、中国园林、中国功夫等文化名片，增进中华文化亲和力感染力；做强"感知中国""欢乐春节""文化中国""四海同春"等对外文化交流活动品牌。汉学与当代中国座谈会、青年汉学家研修计划搭建起中外思想对话桥梁。纪录片《舌尖上的中国》在全球刮起中华美食旋风；中英联合摄制的大型纪录片《孔子》在海外广获好评；以现代魔幻电影的魅力塑造中国英雄，让动画电影《西游记之大圣归来》创造了中国动画片海外销售纪录。2019 年 5 月，中国举办亚洲文明对话大会，习近平在开幕式上发表题为《深化文明交流互鉴　共建亚洲命运共同体》的主旨演讲，强调文明因多样而交流，因交流而互鉴，因互鉴而发展，中华文明是在同其他文明不断交流互鉴中形成的开放体系，始终在兼收并蓄中历久弥新，"未来之中国，必将以更加开放的姿态拥抱世界、以更有活力的文明成就贡献世界"①。把文化遗产作为文明传播交流的"天然使者"，我国与 20 多个国家签订文化遗产领域合作协定。鼓励支持相关机构在国外主流媒体平台开设中国专栏、中国剧场、中国专区专页等，增进了各国人民对中国文化的认知认同。至 2019 年 8 月，全

---

① 习近平：《深化文明交流互鉴　共建亚洲命运共同体——在亚洲文明对话大会开幕式上的主旨演讲》，《人民日报》2019 年 5 月 16 日。

世界共有 157 个国家和地区设立了 537 所孔子学院、1130 个中小学孔子课堂。在孔子学院带动下，69 个国家和地区将中文教学纳入国民教育体系，467 所大学将孔子学院课程纳入学分体系。

做好新时代文化工作，必须全面贯彻落实习近平文化思想。2023 年 10 月 7 日至 8 日召开的全国宣传思想文化工作会议，首次提出了习近平文化思想。这次会议从"体"和"用"两个层面，系统梳理概括了习近平文化思想十一个方面重大创新观点和十六个方面战略部署，初步阐发了这一重要思想的基本架构和主要内涵。习近平文化思想明体达用、体用贯通，明确了新时代文化建设的路线图和任务书，标志着我们党对中国特色社会主义文化建设规律的认识达到了新高度，表明我们党的历史自信、文化自信达到了新高度，是习近平新时代中国特色社会主义思想的文化篇，为做好新时代新征程宣传思想文化工作、担负起新的文化使命提供了强大思想武器和科学行动指南。

第八章　切实保障和改善民生，加强和创新社会治理

带领人民创造美好生活，是我们党始终不渝的奋斗目标。党的十八大以来，随着时代发展和社会进步，人民对美好生活的向往更加强烈，对民主、法治、公平、正义、安全、环境等方面的要求日益增长。党中央强调，人民对美好生活的向往就是我们的奋斗目标，增进民生福祉是我们坚持立党为公、执政为民的本质要求，让老百姓过上好日子是我们一切工作的出发点和落脚点，补齐民生保障短板、解决好人民群众急难愁盼问题是社会建设的紧迫任务。必须以保障和改善民生为重点加强社会建设，加强和创新社会治理，使人民获得感、幸福感、安全感更加充实、更有保障、更可持续。党始终把解决好"三农"问题作为全党工作重中之重，实施乡村振兴战略，加快推进农业农村现代化。面对突如其来的新冠疫情，党中央坚持人民至上、生命至上，以强烈的历史担当和强大的战略定力，积极应对、主动作为，因时因势优化调整防控政策，高效统筹疫情防控和经济社会发展，取得疫情防控重大决定性胜利，创造了人类文明史上人口大国成功走出疫情大流行的奇迹。党着眼于国家长治久安、人民安居乐业，建设更高水平的平安中国，完善社会治理体系，推动建设共建共治共享的社会治理制度，建设人人有责、人人尽责、人人享有的社会治理共同体。党的十八大以来，我国社会建设全面加强，社会治理社会化、法治化、智能化、专业化水平大幅度提升，发展了人民安居乐业、社会安定有序的良好局面，续写了社会长期稳定奇迹。

一、增进民生福祉，改革发展成果更多更公平惠及全体人民

为什么人的问题，是检验一个政党、一个政权性质的试金石。"中国共产党的初心就是为人民谋幸福、为民族谋复兴，党中央想的就是千方百计让老百姓都能过上好日子。"①增进民生福祉是我们党坚持立党为公、执政为民的本质要求，补齐民生保障短板、解决好人民群众急难愁盼问题是社会建设的紧迫任务。党的十八大以来，党和政府以保障和改善民生为重点加强社会建设；多谋民生之利，多解民生之忧，按照坚守底线、突出重点、完善制度、引导预期的思路，在收入分配、就业、教育、社会保障、医疗卫生、住房保障等方面推出一系列重大举措，注重加强普惠性、基础性、兜底性民生建设，在幼有所育、学有所教、劳有所得、病有所医、老有所养、住有所居、弱有所扶上持续用力，推进基本公共服务均等化，使人民获得感、幸福感、安全感更加充实、更有保障、更可持续。

收入分配是民生之源。改革开放以后，我国城乡居民收入水平逐步提高，同时也出现收入差距拉大等问题。党的十八大以来，坚持按劳分配原则，努力拓宽居民劳动收入和财产性收入渠道，进一步完善按要素分配的体制机制。在坚持居民收入增长和经济增长同步、劳动报酬提高和劳动生产率提高同步的条件下，努力建设体现效率、促进公平的收入分配体系，调节过高收入，取缔非法收入，增加低收入者收入，稳定扩大中等收入群体，推动形成橄榄型分配格局，居民收入与经济发展同步增长，劳动报酬和劳动生产率同步提高，农村居民收入增速快于城镇居民。2020年全国居民人均可支配收入32189元，扣除价格因素后，2011年至2020年全

---

① 《习近平在江西考察并主持召开推动中部地区崛起工作座谈会时强调　贯彻新发展理念推动高质量发展　奋力开创中部地区崛起新局面》，《人民日报》2019年5月23日。

国居民人均可支配收入年均实际增长 7.2%，10 年累计实际增长 100.8%，城乡居民收入比 2010 年翻一番目标如期实现。

扩大就业取得显著成效。就业是最大的民生工程、民心工程、根基工程。在经济下行压力加大的情况下，党中央、国务院深入实施就业优先战略和更加积极的就业政策，不断丰富完善促进就业创业的政策措施，通过出台《关于进一步做好新形势下就业创业工作的意见》等一系列政策文件，对高校毕业生就业创业、化解过剩产能过程中的职工安置、农民工就业创业、农村贫困劳动力就业脱贫等重点群体就业作出部署，就业政策体系更加健全，就业规模持续扩大，就业结构更加优化，创业带动就业效应进一步发挥，扩大就业与促进经济发展联动效应日益显现。一是就业规模持续扩大。城镇就业人员从 2012 年末的 3.71 亿人增加到 2016 年末的 4.14 亿人，年均增加 1082 万人。全国农民工总量从 2012 年末的 2.63 亿人增加到 2016 年末的 2.82 亿人，增加 1910 万人。党的十八大后 5 年间，城镇新增就业人数累计达 6500 多万人，城镇登记失业率保持在 4.1% 以下的较低水平。二是就业结构不断优化。第三产业就业人数占比从 2012 年的 36.1%提高至 2016 年的 43.5%，成为吸纳就业最多的产业；城镇就业人员比重不断提高，从 2012 年的 48.4%上升到 2016 年的 53.4%；中西部地区劳动力就近就地就业和返乡创业趋势明显，区域就业格局更加合理。三是重点群体就业保持稳定。组织实施高校毕业生就业创业促进计划和基层成长计划，开展能力提升、创业引领、精准服务、就业帮扶、权益保护行动，促进更多毕业生就业创业，高校毕业生总体就业率保持较高水平；化解钢铁、煤炭行业过剩产能职工安置工作平稳有序，2016 年共有 72.6 万职工得到多渠道妥善安置；就业援助工作力度不断加大，2012 年至 2016 年累计帮扶城镇失业人员再就业 2790 万人，就业困难人员实现就业 881 万人。四是就业服务和就业质量不断提升，实施"互联网＋公共服务"，有效整合人力资源市场，提升公共就业服务能力，劳动力市场供需匹配效率进一步提高；加大职业培训工作力度，实施职业培训行动计划，开展企业新型学徒制培训试点，2012—2017 年累计约 1 亿人次接受政府补贴职业培训，劳动者素质进一步提高，就业稳定性逐步增强；职工工资水平逐步提高，城镇非私营单位就业人员年平均工资从 2012 年的 46769 元增加到 2016 年的 67569 元，城镇私营单位就业人员年平均工资从 2012 年的 28752 元增加到 2016 年的 42833 元。五是劳动关系保持和谐稳定。全面实行劳动合同制度，截至 2016 年末，全国企业劳动合同签订率达到 90% 以上，全国经人力资源和社会保障部门审查并在有效期内的集体合同达到 191 万份，覆盖企业 341 万户、职工 1.78 亿人。[①] 持续组织开展农民工工资支付情况专项检查，加大对恶意欠薪行为的打击力度，农民工工资拖欠势头得到有效遏制。健全劳动人事争议调解仲裁和劳动保障监察执法机制，在全国普遍建立实体化仲裁机构和基层调解组织，劳动者合法权益得到有效维护。

党的十九大以后，党中央面对我国经济运行中出现的新问题新挑战，提出要做好"六稳"[②] 工作，其中"稳就业"居于首位。2019 年 3 月国务院《政府工作报告》提出，要实施就业优先政策，并将就业优先置于宏观政策层面，把就业优先战略与稳增长、促改革、调结构、惠民生结合起来，使就业优先政策与财政政策、货币政策等其他宏观经济政策协调配合。2020 年 4 月 17 日，习近平主持中共中央政治局会议，在"六稳"基础上提出"六保"[③]，"保居民就业"仍居于首位。党的十九届五中全会强调，要千方百计稳定和扩大就业，坚持经济发展就业导向，扩大就业容量，提升就业质量，促进充分就业，保障劳动者待遇和权益。2013—2019 年，全国城

---

① 中共人力资源和社会保障部党组：《让广大人民群众更多更好地共享发展成果——党的十八大以来劳动就业和社会保障事业发展的主要成就》，《求是》2017 年第 14 期。

② "六稳"，即"稳就业、稳金融、稳外贸、稳外资、稳投资、稳预期"，2018 年 7 月 31 日中央政治局会议首次提出。

③ "六保"，即"保居民就业、保基本民生、保市场主体、保粮食能源安全、保产业链供应链稳定、保基层运转"，2020 年 4 月 17 日中央政治局会议首次提出。

镇新增就业连续 7 年超过 1300 万人，2020 年面对多重严重冲击，仍实现城镇新增就业 1186 万人，保持了就业大局稳定。2021 年 4 月，国务院办公厅发布《关于服务"六稳""六保"进一步做好"放管服"改革有关工作的意见》，还是把优化就业环境放在最重要的位置。2021 年 8 月，国务院印发《"十四五"就业促进规划》，进一步明确了"十四五"时期促进就业的基本原则、重点任务和保障措施。2021 年 12 月，中央经济工作会议继续强调，要在推动高质量发展中强化就业优先导向，提高经济增长的就业带动力。2021 年 1 月至 11 月，全国城镇新增就业 1207 万人，提前超额完成全年目标任务，高校毕业生就业水平总体平稳，农村劳动力外出务工规模基本稳定，脱贫劳动力务工总量持续增加，在实现高质量发展中就业结构不断优化，就业形势总体保持稳定。

教育是国之大计、党之大计，建设教育强国是中华民族伟大复兴的基础工程。党的十八大以来，以习近平同志为核心的党中央坚定不移实施科教兴国战略和人才强国战略，坚持优先发展教育，紧扣落实立德树人根本任务推进教育改革发展，持续加大教育投入，教育现代化加速推进，教育总体发展水平进入世界中上行列，党和国家中国特色社会主义教育制度体系的主体框架基本确立。从 2012 年起，国家财政性教育经费占国内生产总值的比例一直保持在 4% 以上。教育普及程度进一步提高，2020 年我国九年义务教育巩固率达到 95.2%，高中阶段和高等教育毛入学率分别达到 91.2% 和 54.4%。通过教育信息化促进优质教育资源共享，截至 2020 年底，我国中小学（含教学点）互联网接入率从 2016 年底的 79.37% 上升到 100%，98.35% 的中小学已拥有多媒体教室，新增劳动力平均受教育年限达到 13.8 年，教育普及水平稳居世界中上国家行列，我国教育总体发展水平跃居世界中上国家行列。人民群众教育获得感明显增强，努力办好农村教育，推进县域内城乡义务教育一体化发展；全面改善贫困地区义务教育薄弱学校基本办学条件，全面提升中西部教育水平，实施中西部高等教育振兴计划，实施国家农村和贫困地区定向招生专项计划；加快发展民族教育，在政策、经费等方面向民族地区倾斜；义务教育基本实现免试就近入学、划片规范入学和阳光监督入学；进一步健全覆盖各级各类教育的家庭经济困难学生资助体系，免除普通高中建档立卡贫困家庭经济困难学生学杂费，完善进城务工人员随迁子女就学保障和农村留守儿童关爱服务体系，全国30个省（区、市）实现了符合条件随迁子女在流入地参加高考。各级政府不断扩大优质教育资源覆盖面，努力解决人民群众反映强烈的"择校热""入园难"问题。全力推进教育综合改革。根据2014年9月国务院印发的《关于深化考试招生制度改革的实施意见》和同年12月教育部发布的《关于普通高中学业水平考试的实施意见》《关于加强和改进普通高中学生综合素质评价的意见》，31个省（自治区、直辖市）形成高考改革实施方案，引导和促进学生全面发展；修订完成《教育法》《高等教育法》《民办教育促进法》等一揽子法律，完善以章程为统领的高校内部治理体系，扩大高校在学科专业设置、编制及岗位管理、职称评审等方面的自主权。全面加强教师队伍建设。坚持师德为先，建立健全大中小学师德体系；出台《乡村教师支持计划》，造就素质优良、甘于奉献、扎根乡村的教师队伍；建立乡村教师荣誉制度，在中小学设置正高级职称。2017年9月，中共中央办公厅、国务院办公厅发布《关于深化教育体制机制改革的意见》，立足教育改革发展的新情况新问题，进一步明确了新形势下深化教育体制机制改革的指导思想、基本原则和到2020年的主要目标，在改革的力度、广度、深度上有新的重要突破，标志着我国教育综合改革进入了新的历史阶段。

党的十九大以后，教育改革发展进一步深入推进。2018年9月10日，党中央召开全国教育大会，习近平在大会上发表重要讲话，系统回答了关系教育现代化的重大理论和实践问题，对加快教育现代化、建设教育强国、办好人民满意的教育作出了全面部署，向全党全国全社会发出了加快教育现代化的动员令。2019 年 2 月，中共中央、国务院印发《中国教育现代化 2035》，中共中央办公厅、国务院办公厅印发《加快推进教育现代化实施方案（2018—2022 年）》。前者是我国第一个以教育现代化为主题的中长期战略规划，定位于全局性、战略性、指导性，时间跨度更长，重在目标导向，系统勾画了我国教育现代化的战略愿景，明确了教育现代化的战略目标、战略任务和实施路径。后者定位于行动计划和施工图，是实施期内加快推进教育现代化、建设教育强国的时间表、路线图，聚焦教育发展的战略性问题和人民群众关心的问题，按照可实施、可量化、可落地的原则，将教育现代化远景目标和战略任务细化为实施期内的具体目标任务和工作抓手。为持续规范校外培训（包括线上培训和线下培训），有效减轻义务教育阶段学生过重作业负担和校外培训负担，2021 年 5 月 21 日，中央全面深化改革委员会第十九次会议审议通过了《关于进一步减轻义务教育阶段学生作业负担和校外培训负担的意见》，中共中央办公厅、国务院办公厅随后印发了《意见》。《意见》起草过程中，起草组先后赴北京、上海等地进行实地调研，召开了部分省市县教育行政部门负责同志、中小学校长、教师、家长、专家和培训机构代表座谈会，开展了 10 个省份 100 个区县 1.86 万家培训机构、68 万名学生和 74 万名家长的大数据评估，搞清因果链，厘清责任链，弄清路径链。《意见》针对学生作业负担仍然较重、作业管理不够完善，校外培训仍然过热、超前超标培训问题尚未根本解决，一些校外培训项目收费居高、资本过度涌入存在较大风险隐患等问题，对"双减"工作作出决策部署，要求全面压减作业总量和时长，减轻学生过重作业负担；提升学校课后服务水平，满足学生多样化需求；坚持从严治理，全面规范校外培训行为；大力提升教育教学质量，确保学生在校内学足学好等。从体制机制入手深化改革，强化学校教育主阵地作用，深化校外培训机构治理，推动学校教育教学质量和服务水平进一步提升，作业布置更加科学合理，学生学习更好回归校园，学生过重作业负担和校外培训负担以及家庭教育支出和家长相应精力负担1年内有效减轻、3年内成效显著，人民群众教育满意度明显提升。

　　社会保障是民生安全网、社会稳定器。党的十八大以来，坚持覆盖全民、城乡统筹、权责清晰、保障适度、可持续，我国建成世界上规模最大的社会保障体系，社会保障制度更加成熟定型，公平性、可持续性进一步增强。2014年2月，国务院发布《关于建立统一的城乡居民基本养老保险制度的意见》；2015年1月，国务院发布《关于机关事业单位工作人员养老保险制度改革的决定》。根据党中央、国务院的部署，机关事业单位养老保险制度改革全面推进，实现了机关事业单位和企业的养老保险制度并轨；全国统一的城乡居民基本养老保险制度基本建立，打通了职工和居民两大基本养老保险制度的衔接通道。2015年8月，国务院印发《基本养老保险基金投资管理办法》，以规范基本养老保险基金投资管理行为，在确保安全的前提下努力实现基金保值增值。整合城乡居民基本医疗保险制度，维护城乡居民公平享有基本医疗保障的权益；整体推进医疗保险支付方式改革，医保在深化医药卫生体制改革中的基础性作用进一步增强；完善社会保险关系转移接续制度，较好地维护了流动就业人员的社会保障权益。加快实施全民参保计划，社会保障覆盖范围持续扩大。截至2021年6月底，全国基本养老、失业、工伤保险参保人数分别达到10.14亿人、2.22亿人、2.74亿人，基本医疗保险覆盖超过13亿人。生育保险依法覆盖所有用工单位及其职工，全民医保基本实现。社会保障水平稳步提高。全国企业退休人员基本养老金自2005年起连续上调了17年，月均养老金从2012年的1686元增加到2021年的超过3000元；城乡居民基础养老金最低标准从2012年的每人每月55元提高至2020年的93元。2016年职工医疗保险和居民医疗保险基金最高支付限额分别为当地职工年平均工资和当地居民年人均可支配收入的6倍，政策范围内住院费用基金支付比例分别达到80%和70%左右。城乡居民基本医疗保险人均财政补助标准从

2012 年的 240 元提高到 2020 年的每人每年不低于 550 元。2020 年末，全国大病保险已覆盖 11.3 亿城乡居民，各地方大病保险支付比例都在 50% 以上。全国月平均失业保险金水平由 2012 年的 686 元提高到 2019 年的 1393元。完善以低保对象、特殊困难人员、低收入家庭为重点的救助制度，民生兜底保障网进一步加固。通过深入推进"多证合一"登记制度改革、推动社保经办业务与"互联网＋"技术深度融合，加快电子社保建设步伐，不断健全社保经办服务标准化体系。社会保险转移接续更加顺畅，2016 年全国办理基本养老保险关系跨省转移接续 200 万人次，全国基本医疗保险关系跨统筹地区转移接续 190 万人次。国家异地就医结算系统于 2016 年底正式上线试运行，截至 2021 年 12 月，已实现 31 个省（自治区、直辖市）和新疆生产建设兵团所有统筹地区普通门诊费用跨省直接结算全覆盖；2021年，全国住院费用跨省直接结算 440.59 万人次，全国门诊费用跨省直接结算 949.60 万人次。截至 2020 年 12 月底，全国社会保障卡持卡人数达 13.35亿人，人民群众享受到了更加方便、快捷、高效的社保服务。①

　　人民健康是民族昌盛和国家富强的重要标志，是社会文明进步的基础。2016 年 8 月 19 日至 20 日，全国卫生与健康大会召开，习近平出席会议并发表重要讲话，强调没有全民健康，就没有全面小康，要把人民健康放在优先发展的战略地位，以普及健康生活、优化健康服务、完善健康保障、建设健康环境、发展健康产业为重点，加快推进健康中国建设。大会提出了"以基层为重点，以改革创新为动力，预防为主，中西医并重，将健康融入所有政策，人民共建共享"的卫生与健康工作方针。10 月，中共中央、国务院印发《"健康中国 2030"规划纲要》，对健康中国建设作出全面部署。党的十九届四中全会提出，要坚持关注生命全周期、健康

全过程，完善国民健康政策，让广大人民群众享有公平可及、系统连续的健康服务。党的十九届五中全会进一步提出，要把保障人民健康放在优先发展的战略位置，坚持预防为主的方针，深入实施健康中国行动，完善国民健康促进政策，织牢国家公共卫生防护网，为人民提供全方位全周期健康服务。根据党中央的决策部署，健康中国建设全面推进，坚持预防为主的方针，引导医疗卫生工作重心下移、资源下沉，及时推动完善重大疫情防控体制机制、健全国家公共卫生应急管理体系，促进中医药传承创新发展，健全遍及城乡的公共卫生服务体系；深化医药卫生体制改革，建立完善分级诊疗制度，开展药品集中招标采购，支持社会办医，医疗资源配置进一步优化，人们看病难、看病贵的问题逐步得到缓解。医疗技术水平和服务能力不断提升，2018年4月，《关于促进"互联网＋医疗健康"发展的意见》发布，国家卫生健康委印发一系列配套文件，从服务内涵、准入、职业规则、监督管理等方面规范互联网诊疗、互联网医院、远程医疗健康发展。截至2022年4月，我国有超过1600家互联网医院、7700多家二级以上医院提供线上服务，三级医院网上预约诊疗率超50%。医药价格逐步回归合理水平，越来越多的常用药、救命药纳入医保目录。2021年12月初，国家医保局公布了2021年国家医保药品目录调整结果，共计74种药品新增进入目录，涵盖了谈判调入的67种独家药品和直接调入的7种非独家药品，其中谈判成功的独家药品平均降价61.71%，群众用药负担将进一步减轻。城乡基本医疗公共服务均等化不断推进，农村医疗卫生服务体系持续改善，医疗保障制度不断健全，农村居民看病就医有地方、有医生、有保障，因病致贫、因病返贫问题得到有效解决。2019年，国家卫生健康委在全国启动紧密型县域医共体建设试点。截至2022年2月，全国共组建县域医共体超过4000个，基层群众的医疗服务可及性明显提升，就医负担减轻。全民健身和全民健康持续融合，有利于健康的生活方式、生产方式、经济社会发展模式和治理模式正在形成。新冠疫情防控取得重大决定性胜利，进一步彰显了中国医疗卫生体制的优越性。人口是影响经济社会发展的基础性、全局性、战略性问题。针对我国人口形势的重大变化，党和政府制定人口长期发展战略，积极应对人口老龄化，推动养老事业和养老产业协同发展，健全基本养老服务体系，发展普惠型养老服务和互助性养老，支持家庭承担养老功能，构建居家社区机构相协调、医养康养相结合的养老服务体系，健全养老服务综合监管制度。调整优化生育政策，先后作出单独两孩、全面两孩、放开三孩等重大决策，促进生育政策和相关经济社会政策配套衔接。

住有所居是重要民生目标，关系千家万户切身利益。2016 年以来，党和政府坚持"房子是用来住的、不是用来炒的"定位，综合运用金融、土地、财税、投资、立法等手段，加快研究建立符合国情、适应市场规律的促进房地产发展的基础性制度和长效机制，既抑制房地产泡沫，又防止出现大起大落，促进房地产市场平稳健康发展。加快建立多主体供给、多渠道保障、租购并举的住房制度，加大保障房建设投入力度。累计建设各类保障性住房和棚改安置房 8000 多万套，帮助 2 亿多困难群众改善住房条件，低保、低收入住房困难家庭基本实现应保尽保。坚持因城施策，促进房地产市场平稳健康发展。2019 年，城镇居民和农村居民人均住房建筑面积分别为 39.8 平方米和 48.9 平方米，比 2012 年分别增加 6.9 平方米和 11.8 平方米，城乡居民住房条件明显改善。

体育是社会发展和人类进步的重要标志，是综合国力和社会文明程度的重要体现。党的十八大以来，以北京冬奥会、冬残奥会为代表的一批大型国际、国内体育赛事成功举办，展示了激动人心的中国速度、中国力量、中国志气，彰显着综合国力的提升和社会文明的进步，向世界集中展示了新时代中国发展的巨大成就。2015 年 7 月 31 日，国际奥委会第 128

次全会投票决定，北京获得2022年冬奥会举办权。2022年2月4日至20日，北京冬奥会在北京、延庆、张家口三个赛区成功举办，共有来自91个国家和地区的近3000名运动员参赛。在全部7个大项15个分项109个小项中，中国体育代表团首次全项参赛，夺得9枚金牌、15枚奖牌；3月4日至13日，北京冬残奥会在北京、延庆、张家口三个赛区成功举办，共有48个国家和地区的736名运动员参赛，中国体育代表团拿到18枚金牌、61枚奖牌。我国体育健儿创造了参加冬奥会、冬残奥会的历史最好成绩。中国承办和参加了一系列大型国际体育赛事，全方位向世界展示了开放、文明、富强的国家形象。2023年9月23日至10月8日、10月22日至10月28日，第十九届亚洲运动会、第四届亚洲残疾人运动会先后在杭州举办。杭州亚运会坚持贯彻"绿色、智能、节俭、文明"的办赛理念，是党的二十大胜利召开之后我国成功举办的规模最大、水平最高的国际综合性体育盛会。

二、完善社会治理体系，建设更高水平的平安中国

加强和创新社会治理，是推进国家治理现代化的题中应有之义。党的十八大以来，党中央不断完善社会治理体系，健全党组织领导的自治、法治、德治相结合的城乡基层治理体系，推动社会治理重心向基层下移，建设共建共治共享的社会治理制度，建设人人有责、人人尽责、人人享有的社会治理共同体，促进发展了人民安居乐业、社会安定有序的良好局面，续写了社会长期稳定奇迹。

党的十八大明确提出，要"加强和创新社会管理"。党的十八届三中全会通过的决定设专章阐述"创新社会治理体制"，并从改进社会治理方式、激发社会组织活力、创新有效预防和化解社会矛盾体制和健全公共安全体系等方面对如何创新社会治理体制作出部署。"社会治理"和"社会

管理"，虽仅一字之差，但内涵和要求有很大的不同，"社会治理"体现的是"系统治理、依法治理、源头治理、综合施策"。[①] 具体说，"社会管理"是从政府和社会组织两个方面进行的管理行为，重点突出政府的主导性作用，政府承担主要管理职责；"社会治理"则强调合法权力来源的多样性，其来源既可以是政府机关，也可以是社会组织、企事业单位、公民等，更多体现民主性特点，更多强调多元化主体共同承担责任。在实现形式上，"社会管理"表现为主体从自身主观愿望出发来管理和控制社会，是单向度的自上而下型，带有行政命令色彩；"社会治理"重视多元化主体之间的合力作用，鼓励主体自主表达、协商对话、形成共识，是立体式多向度的合作互动型，有多种实践路径。从"社会管理"到"社会治理"，适应了新时代我国经济社会变迁的客观要求，表明了我们党对共产党执政规律、社会主义建设规律和人类社会发展规律认识的深化，是党的执政理念提升的重要标志。

党的十八大以后，党中央就加强和创新社会治理提出了一系列要求和部署。2013 年 12 月 12 日，在中央城镇化工作会议上，习近平强调，城市的竞争力、活力、魅力，离不开高水平管理，"城镇化发展的宏观管理跟不上，城市发展微观管理水平不高，城市规划体制改革滞后，有序参与城市治理的机制没有形成，这些都影响了城镇化质量"[②]。他特别提出，"推进农业转移人口市民化，要坚持自愿、分类、有序"原则，自愿就是要充分尊重农民意愿，让他们自己选择，不能采取强迫的做法，不能强取豪夺，不顾条件拆除农房，逼农民进城；分类就是按照中央统一要求，各省、自治区、直辖市因地制宜制定具体办法；有序就是优先解决存量、优

---

① 中共中央文献研究室编：《习近平关于社会主义社会建设论述摘编》，中央文献出版社 2017 年版，第 127 页。

② 中共中央文献研究室编：《十八大以来重要文献选编》（上），中央文献出版社 2014 年版，第 606 页。

先解决本地人口，优先解决进城时间长、就业能力强、可以适应城镇产业转型升级和市场竞争环境的人，要"尽快出台具体的、可操作的户籍改革措施，并向全社会公布"。[①] 同年 12 月 23 日，在中央农村工作会议上，习近平又重点指出了农村社会管理面临的五个方面的突出矛盾和问题。[②]2014 年 1 月 7 日，在中央政法工作会议上，习近平指出："社会治理是一门科学，管得太死，一潭死水不行；管得太松，波涛汹涌也不行。要讲究辩证法，处理好活力和秩序的关系，全面看待社会稳定形势，准确把握维护社会稳定工作，坚持系统治理、依法治理、综合治理、源头治理。在具体工作中，不能简单依靠打压管控、硬性维稳，还要重视疏导化解、柔性维稳，注重动员组织社会力量共同参与，发动全社会一起来做好维护社会稳定工作。"[③]习近平强调："加强和创新社会治理，关键在体制创新，核心是人，只有人与人和谐相处，社会才会安定有序。社会治理的重心必须落到城乡社区，社区服务和管理能力强了，社会治理的基础就实了。""要以最广大人民根本利益为根本坐标，从人民群众最关心最直接最现实的利益问题入手。"[④]2015 年 12 月 20 日，在中央城市工作会议上，习近平要求："政府要创新城市治理方式，特别是要注意加强城市精细化管理，把矛盾和问题尽早排解疏导，化解在萌芽状态。城市治理也应该疏堵结合、以疏为主，惩防并举、以防为先，标本兼治、重在治本。"[⑤]

---

① 中共中央文献研究室编：《习近平关于社会主义社会建设论述摘编》，中央文献出版社 2017 年版，第 120、121 页。

② 参见中共中央文献研究室编：《十八大以来重要文献选编》（上），中央文献出版社 2014 年版，第 680—681 页。

③ 中共中央文献研究室编：《习近平关于社会主义社会建设论述摘编》，中央文献出版社 2017 年版，第 125—126 页。

④ 中共中央文献研究室编：《习近平关于社会主义社会建设论述摘编》，中央文献出版社 2017 年版，第 127、129 页。

⑤ 中共中央文献研究室编：《习近平关于社会主义社会建设论述摘编》，中央文献出版社 2017 年版，第 133 页。

2015 年 10 月党的十八届五中全会通过的"十三五"规划建议，针对社会治理领域存在的突出问题，就加强和创新社会治理作出了全面部署。建议提出：要"完善党委领导、政府主导、社会协同、公众参与、法治保障的社会治理体制，推进社会治理精细化，构建全民共建共享的社会治理格局"；要"加强社会治理基础制度建设，建立国家人口基础信息库、统一社会信用代码制度和相关实名登记制度，完善社会信用体系，健全社会心理服务体系和疏导机制、危机干预机制"；要"完善社会治安综合治理体制机制，以信息化为支撑加快建设社会治安立体防控体系，建设基础综合服务管理平台"，"落实重大决策社会稳定风险评估制度，完善社会矛盾排查预警和调处化解综合机制，加强和改进信访和调解工作，有效预防和化解矛盾纠纷"。[①]2016 年 3 月，中共中央办公厅、国务院办公厅印发《健全落实社会治安综合治理领导责任制规定》，明确"各地党政主要负责同志是社会治安综合治理的第一责任人"，要求各级党委和政府应"切实加强对社会治安综合治理的领导，列入重要议事日程，纳入经济社会发展总体规划"，"从人力物力财力上保证社会治安综合治理工作的顺利开展"。2016 年 10 月，习近平就加强和创新社会治理作出指示："要继续加强和创新社会治理，完善中国特色社会主义社会治理体系，努力建设更高水平的平安中国，进一步增强人民群众安全感。"2017 年 9 月，在会见全国社会治安综合治理表彰大会代表时，习近平进一步强调："要坚定不移走中国特色社会主义社会治理之路，善于把党的领导和我国社会主义制度优势转化为社会治理优势，着力推进社会治理系统化、科学化、智能化、法治化，不断完善中国特色社会主义社会治理体系，确保人民安居乐业、社会安定有序、国家长

---

① 《中共中央关于制定国民经济和社会发展第十三个五年规划的建议》，《人民日报》2015 年 11 月 4 日。

治久安。"①

　　党的十九大立足新时代坚持和发展中国特色社会主义，提出"打造共建共治共享的社会治理格局"，明确到 2035 年我国"现代社会治理格局基本形成，社会充满活力又和谐有序"；到 21 世纪中叶，社会文明全面提升，实现国家治理体系和治理能力现代化，我国人民享有更加幸福安康的生活。党的十九届五中全会进一步提出要"完善共建共治共享的社会治理制度"，深入阐述了社会治理特别是基层治理"为了谁""依靠谁"的问题。2019 年 1 月，习近平在中央政法工作会议上强调，要坚持社会治理为了人民，创新组织群众、发动群众的机制，让群众的聪明才智成为社会治理创新的不竭源泉；善于把党的领导和我国社会主义制度优势转化为社会治理效能，打造共建共治共享的社会治理格局，创新完善平安建设工作协调机制，深入推进社区治理创新，构建富有活力和效率的新型基层社会治理体系；完善基层群众自治机制，调动城乡群众、企事业单位、社会组织自主自治的积极性，打造人人有责、人人尽责的社会治理共同体，加快推进立体化、信息化社会治安防控体系建设。党的十九届四中全会围绕坚持和完善共建共治共享的社会治理制度、建设更高水平的平安中国的任务，提出要完善社会治安防控体系，提高社会治安立体化、法治化、专业化、智能化水平，形成问题联治、工作联动、平安联创的工作机制，构建基层社会治理新格局。党的十九届五中全会进一步明确，要畅通和规范市场主体、新社会阶层、社会工作者和志愿者等参与社会治理的途径，推动社会治理重心向基层下移，向基层放权赋能，加强城乡社区治理和服务体系建设，减轻基层特别是村级组织负担，加强基层社会治理队伍建设，构建网格化管理、精细化服务、信息化支撑、开放共享的基层管理服务平台，加

---

　　① 《习近平在会见全国社会治安综合治理表彰大会代表时强调　坚持走中国特色社会主义社会治理之路　确保人民安居乐业社会安定有序》，《人民日报》2017 年 9 月 20 日。

强和创新市域社会治理，推进市域社会治理现代化。

根据党中央、国务院的决策部署，一系列社会治理长效机制和基础性制度逐步建立起来。居民身份证号码、组织机构代码、不动产登记、网络实名等制度规定相继出台。2016 年 6 月，国务院印发《关于建立完善守信联合激励和失信联合惩戒制度加快推进社会诚信建设的指导意见》；同年 9 月，中共中央办公厅、国务院办公厅印发《关于加快推进失信被执行人信用监督、警示和惩戒机制建设的意见》，在全社会倡导和深入实施诚信建设；推进社会自治的行业规范、社会组织章程、村规民约、社区公约建设成效显著，重大决策社会稳定风险评估制度不断健全，社会矛盾排查预警和调处化解综合机制不断完善。创新社会治理方法手段，大力推进现代化、智能化治理。截至 2017 年底，全国社区（村）网格化覆盖率达到90% 以上。人、地、事、物、组织等基本治安要素均被纳入城乡社区网格服务管理。现代科技与社会治理深度融合，预测预警预防各类风险能力大大提高，社会治理预见性、精准性、高效性、整体性和协同性大大增强。北京、上海和深圳等特大城市积极探索符合特大城市特点和规律的社会治理新路子；大力推行基层治理信息化，不断提高城市社会治理精细化、智能化、现代化管理水平。

社会治理的重心在基层，基层在服务。20 世纪 60 年代浙江省绍兴市诸暨县枫桥镇干部群众创造了"发动和依靠群众，坚持矛盾不上交，就地解决，实现捕人少，治安好"的社会治安"枫桥经验"。1963 年 11 月毛泽东亲笔批示"要各地仿效，经过试点，推广去做"。此后，"枫桥经验"不断发展。2003 年 11 月，时任浙江省委书记的习近平指示，要充分珍惜"枫桥经验"，大力推广"枫桥经验"，不断创新"枫桥经验"。从此"枫桥经验"开始向更高水平治理转型。2013 年 10 月，习近平就坚持和发展"枫桥经验"作出重要指示强调，各级党委和政府要充分认识"枫桥经验"的重大意义，发扬优良作风，适应时代要求，创新群众工作方法，善于运用法治思维和法治方式解决涉及群众切身利益的矛盾和问题，把"枫桥经验"坚持好、发展好，把党的群众路线坚持好、贯彻好。2019 年 5 月，在全国公安工作会议上，习近平强调，要坚持打防结合、整体防控，专群结合、群防群治，把"枫桥经验"坚持好、发展好，把党的群众路线坚持好、贯彻好，充分发动群众、组织群众、依靠群众，推进基层社会治理创新，努力建设更高水平的平安中国。2020 年 11 月，习近平在中央全面依法治国工作会议上强调，要完善预防性法律制度，坚持和发展新时代"枫桥经验"，促进社会和谐稳定。2019 年以来，"枫桥经验"被先后写入《中国共产党农村基层组织工作条例》《为人民谋幸福：新中国人权事业发展 70 年》。党的十九届四中全会强调，要坚持和发展新时代"枫桥经验"，畅通和规范群众诉求表达、利益协调、权益保障通道，完善信访制度，完善人民调解、行政调解、司法调解联动工作体系，健全社会心理服务体系和危机干预机制，完善社会矛盾纠纷多元预防调处化解综合机制，努力将矛盾化解在基层。根据新时代主要矛盾的变化，"枫桥经验"不断创新工作理念、方法和载体：在治理理念上，从侧重社会稳定为主，转为社会全面进步，推进基层社会治理现代化；在治理主体上，从一元治理转为多元治理，形成了共建共治共享的社会治理格局；在治理方式上，从传统治理转为数字治理，从被动治理转为主动治理，从事后治理转为事先预防，形成了系统治理、依法治理、综合治理、源头治理的现代治理体系。各地区各部门坚持和发展新时代"枫桥经验"，积极推进市域社会治理现代化试点，推动社会治理重心向基层下移，加强新形势下重大决策社会稳定风险评估机制建设，健全社会矛盾纠纷多元预防调处化解综合机制，完善信访制度，把重大矛盾风险防范化解在市域，把小矛盾小问题化解在基层，把大量纠纷解决在诉讼之前。党的十八大以来，全国信访总量明显下降，集体信访总量连续 11 年下降。2020 年，全国法院受理的诉讼案件总数、民事诉讼案件数在持续增长 15 年后首次实现"双下降"。2021 年 11 月，党的十九届六中全会通过的决议再次强调要"坚持和发展新时代'枫桥经验'"。新时代"枫桥经验"已成为党领导人民坚持和完善中国特色社会主义制度、推进国家治理体系和治理能力现代化的一条重要经验，成为实现基层治理良性循环的一把"金钥匙"。

基层治理是国家治理的基石。统筹推进乡镇（街道）和城乡社区治理，是实现国家治理体系和治理能力现代化的基础工程。2021年7月，党中央、国务院印发《关于加强基层治理体系和治理能力现代化建设的意见》（以下简称《意见》），围绕"打造人人有责、人人尽责、人人享有的基层治理共同体"，对如何充分发挥基层党组织的领导作用、基层政府的主导作用、基层群众性自治组织的基础作用和社会力量的积极作用，作出了系统部署。在加强基层党组织建设方面，《意见》提出增强基层党组织政治功能和组织力，加强乡镇（街道）、村（社区）党组织对基层各类组织和各项工作的统一领导。在加强基层政权建设方面，《意见》提出要增强乡镇（街道）行政执行、为民服务、议事协商、应急管理、平安建设能力，强调"依法赋予乡镇（街道）综合管理权、统筹协调权和应急处置权，强化其对涉及本区域重大决策、重大规划、重大项目的参与权和建议权"，"确保管理服务有效覆盖常住人口"，切实解决基层行政执法中"看得见的管不着、管得着的看不见"问题。在加强基层群众自治制度建设方面，《意见》对组织群众自我管理、自我服务、自我教育、自我监督提出了制度性、规范性、程序性要求，强调"建立基层群众性自治组织法人备案制度""规范撤销村民委员会改设社区居民委员会的条件和程序""规范村（居）民委员会换届选举""完善党务、村（居）务、财务公开制度"等。在加强社会力量参与机制建设方面，强调"创新社区与社会组织、社会工作者、社区志愿者、社会慈善资源的联动机制"。《意见》的印发实施，对于加强党对基层治理的全面领导，构建党的领导、人民当家作主和依法治理有机统一的基层治理体制机制，提高基层治理社会化、法治化、智能化、专业化水平，夯实党长期执政和国家长治久安的基层基础，巩固和发扬中国特色社会主义基层治理制度优势，具有重要指导意义。

建设更高水平的平安中国，是以习近平同志为核心的党中央作出的战略擘画。习近平高度重视平安建设，在浙江工作期间就创造性地提出并实施了平安浙江建设战略。党的十八大以来对建设平安中国作出一系列重要指示，深刻指明了建设更高水平的平安中国的总体要求、根本目的、发展方向、基本路径和工作重心，亲自批准成立平安中国建设协调小组，引领新时代平安中国建设不断开辟新境界。党的十八大以来，平安中国建设体制机制逐步完善，市域社会治理现代化试点深入推进，风险防控整体水平稳步提高，共建共治共享工作格局初步形成，影响国家安全和社会稳定突出问题得到有效解决，人民获得感、幸福感、安全感更加充实、更有保障、更可持续，发展了人民安居乐业、社会安定有序的良好局面，续写了社会长期稳定奇迹。2020 年人民群众对平安建设的满意度达 98.4%。中国成为世界上最安全的国家之一，平安已成为中国一张亮丽的国家名片。

维护国家政治安全能力进一步提高。党高度重视正确处理改革发展稳定关系，把维护国家安全和社会安定作为党和国家的一项基础性工作来抓，加强国家安全体系和能力建设，有效防范化解处置各类政治安全风险，在纷繁复杂的国际乱象和快速深刻的经济社会变革中有力维护了国家政治安全。面对外部极端打压遏制，充分发挥制度优势，有效防范应对相关安全和法律风险，加强我国海外利益保护，坚决维护了我国主权、安全、发展利益。面对敌对势力渗透、破坏、颠覆、分裂等活动，采取有力措施严密防范、严厉打击，筑牢网络安全防线，坚定维护了国家政权安全、制度安全、意识形态安全。面对全球恐怖活动多发高发的大环境，有力防范和打击暴力恐怖犯罪，实现了反恐怖斗争形势根本性好转。

不断筑牢遏制黑恶势力滋生蔓延的"安全墙"。2018年1月，党中央、国务院发出《关于开展扫黑除恶专项斗争的通知》。从2018年至2020年，党中央部署开展了为期三年的扫黑除恶专项斗争，依法严惩黑恶犯罪和放纵、包庇黑恶势力甚至充当保护伞的党员干部。2018年1月23日，全国扫黑除恶专项斗争电视电话会议召开，对专项斗争作出进一步部署。1月31日，最高人民法院召开全国法院扫黑除恶专项斗争电视电话会议，要求将涉及威胁政治安全、把持基层政权、欺行霸市、操纵经营"黄赌毒"、跨国跨境等10类犯罪作为打击重点。中央政法委、中央综治委、公安部联合印发《关于集中打击整治农村赌博违法犯罪的通知》，要求在2018年春节前后集中打击整治农村赌博违法犯罪和操纵经营"黄赌毒"等违法犯罪活动的黑恶势力。到2020年，全国共打掉涉黑组织3644个、涉恶犯罪集团11675个，打掉的涉黑组织是前10年总和的1.28倍，查处涉黑涉恶腐败和保护伞问题8.97万起、立案处理11.59万人，排查整顿软弱涣散村党组织5.47万个，排查清理存在"村霸"、涉黑涉恶等问题的村干部4.27万名。2021年5月，中共中央办公厅、国务院办公厅印发《关于常态化开展扫黑除恶斗争巩固专项斗争成果的意见》，要求持续保持对黑恶势力违法犯罪的高压态势，形成有效震慑，从源头上铲除了黑恶势力滋生的土壤，维护了社会稳定。通过扫黑除恶以及防范和打击新型网络犯罪、跨国犯罪以及"黄赌毒"、盗抢骗、食药环等严重影响人民群众安全感的违法犯罪，全国社会治安形势持续好转，处于历史最好水平。2020年，全国法院受理的诉讼案件总数、民事诉讼案件数在持续增长15年之后首次实现"双下降"；全国刑事立案总量实现5年连降，8类主要刑事案件和查处治安案件数量实现6年连降；每10万人中命案数为0.56，是命案发案率最低的国家之一；每10万人中刑事案件数为339，是刑事犯罪率最低的国家之一；持枪、爆炸案件连续多年下降，是枪爆犯罪最少的国家之一。[①]

三、坚持人民至上、生命至上，新冠疫情防控取得重大决定性胜利

进入 2020 年，一场突如其来的新冠疫情肆虐中华大地。这是新中国成立以来我国发生的传播速度最快、感染范围最广、防控难度最大的一次重大突发公共卫生事件，也是近百年来人类遭遇的影响范围最严重的传染病大流行。

新冠疫情发生后，党中央将疫情防控作为头等大事来抓，坚持人民至上、生命至上，以坚定果敢的勇气和坚忍不拔的决心，同时间赛跑、与病魔较量，迅速打响疫情防控的人民战争、总体战、阻击战。习近平亲自指挥、亲自部署，党中央统揽全局、果断决策，以非常之举应对非常之事，第一时间实施集中统一领导，中央政治局常委会、中央政治局召开一系列会议研究决策，领导组织党政军民学、东西南北中大会战，提出"坚定信心、同舟共济、科学防治、精准施策"[②]的总要求，明确坚决遏制疫情蔓延势头、坚决打赢疫情防控阻击战的总目标，周密部署武汉保卫战、湖北保卫战，因时因势制定重大战略策略。党中央成立应对疫情工作领导小组，派出中央指导组，建立国务院联防联控机制；提出"早发现、早报告、早隔离、早治疗"的防控要求，确定"集中患者、集中专家、集中资源、集中救治"的救治要求，把提高收治率和治愈率、降低感染率和病亡率作为突出任务来抓。党和政府全力以赴救治患者，不遗漏一个感染者，不放

---

① 郭声琨：《建设更高水平的平安中国（学习贯彻党的十九届六中全会精神）》，《人民日报》2021 年 12 月 2 日。

② 《中共中央政治局常务委员会召开会议　研究新型冠状病毒感染的肺炎疫情防控工作》，《人民日报》2020 年 1 月 26 日。

弃每一位病患者，坚持中西医结合，费用全部由国家承担，最大限度提高了治愈率、降低了病亡率；注重科研攻关和临床救治、防控实践相协同，第一时间研发出核酸检测试剂盒，加快有效药物筛选和疫苗研发，充分发挥科技对疫情防控的支撑作用；迅速建立全国疫情信息发布机制，实事求是、公开透明发布疫情信息。党和政府还时刻挂念海外中国公民的安危，千方百计保障我国公民健康安全和工作生活，向留学生等群体发放"健康包"，协助确有困难的中国公民有序回国。

在党中央坚强领导下，中国人民风雨同舟、众志成城，发扬一方有难、八方支援精神，构筑起疫情防控的坚固防线。武汉和湖北是疫情防控阻击战的主战场，党和政府举全国之力实施规模空前的生命大救援，用10多天时间先后建成火神山医院和雷神山医院、大规模改建16座方舱医院、迅速开辟600多个集中隔离点，19个省区市对口帮扶除武汉以外的16个市州，最优秀的人员、最急需的资源、最先进的设备千里驰援，在最短时间内实现了医疗资源和物资供应从紧缺向动态平衡的跨越式提升。广大医务人员白衣为甲、逆行出征，54万名湖北省和武汉市医务人员同病毒短兵相接，346支国家医疗队、4万多名医务人员毅然奔赴前线；各行各业扛起责任，国有企业、公立医院勇挑重担，460多万个基层党组织冲锋陷阵，400多万名社区工作者日夜值守，各类民营企业、民办医院、慈善机构、养老院、福利院等积极出力，广大党员、干部带头拼搏，人民解放军指战员、武警部队官兵、公安民警奋勇当先，数百万快递员冒疫奔忙，180万名环卫工人起早贪黑，新闻工作者深入一线，千千万万志愿者和普通人默默奉献。经过艰苦卓绝的努力，我国有力扭转了疫情形势，用1个多月的时间初步遏制疫情蔓延势头，用2个月左右的时间将本土每日新增病例控制在个位数以内，用3个月左右的时间取得武汉保卫战、湖北保卫战的决定性成果，进而又接连打了几场局部地区聚集性疫情歼灭战，疫情防控取得重大战略成果，维护了人民生命安全和身体健康。党中央及时将全国总体防控策略调整为"外防输入、内防反弹",推动防控工作由应急性超常规防控向常态化防控转变。

针对疫情带来的冲击,党中央立足全局、着眼大局,及时作出统筹疫情防控和经济社会发展的重大决策,坚持依法防控、科学防控,推动落实分区分级精准复工复产,最大限度保障人民生产生活。2020年2月23日,统筹推进新冠肺炎疫情防控和经济社会发展工作部署会议召开,习近平在会上指出,要用全面、辩证、长远的眼光看待我国发展,增强信心、坚定信心,变压力为动力、善于化危为机,加大政策调节力度,把我国发展的巨大潜力和强大动能充分释放出来。党中央加大宏观政策应对力度,扎实做好"六稳"工作,全面落实"六保"任务,制定一系列纾困惠企政策,出台多项强化就业优先、促进投资消费、稳定外贸外资、稳定产业链供应链等措施,促进新业态发展,推动交通运输、餐饮商超、文化旅游等各行各业有序恢复,稳住了经济基本盘,为渡过难关赢得了时间、创造了条件。在一系列政策作用下,2020年二季度我国经济增速转负为正,三季度延续转正态势,复苏更为强劲,前三季度累计实现正增长,在全球率先复苏,成为2020年唯一实现正增长的世界主要经济体。

2020年6月,国务院新闻办公室发布《抗击新冠肺炎疫情的中国行动》白皮书,记录了中国共产党团结带领中国人民抗击疫情的艰辛而伟大的历程,与国际社会分享中国抗疫的经验和做法,阐明了打赢疫情防控全球阻击战的中国理念、中国主张。9月8日,全国抗击新冠肺炎疫情表彰大会隆重举行。习近平为在抗击新冠疫情斗争中作出杰出贡献的"共和国勋章"获得者钟南山,"人民英雄"国家荣誉称号获得者张伯礼、张定宇、陈薇颁授勋章奖章。大会还表彰了全国抗击新冠疫情先进个人和先进集体、全国优秀共产党员和全国先进基层党组织。习近平在大会上深刻阐述"生命至上、举国同心、舍生忘死、尊重科学、命运与共"的伟大抗疫精神。生命至上,集中体现了中国人民深厚的仁爱传统和中国共产党人以人民为中心的价值追求。举国同心，集中体现了中国人民万众一心、同甘共苦的团结伟力。舍生忘死，集中体现了中国人民敢于压倒一切困难而不被任何困难所压倒的顽强意志。尊重科学，集中体现了中国人民求真务实、开拓创新的实践品格。命运与共，集中体现了中国人民和衷共济、爱好和平的道义担当。习近平强调："伟大抗疫精神，同中华民族长期形成的特质禀赋和文化基因一脉相承，是爱国主义、集体主义、社会主义精神的传承和发展，是中国精神的生动诠释，丰富了民族精神和时代精神的内涵。"①

2020 年 4 月我国新冠疫情转入常态化防控后，反复强调坚持"外防输入、内防反弹"总策略和"动态清零"总方针，有效抵御了全球五波疫情冲击。2021 年 11 月奥密克戎变异株出现并逐渐在全球流行，不同奥密克戎变异株传播力逐渐增强，2022 年 10 月前我国始终坚持"动态清零"，有效避免了一系列变异病毒毒株在我国的流行，最大限度保障了人民群众健康安全。与此同时，传播力强的奥密克戎变异株的致病力逐步减弱的特点也越来越明显。2022 年 11 月 10 日，习近平主持召开中央政治局常委会会议，听取新冠疫情防控工作汇报，依据疫情变化，研究部署了进一步优化新冠疫情防控工作的二十条措施。国务院联防联控机制综合组随即发布《关于进一步优化新冠疫情防控措施，科学精准做好防控工作的通知》，要求把党中央对进一步优化防控工作的二十条措施落实到位。2022 年 12 月 6 日，习近平主持召开中央政治局会议。这次会议强调更好统筹疫情防控和经济社会发展，更好统筹发展和安全，为进一步优化疫情防控措施提供了指针。为更加科学精准防控，切实解决防控工作中存在的突出问题，12 月 7 日，国务院联防联控机制综合组发布《关于进一

---

① 习近平：《在全国抗击新冠肺炎疫情表彰大会上的讲话》，《人民日报》2020 年 9 月 9 日。

步优化落实新冠肺炎疫情防控措施的通知》，明确规定：除养老院、福利院、医疗机构、托幼机构、中小学等特殊场所外，不要求提供核酸检测阴性证明，不查验健康码，不再对跨地区流动人员查验核酸检测阴性证明和健康码，不再开展落地检。2022 年 12 月 15 日，习近平在中央经济工作会议上发表重要讲话，强调要更好统筹疫情防控和经济社会发展，因时因势优化疫情防控措施，认真落实新阶段疫情防控各项举措，保障好群众的就医用药，重点抓好老年人和患基础性疾病群体的防控，着力保健康、防重症。随着病毒变异、疫情变化、疫苗接种普及和防控经验积累、防控能力提高，2022 年 12 月 26 日国家卫生健康委发布公告：经国务院批准，自 2023 年 1 月 8 日起，解除对新型冠状病毒感染采取的《中华人民共和国传染病防治法》规定的甲类传染病预防、控制措施；不再纳入《中华人民共和国国境卫生检疫法》规定的检疫传染病管理，由"乙类甲管"调整为"乙类乙管"。

2023 年 2 月 16 日，习近平主持召开中央政治局常委会会议，听取新冠疫情防控工作情况汇报。会议指出，3 年多来，我国抗疫防疫历程极不平凡。以习近平同志为核心的党中央始终坚持人民至上、生命至上，团结带领全党全国各族人民同心抗疫，以强烈的历史担当和强大的战略定力，因时因势优化调整防控政策措施，高效统筹疫情防控和经济社会发展，成功避免了致病力较强、致死率较高的病毒株的广泛流行，有效保护了人民群众生命安全和身体健康，为打赢疫情防控阻击战赢得了宝贵时间。2022 年 11 月以来，我们围绕"保健康、防重症"，不断优化调整防控措施，较短时间实现了疫情防控平稳转段，2 亿多人得到诊治，近 80 万重症患者得到有效救治，新冠死亡率保持在全球最低水平，取得疫情防控重大决定性胜利，创造了人类文明史上人口大国成功走出疫情大流行的奇迹。实践证明，党中央对疫情形势的重大判断、对防控工作的重大决策、对防控策略的重大调整是完全正确的，措施是有力的，群众是认可的，成效是巨大的。

中华民族历经磨难，但从未被压垮过，而是愈挫愈勇，不断在磨难中成长、从磨难中奋起。抗击新冠疫情取得重大决定性胜利，是这一中华民族特质和精神又一次体现和验证。伟大的抗疫斗争实践有力地证明：中国共产党所具有的无比坚强的领导力，是风雨来袭时中国人民最可靠的主心骨；中国人民所具有的不屈不挠的意志力，是战胜前进道路上一切艰难险阻的力量源泉；中国特色社会主义制度所具有的显著优势，是抵御风险挑战、提高国家治理效能的根本保证。

第九章　奋力打赢脱贫攻坚战，如期全面建成小康社会

小康是中华民族的千年梦想和夙愿。全面建成小康社会是党和政府为增进人民福祉、实现国家现代化而实施的一项重大国家发展战略。小康不小康，关键看老乡，全面建成小康社会最艰巨最繁重的任务在农村特别是在贫困地区，脱贫攻坚是全面建成小康社会的底线任务，只有打赢脱贫攻坚战，才能确保全面建成小康社会、实现第一个百年奋斗目标。党的十八大以来，党和政府坚持精准扶贫，确立不愁吃、不愁穿和义务教育、基本医疗、住房安全有保障工作目标，实行"军令状"式责任制，动员全党全国全社会力量，上下同心、尽锐出战，攻克坚中之坚、解决难中之难，组织实施人类历史上规模最大、力度最强的脱贫攻坚战。经过全党全国各族人民的共同不懈努力，在中国共产党成立一百周年的重要时刻，我国脱贫攻坚战取得了全面胜利，近一亿农村贫困人口实现脱贫，历史性地解决了绝对贫困问题，在中华大地上如期全面建成小康社会，创造了人类减贫史、发展史上的奇迹——这是中华民族、中国人民、中国共产党的伟大光荣，也是中国对世界发展进步作出的重大贡献。

一、汇聚全党全国全社会之力打响脱贫攻坚战

贫困是人类社会的顽疾，贫困及其伴生的饥饿、疾病、社会冲突等一系列难题，是人类追求美好幸福生活的严重阻碍。中国作为人口众多的大

国，历史上曾饱受贫困问题的困扰，旧中国积贫积弱，人民食不果腹、衣不蔽体、一贫如洗，贫困规模之巨、贫困分布之广、贫困程度之深世所罕见。丰衣足食一直是中国人民最朴素的愿望。

中国共产党从诞生之日起，就矢志不渝把为中国人民谋幸福、为中华民族谋复兴作为初心使命，团结带领中国人民为摆脱贫困、创造美好幸福的生活进行艰苦卓绝的奋斗。新民主主义革命时期，以毛泽东同志为主要代表的中国共产党人把农民翻身解放作为革命的基本问题，领导人民进行土地革命、实行"耕者有其田"，推翻了帝国主义、封建主义和官僚资本主义的反动统治，建立了人民当家作主的中华人民共和国，为中国摆脱贫穷落后、实现繁荣富强扫清了障碍、创造了根本政治条件。社会主义革命和建设时期，面对一穷二白、百业凋敝的困难局面，我们党团结带领人民自力更生、艰苦奋斗，发奋图强、重整山河。1949 年新中国成立之时，仅从亚洲人均国民收入看，印度达到 57 美元，巴基斯坦是 51 美元，阿富汗 50 美元，菲律宾 44 美元，泰国和缅甸为 36 美元；而中国只有 27 美元，不到亚洲平均数 44 美元的 2/3，不足印度 57 美元的一半，是亚洲也是世界上最贫穷的国家之一。[1] 为了消除贫困特别是亿万农民的贫困，党在全国组织开展了轰轰烈烈的土地改革，延续 2000 多年的封建土地制度被废除，到 1952 年底，全国约 3 亿无地少地的农民无偿获得约 7 亿亩土地，农民真正成为土地的主人，消除了造成农民贫困的主要制度因素。我们党领导完成对农业、手工业和资本主义工商业进行社会主义改造，建立起社会主义基本制度，为从根本上解决贫困问题提供了最基本制度保证。我们开展大规模社会主义建设，建立起独立的、比较完整的工业体系和国民经济体系，大力发展集体经济，大兴农田水利，大办农村教育和合作医疗，

---

① ［苏］弗·雅·阿瓦林：《殖民体系的瓦解》，水茵等译，世界出版社 1959 年版，第 137—138 页。另见胡绳主编：《中国共产党的七十年》，中共党史出版社 1991 年版，第 312 页。

探索建立了以集体经济为基础、以"五保"①制度和特困群体救济为主体的农村初级社会保障体系。社会主义建设在曲折中向前推进，从 1953 年到 1976 年，国内生产总值年均增长 5.9%，人民物质生活和文化生活的水平逐步提高，在全国总人口从 1949 年的 5.4 亿人增至 1976 年的 9.3 亿人的情况下，同期粮食人均占有量从 418 市斤增加到了 615 市斤。居民平均预期寿命 1949 年仅为 35 岁，1975 年提高到 63.8 岁。在全国人民节衣缩食支援国家工业化基础建设的情况下，这一时期尽管人民群众生活逐年改善的增幅不大，但是初步满足了占世界 1/4 人口的基本生活需要，被世界公认是一个奇迹。②

进入改革开放和社会主义现代化建设新时期，面对中国农村贫困人口基数大、贫困发生率高的严峻形势，以邓小平同志为主要代表的中国共产党人明确提出"贫穷不是社会主义，社会主义要消灭贫穷"，提出到 20 世纪末人民生活达到小康水平的目标，提出"两个大局"的战略构想，实施一系列农业农村重大改革，从国家层面开展大规模、有计划、有组织的扶贫开发。在农村实施以家庭联产承包责任制为主的生产责任制和统分结合的双层经营体制，理顺了农村最基本的生产关系，调动了农民生产积极性，使农业生产迅速扭转了长期徘徊不前的局面。实施农产品流通体制改革，大力发展乡镇企业，促进了农村整体收入水平提高。成立专门扶贫机构，确定了扶贫标准、重点片区和贫困县，1982 年 12 月，启动实施"三西"（即甘肃省河西地区、定西地区和宁夏回族自治区西海固地区，是当时全国集中连片最困难的地区之一，共涉及 47 个县市

---

① 1956 年 1 月 23 日中央政治局提出的《1956 年到 1967 年全国农业发展纲要》明确要求："农业合作社对于社内缺乏劳动力、生活没有依靠的鳏寡孤独的社员，应当统一筹划"，"在生活上给以适当的照顾，做到保吃、保穿、保烧（燃料）、保教（儿童和少年）、保葬，使他们的生养死葬都有指靠。"

② 中共中央党史研究室：《中国共产党的九十年（社会主义革命和建设时期）》，中共党史出版社、党建读物出版社 2016 年版，第 638 页。

区）农业建设。通过一系列重大举措，解放了农村生产力，释放了农村活力，推动了农村经济发展，促进了农民收入增加和观念更新，中国扶贫开发进入历史新时期。20 世纪 90 年代初，在农村贫困问题大大缓解的同时，贫困问题由普遍性分布呈现分层、分块、分化等新特征，区域间发展不均衡问题凸显。以江泽民同志为主要代表的中国共产党人继续推进大规模扶贫开发国家行动。1994 年 4 月，国务院印发《国家八七扶贫攻坚计划》，这是新中国历史上第一个有明确目标、明确对象、明确措施和明确期限的全国扶贫开发工作纲领。"八七计划"提出，从 1994 年到 2000 年，力争用 7 年左右的时间，基本解决当时全国农村 8000 万贫困人口的温饱问题。以《国家八七扶贫攻坚计划》的实施为标志，中国扶贫开发进入了攻坚阶段。经过努力，到 2000 年底，国家"八七"扶贫攻坚目标基本实现，按当时扶贫标准，中国农村贫困人口减至 3209 万人，贫困发生率降低至 3.5%。2001 年 5 月，党中央召开扶贫开发工作会议；同年 6 月，国务院印发《中国农村扶贫开发纲要（2001—2010 年）》，提出 2001—2010 年我国扶贫开发的奋斗目标是：尽快解决少数贫困人口温饱问题，进一步改善贫困地区的基本生产生活条件，巩固温饱成果，提高贫困人口的生活质量和综合素质，加强贫困乡村的基础设施建设，改善生态环境，逐步改变贫困地区经济、社会、文化的落后状况，为达到小康水平创造条件。进入 21 世纪，以胡锦涛同志为主要代表的中国共产党人提出全面建成小康社会目标，推进社会主义新农村建设，制定实施一系列扶贫开发新政策新举措。对扶贫工作重点与瞄准对象作出重大调整，把中西部地区作为扶贫工作重点区域，在 592 个国家扶贫工作重点县的基础上，选定 15 万个贫困村作为扶贫对象，实施参与式"整村推进"扶贫。大力推进产业扶贫和劳动力培训转移，积极开展易地搬迁扶贫和生态移民。取消农业税，建立新型农村合作医疗等一系列农村社会保障制度，农民负担重的状况得到根本性改变。到 2010 年底，按照当时的扶贫标准，中国农村贫困人口减至 2688 万人，贫困发生率降为 2.8％。2011 年 11 月，中央扶贫开发工作会议召开，决定将农民人均纯收入 2300 元（2010 年不变价）作为新的国家扶贫标准。在新的标准下，中国贫困人口为 1.22 亿人。同年 12 月，党中央、国务院印发《中国农村扶贫开发纲要（2011—2020 年）》，确定了到 2020 年我国扶贫开发的总体目标，即稳定实现扶贫对象不愁吃、不愁穿，保障其义务教育、基本医疗和住房。贫困地区农民人均纯收入增长幅度高于全国平均水平，基本公共服务主要领域指标接近全国平均水平，扭转发展差距扩大趋势。

党的十八大以后，中国发展进入新时代，扶贫开发进入了脱贫攻坚的历史新阶段。在这个阶段，一方面，经过 30 多年的改革开放，我国经济实力、综合国力明显增强，社会保障体系更加健全，为减贫事业发展奠定了坚实的人力、财力、物力基础，但同时，中国仍面临严峻的贫困形势，面对的都是贫中之贫、困中之困，减贫进入啃硬骨头、攻坚拔寨的冲刺阶段，必须以更大的决心、更明确的思路、更精准的举措、超常规的力度，众志成城实现脱贫攻坚目标。以习近平同志为核心的党中央，坚持把人民对美好生活的向往作为奋斗目标，推进决胜全面建成小康社会，把贫困人口全部脱贫作为全面建成小康社会、实现第一个百年奋斗目标的底线任务和标志性指标，明确到 2020 年现行标准下农村贫困人口全部脱贫、贫困县全部摘帽、解决区域性整体贫困的目标任务，打响了脱贫攻坚战。

党的十八大以来，习近平最关注的工作之一就是贫困人口脱贫。每到一个地方调研，都要到贫困村和贫困户了解情况，还专门到贫困县调研。2012 年 12 月底，习近平来到全国重点贫困县——河北阜平县考察扶贫开发工作，强调"全面建成小康社会，最艰巨最繁重的任务在农村、特别是在贫困地区。没有农村的小康，特别是没有贫困地区的小康，就没有全面建成小康社会"①。"小康不小康，关键看老乡，关键在贫困的老乡能不能脱贫"，承诺"决不能落下一个贫困地区、一个贫困群众"，拉开了新时代脱贫攻坚的序幕。2013 年 11 月，习近平在湖南省花垣县十八洞村考察时，强调"我们在抓扶贫的时候，切忌喊大口号，也不要定那些好高骛远的目标"。首次提出"实事求是，因地制宜，分类指导，精准扶贫"的理念。②2014 年 3 月 7 日，习近平在参加十二届全国人大二次会议贵州代表团审议时指出，要"看真贫、扶真贫、真扶贫"。2015 年 2 月 13 日，习近平在陕西延安主持召开陕甘宁革命老区脱贫致富座谈会。这是党的十八大以后，习近平第一次主持召开跨省区的脱贫攻坚座谈会。在这次座谈会上，习近平讲道，全面建成小康社会，没有老区的全面小康，没有老区贫困人口脱贫致富，是不完整的。他要求各级党委和政府要增强使命感和责任感，把老区发展和老区人民生活改善时刻放在心上，加大投入支持力度，加快老区发展步伐，让老区人民都过上幸福美满的日子，确保老区人民同全国人民一道进入全面小康社会。同年 6 月 18 日，习近平又在贵州贵阳主持召开涉及武陵山、乌蒙山、滇桂黔集中连片特困地区扶贫攻坚座谈会。在这次座谈会上，他提出，"十三五"的最后一年是 2020 年，正好是我们党确定的全面建成小康社会的时间节点，全面建成小康社会最艰巨最繁重的任务在农村，特别是在贫困地区；扶贫开发工作进入了啃硬骨头、攻坚拔寨的冲刺期，要把握时间节点，努力补齐短板，科学谋划好"十三五"时期扶贫开发工作，确保贫困人口到 2020 年如期脱贫；要在精准扶贫、精准脱贫上下更大功夫，做到扶持对象精准、项目安排精准、资金使用精准、措施到户精准、因村派人(第一书记)精准、脱贫成效精准；

---

① 《习近平到河北阜平看望慰问困难群众时强调　把群众安危冷暖时刻放在心上　把党和政府温暖送到千家万户》，《人民日报》2012 年 12 月 31 日。

② 《人民的获得感——政论专题片〈将改革进行到底〉解说词（第十集）》，《人民日报》2017 年 7 月 27 日。

要实施"四个一批"的扶贫攻坚行动计划,通过扶持生产和就业发展一批,通过移民搬迁安置一批,通过低保政策兜底一批,通过医疗救助扶持一批,实现贫困人口精准脱贫。2015年11月,党中央召开扶贫开发工作会议,习近平在会上提出:"我们要立下愚公移山志,咬定目标、苦干实干,坚决打赢脱贫攻坚战,确保到2020年所有贫困地区和贫困人口一道迈入全面小康社会。"提出脱贫攻坚要实行扶持对象、项目安排、资金使用、措施到户、因村派人、脱贫成效"六个精准",实行发展生产、易地搬迁、生态补偿、发展教育、社会保障兜底"五个一批",发出了打赢脱贫攻坚战的总攻令。会议期间,中西部22个省区市党政主要负责人向中央签署脱贫攻坚责任书。这次会议后,党中央、国务院印发《关于打赢脱贫攻坚战的决定》。2016年7月20日,习近平在宁夏银川主持召开东西部扶贫协作座谈会,强调东西部扶贫协作和对口支援,是实现先富帮后富、最终实现共同富裕目标的大举措,充分彰显了中国共产党领导和我国社会主义制度的政治优势,必须长期坚持下去;西部地区特别是民族地区、边疆地区、革命老区、集中连片特困地区贫困程度深、扶贫成本高、脱贫难度大,是脱贫攻坚的短板,必须采取系统的政策和措施,做好东西部扶贫协作和对口支援工作,全面打赢脱贫攻坚战。2017年6月23日,习近平在山西太原主持召开深度贫困地区脱贫攻坚座谈会,集中研究破解深度贫困之策,强调必须深刻认识深度贫困地区如期完成脱贫攻坚任务的艰巨性、重要性、紧迫性,以解决突出制约问题为重点,强化支撑体系,加大政策倾斜,聚焦精准发力,攻克坚中之坚,确保深度贫困地区和贫困群众同全国人民一道进入全面小康社会。

2017年10月,党的十九大对决胜全面建成小康社会作出部署,习近平在大会报告中强调,"让贫困人口和贫困地区同全国一道进入全面小康社会是我们党的庄严承诺。要动员全党全国全社会力量,坚持精准扶贫、精准脱贫",坚决打赢脱贫攻坚战,"重点攻克深度贫困地区脱贫任务，确保到二〇二〇年我国现行标准下农村贫困人口实现脱贫，贫困县全部摘帽，解决区域性整体贫困，做到脱真贫、真脱贫"。[①]2018 年 2 月12 日，习近平在四川成都主持召开打好精准脱贫攻坚战座谈会，集中研究打好今后 3 年脱贫攻坚战之策，强调打好脱贫攻坚战对如期全面建成小康社会、实现我们党第一个百年奋斗目标具有十分重要的意义；要清醒认识把握打赢脱贫攻坚战面临任务的艰巨性，清醒认识把握实践中存在的突出问题和解决这些问题的紧迫性，不放松、不停顿、不懈怠，提高脱贫质量，聚焦深贫地区，扎扎实实把脱贫攻坚战推向前进。2018 年 8 月，党中央、国务院印发《关于打赢脱贫攻坚战三年行动的指导意见》，为推动脱贫攻坚工作更加有效开展进一步完善顶层设计、强化政策措施、加强统筹协调。2019 年 3 月，习近平在全国两会上发出"尽锐出战、迎难而上，真抓实干、精准施策"的号召，吹响拔除农村最后穷根的冲锋号。同年4 月 16 日，习近平在重庆主持召开解决"两不愁三保障"突出问题座谈会，强调到 2020 年稳定实现农村贫困人口不愁吃、不愁穿，义务教育、基本医疗、住房安全有保障，是贫困人口脱贫的基本要求和核心指标，直接关系攻坚战质量。总的来看，"两不愁"基本解决了，"三保障"还存在不少薄弱环节。要摸清底数，聚焦突出问题，明确时间表、路线图，加大工作力度，拿出过硬举措和办法，一鼓作气、顽强作战，不获全胜决不收兵。2020 年 1 月 2 日，党中央、国务院颁布《关于抓好"三农"领域重点工作确保如期实现全面小康的意见》，强调"2020 年是全面建成小康社会目标实现之年，是全面打赢脱贫攻坚战收官之年"，完成这两大目标任务，"脱贫攻坚最后堡垒必须攻克，全面小康'三农'领域突出短板必须补上。小康不小康，关键看老乡。脱贫攻坚质量怎么样、小康成色如何，很大程度上

---

① 习近平：《决胜全面建成小康社会　夺取新时代中国特色社会主义伟大胜利——在中国共产党第十九次全国代表大会上的报告》，《人民日报》2017 年 10 月 28 日。

要看'三农'工作成效"。① 同年 3 月 6 日，在中国新冠疫情防控阻击战胶着之际，习近平在北京主持召开决战决胜脱贫攻坚座谈会，这是党的十八大以来习近平主持召开的第七次脱贫攻坚座谈会，也是规模最大的一次会议，会议对决战决胜、全面收官脱贫攻坚工作进行再动员再部署，强调"到2020 年现行标准下的农村贫困人口全部脱贫，是党中央向全国人民作出的郑重承诺，必须如期实现，没有任何退路和弹性。这是一场硬仗，越到最后越要紧绷这根弦，不能停顿、不能大意、不能放松"②，要求全党全国以更大的决心、更强的力度，做好疫情防控给脱贫攻坚提出的"加试题"、打好收官战，信心百倍向着脱贫攻坚的最后胜利进军。

党的十八大之后的 8 年中，以习近平同志为核心的党中央把脱贫攻坚摆在治国理政的突出位置，把脱贫攻坚作为全面建成小康社会的底线任务，习近平亲自挂帅、亲自出征、亲自督战，走遍全国 14 个集中连片特困地区，考察 20 多个贫困村，7 次主持召开中央扶贫工作座谈会，50 多次调研扶贫工作，连续 5 年审定脱贫攻坚成效考核结果；深入贫困家庭访贫问苦，倾听贫困群众意见建议，了解扶贫脱贫需求，组织开展了声势浩大的脱贫攻坚人民战争。习近平总书记关于扶贫工作的一系列重要论述，从根本指引、总体框架、核心要求、基本方略、力量之源等方面，深刻揭示了新时代扶贫开发工作的基本特征和科学规律，精辟阐述了扶贫开发工作的发展方向和实现途径。党和人民上下同心、尽锐出战，披荆斩棘、栉风沐雨，发扬钉钉子精神，敢于啃硬骨头，攻克一个又一个贫中之贫、坚中之坚、难中之难，走出了一条有中国特色的扶贫减贫道路，推动脱贫攻坚取得历史性重大成就。

---

① 《中共中央国务院关于抓好"三农"领域重点工作确保如期实现全面小康的意见》，《人民日报》2020 年 2 月 6 日。

② 习近平：《在决战决胜脱贫攻坚座谈会上的讲话》，《人民日报》2020 年 3 月 7 日。

二、实施精准扶贫方略，走中国特色扶贫道路

党的十八大以来，在具体的脱贫攻坚实践中，党和政府创造性提出并实施精准扶贫方略，做到扶持对象、项目安排、资金使用、措施到户、因村派人、脱贫成效"六个精准"，实行发展生产、易地搬迁、生态补偿、发展教育、社会保障兜底"五个一批"，解决好扶持谁、谁来扶、怎么扶、如何退、如何稳"五个问题"，从政策和策略上强化脱贫攻坚的针对性，提升脱贫攻坚的整体效益效能。

2013年12月，中共中央办公厅、国务院办公厅印发《关于创新机制扎实推进农村扶贫开发工作的意见》，提出扶贫开发工作要进一步解放思想、开拓思路，深化改革，创新机制，构建政府、市场、社会协同推进的大扶贫开发格局，在全国范围内整合配置扶贫开发资源，形成扶贫开发合力。强调要"建立精准扶贫工作机制"："国家制定统一的扶贫对象识别办法。各省（自治区、直辖市）在已有工作基础上，坚持扶贫开发和农村最低生活保障制度有效衔接，按照县为单位、规模控制、分级负责、精准识别、动态管理的原则，对每个贫困村、贫困户建档立卡，建设全国扶贫信息网络系统。专项扶贫措施要与贫困识别结果相衔接，深入分析致贫原因，逐村逐户制定帮扶措施，集中力量予以扶持，切实做到扶真贫、真扶贫，确保在规定时间内达到稳定脱贫目标。"[①] 精准扶贫首先要精准识别贫困者是谁。根据以上意见，各地科学制定贫困识别的标准和程序，组织基层干部进村入户，摸清贫困人口分布、致贫原因、帮扶需求等情况。贫困户识别以农户收入为基本依据，综合考虑住房、教育、健康等情况，通过农户申请、民主评议、公示公告、逐级审核的方式，进行整户识别；贫困村识别综合考虑行政村贫困

[①] 《中办国办印发〈关于创新机制扎实推进农村扶贫开发工作的意见〉》，《人民日报》2014年1月26日。

发生率、村民人均纯收入和村集体经济收入等情况，按照村委会申请、乡政府审核公示、县级审定公告等程序确定。对识别出的贫困村和贫困人口建档立卡，建立起全国统一的扶贫信息系统并实行动态管理，及时剔除识别不准人口、补录新识别人口，提高识别准确率，为实施精准扶贫精准脱贫提供了有力数据支撑。

在贫困者被识别、被确定以后，接下来的问题就是由谁来帮助他们摆脱贫困。脱贫攻坚涉及面广、极其复杂，需要强有力的组织领导和贯彻执行。党和政府充分发挥政治优势、组织优势，建立中央统筹、省负总责、市县抓落实的脱贫攻坚管理体制和片为重点、工作到村、扶贫到户的工作机制，构建起横向到边、纵向到底的工作体系。各级党委执行脱贫攻坚"一把手"负责制，中西部22个省份党政主要负责人向中央签署责任书、立下军令状，省市县乡村五级书记一起抓。脱贫攻坚期内，贫困县党委政府正职保持稳定。有脱贫任务的地区，倒排工期、落实责任，把脱贫攻坚作为头等大事和第一民生工程，以脱贫攻坚统揽经济社会发展全局。实行最严格的考核评估和监督检查，组织脱贫攻坚专项巡视，加强脱贫攻坚督导和监察，确保扶贫工作务实、脱贫过程扎实、脱贫结果真实，使脱贫攻坚成果经得起实践和历史检验。抓好以村党组织为核心的村级组织配套建设，把基层党组织建设成为带领群众脱贫致富的坚强战斗堡垒；建立健全干部担当作为的激励和保护机制，引导广大干部在决胜脱贫攻坚中履职尽责。普遍建立干部驻村帮扶工作队制度，按照因村派人、精准选派的原则，选派政治素质好、工作能力强、作风实的干部，集中精锐力量投向脱贫攻坚主战场。驻村干部扎根基层扶贫一线，倾心倾力帮助贫困群众找出路、谋发展、早脱贫。从2013年开始向贫困村选派第一书记和驻村工作队，到2015年，实现每个贫困村都有驻村工作队、每个贫困户都有帮扶责任人。截至2020年底，"全国累计选派25.5万个驻村工作队、300多万名第一书记和驻村干部，同近200万名乡镇干部和数百万村干部一道奋战在扶贫一线，鲜红的党旗始终在脱贫攻坚主战场上高高飘扬"①。

贫困的类型和原因千差万别。党和政府在脱贫攻坚实践中，针对不同情况分类施策、对症下药，通过实施"五个一批"实现精准扶贫。一是发展生产脱贫一批。这是最直接、最有效的办法，也是增强贫困地区"造血"功能、帮助贫困群众就地就业的根本之策、长远之计。支持和引导贫困地区因地制宜发展特色产业，鼓励支持电商扶贫、光伏扶贫、旅游扶贫等新业态新产业发展。累计建成各类产业基地超过 30 万个，形成了特色鲜明、带贫面广的扶贫主导产业，打造特色农产品品牌 1.2 万个。产业帮扶政策覆盖 98.9% 的贫困户，有劳动能力和意愿的贫困群众基本都参与到产业扶贫之中。扎实推进科技扶贫，建立科技帮扶结对 7.7 万个，选派科技特派员 28.98 万名，投入资金 200 多亿元，实施各级各类科技项目 3.76 万个，推广应用先进实用技术、新品种 5 万余项，支持贫困地区建成创新创业平台 1290 个。为贫困户提供扶贫小额信贷支持，到 2020 年底，全国扶贫小额信贷累计发放 7100 多亿元，累计支持贫困户 1500 多万户。二是易地搬迁脱贫一批。对生活在自然环境恶劣、生存条件极差、自然灾害频发地区，很难实现就地脱贫的贫困人口，实施易地扶贫搬迁。截至 2020 年底，全国累计建成易地搬迁集中安置区 3.5 万个，建设安置住房 266 万多套，960 多万易地搬迁贫困人口全部实现脱贫。三是生态补偿脱贫一批。坚持脱贫攻坚与生态保护并重，在加大贫困地区生态保护修复力度的同时，让有劳动能力的贫困群众就地转为护林员等生态保护人员。2013 年以来，贫困地区实施退耕还林还草 7450 万亩，选聘 110 多万贫困群众担任生态护林员。贫困群众积极参与国土绿化、退耕还林还草等生态工程建设和森林、草原、湿地等生态系统保护修复工作，发展木本油料等经济林种植及森林旅游，不仅拓宽了增收渠道，也明显改善了贫困地区生态环境。四是

---

①　习近平：《在全国脱贫攻坚总结表彰大会上的讲话》，《人民日报》2021 年 2 月 26 日。

发展教育脱贫一批。持续提升贫困地区学校、学位、师资、资助等保障能力，20多万名义务教育阶段的贫困家庭辍学学生全部返校就读，全面实现适龄少年儿童义务教育有保障。实施贫困地区义务教育营养改善计划，每年惠及4000余万名学生。实施定向招生、学生就业、职教脱贫等倾斜政策，帮助800多万贫困家庭初高中毕业生接受职业教育培训、514万名贫困家庭学生接受高等教育，重点高校定向招收农村和贫困地区学生70多万人。五是社会保障兜底一批。全国农村低保标准从2012年的每人每年2068元提高到2020年的5962元。扶贫部门与民政部门定期开展数据比对、摸排核实，实现贫困人口应保尽保。除此以外，各地还因地制宜，采取其他多渠道多元化扶贫措施。如大力推进就业扶贫，通过免费开展职业技能培训、东西部扶贫协作劳务输出、扶贫车间和扶贫龙头企业吸纳、返乡创业带动、扶贫公益性岗位安置等形式，支持有劳动能力的贫困人口在本地或外出务工、创业，贫困劳动力务工规模从2015年的1227万人增至2020年的3243万人；开展健康扶贫工程，把健康扶贫作为脱贫攻坚重要举措，防止因病致贫返贫；实施网络扶贫工程，支持贫困地区特别是深度贫困地区，完善网络覆盖，推进"互联网＋"扶贫模式；实施资产收益扶贫，把中央财政专项扶贫资金和其他涉农资金投入设施农业、光伏、乡村旅游等项目形成的资产，折股量化到贫困村，推动产业发展，增加群众收入，破解村集体经济收入难题；等等。

在帮助贫困人口脱贫以后，实行严格的贫困县、贫困村、贫困人口退出标准和程序。贫困人口退出实行民主评议，贫困村、贫困县退出进行审核审查，退出结果公示公告，让群众参与评价。强化监督检查，重点抽选条件较差、基础薄弱的偏远地区，重点评估脱贫人口退出准确率、摘帽县贫困发生率、群众帮扶满意度，确保退出结果真实。贫困人口、贫困村、贫困县退出后，在一定时期内原有扶持政策保持不变，摘帽不摘责任，摘帽不摘帮扶，摘帽不摘政策，摘帽不摘监管，留出缓冲期，确保稳定脱贫。对脱贫县，从脱贫之日起设立 5 年过渡期，过渡期内保持主要帮扶政策总体稳定，对脱贫不稳定户、边缘易致贫户，以及因病因灾因意外事故等刚性支出较大或收入大幅缩减导致基本生活出现严重困难户，开展定期检查、动态管理，防止返贫和产生新的贫困。

实施精准扶贫方略，是党和政府领导人民打赢脱贫攻坚战的制胜法宝；实行开发式扶贫方针，是中国特色减贫道路的鲜明特征。科学有效的扶贫大政方针，不仅确保了脱贫攻坚取得全面胜利，而且有力提升了国家治理体系和治理能力现代化水平，丰富和发展了新时代中国共产党的执政理念和治国方略。

在全力推进脱贫攻坚的同时，党的十八大以来，党和国家还进一步加大政策支持力度，推动特殊类型困难地区跨越发展、转型提升、着力补齐区域发展短板。支持革命老区开发建设。2012 年至 2016 年，经国务院同意，国家发展改革委先后印发《陕甘宁革命老区振兴规划》《赣闽粤原中央苏区振兴发展规划》《左右江革命老区振兴规划》《大别山革命老区振兴发展规划》《川陕革命老区振兴发展规划》等规划，完善支持政策，大力推动赣闽粤原中央苏区、陕甘宁、大别山、左右江、川陕等重点贫困革命老区振兴发展，积极支持沂蒙、湘鄂赣、太行、海陆丰等欠发达革命老区加快发展。2016 年初，中共中央办公厅、国务院办公厅印发《关于加大脱贫攻坚力度支持革命老区开发建设的指导意见》，要求到 2020 年，老区基础设施建设取得积极进展，特色优势产业发展壮大，生态环境质量明显改善，城乡居民人均可支配收入增长幅度高于全国平均水平，基本公共服务主要领域指标接近全国平均水平，确保我国现行标准下农村贫困人口实现脱贫，贫困县全部摘帽，解决区域性整体贫困。促进民族地区加快发展。党的十八大以来，中央不断丰富完善差别化支持政策，把民族八省区都纳入"一带一路"建设并给予重要定位，在国家"十三五"规划纲要中将"推动民族地区健康发展""推进边疆地区开发开放"单列成节、系统部署，国务院于 2016 年 12 月出台实施《"十三五"促进民族地区和人口较少民族发展规划》；国务院办公厅于 2017 年 5 月印发《兴边富民行动"十三五"规划》；特别是国家优化了财政转移支付和对口支援机制，出台实施了《关于进一步加强东西部扶贫协作工作的指导意见》。据统计，"十二五"时期民族八省区减少贫困人口 1712 万人，减贫率 43.7%；经济总量达 7.47 万亿元，增长 78%；地方公共财政收入达 8886 亿元，翻了一番。[①] 推进边疆地区开发开放。2016 年 1 月，国务院印发《关于支持沿边重点地区开发开放若干政策措施的意见》，建立沿边重点开发开放试验区，推动基础设施互联互通，支持建设对外骨干通道，加快边境地区城镇化建设，大力推进兴边富民行动，边疆地区发展进一步加快。推动资源枯竭城市转型发展。2017 年 1 月，国家发展改革委发布《关于加强分类引导培育资源型城市转型发展新动能的指导意见》，在全国确定了 69 个资源枯竭城市，加大财政转移支付支持力度，支持资源型城市发展接续替代产业，一批资源枯竭城市转型发展重新焕发生机活力。[②] 加快推进独立工矿区改造搬迁。我国亟须实施改造搬迁工程的独立工矿区有 130 多个，分布在全国 27 个省（自治区、直辖市）。这些独立工矿区为保障国家能源资源供给、支持地方经济建设作出重要贡献的同时，由于地处偏远、资源逐步枯竭、产业结构单一、城镇建设滞后，独立工矿区已经逐渐成为区域发展的"孤岛"，普遍面临经济衰退、城镇功能缺失、居民生活困苦、生产生活条件恶劣等诸多困难。2012 年 9 月，国务院对实施独立工矿区改造搬迁工程作出部署。2013 年，国家发展改革委选择新疆富蕴县可可托海矿区等 5 个典型独立工矿区启动改造搬迁工程试点。2014 年国家发展改革委在东北地区率先全面实施独立工矿区改造搬迁工程，2015 年进一步将

---

① 中共国家民委党组：《同心筑梦开新境 继往开来写华章——党的十八大以来民族工作理论与实践的新发展》，《求是》2017 年第 14 期。

② 《十八大以来我国区域战略的创新发展》，《人民日报》2017 年 6 月 14 日。

工程实施范围扩展到全国。截至 2016 年 2 月底，国家发展改革委共支持全国 21 个省（自治区、直辖市）的 54 个独立工矿区实施了改造搬迁工程，累计完成投资 264 亿元，惠及 600 余万矿区群众。通过卓有成效的改造搬迁工作，独立工矿区发展条件和矿区群众生产生活条件得到明显改善。

消除贫困是全球性难题。在脱贫攻坚战中，党和政府始终立足中国国情，深刻把握中国贫困特点和贫困治理规律，出台一系列超常规政策举措，构建一整套行之有效的政策体系、工作体系、制度体系，走出了一条有中国特色的扶贫减贫道路，形成了中国特色反贫困理论。一是坚持中国共产党的领导，加强顶层设计和战略规划，不断增强脱贫攻坚的领导力、组织力、执行力，为脱贫攻坚提供坚强政治和组织保证。二是坚持以人民为中心的发展思想，努力让贫困群众有更好的收入、更好的教育、更好的医疗卫生服务、更好的居住条件。把群众满意度作为衡量脱贫成效的重要尺度，集中力量解决贫困群众基本民生需求。党的十八大以后 8 年里，中央、省、市县财政专项扶贫资金累计投入近 1.6 万亿元，其中中央财政累计投入 6601 亿元。驻村第一书记和工作队员扎根一线、任劳任怨，基层党员干部呕心沥血、苦干实干，在脱贫攻坚战中，1800 多名党员、干部为减贫事业献出了宝贵生命。三是坚持发挥我国社会主义制度能够集中力量办大事的政治优势，形成脱贫攻坚的共同意志、共同行动。广泛动员全党全国各族人民以及社会各方面力量共同向贫困宣战，举国同心，合力攻坚，党政军民学劲往一处使，东西南北中拧成一股绳；强化东西部扶贫协作，推动省市县各层面结对帮扶，促进人才、资金、技术向贫困地区流动；组织开展定点扶贫，中央和国家机关各部门、民主党派、人民团体、国有企业和人民军队等都积极行动，所有的国家扶贫开发工作重点县都有帮扶单位；构建专项扶贫、行业扶贫、社会扶贫互为补充的大扶贫格局，形成跨地区、跨部门、跨单位、全社会共同参与的社会扶贫体系。千千万万的扶贫善举彰显了社会大爱，汇聚起排山倒海的磅礴力量。四是坚持精准扶贫方略，用发展的办法消除贫困根源。五是坚持调动广大贫困群众积极性、主动性、创造性，注重把人民群众对美好生活的向往转化成脱贫攻坚的强大动能，实行扶贫和扶志扶智相结合，激发脱贫内生动力。六是坚持弘扬和衷共济、团结互助美德，营造全社会扶危济困的浓厚氛围。七是坚持求真务实、较真碰硬，突出实的导向、严的规矩，不搞花拳绣腿，不搞繁文缛节，不做表面文章，做到真扶贫、扶真贫、脱真贫，把一切工作都落实到为贫困群众解决实际问题上。

伟大事业孕育伟大精神。在脱贫攻坚伟大斗争中形成的"上下同心、尽锐出战、精准务实、开拓创新、攻坚克难、不负人民"的脱贫攻坚精神，是中国共产党性质宗旨、中国人民意志品质、中华民族精神的生动写照，是爱国主义、集体主义、社会主义思想的集中体现，是中国精神、中国价值、中国力量的充分彰显，赓续传承了伟大建党精神、伟大民族精神和伟大时代精神。

三、创造"人间奇迹"：脱贫攻坚战取得全面胜利

经过全党全国各族人民共同努力，在迎来中国共产党成立 100 周年的重要时刻——2021 年 2 月 25 日，习近平在全国脱贫攻坚总结表彰大会上庄严宣告："我国脱贫攻坚战取得了全面胜利，现行标准下 9899 万农村贫困人口全部脱贫，832 个贫困县全部摘帽，12.8 万个贫困村全部出列，区域性整体贫困得到解决，完成了消除绝对贫困的艰巨任务，创造了又一个彪炳史册的人间奇迹！"[①]

——农村贫困人口全部脱贫，生活水平显著提升。党的十八大以来，

[①] 习近平：《在全国脱贫攻坚总结表彰大会上的讲话》，《人民日报》2021 年 2 月 26 日。

平均每年 1000 多万人脱贫，相当于一个中等国家的人口脱贫。脱贫攻坚的阳光照耀到每一个角落，贫困群众的生活发生了巨大变化。贫困人口收入水平持续提升。贫困地区农村居民人均可支配收入，从 2013 年的 6079 元增长到 2020 年的 12588 元，年均增长 11.6%。贫困人口工资性收入和经营性收入占比逐年上升，自主增收脱贫能力稳步提高。少数民族和民族地区脱贫攻坚成效显著，2016 年至 2020 年，内蒙古自治区、广西壮族自治区、西藏自治区、宁夏回族自治区、新疆维吾尔自治区和贵州、云南、青海三个多民族省份贫困人口累计减少 1560 万人。脱贫群众全部实现"两不愁三保障"，即不愁吃、不愁穿，义务教育、基本医疗、住房安全有保障，饮水安全也都有了保障，既满足了基本生存需要，也为后续发展奠定了基础。脱贫攻坚普查显示，贫困户平时吃得饱且能适当吃好，一年四季都有应季的换洗衣物和御寒被褥。贫困人口受教育的机会显著增多、水平持续提高，农村贫困家庭子女义务教育阶段辍学问题实现动态清零，2020 年贫困县九年义务教育巩固率达到 94.8%。持续完善县乡村三级医疗卫生服务体系，把贫困人口全部纳入基本医疗保险、大病保险、医疗救助三重制度保障范围，实施大病集中救治、慢病签约管理、重病兜底保障等措施，2000 多万贫困患者得到分类救治，近 2000 万贫困群众享受低保和特困救助供养，2400 多万困难和重度残疾人拿到了生活和护理补贴，99.9% 以上的贫困人口参加基本医疗保险，全面实现贫困人口看病有地方、有医生、有医疗保险制度保障，看病难、看病贵问题有效解决。实施农村危房改造，贫困人口全面实现住房安全有保障。实施农村饮水安全和巩固提升工程，累计解决 2889 万贫困人口的饮水安全问题，贫困地区自来水普及率从 2015 年的 70% 提高到 2020 年的 83%。①

——脱贫地区经济社会事业加快发展，落后面貌发生根本性改变。贫

---

① 国务院新闻办公室：《人类减贫的中国实践》，《人民日报》2021 年 4 月 7 日。

困地区发展步伐显著加快，经济实力不断增强，基础设施建设突飞猛进，社会事业长足进步，行路难、吃水难、用电难、通信难等问题得到历史性解决，许多乡亲告别溜索桥、天堑变成了通途，告别了苦咸水、喝上了清洁水，告别了四面漏风的泥草屋、住上了宽敞明亮的砖瓦房。所有深度贫困地区的最后堡垒被全部攻克。截至 2020 年底，全国贫困地区新改建公路 110 万公里、新增铁路里程 3.5 万公里，贫困地区具备条件的乡镇和建制村全部通硬化路、通客车、通邮路，贫困地区因路而兴、因路而富。新增和改善农田有效灌溉面积 8029 万亩，新增供水能力 181 亿立方米，水利支撑贫困地区发展的能力显著增强。大幅提升贫困地区用电条件，实施无电地区电力建设、农村电网改造升级、骨干电网和输电通道建设等电网专项工程，把电网延伸到更多偏远地区，贫困地区农网供电可靠率达到 99%，大电网覆盖范围内贫困村通动力电比例达到 100%。贫困地区通信设施建设明显加强，贫困村通光纤和 4G 比例均超过 98%，远程教育加快向贫困地区学校推进，远程医疗、电子商务覆盖所有贫困县，贫困地区信息化建设实现跨越式发展。基础设施的极大改善，从根本上破解了贫困地区脱贫致富的难题，畅通了贫困地区与外界的人流、物流、知识流、信息流，为贫困地区发展提供了有力的硬件支撑。脱贫攻坚极大释放了贫困地区蕴含的潜力，为经济发展注入强大动力。产业结构显著改善，特色优势产业不断发展，电子商务、光伏、旅游等新业态新产业蓬勃兴起，推动了贫困地区经济多元化发展。贫困地区的地区生产总值持续保持较快增长，2015 年以来，人均一般公共预算收入年均增幅高出同期全国平均水平约 7 个百分点。贫困地区传统文化、特色文化、民族文化的保护、传承和弘扬不断加强。将扶贫开发与水土保持、环境保护、生态建设相结合，通过生态扶贫、农村人居环境整治、生态脆弱地区易地扶贫搬迁等措施，贫困地区生态保护水平明显改善，守护了绿水青山、换来了金山银山，农村旧貌换了新颜，生态宜居水平不断提高。深度贫困地区是贫中之贫、坚中之坚。通过脱贫攻坚，"三区三州"①等深度贫困地区突出问题得到根本解决，基础设施和公共服务水平显著提升，特色主导产业加快发展，社会文明程度明显提高，区域性整体贫困问题彻底解决。

——脱贫群众精神风貌焕然一新，党群干群关系明显改善。脱贫攻坚，取得了物质上的累累硕果，也取得了精神上的累累硕果。广大脱贫群众激发了奋发向上的精气神，社会主义核心价值观得到广泛传播，俭朴节约、绿色环保、讲究卫生等科学、健康、文明的生活方式成为贫困群众的新追求，婚事新办、丧事简办、孝亲敬老、邻里和睦、扶危济困、扶弱助残等社会风尚广泛弘扬，艰苦奋斗、苦干实干、用自己的双手创造幸福生活的精神在广大贫困地区蔚然成风。各级党组织和广大共产党员坚决响应党中央号召，以热血赴使命、以行动践诺言，在脱贫攻坚这个没有硝烟的战场上呕心沥血、建功立业。广大扶贫干部舍小家为大家，同贫困群众结对子、认亲戚，常年加班加点、任劳任怨，困难面前豁得出，关键时候顶得上，把心血和汗水洒遍千山万水、千家万户。基层党组织充分发挥战斗堡垒作用，在抓党建促脱贫中得到锻造，凝聚力、战斗力不断增强，基层治理能力明显提升。贫困地区广大群众听党话、感党恩、跟党走，都说"党员带头上、我们跟着干、脱贫有盼头"，"我们爱挂国旗，因为国旗最吉祥"，"吃水不忘挖井人，脱贫不忘共产党"，党群关系、干群关系得到极大巩固和发展。

——创造了减贫治理的中国样本，为全球减贫事业作出重大贡献。改革开放以来，按照现行贫困标准计算，我国7.7亿农村贫困人口摆脱贫困；按照世界银行国际贫困标准，我国减贫人口占同期全球减贫人口70%以上。特别是在全球贫困状况依然严峻、一些国家贫富分化加剧的背景下，

---

① "三区"是指：西藏自治区、新疆维吾尔自治区南疆四地州和四川省、云南省、甘肃省、青海省涉藏州县。"三州"是指：四川省凉山彝族自治州、云南省怒江傈僳族自治州和甘肃省临夏回族自治州。

我国打赢脱贫攻坚战，提前 10 年实现《联合国 2030 年可持续发展议程》减贫目标，显著缩小了世界贫困人口的版图。纵览古今、环顾全球，没有哪一个国家能在这么短的时间内实现几亿人脱贫。作为世界上最大的发展中国家，中国实现了快速发展与大规模减贫同步、经济转型与消除绝对贫困同步，如期全面完成脱贫攻坚目标任务，大大加快了全球减贫进程，这个成绩属于中国，也属于世界，谱写了人类反贫困历史新篇章。

四、实现第一个百年奋斗目标：如期全面建成小康社会

小康是中华民族的千年梦想和不懈追求的社会状态、生活状态。早在两千多年前，《诗经》就有"民亦劳止，汔可小康。惠此中国，以绥四方"的诗句，《礼记·礼运》中也描绘了"小康"理想社会的状态。但只有在中国共产党的领导下，经过全党全国人民顽强拼搏，几代人一以贯之、接续奋斗，才从"小康之家"到"小康社会"，从"总体小康"到"全面小康"，从"全面建设"到"全面建成"，小康目标不断实现，中华民族的千年小康梦才最终成为现实。2021 年 7 月 1 日，习近平在庆祝中国共产党成立 100 周年大会上庄严宣告："经过全党全国各族人民持续奋斗，我们实现了第一个百年奋斗目标，在中华大地上全面建成了小康社会，历史性地解决了绝对贫困问题，正在意气风发向着全面建成社会主义现代化强国的第二个百年奋斗目标迈进。"[①]

在一个底子薄、基础弱、国情复杂的大国，全面建成惠及十几亿人口的小康社会，极不平凡，极不容易，中国共产党和中国人民付出了长期艰辛努力。党从成立之日起，就矢志不渝把为中国人民谋幸福、为中华民族

---

① 习近平：《在庆祝中国共产党成立 100 周年大会上的讲话》，《人民日报》2021 年 7 月 2 日。

谋复兴作为自己的初心使命。党团结带领中国人民反对帝国主义、封建主义、官僚资本主义，夺取新民主主义革命胜利，争得了民族独立、人民解放，为建设小康社会、实现中华民族伟大复兴创造了根本社会条件。新中国成立后，党团结带领中国人民完成从新民主主义到社会主义的转变，确立了社会主义基本制度，推进社会主义建设，实现了中华民族有史以来最为广泛而深刻的社会变革，实现了从一穷二白、人口众多的东方大国大步迈进社会主义社会的伟大飞跃，为建设小康社会奠定了根本政治前提和制度基础，积累了重要物质条件，提供了强大精神支撑和安全保证。

党的十一届三中全会后，我国进入改革开放和社会主义现代化建设新时期。在反思新中国成立后我国社会主义建设的经验教训、清醒认知中国与西方发达国家在经济科技上的巨大差距和构思中国长远发展战略规划时，邓小平明确提出了"小康"奋斗目标，以更加务实地取代"四个现代化"的目标。1979 年 3 月 21 日，在会见马尔科姆·麦克唐纳为团长的英中文化协会执行委员会代表团时，邓小平说："我们定的目标是在本世纪末实现四个现代化。我们的概念与西方不同，我姑且用个新说法，叫做中国式的四个现代化。……实现四个现代化可能比想像的还要困难些。"[①]两天后，在中央政治局会议上，他又说："我同外国人谈话，用了一个新名词：中国式的现代化。到本世纪末，我们大概只能达到发达国家七十年代的水平，人均收入不可能很高。"[②]10 月 4 日，在出席中央召开的专门讨论经济工作的各省、市、自治区第一书记座谈会时，他又说："中国式的现代化，就是把标准放低一点。"[③]"中国式的现代化"概念的提出，表明邓小平经过

---

① 中共中央文献研究室编：《邓小平年谱（1975—1997）》（上），中央文献出版社 2004 年版，第 496 页。

② 中共中央文献研究室编：《邓小平年谱（1975—1997）》（上），中央文献出版社 2004 年版，第 497 页。

③ 中共中央文献研究室编：《邓小平年谱（1975—1997）》（上），中央文献出版社 2004 年版，第 563 页。

国内外比较和思考，对未来中国的经济发展战略有了新的认识。"中国式的现代化"是什么样的现代化呢？1979年12月6日，邓小平在同日本首相大平正芳谈话时给出了答案，就是："小康之家"。他说："我们要实现的四个现代化，是中国式的四个现代化。我们的四个现代化的概念，不是像你们那样的现代化的概念，而是'小康之家'。"①这是邓小平第一次用"小康"这个概念来描述中国未来20年的发展目标。"小康"目标一经提出，就引起了国内外的强烈反响，很快成为全党全民的共识。1982年，党的十二大正式把"小康"作为我国经济建设总的奋斗目标，提出到20世纪末力争使人民的物质文化生活达到小康水平。党的十二大以后，我国经济快速发展，特别是东南沿海一带经济初步繁荣。1983年2月6日至18日，邓小平专程来到人称"人间天堂"的苏州、杭州等地考察了12天，论证"小康"目标的现实可行性，结果信心大增。1984年4月18日，在会见英国外交大臣杰弗里·豪时，邓小平说："我们的第一个目标就是到本世纪末达到小康水平，第二个目标就是要在三十年至五十年内达到或接近发达国家的水平。"②5月12日，在会见尼日尔国家元首赛义尼·孔切时，他又说："我们的目标是到本世纪末，人均国民生产总值达到八百美元，把中国建成一个小康社会。"③1987年4月30日，在会见西班牙工人社会党副总书记、政府副首相格拉的谈话中，邓小平第一次全面阐述了我国分"三步走"实现现代化发展战略，并为党的十三大所采纳。党的十三大报告指出："我国经济建设的战略部署大体分三步走。第一步，实现国民生产总值比一九八〇年翻一番，解决人民的温饱问题。……第二步，到本世纪末，使

---

① 中共中央文献研究室编：《邓小平年谱（1975—1997）》（上），中央文献出版社2004年版，第582页。

② 中共中央文献研究室编：《邓小平年谱（1975—1997）》（下），中央文献出版社2004年版，第970页。

③ 中共中央文献研究室编：《邓小平年谱（1975—1997）》（下），中央文献出版社2004年版，第973页。

国民生产总值再增长一倍，人民生活达到小康水平。第三步，到下个世纪中叶，人均国民生产总值达到中等发达国家水平，人民生活比较富裕，基本实现现代化。"[1]1992年10月，在人民温饱问题基本得到解决的基础上，党的十四大提出到20世纪末人民生活由温饱进入小康。1997年9月，党的十五大提出关于21世纪前50年中国发展的新"三步走"战略，明确到2010年使人民的小康生活更加宽裕。经过长期不懈努力，到20世纪末，我国人民生活总体上达到小康水平的目标如期实现。2002年11月，党的十六大针对当时小康低水平、不全面、发展很不平衡的实际，提出全面建设小康社会目标，即在21世纪头20年，集中力量，全面建设惠及十几亿人口的更高水平的小康社会，使经济更加发展、民主更加健全、科教更加进步、文化更加繁荣、社会更加和谐、人民生活更加殷实，小康社会建设由"总体小康"向"全面小康"迈进。2007年10月，党的十七大对实现全面建设小康社会的宏伟目标作出全面部署，在经济、政治、文化、社会、生态文明等方面提出新要求，全面建设小康社会的目标更全面、内涵更丰富、要求更具体。

党的十八大以来，全面建设小康社会进入新时代，到了需要一鼓作气向全面建成小康社会目标冲刺的关键时刻。以习近平同志为核心的党中央，团结带领全党和全国人民，锚定这个宏伟目标，统筹推进"五位一体"总体布局，协调推进"四个全面"战略布局，攻坚克难，奋发有为，向着全面建成小康社会进军。2012年11月，党的十八大提出，在中国共产党成立100年时全面建成小康社会，并确定了全面建成小康社会目标，即经济持续健康发展，人民民主不断扩大，文化软实力显著增强，人民生活水平全面提高，资源节约型、环境友好型社会建设取得重大进展。2017年

---

① 中共中央文献研究室编：《十三大以来重要文献选编》（上），人民出版社1991年版，第16页。

10月，党的十九大科学把握党和国家事业所处的历史方位，全面分析全面建成小康社会的基础条件、内外因素，作出决胜全面建成小康社会、开启全面建设社会主义现代化国家新征程的战略部署，吹响了夺取全面建成小康社会胜利的冲锋号角。党中央把全面建成小康社会放在治国理政突出位置，出台一系列重大方针政策，推出一系列重大举措，推进一系列重大工作，战胜一系列重大风险挑战，强调全面建成小康社会，是党向人民、向历史作出的庄严承诺，是实现中华民族伟大复兴中国梦的关键一步；强调在"四个全面"战略布局中，全面建成小康社会是战略目标、居于引领地位，全面深化改革、全面依法治国、全面从严治党是三大战略举措；强调全面建成小康社会，覆盖的领域要全面，是"五位一体"全面进步；覆盖的人口要全面，是惠及全体人民的小康；覆盖的区域要全面，是城乡区域共同的小康；强调全面建成小康社会最艰巨最繁重的任务在农村特别是在贫困地区，必须尽快把影响如期实现全面建成小康社会目标的短板补齐；等等。习近平亲自谋划、亲自指挥、亲自推动全面小康社会建设，团结带领全党和全国人民，战贫困、促改革、抗疫情、治污染、化风险，解决了许多长期想解决而没有解决的难题，办成了许多过去想办而没有办成的大事，推动党和国家事业取得历史性成就、发生历史性变革。经过全党全国人民持续奋斗和不懈努力，全面建成小康社会如期实现，中华民族伟大复兴迈出了关键性一步。

中国的全面小康，是物质文明、政治文明、精神文明、社会文明、生态文明协调发展的小康；是不断满足人民日益增长的多样化多层次多方面需求、不断促进人的全面发展的小康；是国家富强、民族振兴、人民幸福，多维度、全方位的小康。

——经济实力、科技实力、综合国力大幅度跃升。国内生产总值从1952年的679亿元、1978年的3679亿元跃升至2020年的101.6万亿元，经济总量占全球经济比重超过17%，"我们创造了第二次世界大战结束后一个国家经济高速增长持续时间最长的奇迹。我国经济总量在世界上的排名，改革开放之初是第十一；2005 年超过法国，居第五；2006 年超过英国，居第四；2007 年超过德国，居第三；2010 年超过日本，居第二。2010年，我国制造业规模超过美国，居世界第一。我们用几十年时间走完了发达国家几百年走过的发展历程"①。人均国内生产总值从 1952 年的几十美元、1978 年的不到 200 美元增至 2020 年的超过 1 万美元，实现从低收入国家到中等偏上收入国家的历史性跨越。2021 年，我国国内生产总值首次突破 110 万亿元，按不变价格计算，比上年增长 8.1%，人均 GDP 逾1.25 万美元，超过世界人均 GDP 水平。我国 220 多种工业产品产量居世界第一，自 2010 年起连续 11 年位居世界第一制造业大国。中国成为全球货物贸易第一大国、服务贸易第二大国、商品消费第二大国、外汇储备第一大国，2020 年利用外资居全球第一。不断迈向共同富裕的 14 亿多人口，其中有超过 4 亿并不断扩大的中等收入群体，是全球最具成长性的超大规模市场。现代基础设施网络持续完善。2021 年，我国铁路营业里程超过15 万公里，其中高铁营运里程逾 4 万公里，"五纵五横"综合运输大通道基本贯通，高速铁路、高速公路、城市轨道交通运营总里程和港口深水泊位数量均居世界第一，民航运输总周转量连续多年位居世界第二，中国加快向交通强国迈进。四通八达的交通网络深刻影响了城市格局、人口布局和经济版图，深刻改变了人们的生活圈、工作圈。能源供给保障能力和能源开发技术水平持续提升；水利基础设施不断完善，中国以占世界 6.6%的淡水资源支持和保障了占世界近 20%的人口和 17%的经济总量。互联网基础设施建设加速推进，截至 2021 年 6 月，全国已经建设开通 5G 基站96 万个，5G 网络覆盖越来越广、资费越来越低、网速越来越快。科技实力

---

① 习近平：《在省部级主要领导干部学习贯彻党的十八届五中全会精神专题研讨班上的讲话》，《人民日报》2016 年 5 月 10 日。

跨越式发展。从新中国成立初期连火柴、铁钉都要依靠进口，到量子信息、铁基超导、中微子、干细胞、脑科学等前沿方向取得一系列重大原创成果，到载人航天与探月、北斗导航、载人深潜、高速铁路、5G终端连接数达3.65亿，移动通信、超级计算等一大批战略高技术领域取得重大突破，中国跻身创新型国家行列，正在从科技大国迈向科技强国。科技深刻改变人们的生活，网络点餐购物、移动扫码支付、网约车出行、共享单车出行、线上办公、在线教育、远程医疗、智能家居等，给人民生活带来了诸多便利。产业结构优化升级，产业发展持续向中高端迈进，逐步从传统农业大国转变成为工业大国、服务业大国。农业现代化成效显著，机械化、数字化、绿色化、功能化、共享化水平明显提高，农村生产力极大解放。中国建成门类齐全、独立完整的现代工业体系，工业化和信息化融合发展的广度和深度不断拓展，"中国制造"向"中国智造"加快转型升级。

——人民享有最广泛、最真实、最管用的民主，真正成为国家、社会和自己命运的主人。党领导人民走中国特色政治发展道路，坚持党的领导、人民当家作主、依法治国有机统一，发展全过程人民民主。人民依法实行民主选举、民主协商、民主决策、民主管理、民主监督，各个环节环环相扣、彼此贯通，实现过程民主和结果民主、形式民主和实质民主、直接民主和间接民主相统一，保障了人民的知情权、参与权、表达权、监督权。人民的民主生活丰富多彩，从衣食住行、看病上学到社区管理、社会治理，再到大政方针、发展规划，人民的意见建议都可以通过民主渠道表达出来，民事民议、民事民定、民事民办渐成风气。人民民主有制度保障。以人民代表大会制度这一根本政治制度，中国共产党领导的多党合作和政治协商制度、民族区域自治制度、基层群众自治制度等基本政治制度为主要内容的人民当家作主制度体系，为维护人民利益奠定了坚实制度基础。以宪法为核心的中国特色社会主义法律体系不断完善，社会公平正义不断彰显。依法治国基本方略全面落实，依法治国、依法执政、依法行政共同推进，法治国家、法治政府、法治社会一体建设，社会公平正义的法治价值追求逐渐贯穿到立法、执法、司法、守法的全过程和各方面，司法公信力显著提升。与此同时，文化自觉极大增强，文化自信更加坚定，文化事业更加繁荣发展。社会主义核心价值观传播践行，革命文化大力弘扬，红色故事广为传诵，新闻媒体、影视出版、文学艺术、网络空间等坚持正确舆论导向，全社会充满向美向上向善的正能量，人民精神文化生活日益丰富活跃，中华民族共同体意识不断铸牢。

　　——人民的获得感、幸福感、安全感显著增强，人民生活水平显著提高。全国居民人均年可支配收入从 1978 年的 171 元增加到 2020 年的 32189 元。城乡居民恩格尔系数分别从 1978 年的 57.5%、67.7% 下降到 2020 年的 29.2%、32.7%。人民的衣食住行要求不断升级，消费结构从生存型逐渐向发展型、享受型过渡。吃穿用有余，家电全面普及，乘用汽车快速进入寻常百姓家。餐饮、健康、教育、旅游、文娱等服务性消费持续快速增长，在居民人均消费支出中占比逐渐达到一半左右。就业形势长期稳定，就业人数从 1949 年的 1.8 亿人增加到 2020 年的 7.5 亿人，从绝大多数劳动者以农业为生转变为第三产业就业人数占 47.7%、城镇就业人数占 61.6%，就业结构不断优化。就业方式从计划分配到市场就业、自由择业、自主创业，日益多元。教育事业蓬勃发展，建成包括学前教育、初等教育、中等教育、高等教育等在内的当代世界规模最大的教育体系，教育现代化发展总体水平跨入世界中上国家行列。学前教育普及率、普惠率超过 84%，九年义务教育巩固率达到 95% 以上，高中阶段教育全面普及，区域、城乡、校际教育差距逐步缩小。社会保障惠及全民，基本建成包括社会保险、社会救助、社会福利、社会优抚在内的世界上规模最大的社会保障体系。社会治理的社会化、法治化、智能化、专业化水平不断提升，中国长期保持社会和谐稳定、人民安居乐业，成为国际社会公认的最有安全感的国家之一。

　　——"绿水青山就是金山银山"理念日益深入人心，天更蓝、地更绿、水更清的良好生态环境成为全面小康亮丽底色。2020 年，全国地级及以上城市空气质量优良天数比例为 87.0%；$PM_{2.5}$ 未达标地级及以上城市平均浓度比 2015 年下降 28.8%；地表水水质优良率达到 83.4%，居民集中式生活饮用水水源达标率为 94.5%，地级及以上城市建成区黑臭水体已基本消除；受污染耕地安全利用率达到 90% 左右、污染地块安全利用率达到 93% 以上。统筹山水林田湖草沙一体化保护和系统治理，完善自然保护地、生态保护红线监管制度，植树造林、绿化祖国成为全社会自觉行动，全国人工林面积扩大到 11.9 亿亩，中国成为全球森林资源增长最多和人工造林面积最大的国家。2020 年底，全国森林覆盖率达到 23.04%，草原综合植被覆盖度达到 56.1%，湿地保护率达到 50% 以上，各级各类自然保护地占到陆域国土面积的 18%。以国家园林城市创建为抓手，大力推动城市园林绿化，城市建成区绿地率达到 38.24%，人均公园绿地面积达到 14.78 平方米。生态优先、绿色低碳逐渐成为普遍遵循的发展路径，环保产业、清洁能源产业、清洁生产等绿色产业蓬勃发展，中国成为世界利用新能源第一大国和世界节能进步最快的国家，2020 年单位国内生产总值能耗和碳排放分别比 2015 年下降 13.2%、18.8%。从农村"厕所革命"到生活垃圾、生活污水治理，从大力推进生活垃圾分类、城市黑臭水体治理到城市公园、绿地、绿道建设，城乡人居环境更加整洁、舒适。

　　中国作为世界上人口最多的国家和最大的发展中国家，全面建成小康社会，不仅对中国意义重大，对世界发展也有深远影响。从 2006 年起，中国连续 15 年成为世界经济增长的最大贡献国，对世界经济增长的平均贡献率超过 30%。中国全面建成小康社会，为世界各国提供了更广阔的市场、更宝贵的合作契机和更大的发展空间。中国通过全面建成小康社会，走出了一条中国式现代化的新道路，创造了人类文明新形态。中国式现代化，"是人口规模巨大的现代化，是全体人民共同富裕的现代化，是物质文明和精神文明相协调的现代化，是人与自然和谐共生的现代化，是走和平发展道路的现代化"①。中国小康社会的全面建成，充分证明了这条现代化道路的正确性、科学性、可行性，为世界上那些既希望加快发展又希望保持自身独立性的国家和民族提供了全新选择，为曾与中国有着相同或相似命运的广大发展中国家追赶世界现代化潮流注入了信心和力量。

---

① 习近平：《把握新发展阶段，贯彻新发展理念，构建新发展格局》，《求是》2021年第9期。

第十章　生态环境保护全面发力，
美丽中国建设迈出大步

　　生态文明建设是关乎中华民族永续发展的根本大计。改革开放以后，我们党日益重视生态环境保护，先后出台了一系列重大决策部署，推动生态文明建设取得重大进展。但从总体上看，我国生态文明建设水平仍然滞后于经济社会发展，资源环境约束趋紧、生态系统退化等问题越来越突出，特别是各类环境污染、生态破坏呈高发态势，成为国土之伤、民生之痛。如果不抓紧扭转生态环境恶化趋势，必将付出极其沉重的代价。党的十八大以来，党中央反复强调，保护生态环境就是保护生产力，改善生态环境就是发展生产力，决不以牺牲环境为代价换取一时的经济增长，必须坚持绿水青山就是金山银山的理念，坚持山水林田湖草沙一体化保护和系统治理，像保护眼睛一样保护生态环境，像对待生命一样对待生态环境，更加自觉地推进绿色发展、循环发展、低碳发展，坚持走生产发展、生活富裕、生态良好的文明发展道路。党从思想、法律、体制、组织、作风上全面发力，全方位、全地域、全过程加强生态环境保护，推动划定生态保护红线、环境质量底线、资源利用上线，开展一系列根本性、开创性、长远性工作，坚决查处了一批破坏生态环境的重大典型案件、解决了一批人民群众反映强烈的突出环境问题。我国积极参与全球环境与气候治理，向国际社会作出力争 2030 年前实现碳达峰、2060 年前实现碳中和等庄严承诺，体现了负责任大国的担当。党中央以前所未有的力度抓生态文明建设，全党全国推动绿色发展的自觉性和主动性显著增强，美丽中国建设迈出重大步伐，我国生态环境保护发生历史性、转折性、全局性变化。

一、生态文明建设是关乎中华民族永续发展的根本大计

生态文明是人类社会进步的重大成果，是实现人与自然和谐共生的必然要求。党的十八大以来，以习近平同志为核心的党中央以前所未有的力度抓生态文明建设，从思想、法律、体制、组织、作风上全面发力，全方位、全地域、全过程加强生态环境保护，开展一系列根本性、开创性、长远性工作，全党全国推动绿色发展的自觉性和主动性显著增强，美丽中国建设迈出重大步伐，我国生态环境保护发生历史性、转折性、全局性变化。我国积极参与全球环境与气候治理，成为全球生态文明建设的重要参与者、贡献者、引领者，体现了负责任大国的担当。

中华民族向来尊重自然、热爱自然，绵延5000多年的中华文明孕育着丰富的生态文化。《易经》中说，"观乎天文，以察时变；观乎人文，以化成天下"。《老子》中说："人法地，地法天，天法道，道法自然。"《孟子》中说："不违农时，谷不可胜食也；数罟不入洿池，鱼鳖不可胜食也；斧斤以时入山林，材木不可胜用也。"《荀子》中说："草木荣华滋硕之时，则斧斤不入山林，不夭其生，不绝其长也。"《齐民要术》中有"顺天时，量地利，则用力少而成功多"的记述。这些观念都强调要把天地人统一起来、把自然生态同人类文明联系起来，按照大自然规律活动，取之有时，用之有度，表达了我们的先人对处理人与自然关系的重要认识。同时，我国古代很早就把关于自然生态的观念上升为国家管理制度，专门设立掌管山林川泽的机构，制定政策法令，这就是虞衡制度。秦汉时期，虞衡制度分为林官、湖官、陂官、苑官、畴官等。虞衡制度一直延续到清代。我国不少朝代都有保护自然的律令并对违令者重惩，比如，周文王颁布的《伐崇令》规定："毋坏室，毋填井，毋伐树木，毋动六畜。有不如令者，死无赦。"

生态兴则文明兴，生态衰则文明衰。生态环境是人类生存和发展的根基，生态环境变化直接影响文明兴衰演替。恩格斯在《自然辩证法》一书中写道，"美索不达米亚、希腊、小亚细亚以及其他各地的居民，为了得到耕地，毁灭了森林，但是他们做梦也想不到，这些地方今天竟因此而成为不毛之地"。他深刻指出："我们不要过分陶醉于我们人类对自然界的胜利。对于每一次这样的胜利，自然界都对我们进行报复。"据我国史料记载，现在植被稀少的黄土高原、渭河流域、太行山脉也曾是森林遍布、山清水秀，地宜耕植、水草便畜。由于毁林开荒、乱伐滥砍，这些地方生态环境遭到严重破坏。塔克拉玛干沙漠的蔓延，湮没了盛极一时的丝绸之路。楼兰古城因屯垦开荒、盲目灌溉，导致孔雀河改道而衰落。实践证明，人类对大自然的伤害最终会伤及人类自身。

新中国成立后，我们党对于生态文明建设重要性的认识越来越深化，保护生态环境的行动越来越坚决。新中国成立后一段时间，特别是"大跃进"运动期间，我们曾一度把"烟囱林立""毁山开荒""伐木造田"视为战天斗地的英雄壮举，对环境污染缺乏敏感，还谈不上生态文明和环境保护意识。直到1972年3月，北京官厅水库发生严重的鱼污染事件，引起国务院重视，由此才在国家层面引发了第一次实质性、大规模的环境治理综合行动，开启了新中国治理环境污染的先河。1972年6月，中国派代表团参加联合国在瑞典首都斯德哥尔摩召开的第一次人类环境会议并作发言，阐述了人类面临的日益严重的环境污染问题和中国主张。1973年8月，国务院委托国家计委召开第一次全国环境保护会议，通过《关于保护和改善环境的若干规定》，提出了"全面规划、合理布局，综合利用、化害为利，依靠群众、大家动手，保护环境、造福人民"的32字环境保护工作方针，环境保护上升到国家议事日程上来。1974年10月，国务院成立环境保护领导小组，下设办公室，负责制定国家环境保护的方针、政策等。1978年2月，五届全国人大通过的新宪法第十一条中规定："国家保护环境和自然资源，防治污染和其他公害。"

党的十一届三中全会后，我国环境保护事业进入新时期，全民环境保护意识逐步增强，环境治理和生态环境保护逐步引起重视。1979 年 9 月，新中国成立以来第一部综合性的环境保护基本法——《中华人民共和国环境保护法（试行）》颁发，此后又颁布了《中华人民共和国海洋环境保护法》《中华人民共和国水污染防治法》等。1983 年底至 1984 年初，国务院召开第二次全国环境保护会议，总结了中国环保事业的经验教训，强调："环境保护，是我国现代化建设中的一项战略任务，是一项重大国策。""我们决不能干那种自毁家园、破坏生存条件的蠢事。"① 会议制定了"经济建设、城乡建设、环境建设，同步规划、同步实施、同步发展，实现经济效益、社会效益和环境效益相统一"的中国环境保护总方针、总政策。1984 年 5 月，国务院作出《关于环境保护工作的决定》，环境保护开始纳入国民经济和社会发展计划，并成立国务院环境保护委员会。1988 年 7 月，设立国家环境保护局。地方政府也陆续成立环境保护机构。1989 年 4 月召开的第三次全国环境保护会议通过《1989—1992 年环境保护目标和任务》和《全国 2000 年环境保护规划纲要》。1989 年 12 月，修改后的《中华人民共和国环境保护法》经七届全国人大常委会第十一次会议审议通过，正式公布施行。1990 年 6 月，国家环保局公布《1989 年中国环境状况公报》，是为我国首次发布环境状况公报。1992 年 6 月，中国政府代表团参加在巴西里约热内卢举行的联合国环境与发展大会，签署联合国《气候变化框架公约》和《保护生物多样性公约》两个文件。1994 年 3 月，我国率先制定实施《中国 21 世纪议程》，成为世界上第一个编制出本国 21 世纪议程行动方案的国家，表明了中国坚定实施可持续发展战略的

---

① 《保护环境是我国面临的一个重大任务　李鹏副总理在第二次全国环境保护会议上的讲话（摘要）》，《人民日报》1984 年 1 月 8 日。

决心。1995 年，可持续发展成为国家的一项重大战略。1996 年 7 月，第四次全国环保会议强调"保护环境的实质就是保护生产力"[①]，着手实施《全国主要污染物排放总量控制计划》和《中国跨世纪绿色工程规划》；同年 8 月，国务院发布《关于环境保护若干问题的决定》。1997 年，党的十五大进一步明确将可持续发展战略确定为我国经济发展的重大战略之一。2002 年 1 月，国务院召开第五次全国环境保护会议，研究落实《国家环境保护"十五"计划》，部署"十五"期间的环境保护工作。党的十六大以后，党中央提出了树立和落实科学发展观、建设资源节约型、环境友好型社会等新思想新理念。2006 年 4 月，国务院召开第六次全国环境保护大会，提出做好新形势下的环境保护工作必须加快实现三个转变，即从重经济增长轻环境保护转变为保护环境与经济增长并重，把加强环境保护作为调整经济结构、转变经济增长方式的重要手段，在保护环境中求发展；从环境保护滞后于经济发展转变为环境保护和经济发展同步，做到不欠新账，多还旧账，改变先污染后治理、边治理边破坏的状况；从主要用行政办法保护环境转变为综合运用法律、经济、技术和必要的行政办法解决环境问题，自觉遵循经济规律和自然规律，提高环境保护工作水平。2007 年，党的十七大首次提出"建设生态文明"，并将之作为"新的更高要求"纳入全面建设小康社会目标。2011 年 12 月，第七次全国环保大会强调要坚持在发展中保护、在保护中发展，积极探索环境保护新道路，切实解决影响科学发展和损害群众健康的突出环境问题。

由上可以看到，党和政府日益重视生态环境保护，把节约资源和保护环境确立为基本国策，把可持续发展确立为国家战略并采取了一系列重大举措。但同时也要清醒看到，我国在经济快速发展过程中，传统的高投入、高消耗、高排放粗放型增长模式仍然造成了大量生态环境问题，"生态文明

---

① 江泽民：《在第四次全国环保会议上的讲话》，《人民日报》1996 年 7 月 19 日。

建设仍然是一个明显短板"①。比如，2014 年，全国空气质量年均达标的城市占比不及 10%，较差、极差级的占比超过 60%。我国环境承载能力已经达到或接近上限，独特的地理环境也加剧了地区间的不平衡。在当今的"胡焕庸线"②中，东南方约 43% 的国土，居住着全国 94% 左右的人口，以平原、水网、低山丘陵和喀斯特地貌为主，生态环境压力巨大；西北方约 57% 的国土，以草原、戈壁沙漠、绿洲和雪域高原为主，生态系统非常脆弱。如果不抓紧扭转生态环境恶化趋势，必将付出极其沉重的代价，经济社会难以健康持续发展。随着我国社会主要矛盾发生变化，人民群众对优美生态环境的需要成为这一矛盾的重要方面，热切期盼加快提高生态环境质量。我国经济已由高速增长阶段转向高质量发展阶段，加快推动绿色发展也成为实现高质量发展的必然要求、必然之举。

习近平高度重视生态环境保护问题，还在正定、厦门、宁德、福建、浙江、上海等地工作时，就把生态环境工作作为一项重大工作来抓。2002 年 10 月至 2007 年 3 月在担任浙江省代省长、省委书记期间，他在大量调研的基础上，着眼浙江实际，大力推进生态省建设，明确提出要"以建设生态省为重要载体和突破口，加快建设'绿色浙江'，努力实现经济社会和人口资源环境的协调发展"③。在习近平直接推动下，2003 年 1 月，浙江省成为继海南、吉林、黑龙江、福建之后，全国第 5 个生态省建设试点省。2003 年 8 月，《浙江生态省建设规划纲要》正式发布。根据生态省建设要求，2003 年 6 月，"千村示范、万村整治"工程在浙江全省展开。2005

---

① 《中共中央关于党的百年奋斗重大成就和历史经验的决议》，《人民日报》2021 年 11 月 17 日。

② 胡焕庸线，即中国地理学家胡焕庸（1901—1998）在 1935 年提出的划分中国人口密度的对比线，最初称"瑷珲—腾冲线"，后因地名变迁，先后改称"爱辉—腾冲线""黑河—腾冲线"。

③ 《发展生态经济　营造生态环境　培育生态文化　浙江全面启动生态省建设》，《人民日报》2003 年 3 月 20 日。

年 8 月 15 日，在浙江安吉天荒坪镇余村调研时，习近平首次明确提出"绿水青山就是金山银山"重要论断，强调"一定不要再想着走老路，还是迷恋着过去的那种发展模式。……绿水青山就是金山银山。我们过去讲既要绿水青山，又要金山银山，实际上绿水青山就是金山银山"①，"两山"理念由此诞生。在此后 10 多年中，浙江省根据习近平的要求，以"八八战略"为总纲，以"追求人与自然和谐相处"为根本遵循，坚定不移地沿着"绿水青山就是金山银山"的路子走下来，持续深化生态文明建设，不断提升生态优势，让良好生态环境成为人民生活的增长点、成为经济社会持续健康发展的支撑点。到 2016 年末，浙江省累计建成国家级生态县（市、区）34 个，国家环境保护模范城市 7 个，国家级生态乡镇 691 个。

党的十八大以来，作为党的总书记，习近平站在坚持和发展中国特色社会主义、实现中华民族伟大复兴中国梦的战略高度，把生态保护、生态文明建设置于更加重要的位置，坚持把马克思主义基本原理同中国具体实际相结合、同中华优秀传统文化相结合，系统总结古今中外生态环境发展变迁的经验教训，立足新时代中国生态文明建设实践，深刻回答了为什么建设生态文明、建设什么样的生态文明、怎样建设生态文明等重大理论和实践问题，提出一系列原创性的新思想新理念新举措，形成了习近平生态文明思想，把我们党对生态文明建设规律的认识提升到了一个新高度。习近平生态文明思想是在 2018 年 5 月全国生态环境保护大会上第一次提出来的。这次会议将习近平生态文明思想的核心要义概括为"六个坚持"。2022 年 7 月由中央宣传部、生态环境部编写的《习近平生态文明思想学习纲要》，进一步将其拓展为"十个坚持"，即：坚持党对生态文明建设的全面领导；坚持生态兴则文明兴；坚持人与自然和谐共生；坚持绿水青山

---

① 《"习近平同志的'两山论'是非常了不起的思想创造"——习近平在浙江（十二）》，《学习时报》2021 年 3 月 17 日。

就是金山银山；坚持良好生态环境是最普惠的民生福祉；坚持绿色发展是发展观的深刻革命；坚持统筹山水林田湖草沙系统治理；坚持用最严格制度最严密法治保护生态环境；坚持把建设美丽中国转化为全体人民自觉行动；坚持共谋全球生态文明建设之路。习近平生态文明思想是习近平新时代中国特色社会主义思想的重要组成部分，是马克思主义基本原理同中国生态文明建设实践相结合、同中华优秀传统生态文化相结合的重大成果，是新时代我国生态文明建设的根本遵循和行动指南。

关于加强环境保护和生态文明建设的极端重要性、紧迫性。党的十八大闭幕后不久，2012 年 12 月，习近平在广东考察工作时指出："我们在生态环境方面欠账太多了，如果不从现在起就把这项工作紧紧抓起来，将来付出的代价会更大。""要实现永续发展，必须抓好生态文明建设。我们建设现代化国家，走美欧老路是走不通的，再有几个地球也不够中国人消耗。……现在全世界发达国家人口总额不到十三亿，十三亿人口的中国实现了现代化，就会把这个人口数量提升一倍以上。走老路，去消耗资源，去污染环境，难以为继！"[①]2013 年 4 月，在海南考察工作结束时，习近平指出："纵观世界发展史，保护生态环境就是保护生产力，改善生态环境就是发展生产力。良好生态环境是最公平的公共产品，是最普惠的民生福祉。对人的生存来说，金山银山固然重要，但绿水青山是人民幸福生活的重要内容，是金钱不能代替的。你挣到了钱，但空气、饮用水都不合格，哪有什么幸福可言。"[②]同月，在中共十八届中央政治局常委会会议上，习近平说："今年以来，我国雾霾天气、一些地区饮水安全和土壤重金属含量过高等严重污染问题集中暴露，社会反映强烈。经过三十多年快

[①]　中共中央文献研究室编：《习近平关于社会主义生态文明建设论述摘编》，中央文献出版社 2017 年版，第 3—4 页。

[②]　中共中央文献研究室编：《习近平关于社会主义生态文明建设论述摘编》，中央文献出版社 2017 年版，第 4 页。

速发展积累下来的环境问题进入了高强度频发阶段。这既是重大经济问题，也是重大社会和政治问题。"如果"经济上去了，老百姓的幸福感大打折扣，甚至强烈的不满情绪上来了，那是什么形势？所以，我们不能把加强生态文明建设、加强生态环境保护、提倡绿色低碳生活方式等仅仅作为经济问题。这里面有很大的政治"。①"全党同志都要清醒认识保护生态环境、治理环境污染的紧迫性和艰巨性，清醒认识加强生态文明建设的重要性和必要性，真正下决心把环境污染治理好、把生态环境建设好，为人民创造良好生产生活环境。"2014 年 3 月，在中央财经领导小组第五次会议上，习近平说："我国生态环境矛盾有一个历史积累过程，不是一天变坏的，但不能在我们手里变得越来越坏，共产党人应该有这样的胸怀和意志。"②2015 年 1 月，在云南考察工作时，习近平提出："要把生态环境保护放在更加突出位置，像保护眼睛一样保护生态环境，像对待生命一样对待生态环境，在生态环境保护上一定要算大账、算长远账、算整体账、算综合账，不能因小失大、顾此失彼、寅吃卯粮、急功近利。"③2016 年 8 月，在青海省考察工作结束时，习近平强调，"现在，我们已到了必须加大生态环境保护建设力度的时候了，也到了有能力做好这件事情的时候了"；2017 年 5 月，在主持中共十八届中央政治局第四十一次集体学习时强调，"如果不抓紧、不紧抓，任凭破坏生态环境的问题不断产生，我们就难以从根本上扭转我国生态环境恶化的趋势，就是对中华民族和子孙后代不负责任"。④

---

① 中共中央文献研究室编：《习近平关于社会主义生态文明建设论述摘编》，中央文献出版社 2017 年版，第 4、5 页。

② 中共中央文献研究室编：《习近平关于社会主义生态文明建设论述摘编》，中央文献出版社 2017 年版，第 7、8 页。

③ 《习近平在云南考察工作时强调　坚决打好扶贫开发攻坚战　加快民族地区经济社会发展》，《人民日报》2015 年 1 月 22 日。

④ 中共中央文献研究室编：《习近平关于社会主义生态文明建设论述摘编》，中央文献出版社 2017 年版，第 14、15 页。

　　关于贯彻新发展理念，推动形成绿色发展方式和生活方式。习近平强调，生态环境保护的成败，归根结底取决于经济结构和经济发展方式，"决不以牺牲环境为代价去换取一时的经济增长，决不走'先污染后治理'的路子"。"我们既要绿水青山，也要金山银山。宁要绿水青山，不要金山银山，而且绿水青山就是金山银山。"①2013 年 9 月，在参加河北省委常委班子专题民主生活会时，习近平明确表示："要给你们去掉紧箍咒，生产总值即便滑到第七、第八位了，但在绿色发展方面搞上去了，在治理大气污染、解决雾霾方面作出贡献了，那就可以挂红花、当英雄。反过来，如果就是简单为了生产总值，但生态环境问题越演越烈，或者说面貌依旧，即便搞上去了，那也是另一种评价了。"②2014 年 3 月 14 日，在中央财经领导小组第五次会议上，习近平提出："建设生态文明，首先要从改变自然、征服自然转向调整人的行为、纠正人的错误行为。要做到人与自然和谐，天人合一，不要试图征服老天爷。"③2014 年 12 月 9 日，在中央经济工作会议上，习近平指出："生态环境问题归根到底是经济发展方式问题，要坚持源头严防、过程严管、后果严惩，治标治本多管齐下，朝着蓝天净水的目标不断前进。这是利国利民利子孙后代的一项重要工作，决不能说起来重要、喊起来响亮、做起来挂空挡。"④"要坚定不移走绿色低碳循环发展之路，构建绿色产业体系和空间格局，引导形成绿色生产方式和生活方式"⑤。2016

　　①　中共中央文献研究室编：《习近平关于社会主义生态文明建设论述摘编》，中央文献出版社 2017 年版，第 20、21 页。

　　②　中共中央文献研究室编：《习近平关于社会主义生态文明建设论述摘编》，中央文献出版社 2017 年版，第 21 页。

　　③　中共中央文献研究室编：《习近平关于社会主义生态文明建设论述摘编》，中央文献出版社 2017 年版，第 24 页。

　　④　中共中央文献研究室编：《习近平关于社会主义生态文明建设论述摘编》，中央文献出版社 2017 年版，第 25—26 页。

　　⑤　中共中央文献研究室编：《习近平关于社会主义生态文明建设论述摘编》，中央文献出版社 2017 年版，第 31—32 页。

年 3 月，在参加十二届全国人大四次会议青海代表团审议时，习近平指出："生态环境没有替代品，用之不觉，失之难存。""在生态环境保护建设上，一定要树立大局观、长远观、整体观，坚持保护优先，坚持节约资源和保护环境的基本国策，像保护眼睛一样保护生态环境，像对待生命一样对待生态环境，推动形成绿色发展方式和生活方式。"①习近平强调："推动形成绿色发展方式和生活方式，是发展观的一场深刻革命。这就要坚持和贯彻新发展理念，正确处理经济发展和生态环境保护的关系……坚决摒弃损害甚至破坏生态环境的发展模式，坚决摒弃以牺牲生态环境换取一时一地经济增长的做法，让良好生态环境成为人民生活的增长点、成为经济社会持续健康发展的支撑点、成为展现我国良好形象的发力点，让中华大地天更蓝、山更绿、水更清、环境更优美。"②

关于采取超常规举措，全方位、全地域、全过程开展生态环境保护建设。2013 年 5 月 24 日，中共中央政治局就大力推进生态文明建设进行第六次集体学习。习近平在主持学习时重点围绕做好国土空间开发格局顶层设计、加快实施主体功能区战略、大力节约集约利用资源等问题，对如何开展生态环境保护建设作了深入阐述，强调："国土是生态文明建设的空间载体。要按照人口资源环境相均衡、经济社会生态效益相统一的原则，整体谋划国土空间开发，科学布局生产空间、生活空间、生态空间，给自然留下更多修复空间。要坚定不移加快实施主体功能区战略，严格按照优化开发、重点开发、限制开发、禁止开发的主体功能定位，划定并严守生态红线，构建科学合理的城镇化推进格局、农业发展格局、生态安全格局，保障国家和区域生态安全，提高生态服务功能。要牢固树立生态红线

---

① 中共中央文献研究室编：《习近平关于社会主义生态文明建设论述摘编》，中央文献出版社 2017 年版，第 13、33—34 页。

② 中共中央文献研究室编：《习近平关于社会主义生态文明建设论述摘编》，中央文献出版社 2017 年版，第 36—37 页。

的观念。在生态环境保护问题上，就是要不能越雷池一步，否则就应该受到惩罚。"① 同年 7 月 30 日，中共中央政治局进行第八次集体学习，主题是建设海洋强国研究。习近平在主持学习时强调，建设海洋强国是中国特色社会主义事业的重要组成部分，要把海洋生态文明建设纳入海洋开发总布局之中，坚持开发和保护并重、污染防治和生态修复并举，科学合理开发利用海洋资源，维护海洋自然再生产能力；要从源头上有效控制陆源污染物入海排放，加快建立海洋生态补偿和生态损害赔偿制度，推进海洋自然保护区建设。在 2013 年 12 月相继召开的中央城镇化工作会议和中央农村工作会议上，习近平提出"城市规划建设的每个细节都要考虑对自然的影响，更不要打破自然系统"，"对搞'假生态'、不计成本追求任期内视觉效果变化的地方干部要提出警戒"。② 新农村建设也"要注意生态环境保护"，"要慎砍树、禁挖山、不填湖、少拆房"。③ 在 2014 年 3 月14 日召开的中央财经领导小组第五次会议上，习近平就水资源保护发表重要讲话，强调"我国水安全已全面亮起红灯……水已经成为了我国严重短缺的产品，成了制约环境质量的主要因素……全党要大力增强水忧患意识、水危机意识"；要"坚持山水林田湖是一个生命共同体的系统思想"，大力"实施湖泊湿地保护修复工程"；"要把华北地面沉降问题作为一个重大专项，提出可操作的实施方案"。④2015 年 10 月，党的十八届五中全会提出实行能源和水资源消耗、建设用地等总量和强度双控行动，习近平就

---

①　《习近平在中共中央政治局第六次集体学习时强调　坚持节约资源和保护环境基本国策　努力走向社会主义生态文明新时代》，《人民日报》2013 年 5 月 25 日。

②　中共中央文献研究室编：《十八大以来重要文献选编》（上），中央文献出版社 2014年版，第 603 页。

③　中共中央文献研究室编：《十八大以来重要文献选编》（上），中央文献出版社 2014年版，第 683 页。

④　中共中央文献研究室编：《习近平关于社会主义生态文明建设论述摘编》，中央文献出版社 2017 年版，第 53、55、57、58 页。

此在会上作的说明中指出："推进生态文明建设，解决资源约束趋紧、环境污染严重、生态系统退化的问题，必须采取一些硬措施，真抓实干才能见效。实行能源和水资源消耗、建设用地等总量和强度双控行动，就是一项硬措施。……这项工作做好了，既能节约能源和水土资源，从源头上减少污染物排放，也能倒逼经济发展方式转变，提高我国经济发展绿色水平。"①在 2015 年中央城市工作会议上，习近平明确提出"要控制城市开发强度，划定水体保护线、绿地系统线、基础设施建设控制线、历史文化保护线、永久基本农田和生态保护红线，防止'摊大饼'式扩张"。2016 年 1 月 5 日，在推动长江经济带发展座谈会上，习近平提出，推动长江经济带发展，"要把修复长江生态环境摆在压倒性位置，共抓大保护，不搞大开发"。②2017 年 5 月 26 日，中共十八届中央政治局就推动形成绿色发展方式和生活方式进行第四十一次集体学习，习近平在主持学习时强调："必须把生态文明建设摆在全局工作的突出地位，坚持节约资源和保护环境的基本国策……加快构建科学适度有序的国土空间布局体系、绿色循环低碳发展的产业体系、约束和激励并举的生态文明制度体系、政府企业公众共治的绿色行动体系，加快构建生态功能保障基线、环境质量安全底线、自然资源利用上线三大红线，全方位、全地域、全过程开展生态环境保护建设。"③

关于环境保护和环境治理要以解决损害群众健康突出环境问题为重点。习近平指出："随着经济社会发展和人民生活水平不断提高，环境问题往往最容易引起群众不满……所以，环境保护和治理要以解决损害群众健康突

---

① 习近平：《关于〈中共中央关于制定国民经济和社会发展第十三个五年规划的建议〉的说明》，《人民日报》2015 年 11 月 4 日。

② 中共中央文献研究室编：《习近平关于社会主义生态文明建设论述摘编》，中央文献出版社 2017 年版，第 67—68、69 页。

③ 《习近平在中共中央政治局第四十一次集体学习时强调 推动形成绿色发展方式和生活方式 为人民群众创造良好生产生活环境》，《人民日报》2017 年 5 月 28 日。

出环境问题为重点，坚持预防为主、综合治理，强化水、大气、土壤等污染防治，着力推进重点流域和区域水污染防治，着力推进重点行业和重点区域大气污染治理，着力推进颗粒物污染防治，着力推进重金属污染和土壤污染综合治理"；"对破坏生态环境、大量消耗资源、严重影响人民群众身体健康的企业，要坚决关闭淘汰"。[①]2013 年 9 月 22 日，在中共十八届中央政治局常委会会议上关于化解产能过剩的讲话中，习近平说："北京的 PM$_{2.5}$ 已经十分严重了，若黄标车还不管，不限制汽车上牌的话，既会加剧交通拥堵，更会加大解决污染问题难度。"在参加河北省委常委班子专题民主生活会时，习近平说："在全国重点监测的七十四个城市中，污染最严重的十个城市河北占七个。不坚决把这些高耗能、高污染、高排放的产业产量降下来，资源环境就不能承受，不仅河北难以实现可持续发展，周围地区甚至全国生态环境也难以支撑啊！这些年，北京雾霾严重，可以说是'高天滚滚粉尘急'，严重影响人民群众身体健康，严重影响党和政府形象。"[②]2016 年 12 月 21 日，在中央财经领导小组第十四次会议上，习近平强调："全面建成小康社会，不是一个'数字游戏'或'速度游戏'，而是一个实实在在的目标。在保持经济增长的同时，更重要的是落实以人民为中心的发展思想，想群众之所想、急群众之所急、解群众之所困，在学有所教、劳有所得、病有所医、老有所养、住有所居上持续取得新进展。人民群众关心的问题是什么？是食品安不安全、暖气热不热、雾霾能不能少一点、河湖能不能清一点、垃圾焚烧能不能不有损健康、养老服务顺不顺心、能不能租得起或买得起住房，等等。相对于增长速度高一点还是低一点，这些问题更受人民群众关注。如果只实现了增长目标，而解决好人民群众普遍关心的突

---

① 中共中央文献研究室编：《习近平关于社会主义生态文明建设论述摘编》，中央文献出版社 2017 年版，第 84 页。

② 中共中央文献研究室编：《习近平关于社会主义生态文明建设论述摘编》，中央文献出版社 2017 年版，第 85 页。

出问题没有进展，即使到时候我们宣布全面建成了小康社会，人民群众也不会认同。"①

关于完善生态文明制度体系，用最严格的制度、最严密的法治保护生态环境。习近平强调，"保护生态环境必须依靠制度、依靠法治。只有实行最严格的制度、最严密的法治，才能为生态文明建设提供可靠保障。""我们一定要彻底转变观念，就是再也不能以国内生产总值增长率来论英雄了"；"要建立健全资源生态环境管理制度，加快建立国土空间开发保护制度，强化水、大气、土壤等污染防治制度，建立反映市场供求和资源稀缺程度、体现生态价值、代际补偿的资源有偿使用制度和生态补偿制度，健全生态环境保护责任追究制度和环境损害赔偿制度，强化制度约束作用"。② 习近平强调，生态环境保护能否落到实处，关键在领导干部，"要落实领导干部任期生态文明建设责任制，实行自然资源资产离任审计"，"对那些不顾生态环境盲目决策、造成严重后果的人，必须追究其责任，而且应该终身追究。……不能把一个地方环境搞得一塌糊涂，然后拍拍屁股走人，官还照当，不负任何责任"，"决不能让制度规定成为没有牙齿的老虎"。③

关于强化公民环保意识，积极营造爱护环境、建设美丽中国的社会氛围。习近平强调，"保护环境是每个人的责任"，"要加强生态文明宣传教育，增强全民节约意识、环保意识、生态意识，营造爱护生态环境的良好风气"。④ 他对一段时间里社会上的"奢侈浪费之风"特别是"纵欲而无节制"

① 中共中央文献研究室编：《习近平关于社会主义社会建设论述摘编》，中央文献出版社 2017 年版，第 18—19 页。

② 中共中央文献研究室编：《习近平关于社会主义生态文明建设论述摘编》，中央文献出版社 2017 年版，第 99、100 页。

③ 中共中央文献研究室编：《习近平关于社会主义生态文明建设论述摘编》，中央文献出版社 2017 年版，第 110—111、100、111 页。

④ 中共中央文献研究室编：《习近平关于社会主义生态文明建设论述摘编》，中央文献出版社 2017 年版，第 116 页。

的"土豪"式生活方式提出严厉批评："有的人觉得住上大别墅、开上豪华车，一掷千金，醉生梦死，人生价值就实现了。看看越来越多的大排量高档汽车，越来越多的高档饭店、豪华会馆、洗浴中心，越来越多的大吃大喝、杯盘狼藉，看看一些地方热衷于建设的大广场、大马路、大草坪、大剧院、大灯光等，要用多少能源呀！对这种奢侈炫耀、浪费无度的消费行为要进行制约。"[①]2017 年 8 月，习近平对河北塞罕坝林场建设者的事迹作出重要指示，要求"全党全社会要坚持绿色发展理念，弘扬塞罕坝精神，持之以恒推进生态文明建设，一代接着一代干，驰而不息，久久为功，努力形成人与自然和谐发展新格局，把我们伟大的祖国建设得更加美丽，为子孙后代留下天更蓝、山更绿、水更清的优美环境"[②]。

在习近平生态文明思想引领下，我们党把握人类社会发展规律、传承中华优秀传统文化、顺应时代潮流和人民意愿，站在坚持和发展中国特色社会主义、实现中华民族伟大复兴中国梦的战略高度，把生态文明建设摆在全局工作的突出位置，作出一系列重大战略部署。在"五位一体"总体布局中，生态文明建设是重要组成部分；在新时代坚持和发展中国特色社会主义基本方略中，坚持人与自然和谐共生是一条基本方略；在新发展理念中，绿色发展是一大理念；在"三大攻坚战"中，污染防治是一大攻坚战；在到本世纪中叶建成富强民主文明和谐美丽的社会主义现代化强国目标中，美丽是一个重要目标。党的十九大修改通过的党章增加"增强绿水青山就是金山银山的意识"等内容，2018 年 3 月通过的宪法修正案将生态文明写入宪法，实现了党的主张、国家意志、人民意愿的高度统一。党的十九届四中全会明确提出，要坚持和完善生态文明制度体系，实行最

---

①　中共中央文献研究室编：《习近平关于社会主义生态文明建设论述摘编》，中央文献出版社 2017 年版，第 118 页。

②　《习近平对河北塞罕坝林场建设者感人事迹作出重要指示强调　持之以恒推进生态文明建设　努力形成人与自然和谐发展新格局》，《人民日报》2017 年 8 月 29 日。

严格的生态环境保护制度；全面建立资源高效利用制度；健全生态保护和修复制度；严明生态环境保护责任制度，实行生态环境损害责任终身追究制。党的十九届五中全会从加快推动绿色低碳发展、持续改善环境质量、提升生态系统质量和稳定性、全面提高资源利用效率等方面对推动绿色发展、促进人与自然和谐共生作出部署。

2021年12月，党中央、国务院印发《关于深入打好污染防治攻坚战的意见》，明确提出了"十四五"时期乃至到2035年生态文明建设和生态环境保护的主要目标、重点任务和关键举措等，要求方向不变、力度不减，以实现减污降碳协同增效为总抓手，以改善生态环境质量为核心，以精准治污、科学治污、依法治污为工作方针，统筹污染治理、生态保护、应对气候变化，保持力度、延伸深度、拓宽广度，以更高标准打好蓝天、碧水、净土保卫战，以高水平保护推动高质量发展、创造高品质生活，努力建设人与自然和谐共生的美丽中国。主要目标是，到2025年，生态环境持续改善，主要污染物排放总量持续下降，重污染天气、城市黑臭水体基本消除，土壤污染风险得到有效管控，固体废物和新污染物治理能力明显增强，生态系统质量和稳定性持续提升，生态环境治理体系更加完善，生态文明建设实现新进步；到2035年，广泛形成绿色生产生活方式，碳排放达峰后稳中有降，生态环境根本好转，美丽中国建设目标基本实现。

二、加强顶层设计，用最严格制度最严密法治保护生态环境

党的十八大把生态文明建设纳入中国特色社会主义事业"五位一体"总体布局，开启了社会主义生态文明建设的新时代。2013年11月，党的十八届三中全会将"生态文明体制改革"纳入全面深化改革的目标体系，提出紧紧围绕建设美丽中国深化生态文明体制改革，加快建立生态文明制度，健全国土空间开发、资源节约利用、生态环境保护的体制机制，推动

形成人与自然和谐发展现代化建设新格局；强调建设生态文明，必须建立系统完整的生态文明制度体系，实行最严格的源头保护制度、损害赔偿制度、责任追究制度，完善环境治理和生态修复制度，用制度保护生态环境。党的十八届四中全会提出要用严格的法律制度保护生态环境，加快建立约束开发行为和促进绿色、循环、低碳发展的生态文明法律制度。以上这些重要部署和要求，从理念和战略层面，明确了生态文明建设的地位和方向，居于生态文明建设蓝图的最高层，起到旗帜和引领的作用。

在此基础上，2015 年 4 月，党中央、国务院印发《关于加快推进生态文明建设的意见》（以下简称《意见》）。《意见》深入阐述了生态文明建设的重大意义、明确了到 2020 年我国生态文明建设的"路线图""时间表"。《意见》强调，要坚持节约资源和保护环境的基本国策，把生态文明建设放在突出的战略位置，融入经济建设、政治建设、文化建设、社会建设各方面和全过程，协同推进新型工业化、信息化、城镇化、农业现代化和绿色化，以健全生态文明制度体系为重点，优化国土空间开发格局，全面促进资源节约利用，加大自然生态系统和环境保护力度，大力推进绿色发展、循环发展、低碳发展，弘扬生态文化，倡导绿色生活，加快建设美丽中国，使蓝天常在、青山常在、绿水常在，实现中华民族永续发展。为了加快推进生态文明建设，《意见》提出了坚定不移实施主体功能区战略，健全空间规划体系，科学合理布局和整治生产空间、生活空间、生态空间；推动技术创新和结构调整，构建科技含量高、资源消耗低、环境污染少的产业结构，加快推动生产方式绿色化，以从根本上缓解经济发展与资源环境之间的矛盾；全面促进资源节约循环高效使用，深入推进全社会节能减排，在生产、流通、消费各环节大力发展循环经济，实现各类资源节约高效利用；加大自然生态系统和环境保护力度，严格源头预防、不欠新账，加快治理突出生态环境问题、多还旧账，让人民群众呼吸新鲜的空气，喝上干净的水，在良好的环境中生产生活；加快建立系统完整的生态文明制度体系，引导、规范和约束各类开发、利用、保护自然资源的行为，用制度保护生态环境；坚持问题导向，针对薄弱环节，加强生态文明建设统计监测和执法监督；充分发挥人民群众的积极性、主动性、创造性，加快形成推进生态文明建设的良好社会风尚；健全生态文明建设领导体制和工作机制，推动生态文明建设蓝图逐步成为现实等8个方面的任务。作为贯彻落实《意见》的具体措施，9月11日，中央政治局会议审议通过《生态文明体制改革总体方案》，与《意见》一起构成我国生态文明领域改革、建设的顶层设计。方案分10个部分，共56条，明确我国生态文明体制改革的指导思想是：坚持节约资源和保护环境基本国策，坚持节约优先、保护优先、自然恢复为主方针，立足我国社会主义初级阶段的基本国情和新的阶段性特征，以建设美丽中国为目标，以正确处理人与自然关系为核心，以解决生态环境领域突出问题为导向，保障国家生态安全，改善环境质量，提高资源利用效率，推动形成人与自然和谐发展的现代化建设新格局。推进生态文明体制改革首先要树立和落实正确的理念，统一思想，引领行动。该方案为此提出，要树立六大理念，即树立尊重自然、顺应自然、保护自然的理念，发展和保护相统一的理念，绿水青山就是金山银山的理念，自然价值和自然资本的理念，空间均衡的理念，山水林田湖是一个生命共同体的理念。推进生态文明体制改革必须坚持正确的原则，该方案提出六大原则，即坚持正确改革方向，坚持自然资源资产的公有性质，坚持城乡环境治理体系统一，坚持激励和约束并举，坚持主动作为和国际合作相结合，坚持鼓励试点先行和整体协调推进相结合。该方案设定了我国生态文明体制改革的目标，即到2020年，构建起由自然资源资产产权制度、国土空间开发保护制度、空间规划体系、资源总量管理和全面节约制度、资源有偿使用和生态补偿制度、环境治理体系、环境治理和生态保护市场体系、生态文明绩效评价考核和责任追究制度等八项制度构成的产权清晰、多元参与、激励约束并重、系统完整的生态文明制度体系，推进生态文明领域国家治理体系和治理能力现代化，努力走向社会主义生态文明新时代。

作为总体方案的配套保障，经党中央审议同意，2015 年 5 月至 12 月，中央经济体制和生态文明体制改革专项小组会同有关部门，还相继推出了《环境保护督察方案（试行）》《生态环境监测网络建设方案》《开展领导干部自然资源资产离任审计试点方案》《党政领导干部生态环境损害责任追究办法（试行）》《编制自然资源资产负债表试点方案》《生态环境损害赔偿制度改革试点方案》等六大改革方案，从强化党政领导干部生态环保责任和监管责任、建立环境监测新格局、发挥审计监督作用、明确各级领导干部责任追究情形、建立健全科学规范的自然统计调查制度、开展生态环境损害赔偿改革试点等方面作出一体化制度安排。

2015 年 10 月，党的十八届五中全会审议通过的"十三五"规划建议，对坚持绿色富国、绿色惠民，推动形成绿色发展方式和生活方式，着力改善生态环境，建设中国美丽，提出了进一步的明确要求。强调促进人与自然和谐共生，有度有序利用自然，调整优化空间结构，划定农业空间和生态空间保护红线，构建科学合理的城市化格局、农业发展格局、生态安全格局、自然岸线格局，设立统一规范的国家生态文明试验区；加快建设主体功能区，发挥主体功能区作为国土空间开发保护基础制度的作用，推动京津冀、长三角、珠三角等优化开发区域产业结构向高端高效发展，防治"城市病"；推动低碳循环发展，推进能源革命，加快能源技术创新，建设清洁低碳、安全高效的现代能源体系；全面节约和高效利用资源，坚持节约优先，树立节约集约循环利用的资源观；加大环境治理力度，以提高环境质量为核心，实行最严格的环境保护制度，形成政府、企业、公众共治的环境治理体系；筑牢生态安全屏障，坚持保护优先、自然恢复为主，实施山水林田湖生态保护和修复工程，构建生态廊道和生物多样性保护网络，全面提升森林、河湖、湿地、草原、海洋等自然生态系统稳定性和生态服务功能。

党的十八大以来，党中央大力推进制度创新，增加制度供给，完善制度配套，强化制度执行。与此同时，有关环境保护的法律法规不断健全完善。2014 年 4 月，十二届全国人大常委会第八次会议修订通过新的《环境保护法》。这部被称为"史上最严"、自 2015 年 1 月 1 日起施行的新《环境保护法》首次将生态保护红线写入法律，明确了政府在环境保护中的职责，进一步加大了从严监管和处罚力度，展现了党和政府向环境污染宣战的决心意志。2014 年 12 月，国家环境保护部还陆续发布了《环境保护主管部门实施按日连续处罚办法》《环境保护主管部门实施查封、扣押办法》《环境保护主管部门实施限制生产、停产整治办法》《企业事业单位环境信息公开办法》《行政主管部门移送适用行政拘留环境违法案件暂行办法》等 5 个配套办法，自 2015 年 1 月 1 日起与新《环境保护法》一并实施。2015 年 8 月，十二届全国人大常委会第十六次会议修订通过新的《大气污染防治法》，将污染物排放总量控制和排污许可由"两控区"扩展到全国；进一步强化了对地方政府的考核和监督；对违法者重典处罚不设上限。2016 年 7 月，十二届全国人大常委会第二十一次会议修订通过新的《中华人民共和国环境影响评价法》，提高了未批先建的违法成本，大幅度提高了惩罚的限额。同年 9 月，中共中央办公厅、国务院办公厅印发《关于省以下环保机构监测监察执法垂直管理制度改革试点工作的指导意见》，进一步明确地方政府各部门的环保职责，推动构建生态环保齐抓共管工作格局。2016 年 11 月、12 月经修订的《中华人民共和国海洋环境保护法》以及《控制污染物排放许可制实施方案》《"十三五"生态环境保护规划》《中华人民共和国环境保护税法》等接连发布。2016 年 12 月，中共中央办公厅、国务院办公厅印发《生态文明建设目标评价考核办法》，确定对各省区市实行年度评价、五年考核机制，以考核结果作为党政领导综合考核评价、干部奖惩任免的重要依据。2017 年 1 月，国务院印发《全国国土规划纲要（2016—2030年）》，对国土空间开发、资源环境和生态保护、国土综合整治和保障体系建设等作出总体部署和统筹安排。2月，中共中央办公厅、国务院办公厅印发《关于划定并严守生态保护红线的若干意见》，明确到2020年底前，我国全面完成生态保护红线划定，勘界定标，基本建立生态保护红线制度。6月，十二届全国人大常委会第二十八次会议修订通过《水污染防治法》。

党的十九大以来，我国生态环境保护制度和法律体系更加健全，"依法治污"的法治保障更加有力，依法行政的制度约束更加严格。2017年12月出台的《中华人民共和国环境保护税法实施条例》，对《环境保护税税目税额表》中其他固体废物具体范围的确定机制、城乡污水集中处理场所的范围、固体废物排放量的计算、减征环境保护税的条件和标准，以及税务机关和环境保护主管部门的协作机制等作了明确规定。2018年3月，党中央印发《深化党和国家机构改革方案》，组建自然资源部、生态环境部、国家林草局，优化了国家发展改革委、工信部等部门的生态文明建设职责。2020年5月，十三届全国人大三次会议审议通过《民法典》，明确了故意污染环境破坏生态的惩罚性赔偿制度，规定了生态环境损害修复和赔偿规则。2021年3月1日起施行《排污许可管理条例》。2018年3月至2021年12月，十三届全国人大常委会制定和修改了《长江保护法》《土壤污染防治法》《固体废物污染环境防治法》《湿地保护法》《噪声污染防治法》等10多部生态环保法律，用最严格的制度、最严密的法治划定生态红线，守护绿水青山。截至2020年7月，在我国现行有效的270部法律中，由生态环境部门负责组织实施的法律共13部，占现行有效法律总数的约5%；与生态环境保护紧密相关的资源法律22部。由国务院颁布、生态环境部门负责组织实施的行政法规共30件，占现行有效行政法规总数的近二十分之一；由生态环境部依照法律法规规定，颁布实施的部门规章共计88件。我国生态环境法治建设取得长足进展，生态环境领域高质量立法已成为中国特色社会主义法律体系的重要组成部分。生态文明领域统筹协调机制不断完善，党委领导、政府主导、企业主体、社会组织和公众参与的现代环境治理体系不断健全，一体谋划、一体部署、一体推进、一体考核的制度机制已然形成。

三、全方位、全地域、全过程加强生态环境保护

党的十八大以来，以习近平同志为核心的党中央推动生态环境保护的措施之实、力度之大、成效之显著前所未有，污染防治攻坚战阶段性目标任务圆满完成，生态环境明显改善，人民群众获得感显著增强，美丽中国建设迈出坚实步伐，厚植了全面建成小康社会的绿色底色和质量成色。

——把中央顶层设计与地方实践创新结合起来，稳步推进国家生态文明试验区建设，形成一批可复制、可推广生态保护制度成果。

党的十八届五中全会提出，设立统一规范的国家生态文明试验区，开展生态文明体制改革综合试验，规范各类试点示范，为完善生态文明制度体系探索路径、积累经验。早在 2000 年，时任福建省省长的习近平就前瞻性地提出建设"生态省"战略构想，他还于 2001 年亲自担任福建省生态建设领导小组组长，推动福建省开展有史以来最大规模的生态保护调查，开启长汀大规模水土流失治理的大幕。2002 年 8 月，福建被列为全国第一批生态省建设试点省份。此后，《福建省生态省建设总体规划纲要》《福建生态省建设"十二五"规划》等相继出台。2014 年，国务院发布《关于支持福建省深入实施生态省战略加快生态文明先行示范区建设的若干意见》，福建成为中国首个生态文明先行示范区。在各地探索的基础上，党中央确定设立统一规范的国家生态文明试验区，形成生态文明体制改革的国家级综合试验平台。2016 年 8 月，中共中央办公厅、国务院办公厅

印发《关于设立统一规范的国家生态文明试验区的意见》及《国家生态文明试验区（福建）实施方案》，首批选择生态基础较好、资源环境承载能力较强的福建省、江西省、贵州省作为国家生态文明试验区。2019 年 5 月，海南省也被纳入国家生态文明试验区。根据党中央的部署，4 个试验区结合各自实际和特点，以体制创新、制度供给、模式探索为重点，为完善生态文明制度体系探索路径，形成了一批可复制、可推广的改革举措和经验做法。2020 年 11 月，国家发展改革委印发《国家生态文明试验区改革举措和经验做法推广清单》，梳理出自然资源资产产权、国土空间开发保护、环境治理体系、生态补偿、水资源水环境综合整治等 14 个方面共 90 项改革举措和经验做法，呈现试验区作为"先行者"的改革样本。福建省自 2016 年起，将自然资源资产纳入领导干部离任审计，领导干部离任不仅要审经济账，还要审生态账，并取消对 34 个县（市、区）的 GDP 硬性考核，改为重点考核生态环境质量等。①2020 年，福建全省森林覆盖率 66.8%，实现全省九市一区国家森林城市和所有县（市）省级森林城市"两个全覆盖"，12 条主要河流Ⅰ—Ⅲ类水质比例 97.9%，九市一区城市空气优良天数比例 98.8%，全省水土流失率降至 7.52%，近岸海域水质优良比例 82.9%。江西省山水林田湖草沙保护修复、全流域生态补偿、河湖林长制等改革走在全国前列。2020 年，全省森林覆盖率稳定在 63.1%，湿地面积 91 万公顷，已实现"国家森林城市""国家园林城市"设区市全覆盖。空气优良天数比例达 94.7%，国考断面水质优良率达 96%，全省地表水监测断面水质全部达到Ⅳ类及以上。贵州省建立起自然资源资产统一确权、国土空间开发保护、生态补偿等生态文明绿色发展制度，2017 年全省铺开河长制，4697 条河流设河长 22755 名，河长制纳入地方性法

---

① 《首批国家生态文明试验区先行先试 4 年多成效显著——种好"试验田"结出"生态果"》，《人民日报》2020 年 12 月 7 日。

规，省市县乡村五级河长巡河护绿成为常态。2020年，贵州88个县（市、区）城市环境空气质量平均优良天数比例达99.4%，主要河流出境断面水质优良率保持100%，绿色经济占GDP比重42%，森林覆盖率61.51%。贵州还与云南、四川共同出资2亿元设立赤水河流域横向生态补偿基金，推进赤水河流域生态环境向好。海南省以最严谨的规划、最严格的措施、最严厉的处罚、最严肃的问责推进生态环境保护，坚持"全省一盘棋、全岛同城化"，形成"南北两极带动、东西两翼加快发展、中部山区生态保育"的区域协调发展格局，将32万公顷湿地整体划入生态红线范围，取消对12个市县的GDP考核；海南大力推进清洁能源岛建设，2020年12月，率先在全国以立法形式全域"禁塑"，并形成4.5万吨/年的塑料制品替代品产能。

——生态环保执法监管力度空前，震慑作用明显。

中央生态环境保护督察成为推动各地区各部门落实生态环境保护责任的硬招实招。严格环境监督执法，严肃查处生态环境违法案件，有效遏制了环境违法行为多发高发态势。根据《环境保护督察方案（试行）》的要求，各级党委、政府对环境保护实行"党政同责""一岗双责"，中央专门成立了环保部牵头，有中央纪委、中组部相关领导参加的高层次的中央环保督察组，代表党中央、国务院对地方党委和政府及其部门的环境保护工作进行督察。2016年1月4日至2月4日，中央环保督察组在河北省开展环境保护督察试点工作。针对中央环保督察组移交的问题线索，河北省对487名环保责任人严肃问责，其中厅级干部4人、处级干部33人、科级及以下干部431人、企业主要负责人7人、企业其他管理人员12人，给予党纪政纪处分294人、诫勉谈话117人、免职或调离10人，移送司法机关5人。[①] 在试点基础上，从2016年7月中旬至2017年9月中旬，

① 《河北严肃问责487名责任人》，《人民日报》2016年11月10日。

中央先后派出四批督察组分赴全国各省区市进行环保督察。2016 年 7 月中旬至 8 月中旬，第一批中央环保督察组进驻内蒙古、黑龙江、江苏、江西、河南、广西、云南、宁夏等 8 省（区）进行督察；2016 年 11 月下旬至 12 月底，第二批中央环保督察组对北京、上海、湖北、广东、重庆、陕西、甘肃等 7 省（市）进行督察；2017 年 4 月下旬至 5 月下旬，第三批中央环保督察组进驻天津、山西、辽宁、安徽、福建、湖南、贵州等 7 省（市）进行督察。前两批督察组，共计受理群众举报 3.3 万余件，立案处罚 8500 余件，罚款 4.4 亿多元，立案侦查 800 余件，拘留 720 人，约谈 6307 人，问责 6454 人；第三批督察组，共立案处罚 8687 件，拘留 405 人，约谈 6657 人，问责 4660 人，罚款 3.7 亿元。2017 年 8 月中旬至 9 月中旬，第四批中央环保督察组对吉林、浙江、山东、海南、四川、西藏、青海、新疆等 8 省（区）进行督察。至 2019 年初，中央生态环保督察组在 3 年时间里完成对 31 个省（区、市）第一轮督察全覆盖及"回头看"。2019 年 6 月，中共中央办公厅、国务院办公厅印发《中央生态环境保护督察工作规定》，以党内法规形式明确了环保督察工作规矩，进一步彰显了党中央、国务院加强生态文明建设、加强生态环境保护的决心意志，推动生态环保督察向纵深发展。同年 7 月，第二轮中央生态环境保护督察启动。截至 2021 年 5 月底，各轮次督察组共受理、转办 23.7 万多件群众举报，推动解决了 19.6 万多个群众身边的生态环境问题。全国人大常委会、最高人民法院、最高人民检察院对环境污染和生态破坏界定入罪标准，加大惩治力度。2018 年，全国实施环境行政处罚案件 18.6 万件，比 2014 年的 8.3 万件增加了 124%；罚款总数 152.8 亿元，比 2014 年的 31.7 亿元增加 382%。整个"十三五"时期，我国生态环境执法持续保持高压态势，清理整顿常年累积的违法违规建设项目 64.1 万个，关停取缔污染严重单位 2 万余家，废除阻碍环境监管执法的"土政策"206 件；全国实施环境行政处罚案件 83.3 万件，罚款金额 536.1 亿元，分别较"十二五"期间增长 1.4 倍和 3.1 倍；全国适用新环境保护法配套办法案件达到 14.7 万件；生态环境执法畅通环境保护法与刑法的衔接工作，与公检法部门切实形成执法合力，全国累计移送行政拘留案件 2.9 万余件，移送涉嫌环境污染犯罪案件 1 万余件，有力震慑了各类环境违法犯罪行为；生态环境执法还突出重点专项行动，开展水泥、玻璃行业淘汰落后产能专项督查，推动有效化解 2492 万吨水泥和 1456 万箱平板玻璃落后产能；连续 3 年开展严厉打击涉消耗臭氧层物质违法行为专项行动，查处 102 家违法企业。①

甘肃祁连山是我国西部重要生态安全屏障，是黄河流域重要水源产流地，是我国生物多样性保护优先区域，1988 年国家批准设立甘肃祁连山国家级自然保护区。但长期以来，祁连山局部生态破坏严重。党的十八大后，习近平多次作出批示，要求抓紧整改，但情况没有明显改善。2017 年 2 月 12 日至 3 月 3 日，党中央、国务院有关部门组成中央督查组就此开展专项督查。通过调查发现，甘肃祁连山国家级自然保护区生态环境破坏问题突出：一是违法违规开发矿产资源问题严重；二是部分水电设施违法建设、违规运行；三是周边企业偷排偷放问题突出；四是生态环境突出问题整改不力。2015 年 9 月，环境保护部会同国家林业局就保护区生态环境问题，对甘肃省林业厅、张掖市政府进行公开约谈。但甘肃省对此没有予以足够重视，约谈整治方案存在瞒报、漏报，生态修复和整治工作进展缓慢。2017 年 5 月，中共中央办公厅、国务院办公厅就甘肃祁连山国家级自然保护区生态环境问题督查处理情况及教训发出通报，指出上述问题的产生，虽然有体制、机制、政策等方面的原因，但根子上是甘肃省及有关市县思想认识有偏差，不作为、乱作为、不担当、不碰硬，对落实党中央决策部署不坚决不彻底。为严肃法纪，根据《中国共产党问责条例》

① 《长江渤海黄河排污口将实施精准管理　年底前完成试点地区排污口命名编码并竖牌》，《人民日报》2021 年 4 月 29 日。

《中国共产党纪律处分条例》《党政领导干部生态环境损害责任追究办法(试行)》等有关规定，按照党政同责、一岗双责、终身追责、权责一致的原则，经党中央批准，对负有领导和监管责任的甘肃省委、省政府等单位及相关责任人进行了严肃问责。对青海木里煤田超采破坏植被、浙江千岛湖饮水保护区违规填湖、内蒙古腾格里沙漠遭企业污染等严重破坏生态、触碰红线事件，有关部门也进行了严肃查处，形成了强有力的震慑。

——紧盯环境保护重点领域、关键问题和薄弱环节，采取标本兼治措施，环境污染防治力度空前。

2013 年 9 月、2015 年 4 月和 2016 年 5 月，国务院分别印发《大气污染防治行动计划》《水污染防治行动计划》《土壤污染防治行动计划》三大行动计划。党的十九大把污染防治攻坚战确立为决胜全面建成小康社会的三大攻坚战之一。2018 年 5 月，全国生态环境保护大会就坚决打好污染防治攻坚战作出部署。6 月，党中央、国务院印发《关于全面加强生态环境保护，坚决打好污染防治攻坚战的意见》，蓝天、碧水、净土保卫战全面展开。

坚决打赢蓝天保卫战，空气更加清新。2018 年 7 月，国务院印发《打赢蓝天保卫战三年行动计划》，要求坚持新发展理念，坚持全民共治、源头防治、标本兼治，以京津冀及周边地区、长三角地区、汾渭平原等区域为重点，持续开展大气污染防治行动，综合运用经济、法律、技术和必要的行政手段，大力调整优化产业结构、能源结构、运输结构和用地结构，强化区域联防联控，狠抓秋冬季污染治理，统筹兼顾、系统谋划、精准施策，坚决打赢蓝天保卫战，实现环境效益、经济效益和社会效益多赢。经过不懈努力，到 2020 年底，各项大气治理相关任务全面完成，全国实现超低排放的煤电机组累计约 9.5 亿千瓦，6.2 亿吨左右粗钢产能完成或正在实施超低排放改造。京津冀及周边地区、汾渭平原农村累计完成散煤治理 2500 万户左右。2020 年煤炭消费量占能源消费总量的 56.8%，比 2015

年下降 7.2 个百分点，单位国内生产总值二氧化碳排放较 2005 年降低约 48.4%。2020 年，全国空气质量总体改善，全国地级及以上城市优良天数比率为 87%，比 2015 年上升 5.8 个百分点；[1] 全国 PM$_{2.5}$ 平均浓度为 33 微克/立方米，PM$_{2.5}$ 未达标城市平均浓度比 2015 年下降 28.8%。从 2015 年底到 2021 年 2 月，全国淘汰老旧机动车超过 1400 万辆，新能源车保有量 492 万辆，新能源公交车占比从 20% 提升到 60% 以上。经国务院同意，2018 年 12 月，生态环境部、国家发展改革委等部门联合印发《柴油货车污染治理攻坚战行动计划》，全面整治全国柴油货车公路运输，推进大宗货物铁路运输，加快船舶使用清洁能源运输，总体目标是到 2020 年，柴油货车排放达标率明显提高，柴油和车用尿素质量明显改善，柴油货车氮氧化物和颗粒物排放总量明显下降。2020 年 5 月，生态环境部等部门发布《关于调整轻型汽车国六排放标准实施有关要求的公告》，明确自 2020 年 7 月 1 日起，全国范围实施轻型汽车国六排放标准，禁止生产国五排放标准轻型汽车。能源消费结构不断优化，2019 年，天然气、水电、风电、核电等清洁能源消费占能源消费总量的比重逾 23%，比 2015 年提高了 5 个多百分点，单位国内生产总值能耗比 2015 年下降 13.1%。自 2017 年至 2022 年，国家连续 5 年开展重点区域秋冬季大气污染综合治理攻坚行动，组织开展重点行业重污染天气应急减排措施绩效分级，覆盖钢铁、焦化等 39 个行业，重点区域共 27.5 万家涉气企业纳入应急减排清单。2020 年第四季度，京津冀及周边地区、汾渭平原 39 个城市 PM$_{2.5}$ 平均浓度为 62 微克/立方米，比 2016 年同期下降 39%。生态环境部组建的国家大气污染防治攻关联合中心，已经摸清了重污染天气成因，在成因机理、影响评估、精准治理、预测预报等方面实现了一批关键技术突破。

---

[1] 《人与自然和谐共生的现代化 推动经济社会发展全面绿色转型》，《人民日报》2021 年 4 月 23 日。

着力打好碧水保卫战，水质持续优化。经国务院同意，2018 年 3 月，环境保护部、水利部印发《全国集中式饮用水水源地环境保护专项行动方案》。10 月，住房和城乡建设部、生态环境部联合发布《城市黑臭水体治理攻坚战实施方案》，这是我国印发的第一个涉水攻坚战实施方案。11 月，生态环境部、农业农村部联合印发《农业农村污染治理攻坚战行动计划》，明确了农业农村污染治理的总体要求、行动目标、主要任务和保障措施，对农业农村污染治理攻坚战作出部署。12 月，生态环境部、国家发展改革委、自然资源部联合印发《渤海综合治理攻坚战行动计划》，提出了打好渤海综合治理攻坚战的"时间表"和"路线图"，明确到 2020 年，渤海近岸海域水质优良（Ⅰ、Ⅱ类水质）比例达到 73%左右，自然岸线保有率保持在 35%左右，滨海湿地整治修复规模不低于 6900 公顷，整治修复岸线新增 70 公里左右；确定开展陆源污染治理行动、海域污染治理行动、生态保护修复行动、环境风险防范行动等四大攻坚行动，并明确了量化指标和完成时限。根据部署，碧水保卫战取得重要成效。一是全面控制水污染物排放。截至 2019 年底，全国 97.8%的省级及以上工业集聚区建成污水集中处理设施并安装自动在线监控装置，累计依法关闭或搬迁禁养区内畜禽养殖场（小区）26.3 万多个。二是全力保障水生态环境安全，持续推进全国集中式饮用水水源地环境整治，累计完成 2804 个水源地 10363 个问题整改，7.7 亿居民饮用水安全保障水平得到巩固提升；全国 295 个地级及以上城市 2899 个黑臭水体中，完成整治 2513 个，消除率为 86.7%，昔日"臭水沟"变成了今日"后花园"，周边群众获得感明显增强。三是强化流域水环境管理，健全和完善分析预警、调度通报、督导督察相结合的流域环境管理综合督导机制。经过水污染治理，到 2020 年，全国地表水优良水质断面比例提高到 83.4%，相比 2015 年提高 17.4 个百分点；劣 V 类水体比例由 9.7%下降到 0.6%，降低 9.1 个百分点。全国地级及以上城市集中式饮用水水源水质优良比例达到 96.2%，地级及以上城市建成区黑臭水体消除比例达到 98.2%。

扎实推进净土保卫战，土壤环境风险得到有效管控。到 2020 年底，完成农用地土壤污染状况详查，开展重点行业企业用地土壤污染状况调查。2014 年至 2019 年，全国依法依规关停涉重金属行业企业 3500 余家，实施金属减排工程 850 多个。开展农用地土壤环境质量类别划分、治理修复等工作，受污染耕地安全利用率达到 90% 左右，污染地块安全利用率达到 93% 以上。组织开展危险废物专项排查整治行动，共排查 4.7 万家企业和 200 余个化工园区。2020 年，全国 46 个重点城市生活垃圾分类覆盖居民 8300 万户，居民小区覆盖率 94.6%。开展"无废城市"建设试点，形成一批可复制可推广的示范模式。坚决禁止"洋垃圾"入境。2017年 4 月 18 日，习近平主持召开中央全面深化改革领导小组第三十四次会议，审议通过《关于禁止洋垃圾入境推进固体废物进口管理制度改革实施方案》，同年 7 月国务院办公厅印发实施。经过 3 年多努力，禁止洋垃圾入境各项改革任务全面完成，2017 年、2018 年、2019 年、2020 年，我国固体废物进口量分别为 4227 万吨、2263 万吨、1348 万吨和 879 万吨，相比改革前的 2016 年，分别减少 9.2%、51.4%、71.0% 和 81.1%，累计减少进口固体废物约 1 亿吨。自 2021 年 1 月 1 日起，我国全面禁止进口固体废物，"洋垃圾"被彻底挡在国门之外。

城乡厕所状况如何，既是重要的民生问题，也是生态文明建设的重要方面。改革开放以来，我国创造了举世公认的经济高速增长奇迹，但在一些农村地区、在一些城镇街道、在一些旅游景点等公共场所，厕所脏、乱、差、少、偏，是人民群众反映强烈、影响生态文明建设成效和观感的突出问题之一。对这一民生和生态文明建设短板，党的十八大以来，以习近平同志为核心的党中央高度重视，领导开展了一场意义深远的"厕所革命"。2014 年 10 月，全国爱国卫生运动委员会在河北省正定县召开全国农村改厕工作现场推进会。2014 年 12 月，《国务院关于进一步加强新时期爱国卫生工作的意见》要求加快农村改厕步伐。2014 年 12

月，习近平在江苏考察工作时强调："解决好厕所问题在新农村建设中具有标志性意义，要因地制宜做好厕所下水道管网建设和农村污水处理，不断提高农民生活质量。"①2015年1月，全国旅游工作会议提出，从当年开始，用3年时间，通过政策引导、资金补助、标准规范等手段持续推进旅游"厕所革命"，到2017年最终实现旅游景区、旅游线路沿线、交通集散点、旅游餐馆、旅游娱乐场所、休闲步行区等公共场所的厕所全部达到三星级标准，并实现"数量充足、卫生文明、实用免费、有效管理"的要求。2015年4月，习近平就旅游系统开展"厕所革命"作出重要指示，提出"要像反对'四风'一样，下决心整治旅游不文明的各种顽疾陋习。要发扬钉钉子精神，采取有针对性的举措，一件接着一件抓，抓一件成一件，积小胜为大胜，推动我国旅游业发展迈上新台阶"。同年7月，在吉林延边考察调研时，他进一步指出，新农村建设也要不断推进，要来个"厕所革命"，让农村群众用上卫生的厕所。②在习近平的大力倡导下，"厕所革命"自2015年初实施以来，经过近3年努力，全面完成各项任务。到2017年11月，国家旅游发展基金累计安排资金10.4亿元，各地安排配套资金逾200亿元，新建改扩建旅游厕所共6.8万座，比原定目标5.7万座超出了19.3%。农村"厕所革命"取得重要进展。"厕所革命"由旅游景区深入到全国城乡，逐步实现全域布局，成为美丽中国、美丽乡村建设的重要内容。2017年11月，习近平就旅游系统推进"厕所革命"工作取得的成效作出重要指示，强调"两年多来，旅游系统坚持不懈推进'厕所革命'，体现了真抓实干、努力解决实际问题的工作态度和作风"，"厕所问题不是小事情，是城乡文明建设的重要方面，不但景区、城市要抓，农村

---

①　中共中央文献研究室编：《习近平关于社会主义生态文明建设论述摘编》，中央文献出版社2017年版，第89页。

②　《民生小事大情怀——记习近平总书记倡导推进"厕所革命"》，《人民日报》2017年11月29日。

也要抓，要把这项工作作为乡村振兴战略的一项具体工作来推进，努力补齐这块影响群众生活品质的短板"。^① 在此基础上，2017 年国家旅游局又发布《全国旅游厕所建设管理新三年行动计划（2018—2020 年）》，提出从 2018 年至 2020 年，全国计划新建、改扩建旅游厕所 6.4 万座，并将在全国重点开展涉及"厕所革命"建设、"厕所革命"管理服务、"厕所革命"科技、"厕所革命"文明的四大提升行动。^②

改善农村人居环境，建设宜居乡村，事关广大农民福祉，事关美丽中国建设。2018 年 2 月，中共中央办公厅、国务院办公厅印发《农村人居环境整治三年行动方案》，明确了改善乡村人居环境的主攻方向和重点任务。2019 年至 2020 年，国家累计安排中央预算内投资 60 亿元支持中西部省份以县为单位开展农村人居环境整治项目建设，中央财政对农村人居环境整治成效明显的 39 个县给予激励支持。经过 3 年努力，我国农村人居环境整治取得重要阶段性成效，截至 2021 年底，全国农村卫生厕所普及率超过 70%，生活垃圾进行收运处理的行政村比例超过 90%，全国 95% 以上的村庄开展了清洁行动，扭转了农村长期以来存在的脏乱差局面，村庄环境基本实现干净整洁有序，农民环境卫生观念显著提升。2021 年 12 月，中共中央办公厅、国务院办公厅印发《农村人居环境整治提升五年行动方案（2021—2025 年）》，推动村庄环境从干净整洁向美丽宜居升级。2022 年 1 月，生态环境部、农业农村部、住房和城乡建设部、水利部、国家乡村振兴局联合印发《农业农村污染治理攻坚战行动方案（2021—2025 年）》，对持续打好农业农村污染治理攻坚战总体要求、主要任务和保障措施等作出全面部署。

长江是中华民族的母亲河，是我国重要的生态安全屏障。2016 年 1 月、

---

① 《习近平近日作出重要指示强调　坚持不懈推进"厕所革命"　努力补齐影响群众生活品质短板》，《人民日报》2017 年 11 月 28 日。

② 《未来三年新改扩建旅游厕所六万多座》，《人民日报》2017 年 11 月 20 日。

2018 年 4 月和 2021 年 11 月，习近平分别在重庆、武汉、南京主持召开推动长江经济带发展座谈会并发表重要讲话，对长江保护修复作出系统部署，明确提出："长江拥有独特的生态系统，是我国重要的生态宝库。当前和今后相当长一个时期，要把修复长江生态环境摆在压倒性位置，共抓大保护，不搞大开发。要把实施重大生态修复工程作为推动长江经济带发展项目的优先选项，实施好长江防护林体系建设、水土流失及岩溶地区石漠化治理、退耕还林还草、水土保持、河湖和湿地生态保护修复等工程，增强水源涵养、水土保持等生态功能。"①2018 年 12 月，生态环境部、国家发展改革委联合印发《长江保护修复攻坚战行动计划》，明确了长江需要着力解决的突出生态环境问题。行动计划实施以来，推动解决了一大批老大难环境问题，长江水生态环境呈现逐年改善、持续向好的态势，2020年，长江流域水质优良（Ⅰ—Ⅲ类）断面比例为 96.7%，高于全国平均水平 13.3 个百分点，较 2016 年提高 14.4 个百分点，长江干流首次全线达到Ⅱ类水质。2020 年 12 月 26 日，十三届全国人大常委会第二十四次会议通过《中华人民共和国长江保护法》，为加强长江流域生态环境保护和修复，促进资源合理高效利用，保障生态安全，实现人与自然和谐共生提供了法律依据。黄河是我国第二长河，在国家发展大局和社会主义现代化建设全局中具有举足轻重的战略地位。党的十八大以来，习近平多次实地考察黄河流域生态保护和经济社会发展情况，就三江源、祁连山、秦岭、贺兰山等重点区域生态保护建设作出重要指示批示，强调黄河流域生态保护和高质量发展是重大国家战略，要共同抓好大保护，协同推进大治理，着力加强生态保护治理、保障黄河长治久安、促进全流域高质量发展、改善人民群众生活、保护传承弘扬黄河文化，让黄河成为造福人民的幸福河。

---

①　《习近平在推动长江经济带发展座谈会上强调　走生态优先绿色发展之路　让中华民族母亲河永葆生机活力》，《人民日报》2016 年 1 月 8 日。

2021 年 10 月，中共中央、国务院印发《黄河流域生态保护和高质量发展规划纲要》，对黄河流域生态保护和高质量发展作出规划部署。陕西省深入打击破坏秦岭野生动物资源违法犯罪，2020 年 1 月至 2021 年 10 月，全省公安机关共侦办破坏秦岭生态环境刑事案件 682 起，抓获犯罪嫌疑人 776 人。

——加快实施主体功能区战略，推动构建统一规范高效的中国特色国家公园体制。

建设主体功能区是我国经济发展和生态环境保护的一项大战略。2006 年 3 月，国家在"十一五"规划纲要中首次提出了"推进形成主体功能区"的要求，"根据资源环境承载能力、现有开发密度和发展潜力，统筹考虑未来我国人口分布、经济布局、国土利用和城镇化格局，将国土空间划分为优化开发、重点开发、限制开发和禁止开发四类主体功能区"。[①] 为了明确推进形成主体功能区的基本方向和主要任务，2007 年 7 月国务院印发《关于编制全国主体功能区规划的意见》，启动全国主体功能区规划的编制工作。经过 4 年多的努力，国务院于 2010 年 12 月印发了《全国主体功能区规划》，标志着主体功能区从理论探索步入实施操作阶段。2011 年，国家"十二五"规划纲要把主体功能区提升到国家战略层面，与区域发展总体战略相辅相成，共同构成我国国土空间开发的完整战略格局。党的十八大明确将实施主体功能区战略作为生态文明建设的重要举措，推进优化国土空间开发格局，"推动各地区严格按照主体功能定位发展，构建科学合理的城市化格局、农业发展格局、生态安全格局"。2013 年，党的十八届三中全会再次强调：坚定不移实施主体功能区制度，建立国土空间开发保护制度，严格按照主体功能区定位推动发展。2014 年 3 月，国家发展改革委和环境保护部联合发布《关于做好国家主体功

---

① 《中华人民共和国国民经济和社会发展第十一个五年规划纲要》，《人民日报》2006 年 3 月 17 日。

能区建设试点示范工作的通知》，开展国家主体功能区建设试点示范工作。2015 年 8 月，国务院印发《全国海洋主体功能区规划》，进一步优化海洋空间开发格局。在前期探索的基础上，为了进一步推进主体功能区建设，2017 年 8 月 29 日，中央全面深化改革领导小组第三十八次会议审议通过《关于完善主体功能区战略和制度的若干意见》，明确完善主体功能区战略和制度，关键是在严格执行主体功能区规划基础上，将国家和省级层面主体功能区战略格局在市县层面精准落地；重点是健全优化开发区、重点开发区、农产品主产区、重点生态功能区等各类主体功能区空间发展长效机制；到 2020 年，符合主体功能定位的县域空间格局基本划定，陆海全覆盖的主体功能区战略格局精准落地，"多规合一"的空间规划体系建立健全；基于不同主体功能定位的配套政策体系和绩效考核评价体系进一步健全，主体功能区制度保障体系基本建立。根据党中央的部署，各地区严格按照主体功能区定位推动发展，建立资源环境承载能力监测预警机制，对水土资源、环境容量和海洋资源超载区域实行限制性措施。对限制开发区域和生态脆弱的国家扶贫开发工作重点县取消地区生产总值考核。2019 年 4 月，中共中央办公厅、国务院办公厅印发《关于统筹推进自然资源资产产权制度改革的指导意见》，明确要以完善自然资源资产产权体系为重点，以落实产权主体为关键，以调查监测和确权登记为基础，着力促进自然资源集约开发利用和生态保护修复，加强监督管理，注重改革创新，加快构建系统完备、科学规范、运行高效的中国特色自然资源资产产权制度体系，到 2020 年，归属清晰、权责明确、保护严格、流转顺畅、监管有效的自然资源资产产权制度基本建立。2021 年 9 月，中共中央办公厅、国务院办公厅印发《关于深化生态保护补偿制度改革的意见》，要求加快健全有效市场和有为政府更好结合、分类补偿与综合补偿统筹兼顾、纵向补偿与横向补偿协调推进、强化激励与硬化约束协同发力的生态保护补偿制度，到 2025 年，与经济社会发展状况相适应的生态保护补偿制度基本完备；到 2035 年，适应新时代生态文明建设要求的生态保护补偿制度基本定型。

建立以国家公园为主体的自然保护地体系。2017 年 9 月，中共中央办公厅、国务院办公厅印发《建立国家公园体制总体方案》，要求坚定不移实施主体功能区战略和制度，严守生态保护红线，以加强自然生态系统原真性、完整性保护为基础，以实现国家所有、全民共享、世代传承为目标，构建统一规范高效的中国特色国家公园体制，建立分类科学、保护有力的自然保护地体系。2021 年 10 月 12 日，习近平在《生物多样性公约》第十五次缔约方大会领导人峰会上宣布，中国正式设立三江源、大熊猫、东北虎豹、海南热带雨林、武夷山等第一批国家公园。这 5 个国家公园，保护面积达 23 万平方公里，涵盖了所在区域典型自然生态系统以及珍贵的自然景观和文化遗产，保护了最具影响力的旗舰物种。其中，三江源国家公园保护面积 19.07 万平方公里，实现了对长江、黄河、澜沧江源头的整体保护，是地球第三极青藏高原高寒生态系统保护的典范。大熊猫国家公园保护面积 2.2 万平方公里，横跨四川、陕西、甘肃三省，是野生大熊猫集中分布区和主要繁衍栖息地，保护了全国 70% 以上的野生大熊猫。东北虎豹国家公园保护面积 1.41 万平方公里，是温带森林生态系统的典型代表。海南热带雨林国家公园保护面积 4269 平方公里，保存了我国最完整、最多样的岛屿型热带雨林，是全球最濒危的灵长类动物——海南长臂猿的唯一分布地。武夷山国家公园保护面积 1280 平方公里，实现了对福建和江西区域武夷山生态系统整体保护。

——划定生态保护红线，推进重大生态保护和修复工程。不断强化生态保护红线、环境质量安全底线、自然资源利用上线和产业准入负面清单"三线一单"硬约束，建立健全绿色低碳循环发展的经济体系。2021年 11 月，生态环境部发布《关于实施"三线一单"生态环境分区管控的指导意见（试行）》，对加强生态环境源头防控、推动形成生态环境高水平保护格局、促进生态环境持续改善作出部署。生态保护红线是中国国土空间规划和生态环境体制机制改革的重要制度创新，将具有生物多样性维护等生态功能极重要区域和生态极脆弱区域划入生态保护红线，进行严格保护。初步划定的生态保护红线，集中分布于青藏高原、天山山脉、内蒙古高原、大小兴安岭、秦岭、南岭，以及黄河流域、长江流域、海岸带等重要生态安全屏障和区域。生态保护红线涵盖森林、草原、荒漠、湿地、红树林、珊瑚礁及海草床等重要生态系统，覆盖全国生物多样性分布的关键区域，保护绝大多数珍稀濒危物种及其栖息地。截至 2019 年底，初步划定的全国生态保护红线面积不小于陆域国土面积 25%。其中，各类自然保护地已达 1.18 万个，占陆域国土面积 18%。以恢复退化生态系统、增强生态系统稳定性和提升生态系统质量为目标，持续开展多项生态保护修复工程。稳步实施天然林保护修复、京津风沙源治理工程、石漠化综合治理、"三北"防护林工程等重点防护林体系建设、退耕还林还草、退牧还草以及河湖与湿地保护修复、红树林与滨海湿地保护修复等一批重大生态保护与修复工程，实施 25 个山水林田湖草沙生态保护修复工程试点，启动 10 个山水林田湖草沙一体化保护和修复工程。到 2017 年底，我国治理沙化土地 1.26 亿亩，荒漠化沙化呈整体遏制、重点治理区明显改善的态势，沙化土地面积年均缩减 1980 平方公里，实现了由"沙进人退"到"人进沙退"的历史性转变。2020 年 6 月公布实施的《全国重要生态系统保护和修复重大工程总体规划（2021—2035 年）》，确定了新时代"三区四带"① 生态保护修复总体布局。积极推进大规模国土绿化行动，2013—2017 年，全国新增造林面积 4.6 亿亩，完成新林抚育 6.38 亿亩，全国森林覆盖率达到 21.66%。草原生态状况持续向好。2020 年，全国完成种草

---

① "三区四带"，即：青藏高原生态屏障区、黄河重点生态区、长江重点生态区，东北森林带、北方防沙带、南方丘陵山地带、海岸带等。

改良面积 4245 万亩，全国草原综合植被覆盖度达到 56.1%，比 2011 年提高了 5.1 个百分点；全国重点天然草原平均牲畜超载率下降到 10.1%，比 2011 年下降 17.9 个百分点；全国鲜草产量达到 11.13 亿吨，生产能力稳步提升。① 为加强河湖管理保护工作，全面推行河长制。2003 年 10 月，浙江省长兴县在全国率先对城区河流试行河长制。2008 年至 2016 年，江苏省各级党政主要负责人担任的"河长"，已遍布全省 727 条骨干河道 1212 个河段。2016 年 12 月，中共中央办公厅、国务院办公厅印发《关于全面推行河长制的意见》，确定各省（自治区、直辖市）设立总河长，由党委或政府主要负责同志担任，各级河长负责组织领导相应河湖的管理和保护工作，包括水资源保护、水域岸线管理、水污染防治、水环境治理等，牵头组织对侵占河道、围垦湖泊、超标排污、非法采砂、破坏航道、电毒炸鱼等突出问题依法进行清理整治，协调解决重大问题等。截至 2018 年 6 月底，全国 31 个省（自治区、直辖市）已全面建立河长制，共明确省、市、县、乡四级河长 30 多万名，另有 29 个省份设立村级河长 76 万多名，打通了河长制"最后一公里"。2017 年 11 月 20 日，习近平主持召开十九届中央全面深化改革领导小组第一次会议，审议通过《关于在湖泊实施湖长制的指导意见》，要求到 2018 年底前在湖泊全面建立湖长制，建立健全以党政领导负责制为核心的责任体系，落实属地管理责任。2021 年 1 月，中共中央办公厅、国务院办公厅公布《关于全面推行林长制的意见》，提出确保到 2022 年 6 月全面建立林长制，这意味着我国所有的森林和草原也将拥有专属守护者。水土流失状况持续好转，2019 年水土流失面积为 271.08 万平方公里，较 2018 年减少 2.61 万平方公里，减幅 0.95%。与 2011 年第一次全国水利普查数据相比，水土流失面积减少了 23.83 万平方公里，总体减幅 8.08%。以水力侵蚀为主的西北黄土高原、长江经济带、

---

① 《我国草原生态状况持续向好》，《人民日报》2021 年 7 月 22 日。

京津冀地区、三峡库区、丹江口库区及上游、东北黑土区、西南石漠化地区年际水土流失面积减幅均在1.28%—1.91%之间。以风力侵蚀为主的青藏高原、三江源国家公园年际水土流失面积减幅分别为0.55%、1.27%。大江大河流域水土流失状况持续改善。长江、黄河、淮河（片）、海河、珠江、松辽（片）、太湖和西南诸河等大江大河流域水土流失面积减幅均高于全国整体减幅，各流域水土流失强度均以中轻度为主。与2018年相比，黄河流域中度及以上水土流失面积减幅达7.37%，长江流域强烈及以上水土流失面积进一步下降，轻度水土流失占比提高3.28个百分点。淮河（片）和海河流域轻度水土流失占比超过90%。① 湿地生态状况持续改善。中国湿地保护修复经历了摸清家底和夯实基础（1992—2003）、抢救性保护（2004—2015）、全面保护（2016—2021）三个阶段。2021年12月24日，十三届全国人大常委会第三十二次会议通过《中华人民共和国湿地保护法》。截至2021年底，我国共建有64处国际重要湿地、29处国家重要湿地、899处国家湿地公园，初步建立湿地保护体系。2016—2020年期间，累计整治修复岸线1200公里，滨海湿地2.3万公顷。中国以全球4%的湿地，满足了世界1/5人口对湿地生产、生活、生态和文化等多种需求。2020年起，长江流域332个水生生物保护区已经率先实现全面禁捕；2021年起，长江流域重点水域将实行为期十年的禁捕政策。生物多样性保护监管和执法力度不断加大，形成严厉打击生物多样性违法犯罪行为的高压态势。2019年，全国查处涉及野生动物案件8189起，没收野生动物数量11.7万只，涉案野生动物总数持续下降。生态环境部牵头组织开展"绿盾"国家级自然保护区监督检查专项行动。2017—2019年，累计发现342个国家级自然保护区违法开矿、采砂、在保护区核心区与缓冲

---

① 《八年减少近二十四万平方公里　我国水土流失状况持续好转》，《人民日报》2020年8月17日。

区建设旅游设施和水电站等 5740 个问题，已完成整改 3986 个。①

　　塞罕坝林场是河北省涌现出来的生态文明建设范例。自 1962 年林场建立以来，几代塞罕坝人在极其恶劣的自然条件和生存环境下建成了世界上面积最大的人工林，创造了沙漠变绿洲、荒原变林海的绿色奇迹。经过 50 多年不懈努力，林场内林地面积已达 112 万亩，林木蓄积量达到 1012 万立方米，每年涵养水源、净化水质 1.37 亿立方米，吸收二氧化碳 74.7 万吨，释放氧气 54.5 万吨，可供 199.2 万人呼吸一年之用。从经济效益上看，林场每年提供临时社会用工超过 15 万人次，创造劳务收入 2000 多万元，带动周边农民发展乡村游、农家乐、养殖业、绿色苗木、山野特产采集和销售、手工艺品等产业，每年接待游客近 50 万人，实现社会总收入 6 亿多元。塞罕坝林场的实践充分证明，对于生态脆弱、生态退化地区，只要科学定位，久久为功，自然生态系统完全可以得到修复重建，让沙漠荒山变成绿水青山；只要坚持绿色发展，科学利用森林资源，完全可以将资源和生态优势转化为经济优势，让绿水青山变成金山银山。

四、做全球生态文明建设的重要参与者、贡献者、引领者

　　我国在解决国内环境问题的同时，也积极参与全球环境与气候治理。

　　气候变化是全人类面临的共同挑战。2014 年 9 月，我国发布实施《国家应对气候变化规划（2014—2020 年）》，提出了我国应对气候变化的指导思想、目标要求、政策导向、重点任务及保障措施等。规划设专章阐述"深化国际交流与合作"，强调中国坚持联合国气候变化框架公约原则和基本制度，积极建设性参与国际气候谈判多边进程，承担与发展阶段、应负责任和实际能力相称的国际义务；加强与国际组织合作，推动与发达

---

　　① 《凝聚共识　携手共进　共建地球生命共同体》，《人民日报》2020 年 9 月 23 日。

国家合作，建立多领域、多层面的国际合作网络；加强气候变化南南合作机制建设，支持发展中国家应对气候变化能力建设。2011 年以来，中国累计安排约 12 亿元开展应对气候变化南南合作，与 35 个国家签署 40 份合作文件，通过建设低碳示范区，援助气象卫星、光伏发电系统和照明设备、新能源汽车、环境监测设备、清洁炉灶等应对气候变化相关物资，帮助有关国家提高应对气候变化能力，同时为近 120 个发展中国家培训了约 2000 名应对气候变化领域的官员和技术人员。①

积极运筹气候外交，推动联合国气候变化巴黎大会达成《巴黎协定》。习近平从"内促高质量发展、外树负责任形象"的战略高度重视应对气候变化，提出"应对气候变化是中国可持续发展的内在要求，也是负责任大国应尽的国际义务，这不是别人要我们做，而是我们自己要做"②。习近平直接参与重大气候外交活动，为《巴黎协定》达成、签署、生效和实施作出了历史性、基础性的突出贡献。在气候变化领域，中美双方共识大于分歧，具有广泛的合作潜力。2014 年 11 月 12 日，习近平与时任美国总统奥巴马发表了《中美气候变化联合声明》，明确提出"在 2015 年联合国巴黎气候大会上达成"的协议，应"体现共同但有区别的责任和各自能力原则，考虑到各国不同国情"③，宣布中美各自 2020 年后行动目标，开启了各方"自下而上"自主决定行动目标的模式，带动了 180 多个缔约方在巴黎气候大会前提交了国家自主贡献，占全球排放 90% 以上。这是中美两个全球最大经济体和排放国首次发表元首层面气候变化联合声明，挽救了当时陷入僵局的利马气候大会，为成功召开巴黎大会奠定了基础。2015 年 6 月，中国向《联合国气候变化框架公约》秘书处提交《强化应对气候变化行动——中国国家自主贡献》，提出中国将

①　《中国应对气候变化的政策与行动》，《人民日报》2021 年 10 月 28 日。
②　《积极承担国际责任和义务》，《人民日报》2015 年 11 月 23 日。
③　《中美气候变化联合声明》，《人民日报》2014 年 11 月 13 日。

于 2030 年左右使二氧化碳排放达到峰值并争取尽早实现，2030 年单位国内生产总值二氧化碳排放比 2005 年下降 60%—65%，非化石能源占一次能源消费比重达到 20% 左右，森林蓄积量比 2005 年增加 45 亿立方米左右。2015 年 9 月 25 日，习近平与奥巴马第二次发表中美元首气候变化联合声明。中美声明为《巴黎协定》谈判涉及的"共同但有区别的责任"原则、全球目标、减排、适应、资金、技术、透明度等关键难点问题找到了"着陆点"，为巴黎大会如期达成协议提供了政治解决方案。习近平在中美声明中宣布设立 200 亿元人民币的中国气候变化南南合作基金。2015 年 11 月 2 日，习近平在巴黎大会召开前夕与时任法国总统奥朗德发表《中法元首气候变化联合声明》，该声明借鉴采用了中美声明相关表述，并在此基础上建立了每五年开展一次全球盘点以促进各方持续提高应对气候变化力度的机制，确保了《巴黎协定》实施的可持续性。中美、中法声明基本上框定了《巴黎协定》的核心内容。2015 年 11 月 30 日，习近平出席在巴黎召开的联合国气候变化大会开幕式并发表主旨讲话，这是我国国家元首第一次出席联合国气候变化缔约方大会。习近平在会上提出了"实现公约目标，引领绿色发展""凝聚全球力量，鼓励广泛参与""加大投入，强化行动保障""照顾各国国情，讲求务实有效"的气候治理中国方案，号召各方创造一个"各尽所能、合作共赢"，"奉行法治、公平正义""包容互鉴、共同发展"的未来。[①] 习近平还同美国、法国、俄罗斯、巴西等国领导人及联合国秘书长举行会谈，做各主要国家领导人工作，达成相向而行、努力实现联合声明成果的共识，会议后期与奥巴马、奥朗德总统通电话，为确保如期达成协定提供政治推动力。2015 年 12 月 12 日，《巴黎协定》在第 21 届联合国气候变化大会上通

---

① 习近平：《携手构建合作共赢、公平合理的气候变化治理机制——在气候变化巴黎大会开幕式上的讲话》，《人民日报》2015 年 12 月 1 日。

过。《巴黎协定》对 2020 年后全球应对气候变化的行动作出统一安排，长期目标是将全球平均气温较前工业化时期上升幅度控制在 2 摄氏度以内，并努力将温度上升幅度限制在 1.5 摄氏度以内。《巴黎协定》达成后，2016年 3 月 31 日，习近平与奥巴马总统第三次发表中美元首气候变化联合声明，宣布双方将于当年 4 月 22 日联合国《巴黎协定》开放签署日签署协定，呼吁其他各方尽快完成签署和批准程序，以使《巴黎协定》尽早生效。声明特别指出"中美气候变化方面的共同努力将成为两国合作伙伴关系的长久遗产"①。2016 年 5 月，在第二届联合国环境大会上，联合国环境署发布《绿水青山就是金山银山：中国生态文明战略与行动》报告，全面介绍中国生态文明建设的行动与成效，指出以"绿水青山就是金山银山"为导向的中国生态文明战略，为世界可持续发展理念的提升提供了中国方案和版本。2016 年 9 月 3 日，在二十国集团杭州峰会前夕，为促成《巴黎协定》尽快生效，在中方推动下，习近平与奥巴马总统共同向潘基文秘书长交存中美两国各自参加《巴黎协定》的法律文书，并发表中美气候变化合作文件，呼吁推动《巴黎协定》尽早生效。在中美带动下，《巴黎协定》很快满足"55 个以上缔约方批准、温室气体排放总量占 55% 以上"的生效条件，在达成不到一年的时间里，于 2016 年 11 月 4 日正式生效。时任联合国秘书长的潘基文在多个场合发表讲话，表示没有中国的努力，就没有《巴黎协定》。②

《巴黎协定》代表了全球绿色低碳转型的大方向，是保护地球家园需要采取的最低限度行动。进入 2017 年，在全球气候治理进程因美国气候政策出现变化而面临不确定性的情况下，习近平在当年年初参加达沃斯论坛和访问联合国日内瓦总部时，多次表明中方坚定支持《巴黎协定》的态

---

① 《中美元首气候变化联合声明》，《人民日报》2016 年 4 月 2 日。
② 解振华：《坚持积极应对气候变化战略定力，继续做全球生态文明建设的重要参与者、贡献者和引领者——纪念〈巴黎协定〉达成五周年》，《中国环境报》2020 年 12 月 14 日。

度和积极行动应对气候变化的决心，指出："《巴黎协定》符合全球发展大方向，成果来之不易，应该共同坚守，不能轻言放弃。这是我们对子孙后代必须担负的责任！"[①]"《巴黎协定》的达成是全球气候治理史上的里程碑。我们不能让这一成果付诸东流。各方要共同推动协定实施。中国将继续采取行动应对气候变化，百分之百承担自己的义务。"[②]这给处于摇摆状态的国家注入定力，使面临不确定性的多边进程稳住了阵脚。美国2017年6月退出《巴黎协定》后，主要经济体能源与气候论坛（MEF）机制被取消，作为替代，中国、欧盟、加拿大联合建立了主要国家加强气候行动的部长级会议（MOCA）机制，继续围绕多边进程重点、热点、难点问题，从政治和政策层面寻求解决方案，发挥推动作用。波兰卡托维兹气候大会前夕，2018年11月习近平在二十国集团领导人布宜诺斯艾利斯峰会上号召各方继续本着构建人类命运共同体的责任感，为应对气候变化国际合作提供政治推动力，为大会能够取得成功提供了至关重要的政治引导和推动力。中国与法国、联合国在峰会期间联合举行气候变化会议，发表新闻公报，共同表态支持卡托维兹大会如期达成《巴黎协定》实施细则。国际社会高度赞赏习近平和中国政府为推动《巴黎协定》实施细则谈判和卡托维兹大会取得成功所发挥的重要领导作用。2019年12月召开的联合国气候变化马德里会议虽因各方分歧严重，未能就《巴黎协定》第六条实施细则谈判达成共识，但中国始终发挥了积极的建设性作用。2020年9月22日，习近平在第75届联合国大会一般性辩论上发表重要讲话，呼吁各国迈出决定性步伐，落实《巴黎协定》、推动疫情后世界经济"绿色复苏"，并宣布"中国将提高国家自主贡献力度，采取更加有力的政策和措施，二氧化

---

① 习近平：《共担时代责任　共促全球发展——在世界经济论坛2017年年会开幕式上的主旨演讲》，《人民日报》2017年1月18日。

② 习近平：《共同构建人类命运共同体——在联合国日内瓦总部的演讲》，《人民日报》2017年1月20日。

碳排放力争于2030年前达到峰值，努力争取2060年前实现碳中和"[1]。这一宣示体现了中国走绿色低碳发展道路的坚定决心，彰显了中国坚定支持《巴黎协定》履约、推动全球气候环境治理、与国际社会共建清洁美丽世界的负责任大国担当，国际社会反响热烈。2020年12月12日，习近平在气候雄心峰会上通过视频发表题为《继往开来，开启全球应对气候变化新征程》的重要讲话，进一步宣布"到2030年，中国单位国内生产总值二氧化碳排放将比2005年下降65%以上，非化石能源占一次能源消费比重将达到25%左右，森林蓄积量将比2005年增加60亿立方米，风电、太阳能发电总装机容量将达到12亿千瓦以上"[2]等一系列新目标。2021年2月，国务院印发《关于加快建立健全绿色低碳循环发展经济体系的指导意见》，就全方位全过程推行绿色规划、绿色设计、绿色投资、绿色建设、绿色生产、绿色流通、绿色生活、绿色消费，使发展建立在高效利用资源、严格保护生态环境、有效控制温室气体排放的基础上，统筹推进高质量发展和高水平保护，建立健全绿色低碳循环发展的经济体系，确保实现碳达峰、碳中和目标，推动我国绿色发展迈上新台阶等进行了规划和部署。2021年9月，习近平出席第76届联合国大会一般性辩论时提出，中国将大力支持发展中国家能源绿色低碳发展，不再新建境外煤电项目，展现了中国负责任大国的责任担当。

2021年4月，中国气候变化事务特使同美国总统气候问题特使在上海举行会谈，达成《中美应对气候危机联合声明》，双方表示将在强化政策措施、推动绿色低碳转型、支持发展中国家能源低碳发展等领域进一步加强交流与合作。同年11月，中国和美国在英国格拉斯哥举行的《联合国

---

① 习近平：《在第七十五届联合国大会一般性辩论上的讲话》，《人民日报》2020年9月23日。

② 习近平：《继往开来，开启全球应对气候变化新征程——在气候雄心峰会上的讲话》，《人民日报》2020年12月13日。

气候变化框架公约》第二十六次缔约方大会期间发布《中美关于在 21 世纪 20 年代强化气候行动的格拉斯哥联合宣言》，双方商定将携手并与各方一道推动格拉斯哥联合国气候变化大会取得成功，在减缓、适应、支持方面取得平衡、有力度、包容性的成果；决定在清洁电力和煤炭、甲烷、停止非法毁林等领域开展具体的行动与合作。

中国是推动达成《巴黎协定》的重要贡献者，也是落实《巴黎协定》、推动全球环境和气候治理的积极践行者。2021 年 5 月，为指导和统筹做好碳达峰、碳中和工作，中国成立碳达峰、碳中和工作领导小组，各省（区、市）也陆续成立碳达峰、碳中和工作领导小组，加强地方碳达峰、碳中和工作统筹。从碳达峰到碳中和，欧盟用 71 年，美国用 43 年，日本用 37 年，而中国给自己设定的时间只有 30 年。这意味着作为世界上最大的发展中国家，中国将完成全球最高碳排放强度降幅，用全球历史上最短的时间实现从碳达峰到碳中和。曾任联合国气候变化巴黎大会主席的法比尤斯赞赏中国为落实《巴黎协定》所作出的重大努力，表示"习近平主席宣布的中国行动，为世界重新燃起了真正希望"①。中国积极参加二十国集团（G20）、国际民航组织、国际海事组织、金砖国家会议等框架下气候议题磋商谈判，调动发挥多渠道协同效应，推动多边进程持续向前。2016年 4 月，中国发布《落实 2030 年可持续议程中方立场文件》，7 月参加了联合国首轮国别自愿陈述。作为 2016 年二十国集团主席国，中国推动制定了《二十国集团落实 2030 年可持续发展议程行动计划》，首次同时将可持续发展和气候变化作为二十国集团领导人峰会的核心议题，并率先发布《中国落实 2030 年可持续发展议程国别方案》，引领全球推进可持续发展议程的方向。中国携手各方共建绿色丝绸之路，2021 年 6 月，与 28 个国

---

① ［法］法比尤斯：《中国对执行〈巴黎协定〉发挥关键作用》，《人民日报》2020 年 12 月 6 日。

家共同发起"一带一路"绿色发展伙伴关系倡议，呼吁各国应根据公平、共同但有区别的责任和各自能力原则，结合各自国情采取气候行动以应对气候变化。中国同有关国家一道实施"一带一路"应对气候变化南南合作计划，成立"一带一路"能源合作伙伴关系，促进共建"一带一路"国家开展生态环境保护和应对气候变化。中国可再生能源装机占全球30%，在全球增量中占44%；风电、光伏发电设备制造形成了全球最完整的产业链，技术水平和制造规模居世界前列，为全球能源清洁低碳转型提供了重要保障。截至2020年底，中国多晶硅、光伏电池、光伏组件等产品产量占全球总产量份额均位居全球第一，连续8年成为全球最大新增光伏市场。截至2021年6月，中国新能源汽车保有量达603万辆，占全球一半以上。2000年到2017年，中国新增绿化面积约占全球1/4，贡献比例居全球首位。在全球森林资源持续减少的背景下，中国森林面积和森林蓄积保持"双增长"，成为全球森林资源增长最多的国家。除了植树造林，中国淘汰消耗臭氧层物质占发展中国家淘汰总量的一半以上。塞罕坝林场建设者、浙江省"千村示范、万村整治"工程等获得联合国"地球卫士奖"。

根据碳达峰、碳中和承诺，中国积极行动起来，从2020年12月中央经济工作会议、2021年3月全国两会、中央财经委员会第九次会议，再到"十四五"规划，碳达峰、碳中和在多次重要会议、多个重要政策文件中被强调，并纳入生态文明建设整体布局。2021年1月，生态环境部发布《碳排放权交易管理办法（试行）》，并印发配套的《2019—2020年全国碳排放权交易配额总量设定与分配实施方案（发电行业）》《纳入2019—2020年全国碳排放权交易配额管理的重点排放单位名单》。这意味着自2021年1月1日起，全国碳市场发电行业第一个履约周期正式启动，2225家发电企业将分到碳排放配额。2021年4月22日，在"领导人气候峰会"上，习近平宣布中国"正在制定碳达峰行动计划，广泛深入开展碳达峰行动，支持有条件的地方和重点行业、重点企业率先达峰。中国将严控煤电项目，'十四五'时期严控煤炭消费增长、'十五五'时期逐步减少"①。中国已决定接受《〈蒙特利尔议定书〉基加利修正案》，进一步加强非二氧化碳温室气体管控，还将启动全国碳市场上线交易。2021年10月12日，习近平在《生物多样性公约》第十五次缔约方大会领导人峰会上发表讲话，强调为推动实现碳达峰、碳中和目标，中国将陆续发布重点领域和行业碳达峰实施方案和一系列支撑保障措施，构建起碳达峰、碳中和"1+N"政策体系；将持续推进产业结构和能源结构调整，大力发展可再生能源，在沙漠、戈壁、荒漠地区加快规划建设大型风电光伏基地项目，第一期装机容量约1亿千瓦的项目已有序开工。2021年10月，党中央、国务院印发《关于完整准确全面贯彻新发展理念做好碳达峰碳中和工作的意见》，作为碳达峰、碳中和"1+N"政策体系中的"1"，意见为碳达峰、碳中和这项重大工作进行系统谋划、总体部署。根据意见，到2030年，经济社会发展全面绿色转型取得显著成效，重点耗能行业能源利用效率达到国际先进水平；到2060年，非化石能源消费比重达到80%以上。2022年1月24日，中共十九届中央政治局就努力实现碳达峰、碳中和目标进行第三十六次集体学习，习近平在主持学习时强调，实现碳达峰、碳中和，是贯彻新发展理念、构建新发展格局、推动高质量发展的内在要求，是党中央统筹国内国际两个大局作出的重大战略决策，是主动担当大国责任、推动构建人类命运共同体的迫切需要，是一场广泛而深刻的变革；中国要积极参与和引领全球气候治理，以更加积极姿态参与全球气候谈判议程和国际规则制定，推动构建公平合理、合作共赢的全球气候治理体系。

生物多样性使地球充满生机，也是人类生存和发展的基础。中国政府始终高度重视生物多样性保护，将其作为生态文明建设的重要内容和推动

---

① 习近平：《共同构建人与自然生命共同体——在"领导人气候峰会"上的讲话》，《人民日报》2021年4月23日。

高质量发展的重要抓手。成立中国生物多样性保护国家委员会，发布并实施《中国生物多样性保护战略与行动计划（2011—2030 年）》，开展"联合国生物多样性十年中国行动"系列活动，实施生物多样性保护重大工程，深度参与生物多样性保护国际交流与合作。2020 年 2 月，十三届全国人大常委会第十六次会议表决通过《关于全面禁止非法野生动物交易、革除滥食野生动物陋习、切实保障人民群众生命健康安全的决定》，严格禁止猎捕、交易、运输、食用野生动物，全面禁止以食用为目的猎捕、交易、运输在野外环境自然生长繁殖的陆生野生动物。2021 年 10 月 11—15 日，以"生态文明：共建地球生命共同体"为主题的《生物多样性公约》第十五次缔约方大会领导人峰会第一阶段会议在中国昆明举行。习近平以视频方式出席大会领导人峰会并发表主旨讲话，呼吁国际社会"加强合作，心往一处想、劲往一处使，共建地球生命共同体"，并宣布"中国将率先出资 15 亿元人民币，成立昆明生物多样性基金，支持发展中国家生物多样性保护事业"。① 大会通过的《昆明宣言》，承诺加快并加强制定、更新本国生物多样性保护战略与行动计划；优化和建立有效的保护地体系；积极完善全球环境法律框架；增加为发展中国家提供实施"2020 年后全球生物多样性框架"所需的资金、技术和能力建设支持；进一步加强与《联合国气候变化框架公约》等现有多边环境协定的合作与协调行动，以推动陆地、淡水和海洋生物多样性的保护和恢复。

---

① 习近平：《共同构建地球生命共同体——在〈生物多样性公约〉第十五次缔约方大会领导人峰会上的主旨讲话》，《人民日报》2021 年 10 月 13 日。

第十一章　强国必强军：人民军队实现整体性革命性重塑

　　建设同我国国际地位相称、同国家安全和发展利益相适应的巩固国防和强大人民军队，是我国现代化建设的重大战略任务。改革开放以后，人民军队革命化现代化正规化水平不断提高，国防实力日益增强，为国家改革发展稳定提供了可靠安全保障。党的十八大以来，党中央进一步强调，强国必须强军、军强才能国安；党提出新时代的强军目标，确立新时代军事战略方针，坚持走中国特色强军之路。针对一个时期人民军队党的领导弱化等问题，党中央和中央军委狠抓全面从严治军，果断决策整肃人民军队政治纲纪，全面加强军队党的领导和党的建设，深入推进军队党风廉政建设和反腐败斗争，推动人民军队政治生态根本好转。党提出改革强军战略，领导开展新中国成立以来最为广泛、最为深刻的国防和军队改革，重构人民军队领导指挥体制、现代军事力量体系、军事政策制度，形成军委管总、战区主战、军种主建新格局。明确新时代人民军队使命任务，创新军事战略指导，调整优化军事战略布局，强化人民军队塑造态势、管控危机、遏制战争、打赢战争的战略功能；紧紧扭住战斗力这个唯一的根本的标准，扭住能打仗、打胜仗这个根本指向，大抓实战化军事训练，建设强大稳固的现代边海空防，有效应对外部军事挑衅。在党的坚强领导下，人民军队实现整体性革命性重塑、重整行装再出发，以顽强斗争精神和实际行动捍卫了国家主权、安全、发展利益。

一、确立新时代强军目标，坚持党对人民军队的绝对领导

国防和军队建设是中国特色社会主义事业总布局的重要组成部分。新中国成立后的各个历史时期，我们党都根据形势任务的变化，及时提出明确的建军目标要求，引领我军建设不断向前发展。毛泽东领导制定了建设优良的现代化革命军队的总方针，邓小平提出了建设一支强大的现代化正规化革命军队的总目标，江泽民提出了"政治合格、军事过硬、作风优良、纪律严明、保障有力"的总要求，胡锦涛提出了按照革命化现代化正规化相统一的原则加强军队全面建设的思想。党的十八大以来，面对世界正经历百年未有之大变局和国际战略格局的深刻演变，由 2012 年 11 月党的十八届一中全会决定担任中央军委主席的习近平，上任伊始，就从实现中华民族伟大复兴的中国梦的战略高度，统筹谋划新时代国防和军队现代化建设的一系列重大问题，强调强国必须强军、军强才能国安，必须建设同我国国际地位相称、同国家安全和发展利益相适应的巩固国防和强大人民军队。从国防和军队建设面临的新形势新要求出发，习近平提出了新时代强军目标。

2012 年 11 月 15 日，党的十八大刚刚闭幕，习近平主持召开新一届中央军委班子第一次常务会议，明确宣示："一定要时刻以党和人民为念，以国家主权、安全、领土完整为念，以国防和军队建设为念，夙夜在公，恪尽职守，全力做好工作，决不辜负党和人民重托，决不辜负全军广大官兵期望。我将同军委的同志一道，依靠全军官兵，不断把军队建设推向前进。"[①] 他突出强调，在坚持党对军队绝对领导的根本原则问题上，必须头脑特别清醒，态度特别鲜明，行动特别坚决。12 月 5 日，在会见第二炮兵第八次党代表大会代表时，他又提出，要坚持从思想上

---

① 习近平：《论坚持党对一切工作的领导》，中央文献出版社 2019 年版，第 176 页。

政治上建设部队，坚持党对军队绝对领导的根本原则和制度，确保部队绝对忠诚、绝对纯洁、绝对可靠，永葆人民军队的性质和本色。12月8日和10日，在广州战区考察时，习近平发表重要讲话，再次郑重指出："实现中华民族伟大复兴，是中华民族近代以来最伟大的梦想。可以说，这个梦想是强国梦，对军队来说，也是强军梦。我们要实现中华民族伟大复兴，必须坚持富国和强军相统一，努力建设巩固国防和强大军队。一是要牢记，坚决听党指挥是强军之魂，必须毫不动摇坚持党对军队的绝对领导，任何时候任何情况下都坚决听党的话、跟党走。二是要牢记，能打仗、打胜仗是强军之要，必须按照打仗的标准搞建设抓准备，确保我军始终能够召之即来、来之能战、战之必胜。三是要牢记，依法治军、从严治军是强军之基，必须保持严明的作风和铁的纪律，确保部队高度集中统一和安全稳定。"①当年底，在中央军委扩大会议上，习近平进一步强调，要坚持"走中国特色强军之路，推动军队现代化建设跨越式发展，努力建设与我国国际地位相称、与国家安全和发展利益相适应的巩固国防和强大军队"②。

2013年3月，在十二届全国人大一次会议解放军代表团全体会议上，习近平明确提出："建设一支听党指挥、能打胜仗、作风优良的人民军队，是党在新形势下的强军目标。"③强军目标中，听党指挥是灵魂，决定军队建设的政治方向；能打胜仗是核心，反映军队的根本职能和军队建设的根本指向；作风优良是保证，关系军队的性质、宗旨、本色。习近平要求，全军要准确把握这一强军目标，用以统领军队建设、改革和军事斗争准

① 《习近平在广州战区考察时强调　坚持富国和强军相统一　努力建设巩固国防和强大军队》，《人民日报》2012年12月13日。

② 解放军总政治部编印：《习近平关于国防和军队建设重要论述选编》，解放军出版社2014年版，第56页。

③ 《习近平在解放军代表团全体会议上强调　牢牢把握党在新形势下的强军目标　努力建设一支听党指挥能打胜仗作风优良的人民军队》，《人民日报》2013年3月12日。

备，努力把国防和军队建设提高到一个新水平。要铸牢听党指挥这个强军之魂，坚持党对军队绝对领导的根本原则和人民军队的根本宗旨不动摇，确保部队绝对忠诚、绝对纯洁、绝对可靠，一切行动听从党中央和中央军委指挥。要扭住能打仗、打胜仗这个强军之要，强化官兵当兵打仗、带兵打仗、练兵打仗思想，牢固树立战斗力这个唯一的根本的标准，按照打仗的要求搞建设、抓准备，确保部队召之即来、来之能战、战之必胜。作风优良是我军的鲜明特色和政治优势。要把改进作风工作引向深入，贯彻到军队建设和管理每个环节，真正在求实、务实、落实上下功夫，夯实依法治军、从严治军这个强军之基，保持人民军队长期形成的良好形象。2016 年 2 月，习近平在中央军委扩大会议上进一步提出了"实现强军目标，建设世界一流军队"的要求。

"听党指挥、能打胜仗、作风优良"的强军目标，彰显了鲜明的问题导向，明确了新时代加强军队建设的聚焦点和着力点，体现了坚持党的建军原则、军队根本职能、特有政治优势的高度统一，是党中央从战略和全局上对国防和军队建设作出的总体筹划和顶层设计，是党在新时代建军治军的总方略。

2017 年 10 月召开的党的十九大着眼全面建设社会主义现代化强国，对坚持走中国特色强军之路、全面推进国防和军队现代化进行运筹谋划，作出新的战略安排，提出"适应世界新军事革命发展趋势和国家安全需求，提高建设质量和效益，确保到二○二○年基本实现机械化，信息化建设取得重大进展，战略能力有大的提升"；"力争到二○三五年基本实现国防和军队现代化，到本世纪中叶把人民军队全面建成世界一流军队"。[1]2020 年 10 月，党的十九届五中全会通过的《中共中央关于制定国民经济和社

---

① 《党的十九大报告学习辅导百问》，党建读物出版社、学习出版社 2017 年版，第42 页。

会发展第十四个五年规划和二〇三五年远景目标的建议》在谈到军队建设目标时，首次提出"确保二〇二七年实现建军百年奋斗目标"，从而形成了到 2027 年实现建军一百年奋斗目标、到 2035 年基本实现国防和军队现代化、到本世纪中叶全面建成世界一流军队的国防和军队现代化新"三步走"战略，这是对既往建军目标与时俱进的充实和新发展，进一步体现了党中央立足国家发展和安全战略全局，奋力推进国防和军队事业的战略意志和深远筹谋。还要指出的是，在"十四五"规划决议中，党中央第一次把加强军队和国防现代化设立专章加以部署。在以往的五年规划建议中，都是把军队和国防建设作为保障条件放在建议的最后部分，从来没有设立专章进行阐述，这次《建议》之所以把加强军队和国防现代化提高到如此高度，是基于对中华民族伟大复兴战略全局和世界百年未有之大变局的深刻把握，中华民族的伟大复兴必然会面对各种重大挑战、重大风险、重大阻力、重大矛盾；新时代我国国家安全的内涵外延、时空领域、内外因素都发生了深刻变化，安全需求的综合性、全域性、外向型特征更加突出，维护国家安全，军事手段是保底，具有"定海神针"的作用，必须更加突出。

明确了强军目标，还要制定正确的军事战略方针。新中国成立后，中央军委确立积极防御军事战略方针，并根据国家安全形势发展变化对积极防御军事战略方针的内容进行了多次调整。1993 年，制定新时期军事战略方针，以打赢现代技术特别是高技术条件下局部战争为军事斗争准备基点。2004 年，充实完善新时期军事战略方针，把军事斗争准备基点进一步调整为打赢信息化条件下的局部战争。党的十八大以来，根据国家安全和发展战略，适应新的历史时期形势任务要求，党中央、中央军委不断丰富和完善积极防御战略思想内涵，2013 年 11 月党的十八届三中全会提出，创新发展军事理论，加强军事战略指导。2014 年，中央军委制定新形势下军事战略方针。这一方针坚持积极防御，整体运筹备战与止战、维权与维稳、威慑与实战、战争行动与和平时期军事力量运用，将军事斗争准备基点放在打赢信息化局部战争上，以海上方向军事斗争为战略重心，增强了战略指导的积极性和主动性。2015 年 5 月，首部专门阐述中国军事战略的白皮书《中国的军事战略》发表。白皮书聚焦新形势下积极防御军事战略方针，明确调整军事斗争准备基点、创新基本作战思想、优化军事战略布局，坚决维护国家主权、安全、发展利益，集中体现了人民军队军事战略发展和实践成果。2019 年 7 月，《新时代的中国国防》白皮书进一步明确："新时代军事战略方针，坚持防御、自卫、后发制人原则，实行积极防御，坚持'人不犯我、我不犯人，人若犯我、我必犯人'，强调遏制战争与打赢战争相统一，强调战略上防御与战役战斗上进攻相统一。"[①] 人民解放军扎实做好军事斗争准备，全面提高新时代备战打仗能力，构建立足防御、多域统筹、均衡稳定的新时代军事战略布局。

军魂是军队生命之所系、发展之根脉。2012 年 11 月，习近平在中央军委扩大会议上指出："我军是执行党的政治任务的武装集团，保证党对军队的绝对领导，关系我军性质和宗旨、关系社会主义前途命运、关系党和国家长治久安，是我军的立军之本和建军之魂。"[②] 针对我军政治生态一度恶化的问题，习近平严正警示，"这种状态任其发展下去，就会面临我军变质、江山变色的严重危险"，强调"解决部队中存在的严重问题，必须从坚持党对军队的绝对领导抓起"。[③]

坚持党对人民军队绝对领导，这一建军根本原则不是凭空产生的，而是我们党和军队以鲜血为代价、历经艰辛探索得来的。党对人民军队绝对

---

① 中华人民共和国国务院新闻办公室：《新时代的中国国防》，《人民日报》2019 年 7 月 25 日。

② 解放军总政治部编印：《习近平关于国防和军队建设重要论述选编》，解放军出版社 2014 年版，第 13—14 页。

③ 中共中央宣传部：《习近平新时代中国特色社会主义思想三十讲》，学习出版社 2018 年版，第 262 页。

领导的根本原则和制度，发端于南昌起义，奠基于三湾改编，定型于古田会议，丰富发展于党领导人民军队革命、建设和改革的伟大实践。1929年6月，针对红四军内部关于军队指挥权归属的分歧，毛泽东充分肯定红二、四团建立起党的领导权的做法，称赞"一个子弹不问过党不能支配，他们是绝对的党领导"①。强调军队归党领导和支配——这是我们党第一次提出党对军队的绝对领导。1929年12月，红四军党的第九次代表大会在福建省上杭县古田召开，史称"古田会议"。古田会议通过了由毛泽东起草的八个决议案，中心思想是要用无产阶级思想进行军队和党的建设，确立了思想建党、政治建军原则，是党和人民军队建设史上的里程碑。2013年5月，习近平视察成都战区时，郑重提出在适当时候召开全军政治工作会议，并亲自决策在古田召开这次会议，以更好弘扬我党我军的光荣传统和优良作风。会议筹备期间，文件起草组列出54个重大课题，先后到全军100多个旅团以上单位调研，召开58个座谈会，当面听取200多名军以上干部意见，最终形成了《关于新形势下军队政治工作若干问题的决定》（讨论稿），提交会议讨论。

2014年10月30日至11月2日，新世纪第一次全军政治工作会议在福建省上杭县古田镇召开。解放军四总部有关领导，大单位主要领导和政治部主任，军委办公厅领导，副大军区级和军级单位政治委员，总部和大单位机关有关同志，以及公安部有关领导共420余名代表出席会议。习近平表示："在古田会议召开85周年之际，我们再次来到这里，目的是寻根溯源，深入思考当初是从哪里出发的、为什么出发的。"②会议的主要任务是贯彻整风精神，研究解决新的历史条件下党从思想上政治上建设军

① 中共中央文献研究室、中央档案馆编：《建党以来重要文献选编（1921—1949）》第6册，中央文献出版社2011年版，第223页。

② 《治国理政新实践——习近平总书记重要活动通讯选（一）》，新华出版社2019年版，第431页。

队的重大问题。10 月 31 日，习近平出席会议并发表重要讲话，强调革命的政治工作是革命军队的生命线，实行革命的政治工作，保证了我军始终是党的绝对领导下的革命军队，为我军战胜强大敌人和艰难险阻提供了不竭力量，使我军始终保持了人民军队的本色和作风。习近平结合党的十八大以来军队案件查处、巡视工作、党的群众路线教育实践活动情况，深刻剖析了部队中特别是领导干部在思想政治和作风上存在的 10 个方面的突出问题，强调出现这些问题原因是多方面的，最根本的还是理想信念、党性原则、革命精神、组织纪律、思想作风等方面出了问题，要从政治工作的角度进行反思，认真总结对领导干部管理失之于宽、失之于软，监督体系功能没有得到有效发挥，制度建设存在漏洞等教训，认真研究怎么认识、怎么解决这些问题，回应全军上下的关切。习近平指出，面对深化国防和军队改革这场考试，我军政治工作只能加强不能削弱，只能前进不能停滞，只能积极作为不能被动应对，当前最紧要的是把 4 个带根本性的东西立起来：一是要把理想信念在全军牢固立起来，适应强军目标要求，把坚定官兵理想信念作为固本培元、凝魂聚气的战略工程，把握新形势下铸魂育人的特点和规律，着力培养有灵魂、有本事、有血性、有品德的新一代革命军人。二是要把党性原则在全军牢固立起来，坚持党性原则是政治工作的根本要求，必须坚持党的原则第一、党的事业第一、人民利益第一，在党言党、在党忧党、在党为党，把爱党、忧党、兴党、护党落实到工作各个环节。三是要把战斗力标准在全军牢固立起来，把战斗力标准作为军队建设唯一的根本的标准，聚焦能打仗、打胜仗，健全完善党委工作和领导干部考核评价体系，探索政治工作服务保证战斗力建设的作用机理，形成有利于提高战斗力的舆论导向、工作导向、用人导向、政策导向，把政治工作贯穿到战斗力建设各个环节。四是要把政治工作威信在全军牢固立起来，从模范带头抓起，从领导带头抓起，引导各级干部特别是政治干部把真理力量和人格力量统一起来，坚持求真务实，坚持公道正派。

对于如何加强和改进新形势下军队政治工作，习近平提出，要重点抓好5个方面的工作。第一，着力抓好铸牢军魂工作。坚持党对军队绝对领导是强军之魂，铸牢军魂是我军政治工作的核心任务，任何时候都不能动摇。坚持党对军队绝对领导，必须坚持党委统一的集体领导下的首长分工负责制。各级党委要把落实党对军队绝对领导的制度作为第一位责任，把党领导军队一系列制度贯彻到部队建设各领域和完成任务全过程，确保党指挥枪的原则落地生根。第二，着力抓好高中级干部管理。军队要像军队的样子，很重要的要体现在高中级干部身上。军队好干部的标准，就是要做到对党忠诚、善谋打仗、敢于担当、实绩突出、清正廉洁。坚持党管干部、组织选人，坚持五湖四海，坚决整治用人风气，纯洁干部队伍，真正把好干部选出来、任用好。强化党组织管班子、管干部的功能，以严的要求、严的措施、严的纪律管理约束干部。第三，着力抓好作风建设和反腐败斗争。坚持抓常、抓细、抓长，坚持以改革的思路和办法推进反腐败工作，确保改进作风规范化、常态化、长效化，以锲而不舍、驰而不息的决心把作风建设和反腐败斗争引向深入。第四，着力抓好战斗精神培育。加强马克思主义战争观和我军根本职能教育，加强军事文化建设，发扬一不怕苦、二不怕死的精神，从难从严从实战要求出发摔打部队，注重发挥政策制度的调节作用，增强军事职业吸引力和军人使命感、荣誉感，培养官兵大无畏的英雄气概和英勇顽强的战斗作风。第五，着力抓好政治工作创新发展。积极推进政治工作思维理念、运行模式、指导方式、方法手段创新，提高政治工作信息化、法治化、科学化水平，形成全方位、宽领域、军民融合的政治工作格局，增强政治工作主动性和实效性。①

在古田召开的这次全军政治工作会议，是在党、国家和军队事业发展

---

① 参见《全军政治工作会议在古田召开　习近平出席会议并发表重要讲话强调　发挥政治工作对强军兴军的生命线作用　为实现党在新形势下的强军目标而奋斗》，《人民日报》2014年11月2日。

的重要关口召开的一次具有里程碑意义的重要会议，开启了思想建党、政治建军新征程。习近平的重要讲话从时代发展和战略全局的高度，深刻阐明了党从思想上政治上建设军队的一系列重大问题，确立了新时代政治建军方略。2014年12月30日，中共中央转发经这次会议讨论修改的《关于新形势下军队政治工作若干问题的决定》。这份由习近平亲自领导和主持起草的重要文件，汇聚了古田全军政治工作会议的重要成果，凝结着习近平建军治军的雄韬伟略。自2014年底开始，全军深入展开整顿思想、整顿用人、整顿组织、整顿纪律的"四个整顿"以及干部工作大检查和财务检查整治等专项清理整治，以整风精神推进政治整训，重振政治纲纪。2015年2月，中央军委制定《贯彻落实全军政治工作会议精神总体部署方案》，细化分解110项具体任务，向全军下达了落实政治建军方略的总规划、任务书。人民军队聚焦绝对忠诚，刀刃向内、刮骨疗毒，特别是严肃查处郭伯雄、徐才厚等人严重违纪违法案件并全面彻底肃清其流毒影响，纯正政治生态。人民军队突出抓好军魂培育，着力培养有灵魂、有本事、有血性、有品德的新时代革命军人，锻造铁一般信仰、铁一般信念、铁一般纪律、铁一般担当的过硬部队。

以古田全军政治工作会议为重要起点，新时代的人民军队经过思想洗礼，重整行装再出发，深入贯彻政治建军方略，恢复和发扬光荣传统和优良作风，政治生态得到有效治理，为军队建设和改革奠定了坚实政治基础。

中央军委实行主席负责制，是宪法明确规定的中国特色社会主义重要政治制度、军事制度，是党对军队绝对领导的最高实现形式。党对人民军队绝对领导的根本原则和制度，核心是军队最高领导权和指挥权属于党中央和中央军委。中央军委实行主席负责制，基本内涵主要包括3个方面：全国武装力量由军委主席统一领导和指挥，国防和军队建设一切重大问题由军委主席决策和决定，中央军委全面工作由军委主席主持和负责。中央军委实行主席负责制，有利于中央军委主席对全军实施集中统一领导和高效指挥，有利于加强军委班子自身建设和高级领导干部教育管理，有利于全军全面准确、及时有效地贯彻落实军委主席的决心意图和决策指示。为推动贯彻军委主席负责制严起来、实起来，2012 年 11 月，习近平在新一届中央军委第一次常务会议上，亲自主持审议修订《中央军事委员会工作规则》，明确写入军委主席负责制。2014 年 4 月，中央军委印发《关于贯彻落实军委主席负责制建立和完善相关工作机制的意见》，建立请示报告、督促检查、信息服务三项机制，推动军委主席负责制各项要求机制化运行。2015 年 2 月，中央军委印发《关于新形势下深入推进依法治军从严治军的决定》，明确了军委主席负责制的地位作用和运行方式，丰富完善了军委主席负责制贯彻落实的制度机制。2017 年 2 月 4 日，习近平在中央军委民主生活会上，专门讲到了军委坚持主席负责制的问题。他说："关于军委坚持主席负责制，党的十八大之后有一个过程。当时，军委修订工作规则，就提出了要不要写主席负责制的问题。有的同志考虑，虽然宪法中写了军委实行主席负责制，但军委工作规则长期没有明确写过，提出来要不要写的问题。这个问题反映到我那儿以后，我深入考虑后，明确表示必须写上。"习近平说："我们党的制度是党的领袖担任中央军委主席，就是为了确保实现党对军队绝对领导。对这项制度的极端重要性，我们要从党、国家和军队兴旺发达、长治久安的高度来认识。这样做，就是为了吸取教训、亡羊补牢，就是为了我军长远发展着想，防止再出野心家、阴谋家，防止我军建设再次遭受重大损失。""我们党历来强调坚持党对军队绝对领导。毛主席讲：'谁想夺取国家政权，并想保持它，谁就应有强大的军队。''共产党员不争个人的兵权，但要争党的兵权，要争人民的兵权。'我们党通过革命战争夺取了政权，巩固政权也要充分发挥我军作用。如果不把军队牢牢掌握在党的手中，搞得兵散将离，最后的结果必然是国家四分五裂、人民生灵涂炭。""主席负责制，这个'责'不是一般的'责'，而是如山之责！党把军队交到我手中，我就要真正负好责、带好队伍，否则就无法向党和人民交代。""当然，实行主席负责制，不是说什么事我想怎么干就怎么干。……我任军委主席以来，始终如履薄冰、慎之又慎，对一些重大问题反复思考研究，注重听取大家意见和建议。大家要正确处理集中统一领导和分工负责的关系，增强工作主动性和责任感，敢抓敢管、敢作敢为，放开手脚干，把该担的责担起来，把该抓的事抓到位。"①

党的十九大把坚持党对人民军队的绝对领导，上升为新时代坚持和发展中国特色社会主义的一条基本方略，大会修改通过的党章在第三章"党的中央组织"中增写"中央军事委员会实行主席负责制"的规定，这是党中央作出的意义重大的政治决定。2017年11月2日，中央军委印发《关于全面深入贯彻军委主席负责制的意见》。《意见》强调，中央军委实行主席负责制，是党和国家军事领导制度长期发展的重大成果，凝结着我们党建军治军的宝贵经验和优良传统；全面深入贯彻军委主席负责制，关系人民军队建设根本方向，关系新时代强国强军事业发展，关系党和国家长治久安，关系中国特色社会主义前途命运。《意见》要求全面贯彻党对军队绝对领导的根本原则和制度，从政治上、思想上、组织上、制度上、作风上为贯彻军委主席负责制提供坚强保证。2018年8月17日至19日，中央军委党的建设会议召开，习近平在会上讲话强调，党的领导和党的建设是我军建设发展的关键，关系强军事业兴衰成败，关系党和国家长治久安；实现党在新时代的强军目标、把人民军队全面建成世界一流军队，完成好党和人民赋予的新时代使命任务，必须持之以恒、久久为功，下大气力解决我军党的领导和党的建设方面存在的矛盾问题和短板弱项，把我军党的领导和党的建设工作抓得更紧更实，把我军各级党组织建设得更加坚强有力。会后，中央军委印发《关于加强新时代军队党的建设的决定》，

① 习近平：《论坚持党对一切工作的领导》，中央文献出版社2019年版，第176—177、179页。

就全面加强新时代人民军队党的领导和党的建设工作作出部署，进一步推进新时代政治建军。

2019年10月，党的十九届四中全会深刻总结坚持党指挥枪的显著优势，部署坚持和完善党对人民军队的绝对领导制度，丰富和强化了建军治军的根本原则。2021年11月，党的十九届六中全会高度评价党的十八大以来以习近平同志为核心的党中央推进政治建军、坚持党对人民军队绝对领导取得的显著成效，强调建设强大人民军队，首要的是毫不动摇坚持党对人民军队绝对领导的根本原则和制度，坚持人民军队最高领导权和指挥权属于党中央和中央军委，全面深入贯彻军委主席负责制，会议指出："有一个时期，人民军队党的领导弱化问题突出，如果不彻底解决，不仅影响战斗力，而且事关党指挥枪这一重大政治原则。党中央和中央军委狠抓全面从严治军，果断决策整肃人民军队政治纲纪，在古田召开全军政治工作会议，对新时代政治建军作出部署，恢复和发扬我党我军光荣传统和优良作风，以整风精神推进政治整训，全面加强军队党的领导和党的建设，深入推进军队党风廉政建设和反腐败斗争，坚决查处郭伯雄、徐才厚、房峰辉、张阳等严重违纪违法案件并彻底肃清其流毒影响，推动人民军队政治生态根本好转。"①

坚持党对人民军队的绝对领导，必须全面贯彻习近平强军思想。"习近平强军思想"是在2017年10月党的十九大上正式提出来的，并郑重写入党章。2017年12月，在中央军委一次重要会议上，习近平以"十个明确"系统阐述了这一思想的主要内容。此后，习近平强军思想不断丰富发展。在党的二十大后军队一次重要会议上，习近平增加了"一个明确"，将这一思想的科学内涵概括为"十一个明确"，即：明确党对人民军

---

① 《中共中央关于党的百年奋斗重大成就和历史经验的决议》，《人民日报》2021年11月17日。

队的绝对领导是人民军队建军之本、强军之魂，必须全面加强军队党的领导和党的建设，贯彻党领导军队的一系列根本原则和制度，确保部队绝对忠诚、绝对纯洁、绝对可靠；明确强国必须强军，巩固国防和强大人民军队是新时代坚持和发展中国特色社会主义、实现中华民族伟大复兴的战略支撑，人民军队必须有效履行新时代使命任务；明确党在新时代的强军目标是建设一支听党指挥、能打胜仗、作风优良的人民军队，到2027年实现建军一百年奋斗目标，到2035年基本实现国防和军队现代化，到本世纪中叶把人民军队建成世界一流军队；明确军队是要准备打仗的，必须聚焦能打仗、打胜仗，扭住强敌对手，创新军事战略指导，发展人民战争战略战术，全面加强练兵备战，坚定灵活开展军事斗争，有效塑造态势、管控危机、遏制战争、打赢战争；明确推进强军事业必须坚持政治建军、改革强军、科技强军、人才强军、依法治军，坚持边斗争、边备战、边建设，更加注重聚焦实战、创新驱动、体系建设、集约高效、军民融合，加强军事治理，推动高质量发展，全面提高革命化现代化正规化水平；明确改革是强军的必由之路，必须推进军队组织形态现代化，构建中国特色现代军事力量体系，完善中国特色社会主义军事制度；明确科技是核心战斗力，必须坚持自主创新战略基点，推进高水平科技自立自强，统筹推进军事理论、技术、组织、管理、文化等各方面创新，建设创新型人民军队；明确强军之道要在得人，必须贯彻新时代军事教育方针，推动军事人员能力素质、结构布局、开发管理全面转型升级，锻造德才兼备的高素质、专业化新型军事人才；明确依法治军是我们党建军治军基本方式，必须构建中国特色军事法治体系，推动治军方式根本性转变，提高国防和军队建设法治化水平；明确军民融合发展是兴国之举、强军之策，必须巩固提高一体化国家战略体系和能力；明确作风优良是我军鲜明特色和政治优势，必须全面从严治党、全面从严治军、全面锻造过硬基层，坚定不移正风肃纪反腐，大力弘扬我党我军光荣传统和优良作风，永葆人民军队性质、宗旨、本色。习近平强军思想是习近平新时代中国特色社会主义思想的重要组成部分，实现了马克思主义军事理论中国化时代化的新飞跃。

二、实施改革强军战略，人民军队在划时代变革中重塑重构

党的十八大以来，面对长期制约国防和军队建设的体制性障碍、结构性矛盾、政策性问题，党中央、中央军委把改革作为关键一招，向积存多年的顽瘴痼疾开刀，坚决破除各方面体制机制弊端，整体重塑人民军队，形成推进改革强军的强大势场。习近平强调："不改革，不全面改革，不彻底改革，我军是打不了仗、打不了胜仗的。"[①]"维护国家安全，我们要综合运用政治、外交、经济、文化、法理等多种手段，但军事手段始终是保底的，是起定海神针作用的。能战方能止战。军事这一手不过硬，就可能陷入战略被动。我们要增强忧患意识、危机意识、紧迫意识，通过深化国防和军队改革，加快把军事实力搞上去。形势不等人！"[②]在习近平亲自推动和通盘擘画运筹下，深化国防和军队改革大开大合、大破大立、蹄疾步稳，推进力度之大、触及利益之深、影响范围之广前所未有。

2013年11月，党的十八届三中全会把深化国防和军队改革单列为一个部分写入全会决定中，纳入全面深化改革总体布局、上升为党的意志和国家行为，提出要"紧紧围绕建设一支听党指挥、能打胜仗、作风优良的人民军队这一党在新形势下的强军目标，着力解决制约国防和军队建设发展的突出矛盾和问题，创新发展军事理论，加强军事战略指导，完善新时期军事战略方针，构建中国特色现代军事力量体系"，具体提出了"深化军队体制编制调整改革""推进军队政策制度调整改革""推动军民融合深

---

① 中共中央宣传部：《习近平新时代中国特色社会主义思想三十讲》，学习出版社2018年版，第262页。

② 习近平：《论坚持全面深化改革》，中央文献出版社2018年版，第276页。

度发展"等改革任务。① 同年12月27日，习近平在一次重要会议上深刻阐述了全面深化国防和军队改革的重要性、紧迫性，指出：当前，世界主要国家都在加快推进军队改革，谋求军事优势地位的国际竞争加剧。在这场世界新军事革命的大潮中，谁思想保守、固步自封，谁就会错失宝贵机遇，陷于战略被动。我们必须到中流击水。军事上的落后一旦形成，对国家安全的影响将是致命的。我经常看中国近代的一些史料，一看到落后挨打的悲惨情景就痛彻肺腑！这些年来，我们积极推进中国特色军事变革，在体制编制和政策制度调整改革上采取了一系列举措，但领导管理体制不够科学、联合作战指挥体制不够健全、力量结构不够合理、政策制度改革相对滞后等深层次矛盾和问题还没有得到有效解决。"国防和军队改革进入了攻坚期和深水区，要解决的大都是长期积累的体制性障碍、结构性矛盾、政策性问题，推进起来确实不容易。越是难度大，越要坚定意志、勇往直前，决不能瞻前顾后、畏首畏尾。"②

2014年3月15日，习近平主持召开中央军委深化国防和军队改革领导小组第一次全体会议，强调改革是要更好坚持党对军队的绝对领导，更好坚持人民军队的性质和宗旨，更好坚持我军的光荣传统和优良作风；要牢牢把握能打仗、打胜仗这个聚焦点，坚持以军事斗争准备为龙头，坚持问题导向，把改革主攻方向放在军事斗争准备的重点难点问题上，放在战斗力建设的薄弱环节上；要牢牢把握军队组织形态现代化这个指向，没有军队组织形态现代化，就没有国防和军队现代化；要深入推进领导指挥体制、力量结构、政策制度等方面改革，为建设巩固国防和强大军队提供有力制度支撑。习近平亲自担任中央军委深化国防和军队改革领导小组组长。此后陆续成立相关工作机构，对改革方案作研究论证和拟制工作。

---

① 《中共中央关于全面深化改革若干重大问题的决定》，《人民日报》2013年11月16日。
② 中共中央文献研究室编：《习近平关于全面深化改革论述摘编》，中央文献出版社2014年版，第118—119页。

2015 年 7 月，习近平分别主持召开中央军委常务会议和中央政治局常委会会议，审议和审定《深化国防和军队改革总体方案》，一整套解决深层次矛盾问题、有重大创新突破、人民军队特色鲜明的改革设计破茧而出。

2015 年 11 月 24 日至 26 日，中央军委改革工作会议在京西宾馆召开，200 多名军地高级干部参加会议。习近平出席会议并发表重要讲话，强调深化国防和军队改革是实现中国梦、强军梦的时代要求，是强军兴军的必由之路，也是决定军队未来的关键一招。要着眼于贯彻新形势下政治建军的要求，推进领导掌握部队和高效指挥部队有机统一，形成军委管总、战区主战、军种主建的格局；要着眼于深入推进依法治军、从严治军，抓住治权这个关键，构建严密的权力运行制约和监督体系；要着眼于打造精锐作战力量，优化规模结构和部队编成，推动我军由数量规模型向质量效能型转变；要着眼于抢占未来军事竞争战略制高点，充分发挥创新驱动发展作用，培育战斗力新的增长点；要着眼于开发管理用好军事人力资源，推动人才发展体制改革和政策创新，形成人才辈出、人尽其才的生动局面；要着眼于贯彻军民融合发展战略，推进跨军地重大改革任务，推动经济建设和国防建设融合发展。习近平强调，深化国防和军队改革是一场整体性、革命性变革。根据改革总体方案确定的时间表，2020 年前要在领导管理体制、联合作战指挥体制改革上取得突破性进展，在优化规模结构、完善政策制度、推动军民融合发展等方面改革上取得重要成果，努力构建能够打赢信息化战争、有效履行使命任务的中国特色现代军事力量体系，完善中国特色社会主义军事制度。习近平的重要讲话，发出了深化国防和军队改革的进军号令。会后，中央军委印发《关于深化国防和军队改革的意见》，明确改革的指导思想、基本原则和总体目标，绘制了改革的路线图和时间表，部署了领导管理体制、联合作战指挥体制、军队规模结构、部队编成、新型军事人才培养、政策制度、军民融合发展、武装警察部队指挥管理体制和力量结构、军事法治体系等改革主要任务，要求努力构建能够打赢信息化战争、有效履行使命任务的中国特色现代军事力量体系，进一步完善中国特色社会主义军事制度。根据习近平和中央军委的号令，我军相继展开领导指挥体制改革、规模结构和力量编成改革、军事政策制度改革"三大战役"。

从 2015 年底开始，率先施行军队领导指挥体制改革，重在破除体制性障碍。按照"军委管总、战区主战、军种主建"原则，强化军委集中统一领导和战略指挥、战略管理功能，打破长期实行的总部体制、大军区体制、大陆军体制，构建新的军队领导管理和作战指挥体制。调整组建新的军委机关部门：优化军委机关职能配置和机构设置，把军委机关由总参谋部、总政治部、总后勤部、总装备部四个总部调整为 1 厅、6 部、3 个委员会、5 个直属机构共 15 个职能部门，作为军委集中领导的参谋机关、执行机关、服务机关。指挥、建设、管理、监督等路径更加清晰，决策、规划、执行、评估等职能配置更加合理。完善军兵种领导管理体制：整合原四总部的陆军建设职能，成立陆军领导机构；整合各军种和军委机关的战略支援力量，成立战略支援部队；第二炮兵更名为火箭军；整合主要承担通用保障任务的战略战役力量，成立联勤保障部队，构建起"中央军委—军种—部队"的领导管理体系。建立健全联合作战指挥体制：健全军委联合作战指挥机构，组建战区联合作战指挥机构，形成平战一体、常态运行、专司主营、精干高效的联合作战指挥体系。撤销沈阳、北京、兰州、济南、南京、广州、成都 7 个大军区，成立东部、南部、西部、北部、中部 5 个战区。通过改革，构建起"中央军委—战区—部队"的作战指挥体系。建立健全法治监督体系：组建新的军委纪律检查委员会（军委监察委员会），由中央军委直接领导，向军委机关部门和各战区派驻纪检组；组建新的军委政法委员会，按区域设置军事法院、军事检察院；组建军委审计署，改革审计监督体制，全部实行派驻审计，形成决策权、执行权、监督权既相互制约又相互协调的权力运行体系。调整武警部队领导指挥体制，改革预备役部队管理体制，确保党对全国武装力量的绝对领导。通过这轮"脖子以上"改革，打破了长期实行的总部体制、大军区体制、大陆军体制，实现了军队组织架构的历史性变革。

从 2016 年底开始，压茬推进规模结构和力量编成改革，重在破解结构性矛盾。优化我军规模结构和力量编成，解决制约国防和军队发展的结构性矛盾，是深化国防和军队改革的重要内容。按照调整优化结构、发展新型力量、理顺重大比例关系、压减数量规模的要求，推动军队由数量规模型向质量效能型、人力密集型向科技密集型转变。调整军队规模比例，重塑力量结构布局：裁减军队员额 30 万，军队现役总员额由 230 万减至 200 万。扩大士官和文职人员编配范围，压减各级机关编制，减少各级机关内设机构、领导层级和人员，精简文艺体育新闻出版、服务保障和院校、医疗、仓库、科研院所等机构和人员，团级以上机关人员减少约四分之一，非战斗单位人员压减近一半。大幅压减陆军现役员额，保持空军现役员额稳定，适度增加海军、火箭军现役员额，优化各军兵种内部力量结构。优化后备力量结构。调整作战力量部署，形成与维护新时代国家安全需要相适应的战略布局。调整作战部队编成，重构新型作战力量：陆军原 18 个集团军整合重组为 13 个集团军。在全军主要作战部队实行"军—旅—营"体制，充实兵种作战力量，减少指挥层级，降低合成重心。增加特种作战、立体攻防、两栖作战、远海防卫、战略投送等新型作战力量，推动部队编成向充实、合成、多能、灵活方向发展。优化院校力量布局，重构军事科研体系：解放军和武警部队原有 77 所院校整合为 44 所，重塑国防大学、国防科技大学。成立军委军事科学研究指导委员会，调整组建新的军事科学院、军种研究院，形成以军事科学院为龙头、军兵种科研机构为骨干、院校和部队科研力量为辅助的军事科研力量布局。通过这轮"脖子以下"改革，构建起了具有中国特色的现代军事力量体系。

从 2018 年底开始，着手推进军事政策制度改革，重在解决政策性问题。2018年11月13日至14日，中央军委政策制度改革工作会议召开。习近平出席会议并发表重要讲话，强调军事政策制度调节军事关系、规范军事实践、保障军事发展，军事政策制度改革对实现党在新时代的强军目标、把人民军队全面建成世界一流军队，对实现"两个一百年"奋斗目标、实现中华民族伟大复兴的中国梦具有重大意义，军事政策制度改革要以确保党对军队绝对领导为指向，以战斗力为唯一的根本的标准，以调动军事人员积极性、主动性、创造性为着力点，系统谋划、前瞻设计，创新发展、整体重塑，建立健全中国特色社会主义军事政策制度体系，为实现党在新时代的强军目标、把人民军队全面建成世界一流军队提供有力政策制度保障。习近平的重要讲话深刻回答了为什么改、改什么、怎么改等重大问题，为推进军事政策制度改革提供了根本遵循和行动指南。以这次会议为标志，全面深化国防和军队改革的第三大战役——军事政策制度改革拉开帷幕。这场军事政策制度改革，打破部门领域界限，改变头痛医头、脚痛医脚、修修补补的模式，从指挥、建设、管理、监督4条链路上进行顶层设计，从军事实践活动各领域、各方面、各环节进行整体重塑，鲜明提出深化军队党的建设制度改革、创新军事力量运用政策制度改革、重塑军事力量建设政策制度改革、推进军事管理政策制度改革，建立健全中国特色社会主义军事政策制度体系。这"一大体系、四大板块"，导向鲜明、覆盖全面、结构严密、内在协调，用综合集成的方法构建起集领兵、用兵、养兵、管兵之制于一体的完整政策制度群，为实现新时代强军目标、把人民军队全面建成世界一流军队提供有力政策制度保障。

"深化国防和军队改革是一次整体性、革命性变革，力度、深度、广度是新中国成立以来没有过的。"[①]通过实施和推进领导指挥体制、规模结

---

① 《习近平在中共中央政治局第四十二次集体学习时强调　军队全力以赴全党全国大力支持　推动国防和军队改革向纵深发展》，《人民日报》2017年7月26日。

构和力量编成、军事政策制度等三大改革，打破了长期实行的总部体制、大军区体制、大陆军体制，形成了军委管总、战区主战、军种主建的新格局，改变了长期以来陆战型、国土防御型的力量结构和兵力布势，构建起了中国特色社会主义军事政策制度体系基本框架，人民军队体制一新、结构一新、格局一新、面貌一新。

科技是现代战争的核心战斗力。党中央、中央军委对国防科技创新作出战略筹划。2016 年 1 月，组建中央军委科学技术委员会。2017 年 7 月，在新调整组建的军事科学院、国防大学、国防科技大学成立大会暨军队院校、科研机构、训练机构主要领导座谈会上，习近平提出，全面实施科技兴军战略，依靠科技进步和创新把军队建设模式和战斗力生成模式转到创新驱动发展的轨道上来。同年 8 月，习近平在庆祝中国人民解放军建军 90 周年大会上指出，全面实施科技兴军战略，不断提高科技创新对人民军队建设和战斗力发展的贡献率。党的十八大以来，我军瞄准世界军事科技前沿，全面实施科技强军战略，围绕发展新型作战力量、加快研发高新技术武器装备等作出一系列战略部署，加快推进重大工程建设，加速战略性前沿性颠覆性技术发展，取得了一系列显著成就。航母、核潜艇等大国重器捷报频传，海军主力战舰加速更新换代，空军主力战机迈进以"运-20""歼-20"为代表的"20"时代，东风系列战略导弹惊艳全球。

习近平强调，"人民军队永远是战斗队，人民军队的生命力在于战斗力"[1]。新时代国防和军队现代化建设中，党中央、中央军委把能打仗、打胜仗作为实现党在新时代强军目标的核心来抓，全部心思向打仗聚焦，各项工作向打仗用劲，明确提出要"提高我军实战化水平"[2]，要"牢

---

① 习近平：《在庆祝中国人民解放军建军 90 周年大会上的讲话》，《人民日报》2017 年 8 月 2 日。

② 《中央军委召开专题民主生活会 对照检查中央和军委有关作风建设规定落实情况 研究提出进一步加强作风建设措施》，《人民日报》2013 年 7 月 9 日。

固确立战斗力这个唯一的根本的标准"[1]，"把战斗力标准贯穿到军队建设全过程和各方面，强化官兵当兵打仗、带兵打仗、练兵打仗的思想，使部队始终保持召之即来、来之能战、战之必胜。"[2] 基于"实战化"要求和战斗力这个"唯一的根本的标准"，习近平强调："军事训练水平上不去，军事斗争准备就很难落到实处，部队战斗力也很难提高，战时必然吃大亏。全军要坚持从实战需要出发从难从严训练部队，坚持仗怎么打兵就怎么练，打仗需要什么就苦练什么，紧贴作战任务、作战对手搞好使命课题训练，加强检验性、对抗性训练，在近似实战的环境下摔打锻炼部队。"[3]

从实战需要出发，人民军队大抓实战化军事训练，坚持以战领训、以训促战、战训一致。2014 年 3 月，中央军委颁发《关于提高军事训练实战化水平的意见》，系统提出了提高军事训练实战化水平的指导思想、总体思路、主要任务和措施要求。同月，成立全军军事训练监察领导小组，对全军军事训练进行督导督查。随后，一场"战斗力标准大讨论"在全军部队深入展开。上至领导机关、下到基层班排，层层对照检查，人人全程参与，向"和平积弊"开刀，向"和平兵""太平官"观念宣战，向"训为看、演为看"的花架子假把式问责，使战斗力这个唯一的根本的标准在军队各项建设中真正确立起来、落实到位。四总部坚决贯彻习近平和中央军委指示要求，积极研究构建培育战斗精神长效机制，总政治部制定下发《关于加强战斗精神培育的意见》，编印战斗文化学习丛书，部署全军部队

---

① 《习近平关于党在新形势下的强军目标重要论述摘编》，解放军出版社 2014 年版，第 43 页。

② 习近平：《牢牢把握党在新形势下的强军目标努力建设一支听党指挥能打胜仗作风优良的人民军队》，载《深入学习贯彻党的十八大精神军队领导干部学习文件选编》，解放军出版社 2013 年版，第 299 页。

③ 解放军总政治部编印：《习近平关于国防和军队建设重要论述选编》，解放军出版社 2014 年版，第 61 页。

开展职能使命教育和形势战备教育。2015 年 3 月，总政治部印发《关于在党委领导工作中贯彻落实战斗力标准的意见》，就在党委领导工作中贯彻落实战斗力标准，以刚性措施推动战斗力标准硬起来、实起来，作出部署要求。贯彻实战化军事训练理念的决策部署、推动军事训练实战化的创新举措也纷纷出台。2014 年 12 月，中央军委颁发《关于努力建设听党指挥、善谋打仗的新型司令机关的意见》。2015 年底，中央军委和战区、军兵种、武警部队两级机关设立训练监察部门，正式确立军事训练监察体制。2016 年 11 月，中央军委印发《加强实战化军事训练暂行规定》，对落实实战化军事训练提出刚性措施、作出硬性规范。对军事训练不严不实的单位、个人追责问责，促进了部队实战化训练水平提升。适应联合作战要求，人民军队深入推进联战联训，加速提升一体化联合作战能力。2015 年 1 月，出台《中国人民解放军联合战役训练暂行规定》等一系列法规文件，系统规范各领域、各层次联合训练的组织与实施。2016 年组建军委和战区两级联指机构，开启了以联为纲、联战联训新局面，不断提高基于网络信息体系的联合作战能力、全域作战能力。贯彻落实党中央和中央军委的决策部署，全军部队广泛开展各战略方向使命课题针对性训练和各军兵种演训。2012 年至 2019 年 7 月，全军部队广泛开展各战略方向使命课题针对性训练和各军兵种演训，师旅规模以上联合实兵演习 80 余场。各战区强化联合训练主体责任，扎实开展联合训练，结合各战略方向使命任务，组织"东部""南部""西部""北部""中部"系列联合实兵演习，努力提高联合作战能力。陆军广泛开展军事训练大比武，实施"跨越""火力"等实兵实装实弹演习。海军拓展远海训练，航母编队首次在西太平洋海域开展远海作战演练，在南海海域和青岛附近海空域举行海上阅兵，组织"机动"系列实兵对抗演习和成体系全要素演习。空军加强体系化、实案化全疆域训练，组织南海战巡、东海警巡、前出西太平洋，常态化开展"红剑"等系列体系对抗演习。火箭军组织对抗性检验性训练、整旅整团实案化训练，强化联合火力打击训练，常态化开展"天剑"系列演习。战略支援部队积极融入联合作战体系，扎实开展新型领域对抗演练和应急应战训练。联勤保障部队推进融入联合作战体系，组织"联勤使命—2018"等系列演习演练。武警部队按照覆盖全国、高效联动、全域响应、多能一体的要求，实施"卫士"等系列演习。①

2017 年 7 月 30 日，庆祝中国人民解放军建军 90 周年阅兵在朱日和联合训练基地隆重举行，习近平检阅部队并发表重要讲话。接受检阅的 1.2 万名官兵、600 多台车辆装备集结列阵，犹如钢铁长城巍然屹立。100 多架战机在 6 个机场整装编队。阅兵开始后，习近平乘车依次检阅受阅部队。随后，34 个地面方队和空中梯队，组成陆上作战群、信息作战群、特种作战群、防空反导作战群、海上作战群、空中作战群、综合保障群、反恐维稳群、战略打击群 9 个作战群，按作战编组依次通过检阅台。这次阅兵，是中国人民解放军首次以庆祝建军节为主题的盛大阅兵，是野战化、实战化的沙场点兵，是人民军队整体性、革命性变革后的全新亮相，集中展现了我国国防和军队现代化建设的最新成就。8 月 1 日，在庆祝中国人民解放军建军 90 周年大会上，习近平全面回顾了党领导人民军队从小到大、由弱到强的光辉历程，充分肯定了人民军队为中国人民求解放、求幸福，为中华民族谋独立、谋复兴建立的历史功勋，强调中华民族实现伟大复兴，中国人民实现更加美好生活，必须加快把人民军队建设成为世界一流军队，必须毫不动摇坚持党对军队的绝对领导，坚定不移走中国特色强军之路，把人民军队锻造成召之即来、来之能战、战之必胜的精兵劲旅。

搞军队现代化建设、抓军事斗争准备，最核心的问题是人才。习近平强调，要按照能打仗、打胜仗要求，把联合作战指挥人才、新型作战力

---

① 参见中华人民共和国国务院新闻办公室：《新时代的中国国防》，《人民日报》2019年 7 月 25 日。

量人才培养作为重中之重，紧紧抓在手里，不断抓出成效。2020年9月，经习近平批准，中央军委印发《关于加快推进三位一体新型军事人才培养体系建设的决定》，明确要全面贯彻新时代军事教育方针，着眼加快推进军队院校教育、部队训练实践、军事职业教育三位一体新型军事人才培养体系建设，健全与人力资源政策制度改革相契合的人才培养体系，为实现党在新时代的强军目标、把人民军队全面建成世界一流军队提供有力人才和智力支持，锻造高素质专业化军事人才方阵。2021年11月，习近平出席中央军委人才工作会议并发表重要讲话，强调"强军之道，要在得人。人才是推动我军高质量发展、赢得军事竞争和未来战争主动的关键因素，对实现党在新时代的强军目标、把我军全面建成世界一流军队具有重大现实意义和深远历史意义"；要"深入实施新时代人才强军战略，确保为实现建军一百年奋斗目标提供坚实支撑，人才总体水平跻身世界强国军队前列"。①

三、坚持依法治军从严治军，弘扬人民军队优良传统作风

"无制之兵，有能之将，不可以胜。"听党指挥、能打胜仗的军队必然法令如铁、纪律如铁。厉行法治、严肃军纪，是治军带兵的铁律，也是建设强大军队的基本规律。早在红军初创时期，毛泽东就提出"要编制红军法规"，并领导制定了"三大纪律八项注意"、中华苏维埃共和国军制草案、红军政治工作暂行条例草案、红军纪律条令草案等一批规范红军编制、作战、训练、管理、教育法规。古田会议通过的决议案将党委制、支部建在连上、思想政治教育等重要制度形成定制，为依法治军、从严治军奠定了坚实基础。抗日战争时期，我军为适应作战对象和任务的变化，继续完善

---

① 《习近平在中央军委人才工作会议上强调　聚焦实现建军一百年奋斗目标　深入实施新时代人才强军战略》，《人民日报》2021年11月29日。

相关法规制度，颁布军政委员会条例，同时制定修订了内务条令、纪律条令、八路军各级司令部暂行工作条例、新四军参谋工作条例和军事工作条例等一批军事法规。解放战争时期，重新颁布了"三大纪律八项注意"，以命令的形式将其固定下来，成为全军的统一纪律。新中国成立前后，具有临时宪法性质的《共同纲领》通过，拉开了依法治军的序幕。1955年《中华人民共和国兵役法》通过，标志着我国军事法制体系开始建立。进入改革开放和社会主义现代化建设新时期，1982年宪法明确规定了中央军委职权和组成，强调武装力量必须遵守宪法和法律，从根本上确定了军队建设的法治化方向。伴随世界新军事革命的兴起，依法治军、从严治军成为推动我军建设的重要指导方针。1990年修订的内务条令首次把"坚持从严治军、依法治军"写入其中。1997年公布的《中华人民共和国国防法》规定"中华人民共和国的武装力量必须遵守宪法和法律，坚持依法治军"，依法治军方针上升为国家意志。进入21世纪，党的十六大首次提出"健全军事法规体系，提高依法治军水平"的任务。党的十七大再次提出"完善军事法规"的要求。[①] 军无法不立。正是因为人民军队始终坚持依法治军、从严治军，人民解放军千军万马才能够有令必行、有禁必止，攻如猛虎、守如泰山。

党的十八大以来，作为全军统帅，习近平深刻把握军事发展规律，鲜明提出构建完善的中国特色军事法治体系，形成系统完备、严密高效的军事法规制度体系、军事法治实施体系、军事法治监督体系、军事法治保障体系，立起了军队法治建设的"四梁八柱"；把依法治军、从严治军、严惩军内腐败，坚决反对和纠正形式主义、官僚主义、弄虚作假、奢侈浪费，发扬人民军队长期形成的优良传统作风，作为实现强军目标的根本保证，推动军队法治建设、纪律建设、作风建设取得重大进展，使我军始终保持了人民军队应有的本色和作风。

---

① 参见冯定汉、张也特：《我军依法治军的历史演进》，《人民日报》2017年8月1日。

2014 年 10 月，经习近平提议，党的十八届四中全会把依法治军、从严治军写入全会决定，纳入依法治国总体布局。12 月，习近平在中央军委扩大会议上强调，依法治军、从严治军是党建军治军的基本方略，军队越是现代化，越是信息化，越是要法治化。2015 年 2 月，中央军委印发《关于新形势下深入推进依法治军从严治军的决定》。这个《决定》从起草到出台，始终在习近平的领导下进行。《决定》强调，深入推进依法治军从严治军，是全面依法治国总体部署的重要组成部分，是实现强军目标的必然要求，是深化国防和军队改革的重要保障，是确保部队有效履行使命任务和高度集中统一的坚强保证，必须更好发挥法治的引领和规范作用，建立一整套符合现代军事发展规律、体现我军特色的科学的组织模式、制度安排和运作方式，推动军队正规化建设向更高水平发展。2016 年 7 月 26 日，习近平在主持中央政治局第三十四次集体学习时强调，要以更大的智慧和勇气深化国防和军队改革，在依法治军方面，提出要努力推动治军方式实现"三个根本性转变"，即"从单纯依靠行政命令的做法向依法行政的根本性转变，从单纯靠习惯和经验开展工作的方式向依靠法规和制度开展工作的根本性转变，从突击式、运动式抓工作的方式向按条令条例办事的根本性转变"[①]。按照党中央、中央军委的要求，人民军队改革创新"中央军委—战区、军兵种、武警部队"两级军事立法体制，规范立法权限。2017 年 5 月，《军事立法工作条例》施行，为新时代开展军事立法工作提供了法规依据和基本遵循。同年 12 月，中央军委纪委、军委政法委联合下发《关于深入贯彻党的十九大精神以严格执纪执法推动全面从严治党和依法治军落实的通知》，要严格把握纪律法规的尺度界限，切实把执纪执法的标准严起来、底线划出来，覆盖到全军官兵、所有离退休人员和其他部队管理人员。出台国防交通法等军事法律；自 2018 年 5 月起施行新修

---

① 习近平：《论坚持全面深化改革》，中央文献出版社 2018 年版，第 277—278 页。

订的中国人民解放军共同条令，即《中国人民解放军内务条令（试行）》《中国人民解放军纪律条令（试行）》《中国人民解放军队列条令（试行）》；自2020年2月起施行新修订的《军队基层建设纲要》；等等。通过立法司法，建立起新时代军队建设发展的法规制度和行为准则。

从严治军，从贯彻落实中央八项规定要求入手。2012年12月，《中央军委加强自身作风建设十项规定》出台，中央军委机关和领导率先垂范。在古田全军政治工作会议上，习近平还对我军政治工作在长期实践中形成的一整套优良传统作了系统概括，包括：坚持党指挥枪的根本原则和制度，坚持全心全意为人民服务的根本宗旨，坚持实事求是的思想路线，坚持群众路线的根本作风，坚持用科学理论武装官兵，坚持围绕党和军队中心任务发挥服务保证作用，坚持公道正派选拔使用干部，坚持官兵一致、发扬民主，坚持实行自觉的严格的纪律，坚持艰苦奋斗、牺牲奉献的革命精神，坚持党员干部带头、以身作则等，要求把革命先辈们用鲜血和生命铸就的这些优良传统一代代传下去。全军聚焦习近平在古田全军政治工作会议上指出的10个方面的问题，扎实开展"学习贯彻党章、弘扬优良作风"教育活动、党的群众路线教育实践活动和"三严三实"专题教育整顿，大力纠治形式主义、官僚主义、享乐主义和奢靡之风。从《关于加强军队基层风气建设的意见》到《关于进一步规范基层工作指导和管理秩序若干规定》，从《军队实行党风廉政建设责任制的规定》到《厉行节约严格经费管理的规定》，一系列从严治军法规制度的配套出台，各项铁规发力生威。在活动中，突出党委班子和领导干部这个重点，整顿思想、整顿用人、整顿组织、整顿纪律，集中开展干部工作、财务工作、清房清车清人、基层风气等专项清理整治，对发生违规提升、涂改档案等问题的当事人和相关责任人，分别作出组织处理和纪律处分。

经习近平批准，2013年10月，中央军委印发《中央军委关于开展巡视工作的决定》，对军队建立巡视制度、设置巡视机构、开展巡视工作作出总体部署；印发《中央军委巡视工作规定（试行）》，对开展巡视工作作出规范。至 2017 年 2 月，完成了对军委机关部门、大单位第一轮巡视和回访巡视全覆盖。建立健全法治监督体系，组建新的军委纪律检查委员会、军委政法委员会，调整组建军委审计署，全部实行派驻审计，建立基层风气监察联系点制度。2012 年至 2019 年 7 月，共审计 3.9 万个（次）单位（部门）、1.3 万名团以上领导干部。自 2018 年 1 月 15 日起施行的《中央军委巡视工作条例》，进一步明确规范了中央军委巡视工作的指导思想、巡视机构和人员、巡视范围和内容、工作方式和权限、工作程序，以及纪律与责任等，规定中央军委和陆军、海军、空军、火箭军、战略支援部队、武警部队党委实行巡视制度，建立专职巡视机构，重点对军级以上单位党委班子及其成员进行巡视，着力发现党的领导弱化、党的建设缺失、全面从严治党不力，党的观念淡漠、组织涣散、纪律松弛，管党治党宽松软问题。

为保持人民军队性质和本色，2015 年 11 月，中央军委改革工作会议作出全面停止军队开展对外有偿服务的决策。2016 年 2 月，中央军委印发《关于军队和武警部队全面停止有偿服务活动的通知》，明确计划用 3 年左右时间，分步骤停止军队和武警部队一切有偿服务活动。截至 2018 年 6 月，军队各级机关、部队及其所属事业单位从事的房地产租赁、农副业生产、招接待等 15 个行业的有偿服务活动基本停止，超过 10 万个有偿服务项目按期停止，累计停偿项目比例达到 94%，军队不从事经营活动的目标基本实现。

军队是拿枪杆子的，军中绝不能有腐败分子藏身之地。党中央、中央军委坚持有腐必反、有贪必肃，坚持无禁区、全覆盖、零容忍，拿出刮骨疗毒、壮士断腕的决心勇气，坚定不移推进反腐败斗争。仅党的十八大以后 5 年中，全军就立案审查各类案件 4000 多起，给予纪律处分 1.3 万余人，严肃查处了郭伯雄、徐才厚等大案要案，100 多名涉嫌严重违纪违法的军级以上干部被绳之以法。中央军委分别召开民主生活会和专题会议，全面深入剖析郭伯雄、徐才厚案件的性质危害，研究肃清流毒影响的办法措施。通过锲而不舍、驰而不息地把作风建设和反腐败斗争引向深入，军队党风廉政建设和反腐败斗争取得压倒性胜利，不敢腐的震慑作用充分发挥，不能腐、不想腐的效应显著显现，军心士气极大提振，军队在人民群众中良好形象重新树立，集聚起强军兴军的强大正能量。

四、提供"战略支撑"，有力践行新时代人民军队使命任务

国防和军队建设是国家安全的坚强后盾，军事手段是实现中华民族伟大复兴中国梦的保底手段。只有把军队搞得更强大，我们底气才足、腰杆才硬。习近平强调，人民军队必须为巩固中国共产党领导和我国社会主义制度提供战略支撑，为捍卫国家主权、统一、领土完整提供战略支撑，为维护我国海外利益提供战略支撑，为促进世界和平与发展提供战略支撑。党的十八大以来，人民军队依据国家安全和发展战略要求，坚决履行党和人民赋予的"四个支撑"的使命任务。

为巩固中国共产党领导和我国社会主义制度提供战略支撑。20世纪80年代末90年代初，苏联解体、东欧剧变后，世界社会主义运动遭受严重挫折，当时唱衰中国的"中国崩溃论""社会主义失败论"等各种论调不绝于耳，有人甚至预言中国几年内就会改变颜色。但中国非但没有垮下去，反而蒸蒸日上，科学社会主义焕发蓬勃生机，因为中国特色社会主义的亮眼表现，使得"世界范围内社会主义和资本主义两种意识形态、两种社会制度的历史演进及其较量发生了有利于社会主义的重大转变"①。这其

---

① 《中共中央关于党的百年奋斗重大成就和历史经验的决议》，《人民日报》2021年11月17日。

中最根本、最重要的原因，是因为有中国共产党的坚强领导，有中国人民解放军这个坚强柱石。巩固党的长期执政地位，保证社会主义江山永不变色，人民军队具有特殊重要的地位和作用，人民军队在坚决维护国家政权安全、制度安全，坚决维护政治社会大局稳定中发挥了应有作用。

为捍卫国家主权、统一、领土完整提供战略支撑。我国是世界上邻国最多、陆地边界最长、海上安全环境十分复杂的国家之一。我国还没有实现祖国完全统一，同周边多个国家存在领土主权和海洋权益争端，维护领土主权、海洋权益和国家统一的任务艰巨繁重——这都构成了在实现中华民族伟大复兴历史进程中党和国家必须正确处理和应对的重大风险挑战。将军事斗争准备基点放在打赢信息化局部战争上，突出海上军事斗争和军事斗争准备。我们尽最大努力争取和平统一的前景，但不承诺放弃使用武力。党的十八大以来，反分裂斗争形势更加严峻，民进党当局顽固坚持"台独"分裂立场，拒不承认体现一个中国原则的"九二共识"，加紧推行"去中国化""渐进台独"，图谋推动"法理台独"，强化敌意对抗，挟洋自重，在分裂道路上越走越远。针对日益猖獗的"台独"分裂活动，人民解放军加强以海上方向为重点的军事斗争准备，组织舰机"绕岛巡航"，对"台独"分裂势力发出严正警告，坚决反对和遏制任何"台独"分裂行径。严密防范、坚决打击"藏独""东突""港独"等一切形式的分裂活动。2014年至2019年7月，武警部队协助新疆维吾尔自治区政府打掉暴力恐怖团伙1588个，抓获暴力恐怖人员12995人。对于涉及我国领土主权和海洋权益的争端问题，做好随时打硬仗、坚决捍卫国家核心利益的准备。2013年11月，宣布划设东海防空识别区。组织空防和对空侦察预警，监视国家领空及周边地区空中动态，组织空中警巡、战斗起飞，有效处置各种空中安全威胁和突发情况，维护空中秩序，维护空防安全。南海岛礁建设取得重大进展。组织东海、南海、黄海等重要海区和岛礁警戒防卫，掌握周边海上态势，组织海上联合维权执法，妥善处置海空情况，坚决应对海上安全威胁和侵权挑衅行为。2012 年至 2019 年 7 月，组织舰艇警戒巡逻 4600 余次和维权执法 7.2 万余次，维护海洋和平安宁和良好秩序。人民解放军严密防范各类蚕食、渗透、破坏和袭扰活动，中国同周边 9 个国家签订边防合作协议，同 12 个国家建立边防会谈会晤机制。加强中印方向稳边固防，采取有力措施应对洞朗对峙等事件。人民军队绝不允许任何人、任何组织、任何政党、在任何时候、以任何形式、把任何一块中国领土从中国分裂出去。

为维护我国海外利益提供战略支撑。海外利益是中国国家利益的重要组成部分。有效维护海外中国公民、组织和机构的安全和正当权益，是人民军队担负的任务。随着我国全方位对外开放不断扩大，我国海外利益遍布全球。截至 2019 年底，仅中央企业境外单位就超过 1.1 万户，分布在 180 多个国家和地区，境外资产总额达 8.1 万亿元。一段时间以来，中国海外利益面临国际和地区动荡、恐怖主义、海盗活动等现实威胁，驻外机构、海外企业及人员多次遭到袭击，海外安全保障成为中国必须解决的一大问题。习近平指出："没有真刀真枪的能力，光能吆喝，谁听你的！"[①] 人民军队积极发展远洋力量，维护海上战略通道安全，完善海外利益保护机制，建设海外补给点，遂行海外撤侨、海上维权等行动。从 2012 年至 2022 年 1 月，我军先后派出 30 批护航编队前往亚丁湾、索马里海域执行护航任务，有效维护国家利益和海上国际通道安全。2015 年 3 月，也门安全局势严重恶化，中国海军护航编队赴也门亚丁湾海域，首次直接靠泊交战区域港口，安全撤离 621 名中国公民和 279 名来自巴基斯坦、埃塞俄比亚、新加坡、意大利、波兰、德国、加拿大、英国、印度、日本等 15 个国家的公民。2017 年 8 月 1 日，中国人民解放军驻吉布提保障基地正

---

① 中共中央宣传部：《习近平新时代中国特色社会主义思想学习问答》，学习出版社、人民出版社 2021 年版，第 391 页。

式投入使用。自开营以来，已为海军 4 批次护航编队保障维修器材，为百余名护航官兵提供医疗保障服务。

为促进世界和平与发展提供战略支撑。中国始终是世界和平的建设者、全球发展的贡献者、国际秩序的维护者，中国军队始终是维护世界和平的坚定力量。中国积极支持联合国维和行动，是联合国维和行动的主要出资国之一。截至 2020 年，中国军队累计参加 25 项联合国维和行动，派出维和军事人员 4 万余人次，是联合国安理会 5 个常任理事国中派出维和人员最多的国家。2015 年 9 月，中国加入新的联合国维和能力待命机制，建设 8000 人规模维和待命部队。2018 年 10 月，举行中国—东盟"海上联演—2018"演习，这是中国军队与东盟国家军队首次举行海上演习，彰显了中国同东盟国家致力于维护地区和平稳定的信心和决心。中国军队还积极参加国际灾难救援和人道主义援助，派遣专业救援力量赴受灾国救援减灾，提供救援物资和医疗救助。2012 年至 2019 年 7 月，组织或参加马航 MH370 失联航班搜救、菲律宾"海燕"台风救援、抗击西非埃博拉疫情、马尔代夫水荒救援、尼泊尔抗震救灾、老挝水灾溃坝救援等多项行动。中国海军"和平方舟"号医院船服役以来，执行 7 次"和谐使命"任务，共访问 43 个国家，为到访国民众提供医疗服务，组织医学交流，惠及民众 23 万余人次。①

综上所述，党的十八大以来，在党的坚强领导下，人民军队实现整体性革命性重塑、重整行装再出发，国防实力和经济实力同步提升，一体化国家战略体系和能力加快构建，国防动员更加高效，军政军民团结更加巩固。人民军队坚决履行新时代使命任务，以顽强斗争精神和实际行动捍卫了国家主权、安全、发展利益。

---

① 参见中华人民共和国国务院新闻办公室：《新时代的中国国防》，《人民日报》2019年 7 月 25 日。

第十二章　践行总体国家安全观，
全方位维护国家安全

国家安全是安邦定国的重要基石，维护国家安全是全国各族人民根本利益所在。进入新时代，我国面临更为严峻的国家安全形势，外部压力前所未有，传统安全威胁和非传统安全威胁相互交织，"黑天鹅""灰犀牛"事件时有发生。同形势任务要求相比，我国维护国家安全能力不足，应对各种重大风险能力不强，维护国家安全的统筹协调机制不健全。党中央强调，国泰民安是人民群众最基本、最普遍的愿望，必须坚持底线思维、居安思危、未雨绸缪，坚持国家利益至上，以人民安全为宗旨，以政治安全为根本，以经济安全为基础，以军事、科技、文化、社会安全为保障，以促进国际安全为依托，统筹发展和安全，统筹开放和安全，统筹传统安全和非传统安全，统筹自身安全和共同安全，统筹维护国家安全和塑造国家安全。党提出总体国家安全观，涵盖政治、军事、国土、经济、文化、社会、科技、网络、生态、资源、核、海外利益、太空、深海、极地、生物等诸多领域，要求全党增强斗争精神、提高斗争本领，落实防范化解各种风险的领导责任和工作责任。党着力推进国家安全体系和能力建设，完善集中统一、高效权威的国家安全领导体制，把安全发展贯穿国家发展各领域全过程，注重防范化解影响我国现代化进程的重大风险，严密防范和严厉打击敌对势力渗透、破坏、颠覆、分裂活动，顶住和反击外部极端打压遏制，经受住了来自政治、经济、意识形态、自然界等方面的风险挑战考验，国家安全得到全面加强，为党和国家兴旺发达、长治久安提供了有力保证。

一、"保证国家安全是头等大事"：提出总体国家安全观

"国家安全是指国家政权、主权、统一和领土完整、人民福祉、经济社会可持续发展和国家其他重大利益相对处于没有危险和不受内外威胁的状态，以及保障持续安全状态的能力。"①改革开放以后，党和国家高度重视正确处理改革发展稳定关系，把维护国家安全和社会安定作为党和国家的一项基础性工作来抓，为改革开放和社会主义现代化建设营造了良好安全环境。

党的十八大以来，我国社会政治大局总体稳定，但也面临着更为严峻的内外安全形势，维护国家安全任务异常艰巨、责任重大。一是外部风险挑战日益增多。霸权主义和强权政治依然存在，其不仅破坏了联合国宪章和公认的国际关系准则，而且使一些国家的合法政权被颠覆，中国作为社会主义大国一直是西方国家西化分化的重点。我国正处在由大向强发展的关键阶段，一些西方国家无论是从战略格局上，还是从意识形态上，都不愿看到一个社会主义大国顺利发展壮大，战略焦虑上升，不断加大对我国实施西化、分化战略力度，无所不用其极对我国进行政治抹黑、舆论"围剿"、制度攻击，千方百计对我国进行围堵、打压、遏制。经济全球化成为不可逆转的时代潮流，同时保护主义、逆全球化思潮上升，对我国改革开放进程带来负面影响。新一轮科技革命和产业变革蓄势待发，科技领域竞争加剧，我国面临一些关键核心技术受制于人的压力。传统安全威胁和非传统安全威胁相互交织，恐怖主义、分裂主义、宗教极端势力、网络攻击、重大传染性疾病等对我国国家安全构成严重威胁。我国周边局势复杂

---

① 《中华人民共和国国家安全法》，《人民日报》2015 年 12 月 24 日。

敏感，域外势力加大力度插手其中，对国内安定造成直接冲击。二是国内安全风险集中凸显。我国改革进入攻坚期和深水区，深层次社会矛盾和问题累积叠加，城乡差距、区域差距、收入差距有所拉大，一些群众就业、生产、生活困难，还存在暴力恐怖势力、民族分裂势力、宗教极端势力这三股势力破坏民族团结、社会稳定。各种风险关联度高、传导快、共振强，风险呈现形态更加复杂，既有显性风险又有隐性风险，既有周期性风险又有结构性风险，既有"黑天鹅"事件又有"灰犀牛"事件，一些风险触点多、燃点低，如果不能及时有效防范和处置，就会导致灾难性后果，严重影响社会大局稳定；风险涉及领域日益广泛，国家安全内涵和外延比历史上任何时候都要丰富，时空领域比历史上任何时候都要宽广，我国发展的各领域、国家治理的全过程、内政外交国防的各方面，都面临维护国家安全的繁重任务。我们党作为执政党面临的"赶考"远未结束，执政考验、改革开放考验、市场经济考验、外部环境考验更加严峻，精神懈怠危险、能力不足危险、脱离群众危险、消极腐败危险更加尖锐地摆在全党面前。三是人民的安全需求更加强烈。人民渴望在国运昌盛、天下太平、活跃有序的环境中工作生活；渴望在劳动生产过程中有周全、牢靠、持久的安全防护和保障；渴望在衣食住行的日常生活中有高品质的供给，能够远离假冒伪劣、坑蒙拐骗；渴望在社会生活和交往中有让人安心放心舒心的社会秩序、隐私保护、公共安全；渴望在自然灾害发生时，生命财产能够得到有效保护，损失减少到最低；渴望在走出国门求学经商旅游时，有祖国及时温馨的安全护佑；等等。四是与以上形势任务相比，我国维护国家安全的能力和手段存在明显短板。国家安全动员、极端情况应对、重大突发事件处置等方面的管理体制、工作机制、统筹协调机制不健全不完善；跨境数据流动、个人信息安全保护、网络空间管理等安全新领域的规则制定存在薄弱环节；主动引领、积极塑造外部安全环境的办法和水平还不多、不够；一些领导干部安全意识淡薄，对安全风险隐患重视不足、心存侥幸、麻痹大意，应对风险见事迟、反应慢、应急处变本领不强；等等。解决这些问题成为新时代维护国家安全的重大课题。①

面对国家安全领域存在的问题和挑战，以习近平同志为核心的党中央站在党和国家事业发展全局的战略高度，以强烈的忧患意识和巨大的责任担当，坚持底线思维、居安思危、未雨绸缪，强调国泰民安是人民群众最基本、最普遍的愿望，保证国家安全是头等大事；强调对维护国家安全，要立足国际秩序大变局来把握规律，要立足防范风险的大前提来统筹，要立足我国发展重要战略机遇期的大背景来谋划，要立足实现中华民族伟大复兴的战略全局来审视，提出一系列新理念新思想新战略，推动全党极大提高了对国家安全重要地位和作用的认识。

2013 年 11 月，党的十八届三中全会决定设立国家安全委员会，完善国家安全体制和国家安全战略，确保国家安全。习近平在全会上指出："国家安全和社会稳定是改革发展的前提。只有国家安全和社会稳定，改革发展才能不断推进"，"我国面临对外维护国家主权、安全、发展利益，对内维护政治安全和社会稳定的双重压力，各种可以预见和难以预见的风险因素明显增多"。"设立国家安全委员会，加强对国家安全工作的集中统一领导，已是当务之急。"②

2014 年 1 月 24 日，中央政治局召开会议，研究中央国家安全委员会设置，决定习近平任中央国家安全委员会主席。中央国家安全委员会作为中共中央关于国家安全工作的决策和议事协调机构，向中央政治局、中央政治局常务委员会负责，统筹协调涉及国家安全的重大事项和重要工作。4 月 15 日，习近平主持召开中央国家安全委员会第一次全体会议并

---

① 参见《〈中共中央关于党的百年奋斗重大成就和历史经验的决议〉辅导读本》，人民出版社 2021 年版，第 320—321 页。

② 习近平：《关于〈中共中央关于全面深化改革若干重大问题的决定〉的说明》，《人民日报》2013 年 11 月 16 日。

发表重要讲话，强调要准确把握国家安全形势变化新特点新趋势，走出一条中国特色国家安全道路。习近平指出："增强忧患意识，做到居安思危，是我们治党治国必须始终坚持的一个重大原则。我们党要巩固执政地位，要团结带领人民坚持和发展中国特色社会主义，保证国家安全是头等大事。"① 他在讲话中首次提出了"总体国家安全观"这一重大战略思想，强调"当前我国国家安全内涵和外延比历史上任何时候都要丰富，时空领域比历史上任何时候都要宽广，内外因素比历史上任何时候都要复杂"，因此"必须坚持总体国家安全观，以人民安全为宗旨，以政治安全为根本，以经济安全为基础，以军事、文化、社会安全为保障，以促进国际安全为依托，走出一条中国特色国家安全道路"。② 习近平指出，贯彻落实总体国家安全观，必须既重视外部安全，又重视内部安全，对内求发展、求变革、求稳定、建设平安中国，对外求和平、求合作、求共赢、建设和谐世界；既重视国土安全，又重视国民安全，坚持以民为本、以人为本，坚持国家安全一切为了人民、一切依靠人民，真正夯实国家安全的群众基础；既重视传统安全，又重视非传统安全，构建集政治安全、国土安全、军事安全、经济安全、文化安全、社会安全、科技安全、信息安全、生态安全、资源安全、核安全等于一体的国家安全体系；既重视发展问题，又重视安全问题，发展是安全的基础，安全是发展的条件，富国才能强兵，强兵才能卫国；既重视自身安全，又重视共同安全，打造命运共同体，推动各方朝着互利互惠、共同安全的目标相向而行。总体国家安全观是以习近平同志为核心的党中央对国家安全理论的重大创新，是新时代维护和塑造中国特色大国安全的强大思想武器，标志着我们党对国家安全工作规律的认识达到新的高度。

---

① 《习近平谈治国理政》第一卷，外文出版社 2018 年版，第 200 页。

② 《习近平主持召开中央国家安全委员会第一次会议强调　坚持总体国家安全观　走中国特色国家安全道路》，《人民日报》2014 年 4 月 16 日。

总体国家安全观内涵丰富、逻辑严密，是一个科学的思想体系，概括起来，主要有十个方面内容。一是坚持党对国家安全工作的绝对领导，坚持党中央对国家安全工作的集中统一领导，这是做好国家安全工作的根本原则，是维护国家安全的根本保证，要加强统筹协调，把党的领导贯穿到国家安全工作各方面全过程，推动各级党委（党组）把国家安全责任制落到实处。二是坚持中国特色国家安全道路，贯彻总体国家安全观，坚持政治安全、人民安全、国家利益至上有机统一，以人民安全为宗旨，以政治安全为根本，以经济安全为基础，捍卫国家主权和领土完整，防范化解重大安全风险，为实现中华民族伟大复兴提供坚强安全保障。三是坚持以人民安全为宗旨，国家安全一切为了人民、一切依靠人民，充分发挥广大人民群众积极性、主动性、创造性，切实维护广大人民群众安全权益，始终把人民作为国家安全的基础性力量，汇聚起维护国家安全的强大力量。四是坚持统筹发展和安全，坚持发展和安全并重，实现高质量发展和高水平安全的良性互动，既通过发展提升国家安全实力，又深入推进国家安全思路、体制、手段创新，营造有利于经济社会发展的安全环境，在发展中更多考虑安全因素，努力实现发展和安全的动态平衡，全面提高国家安全工作能力和水平。五是坚持把政治安全放在首要位置，政治安全是我国国家安全的根本，核心是政权安全和制度安全；必须发扬不信邪、不怕鬼的精神，同企图颠覆中国共产党领导和中国特色社会主义制度、企图迟滞甚至阻断中华民族伟大复兴进程的一切势力斗争到底。六是坚持统筹推进各领域安全，统筹应对传统安全和非传统安全，发挥国家安全工作协调机制作用，用好国家安全政策工具箱，有效维护政治、军事、国土、经济、文化、社会、科技、网络、生态、资源、核、海外利益、太空、深海、极地、生物等领域安全。七是坚持把防范化解国家安全风险摆在突出位置，提高风险预见、预判能力，宁可备而不用，不可用时无备，力争把可能带来重大风险的隐患发现和处置于萌芽状态。八是坚持推进国际共同安全，高举合作、创新、法治、共赢的旗帜，推动树立共同、综合、合作、可持续的全球安全观，加强国际安全合作，完善全球安全治理体系，共同构建普遍安全的人类命运共同体。九是坚持推进国家安全体系和能力现代化，坚持以改革创新为动力，加强法治思维，构建系统完备、科学规范、运行有效的国家安全制度体系，提高运用科学技术维护国家安全的能力，不断增强塑造国家安全态势的能力。十是坚持加强国家安全干部队伍建设，加强国家安全战线党的建设，坚持以政治建设为统领，打造绝对忠诚、绝对可靠、绝对内行、绝对守纪律的国家安全干部队伍。[①] 总体国家安全观揭示了国家安全的本质和内涵，科学回答了中国这样一个发展中的社会主义大国如何维护和塑造国家安全的基本问题，标志着我们党对国家安全基本规律的认识达到了新高度，是做好新时代国家安全工作的根本遵循。

贯彻落实总体国家安全观，重在法治保障。国家立法机关把握立法时机，加快推进国家安全领域立法，从 2014 年到 2019 年，十二届、十三届全国人大常委会相继审议通过《中华人民共和国反间谍法》《中华人民共和国国家安全法》《中华人民共和国反恐怖主义法》《中华人民共和国境外非政府组织境内活动管理法》《中华人民共和国网络安全法》《中华人民共和国国家情报法》以及《中华人民共和国国防交通法》《中华人民共和国核安全法》《中华人民共和国英雄烈士保护法》《中华人民共和国密码法》等一批重要法律，基本形成了立足我国国情、体现时代特点、适应我国所处战略安全环境、内容协调、程序严密、配套完备、运行有效的中国特色国家安全法律体系，为维护国家安全、核心利益和重大利益提供了有力法治保障。《中华人民共和国国家安全法》规定："每年 4 月 15 日为全民国家安全教育日。"

---

① 参见《习近平在中央政治局第二十六次集体学习时强调　坚持系统思维构建大安全格局　为建设社会主义现代化国家提供坚强保障》，《人民日报》2020 年 12 月 13 日。

为了从战略和全局谋划国家安全，应对风险挑战，2015年1月23日，中央政治局审议通过我国第一个全面筹划国家安全治理的战略性指导文件《国家安全战略纲要》，为做好各领域国家安全工作，大力推进国家安全各种保障能力建设规划了路径方向。完善国家安全风险评估预警机制、国家安全审查和监管制度、国家安全危机管控机制、国家应急管理机制、国家安全综合保障体系等一系列制度机制，国家安全工作合力和整体效能进一步增强，为全社会全政府全体系动员打好国家安全总体战提供了坚强制度保障。2016年12月9日，中央政治局会议审议通过《关于加强国家安全工作的意见》，要求准确把握我国国家安全所处的历史方位和面临的形势任务，认清加强国家安全工作的极端重要性，强化责任担当，加强国家安全能力建设，切实做好国家安全各项工作，切实维护国家主权、安全、发展利益，不断开创国家安全工作新局面。

党的十九大把"坚持总体国家安全观"纳入新时代坚持和发展中国特色社会主义的基本方略，把人民对"安全"的需要提升到社会主要矛盾的高度，在说明"我国社会主要矛盾已经转化为人民日益增长的美好生活需要和不平衡不充分的发展之间的矛盾"时，指出"人民美好生活需要日益广泛，不仅对物质文化生活提出了更高要求，而且在民主、法治、公平、正义、安全、环境等方面的要求日益增长"，在满足人民美好生活需要成为党和政府奋斗目标的新时代，满足人民的安全需要成为我国国家安全工作的根本目的。

2018年4月17日，习近平主持召开十九届中央国家安全委员会第一次会议并发表重要讲话，强调要加强党对国家安全工作的集中统一领导，正确把握当前国家安全形势，全面贯彻落实总体国家安全观，努力开创新时代国家安全工作新局面，为实现"两个一百年"奋斗目标、实现中华民族伟大复兴的中国梦提供牢靠安全保障。会议审议通过《党委（党组）国家安全责任制规定》，明确了各级党委（党组）维护国家安全的主体责任，要求各级党委（党组）加强对履行国家安全职责的督促检查，确保党中央关于国家安全工作的决策部署落到实处。

2019 年 1 月 21 日，党中央举办省部级主要领导干部坚持底线思维着力防范化解重大风险专题研讨班，习近平在开班式上发表重要讲话，就防范化解政治、意识形态、经济、科技、社会、外部环境、党的建设等领域重大风险作出深刻分析、提出明确要求，强调面对波谲云诡的国际形势、复杂敏感的周边环境、艰巨繁重的改革发展稳定任务，全党必须始终保持高度警惕，既要高度警惕"黑天鹅"事件，也要防范"灰犀牛"事件；既要有防范风险的先手，也要有应对和化解风险挑战的高招；既要打好防范和抵御风险的有准备之战，也要打好化险为夷、转危为机的战略主动战。同年 10 月党的十九届四中全会提出，"坚持总体国家安全观，统筹发展和安全，坚持人民安全、政治安全、国家利益至上有机统一"；"完善集中统一、高效权威的国家安全领导体制，健全国家安全法律制度体系。加强国家安全人民防线建设，增强全民国家安全意识，建立健全国家安全风险研判、防控协同、防范化解机制。提高防范抵御国家安全风险能力，高度警惕、坚决防范和严厉打击敌对势力渗透、破坏、颠覆、分裂活动"。①

国家安全工作是党治国理政一项十分重要的工作，也是保障国泰民安一项十分重要的工作。2020 年 7 月 30 日召开的中央政治局会议，对于高质量发展阶段的目标定位，由原来的"四个更"拓展为"五个更"——在"更高质量、更有效率、更加公平、更可持续"的基础上增加了"更为安全"的要求。10 月，党的十九届五中全会强调，统筹国内国际两个大局，办好发展安全两件大事，注重防范化解重大风险挑战，实现发展质量、结构、规模、速度、效益、安全相统一。全会通过的《中共中央关于制定国

---

① 《中共中央关于坚持和完善中国特色社会主义制度　推进国家治理体系和治理能力现代化若干重大问题的决定》，《人民日报》2019 年 11 月 6 日。

民经济和社会发展第十四个五年规划和二〇三五年远景目标的建议》首次把统筹发展和安全纳入"十四五"时期我国经济社会发展的指导思想，突出了国家安全在党和国家工作大局中的重要地位。习近平在全会上指出，"我们越来越深刻地认识到，安全是发展的前提，发展是安全的保障。当前和今后一个时期是我国各类矛盾和风险易发期，各种可以预见和难以预见的风险因素明显增多。我们必须坚持统筹发展和安全，增强机遇意识和风险意识，树立底线思维，把困难估计得更充分一些，把风险思考得更深入一些，注重堵漏洞、强弱项，下好先手棋、打好主动仗，有效防范化解各类风险挑战"①，确保社会主义现代化建设进程不因任何因素迟滞中断。为此《建议》并列专章作出战略部署，强调要坚持总体国家安全观，实施国家安全战略，维护和塑造国家安全，统筹传统安全和非传统安全，把安全发展贯穿国家发展各领域和全过程，防范和化解影响我国社会主义现代化建设进程的各种风险，筑牢国家安全屏障。同年 12 月 11 日，中央政治局就切实做好国家安全工作举行第二十六次集体学习。习近平在主持学习时明确提出，做好新时代国家安全工作，要坚持总体国家安全观，抓住和用好我国发展的重要战略机遇期，把国家安全贯穿到党和国家工作各方面全过程，同经济社会发展一起谋划、一起部署，坚持系统思维，构建大安全格局，促进国际安全和世界和平，为建设社会主义现代化国家提供坚强保障。

做好国家安全工作，必须不断建构和完善顶层设计。2021 年 11 月 18 日，中央政治局会议审议《国家安全战略（2021—2025 年）》，强调新形势下维护国家安全，必须牢固树立总体国家安全观，加快构建新安全格局，必须做到"五个坚持"，即坚持党的绝对领导，完善集中统一、高效权威的国家安全工作领导体制，实现政治安全、人民安全、国家利益

---

① 习近平：《关于〈中共中央关于制定国民经济和社会发展第十四个五年规划和二〇三五年远景目标的建议〉的说明》，《人民日报》2020 年 11 月 4 日。

至上相统一；坚持捍卫国家主权和领土完整，维护边疆、边境、周边安定有序；坚持安全发展，推动高质量发展和高水平安全动态平衡；坚持总体战，统筹传统安全和非传统安全；坚持走和平发展道路，促进自身安全和共同安全相协调。强调必须坚持把政治安全放在首要位置，统筹做好政治安全、经济安全、社会安全、科技安全、新型领域安全等重点领域、重点地区、重点方向国家安全工作，努力做到"十个要"，即要坚定维护国家政权安全、制度安全、意识形态安全，严密防范和坚决打击各种渗透颠覆破坏活动；要增强产业韧性和抗冲击能力，筑牢防范系统性金融风险安全底线，确保粮食安全、能源矿产安全、重要基础设施安全，加强海外利益安全保护；要强化科技自立自强作为国家安全和发展的战略支撑作用；要积极维护社会安全稳定，从源头上预防和减少社会矛盾，防范遏制重特大安全生产事故，提高食品药品等关系人民健康产品和服务的安全保障水平；要持续做好新冠疫情防控，加快提升生物安全、网络安全、数据安全、人工智能安全等领域的治理能力，要积极营造良好外部环境，坚持独立自主，在国家核心利益、民族尊严问题上决不退让，坚决维护国家主权、安全、发展利益；要树立共同、综合、合作、可持续的全球安全观，加强安全领域合作，维护全球战略稳定，携手应对全球性挑战，推动构建人类命运共同体；要全面提升国家安全能力，更加注重协同高效，更加注重法治思维，更加注重科技赋能，更加注重基层基础；要坚持以政治建设为统领，打造坚强的国家安全干部队伍；要加强国家安全意识教育，自觉推进发展和安全深度融合。

二、把政治安全放在首位，坚定维护国家政权安全、制度安全

国家安全是由多领域安全共同组成的，不同领域的安全相互联系、相

互影响，具有传导效应和联动效应。其中政治安全是核心，起决定性作用，规定和制约着其他领域的安全。政治安全是指在一定环境和条件下，保证国家主权、政权、政治制度、意识形态等方面免受干扰、侵犯、颠覆和破坏的状态和能力。政治安全的核心是政权安全和制度安全，攸关党和国家生死存亡。2017 年 1 月，习近平对政法工作作出重要指示，强调"要把维护国家政治安全特别是政权安全、制度安全放在第一位，提高对各种矛盾问题预测预警预防能力"①。我国是中国共产党领导的社会主义国家，维护政治安全最根本的就是维护中国共产党的领导和执政地位、维护中国特色社会主义制度。只有坚定不移地维护政治安全，才能更好地保障国家利益，实现党长期执政、国家长治久安和人民安居乐业。

历史上，旧中国曾因政治腐朽、制度腐败，长期内受困于封建军阀割据，外受制于帝国主义列强欺凌，现代化之路步履维艰。这一状况，直到中国共产党团结带领人民建立人民当家作主的新中国才根本改变。没有民族独立与国家政权的统一，没有国内稳定的政治秩序，中国便不可能取得像今天这样令世界瞩目的成就。但从 1949 年 10 月中华人民共和国成立以来，中国的社会主义国家政权就长时间处在敌对势力的封锁、围堵和遏制之下，社会主义和资本主义两种意识形态、两种制度的较量和斗争始终未曾停歇。进入 21 世纪第二个十年，美国等西方国家所主导的旧国际秩序正在崩塌，以我国为代表的新兴国家加快发展，美西方为维持其霸权地位和既得利益，以维护"人权""民主价值"和所谓"航行自由"为幌子，不断对发展中国家和地缘政治敏感国家实施干预和控制，怂恿、制造"颜色革命"，也对我国政权、主权与安全不断进行侵犯和挑衅，钓鱼岛问题、南海问题、台海问题、中印边境问题以及西藏、新疆、香港问题等，都成

---

① 《习近平对政法工作作出重要指示强调　全面提升防范应对各类风险挑战的水平　确保国家长治久安人民安居乐业》，《人民日报》2017 年 1 月 13 日。

了它们炒作的热点和破坏我国政治安全稳定、牵制我国发展的抓手，直至妄图颠覆破坏中国共产党领导和我国社会主义制度。政治安全是最高层次的安全，是国家安全的基石，关乎主权维护、政权稳固、制度坚持和党运国运昌盛，是不可碰触的底线。2013年6月，习近平在全国组织工作会议上警醒全党："如果哪天在我们眼前发生'颜色革命'那样的复杂局面，我们的干部是不是都能毅然决然站出来捍卫党的领导、捍卫社会主义制度？"①面对波谲云诡的国际形势、复杂敏感的周边环境、艰巨繁重的改革发展稳定任务，面对来自外部的围堵、打压、捣乱、颠覆活动，在维护政治安全这个根本性问题上，习近平强调，我们必须时刻保持如履薄冰的谨慎，时刻保持居安思危的忧患，"绝不能犯战略性、颠覆性错误"，"既要有防范风险的先手，也要有应对和化解风险挑战的高招；既要打好防范和抵御风险的有准备之战，也要打好化险为夷、转危为机的战略主动战"②；必须发扬不信邪、不怕鬼的精神，同企图颠覆破坏中国共产党领导和我国社会主义制度、企图迟滞甚至阻断中华民族伟大复兴进程的一切势力斗争到底，一味退让只能换来得寸进尺的霸凌，委曲求全只能招致更为屈辱的境况。

进入新时代，我国始终坚持中国共产党领导，始终坚持中国特色社会主义制度，始终绷紧意识形态这根弦，始终坚定不移维护国家主权、安全和发展利益，不断提高防范和抵御政治风险的能力，牢牢掌握维护政治安全的主动权。我们在世情、国情、党情发生深刻变化的新形势下，牢牢把握党的建设总要求，严肃党内政治生活、净化党内政治生态，深入推进

---

① 中共中央文献研究室编：《十八大以来重要文献选编》（上），中央文献出版社2014年版，第339页。

② 《习近平在学习贯彻党的十九大精神研讨班开班式上发表重要讲话强调　以时不我待只争朝夕的精神投入工作　开创新时代中国特色社会主义事业新局面》，《人民日报》2018年1月6日。

全面从严治党，驰而不息纠正人民群众深恶痛绝的"四风"问题，以猛药去疴、重典治乱的决心严厉惩治腐败，消除党、国家、军队内部存在的严重隐患；增强"四个意识"、坚定"四个自信"、做到"两个维护"，确保党在革命性锻造中更加坚强，在世界形势深刻变化的历史进程中始终走在时代前列，在应对国内外各种风险和考验的历史进程中始终成为全国人民的主心骨，在坚持和发展中国特色社会主义的历史进程中始终成为坚强领导核心。我们坚持和完善中国特色社会主义制度、推进国家治理体系和治理能力现代化，着眼破除各方面体制机制弊端，全面深化改革，增强改革的系统性、整体性、协同性，推动中国特色社会主义制度更加成熟定型取得重大进展，为国家政权安全和制度安全奠定坚实基础。中国共产党团结带领全国各族人民发奋图强、艰苦创业，创造了举世瞩目的发展成就，成功开辟了中国特色社会主义道路，中国特色社会主义进入新时代，脱贫攻坚战取得全面胜利，全面建成小康社会，逐步走向共同富裕，中华民族伟大复兴迎来了光明前景。针对国外反华势力企图颠覆党的领导、颠覆中国社会主义制度、把党和中国人民割裂开来对立起来、损害中国和平发展权利的行为，习近平在纪念中国人民抗日战争暨世界反法西斯战争胜利75周年座谈会上庄严宣示了中国人民"五个绝不答应"："任何人任何势力企图歪曲中国共产党的历史、丑化中国共产党的性质和宗旨，中国人民都绝不答应！""任何人任何势力企图歪曲和改变中国特色社会主义道路、否定和丑化中国人民建设社会主义的伟大成就，中国人民都绝不答应！""任何人任何势力企图把中国共产党和中国人民割裂开来、对立起来，中国人民都绝不答应！""任何人任何势力企图通过霸凌手段把他们的意志强加给中国、改变中国的前进方向、阻挠中国人民创造自己美好生活的努力，中国人民都绝不答应！""任何人任何势力企图破坏中国人民的和平生活和发展权利、破坏中国人民同其他国家人民的交流合作、破坏人类和平与发展的崇高事业，中国人民都绝不答应！"①

党中央不断丰富和发展维护国家利益的方式手段，坚决捍卫国家主权、安全和领土完整，坚决反对动辄使用武力或以武力威胁中国，坚决反对打着所谓"民主""自由""人权"等幌子肆意干涉中国内政，防范和化解各种风险挑战。针对日本右翼势力在钓鱼岛制造事端，美西方支持所谓"南海仲裁"，美国高调介入台海问题以及印度先后制造中印边境"洞朗对峙事件"和"加勒万河谷冲突事件"，以及外部势力借"修例风波"煽动香港暴乱，借口所谓"人权"对华打"新疆牌"等损害中国权益的行为，党和国家保持强大政治定力、战略定力，采取一系列果断有力措施进行坚决斗争和反制，赢得了战略博弈的主动权，有效维护了国家主权权益和政治安全。在钓鱼岛问题上，中国坚持原则，在尊重历史和国际法的基础上进行合情合理斗争，在钓鱼岛海域实现常态化巡航，划设东海防空识别区，依法行使国家主权。在南海问题上，坚持有理、有利、有节的维权斗争，在坚决应对域外势力干扰介入的同时，坚决开展外交战、法理战、舆论战，与地区有关国家加强沟通、增进互信、妥处分歧、聚焦合作，中国政府先后发表《中华人民共和国政府关于在南海的领土主权和海洋权益的声明》等多份官方声明文件，在多个国际场合重申中国对南海问题的立场主张，对黄岩岛形成实际控制，有效遏制侵害我国国土安全的各种图谋和行为，坚定维护了中国在南海的领土主权和海洋权益，使所谓南海"仲裁"结果成为一张废纸。同时，坚持通过对话谈判解决具体争议，稳步推进"南海行为准则"磋商进程，稳定海上形势。我国排除干扰如期完成在南沙群岛部分驻守岛礁扩建工程，实现了更加稳固的区域战略控制，南海维权取得历史性进展。2014年7月设立的三沙市永兴（镇）工委、管委会，

① 习近平：《在纪念中国人民抗日战争暨世界反法西斯战争胜利75周年座谈会上的讲话》，《人民日报》2020年9月4日。

标志着中国在西沙岛礁首个基层政权城市雏形诞生，用政权实体组织形式进一步宣示了我国主权。2015 年起，华阳灯塔、赤瓜灯塔、渚碧灯塔、永暑灯塔和美济灯塔陆续建成发光并投入使用，维护了我国南海主权和海洋权益。在台海问题上，我军实现了台湾主岛东西两侧及重要区域的常态化空海实战演练，对"台独"分裂势力的肆意妄为和企图犯险的外部势力形成强力震慑。对中印边境冲突，中国坚持原则、不断提高管控能力，实现了对重要地段的实际掌控，强化了边境一线对印军"蚕食""进占"和袭扰的防范机制，同时坚持通过外交和军事渠道谈判沟通，维护中印边境地区和平与安宁。面对香港局势一度出现严峻局面，推动建立健全香港特别行政区维护国家安全的法律制度和执行机制，坚定支持香港特别行政区依法止暴制乱、恢复秩序，推动香港局势实现了由乱到治的重大转折，一些参与暴乱的首要分子被严惩，美西方在香港长期布设的"棋子""暗桩"被拔除。深入开展涉疆、涉藏斗争，严密防范、坚决打击"三股势力"与境外各种势力的勾连和捣乱破坏活动，回击无端指责，实现了反恐怖斗争形势根本性好转。总之，正如习近平在庆祝中国共产党成立 95 周年大会上所郑重指出的："中国不觊觎他国权益，不嫉妒他国发展，但决不放弃我们的正当权益。中国人民不信邪也不怕邪，不惹事也不怕事，任何外国不要指望我们会拿自己的核心利益做交易，不要指望我们会吞下损害我国主权、安全、发展利益的苦果。"①

三、有效应对重大风险挑战，保持国家安全大局稳定

进入新时代，党中央加强对国家安全工作的集中统一领导，从全局和

---

① 习近平：《在庆祝中国共产党成立 95 周年大会上的讲话》，《人民日报》2016 年 7 月 2 日。

战略高度对国家安全作出一系列重大决策部署，在做好维护国家政治安全工作的同时，还不断健全完善国家经济、科技、金融、社会、海外利益等重要领域国家安全政策，有效应对一系列重大风险挑战，保持了我国国家安全大局稳定。习近平强调，我们必须积极主动、未雨绸缪，见微知著、防微杜渐，下好先手棋，打好主动仗，做好应对任何形式的矛盾风险挑战的准备，做好经济上、政治上、文化上、社会上、外交上、军事上各种斗争的准备，层层负责、人人担当。

完善宏观经济治理，推动产业结构转型升级，保障粮食安全、能源资源安全、产业链供应链安全，强化反垄断规制，防止资本无序扩张，严格平台企业监管，有效维护经济安全。经济安全是国家安全体系的重要组成部分，也是其他安全的重要支撑。党的十八大以来，国际上逆全球化、单边主义、保护主义思潮涌动，世界经济持续低迷，全球产业链供应链面临重塑，不稳定性不确定性明显增加，美国对华实施"贸易战"和全球新冠疫情大流行，使我国经济受到巨大冲击。以习近平同志为核心的党中央创新发展理念，在加大"六稳"（稳就业、稳金融、稳外贸、稳外资、稳投资、稳预期）工作力度的同时，全面落实"六保"（保居民就业、保基本民生、保市场主体、保粮食能源安全、保产业链供应链稳定、保基层运转）任务；通过推动供给侧结构性改革、调整产业结构，搞好内外双循环，强化国家战略科技力量，健全新型举国体制，推动关键核心技术攻关，激发内生活力，稳住了经济基本盘；完善经济安全风险预警和防控机制，加大地方政府债务清理和规范力度，拆解高风险"影子银行"，稳妥处置明天系、安邦、华融、华信等重大金融风险案件；加强对资本与市场运作监管，大力整顿金融市场秩序，重拳出击、集中整治问题频发的P2P网上借贷乱象，截至2020年11月中旬，全国实际运营P2P网贷机构数量由高峰时的约5000家压降至完全归零，威胁金融安全的"灰犀牛"得到有效控制，防范化解重大金融风险攻坚战取得阶段性重要成果，守住了不发生系统性金融风险的底线，确保了经济金融秩序整体平稳运转。

特别是对关系国计民生的重大保障性战略安全问题，如保障粮食安全、保障能源资源安全等，党中央更是作为经济安全的重中之重，予以高度关注。对保障粮食安全，早在2013年12月，习近平在中央农村工作会议上就明确指出："解决好吃饭问题，始终是治国理政的头等大事。手中有粮，心中不慌。我国是个人口众多的大国，要坚持以我为主、立足国内、确保产能、适度进口、科技支撑的国家粮食安全战略。中国人的饭碗任何时候都要牢牢端在自己手上，我们的饭碗应该主要装中国粮，要确保谷物基本自给、口粮绝对安全。"他还特别提到，"食品安全关系群众身体健康，关系中华民族未来。要用最严谨的标准、最严格的监管、最严厉的处罚、最严肃的问责，确保广大人民群众'舌尖上的安全'"。① 粮食安全对于国家安全具有举足轻重的分量。2021年12月8日，在中央经济工作会议上，习近平告诫："越是有粮食吃，越要想到没粮食的时候。我反复地讲，中国人的饭碗任何时候都要牢牢端在自己手中。决不能在吃饭这一基本生存问题上让别人卡住我们的脖子。"② 同年12月25日至26日，中央农村工作会议召开。会前，习近平主持召开中央政治局常委会会议专题研究"三农"工作并发表重要讲话，强调："保障好初级产品供给是一个重大战略性问题，中国人的饭碗任何时候都要牢牢端在自己手中，饭碗主要装中国粮。保证粮食安全，大家都有责任，党政同责要真正见效。""耕地保护要求要非常明确，18亿亩耕地必须实至名归，农田就是农田，而且必须是良田。"中央农村工作会议明确要求，"牢牢守住保障国家粮食安

---

① 国家粮食局编：《建设粮食产业强国实践与探索》，中国财富出版社2018年版，第6页。

② 《"那么粮食怎么办？"（微镜头·习近平总书记在中央经济工作会议上）》，《人民日报》2021年12月12日。

全和不发生规模性返贫两条底线"。① 对保障能源资源安全，习近平站在统筹中华民族伟大复兴战略全局和世界百年未有之大变局的高度，统筹国内国际两个大局、发展安全两件大事，创造性提出了推动能源消费革命、能源供给革命、能源技术革命、能源体制革命，全方位加强国际合作即"四个革命、一个合作"的能源安全新战略，对实现开放条件下的能源安全，提出了一系列新理念新观点新要求，强调："能源安全是关系国家经济社会发展的全局性、战略性问题，对国家繁荣发展、人民生活改善、社会长治久安至关重要。"② 2021 年 10 月 21 日，在考察调研胜利油田时，习近平又指出："石油能源建设对我们国家意义重大，中国作为制造业大国，要发展实体经济，能源的饭碗必须端在自己手里。"③ 他提示全党："我们要利用'两个市场'，但必须有一个安全线，超过了以后就要亮红灯。要明确重要能源资源国内生产自给的战略底线。要加强国家战略物资储备制度建设，在关键时刻发挥保底线的调节作用。"④ 根据党中央的部署，我们大力加强经济安全风险预警、防控机制和能力建设，确保粮食安全，保障能源和战略性矿产资源安全；实施产业竞争力调查和评价工程，增强产业体系抗冲击能力，实现重要产业、基础设施、战略资源、重大科技等关键领域安全可控；维护水利、电力、供水、油气、交通、通信等重要基础设施安全，提高水资源集约安全利用水平；确保生态安全，加强核安全监管，维护新型领域安全。

---

① 《中央农村工作会议在京召开　习近平对做好"三农"工作作出重要指示》，《人民日报》2021 年 12 月 27 日。

② 《习近平主持召开中央财经领导小组会议强调　积极推动我国能源生产和消费革命　加快实施能源领域重点任务重大举措》，《人民日报》2014 年 6 月 14 日。

③ 《大河奔涌，奏响新时代澎湃乐章——习近平总书记考察黄河入海口并主持召开深入推动黄河流域生态保护和高质量发展座谈会纪实》，《人民日报》2021 年 10 月 24 日。

④ 《"那么粮食怎么办？"（微镜头·习近平总书记在中央经济工作会议上）》，《人民日报》2021 年 12 月 12 日。

掌握互联网发展主动权，切实增强网络安全防御能力。从老百姓衣食住行到国家重要基础设施安全，互联网无处不在。网络安全牵一发而动全身，深刻影响政治、经济、文化、社会、军事等各领域安全。2013年11月15日，在党的十八届三中全会上，习近平指出："网络和信息安全牵涉到国家安全和社会稳定，是我们面临的新的综合性挑战。""特别是面对传播快、影响大、覆盖广、社会动员能力强的微客、微信等社交网络和即时通信工具用户的快速增长，如何加强网络法制建设和舆论引导……已经成为摆在我们面前的现实突出问题。"①2015年12月16日，习近平在浙江乌镇出席以"互联互通、共享共治——构建网络空间命运共同体"为主题的第二届世界互联网大会开幕式并发表主旨演讲，提出推进全球互联网治理体系变革，应坚持尊重网络主权、维护和平安全、促进开放合作、构建良好秩序等四项原则。2016年4月19日，在网络安全和信息化工作座谈会上，习近平指出：面对复杂严峻的网络安全形势，我们要保持清醒头脑，对中国来说，"互联网核心技术是我们最大的'命门'，核心技术受制于人是我们最大的隐患"，"必须突破核心技术这个难题，争取在某些领域、某些方面实现'弯道超车'"；要加快构建关键信息基础设施安全保障体系、全天候全方位感知网络安全态势、增强网络安全防御能力和威慑能力，"要制定信息领域核心技术设备发展战略纲要，制定路线图、时间表、任务书，明确近期、中期、远期目标，遵循技术规律，分梯次、分门类、分阶段推进，咬定青山不放松"。②2016年11月7日，十二届全国人大常委会第二十四次会议审议通过《中华人民共和国网络安全法》，开启了我国信息网络安全立法进程。同年12月27日，国家互联网信息办公室发布《国

①　习近平：《关于〈中共中央关于全面深化改革若干重大问题的决定〉的说明》，《人民日报》2013年11月16日。

②　习近平：《在网络安全和信息化工作座谈会上的讲话》，《人民日报》2016年4月26日。

家网络空间安全战略》，首次以国家战略文件的形式，阐明了我国在网络空间发展和安全上的重大立场和主张，推进网络空间和平、安全、开放、合作、有序，提出了捍卫网络空间主权、维护国家安全、保护关键信息基础设施、加强网络文化建设、打击网络恐怖和违法犯罪、完善网络治理体系、夯实网络安全基础、提升网络空间防护能力、强化网络空间国际合作等9项任务。2018年4月20日，习近平作为中央网络安全和信息化委员会主任，出席全国网络安全和信息化工作会议并发表重要讲话，强调必须敏锐抓住信息化发展的历史机遇，加强网上正面宣传，维护网络安全，推动信息领域核心技术突破，发挥信息化对经济社会发展的引领作用，加强网信领域军民融合，主动参与网络空间国际治理进程，自主创新推进网络强国建设；要加强信息基础设施网络安全防护，加强网络安全信息统筹机制、手段、平台建设，加强网络安全事件应急指挥能力建设，积极发展网络安全产业，做到关口前移，防患于未然；要落实关键信息基础设施防护责任，行业、企业作为关键信息基础设施运营者承担主体防护责任，主管部门履行好监管责任；要依法严厉打击网络黑客、电信网络诈骗、侵犯公民个人隐私等违法犯罪行为，切断网络犯罪利益链条，持续形成高压态势，维护人民群众合法权益。

网络安全的一个重要方面，是维护公民个人信息安全。2019年1月，中央网信办等四部门联合发布《关于开展App违法违规收集使用个人信息专项治理的公告》，专项整治的App范围涵盖了电子商务、地图导航、快递外卖、交通票务等多个方面。到2021年11月，有关部门已检测App数万款，对问题较为严重的千余款App采取了公开曝光、约谈、下架等处理处罚措施，发现并监督整改了一大批强制授权、过度索权、超范围收集个人信息问题的App，治理卓有成效。2021年6月10日，十三届全国人大常委会第二十九次会议通过《中华人民共和国数据安全法》，该法对个人信息数据的收集、存储、使用、提供等进行全链条、全流程监管，数据安全步入法治化轨道。同年 8 月 20 日，十三届全国人大常委会第三十次会议通过《中华人民共和国个人信息保护法》，这是一部专门规定个人信息保护基本原则和制度的法律，有力增强了个人信息保护的系统性、权威性和针对性。2022 年 1 月，国家发展改革委等九部门联合印发《关于推动平台经济规范健康持续发展的若干意见》，从构筑国家竞争新优势的战略高度，建立健全规则制度，将监管重点放在反垄断和反不正当竞争、个人信息保护和数据安全、金融等方面，改进提升监管技术手段，补齐监管漏洞，优化平台经济发展环境。这些法律法规的颁布施行，标志着网络安全的法律防线正高高筑起。中国互联网络信息中心发布的《中国互联网络发展状况统计报告》显示，截至 2021 年 6 月，我国网络购物用户规模达 8.12 亿，占网民整体的 80.3%。2021 年，全国网上零售额 130884 亿元，比上年增长 14.1%。其中，实物商品网上零售额占社会消费品零售总额的 24.5%。在线上消费快速增长带动下，2021 年我国快递业务量达 1083 亿件，同比增长 29.9%，包裹数量占全球一半以上。

建立健全重大灾害防范和应急管理体系，有效应对多种自然灾害。由于地理、气候等多方面原因，我国是世界上自然灾害影响最严重的国家之一，灾害种类多，地域分布广，发生频率高。有关数据表明，近 300 年来全球死伤 10 万人以上的灾难共发生了 50 起，其中有 26 起发生在中国。新中国成立后，战胜自然灾害，维护人民群众生命财产安全和身体健康，始终是党和政府第一要务。党的十八大以来，面对突如其来的重大自然灾害、重大突发事件和复杂多变的公共安全形势，党和政府不断创新灾害应对手段和理念，不断提升应急管理体系和能力现代化水平，从传统的临时"动员式"应对逐步转变为集规范化、标准化、信息化于一体的预防性"综合式"应对，特别是加大了对因"懒政""失职"而造成人民群众生命财产损失者的问责、追责力度。在 2018 年党和国家机构改革中，正式组建了应急管理部，该机构整合 11 个部门的 13 项职能，承担国务院安全生产委员会、国家防汛抗旱总指挥部、国家森林草原防灭火指挥部、国家减灾委员会、国务院抗震救灾指挥部等 5 个议事协调机构办公室职责，从顶层设计上解决了权责统一和决策的权威、高效，探索构建了一套全新的应急管理工作体系。在已公布施行《中华人民共和国防震减灾法》《中华人民共和国突发事件应对法》《中华人民共和国抗旱条例》等法律法规的基础上，立法机关又先后修订、公布了《中华人民共和国防洪法》《气象灾害防御条例》《自然灾害救助条例》等法律法规，并发射了多颗自然灾害监测卫星，为应对各种类型的重大自然灾害提供了有力保障。2020 年，全国自然灾害死亡失踪人数、生产安全事故起数和死亡人数创历史最低。生产安全事故死亡人数、重特大事故数量从本世纪初最高峰时的一年 14 万人、140 起下降至 2.71 万人、16 起。截至 2021 年 11 月，全国已连续 25 个月未发生特别重大事故，是新中国成立以来最长的一段。整个"十三五"期间，我国共发生崩塌、滑坡、泥石流等各类地质灾害 34218 起，造成 1234 人死亡或者失踪，直接经济损失 160 亿元，人员伤亡和直接经济损失比"十二五"期间分别减少了 38.5% 和 41.5%；全国共实现地质灾害成功避险 4296 起，涉及可能伤亡人员约 14.6 万人，避免直接经济损失约 50 亿元。在做好重大自然灾害处置和应急管理的同时，各级政府还深入开展安全生产专项整治，强化消防、交通、建筑施工、危化品、煤矿和非煤矿山等领域安全监管，完善和落实安全生产责任制，安全生产秩序得到进一步规范。2020 年 4 月，国务院安全生产委员会印发《全国安全生产专项整治三年行动计划》，重点聚焦风险高隐患多、事故易发多发的煤矿、非煤矿山、危险化学品等行业领域组织开展安全整治。

生物安全是国家总体安全的重要组成部分，是指国家有效防范和应对危险生物因子及相关因素威胁，生物技术能够稳定健康发展，人民生命健康和生态系统相对处于没有危险和不受威胁的状态，生物领域具备维护国家安全和持续发展的能力。新冠疫情发生后，针对我国公共卫生应急管理体系中的短板和不足，2020年2月14日，习近平在中央全面深化改革委员会第十二次会议上提出，要全面加强和完善公共卫生领域相关法律法规建设，认真评估传染病防治法、野生动物保护法等法律法规的修改完善；要把生物安全纳入国家安全体系，系统规划国家生物安全风险防控和治理体系建设，全面提高国家生物安全治理能力；要尽快推动出台生物安全法，加快构建国家生物安全法律法规体系、制度保障体系。同年10月17日，十三届全国人大常委会第二十二次会议通过《中华人民共和国生物安全法》，这是我国生物安全领域的一部基础性、综合性、系统性、统领性法律，标志着我国生物安全进入依法治理的新阶段。2021年9月29日，中共十九届中央政治局就加强我国生物安全建设进行第三十三次集体学习，习近平在主持学习时强调，要深刻认识新形势下加强生物安全建设的重要性和紧迫性，贯彻总体国家安全观，贯彻落实生物安全法，统筹发展和安全，按照以人为本、风险预防、分类管理、协同配合的原则，加强国家生物安全风险防控和治理体系建设，提高国家生物安全治理能力，切实筑牢国家生物安全屏障。根据党中央的要求，各级政府聚焦国家生物安全重大现实需要，强化系统治理和全链条防控，提高食品药品等关系人民健康产品和服务的安全保障水平，扎实推进生物科技创新和产业化应用，打造医疗防治、物资储备、产能动员"三位一体"的公共卫生应急物资保障体系。

边海防工作是治国安邦的大事，关系国家安全和发展全局。一提到边海防，就不禁让人想起中国近代史，那个时候的中国积贫积弱，任人宰割，外敌从我国陆地和海上入侵大大小小数百次，给中华民族造成了深重灾难。这一段屈辱历史，我们要永志不忘。习近平强调，要坚持把国家主权和安全放在第一位，贯彻总体国家安全观，周密组织边境管控和海上维权行动，坚决维护领土主权和海洋权益，筑牢边海防铜墙铁壁；要坚持军民合力共建边海防，统筹边海防建设和边境沿海地区经济社会发展，着力解决制约边海防工作的体制机制问题，不断增强新形势下防卫管控能力；要坚持狠抓边海防工作落实，各地区各部门各系统要做到守边有责、守边负责、守边尽责，齐心协力把党中央的治边方略和决策部署落到实处。根据党中央的决策部署，党的十八大以来，我国统筹陆地和海上两个方向，坚持成体系成规模推进边海防基础设施建设，不断推动创新管边控海模式，管边控海能力得到有效提升，为建设强大稳固的现代边海防奠定了坚实基础。我国大力推动跨境基础设施互联互通、边境口岸开放升级，促进跨境经贸交流合作。经过长期努力，我国已与邻国协议开放口岸100多对，规划和建设17个国家级边境经济合作区，边境地区互联互通和口岸通关便利化水平不断提升，陆地边界管理法律体系日趋完善，为强边固边、兴边富边提供了强大依托。我国还扎实推进涉海对话合作，妥善管控海上矛盾分歧，积极参与制定地区规则秩序。中日达成四点原则共识，同意通过对话磋商管控钓鱼岛和东海局势。中韩正式启动海域划界谈判，努力通过谈判协商解决海域划界问题。我们坚持"双轨思路"，与东盟国家全面有效落实《南海各方行为宣言》，积极推进"南海行为准则"磋商，推动海上低敏感领域合作取得新成果，南海建章立制迈出新步伐。

切实维护我国海外利益安全，保护海外中国公民、组织和机构的安全与正当权益，努力形成强有力的海外利益安全保障体系。2014年9月2日，外交部全球领事保护与服务应急呼叫中心正式运营，12308热线全年无休每天24小时为在海外遇到困难或有所需求的中国公民提供救助和咨询。仅2021年1月至5月，12308全球领事保护与服务应急热线就接听来电约15万通，处理各类领事保护与协助案件1万余起，涉及海外中国公民3万余人。党的十八大后的5年中，中国成功从多个突发战争或重大自然灾害的国家接回滞留同胞，成功组织9次海外公民撤离行动。2015年在战火纷飞的也门，中国政府分 4 批安全撤离了 600 多名中国公民，同时协助来自 10 多个国家的 270 多名外国公民安全离开，上演了一场惊心动魄的"红海行动"。截至 2017 年 8 月底，先后处理 100 多起中国公民在境外遭绑架或者袭击案件，受理各类领事保护救助案件 30 万起。在国家安全体系建设总体框架下，建立起统一高效的境外企业和对外投资安全保护体系，促进新时代海外利益安全保障同海外利益发展相适应。中国还同其他国家达成多项便利人员往来协定或安排。截至 2019 年 3 月，持中国普通护照可以有条件免签或落地签的国家和地区已达 72 个，我国公民出行更加安全方便。

积极推动国家安全领域的国际合作。中国在办好自己事情的同时，始终认真履行自己的责任，履行国际义务，积极参与并倡导全球安全治理和国际执法合作。2014 年 5 月 21 日，习近平在亚洲相互协作与信任措施会议第四次峰会上发表讲话，提出亚洲安全观。他说："要跟上时代前进步伐，就不能身体已进入 21 世纪，而脑袋还停留在冷战思维、零和博弈的旧时代。我们认为，应该积极倡导共同、综合、合作、可持续的亚洲安全观，创新安全理念，搭建地区安全和合作新架构，努力走出一条共建、共享、共赢的亚洲安全之路。"[①]"共同，就是要尊重和保障每一个国家安全"；"综合，就是要统筹维护传统领域和非传统领域安全"；"合作，就是要通过对话合作促进各国和本地区安全"；"可持续，就是要发展和安全并重以实现持久安全"。[②]2017 年 9 月 26 日，习近平出席国际刑警组织第 86 届全体大会开幕式并发表题为《坚持合作创新法治共赢　携手开展全球安全治理》的主旨演讲，强调中国愿同各国政府及其执法机构、各国际

---

① 习近平：《积极树立亚洲安全观　共创安全合作新局面——在亚洲相互协作与信任措施会议第四次峰会上的讲话》，《人民日报》2014 年 5 月 22 日。

② 习近平：《积极树立亚洲安全观　共创安全合作新局面——在亚洲相互协作与信任措施会议第四次峰会上的讲话》，《人民日报》2014 年 5 月 22 日。

组织一道，"高举合作、创新、法治、共赢的旗帜，加强警务和安全方面合作，共同构建普遍安全的人类命运共同体"①。中国不但提出全球安全理念，还积极付诸行动。中国坚决支持国际反恐怖斗争，先后同70多个国家和地区深度开展打击网络犯罪合作，联合各国开展国际追逃追赃、打击电信诈骗等执法行动，全面参与联合国、国际刑警组织、上海合作组织、中国—东盟等国际和区域合作框架内的执法安全合作，先后开展中吉"边防联合决心—2013"、中俄"东方—2014"、中蒙"雄鹰—2015"、中吉"天山—3号（2017）"等一系列联合反恐演练；与东南亚、非洲、欧洲等地区的10多个国家深入开展打击整治电信诈骗合作，捣毁窝点上百个，抓获遣返犯罪嫌疑人近5000人；持续与越南、缅甸等东南亚国家开展反拐联合行动，仅2016年就破获案件227起，抓获犯罪嫌疑人367名，解救妇女儿童253名。②中国还创建了湄公河流域执法安全合作机制，建立了新亚欧大陆桥安全走廊国际执法合作论坛。

人民群众安全意识普遍增强，领导干部应对安全风险本领稳步提高。深入开展国家安全宣传教育和全民国防教育，完善公民安全教育体系，制定关于加强大中小学国家安全教育的实施意见，加强安全公益宣传，普及安全知识，培育安全文化，开展常态化应急疏散演练，支持引导社区居民开展风险隐患排查和治理，积极推进安全风险网格化管理。巩固国家安全人民防线，推进兴边富民、稳边固边，严密防范和严厉打击敌对势力渗透、破坏、颠覆、分裂活动。开展经常性党员干部国家安全教育和知识培训，以落实国家安全领导责任和工作责任为抓手，推动各级领导干部更加自觉地统筹发展和安全两件大事，引导各级领导干部在防风险、迎

---

① 习近平：《坚持合作创新法治共赢　携手开展全球安全治理——在国际刑警组织第八十六届全体大会开幕式上的主旨演讲》，《人民日报》2017年9月27日。

② 参见《携手共建安全命运共同体——中国警方深入开展国际执法合作综述》，《人民日报》2017年9月25日。

挑战的实际斗争中提升见微知著能力、分析研判能力、隐患排查防范能力、突发事件应对能力、复杂局面驾驭能力。

党的十八大以来，党中央把统筹发展和安全两件大事贯穿国家发展各领域全过程，注重防范化解影响我国现代化进程的重大风险，成功经受住了来自政治、经济、意识形态、自然界等方面的风险挑战考验，为党和国家事业繁荣发展、兴旺发达、长治久安提供了有力保证。

第十三章　落实对港澳全面管制权，把握两岸关系主导权主动权

　　香港、澳门回归祖国后，重新纳入国家治理体系，走上了同祖国内地优势互补、共同发展的宽广道路，"一国两制"实践取得举世公认的成功。同时，一个时期，受各种内外复杂因素影响，"反中乱港"活动猖獗，香港局势一度出现严峻局面。以习近平同志为核心的党中央强调，必须全面准确、坚定不移贯彻"一国两制"方针，坚持和完善"一国两制"制度体系，坚持依法治港治澳，维护宪法和基本法确定的特别行政区宪制秩序，落实中央对特别行政区全面管治权，坚定落实"爱国者治港""爱国者治澳"。党中央审时度势，作出健全中央依照宪法和基本法对特别行政区行使全面管治权、完善特别行政区同宪法和基本法实施相关制度机制的重大决策，推动建立健全特别行政区维护国家安全的法律制度和执行机制、完善香港特别行政区选举制度，落实"爱国者治港"原则，坚定支持香港特别行政区依法止暴制乱、恢复秩序，坚决防范和遏制外部势力干预港澳事务，严厉打击分裂、颠覆、渗透、破坏活动；全面支持香港、澳门更好融入国家发展大局，支持港澳发展经济、改善民生，增强港澳同胞国家意识和爱国精神。这一系列标本兼治的举措，推动香港局势实现由乱到治的重大转折，为推进依法治港治澳、促进"一国两制"实践行稳致远打下了坚实基础。解决台湾问题、实现祖国完全统一，是全体中华儿女共同愿望，是实现中华民族伟大复兴的必然要求。党把握两岸关系时代变化，丰富和发展国家统一理论和对台方针政策，形成新时代党解决台湾问题的总体方

略，出台一系列惠及广大台胞的政策；坚持一个中国原则和"九二共识"，坚决反对"台独"分裂行径，坚决反对外部势力干涉，牢牢把握两岸关系主导权和主动权，祖国完全统一的时和势始终在我们这一边。

一、确保"一国两制"在港澳的实践不走样不变形

实现祖国完全统一，是中华民族根本利益所在。邓小平从我国实际出发，尊重历史，尊重现实，创造性提出了"一个国家，两种制度"的科学构想，开辟了以和平方式实现祖国统一的新途径。根据"一国两制"方针，香港、澳门回归祖国后，在中央政府大力支持下，香港、澳门持续保持繁荣稳定，自身特色和优势得到发挥，"一国两制"实践取得了举世公认的成功。实践证明，"一国两制"行得通、办得到、得人心。习近平指出："'一国两制'是中国的一个伟大创举，是中国为国际社会解决类似问题提供的一个新思路新方案，是中华民族为世界和平与发展作出的新贡献，凝结了海纳百川、有容乃大的中国智慧。"①但与此同时，一个时期以来，受各种复杂因素影响，香港长期积累形成的一些深层次问题和矛盾日益显露，特别是"反中乱港"活动猖獗，蓄意破坏香港社会秩序，一些外国和境外势力肆意干涉中国内政，通过各种方式插手香港内部事务并进行渗透、捣乱，香港局势一度出现严峻局面。

面对新情况新问题，党的十八大以来，以习近平同志为核心的党中央站在党和国家事业发展全局的高度，就"一国两制"实践的方向和原则问题，特别是如何正确认识和把握好"一国"与"两制"的关系、香港特别行政区与中央的关系等重大问题，进行一系列拨乱反正、正本清源工作，

---

① 习近平：《在庆祝香港回归祖国二十周年大会暨香港特别行政区第五届政府就职典礼上的讲话》，《人民日报》2017年7月2日。

强调必须全面准确、坚定不移贯彻"一国两制"方针，维护宪法和基本法确定的特别行政区宪制秩序，落实中央对特别行政区全面管治权，坚定支持行政长官和特别行政区政府依法施政，恢复秩序，引领"一国两制"实践在乘风破浪中行稳致远，取得新成就。

2012年12月20日，在听取来北京述职的香港特别行政区行政长官梁振英汇报时，习近平就中央对香港、澳门的政策重申了"三个不变"，即："中央贯彻落实'一国两制'、严格按照基本法办事的方针不会变；支持行政长官和特别行政区政府依法施政、履行职责的决心不会变；支持香港、澳门两个特别行政区发展经济、改善民生、推进民主、促进和谐的政策也不会变。"同时强调："关键是要全面准确理解和贯彻'一国两制'方针，切实尊重和维护基本法权威。"①

2013年12月4日至2014年5月3日，根据2007年12月第十届全国人大常委会第三十一次会议决定的香港行政长官和立法会议员普选时间表，香港特别行政区政府就2017年行政长官和2016年立法会产生办法进行为期5个月的公众咨询，启动了实现普选的有关程序。由于涉及管治权之争，围绕处理以2017年行政长官普选办法为主要内容的政改问题，在香港各界引起了广泛关注和议论。

2014年6月，针对香港社会在讨论2017年行政长官普选办法时出现的某些模糊观点和错误言论，国务院新闻办公室以《"一国两制"在香港特别行政区的实践》为题发表关于香港事务的白皮书，系统阐述了中央对香港的方针政策，突出强调中央对香港拥有全面管治权等重要观点。同年8月31日，十二届全国人大常委会第十次会议通过《全国人民代表大会常务委员会关于香港特别行政区行政长官普选问题和2016年立法会产生办法的决定》（以下简称"8·31决定"），决定从2017年开始，香港特别

---

① 《习近平会见梁振英》，《人民日报》2012年12月21日。

行政区行政长官选举可以实行由普选产生的办法；香港特别行政区行政长官选举实行由普选产生的办法时："（一）须组成一个有广泛代表性的提名委员会。提名委员会的人数、构成和委员产生办法按照第四任行政长官选举委员会的人数、构成和委员产生办法而规定。（二）提名委员会按民主程序提名产生二至三名行政长官候选人。每名候选人均须获得提名委员会全体委员半数以上的支持。（三）香港特别行政区合资格选民均有行政长官选举权，依法从行政长官候选人中选出一名行政长官人选。（四）行政长官人选经普选产生后，由中央人民政府任命。"决定还提出："如行政长官普选的具体办法未能经法定程序获得通过，行政长官的选举继续适用上一任行政长官的产生办法。"① 这个决定为香港特别行政区提出行政长官普选具体办法确定了原则。但"8·31决定"遭到了香港所谓"民主派"的极力抗拒和攻击，他们罔顾基本法有关规定，坚持对抗思维，拒绝接受特别行政区政府据此提出的行政长官普选方案，反而提出公然违反基本法的所谓"公民提名"方案。2014年9月28日，香港"民主派"发动蓄谋已久的非法"占领中环"运动，持续长达79天，企图以所谓"公民抗命"方式逼迫中央政府收回"8·31决定"，进而实施港版"颜色革命"。

2014年9月22日，在会见以董建华为团长的香港工商界专业界访京团时，习近平有针对性地指出："办好香港的事情，关键是要全面准确理解和贯彻'一国两制'方针，维护基本法权威。中央对香港的基本方针政策没有变，也不会变。中央政府将坚定不移贯彻'一国两制'方针和基本法，坚定不移支持香港依法推进民主发展，坚定不移维护香港长期繁荣稳定。"② 在依法处置"占领中环"事件后，2015年6月18日，香港特别行政区政府将有关行政长官普选方案提交立法会表决。自称"民主派"的议

---

① 《全国人民代表大会常务委员会关于香港特别行政区行政长官普选问题和2016年立法会产生办法的决定》，《人民日报》2014年9月1日。

② 《习近平会见香港工商界专业界访京团》，《人民日报》2014年9月23日。

员集体投下反对票，致使 2017 年实行行政长官普选的目标未能如期实现，不得不沿用上一任选举办法产生。同年 12 月 23 日，习近平在听取香港特别行政区行政长官梁振英述职汇报时指出："中央贯彻'一国两制'方针坚持两点。一是坚定不移，不会变、不动摇。二是全面准确，确保'一国两制'在香港的实践不走样、不变形，始终沿着正确方向前进。"①2016 年 2 月，香港激进分离势力暴力袭击警员，发生了"旺角暴乱"事件。

面对"一国两制"在香港实践中发生的问题和复杂严峻的局势，以习近平同志为核心的党中央登高望远，全面准确贯彻落实"一国两制"方针不动摇，坚守原则底线不退让，果断作出有关重大决策，统筹协调有关各方，全力支持香港特别行政区政府依法推进政改，在处置"占领中环"事件以及"旺角暴乱"事件时，将可能产生的负面影响降至最低，并着力发展经济、改善民生，保持大局稳定。继 2016 年 11 月十二届全国人大常委会第二十四次会议表决通过《关于〈中华人民共和国香港特别行政区基本法〉第一百零四条的解释》、香港高等法院依法裁定宣扬"港独"的议员丧失议员资格、2017 年 3 月林郑月娥顺利当选香港特别行政区第五任行政长官之后，以 2017 年 6 月 29 日至 7 月 1 日习近平亲临香港出席庆祝香港回归祖国 20 周年有关活动取得圆满成功为标志，香港形势好转，"一国两制"强大生命力和中央稳控香港局势的治理能力得到彰显。

在庆祝香港回归祖国 20 周年大会暨香港特别行政区第五届政府就职典礼上，习近平结合一段时间以来"一国两制"在香港的实践中遇到的新问题，就今后如何更好地认识和落实"一国两制"深入阐述了 4 点重要意见。第一，必须"始终准确把握'一国'和'两制'的关系。'一国'是根，根深才能叶茂；'一国'是本，本固才能枝荣"。在贯彻落实"一国两

---

① 《习近平会见来京述职的梁振英》，《人民日报》2015 年 12 月 24 日。

制"的具体实践中，"必须牢固树立'一国'意识，坚守'一国'原则，正确处理特别行政区和中央的关系。任何危害国家主权安全、挑战中央权力和香港特别行政区基本法权威、利用香港对内地进行渗透破坏的活动，都是对底线的触碰，都是绝不能允许的"。第二，必须"始终依照宪法和基本法办事"。习近平指出："宪法是国家根本大法，是全国各族人民共同意志的体现，是特别行政区制度的法律渊源。基本法是根据宪法制定的基本法律，规定了在香港特别行政区实行的制度和政策，是'一国两制'方针的法律化、制度化，为'一国两制'在香港特别行政区的实践提供了法律保障。在落实宪法和基本法确定的宪制秩序时，要把中央依法行使权力和特别行政区履行主体责任有机结合起来；要完善与基本法实施相关的制度和机制；要加强香港社会特别是公职人员和青少年的宪法和基本法宣传教育。这些都是'一国两制'实践的必然要求，也是全面推进依法治国和维护香港法治的应有之义。"第三，必须"始终聚焦发展这个第一要务"。习近平指出，"一国两制"构想提出的目的，一方面是以和平的方式对香港恢复行使主权，另一方面就是为了促进香港发展，保持香港国际金融、航运、贸易中心地位；香港背靠祖国、面向世界，有着许多有利发展条件和独特竞争优势，香港要珍惜机遇、抓住机遇，把主要精力集中到搞建设、谋发展上来。第四，必须"始终维护和谐稳定的社会环境"。习近平强调，香港如果陷入"泛政治化"的旋涡，人为制造对立、对抗，那就不仅于事无补，而且会严重阻碍经济社会发展；在全球经济格局深度调整、国际竞争日趋激烈的背景下，香港也面临很大的挑战，经不起折腾，经不起内耗。"只有团结起来、和衷共济，才能把香港这个共同家园建设好。"①这些重要论述现实针对性强，对于"一国两制"实践行稳致远具有方向性

---

① 习近平：《在庆祝香港回归祖国二十周年大会暨香港特别行政区第五届政府就职典礼上的讲话》，《人民日报》2017年7月2日。

指导意义。

在处理香港政改问题过程中，中央政府始终严格按照基本法办事，坚定支持香港特别行政区依照基本法规定循序渐进发展符合香港实际情况的民主政制。处理长达近 80 天的非法"占领中环"事件时，中央以法治思维和底线思维，坚定支持香港特别行政区政府依法处置，并通过有关当事人向法院申请禁制令等司法程序入手，顺利实行清场，避免了流血事件的发生。针对香港特别行政区第六届立法会议员宣誓过程中有的候任议员宣扬"港独"等违法言行，十二届全国人大常委会第二十四次会议表决通过的《关于〈中华人民共和国香港特别行政区基本法〉第一百零四条的解释》，为依法取消有关人员的立法会议员资格提供了法律依据，彰显了基本法的权威，从根本上维护了"一国两制"原则，为香港社会明辨是非树立了正确标杆。香港特别行政区政府有关机构和司法机关随后对有关议员作出检控和判决，取消其议员资格。澳门特别行政区依据全国人大常委会有关释法精神，主动在立法会选举法中增加了"防独"条款，以防患于未然。在完善港澳特别行政区行政长官述职制度、依法行使对行政长官和主要官员的实质任命权、加强国家宪法和基本法的宣传教育等方面，中央政府也采取了相应举措。

在依法治港治澳的同时，以习近平同志为核心的党中央从国家发展总体战略全局的视角和保持港澳长期繁荣稳定的要求出发，积极谋划、全力支持港澳经济社会发展和民生改善，促进港澳与内地优势互补、合作共赢、共同发展。

2016 年 3 月，国家"十三五"规划纲要提出，要"发挥港澳独特优势，提升港澳在国家经济发展和对外开放中的地位和功能"：一是"支持港澳提升经济竞争力"——支持香港巩固和提升国际金融、航运、贸易三大中心地位，强化全球离岸人民币业务枢纽地位和国际资产管理中心功能，推动融资、商贸、物流、专业服务等向高端高增值方向发展；支持香港发展创新及科技事业，培育新兴产业；支持香港建设亚太区国际法律及解决争议服务中心；支持澳门建设世界旅游休闲中心、中国与葡语国家商贸合作服务平台，积极发展会展商贸等产业，促进经济适度多元可持续发展。二是"深化内地与港澳合作"——支持港澳参与国家双向开放、"一带一路"建设，鼓励内地与港澳企业发挥各自优势，通过多种方式合作走出去；加大内地对港澳开放力度，推动内地与港澳关于建立更紧密经贸关系安排升级；深化内地与香港金融合作，加快两地市场互联互通；加深内地同港澳在社会、民生、文化、教育、环保等领域交流合作，支持内地与港澳开展创新及科技合作，支持港澳中小微企业和青年人在内地发展创业；支持共建大珠三角优质生活圈，加快前海、南沙、横琴等粤港澳合作平台建设。①

2016 年 5 月，在中央政府支持下，香港特别行政区政府举办了首届"一带一路"高峰论坛。2017 年 6 月，香港加入亚洲基础设施投资银行。2014 年 9 月和 2016 年 10 月，中央政府支持澳门特别行政区先后举办第八届亚太经合组织旅游部长会议、中国—葡语国家经贸合作论坛第五届部长级会议。中央还出台了一系列支持内地与港澳加强交流合作、共同发展的政策措施，包括：在建立更紧密经贸关系的安排（CEPA）框架下，内地分别与香港、澳门签署新的服务贸易协议，基本实现服务贸易自由化，内地与香港签署投资协议、经济技术合作协议；内地与香港实施基金互认安排，先后实施"沪港通""深港通""债券通"等金融互联互通政策；编制和实施粤港澳大湾区城市群发展规划；推动内地与港澳的跨境基础设施建设和人员、货物通关便利化。世界上最长的跨海大桥港珠澳大桥于 2017 年底建成，广深港高铁（香港段）于 2018 年第三季度通车。中央

---

① 《中华人民共和国国民经济和社会发展第十三个五年规划纲要》，《人民日报》2016 年 3 月 18 日。

还明确划定澳门85平方公里的海域范围和陆地界线。便利港澳同胞在内地学习、就业、生活的一系列具体政策措施陆续出台。2017年6月，教育部印发通知，要求各高校积极为港澳毕业生提供就业信息服务，开展对他们的就业指导，为有就业意愿且符合条件的港澳毕业生发放《就业协议书》，签发《全国普通高等学校本专科毕业生就业报到证》或《全国毕业研究生就业报到证》，为港澳学生在内地就业提供更多便利。商务部2017年6月28日与香港特区政府签署内地与香港《CEPA 投资协议》和《CEPA 经济技术合作协议》。这两个协议是 CEPA 升级的重要组成部分，是内地与香港在"一国两制"框架下按照世贸组织规则作出的特殊经贸安排，充分体现了中央对香港经济发展和长期繁荣稳定的支持。与此同时，国家旅游局印发了为港澳同胞提供更加便利旅游住宿服务的有关通知，要求旅游住宿企业严格遵守国家法律法规和相关政策规定，不得以任何非正常理由对港澳同胞办理入住设置障碍，为港澳同胞在内地旅游提供更加优质便利的住宿服务。2017年10月，财政部、教育部印发《港澳及华侨学生奖学金管理办法》，国家为来内地就读的港澳学生专门设立港澳及华侨学生奖学金，参照内地学生奖学金政策体系为港澳学生增设"特等奖"，不但增加了港澳学生的奖学金名额，还大幅提高了奖学金奖励标准。2017年12月18日，国务院港澳事务办公室公布住房城乡建设部、财政部、中国人民银行、国务院港澳办、国务院台办等联合制定的《关于在内地（大陆）就业的港澳台同胞享有住房公积金待遇有关问题的意见》，明确在内地就业的港澳同胞，均可按照内地《住房公积金管理条例》和相关政策的规定缴存住房公积金；缴存基数、缴存比例、办理流程等实行与内地缴存职工一致的政策规定；已缴存住房公积金的港澳同胞，与内地缴存职工同等享有提取个人住房公积金、申请住房公积金个人住房贷款等权利；在内地跨城市就业的，可以办理住房公积金异地转接手续；与用人单位解除或终止劳动（聘用）关系并返回港澳的，可以按照相关规定提取个人住房公积金账户余额。以上重大举措进一步拓展了港澳的发展空间和机会，巩固了内地与港澳优势互补、共同发展的格局。

在中央政府关心支持和各方共同努力下，党的十八大以来，香港、澳门各项事业取得长足进步。香港继续被众多国际机构评选为全球最自由经济体和最具竞争力的地区之一。2012年至2016年，香港本地生产总值年均实际增长2.6%，高于发达经济体同期平均增速。香港国际金融、航运、贸易中心地位不断巩固，全球离岸人民币业务枢纽地位和国际资产管理中心功能不断强化。澳门经济在深度调整后止跌回升，人均本地生产总值居全球前列，社会事业迈上新台阶。

二、标本兼治：推动香港局势实现由乱到治重大转折

随着世界百年未有之大变局加速演进，外部敌对势力牵制、遏制中国发展的行径愈演愈烈，"一国两制"在香港实践的内外环境日趋复杂，围绕香港特别行政区管治和民主发展的斗争也越趋激烈。2019年，一场猝不及防的"修例风波"侵袭香港，旷日持久的严重暴力冲击法治基石、危及民众安全、重创经济民生，严重危害国家主权、安全、发展利益。"修例风波"的起因是：2018年2月，香港居民陈同佳涉嫌在台湾杀害女友后潜逃回港。因港台之间没有签订刑事司法协助安排和移交逃犯协议，陈同佳无法被移交至案发地台湾受审，香港特别行政区政府由此提出修订《逃犯条例》和《刑事事宜相互法律协助条例》，以堵住法律漏洞，维护法治与公义。但是，香港反对派和各种激进势力利用这个机会，以修例会使港人"被抓回内地，以'莫须有'的罪名坐牢"[1]为幌子危言耸听，制造社会恐慌，从2019年6月起推动各种激进抗争，发起所谓"反修例"。在特区政府多次表示修例

---

[1] 《煽惑、洗脑与撕裂——香港修例风波回望之一》，《人民日报》2020年5月8日。

工作已经彻底停止后，他们继续变本加厉策动暴力且不断升级，肆意设障堵路，损毁交通设施，扰乱机场运作，甚至公然鼓吹"港独"，叫嚣"光复香港，时代革命"等口号，包围、冲击中央政府驻港机构和香港特别行政区政权机关，侮辱国旗、国徽和区徽，乞求外国对国家、对香港实施制裁；多项政府公共服务受阻，大中小学和幼儿园被迫长时间停课，多所大学校园被非法"占领"，众多商业场所无法营业；他们对持不同意见者进行无差别攻击，煽动港人仇恨中国共产党、仇恨国家、仇恨内地民众，等等。"反中乱港"势力在"修例风波"中胡作非为，严重挑战国家主权和"一国两制"原则底线。

"修例风波"对国家安全、香港法治、经济社会稳定造成的严重危害令人痛心、发人深省。以习近平同志为核心的党中央统筹全局，作出健全中央依照宪法和基本法对特别行政区行使全面管治权、完善特别行政区同宪法和基本法实施相关制度机制等重大决策，拨乱反正，引领香港局势和经济社会发展重回正轨。

2019 年 10 月，党的十九届四中全会《中共中央关于坚持和完善中国特色社会主义制度　推进国家治理体系和治理能力现代化若干重大问题的决定》明确提出："坚持和完善'一国两制'制度体系"，"健全中央依照宪法和基本法对特别行政区行使全面管治权的制度"，"完善特别行政区同宪法和基本法实施相关的制度和机制，坚持以爱国者为主体的'港人治港'、'澳人治澳'，提高特别行政区依法治理能力和水平"，"建立健全特别行政区维护国家安全的法律制度和执行机制"，"坚决防范和遏制外部势力干预港澳事务和进行分裂、颠覆、渗透、破坏活动"，"绝不容忍任何挑战'一国两制'底线的行为，绝不容忍任何分裂国家的行为"。[①]

---

① 《中共中央关于坚持和完善中国特色社会主义制度　推进国家治理体系和治理能力现代化若干重大问题的决定》，《人民日报》2019 年 11 月 6 日。

为加强对香港、澳门工作的集中统一领导，2020年2月，党中央决定成立中央港澳工作领导小组，取代原来设立的中央港澳工作协调小组，设立领导小组办公室，与国务院港澳事务办公室合并设置。这是党中央面对港澳内外环境新变化作出的一项重大决策，从机构设置和制度安排上进一步加强了党中央对港澳工作的集中统一领导，对促进香港局势由乱转治发挥了重要作用。

维护国家安全是国家的头等大事。中央政府对香港特别行政区有关的国家安全事务负有根本责任，香港特别行政区负有维护国家安全的宪制责任。早自1997年7月1日起即实施的《中华人民共和国香港特别行政区基本法》第二十三条就明确规定："香港特别行政区应自行立法禁止任何叛国、分裂国家、煽动叛乱、颠覆中央人民政府及窃取国家机密的行为，禁止外国的政治性组织或团体在香港特别行政区进行政治活动，禁止香港特别行政区的政治性组织或团体与外国的政治性组织或团体建立联系。"[①]然而，由于"反中乱港"势力和外部敌对势力的极力阻挠、干扰，第二十三条立法一直没有完成，香港维护国家安全的制度机制存在明显"不设防"问题。

根据宪法和香港基本法以及多年来"一国两制"实践，从国家层面推进特别行政区相关制度机制建设，可以有多种实现方式，包括全国人大及其常委会作出决定、制定法律、修改法律、解释法律、将有关法律列入基本法附件三和中央人民政府指令等。党中央审时度势，确定采取"决定＋立法"的方式，分步推进和完成建立健全香港特别行政区维护国家安全的法律制度和执行机制。

2020年5月28日，第十三届全国人民代表大会第三次会议通过《关于建立健全香港特别行政区维护国家安全的法律制度和执行机制的决

---

① 《中华人民共和国香港特别行政区基本法》，《人民日报》1990年4月7日。

定》，对建立健全香港特别行政区维护国家安全的法律制度和执行机制提出原则要求，授权全国人大常委会就此制定相关法律，切实防范、制止和惩治与香港特别行政区有关的严重危害国家安全的行为和活动。6月30日，十三届全国人大常委会第二十次会议表决通过《中华人民共和国香港特别行政区维护国家安全法》（以下简称"香港国安法"），并决定将该法列入基本法附件三，由香港特别行政区政府同日刊宪公布实施。该法共6章、66条，对与香港特别行政区有关的分裂国家、颠覆国家政权、组织实施恐怖活动和勾结外国或者境外势力危害国家安全等犯罪及其处罚作出了规定，建立健全了国家和特别行政区两个层面维护国家安全的执行机制，并从国家安全的角度进一步明确了参选或者就任香港特别行政区有关公职的资格和条件。7月，根据香港国安法规定，香港特别行政区维护国家安全委员会、中央人民政府驻香港特别行政区维护国家安全公署相继成立。全国人大及其常委会通过建立健全香港维护国家安全法律制度及执行机制的决定和制定香港国安法，是回归以来中央处理香港事务最为重大的举措，夯实筑牢了在香港维护国家安全的制度屏障，是"一国两制"实践发展的重要里程碑。香港国安法的施行，迅速彰显强大威力，有力打击了"港独"激进势力的嚣张气焰，一举扭转香港乱局。

明确香港特别行政区公职人员参选、任职和就职宣誓等规矩。早在2016年11月7日，针对第六届立法会议员就职宣誓时发生严重侮辱国家和民族的情况，十二届全国人大常委会第二十四次会议作出《关于〈中华人民共和国香港特别行政区基本法〉第一百零四条的解释》，明确拥护中华人民共和国香港特别行政区基本法、效忠中华人民共和国香港特别行政区是参选或者出任香港特别行政区有关公职的法定要求和条件；阐明了"就职时必须依法宣誓"的含义，明确了依法宣誓的法律效力及其法律责任，为立法会议员等公职人员就职宣誓定下了规矩。2020年8月11日，十三届全国人大常委会第二十一次会议根据香港特别行政区行政长官报请国务院提出的有关议案，就因受新冠疫情影响推迟第七届立法会选举而出现的立法机关空缺问题，作出《关于香港特别行政区第六届立法会继续履行职责的决定》，明确 2020 年 9 月 30 日后香港特别行政区第六届立法会继续履行职责不少于一年，直至第七届立法会任期开始为止。为解决由此引发的个别议员延任资格争议，2020 年 11 月 11 日，十三届全国人大常委会第二十三次会议通过《关于香港特别行政区立法会议员资格问题的决定》，明确立法会议员因宣扬或者支持"港独"主张、拒绝承认国家对香港拥有并行使主权、寻求外国或者境外势力干预香港特别行政区事务，或者具有其他危害国家安全等行为，不符合拥护中华人民共和国香港特别行政区基本法、效忠中华人民共和国香港特别行政区的法定要求和条件，一经依法认定，即时丧失立法会议员资格。这就进一步明确了就任立法会议员的法定资格，完善了相关制度机制。

香港特别行政区多年来实行的选举制度，包括行政长官、立法会议员等的选举，是根据香港基本法有关规定、全国人大常委会有关解释和决定以及香港本地有关法律规定确定的。一段时间以来，特别是在"修例风波"中，"反中乱港"势力通过香港选举平台和立法会议事平台或者利用立法会议员、区议会议员等公职人员身份，扰乱立法会运作，阻挠政府依法施政，妄图夺取香港管治权。这表明，香港特别行政区选举制度机制存在明显缺陷，必须采取有力措施完善香港特别行政区选举制度，消除制度机制方面存在的漏洞和风险。早在 1984 年 6 月邓小平在会见香港工商界访京团和香港知名人士时就明确表示："港人治港有个界线和标准，就是必须由以爱国者为主体的港人来治理香港。"①"爱国者治港"是"一国两制"构想从提出之初就被纳入其中的题中应有之义。2021 年 1 月 27 日，习近平在以视频方式听取香港特别行政区行政长官林郑月娥 2020 年度述职报告时也指出："要

---

① 《邓小平文选》第三卷，人民出版社 1993 年版，第 61 页。

确保'一国两制'实践行稳致远，必须始终坚持'爱国者治港'。这是事关国家主权、安全、发展利益，事关香港长期繁荣稳定的根本原则。"[①]

中央和国家有关部门经研究，认为有必要从国家层面修改完善香港特别行政区选举制度。总的思路是：从法律制度机制上全面贯彻、体现和落实"爱国者治港"原则，以重新构建选举委员会并增加赋权为核心进行总体设计，调整优化选举委员会规模、组成和产生办法；继续由选举委员会选举产生行政长官，并赋予选举委员会选举产生较大比例的立法会议员和直接参与提名全部立法会议员候选人的新职能，通过选举委员会扩大香港社会均衡有序的政治参与和更加广泛的代表性；建立全流程资格审查机制，确保香港管治权牢牢掌握在爱国者手中。[②]

2021年3月11日，第十三届全国人民代表大会第四次会议通过《全国人民代表大会关于完善香港特别行政区选举制度的决定》，明确完善选举制度应当遵循的基本原则和核心要素，授权全国人大常委会修改香港基本法附件一和附件二。3月30日，十三届全国人大常委会第二十七次会议全票通过新的基本法附件一《香港特别行政区行政长官的产生办法》和附件二《香港特别行政区立法会的产生办法和表决程序》，自3月31日起施行。香港特别行政区随即以本地立法方式落实全国人大及其常委会的上述决定和对基本法附件一和附件二的修订。

这次完善香港特别行政区选举制度主要有三个方面内容。一是重新构建选举委员会，扩大规模、增加界别、优化分组、完善职能。选举委员会的规模由原来的1200人扩大到1500人，组成由原来的四大界别扩大为五大界别，每个界别300人。增加了第五界别"港区全国人大代表、港区全国政协委员和有关全国性团体香港成员的代表界"。明确规定了选举委员

[①] 《习近平听取林郑月娥述职报告》，《人民日报》2021年1月28日。

[②] 沈春耀：《全面准确、坚定不移贯彻"一国两制"方针》，《人民日报》2021年12月15日。

会五大界别共 40 个界别分组的划分、名额分配以及产生方式，调整优化了有关界别分组。完善和扩大了选举委员会的职能，保留选举委员会选举产生行政长官人选的职能，恢复选举委员会选举产生部分立法会议员的职能，增加选举委员会参与提名立法会议员候选人的职能。二是规定了行政长官和立法会的产生办法。基本保留原来的行政长官选举制度，在提名机制等方面有所调整，以确保行政长官必须由中央政府信任的、坚定的爱国者担任。重点改革立法会选举制度，立法会议员人数由 70 席增至 90 席；由选举委员会选举、功能界别选举和分区直接选举分别产生 40 名、30 名和 20 名议员；同时对立法会选举的提名、选民资格、选举方式等作出了具体规定。三是完善候选人资格审查制度。设立候选人资格审查委员会，对参加选举委员会选举、行政长官选举和立法会选举的候选人进行资格审查，确保"爱国者治港"原则的全面落实，坚决把"反中乱港"势力排除在香港特别行政区政权机关之外。完善后的香港特别行政区选举制度，既坚持"一国"原则，又尊重"两制"差异；既充分体现"爱国者治港"原则要求，修补了制度漏洞和缺陷，又做到了包容开放；既保证广泛参与，又体现均衡参与；既发展选举民主，又加强协商民主；既维护了政权安全，又有利于提高治理效能；既有利于促进良政善治，又有利于维护和实现香港广大居民的民主权利，所有候选人在同一个平台上竞争，通过比专长、比政纲、比理念、比担当、比贡献等方式，积极争取选民支持。2021 年 9 月 19 日，作为香港特别行政区完善选举制度之后举行的首场重大选举，香港特别行政区选举委员会界别分组一般选举成功举行。2021 年 12 月 19 日，完善香港特区选举制度后的首次立法会选举——香港特别行政区第七届立法会选举也成功举行，经过激烈比拼从 153 名候选人中当选的 90 名议员，将在香港由乱到治、由治及兴的重大转折点加入特区管治团队，在"爱国者治港"旗帜下聚焦香港的长远发展，推动解决社会深层次矛盾问题，开启良政善治新局面，令香港更好地融入国家发展大局。

在全面准确、坚定不移贯彻"一国两制"方针，落实中央对特别行政区全面管治权，坚定落实"爱国者治港""爱国者治澳"，坚定支持香港特别行政区依法止暴制乱、恢复秩序的同时，中央政府全面支持香港、澳门更好融入国家发展大局，高质量建设粤港澳大湾区，支持港澳发展经济、改善民生，增强港澳同胞国家意识和爱国精神，这"一系列标本兼治的举措，推动香港局势实现由乱到治的重大转折"①，为促进"一国两制"实践行稳致远打下了坚实基础。

2022 年 7 月 1 日，习近平出席庆祝香港回归祖国 25 周年大会暨香港特别行政区第六届政府就职典礼并发表重要讲话，高度评价"一国两制"实践在香港取得举世公认的成功，再次强调："'一国两制'是经过实践反复检验了的，符合国家、民族根本利益，符合香港、澳门根本利益，得到 14 亿多祖国人民鼎力支持，得到香港、澳门居民一致拥护，也得到国际社会普遍赞同。这样的好制度，没有任何理由改变，必须长期坚持！"②习近平深刻总结"一国两制"在香港的丰富实践取得的 4 条重要经验：一是必须全面准确贯彻"一国两制"方针。"一国两制"方针是一个完整的体系。维护国家主权、安全、发展利益是"一国两制"方针的最高原则，在这个前提下，香港、澳门保持原有的资本主义制度长期不变，享有高度自治权。社会主义制度是中华人民共和国的根本制度，中国共产党领导是中国特色社会主义最本质的特征，特别行政区所有居民应该自觉尊重和维护国家的根本制度。全面准确贯彻"一国两制"方针将为香港、澳门创造无限广阔的发展空间。"一国"原则愈坚固，"两制"优势愈彰显。二是必须坚持中央全面管治权和保障特别行政区高度自治权相统一。香港回归祖国，

① 《中共中央关于党的百年奋斗重大成就和历史经验的决议》，《人民日报》2021 年 11 月 17 日。

② 习近平：《在庆祝香港回归祖国 25 周年大会暨香港特别行政区第六届政府就职典礼上的讲话》，《人民日报》2022 年 7 月 2 日。

重新纳入国家治理体系，建立起以"一国两制"方针为根本遵循的特别行政区宪制秩序。中央政府对特别行政区拥有全面管治权，这是特别行政区高度自治权的源头，同时中央充分尊重和坚定维护特别行政区依法享有的高度自治权。落实中央全面管治权和保障特别行政区高度自治权是统一衔接的。特别行政区坚持实行行政主导体制，行政、立法、司法机关依照基本法和相关法律履行职责，行政机关和立法机关既互相制衡又互相配合，司法机关依法独立行使审判权。三是必须落实"爱国者治港"。政权必须掌握在爱国者手中，这是世界通行的政治法则。世界上没有一个国家、一个地区的人民会允许不爱国甚至卖国、叛国的势力和人物掌握政权。把香港特别行政区管治权牢牢掌握在爱国者手中，这是保证香港长治久安的必然要求，任何时候都不能动摇。四是必须保持香港的独特地位和优势。中央处理香港事务，从来都从战略和全局高度加以考量，从来都以国家和香港的根本利益、长远利益为出发点和落脚点。香港的根本利益同国家的根本利益是一致的，中央政府的心同香港同胞的心也是完全连通的。中央政府完全支持香港长期保持独特地位和优势，巩固国际金融、航运、贸易中心地位，维护自由开放规范的营商环境，保持普通法制度，拓展畅通便捷的国际联系。在全面建设社会主义现代化国家、实现中华民族伟大复兴的历史进程中，香港必将作出重大贡献。习近平着眼于香港未来提出 4 点希望：着力提高治理水平；不断增强发展动能；切实排解民生忧难；共同维护和谐稳定。习近平的重要讲话，为保持香港繁荣稳定、确保"一国两制"事业行稳致远指明了前进方向、提供了根本遵循。

三、强化反"独"促统大势，牢牢把握两岸关系主导权主动权

解决台湾问题、实现祖国完全统一，是党矢志不渝的历史任务，是全

体中华儿女的共同愿望，是实现中华民族伟大复兴的必然要求。党的十八大以来，面对两岸关系和平发展进入深水区、台湾局势和我周边形势发生复杂变化等困难与挑战，党中央保持高度战略自信和战略定力，毫不动摇"坚持一个中国原则和'九二共识'，强化反'独'促统大势，有力应对外部挑战"①；习近平就对台工作提出一系列重要理念、重大政策主张，丰富和发展国家统一理论和对台方针政策，形成新时代党解决台湾问题的总体方略；在"坚决反对'台独'分裂行径，坚决反对外部势力干涉"的斗争中，党中央牢牢把握两岸关系发展正确方向，"牢牢把握两岸关系主导权和主动权。祖国完全统一的时和势始终在我们这一边"②。

2013 年 2 月 25 日，习近平在会见中国国民党荣誉主席连战及随访的台湾各界人士时强调，继续推动两岸关系和平发展、促进两岸和平统一，是新一届中共中央领导集体的责任。习近平指出，我们有充分信心继续坚定不移推动两岸关系和平发展，有充分信心克服各种困难开辟两岸关系新前景，有充分信心同台湾同胞携手迎接中华民族伟大复兴。两岸同胞血脉相连，是一家人。两岸同胞同属中华民族，这种天然的血缘纽带任何力量都切割不断；两岸同属一个中国，这一基本事实任何力量都无法改变；两岸交流合作得天独厚，这种双向利益需求任何力量都压制不住；全体中华儿女有决心通过自己的不懈奋斗自立于世界民族之林，这种全民族共同愿望任何力量都阻挡不了。我们真诚希望台湾同大陆一道发展，两岸同胞共同来圆"中国梦"。6 月 21 日，海峡两岸关系协会与台湾海峡交流基金会在上海签署《海峡两岸服务贸易协议》，协议规定了两岸服务贸易的基本原则、双方的权利义务，未来合作发展方向及相关工作机制等内容，明确了两岸服务市场开放清单。6 月 15 日至 21 日，以"扩大民间交流、加强

---

① 习近平：《在全国政协新年茶话会上的讲话》，《人民日报》2022 年 1 月 1 日。
② 《中共中央关于党的百年奋斗重大成就和历史经验的决议》，《人民日报》2021 年 11 月 17 日。

两岸合作、促进共同发展"为主题，以"聚焦亲情、共圆梦想"为主议题的第五届海峡论坛在福建举办，台湾方面有 22 个县市、37 家主办单位、30 多个界别代表和基层民众近万人参加论坛。会上，大陆方面发布了 31 项对台惠民新政策措施，内容涉及两岸人员往来、赴台旅游、就业、基层调解、文化交流、版权交易、两岸直航、台企融资等多个领域。10 月 6 日，习近平在印度尼西亚巴厘岛会见台湾两岸共同市场基金会荣誉董事长萧万长一行时强调，增进两岸政治互信，夯实共同政治基础，是确保两岸关系和平发展的关键。着眼长远，两岸长期存在的政治分歧问题终归要逐步解决，总不能将这些问题一代一代传下去。我们愿意在一个中国框架内就两岸政治问题同台湾方面进行平等协商，作出合情合理安排。

经两岸双方协商，2014 年 2 月 11 日，国务院台湾事务办公室与台湾方面大陆委员会负责人在江苏南京举行首次正式会面。6 月 25 日，两岸事务主管部门负责人在台湾桃园举行第二次会面。这标志着两岸事务主管部门建立起常态化联系沟通机制。两部门负责人多次互访，及时就两岸关系形势和推进两岸各领域交流合作政策措施交换意见，为双方及时管控分歧、妥善处理复杂敏感问题，推进两岸关系发展发挥了重要作用。国共两党用好定期沟通的平台，努力扩大两岸经济文化交流合作，2013 年、2015 年继续举办第九、第十届两岸经贸文化论坛，形成"积极推进两岸经济合作框架协议后续协议商谈和落实"等多项共同建议，并大多转化为两岸共同或各自的具体政策措施，给两岸同胞带来了实实在在的好处。大陆秉持"两岸一家亲"和两岸命运共同体理念，继续办好海峡论坛、两岸企业家峰会年会、海峡青年节、"上海—台北城市论坛"、中山论坛等主题广泛的互动合作、汇聚民意的平台，两岸基层民众交流更加热络。为进一步促进两岸交流，便利台湾居民来往大陆，2015 年 6 月，国务院公布新修改的《中国公民往来台湾地区管理办法》，对台湾居民往来大陆免签注手续并实行卡式台胞证。

2015 年 11 月 7 日，习近平在新加坡同台湾地区领导人马英九会面，双方围绕推进和平发展、致力民族复兴的主题，就两岸关系交换意见，并就坚持"九二共识"、进一步推进两岸关系和平发展达成积极共识。习近平指出，两岸同胞是打断骨头连着筋的同胞兄弟，我们应该以行动向世人表明：两岸中国人完全有能力、有智慧解决好自己的问题，共同为世界与地区和平稳定、发展繁荣作出更大贡献。习近平就发展两岸关系提出4点意见：一是坚持两岸共同政治基础不动摇；二是坚持巩固深化两岸关系和平发展；三是坚持为两岸同胞多谋福祉；四是坚持同心实现中华民族伟大复兴。这是1949年以来两岸领导人首次会面，开创了两岸领导人直接对话、沟通的先河，将两岸关系和平发展和政治互动推到了新高度，为两岸关系未来发展开辟了新的空间。

2016年1月，在台湾地区领导人选举中，民进党参选人当选，民进党再度上台执政，台湾岛内政局发生重大变化，两岸关系和平发展的势头受到严重冲击。3月5日，习近平在参加十二届全国人大四次会议上海代表团审议时强调，我们对台大政方针是明确的、一贯的，不会因台湾政局变化而改变。"九二共识"明确界定了两岸关系的性质，是确保两岸关系和平发展行稳致远的关键。我们将坚决遏制任何形式的"台独"分裂行径，维护国家主权和领土完整。11月1日，习近平会见时任中国国民党主席洪秀柱，强调"九二共识"的核心是一个中国原则，认同两岸同属一个中国。台湾政局变化改变不了"九二共识"的历史事实和核心意涵。我们为推动两岸关系所做的一切，就是为了实现两岸同胞对美好生活的向往。只要是有利于增进两岸同胞亲情和福祉的事，只要是有利于推动两岸关系和平发展的事，只要是有利于维护中华民族整体利益的事，国共两党都应该尽最大努力去做，并把好事办好。党中央在妥善应对台湾局势变化的同时，继续加强同岛内认同"九二共识"、支持两岸关系和平发展的政党、团体、县市和人士交流互动，继续推进两岸各领域交流合作与经济社会融合发展。

在推动两岸经济融合方面，2013年至2017年上半年，两岸贸易额累计达到 8512.3 亿美元，其中 2014 年达到 1983 亿美元，创历史新高；新批准台资项目累计 12502 个，实际利用台资 87.97 亿美元；大陆核准赴台投资项目 327 个，总金额 20.72 亿美元。建立两岸货币清算机制，台湾银行人民币业务快速发展，人民币存款达到 3000 多亿元。成立两岸企业家峰会，促进两岸产业深度融合，吸引台湾半导体、面板、石化、精密机械等一批优势产业相继落户各地，两岸共同发布 45 项共通产业标准。2016 年 9 月，十二届全国人大常委会第二十二次会议修改通过《台湾同胞投资保护法》，为台湾同胞投资兴业创造更加便利、公平的法治环境。各地各部门积极支持台资企业转型升级、参与"一带一路"建设、开拓市场，坚定了台商台企在大陆扎根发展的信心。在促进两岸社会联系方面，2013 年至 2017 年上半年，两岸人员往来达到 4096.7 万人次，其中 2015 年达到 985.6 万人次，创历史新高。设立两岸青年就业创业基地和示范点 53 家，吸引 1000 多家台资企业和团队入驻。两岸教育文化交流合作取得新进展，增强了两岸同胞中华文化情感纽带。两岸工会、青年、妇女、体育、卫生等各领域、各界别交流持续推进。有关部门出台 20 多项政策措施，为台湾同胞在大陆学习、工作、生活提供更多便利，创造更好条件。两岸经济社会融合发展的不断深化，使两岸同胞越来越深切地感受到，两岸同胞是割舍不断的命运共同体，两岸同胞只有携起手来共同致力于中华民族复兴伟业，才能开创更加美好的未来。[①] 为了给在大陆学习、创业、就业、生活的台湾同胞提供与大陆同胞同等待遇，2018 年 2 月，国务院台湾事务办公室、国家发展和改革委员会经商中央组织部等 29 个部门同意，发布实施《关于促进两岸经济文化交流合作的若干措施》。措施着力为台企台胞提供与大陆企业、大陆同胞同等的待遇，将给台企在大陆投资兴业和广

---

① 中共中央台湾工作办公室：《砥砺奋进，克难前行——党的十八大以来对台工作的不平凡历程》，《求是》2017 年第 20 期。

大台胞在大陆发展带来巨大机遇和实实在在的获得感，体现了大陆率先同台湾同胞分享发展机遇的真诚意愿，彰显了"两岸一家亲"的重要理念。

"台独"势力及其分裂活动是两岸关系和平发展的最大现实威胁。2014年3月，台湾岛内发生"反服贸事件"，实质上是"台独"及外部势力在背后煽动、支持的一次"反中"事件，是蓄意阻挠两岸关系发展的有预谋、有组织的行动，使两岸关系和平发展进程受到严重干扰。2016年5月，主张"台独"的民进党当局上台后，拒不承认体现一个中国原则的"九二共识"，单方面破坏两岸关系和平发展的政治基础，纵容支持各种形式的"去中国化""渐进台独"分裂活动，煽动两岸民意对立，阻挠破坏两岸各领域交流合作，并企图挟洋自重，对两岸关系和平发展构成了严峻挑战。党中央高度警惕形形色色的"台独"活动，坚决反对"法理台独"分裂行径，坚决遏制"渐进台独"侵蚀和平统一的基础，绝不为各种形式的"台独"分裂活动留下任何空间。针对民进党上台后拒不接受"九二共识"，不认同两岸同属一个中国，根据党中央的决策部署，大陆方面坚决停摆了以"九二共识"为基础的两岸沟通和商谈机制；两岸双方在坚持一个中国原则的前提下，曾通过务实协商，就台湾地区以适当名义参与世界卫生大会、国际民航组织大会作出了合情合理安排。但因民进党当局拒不承认体现一个中国原则的"九二共识"，使得相关安排难以为继。随着我国发展壮大和国际影响力提高，越来越多台所谓"邦交国"对一个中国原则有了清醒认识，冈比亚、圣多美和普林西比先后与我国复交，巴拿马与我国建交。以上重要举措和态势，充分展现了中国大陆坚决反对和遏制"台独"的决心、意志和能力。

2017年10月，党的十九大确立了坚持"一国两制"和推进祖国统一的基本方略，强调："绝不允许任何人、任何组织、任何政党、在任何时候、以任何形式、把任何一块中国领土从中国分裂出去！"2019年1月，习近平在《告台湾同胞书》发表40周年纪念会上发表重要讲话，郑重提出了新时代推动两岸关系和平发展、推进祖国和平统一进程的重大政策主张：携手推动民族复兴，实现和平统一目标；探索"两制"台湾方案，丰富和平统一实践；坚持一个中国原则，维护和平统一前景；深化两岸融合发展，夯实和平统一基础；实现同胞心灵契合，增进和平统一认同。

2019 年 7 月发表的《新时代的中国国防》白皮书指出，如果有人要把台湾从中国分裂出去，中国军队将不惜一切代价，坚决予以挫败，捍卫国家统一。2020 年台湾地区选举后，"台独"分裂势力误判形势，不断挑衅，妄图推行"渐进台独"，寻机谋求"法理台独"，台海形势持续趋于复杂严峻，对台工作面临诸多风险挑战。针对个别大国在涉台问题上的消极动向及向"台独"势力发出的严重错误信号，中国人民解放军多军种多方向成体系出动兵力，在台湾海峡及南北两端连续组织实战化演练，坚决回击一切制造"台独"、分裂中国的挑衅行为。2021 年 7 月 1 日，习近平在庆祝中国共产党成立 100 周年大会上的讲话中郑重宣告，我们坚持一个中国原则和"九二共识"，推进祖国和平统一进程，"任何人都不要低估中国人民捍卫国家主权和领土完整的坚强决心、坚定意志、强大能力！"[1] 11 月 16 日，在同美国总统拜登举行视频会晤时，习近平严正阐述了中国在台湾问题上的原则立场，指出："台海局势面临新一轮紧张，原因是台湾当局一再企图'倚美谋独'，而美方一些人有意搞'以台制华'。这一趋势十分危险，是在玩火，而玩火者必自焚。"针对美国与台湾当局的频繁"玩火"勾连，习近平明确表示，一个中国原则和中美三个联合公报是中美关系的政治基础，"台湾问题的真正现状和一个中国的核心内容是：世界上只有一个中国，台湾是中国的一部分，中华人民共和国政府是代表中国的唯一合法政府。中国实现完全统一，是全体中华儿女的共同愿望。我们是有耐

---

[1] 习近平：《在庆祝中国共产党成立 100 周年大会上的讲话》，《人民日报》2021 年 7 月 2 日。

心的，愿以最大诚意、尽最大努力争取和平统一的前景，但如果'台独'分裂势力挑衅逼迫，甚至突破红线，我们将不得不采取断然措施"。①2021年以来，解放军常态环台岛组织轰炸机、侦察机、歼击机等开展巡航，常态抵近台岛周边组织多军兵种力量联合战备警巡，常态在台岛附近海空域组织联合对海突击、联合对陆打击、联合防空作战等实战化演练，坚决捍卫国家主权和领土完整，切实维护台海地区和平稳定。2022年8月2日，美国国会众议长佩洛西不顾中方强烈反对和严正交涉，窜访中国台湾地区，严重违反一个中国原则和中美三个联合公报规定，严重冲击中美关系政治基础，严重侵犯中国主权和领土完整，严重破坏台海和平稳定，向"台独"分裂势力发出严重错误信号。中方坚决反对，严厉谴责。从8月2日晚开始，中国人民解放军东部战区陆续在台岛周边开展一系列联合军事行动，在台岛北部、西南、东南海空域进行联合海空演训，在台湾海峡进行远程火力实弹射击，在台岛东部海域组织常导火力试射，这是针对美国和台湾当局在台湾问题上的危险举动所采取的必要举措。

2022年8月，国务院台湾事务办公室、国务院新闻办公室发表《台湾问题与新时代中国统一事业》强调，台湾是中国的一部分不容置疑也不容改变，世界上只有一个中国，台湾是中国的一部分的历史事实和法理事实不容置疑，台湾从来不是一个国家而是中国的一部分的地位不容改变；任何歪曲事实、否定和挑战一个中国原则的行径都将以失败告终。中国共产党坚定不移推进祖国完全统一，党的十八大以来，中国共产党和中国政府采取了一系列引领两岸关系发展、促进祖国和平统一的重大举措，比如：推动实现1949年以来两岸领导人首次会晤、直接对话沟通；坚持一个中国原则和"九二共识"，推进两岸政党党际交流；践行"两岸一家亲"理念，以两岸同胞福祉为依归，推动两岸关系和平发展、融合发展，2021

---

① 《习近平同美国总统拜登举行视频会晤》，《人民日报》2021年11月17日。

年两岸贸易额增长至3283.4亿美元，台商投资大陆项目共计123781个、实际投资额713.4亿美元；团结广大台湾同胞，排除"台独"分裂势力干扰阻挠，推动两岸各领域交流合作和人员往来走深走实；坚定捍卫国家主权和领土完整，坚决反对"台独"分裂和外部势力干涉，有力维护台海和平稳定和中华民族根本利益，依法打击"台独"顽固分子，有力震慑"台独"分裂势力。祖国完全统一进程不可阻挡，中国共产党和中国政府完全有能力推动祖国统一大业阔步前进。新时代新征程上推进祖国统一，毫不动摇坚持"和平统一、一国两制"基本方针；努力推动两岸关系和平发展、融合发展；坚决粉碎"台独"分裂和外来干涉图谋；团结台湾同胞共谋民族复兴和国家统一。按照"一国两制"实现两岸和平统一，将给中国发展进步和中华民族伟大复兴奠定新的基础，将给台湾经济社会发展创造巨大机遇，将给广大台湾同胞带来实实在在的好处。

新时代是中华民族大发展大作为的时代，也是港澳台同胞大发展大作为的时代。可以相信，有中国共产党的坚强领导，有伟大祖国的坚强支撑，有全国各族人民包括香港同胞、澳门同胞和台湾同胞的和衷共济、团结向前、共同奋斗，凝聚起众志成城、万众一心的伟力，香港、澳门长期繁荣稳定一定能够保持，祖国完全统一一定能够实现！

第十四章 推进中国特色大国外交，推动构建人类命运共同体

中国共产党是为中国人民谋幸福的政党，也是为人类进步事业而奋斗的政党。改革开放以后，党坚持独立自主的和平外交政策，为我国发展营造了良好外部环境，为人类进步事业作出重大贡献。进入新时代，世界多极化、经济全球化、社会信息化、文化多样化深入发展，全球治理体系和国际秩序变革加速推进，各国相互联系和依存日益加深，国际力量对比更趋平衡，和平发展大势不可逆转。同时，国际力量对比深刻调整，世界面临的不稳定性不确定性突出，单边主义、保护主义、霸权主义、强权政治对世界和平与发展威胁上升，恐怖主义、网络安全、重大传染性疾病、气候变化等非传统安全威胁持续蔓延，世界进入动荡变革期。面对复杂严峻的国际形势和前所未有的外部风险挑战，以习近平同志为核心的党中央作出世界正经历百年未有之大变局的重大战略判断，强调必须统筹国内国际两个大局，加强对外工作顶层设计，对中国特色大国外交作出战略谋划，推动建设新型国际关系，推动构建人类命运共同体。党把握新时代外交工作大局，紧扣服务民族复兴、促进人类进步这条主线，高举和平、发展、合作、共赢的旗帜，推进和完善全方位、多层次、立体化的外交布局，积极发展全球伙伴关系。我国积极参与全球治理体系改革和建设，维护以联合国为核心的国际体系、以国际法为基础的国际秩序、以联合国宪章宗旨和原则为基础的国际关系基本准则，维护和践行真正的多边主义，积极推动经济全球化朝着更加开放、包容、普惠、平衡、共赢的方

509

向发展。经过持续努力，中国特色大国外交全面推进，构建人类命运共同体成为引领时代潮流和人类前进方向的鲜明旗帜，我国外交在世界大变局中开创新局、在世界乱局中化危为机，我国国际影响力、感召力、塑造力显著提升。

一、洞察时代大势："世界正经历百年未有之大变局"

党的十八大以来，国际力量对比深刻调整，单边主义、保护主义、霸权主义、强权政治对世界和平与发展威胁上升，逆全球化思潮上升，世界进入动荡变革期。面对复杂严峻的国际形势和前所未有的外部风险挑战，以习近平同志为核心的党中央深刻洞察世界格局变化、深刻把握全球发展大势，作出"世界正经历百年未有之大变局"的重大战略判断；立足中华民族伟大复兴战略全局，统筹国内国际两个大局，健全党对外事工作领导体制机制，加强对外工作顶层设计，科学谋划中国特色大国外交，推动建设新型国际关系，推动构建人类命运共同体，弘扬和平、发展、公平、正义、民主、自由的全人类共同价值，引领人类进步潮流，为擘画和推进新时代中国特色大国外交提供了战略依据和行动指南。

善于观察和把握世界发展大势，顺应世界大势和时代潮流作出符合中国利益的战略选择，是我们党治国理政的一条重要经验。新中国成立后，毛泽东先后提出"一边倒""两个中间地带""三个世界"等重大政策主张；改革开放后，邓小平提出"和平和发展是当代世界的两大问题"的重大论断，这都对当时中国的内外政策制定、对外关系处理产生了重大影响。进入 21 世纪，特别是 2008 年国际金融危机发生以来，世界多极化、经济全球化、社会信息化、文化多样化深入发展，大国关系进入全方位角力的新阶段。2017 年 12 月 28 日，习近平在驻外使节工作会议上第一次提出，"放眼世界，我们面对的是百年未有之大变局"①。2018年6月，在中央外事工作会议上，他进一步指出："当前，我国处于近代以来最好的发展时期，世界处于百年未有之大变局，两者同步交织、相互激荡。"②2020年以后，突如其来的新冠疫情全球大流行使这个百年未有之大变局加速演进。所谓世界正经历百年未有之大变局，概括起来，就是当前国际格局和国际体系正发生深刻调整，全球治理体系正发生深刻变革，国际力量对比正发生近代以来最具革命性的变化，世界范围呈现出影响人类历史进程和趋向的重大态势。纵观几千年人类历史，世界发展从来都是诸种矛盾彼此交织、相互影响、综合作用的结果，大变局即孕育于其中，也演进于其中。15世纪至16世纪，新航路开辟和西方大航海时代到来，人类历史迈出向"世界历史"转变的第一步。17世纪，欧洲主要力量签订《威斯特伐利亚和约》，确立了国家主权平等原则，建构了一个有限国际格局，但全球其他地域还没有纳入国际体系。18世纪第一次工业革命后，人类社会迈上了加速发展轨道，由科技革命和工业革命推动产出的巨大生产力，深刻改变了世界既有格局。从19世纪初的维也纳体系，到第一次世界大战后的凡尔赛—华盛顿体系，再到第二次世界大战后的雅尔塔体系，世界大变局嬗替更迭。苏联解体、东欧剧变后，两极格局瓦解，美国成为唯一超级大国。进入21世纪，"东升西降"的国际政治经济趋势不断强化，新的大变局加速演进。

世界经历百年未有之大变局的表现之一，是国际力量对比发生重大变化。全球经济版图重画：一大批新兴市场国家和发展中国家群体性崛起。新兴市场国家和发展中国家过去20年来对世界经济增长贡献率高达80%，过去40年间国内生产总值全球占比从24%增加到超过40%，发达国家主

① 《习近平接见2017年度驻外使节工作会议与会使节并发表重要讲话》，《人民日报》2017年12月29日。

② 《习近平在中央外事工作会议上强调　坚持以新时代中国特色社会主义外交思想为指导　努力开创中国特色大国外交新局面》，《人民日报》2018年6月24日。

导的国际政治经济秩序已经越来越不适应国际关系新的现实。世界格局深刻演变：2020 年亚洲国内生产总值全球占比约为 38%，世界 500 强企业亚洲占了 227 家，联合国人居署评选的全球可持续竞争力前 10 名的城市有5 个来自亚洲，世界经济中心正从美欧加快向亚洲转移，引发深刻的力量格局演进。东西方软实力消长：美国等西方国家内部矛盾重重，政治恶斗、社会撕裂、贫富悬殊问题突出，制度失灵、政府失信、民众失望困局难解。"自由民主"光环不再，海外"民主移植"屡屡碰壁，越来越多的国家开始摆脱对新自由主义的迷信，致力于探索符合本国国情的现代化道路。

世界经历百年未有之大变局的表现之二，是中国与世界的关系发生深刻改变。中国的发展壮大从根本上改变了中国人民和中华民族的前途命运，极大影响了世界历史进程，成为世界格局演变背后的主要推动力量。经济竞争力增强：改革开放以来，我国国内生产总值年均实际增长 9% 以上，远高于同期世界经济不到 3% 的年均增速；党的十八大以来，我们党带领人民历史性地消除绝对贫困。我国已是国内生产总值超百万亿元的世界第二大经济体，成为 120 多个国家和地区的主要贸易伙伴，对世界经济增长的贡献率连续多年超过 30%，全方位竞争力不断提升。国际影响力上升：我国日益走近世界舞台中央，提出的构建人类命运共同体、新型国际关系等理念倡议广获认可，贡献的新冠疫苗等公共产品备受欢迎，全球伙伴关系网络不断拓展，高质量共建"一带一路"稳步推进。习近平2017 年、2021 年两次达沃斯演讲，一次针对保护主义、孤立主义的逆流，点亮经济全球化的灯塔；一次直面新冠疫情、政治病毒的肆虐，高举多边主义的火炬，为全人类照亮前行之路。制度吸引力彰显：经过中国共产党百年奋斗，中华民族迎来了从站起来、富起来到强起来的伟大飞跃，创造了世所罕见的经济快速发展和社会长期稳定奇迹，战胜了亚洲金融危机、国际金融危机、非典等一系列危机挑战，取得抗击新冠疫情斗争的重大战略成果，见证了"历史终结论"的终结、"中国崩溃论"的崩溃、"社会主义失败论"的失败，展示了马克思主义的强大生命力，在世界高高举起中国特色社会主义的光辉旗帜。国际社会日益关注"中国共产党为什么能"，思考中国的成功"密码"。总括言之，中华民族伟大复兴，是造成世界百年未有之大变局的重要原因；世界面临百年未有之大变局，给中华民族伟大复兴带来重大机遇。中国正前所未有靠近世界舞台中心，前所未有接近实现中华民族伟大复兴的目标，前所未有具有实现这个目标的能力和信心。在国际力量对比深刻调整的大背景下，"西方之乱"和"中国之治"形成了鲜明对比。

世界经历百年未有之大变局的表现之三，是世界进入动荡变革期，不稳定不确定性显著上升。国际秩序变革"青黄不接"。随着世界多极化和经济全球化深入发展，全球性挑战层出不穷，第二次世界大战后建立的全球治理体系不适应当今世界发展的地方越来越多，要求国际秩序更加公正合理的呼声越来越高。美国等国家仍试图唯我独尊，大搞霸权、霸道、霸凌，执意阻挠发展中国家扩大话语权和影响力，从过去维稳防乱的既得利益者蜕变为添堵添乱的最大麻烦制造者，治理赤字、信任赤字、发展赤字和平赤字有增无减。全球增长动能不足、经济治理滞后、发展失衡三大突出矛盾未得到有效解决，保护主义、逆全球化思潮时有抬头，贫困、失业、冲突、动荡仍在困扰世界。新冠疫情延宕反复，使许多国家人民生命健康受到威胁，国内发展和国际交往陷入混乱，进一步加剧了贫富分化、社会矛盾和发展不平衡问题，不少国家内部和国家之间的老矛盾新问题集中爆发，动荡源、风险点明显增多。世界大变局在全球大疫情中进一步加速演进，使得国际社会经历多边和单边、开放和封闭、合作和对抗的重大考验。①

---

①　外交部党委：《以习近平外交思想为引领　开创新时代外交工作新局面（深入学习贯彻习近平新时代中国特色社会主义思想）》，《人民日报》2021 年 12 月 7 日。

总之，当今世界正经历百年未有之大变局，这场变局不限于一时一事、一国一域，而是深刻而宏阔的时代之变，在这场大变局中，中国与世界的关系发生深刻变化，前所未有地日益走近世界舞台中央。世界之变与中华民族伟大复兴深度互动、交织、交汇、激荡，中国外交站到了新起点上。

二、创新"大国外交"理念，倡导构建人类命运共同体

面对世界百年未有之大变局，以习近平同志为核心的党中央精心谋划我国外交工作，全方位推进大国、周边、发展中国家、多边外交和各领域外交工作，为实现中华民族伟大复兴争取良好的国际环境。

——丰富和平发展战略思想。党的十八大后不久，针对国际社会对新一届中央领导集体内政外交大政方针走向的关注，习近平的首次外事活动安排会见在华工作的外国专家代表，阐述中国对外开放战略和外交政策，强调中国坚持走和平发展道路。2013年1月，党的十八届中央政治局围绕坚定不移走和平发展道路进行集体学习，习近平在主持学习时指出，纵观世界历史，依靠武力对外侵略扩张最终都是要失败的。世界繁荣稳定是中国的机遇，中国发展也是世界的机遇。中国坚持走和平发展道路，但决不能放弃我们的正当权益，决不能牺牲国家核心利益；中国走和平发展道路，其他国家也都要走和平发展道路，只有各国都走和平发展道路，各国才能共同发展，国与国才能和平相处。2013年3月，在十二届全国人大第一次会议上，习近平指出："我们将高举和平、发展、合作、共赢的旗帜，始终不渝走和平发展道路，始终不渝奉行互利共赢的开放战略，致力于同世界各国发展友好合作，履行应尽的国际责任和义务，继续同各国人民一道推进人类和平与发展的崇高事业。"[1]2013年6月，在美国与奥巴

---

[1] 《习近平谈治国理政》第一卷，外文出版社2018年版，第42页。

马总统共同会见记者时，习近平阐述了中国梦的世界意蕴，指出：“中国梦要实现国家富强、民族复兴、人民幸福，是和平、发展、合作、共赢的梦，与包括美国梦在内的世界各国人民的美好梦想相通。”①2014 年 3 月，在德国科尔伯基金会的演讲中，习近平对中国坚持和平发展道路和实行独立自主的外交政策作了进一步阐述，强调“中国坚定不移走和平发展道路，既通过维护世界和平发展自己，又通过自身发展维护世界和平”；“中国走和平发展道路，不是权宜之计，更不是外交辞令，而是从历史、现实、未来的客观判断中得出的结论，是思想自信和实践自觉的有机统一”。②2015 年 10 月，习近平在伦敦金融城发表演讲强调，“和为贵、和而不同、协和万邦等理念在中国代代相传，和平的基因深植于中华民族的血脉之中”，“中国坚持走和平发展道路，不接受‘国强必霸’的逻辑。任何人、任何事、任何理由都不能动摇中国走和平发展道路的决心和意志”。③ 这些重要论述阐述了中国和平发展的路径、原则和方向，进一步表明了中国坚持走和平发展道路的决心意志。

　　——提出坚持正确义利观。2013 年 3 月，习近平在访问坦桑尼亚、南非和刚果共和国等非洲国家期间，第一次提出了坚持正确义利观的思想。2013 年 10 月，在周边外交工作座谈会上，习近平进一步提出要把坚持正确义利观作为做好新时期外交工作尤其是做好周边和发展中国家工作的指导思想。习近平指出：“义，反映的是我们的一个理念，共产党人、社会主义国家的理念。这个世界上一部分人过得很好，一部分人过得很不好，不是个好现象。真正的快乐幸福是大家共同快乐、共同幸福。我们希望全世界共同发展，特别是希望广大发展中国家加快发展。利，就是要恪

---

① 《习近平同奥巴马总统共同会见记者》，《人民日报》2013 年 6 月 9 日。

② 《习近平谈治国理政》第一卷，外文出版社 2018 年版，第 265、267 页。

③ 习近平：《共倡开放包容　共促和平发展——在伦敦金融城市长晚宴上的演讲》，《人民日报》2015 年 10 月 23 日。

守互利共赢原则，不搞我赢你输，要实现双赢。我们有义务对贫穷的国家给予力所能及的帮助，有时甚至要重义轻利、舍利取义，绝不能惟利是图、斤斤计较。"①习近平强调，对周边和发展中国家，一定要坚持正确义利观。政治上要秉持公道正义，坚持平等相待，遵守国际关系基本原则，反对霸权主义和强权政治，反对为一己之私损害他人利益、破坏地区和平稳定；经济上要坚持互利共赢、共同发展，对那些长期对华友好而自身发展任务艰巨的周边和发展中国家，要更多考虑对方利益，不要损人利己、以邻为壑。在 2014 年 11 月召开的中央外事工作会议上，习近平再次强调，"要坚持正确义利观，做到义利兼顾，要讲信义、重情义、扬正义、树道义"。习近平总书记关于坚持正确义利观的重要论述是对我国优秀传统文化的继承和发展，反映了中国特色社会主义的本质属性，成为中国在国际上弘扬公平正义、增强凝聚力和感召力的一面鲜明旗帜。

——提出"真实亲诚"对非工作方针和"亲诚惠容"的周边外交理念。新中国与非洲各国长期保持友好合作关系。进入 21 世纪，中非关系进入了全面发展的快车道。为了进一步促进中非关系发展，2013 年 3 月，习近平首次出访来到非洲三国，在坦桑尼亚尼雷尔国际会议中心发表的演讲中用"真、实、亲、诚"四个字高度概括了中国的对非政策，指出：对待非洲朋友，我们讲一个"真"字；开展对非合作，我们讲一个"实"字；加强中非友好，我们讲一个"亲"字；解决合作中的问题，我们讲一个"诚"字。②"真实亲诚"的对非政策，引起非洲领导人和民众的强烈共鸣。非洲国家领导人及各界人士高度赞赏中国长期给予非洲的无私帮助，对所谓中国在非洲推行"新殖民主义"的谬论予以驳斥。发展同周边国家睦邻友

---

① 转引自王毅：《坚持正确义利观，积极发挥负责任大国作用》，《人民日报》2013 年 9 月 10 日。

② 参见习近平：《永远做可靠朋友和真诚伙伴——在坦桑尼亚尼雷尔国际会议中心的演讲》，《人民日报》2013 年 3 月 26 日。

好关系是我国周边外交的一贯方针。2013 年 10 月，党中央专门召开新中国成立以来的首次周边外交工作座谈会，强调我国周边外交的基本方针，是坚持与邻为善、以邻为伴，坚持睦邻、安邻、富邻，提出"亲、诚、惠、容"的周边外交理念。所谓"亲"，就是"要坚持睦邻友好，守望相助；讲平等、重感情；常见面，多走动；多做得人心、暖人心的事，使周边国家对我们更友善、更亲近、更认同、更支持，增强亲和力、感召力、影响力"。所谓"诚"，就是"要诚心诚意对待周边国家，争取更多朋友和伙伴"。所谓"惠"，就是"要本着互惠互利的原则同周边国家开展合作，编织更加紧密的共同利益网络，把双方利益融合提升到更高水平，让周边国家得益于我国发展，使我国也从周边国家共同发展中获得裨益和助力"。所谓"容"，就是"要倡导包容的思想，强调亚太之大容得下大家共同发展，以更加开放的胸襟和更加积极的态度促进地区合作"。[①]"亲诚惠容"新理念一经提出，就成为新形势下指导中国周边外交工作的行为准则。

——倡导共同、综合、合作、可持续的亚洲安全观。2014 年 5 月，在上海举行的亚洲相互协作与信任措施会议第四次峰会上，习近平发表主旨讲话提出："应该积极倡导共同、综合、合作、可持续的亚洲安全观，创新安全理念，搭建地区安全和合作新架构，努力走出一条共建、共享、共赢的亚洲安全之路。""共同，就是要尊重和保障每一个国家安全"；"综合，就是要统筹维护传统领域和非传统领域安全"；"合作，就是要通过对话合作，促进各国和本地区安全"；"可持续，就是要发展和安全并重以实现持久安全"。[②]习近平的主张写入峰会发表的《上海宣言》。亚洲安全观的提出，是我国总体国家安全观的对外延伸，扩大了中国安全理念的国际影响，为维护亚洲乃至世界安全稳定提供了新思路。2014 年 11 月 9 日，

---

① 《习近平谈治国理政》第一卷，外文出版社 2018 年版，第 297 页。

② 习近平：《积极树立亚洲安全观　共创安全合作新局面——在亚洲相互协作与信任措施会议第四次峰会上的讲话》，《人民日报》2014 年 5 月 22 日。

在亚太经合组织工商领导人峰会开幕式上的演讲中，习近平又提出了构建亚太梦理念并对其内涵作了系统阐述，指出亚太梦的精神内核"就是坚持亚太大家庭精神和命运共同体意识，顺应和平、发展、合作、共赢的时代潮流，共同致力于亚太繁荣进步；就是继续引领世界发展大势，为人类福祉作出更大贡献；就是让经济更有活力，贸易更加自由，投资更加便利，道路更加通畅，人与人交往更加密切；就是让人民过上更加安宁富足的生活，让孩子们成长得更好、工作得更好、生活得更好"①。习近平为亚太长远发展和繁荣勾画了新愿景，指引了新方向。

在提出上述外交新理念的基础上，2014年11月28日，习近平在中央外事工作会议上深入分析国际形势和我国外部环境的变化，全面阐述了新形势下我国对外工作的指导思想、基本原则、战略目标和主要任务。

习近平强调，中国外交要高举和平、发展、合作、共赢的旗帜，统筹国内国际两个大局，统筹发展安全两件大事，牢牢把握坚持和平发展、促进民族复兴这条主线，维护国家主权、安全、发展利益，为和平发展营造更加有利的国际环境，维护和延长我国发展的重要战略机遇期，为实现"两个一百年"奋斗目标、实现中华民族伟大复兴的中国梦提供有力保障。习近平指出，观察世界发展态势和国际格局变化，要树立世界眼光、把握时代脉搏，要把当今世界的风云变幻看准、看清、看透，从林林总总的表象中发现本质，尤其要认清长远趋势。要充分估计国际格局发展演变的复杂性，更要看到世界多极化向前推进的态势不会改变；要充分估计世界经济调整的曲折性，更要看到经济全球化进程不会改变；要充分估计国际矛盾和斗争的尖锐性，更要看到和平与发展的时代主题不会改变；要充

---

① 习近平：《谋求持久发展　共筑亚太梦想——在亚太经合组织工商领导人峰会开幕式上的演讲》，《人民日报》2014年11月10日。

分估计国际秩序之争的长期性，更要看到国际体系变革方向不会改变；要充分估计我国周边环境中的不确定性，更要看到亚太地区总体繁荣稳定的态势不会改变。综合判断，我国发展仍然处于可以大有作为的重要战略机遇期。今天的中国已经进入了实现中华民族伟大复兴的关键阶段，我国同国际社会的互联互动也已变得空前紧密，我们观察和规划改革发展，必须统筹考虑和综合运用国际国内两个市场、两种资源、两类规则。习近平强调，面对新形势新任务新挑战，中国必须有自己特色的大国外交。要在总结实践经验的基础上，丰富和发展对外工作理念，使我国对外工作有鲜明的中国特色、中国风格、中国气派。习近平强调，中国特色大国外交，要坚持中国共产党领导和中国特色社会主义，坚持我国的发展道路、社会制度、文化传统、价值观念；要坚持独立自主的和平外交方针，坚持把国家和民族发展放在自己力量的基点上，坚定不移走自己的路，走和平发展道路，同时决不能放弃我们的正当权益，决不能牺牲国家核心利益；要坚持国际关系民主化，坚持和平共处五项原则，坚持国家不分大小、强弱、贫富都是国际社会平等成员，坚持世界的命运必须由各国人民共同掌握，维护国际公平正义，特别是要为广大发展中国家说话；要坚持合作共赢，推动建立以合作共赢为核心的新型国际关系，坚持互利共赢的开放战略，把合作共赢理念体现到政治、经济、安全、文化等对外合作的方方面面；要坚持正确义利观，做到义利兼顾，要讲信义、重情义、扬正义、树道义；要坚持不干涉别国内政原则，坚持尊重各国人民自主选择的发展道路和社会制度，坚持通过对话协商以和平方式解决国家间的分歧和争端，反对动辄诉诸武力或以武力相威胁。习近平提出，当前和今后一个时期，我国对外工作要贯彻落实总体国家安全观，增强全国人民对中国特色社会主义的道路自信、理论自信、制度自信，维护国家长治久安；要争取世界各国对中国梦的理解和支持，中国梦是和平、发展、合作、共赢的梦，我们追求的是中国人民的福祉，也是各国人民共同的福祉；要坚决维护领土主权和海洋权益，维护国家统一，妥善处理好领土岛屿争端问题；要维护发展机遇和发展空间，通过广泛开展经贸技术互利合作，努力形成深度交融的互利合作网络。要在坚持不结盟原则的前提下广交朋友，形成遍布全球的伙伴关系网络；要提升我国软实力，讲好中国故事，做好对外宣传。习近平还就新形势下不断拓展和深化我国外交战略布局提出要求。

在世界百年未有之大变局的演化过程中，人类正处在一个挑战层出不穷、风险日益增多的时代。世界经济增长乏力，发展鸿沟日益突出；霸权主义、冷战思维、强权政治和新干涉主义有所上升；保护主义、单边主义不断抬头，战乱恐袭、饥荒疫情此伏彼现，军事等领域的传统安全和恐怖主义、难民危机、重大传染性疾病、气候变化等方面的非传统安全问题复杂交织，世界充满不确定性。"世界怎么了、我们怎么办？"成了"整个世界都在思考的问题"。面对这个世界之问、时代之问，中国给出的方案是："构建人类命运共同体，实现共赢共享"。①

构建人类命运共同体理念产生于全球化的大背景下。1997年亚洲金融危机、2001年美国"9·11"恐怖袭击，特别是2008年国际金融危机和2014年西非国家埃博拉病毒等事件的爆发、蔓延以及国际社会共同应对的过程，使人类社会对不同制度、文化和地域国家之间休戚与共、相互依存的关系有了比以往更加深刻的认知。世界进入21世纪所面临的纷繁复杂的挑战已超越现有国际体系的框架，急需新的理念、新的思维、新的共识引领全球治理，以取代零和博弈、霸权逻辑、傲慢的"历史终结论"心态及丛林法则等国际关系旧思维。2010年5月、2011年9月，中国分别在第二轮中美战略与经济对话和关于促进中欧合作的论述中，提出"命运共同体"概念——此为"人类命运共同体"思想的最初萌芽。

---

① 习近平：《共同构建人类命运共同体——在联合国日内瓦总部的演讲》，《人民日报》2017年1月20日。

2012 年 11 月，党的十八大报告首次提出"要倡导人类命运共同体意识，在追求本国利益时兼顾他国合理关切，在谋求本国发展中促进各国共同发展，建立更加平等均衡的新型全球发展伙伴关系，同舟共济，权责共担，增进人类共同利益"①。这充分体现了中国共产党坚持胸怀天下的无私精神。

2013 年 3 月，习近平在莫斯科国际关系学院发表演讲，指出："这个世界，各国相互联系、相互依存的程度空前加深，人类生活在同一个地球村里，生活在历史和现实交汇的同一个时空里，越来越成为你中有我、我中有你的命运共同体。"②之后，在一系列重大国际场合，习近平对构建人类命运共同体理念进行了深入阐发，在国际社会产生广泛影响。2014 年 11 月，在中央外事工作会议上，习近平强调要切实抓好周边外交工作，打造周边命运共同体。2015 年 9 月，习近平在纽约联合国总部出席第七十届联合国大会一般性辩论并发表重要讲话，强调"当今世界，各国相互依存、休戚与共"，"我们要继承和弘扬联合国宪章的宗旨和原则，构建以合作共赢为核心的新型国际关系，打造人类命运共同体"，并从"建立平等相待、互商互谅的伙伴关系""营造公道正义、共建共享的安全格局""谋求开放创新、包容互惠的发展前景""促进和而不同、兼收并蓄的文明交流""构筑尊崇自然、绿色发展的生态体系"等五个方面③，就如何携手打造人类命运共同体展开论述，勾勒了打造人类命运共同体的总布局和总路径，进一步丰富和发展了人类命运共同体思想。2016 年 7 月，在庆祝中国共产党成立 95 周年大会上，习近平再次强调："中国倡导人类命

---

① 胡锦涛：《坚定不移沿着中国特色社会主义道路前进　为全面建成小康社会而奋斗——在中国共产党第十八次全国代表大会上的报告》，《人民日报》2012 年 11 月 18 日。

② 习近平：《顺应时代前进潮流　促进世界和平发展——在莫斯科国际关系学院的演讲》，《人民日报》2013 年 3 月 24 日。

③ 习近平：《携手构建合作共赢新伙伴　同心打造人类命运共同体——在第七十届联合国大会一般性辩论时的讲话》，《人民日报》2015 年 9 月 29 日。

运共同体意识，反对冷战思维和零和博弈。"①2017 年 1 月 17 日、18 日，习近平先后在瑞士达沃斯出席世界经济论坛 2017 年年会开幕式、在联合国日内瓦总部出席"共商共筑人类命运共同体"高级别会议，在前一次会议上，习近平发表题为《共担时代责任　共促全球发展》的主旨演讲，强调要坚定不移推进经济全球化，引导好经济全球化走向，打造富有活力的增长模式、开放共赢的合作模式、公正合理的治理模式、平衡普惠的发展模式，牢固树立人类命运共同体意识，共同担当，同舟共济，共促全球发展；在后一次会议上，习近平发表题为《共同构建人类命运共同体》的主旨演讲，结合中国哲学、中国理念、中国实践，从伙伴关系、安全格局、经济发展、文明交流、生态建设等五个方面着眼，深刻、全面阐述人类命运共同体理念，主张通过对话协商、共建共享、合作共赢、交流互鉴、绿色低碳，共同建设一个持久和平、普遍安全、共同繁荣、开放包容、清洁美丽的世界，推进构建人类命运共同体伟大进程。习近平一再阐述的构建人类命运共同体理念在国际社会引起强烈反响和积极回应。2017 年 2 月 10 日，联合国社会发展委员会第 55 届会议一致通过"非洲发展新伙伴关系的社会层面"决议，"构建人类命运共同体"理念首次写入联合国决议。3 月 17 日，联合国安理会通过关于阿富汗问题的第 2344 号决议，"构建人类命运共同体"理念首次载入安理会决议。3 月 23 日，联合国人权理事会第 34 次会议通过关于"经济、社会、文化权利"和"粮食权"两个决议，"构建人类命运共同体"理念首次载入联合国人权理事会决议；中国在这次会议上还代表 140 个国家发表了题为《促进和保护人权，共建人类命运共同体》的联合声明。11 月 2 日，"构建人类命运共同体"理念又被写入联合国大会"防止外空军备竞赛进一步切实措施"和"不首先在外

---

① 习近平：《在庆祝中国共产党成立 95 周年大会上的讲话》，《人民日报》2016 年 7 月 2 日。

空放置武器"两份安全决议中。

"人类命运共同体"理念，以宏阔的国际视野和高度的责任担当，准确把握时代潮流，积极顺应天下大势，鲜明表达了当代中国的"世界"观和全球治理观，清晰勾勒了关于世界向何处去的中国方案和行动路径，是新时代中国特色全球治理和对外战略的旗帜，是以习近平同志为核心的党中央外交思想的集中体现。

党的十九大把"坚持推动构建人类命运共同体"确定为新时代坚持和发展中国特色社会主义的基本方略之一，并写入了新修改的《中国共产党章程》。党的十九大以来，世界多极化加速发展，国际关系分化组合更趋复杂，面对保护主义的抬头、单边霸凌的逆流，中国支持全球化进程，坚守自由贸易体制，维护多边主义规则。从主场外交到国际会议，从政策宣示到务实举措，中国坚定站在历史前进的正确一边。2017年11月，中国共产党与世界政党高层对话会在北京举行，会议以"构建人类命运共同体、共同建设美好世界：政党的责任"为主题，来自120多个国家的近300个政党和政治组织的领导人共600多名中外方代表与会。2018年3月，十三届全国人大一次会议通过《中华人民共和国宪法修正案》，在宪法"序言"部分写入"推动构建人类命运共同体"内容，构建人类命运共同体上升为国家意志。2018年，"人类命运共同体"还被相继写入中非合作论坛北京峰会、上合组织青岛峰会、中阿合作论坛部长级会议以及诸多双多边高层交往的成果文件，汇聚起各方共同构建人类命运共同体的坚定意志和磅礴之力。

2018年6月，在中央外事工作会议上，习近平对党的十八大以来，党在对外工作上进行一系列重大理论和实践创新所形成的新时代中国特色社会主义外交思想，用"十个坚持"作了集中概括，主要是：坚持以维护党中央权威为统领加强党对对外工作的集中统一领导，坚持以实现中华民族伟大复兴为使命推进中国特色大国外交，坚持以维护世界和平、促进共同发展为宗旨推动构建人类命运共同体，坚持以中国特色社会主义为根本增强战略自信，坚持以共商共建共享为原则推动"一带一路"建设，坚持以相互尊重、合作共赢为基础走和平发展道路，坚持以深化外交布局为依托打造全球伙伴关系，坚持以公平正义为理念引领全球治理体系改革，坚持以国家核心利益为底线维护国家主权、安全、发展利益，坚持以对外工作优良传统和时代特征相结合为方向塑造中国外交独特风范。

2019年12月3日，习近平会见出席"2019从都国际论坛"外方嘉宾，强调"国际秩序处在关键十字路口，实质是多边主义和单边主义之间何去何从的问题"，"各国应承担起各自使命责任，开展建设性对话，坚持求同存异，坚持多边主义，为实现构建人类命运共同体这一宏伟目标发挥正能量"。①2021年1月，在世界经济论坛"达沃斯议程"对话会上，习近平号召："让多边主义火炬照亮人类前行之路，向着构建人类命运共同体不断迈进！"②党的十九届六中全会把"服务民族复兴、促进人类进步，推动建设新型国际关系，推动构建人类命运共同体"作为外交工作方面的战略思想和创新理念，纳入习近平新时代中国特色社会主义思想完整体系。2022年1月，习近平在北京出席2022年世界经济论坛视频会议时再次呼吁："我们要顺应历史大势，致力于稳定国际秩序，弘扬全人类共同价值，推动构建人类命运共同体。要坚持对话而不对抗、包容而不排他，反对一切形式的单边主义、保护主义，反对一切形式的霸权主义和强权政治。"③

2022年4月21日，习近平以视频方式出席博鳌亚洲论坛2022年年

① 《习近平会见出席"2019从都国际论坛"外方嘉宾》，《人民日报》2019年12月4日。
② 习近平：《让多边主义的火炬照亮人类前行之路——在世界经济论坛"达沃斯议程"对话会上的特别致辞》，《人民日报》2021年1月26日。
③ 习近平：《坚定信心 勇毅前行 共创后疫情时代美好世界——在2022年世界经济论坛视频会议的演讲》，《人民日报》2022年1月18日。

会开幕式并发表主旨演讲，着眼应对复杂交织的全球共同安全挑战、促进世界安危与共，提出"六个坚持"的全球安全倡议，即：坚持共同、综合、合作、可持续的安全观，共同维护世界和平和安全；坚持尊重各国主权、领土完整，不干涉别国内政，尊重各国人民自主选择的发展道路和社会制度；坚持遵守联合国宪章宗旨和原则，摒弃冷战思维，反对单边主义，不搞集团政治和阵营对抗；坚持重视各国合理安全关切，秉持安全不可分割原则，构建均衡、有效、可持续的安全架构，反对把本国安全建立在他国不安全的基础之上；坚持通过对话协商以和平方式解决国家间的分歧和争端，支持一切有利于和平解决危机的努力，不能搞双重标准，反对滥用单边制裁和"长臂管辖"；坚持统筹维护传统领域和非传统领域安全，共同应对地区争端和恐怖主义、气候变化、网络安全、生物安全等全球性问题。这一重大倡议从全人类的前途命运出发，为弥补人类和平赤字、共同营造和平稳定的发展环境、共同构建人类命运共同体提供了行动指引、注入了思想动力，是人类命运共同体理念在安全领域的生动实践，应对国际安全挑战的中国方案。

2023年3月15日，在中国共产党与世界政党高层对话会上，习近平发表主旨讲话，提出全球文明倡议，强调要共同倡导尊重世界文明多样性，坚持文明平等、互鉴、对话、包容，以文明交流超越文明隔阂、文明互鉴超越文明冲突、文明包容超越文明优越；要共同倡导弘扬全人类共同价值，和平、发展、公平、正义、民主、自由是各国人民的共同追求，要以宽广胸怀理解不同文明对价值内涵的认识，不将自己的价值观和模式强加于人，不搞意识形态对抗；要共同倡导重视文明传承和创新，充分挖掘各国历史文化的时代价值，推动各国优秀传统文化在现代化进程中实现创造性转化、创新性发展；要共同倡导加强国际人文交流合作，探讨构建全球文明对话合作网络，丰富交流内容，拓展合作渠道，促进各国人民相知相亲，共同推动人类文明发展进步。全球文明倡议是继全球发展倡议、全球安全倡议后，新时代中国为国际社会提供的又一重要公共产品，展示了中国对构建一个持久和平繁荣世界的整体思考，以全新文明理念体现了作为世界和平的建设者、全球发展的贡献者、国际秩序的维护者的大国担当。

三、高举和平、发展、合作、共赢旗帜，打造全球伙伴关系

党的十八大以来，以习近平同志为核心的党中央把握新时代外交工作大局，紧扣服务民族复兴、促进人类进步这条主线，高举和平、发展、合作、共赢的旗帜，在与世界上很多国家已经建立多种形式伙伴关系的基础之上，通盘谋划、整体推进大国、周边、发展中国家外交和多边合作，不断完善全方位、多层次、立体化外交布局，积极打造更富包容性和建设性的全球伙伴关系。截至 2021 年 7 月，我国同世界上 108 个国家和 4 个地区组织建立不同形式的伙伴关系，其中战略伙伴关系 93 对，形成全方位、多层次、宽领域、立体化的全球伙伴关系网络。

一是积极运筹大国关系，推进大国协调和合作。大国关系事关全球战略稳定，推动构建总体稳定、均衡发展的大国关系框架对中国外交至关重要。

中俄互为最大邻国，中俄关系作为维护世界和平与稳定的压舱石，一直是中国外交的重点方向之一。习近平担任中国国家主席后，2013 年 3 月首次出访第一站即选择俄罗斯，同俄罗斯总统普京就加强中俄全方位战略协作达成广泛共识。双方明确宣示，坚定支持对方发展复兴，坚定支持对方维护核心利益，坚定支持对方自主选择发展道路和社会政治制度。访问期间，双方共签订了 32 项合作文件。2013 年 9 月，在参加二十国集团领导人圣彼得堡峰会期间，习近平与普京再次会晤，双方确定在 16 个领域开展 50 项合作，推进中俄战略互补的协作伙伴关系向更高水平发展。

2013 年 10 月，梅德韦杰夫总理访华，与李克强总理举行第十八次中俄总理定期会晤，双方重申全面深化中俄各领域合作的任务，并发表了联合公报。2014 年 2 月，习近平前往俄罗斯出席索契冬奥会开幕式。2015 年 5 月，习近平再次来到莫斯科参加红场大阅兵，普京在庆典上讲话，称赞中国人民抗日战争为世界反法西斯战争胜利作出巨大贡献。2016 年，中俄元首 5 次会晤，双方就加强全球战略稳定发表联合声明，双边务实合作和国际战略协作深入推进。2017 年 7 月，习近平访问俄罗斯，两国元首签署《中华人民共和国和俄罗斯联邦关于进一步深化全面战略协作伙伴关系的联合声明》《中华人民共和国和俄罗斯联邦关于当前世界形势和重大国际问题的联合声明》，批准了《〈中华人民共和国和俄罗斯联邦睦邻友好合作条约〉实施纲要》（2017 年至 2020 年），并见证了《中华人民共和国外交部和俄罗斯联邦外交部关于朝鲜半岛问题的联合声明》以及经贸、农业、能源、基础设施建设、金融、文化、创新、媒体、信息网络、检验检疫等领域多项双边合作文件的交换，中俄全面战略协作伙伴关系不断迈向更高水平。2019 年 6 月，习近平再次访问俄罗斯，与普京总统共同签署《中华人民共和国和俄罗斯联邦关于发展新时代全面战略协作伙伴关系的联合声明》《中华人民共和国和俄罗斯联邦关于加强当代全球战略稳定的联合声明》，宣布两国守望相助，相互给予更加坚定有力的战略支持，支持对方走自身发展道路和维护本国核心利益，保障两国各自安全、主权和领土完整。通过一系列密集的高层交往，中俄全面战略协作伙伴关系保持高水平运行，战略互信不断深化，经贸合作稳步提升，两国在天然气管道、高铁、航空航天等重大项目合作上取得突破性进展。2021 年中俄双边贸易额 1468.87 亿美元，创历史新高。中国在俄外贸中的占比进一步提升，连续 12 年稳居俄第一大贸易伙伴国地位。中俄还在重大国际和地区问题、全球经济治理等多边舞台保持密切协调，为地区稳定与世界和平注入强大正能量，为新时代大国及邻国之间深化互信与合作树立了典范。

中美关系是世界上最重要的双边关系之一。对于中美关系，中方历来主张，作为世界上最大的发展中国家和最大的发达国家，双方对世界和平与发展都承担着重大责任，中美合则两利，斗则俱伤，应该本着对人类负责、对历史负责、对人民负责的态度，认真对待和妥善处理两国关系。2013年6月，习近平访美与美国总统奥巴马会晤，双方就构建新型大国关系达成重要共识：不冲突不对抗，相互尊重，合作共赢。习近平提出，为落实构建中美新型大国关系共识，双方要提升对话互信新水平，在开展务实合作方面采取新步骤，建立大国互动新模式，探索管控分歧新办法。2013年9月，中美两国元首在二十国集团领导人圣彼得堡峰会期间再次会晤，一致同意加强对话，深化合作，管控分歧，致力于推进中美新型大国关系建设。2014年11月，在参加北京APEC会议后，美国总统奥巴马任内第二次对华进行国事访问，习近平与奥巴马在双方确定的共建中美新型大国关系目标基础上，就进一步推进这一目标的重点方向进行了探讨，并在推动两国各领域务实合作方面达成一系列新的共识。2016年9月，习近平在杭州会见前来出席二十国集团领导人杭州峰会的美国总统奥巴马，双方开展了又一次增信释疑的深度战略沟通，同意继续扩大共同利益，建设性管控分歧，确保中美关系沿着正确轨道发展。同年11月，美国大选后，习近平同当选总统特朗普通电话，双方表示愿推进中美关系取得更好发展。2017年4月，习近平访美，同特朗普举行中美元首正式会晤，就中美双边重要领域务实合作和共同关心的国际及地区问题广泛深入交换意见，双方同意共同努力，扩大互利合作领域，并在相互尊重的基础上管控分歧；双方确立了涵盖中美关系外交安全、全面经济、执法及网络安全、社会和人文四个高级别对话机制。同年7月8日，习近平在二十国集团领导人汉堡峰会闭幕后与特朗普再次会晤，两国元首同意保持高层密切交往，增进双方战略互信。7月19日，首轮中美全面经济对话在华盛顿举行，双方在对话中高度肯定了中美经济合作"百日计划"的执行情况，讨论了中美经济合作未来计划，确立了宏观经济政策、贸易、投资、全球经济与全球经济治理四大合作领域。2018 年以来，中美关系经历了建交 40 多年最严峻的局面。面对美国反华势力在经济、贸易、科技等领域对中国的霸凌挑衅，中国采取有力反制措施，开展有理有利有节的斗争，坚定维护国家主权、安全、发展利益，坚定维护国际关系准则和国际公平正义，坚定维护世界各国特别是广大发展中国家的正当权益。针对美国一些政客在新冠疫情问题上极力对中国"污名化"，拿中国做"替罪羊"，极力"甩锅"本国抗疫不力责任的言行，中国组织开展了旗帜鲜明的舆论斗争，有理有据予以坚决批驳，揭穿其谎言。与此同时，中方保持战略定力，对美政策保持稳定性和连续性，以坚定和冷静态度，建设性处理和管控分歧，努力维护国际体系的战略稳定。2021 年 11 月 16 日，习近平同美国总统拜登举行视频会晤。双方就事关中美关系发展的战略性、全局性、根本性问题进行了充分、深入的沟通和交流。习近平强调，新时期中美相处应该坚持三点原则：一是相互尊重。尊重彼此社会制度和发展道路，尊重对方核心利益和重大关切，尊重各自发展权利，平等相待，管控分歧，求同存异。二是和平共处。不冲突不对抗是双方必须坚守的底线。三是合作共赢。中美利益深度交融，要坚持互利互惠，不玩零和博弈，不搞你输我赢。习近平提出了中美应该着力推动的四个方面优先事项：一是展现大国的担当，引领国际社会合作应对突出挑战；二是本着平等互利精神，推进各层级各领域交往，为中美关系注入更多正能量；三是以建设性方式管控分歧和敏感问题，防止中美关系脱轨失控；四是加强在重大国际和地区热点问题上的协调和合作，为世界提供更多公共产品。

欧洲是当今世界重要一极，是中国的全面战略伙伴。2013 年 11 月，第十六次中欧领导人会晤在北京举行，双方发表了《中欧合作 2020 战略规划》，宣布启动中欧投资协作谈判，一致同意致力于进一步推动中欧全面战略伙伴关系向前发展。2014 年 3 月 22 日至 4 月 1 日，习近平出席在荷兰海牙举行的第三届核安全峰会，对荷兰、法国、德国、比利时四国进行国事访问，并访问联合国教科文组织总部、欧盟总部。这次访问全面提升了中国同四国和欧盟关系水平：中法决定共同开创紧密持久的全面战略伙伴关系新时代；中德宣布建立全方位战略伙伴关系；中荷决定建立开放务实的全面合作伙伴关系；中比宣布建立全方位友好合作伙伴关系；中国和欧盟首次发表联合声明，宣示共同打造和平、增长、改革、文明四大伙伴关系。中欧经贸合作迎来新机遇，双方同意：加快中欧投资协定谈判，尽早启动中欧自贸协定可行性研究；拓宽合作领域，在深化核能、航空航天、汽车等传统领域合作的同时，培育科技创新、绿色环保、农业食品、卫生医药、可持续发展、城镇化等合作新亮点；扩大合作疆域，欧方愿积极参与中方建设丝绸之路经济带倡议，共同打造亚欧大市场；创新合作模式，朝着联合生产、联合研发、联合投资、共同开发第三国市场方向迈进。在人文交流方面，中法、中德宣布建立高级别人文交流机制，中方决定在荷兰设立首个中国文化中心，中欧双方先后举办了中法文化年、意大利年、西班牙年、希腊文化年、中欧文化年等一系列大型文化交流活动。2015 年 10 月，习近平访问英国，得到英方超高规格礼遇，双方就经贸、人文交流等达成 59 项协议和共识，并决定共同构建面向 21 世纪全球全面战略伙伴关系。2016 年 7 月，在会见来华出席第十八次中国欧盟领导人会晤的欧洲理事会主席图斯克和欧盟委员会主席容克时，习近平强调中欧双方要用大智慧增强战略互信，最根本的是要抓住世界多极化、经济全球化发展的必然趋势，抓住各国人民对和平与发展的共同诉求，坚持走合作共赢之路。党的十九大以来，中欧利益纽带更加紧密，强化协调合作，增进彼此互信，坚定维护多边主义，共同应对全球挑战。2020 年，双方如期完成中欧投资协定谈判。2021 年 2 月，中国—中东欧国家领导人峰会达成的务实合作文件近 90 份，总价值近 130 亿美元，创历史之最。2021年中国和欧盟互为第二大贸易伙伴，中欧贸易额首次突破 7000 亿美元。

从 2011 年 3 月至 2021 年 10 月底，中欧班列已铺画 73 条运行线路，可达欧洲 23 个国家 175 个城市，运输货品 5 万余种，构筑起横跨欧亚大陆的互联互通网络。

二是按照亲诚惠容理念和与邻为善、以邻为伴的周边外交方针深化同周边国家关系，稳定周边战略依托，打造周边命运共同体。

中国视周边为安身立命之所、发展繁荣之基，始终将周边置于对外交往的首要位置。从服从和服务于实现"两个一百年"奋斗目标和中华民族伟大复兴中国梦的要求出发，我国积极发展同周边国家的关系，推动周边国家同我国政治关系更加友好、经济纽带更加牢固、安全合作更加深化、人文联系更加紧密。习近平出访足迹遍布东北亚、南亚、东南亚、欧亚等地区，基本实现了周边国家高层交往的全覆盖，为深化互信、促进合作发挥了战略引领作用。仅 2021 年，习近平就 30 多次同周边国家领导人通话、致电等，出席一系列双多边活动，推动周边命运共同体意识更加深入人心，推动双多边关系不断走深走实。

在推进与东北亚国家合作方面，2014 年 7 月，习近平对韩国进行国事访问，提升了中韩双边合作水平，丰富了中韩战略伙伴关系内涵。访问期间，双方签署了 12 项重要协议，中韩发表的联合声明确定了 90 余项合作事项，涵盖了 23 个领域，展现了中韩全方位互利合作的广阔前景。2014 年 11 月，中韩自由贸易协定结束实质性谈判。2014 年 8 月，习近平对蒙古国进行专访，双方就加强外交、经贸、过境运输、矿产、基础设施建设等各领域合作达成一系列重要共识，一致决定将中蒙关系提升为全面战略伙伴关系。中日关系因钓鱼岛、历史问题一度面临严重困难。2014 年 11 月，双方本着"正视历史、面向未来"的精神，就克服影响两国关系政治障碍问题达成四点原则共识，迈出中日关系改善的重要一步。在朝鲜半岛问题上，中国坚持朝鲜半岛无核化，坚持维护半岛和平稳定，坚持通过对话谈判解决有关问题。中国坚定不移反对在朝鲜半岛部署"萨德"

反导系统。2015 年 10 月，李克强总理访问韩国，双方签署了经贸、人文、科技、环保、质检等领域 17 个合作文件；李克强还出席了第六次中日韩领导人会议，发表了《关于东北亚和平与合作的联合宣言》，宣布三国将本着"正视历史、面向未来"的精神，妥善处理有关问题，为改善双边关系、加强三国合作而共同努力。2018 年 3 月，朝鲜劳动党委员长金正恩对中国进行非正式访问。2018 年 5 月、2018 年 6 月和 2019 年 1 月，习近平又三次与来华的金正恩会晤，就中朝关系和共同关心的问题深入交换意见。2019 年 6 月，习近平访问朝鲜，双方一致同意在新的历史起点上，不忘初心、携手前进，共同开创两党两国关系的美好未来。

在深化与东南亚国家关系方面，中国同东盟友好合作进入全方位发展新阶段。2013 年 10 月，习近平对印度尼西亚、马来西亚进行国事访问并出席在印尼巴厘岛举行的亚太经济合作组织第二十一次领导人非正式会议。访问期间，习近平在印尼国会发表题为《携手建设中国—东盟命运共同体》的重要演讲，全面阐述了中国对东盟政策，强调中国将继续坚持与邻为善、以邻为伴，坚持讲信修睦、合作共赢，愿同东盟国家商谈缔结睦邻友好合作条约，携手建设更为紧密的中国—东盟命运共同体，做守望相助、安危与共、同舟共济的好邻居、好朋友、好伙伴；中方倡议筹建亚洲基础设施投资银行，以促进东盟及本地区发展中国家的互联互通建设；中国愿同东盟国家发展好海洋合作伙伴关系，共同建设 21 世纪"海上丝绸之路"。访问马来西亚时，中马两国决定将双边关系提升为全面战略伙伴关系。2013 年 10 月 9 日，国务院总理李克强在文莱首都斯里巴加湾市出席第 16 次中国—东盟（10+1）领导人会议时，进一步提出了中国与东盟未来十年合作框架的七点建议：探讨签署中国—东盟国家睦邻友好合作条约，为中国—东盟战略合作提供法律和制度保障；加强安全领域交流与合作；启动中国—东盟自贸区升级版谈判；加快互联互通基础设施建设；加强本地区金融合作和风险防范；稳步推进海上合作；密切人文、科技、环保等交流，巩固友好合作的基础。2014 年 8 月，第 13 次中国—东盟经贸部长会议宣布同意开始中国—东盟自贸区升级版谈判。2014 年 11 月，李克强总理在中国—东盟领导人会议上提议建立澜沧江—湄公河合作（以下简称"澜湄合作"）机制，获泰国、缅甸、越南、老挝、柬埔寨五国积极响应。2016 年 3 月，澜湄合作首次领导人会议在海南三亚举行，全面启动澜湄合作进程。截至 2021 年 3 月，已举行 3 次领导人会议、5 次外长会、7 次高官会和 10 次外交联合工作组会，澜湄国家命运共同体取得重要进展。2015 年 11 月，习近平访问越南和新加坡，会晤两国高层，发表重要政策宣示，达成广泛合作共识，推动中国与两国关系取得新成果。2016 年 5 月，杜特尔特当选菲律宾总统后，改变了前任政府与中国对抗的做法。同年 10 月，杜特尔特访问中国，双方同意从两国根本和共同利益出发，推动中菲关系实现全面改善并取得更大发展。2020 年 11 月，中国与东盟 10 国、日本、韩国、澳大利亚、新西兰正式签署了《区域全面经济伙伴关系协定》（RCEP）。2022 年 1 月 1 日，《区域全面经济伙伴关系协定》（RCEP）正式生效，文莱、柬埔寨、老挝、新加坡、泰国、越南等 6 个东盟成员国和中国、日本、新西兰、澳大利亚等 4 个非东盟成员国正式开始实施协定。

在发展与中亚和南亚国家关系方面，2013 年 5 月，李克强担任国务院总理后首访印度。2013 年 9 月，习近平对土库曼斯坦、哈萨克斯坦、乌兹别克斯坦、吉尔吉斯斯坦等中亚四国进行国事访问并出席上海合作组织比什凯克峰会。通过此访，中国同土库曼斯坦、吉尔吉斯斯坦分别建立战略伙伴关系，同哈萨克斯坦进一步深化全面战略伙伴关系，同乌兹别克斯坦签署了《中华人民共和国和乌克兰友好合作条约》，进一步发展和深化战略伙伴关系。访问实现了中国与中亚国家双边关系的全面战略升级。2014 年 9 月，习近平出席在塔吉克斯坦杜尚别举行的上海合作组织成员国元首理事会第十四次会议，并对塔吉克斯坦、马尔代夫、斯里兰卡、印度 4 国进行国事访问。访问期间，习近平分别同塔吉克斯坦、马尔代夫、斯里兰卡领导人就发展双边关系进行顶层设计和战略规划，中塔发表进一步发展和深化战略伙伴关系联合宣言并制订未来 5 年发展规划，中马首次建立面向未来的全面友好合作伙伴关系，中斯签署深化战略合作伙伴关系的行动计划。习近平对印度的访问起到了进一步增信释疑、凝聚共识的作用，巩固了中印两国面向和平与繁荣的战略合作伙伴关系。习近平在印度还发表了面向南亚地区的政策演讲，阐述了新时期中国对印度和南亚的政策以及加强同南亚国家合作的重大举措。2015 年中国与多方一道，促成了阿富汗政府与塔利班开启和谈，推动阿富汗和解进程进入新阶段。2016 年 8 月，缅甸国务资政昂山素季访问中国。2020 年 7 月，"中国 + 中亚五国"通过视频方式举行首次外长会晤并发表联合声明，各方就推进中国同中亚国家合作、促进地区和平发展达成 9 点重要共识。2022 年 1 月 25 日，习近平主持中国同中亚五国建交 30 周年视频峰会，发表题为《携手共命运　一起向未来》的重要讲话，强调中国同中亚五国 30 年合作的成功密码，在于双方始终相互尊重、睦邻友好、同舟共济、互利共赢，无论国际风云如何变幻，无论未来中国发展到什么程度，中国都始终是中亚国家值得信任和倚重的好邻居、好伙伴、好朋友、好兄弟。中方坚定支持中亚国家走符合本国国情的发展道路，坚定支持各国维护本国主权、独立、领土完整，坚定支持各国追求民族振兴和团结自强，坚定支持各国在国际舞台上发挥更大作用。中方愿同中亚国家携手构建更加紧密的中国—中亚命运共同体。习近平还就深化双方合作提出深耕睦邻友好的示范田、建设高质量发展的合作带、强化守卫和平的防护盾、构建多元互动的大家庭、维护和平发展的地球村等五项建议。这是中国同中亚五国元首第一次集体会晤。

三是秉持正确义利观和真实亲诚理念加强同广大发展中国家团结合作，努力发展与非洲、拉美、南太平洋等国家关系，整体合作机制实现全覆盖。

在对非关系方面，继 2013 年习近平首访非洲提出"真实亲诚"对非工作方针后，2014 年 5 月，国务院总理李克强再次前往非洲，访问了埃塞俄比亚、尼日利亚、安哥拉、肯尼亚 4 国，并对非盟总部进行正式访问，出席了在尼日利亚首都举行的第 24 届世界经济论坛非洲峰会全会。访问期间，李克强提出中非"461"合作框架（即坚持平等相待、团结互信、包容发展、创新合作等四项原则，推进产业合作、金融合作、减贫合作、生态环保合作、人文交流合作、和平安全合作等六大工程，完善中非合作论坛这一重要平台）；宣布中国愿无条件向非洲提供金融、人才和技术支持，帮助非洲建设高速铁路网络、高速公路网络、区域航空网络等"三大交通网络"，打造中非合作升级版，共创中非关系更美好的未来。2015 年 12 月，习近平出席在南非约翰内斯堡举行的中非合作论坛峰会，并在峰会开幕式上发表题为《开启中非合作共赢、共同发展的新时代》的主旨演讲，系统阐述中国发展对非关系的新理念、新政策、新主张。习近平在演讲中宣布：未来 3 年，中国愿同非方重点实施"十大合作计划"，为非洲培训 20 万名职业技术人才；在非洲 100 个乡村实施"农业富民工程"，派遣 30 批农业专家组赴非洲；支持非洲国家建设 5 所交通大学；支持非洲实施 100 个清洁能源和野生动植物保护项目、环境友好型农业项目和智慧型城市建设项目；在非洲实施 200 个"幸福生活工程"和以妇女儿童为主要受益者的减贫项目；免除非洲有关最不发达国家截至 2015 年年底到期未还的政府间无息贷款债务；为非洲援建 5 所文化中心，提供 2000 个学历学位教育名额和 3 万个政府奖学金名额；每年组织 200 名非洲学者访华和 500 名非洲青年研修；向非盟提供 6000 万美元无偿援助。为确保"十大合作计划"顺利实施，中方决定提供总额 600 亿美元的资金支持。2018 年 9 月，中非合作论坛北京峰会成功召开。习近平提出"不干预非洲国家探索符合国情的发展道路，不干涉非洲内政，不把自己的意志强加于人，不在对非援助中附加任何政治条件，不在对非投资融资中谋取政治私利"等"五不"原则，树立了中国对非合作的自律标杆，展示了国际发展合作的道德准则。2021年11月，习近平以视频方式出席中非合作论坛第八届部长级会议开幕式并发表题为《同舟共济 继往开来 携手构建新时代中非命运共同体》的主旨演讲，提出构建新时代中非命运共同体的四点主张：坚持团结抗疫、深化务实合作、推进绿色发展、维护公平正义；宣布实施"九项工程"，涵盖卫生健康、减贫惠农、贸易促进、投资驱动、数字创新、绿色发展、能力建设、人文交流、和平安全等各领域。

在加强与阿拉伯国家关系方面，弘扬丝路精神、加强战略和行动对接，深入推进"一带一路"建设，带动中阿全方位合作进入新阶段，面向未来的中阿战略伙伴关系不断深化，合作机制日臻成熟。2016年1月，中国政府发布《中国对阿拉伯国家政策文件》，文件在回顾和总结中阿关系发展经验的基础上，阐述发展中阿关系指导原则，从政治、投资贸易、社会发展、人文交流、和平与安全等五个领域详细阐述了中方全面加强中阿关系的各项政策举措，规划了中阿互利合作蓝图，重申致力于中东和平稳定的政治意愿，推动中阿关系迈向更高水平。2018年7月，中阿合作论坛第八届部长级会议召开，习近平在会议开幕式上宣布：经过中阿友好协商，双方一致同意建立全面合作、共同发展、面向未来的中阿战略伙伴关系——这是中阿友好合作新的历史起点。在这次部长级会议上，中阿双方签署了《中阿合作共建"一带一路"行动宣言》。2020年，中阿合作论坛第九届部长级会议召开，中阿汇聚起团结抗疫、共克时艰的集体力量，进一步表明了中阿相互支持、命运与共的政治意志，规划了中阿务实合作、共同发展的前进路径。

在发展与拉美国家关系方面，2013年5月31日至6月6日，习近平应邀对特立尼达和多巴哥、哥斯达黎加、墨西哥进行国事访问，同三国领导人就加强中加合作深入交换意见，并与加勒比地区 8 国领导人举行双边会谈，提升了我国同拉美和加勒比国家的整体合作水平。2014 年 7 月，习近平出席在巴西举行的金砖国家领导人第六次会晤，应邀对巴西、阿根廷、委内瑞拉、古巴四国进行国事访问并出席中国—拉美和加勒比国家领导人首次会晤，推动中国同四国关系迈上新台阶，累计签署各类合同和框架协议 150 多项，涉及金额约 700 亿美元；习近平与巴西、秘鲁领导人还就推动南美洲和亚洲市场相互连接、建设连接巴西和秘鲁的两洋铁路发表联合声明。在同 11 个拉美和加勒比国家领导人会晤时，中拉领导人一致决定建立平等互利、共同发展的中拉全面合作伙伴关系，正式成立中国—拉共体论坛。中拉论坛为中拉关系发展搭建了新平台，与中国—东盟合作机制、上海合作组织、中非合作论坛、中阿合作论坛、中国—中东欧国家领导人会晤、中国—太平洋岛国论坛对话会一起，标志着由中国倡导成立、主要面向广大发展中国家的地区多边合作架构实现全球覆盖。2018 年 1 月，中拉论坛第二届部长级会议就支持和参与"一带一路"倡议发表特别声明，制定 2019 年至 2021 年中国与拉美和加勒比国家共同体成员国优先领域合作共同行动计划。

在对南太平洋国家关系方面，2014 年 11 月，习近平出席在澳大利亚布里斯班举行的二十国集团领导人第九次峰会，对澳大利亚、新西兰、斐济进行国事访问并同太平洋建交岛国领导人举行集体会晤。访问期间，中澳、中新关系提升为全面战略伙伴关系，中澳宣布实质性结束双边自由贸易协定谈判，中国同澳、新两国共签署 50 多项合作协议，涉及政治、经济、投资、金融、能源矿产、基础设施建设、文化、教育、旅游、气候变化等广泛领域。在斐济同 8 个建交太平洋岛国领导人会晤时，共同决定建立相互尊重、共同发展的战略伙伴关系。2018 年 11 月，习近平在巴布亚新几内亚莫尔兹比港同巴布亚新几内亚总理奥尼尔、密克罗尼西亚联邦总统克里斯琴、萨摩亚总理图伊拉埃帕、瓦努阿图总理萨尔瓦伊、库克群岛总理普纳、汤加首相波希瓦、纽埃总理塔拉吉等建交太平洋岛国领导人举行集体会晤，一致同意将双方关系提升为相互尊重、共同发展的全面战略伙伴关系，开辟了双方全方位合作的新时代。中国同太平洋岛国关系已成为不同地域、不同大小、不同制度国家间友好交往、团结合作的范例。2021 年 10 月首次中国—太平洋岛国外长会以视频方式举行，与会各方就中国同太平洋岛国关系、抗击新冠疫情和各领域交流合作、国际地区问题等深入交换意见，达成重要共识。2017 年底以来，鉴于澳大利亚政府在经济、政治、人文交流等领域的一系列反华举动，严重损害中澳两国互信，中方进行了必要的、正当的反制和反应。

政党外交、经济外交、人文外交、民间外交等，是国家关系发展的社会基础。党的十八大以来，在党中央集中统一领导下，政党、政府、军队、地方、民间等相互协调与配合，形成了我国对外工作大协同局面。就政党外交而言，我们党倡导建立求同存异、相互尊重、互学互鉴的新型政党关系，深化与世界马克思主义政党与进步力量的团结合作，加强与大国政党机制化交往，密切同周边和发展中国家政党交流合作。截至 2021 年底，中国共产党与世界上 160 多个国家和地区的 500 多个政党和政治组织保持经常性联系，建立了中国共产党与世界政党高层对话会、万寿论坛、"一带一路"智库合作联盟、中国共产党与世界政党领导人峰会等交流对话平台以及中美、中俄、中英、中非、中阿、中拉和金砖政党对话等不同形式的交往机制，全方位、宽领域、多层次的政党外交格局和国际政党交流合作网络已经形成，我们党的强大政治影响力和道义感召力充分彰显。

从党的十八大至 2021 年底，习近平共出访 41 次，足迹遍及五大洲 69 个国家，实现了对重要地区、国家和国际组织的全覆盖。仅 2021 年，习近平就同外国领导人和国际组织负责人会晤通话 79 次，视频主持和出席重要外事活动 40 起，不断推进双边、多边关系发展，引领中国特色大国外交阔步前行。

党的二十大以来，中国特色大国外交为动荡世界持续注入正能量。2023 年，习近平出席一系列重大主场外交活动，赴俄罗斯、南非、美国、越南访问，多次出席国际会议，在国内外密集开展双多边元首外交。2023 年 3 月，中国同洪都拉斯建交，至此已同世界上 182 个国家建立了外交关系。5 月和 10 月，中国—中亚峰会、第三届"一带一路"国际合作高峰论坛分别在西安和北京成功举行。中国在乌克兰问题上劝和促谈，促成沙特、伊朗历史性和解，就解决巴以冲突秉持客观公正立场、发挥建设性作用。中国特色大国外交扎实推进，我国发展的外部环境继续改善。2023 年底，中央外事工作会议召开，对坚持以习近平新时代中国特色社会主义思想特别是习近平外交思想为指导，做好当前和今后一个时期的对外工作作了全面部署。

四、积极参与多边事务，引领全球治理体系改革和建设

党的十八大以来，随着国际力量对比消长的变化和全球性挑战日益增多，我国积极参与全球治理体系改革和建设，维护以联合国为核心的国际体系、以国际法为基础的国际秩序、以联合国宪章宗旨和原则为基础的国际关系基本准则，维护和践行真正的多边主义，坚决反对单边主义、保护主义、霸权主义、强权政治，积极推动经济全球化朝着更加开放、包容、普惠、平衡、共赢的方向发展。

中国努力为改革和加强全球治理贡献中国智慧和力量。2014 年 3 月 22 日至 4 月 1 日，习近平出席在荷兰海牙举行的第三届核安全峰会，首次提出"理性、协调、并进"的核安全观。11 月，在北京举行的亚太经合组织第二十二次领导人非正式会议确立了共建面向未来的亚太伙伴关系，启动亚太自贸区进程，批准《亚太经合组织互联互通蓝图（2015—2025）》，在近 30 个领域共取得 100 多项合作成果。2016 年 9 月，在二十

国集团领导人杭州峰会上，中国引导协调各方在创新增长、结构性改革、多边投资、气候变化、可持续发展等重要问题上制定出一系列指导原则和指标体系，发表《二十国集团领导人杭州峰会公报》，核准 28 份核心成果文件，有力推动二十国集团从危机应对向长效治理机制转型。我国还成功举办了亚信上海峰会、金砖国家领导人厦门会晤等主场外交活动。习近平提出构建创新、活力、联动、包容的世界经济，为解决人类社会面临的种种全球性挑战提供了中国方案。2021 年 9 月 21 日，习近平出席第七十六届联合国大会一般性辩论并发表重要讲话，提出全球发展倡议，主张坚持发展优先、坚持以人民为中心、坚持普惠包容、坚持创新驱动、坚持人与自然和谐共生、坚持行动导向，呼吁国际社会加强在减贫、粮食安全、抗疫和疫苗、发展筹资、气候变化和绿色发展、工业化、数字经济、互联互通领域合作。这是针对世界经济复苏艰难、疫情加剧"发展鸿沟"、2030 年可持续发展议程落实受阻、气候变化挑战增多等现实难题给出的中国思路，是从根本上破解全球发展不平衡不充分的中国方案。同年 10 月 14 日，习近平又以视频方式出席第二届联合国全球可持续交通大会开幕式并发表题为《与世界相交 与时代相通 在可持续发展道路上阔步前行》的主旨讲话，强调各国一起发展才是真发展，大家共同富裕才是真富裕；要践行共商共建共享的全球治理观，集众智、汇众力，动员全球资源，应对全球挑战，促进全球发展。

我国积极参与制定多个新兴领域治理规则，推动改革全球治理体系中不公平不合理的安排。2013 年 10 月，习近平在访问印度尼西亚期间倡议筹建亚洲基础设施投资银行（以下简称"亚投行"），以促进本地区互联互通建设和经济一体化进程，向包括东盟国家在内的本地区发展中国家基础设施建设提供资金支持。2014 年 10 月 24 日，包括中国、印度、新加坡等在内 21 个首批意向创始成员国的财长和授权代表在北京正式签署《筹建亚投行备忘录》，共同决定成立亚洲基础设施投资银行。

到 2015 年 12 月 25 日，包括缅甸、新加坡、文莱、澳大利亚、中国、蒙古、奥地利、英国、新西兰、卢森堡、韩国、格鲁吉亚、荷兰、德国、挪威、巴基斯坦、约旦等在内的 17 个意向创始成员国（股份总和占比 50.1%）批准《亚洲基础设施投资银行协定》并提交批准书，达到了《协定》规定的生效条件，即至少有 10 个签署方批准且签署方初始认缴股本总额不少于总认缴股本的 50%，亚洲基础设施投资银行正式宣告成立。2016 年 1 月，亚投行正式开业运营。截至 2021 年 10 月，亚投行有正式成员国 104 个，覆盖亚洲、欧洲、非洲、北美洲、南美洲、大洋洲六大洲。成员主体为发展中国家，也吸收了英国、法国、德国、加拿大等发达国家；亚投行批准了 158 个项目，累计投资总额超 319.7 亿美元。亚投行是首个由中国倡议设立、具有政府间性质的多边金融机构。2014 年 11 月，习近平在北京举行的"加强互联互通伙伴关系"东道主伙伴对话会上宣布，中国将出资 400 亿美元成立丝路基金，重点为"一带一路"沿线国家基础设施、资源开发、产业合作和金融合作等与互联互通有关的项目提供投融资支持。2015 年 4 月，丝路基金、中国三峡集团与巴基斯坦私营电力和基础设施委员会共同签署《关于联合开发巴基斯坦水电项目的谅解合作备忘录》，这是丝路基金首个落地的实质性投资项目。2015 年 7 月，中国推动成立的新开发银行开业，总部设在上海，支持成员国的基础设施建设和可持续发展。随着中国国际地位的上升，出任联合国专门机构和重要国际组织主要职务的中国人不断增加。2016 年，中国在国际货币基金组织中的份额从第六位跃居第三位。同年，人民币被纳入国际货币基金组织特别提款权货币篮子。中国的国际话语权和影响力得到显著增强。

我国履行大国责任，积极为全球发展提供公共产品。2015 年 9 月，在联合国成立 70 周年系列峰会期间，习近平宣布 5 年内提供"6 个 100"项目支持，包括 100 个减贫项目、100 个农业合作项目、100 个促贸援助项目、100 个生态保护和应对气候变化项目、100 所医院和诊所、100 所学校和职业培训中心，帮助实施 100 个"妇幼健康工程"和 100 个"快乐校园工程"，设立南南合作援助基金，设立中国—联合国和平与发展基金，提供来华培训和奖学金名额，免除有关国家无息贷款债务，设立南南合作与发展学院和国际发展知识中心等重要举措。2020 年 5 月 18 日，在第 73 届世界卫生大会视频会议开幕式上，习近平宣布两年内提供 20 亿美元国际援助、与联合国合作在华设立全球人道主义应急仓库和枢纽、建立 30 个中非对口医院合作机制、中国新冠疫苗研发完成并投入使用后将作为全球公共产品、同二十国集团成员一道落实"暂缓最贫困国家债务偿付倡议"等中国支持全球抗击新冠疫情的一系列重大举措。我国通过区域合作机制，不断加强同各地区发展中国家的合作。在中非合作论坛、上海合作组织、中国—葡语国家经贸合作论坛、中国—阿拉伯国家合作论坛、中国—拉共体论坛、中国—加勒比经贸合作论坛、中国—太平洋岛国经济发展合作论坛等双多边会议上，习近平提出一系列援助措施，帮助有关国家促进经济社会发展、增进民生福祉。在 2015 年 12 月中非合作论坛约翰内斯堡峰会上，习近平宣布 3 年内，同非方重点实施中非工业化、农业现代化、基础设施、金融、绿色发展、贸易和投资便利化、减贫惠民、公共卫生、人文、和平与安全等"十大合作计划"。在 2018 年 9 月中非合作论坛北京峰会上，习近平宣布未来 3 年和今后一段时间重点实施产业促进、设施联通、贸易便利、绿色发展、能力建设、健康卫生、人文交流、和平安全等"八大行动"。在 2020 年 6 月中非团结抗疫特别峰会上，习近平宣布将继续全力支持非洲国家抗击新冠疫情行动，并将同非方一道，加快落实中非合作论坛北京峰会成果，将合作重点向健康卫生、复工复产、改善民生领域倾斜，携手构建更加紧密的中非命运共同体。

我国建设性参与国际和地区热点问题政治解决，在气候变化、减贫、反恐、网络安全和维护地区安全等领域发挥积极作用。我国坚持发展中国家定位，努力维护发展中国家的共同利益，发起一系列以发展中国家为主体的国际组织及合作机制，实现了多边机制在发展中国家的网络化全覆盖。我国认真履行自己的责任，遵守国际规则，履行国际义务，同国际社会采取协调一致行动，共同应对气候变化、国际反恐、核安全和国际防扩散等全球性挑战。2014 年 10 月，中国成功主办阿富汗问题伊斯坦布尔进程第四次外长会，14 个地区成员国、16 个域外支持国、12 个国际和地区组织的外长或高级代表出席。中国积极参与伊朗核问题谈判进程，为弥合分歧，打破僵局发挥了建设性作用。2022 年 2 月，俄罗斯与乌克兰发生冲突后，中国始终本着客观公正的态度，根据事情本身的是非曲直，独立自主作出判断、表明主张，强调必须坚持联合国宪章宗旨和原则，照顾当事方的合理安全关切，以和平方式解决争端。中国始终把自身发展与世界各国发展紧密相连。2014 年 8 月起，中国向几内亚、利比里亚、塞拉利昂等非洲埃博拉疫情严重国家无私提供各方面援助，赢得国际社会广泛赞誉。面对新冠疫情挑战，中国率先与发展中国家开展疫苗生产国际合作，并向国际社会作出将疫苗作为全球公共产品的庄严承诺。截至 2021 年 1 月，中国累计向 120 多个国家和国际组织提供 20 亿剂新冠疫苗，助力全球抗疫合作。[①]2021 年，中国历史性地解决了绝对贫困问题，并积极帮助其他国家减贫。中国与东盟国家共同开展乡村减贫推进计划，为非洲国家援建水利基础设施、职业技术学校等，在南太平洋地区开展基础设施建设和农业、医疗等技术合作援助项目，在拉美援建农业技术示范中心。在推动共同发展过程中，中国坚定不移走生态优先、绿色发展之路，大力支持发展中国家能源绿色低碳发展，宣布不再新建境外煤电项目；支持发展中国家生物多样性保护事业；加快构建以国家公园为主体的自然保护地体系。2020 年 9 月，习近平在第 75 届联合国大会一般性辩论上宣布，中

---

① 参见《国家主席习近平发表二〇二二年新年贺词》，《人民日报》2022 年 1 月 1 日。

国将提高国家自主贡献力度，采取更加有力的政策和措施，二氧化碳排放力争于 2030 年前达到峰值，努力争取 2060 年前实现碳中和。2021 年 10 月，中国作为东道国在昆明举办《生物多样性公约》第十五次缔约方大会，与各国共商全球生物多样性保护大计，共建万物和谐的美丽世界。在解决乌克兰问题、朝鲜半岛核问题、巴以紧张局势、叙利亚问题、南苏丹冲突等问题上，中国也积极作为，坚持做主和派、促和派、维和派，为推动国际争端和平解决发挥实质性作用。我国大力支持中东、非洲的经济社会发展，积极参与网络、极地、深海、外空、生物安全等新兴领域规则制定，发起并主办世界互联网大会，推动建立多边、民主、透明的全球互联网治理体系，我国先后同 70 多个国家和地区深度开展打击网络犯罪合作；提出责任共担、社会共治的国际禁毒合作方案，联合各国开展国际追逃追赃、打击电信诈骗等执法行动，全面参与联合国、国际刑警组织、上海合作组织、中国—东盟等国际和区域合作框架内的执法安全合作，创建了湄公河流域执法安全合作机制，建立了新亚欧大陆桥安全走廊国际执法合作论坛。坚定支持和积极参与联合国维和行动，自 1990 年第一次向联合国停战监督组织派出 5 名军事观察员以来，到 2021 年 10 月，中国先后参加了近 30 项联合国维和行动，是联合国维和行动第二大出资国、联合国安理会常任理事国第一大出兵国，累计派出维和人员 5 万余人次，为维护世界和平作出重要贡献，被誉为"联合国维和行动的关键力量"。[①]

综上，经过党的十八大以来持续努力，中国特色大国外交全面推进，构建人类命运共同体成为引领时代潮流和人类前进方向的鲜明旗帜，我国外交在世界大变局中开创新局、在世界乱局中化危为机，我国国际影响力、感召力、塑造力显著提升。

---

① 参见国纪平：《为联合国崇高事业不断作出新的更大贡献——写在中华人民共和国恢复联合国合法席位 50 周年之际》，《人民日报》2021 年 10 月 25 日。

第十五章　在伟大自我革命中锻造
更加强大的中国共产党

　　中国特色社会主义进入新时代，我们党一定要有新气象新作为。打铁必须自身硬。改革开放以后，我们党坚持党要管党、从严治党，推进党的建设取得明显成效。但与此同时，由于一度出现管党不力、治党不严问题，有些党员、干部政治信仰出现严重危机，一些地方和部门选人用人风气不正，形式主义、官僚主义、享乐主义和奢靡之风盛行，特权思想和特权现象较为普遍存在。特别是搞任人唯亲、排斥异己的有之，搞团团伙伙、拉帮结派的有之，搞匿名诬告、制造谣言的有之，搞收买人心、拉动选票的有之，搞封官许愿、弹冠相庆的有之，搞自行其是、阳奉阴违的有之，搞尾大不掉、妄议中央的也有之，政治问题和经济问题相互交织，贪腐程度触目惊心。这些问题严重影响党的形象和威信，严重损害党群干群关系，引起广大党员、干部、群众强烈不满和义愤。面对一个时期以来党内存在的令人"忧心忡忡"的突出问题，习近平强调，办好中国的事情，关键在党，关键在坚持党要管党、全面从严治党。①党以永远在路上的清醒和坚定，坚持严的主基调，突出抓住"关键少数"以上率下，落实主体责任和监督责任，强化监督执纪问责，把全面从严治党贯穿于党的建设各方面。经过党的十八大以来十多年锲而不舍、驰而不息的坚决斗争，全面

---

　　①　参见中共中央党史和文献研究院编：《十九大以来重要文献选编》（上），中央文献出版社 2019 年版，第 554 页。

从严治党取得历史性、开创性成就，产生全方位、深层次影响：党中央把全面从严治党纳入"四个全面"战略布局，坚持无禁区、全覆盖、零容忍，坚持重遏制、强高压、长震慑，坚持受贿行贿一起查，坚持有案必查、有腐必惩，以刮骨疗毒、壮士断腕的勇气，以猛药去疴、重典治乱的决心，坚定不移"打虎""拍蝇""猎狐"，坚持不敢腐、不能腐、不想腐一体推进，惩治震慑、制度约束、提高觉悟一体发力，刹住了一些多年未刹住的歪风邪气，解决了许多长期没有解决的顽瘴痼疾，全面从严治党的政治引领和政治保障作用充分发挥，党的自我净化、自我完善、自我革新、自我提高能力显著增强，管党治党宽松软状况得到根本扭转，反腐败斗争取得压倒性胜利并全面巩固，清除了党、国家、军队内部存在的严重隐患，党在革命性锻造中更加坚强，探索出依靠党的自我革命跳出历史周期率的成功路径。

一、全面从严治党"从制定和落实中央八项规定破题"

进入 21 世纪，我们党的自身建设面临一系列新情况新问题新挑战，落实党要管党、从严治党的任务比以往任何时候都更为繁重、更为紧迫。只有以更大的决心和勇气抓好党的自身建设，才能确保党在世界形势深刻变化的历史进程中始终走在时代前列，在应对国内外各种风险和考验的历史进程中始终成为全国人民的主心骨，在发展中国特色社会主义的历史进程中始终成为坚强的领导核心。党的十八大以来，习近平在毫不动摇坚持党的领导的同时，就加强党的自身建设、全面从严治党作出一系列重要论述，深刻阐述了加强党的建设的重要性、紧迫性。

2012 年 11 月 17 日，在主持中共十八届中央政治局第一次集体学习时，习近平指出："这些年来，我们全面推进党的建设新的伟大工程，党的执政能力得到新的提高，党的先进性和纯洁性得到保持和发展，党的领导得到加强和改善。同时，与国内外形势发展变化相比，与党所承担的历史任务相比，党的领导水平和执政水平，党组织建设状况和党员干部素质、能力、作风都还有不小差距。特别是新形势下加强和改进党的建设面临'四大考验'、'四种危险'，落实党要管党、从严治党的任务比以往任何时候都更为繁重更为紧迫。"①2013 年 6 月 28 日，在全国组织工作会议上，习近平指出："党要管党，才能管好党；从严治党，才能治好党。对我们这样一个拥有八千五百多万党员、在一个十三亿人口大国长期执政的党，管党治党一刻不能松懈。如果管党不力、治党不严，人民群众反映强烈的党内突出问题得不到解决，那我们党迟早会失去执政资格，不可避免被历史淘汰。这决不是危言耸听。"②2014 年 6 月 30 日，在主持中共十八届中央政治局第十六次集体学习时，习近平指出："我们共产党人的忧患意识，就是忧党、忧国、忧民意识，这是一种责任，更是一种担当。要深刻认识党面临的执政考验、改革开放考验、市场经济考验、外部环境考验的长期性和复杂性，深刻认识党面临的精神懈怠危险、能力不足危险、脱离群众危险、消极腐败危险的尖锐性和严峻性，深刻认识增强自我净化、自我完善、自我革新、自我提高能力的重要性和紧迫性，坚持底线思维，做到居安思危。""我们要聚精会神抓好党的建设，使我们党越来越成熟、越来越强大、越来越有战斗力。这是全党的政治责任，首先是中央政治局的政治责任。"③11 月 2日，在福建调研时，习近平强调："从严治党不能只当口号喊，必须体现到党组织和党员、干部一切工作和活动中。""我们党取得了举世瞩目的成就，现在更需要'愈大愈惧，愈强愈恐'的态度，切不可在管党治党上有

---

① 中共中央文献研究室编：《十八大以来重要文献选编》（上），中央文献出版社 2014年版，第 80 页。

② 中共中央文献研究室编：《十八大以来重要文献选编》（上），中央文献出版社 2014年版，第 349—350 页。

③ 中共中央文献研究室编：《习近平关于全面从严治党论述摘编》，中央文献出版社2016 年版，第 6 页。

丝毫松懈。"①12月14日，在江苏调研时，习近平指出："从严治党要贯穿于改革开放和现代化建设全过程，贯穿于党的建设和党内生活各方面，真正做到要求严、措施严，对上严、对下严，对事严、对人严。要通过持续努力，使那些'何必当真'的观念、'得过且过'的想法、'干一下得了'的心态得到切实扭转和纠正。"②2016年1月12日，在十八届中央纪委第六次全体会议上，习近平强调："全面从严治党，核心是加强党的领导，基础在全面，关键在严，要害在治。'全面'就是管全党、治全党，面向8700多万党员、430多万个党组织，覆盖党的建设各个领域、各个方面、各个部门，重点是抓住'关键少数'。'严'就是真管真严、敢管敢严、长管长严。'治'就是从党中央到省市县党委，从中央部委、国家机关部门党组（党委）到基层党支部，都要肩负起主体责任，党委书记要把抓好党建当作分内之事、必须担当的职责；各级纪委要担负起监督责任，敢于瞪眼黑脸，勇于执纪问责。……我们必须坚持不懈抓下去，使管党治党真正从宽松软走向严紧硬。"③10月27日，在党的十八届六中全会第二次全体会议上，习近平进一步指出："全党必须认识到，如果管党不力、治党不严，人民群众反映强烈的突出矛盾和问题得不到及时解决，我们党执政的基础就会动摇和瓦解；同样，如果我们让已经初步解决的问题反弹回潮、故态复发，那就会失信于民，我们党就会面临更大的危险。"④

全面从严治党，必须增强管党治党意识、落实管党治党责任。党的

---

① 中共中央文献研究室编：《习近平关于全面从严治党论述摘编》，中央文献出版社2016年版，第8页。

② 中共中央文献研究室编：《习近平关于全面从严治党论述摘编》，中央文献出版社2016年版，第9页。

③ 习近平：《在第十八届中央纪律检查委员会第六次全体会议上的讲话》，人民出版社2016年版，第16—17页。

④ 中共中央文献研究室编：《习近平关于全面从严治党论述摘编》，中央文献出版社2016年版，第18页。

建设历史和现实一再证明：不明确责任，不落实责任，不追究责任，全面从严治党就难以落到实处。就为什么和如何落实全面从严治党主体责任问题，习近平也作出了一系列重要论述。2013 年 6 月 28 日，在全国组织工作会议上，习近平指出："党要管党，首先是党委要管、党委书记要管。党委书记要在其位、谋其政，履行好第一责任人职责。"[①]2014 年 1 月 14 日，在十八届中央纪委第三次全体会议上，习近平严肃批评"有的党委对主体责任认识不清、落实不力，有的没有把党风廉政建设当作分内之事，每年开个会、讲个话，或签个责任书就万事大吉了；有的对错误思想和作风放弃了批评和斗争，搞无原则的一团和气，疏于教育，疏于管理和监督，放任一些党员、干部滑向腐败深渊；还有的领导干部只表态、不行动，说一套、做一套，甚至带头搞腐败，带坏了队伍，带坏了风气"。党委的主体责任是什么？习近平指出："主要是加强领导，选好用好干部，防止出现选人用人上的不正之风和腐败问题；坚决纠正损害群众利益的行为；强化对权力运行的制约和监督，从源头上防治腐败；领导和支持执纪执法机关查处违纪违法问题；党委主要负责同志要管好班子，带好队伍，管好自己，当好廉洁从政的表率。"他要求"中央纪委要抓紧完善并严格执行责任追究办法，对每一个具体问题都要分清党委负什么责任、有关部门负什么责任、纪委负什么责任，健全责任分解、检查监督、倒查追究的完整链条，有错必究，有责必问"。[②] 在党的群众路线教育实践活动总结大会上，他提出各级党委要"坚持党建工作和中心工作一起谋划、一起部署、一起考核，把每条战线、每个领域、每个环节的党建工作抓具体、抓深入，坚决防止'一手硬、一手软'。对各级各部门党组织负责人特别是

---

① 中共中央文献研究室编：《十八大以来重要文献选编》（上），中央文献出版社 2014 年版，第 354 页。

② 中共中央文献研究室编：《习近平关于全面从严治党论述摘编》，中央文献出版社 2016 年版，第 221—223 页。

党委（党组）书记的考核，首先要看抓党建的实效，考核其他党员领导干部工作也要加大这方面的权重"。①2014 年 10 月 23 日，在党的十八届四中全会第二次全体会议上，习近平强调，"各级党委（党组）要落实好主体责任，不抓党风廉政建设是严重失职。各级纪委要履行好监督责任，更好发挥党内监督专门机关作用。党委（党组）书记作为党风廉政建设第一责任人，既要挂帅又要出征，对重要工作亲自部署、重大问题亲自过问、重要环节亲自协调、重要案件亲自督办。"②2015 年 1 月 13 日，在十八届中央纪委第五次全体会议上，习近平指出："党风廉政建设责任能不能担当起来，关键在主体责任这个'牛鼻子'抓没抓住。""各级党委（党组）不能当'甩手掌柜'，要切实把党风廉政建设当作分内之事、应尽之责，真正把担子担起来，种好自己的'责任田'。"③2016 年 1 月 12 日，在十八届中央纪委第六次全体会议上，习近平强调："任何地方、部门、单位，发生了党的领导作用不发挥、贯彻党的路线方针政策走样、管党治党不严不实、选人用人失察、发生严重'四风'和腐败现象、巡视整改不力等问题，就要抓住典型严肃追责。既追究主体责任、监督责任，又上查一级追究领导责任、党组织责任。""党委书记要做管党治党的书记，当好第一责任人，对党负责，对本地区本单位的政治生态负责，对干部健康成长负责。要把责任传导给所有班子成员，压给下面的书记，确保责任落到实处。"④

　　2017 年 10 月，党的十九大把"坚持全面从严治党"确立为新时代坚

① 中共中央文献研究室编：《十八大以来重要文献选编》（中），中央文献出版社 2016 年版，第 94 页。

② 中共中央文献研究室编：《习近平关于全面从严治党论述摘编》，中央文献出版社 2016 年版，第 227 页。

③ 中共中央文献研究室编：《习近平关于全面从严治党论述摘编》，中央文献出版社 2016 年版，第 228—229 页。

④ 习近平：《在第十八届中央纪律检查委员会第六次全体会议上的讲话》，人民出版社 2016 年版，第 17 页。

持和发展中国特色社会主义的基本方略之一，并从 8 个方面作出具体部署。党的十九大后，习近平又提出"两大革命"的重要论断，强调"要把新时代坚持和发展中国特色社会主义这场伟大社会革命进行好，我们党必须勇于进行自我革命，把党建设得更加坚强有力。""全面从严治党永远在路上。在统揽伟大斗争、伟大工程、伟大事业、伟大梦想中，起决定性作用的是新时代党的建设新的伟大工程。"①

习近平的上述重要论述，坚持问题导向，为从思想上、管党上、执纪上、治吏上、作风上、反腐上深入推进全面从严治党，深入推进管党治党主体责任、监督责任的贯彻落实，提供了根本遵循和方法指导。

党的作风是党的形象，是观察党群干群关系、人心向背的风向标和晴雨表。作风正，则人心齐、事业兴；作风不正，则人心散、事业衰。党要管党，就要管好作风；从严治党，就要严在作风上。习近平指出："工作作风上的问题绝对不是小事，如果不坚决纠正不良风气，任其发展下去，就会像一座无形的墙把我们党和人民群众隔开，我们党就会失去根基、失去血脉、失去力量。"②党的十八大以来，以习近平同志为核心的党中央以加强作风建设为切入点和突破口，以上率下，率先垂范，坚持不懈改进党风政风，解决了许多过去想解决却未能解决的问题，打开了全面从严治党崭新局面，同时带动整个社会风气发生全面深刻、影响深远、鼓舞人心的变化，作风建设成为全面从严治党的一张亮丽成绩单。

2012 年 12 月 4 日，在研究通过中央八项规定的中央政治局会议上，习近平指出："党风廉政建设，要从领导干部做起，领导干部首先要从中

---

① 《习近平在学习贯彻党的十九大精神研讨班开班式上发表重要讲话强调 以时不我待只争朝夕的精神投入工作 开创新时代中国特色社会主义事业新局面》，《人民日报》2018 年 1 月 6 日。

② 中共中央文献研究室编：《习近平关于全面从严治党论述摘编》，中央文献出版社 2016 年版，第 148 页。

央领导做起。""既然作规定，就要朝严一点的标准去努力，就要来真格的。不痛不痒的，四平八稳的，都是空洞口号，就落不到实处，还不如不做。定规矩，就要落实一些已经有明确规范的事情，就要约束一些不合规范的事情，就要规范一些没有规范的事情。规矩是起约束作用的，所以要紧一点。紧一点自然就不舒服了，舒适度就有问题了，就是要不舒服一点、不自在一点，我们不舒服一点、不自在一点，老百姓的舒适度就好一点、满意度就高一点，对我们的感觉就好一点。这也是新形象新气象。"[1]2013年1月22日，在十八届中央纪委第二次全体会议上，习近平说，"中央八项规定既不是最高标准，更不是最终目的，只是我们改进作风的第一步，是我们作为共产党人应该做到的基本要求"，"各级领导干部要以身作则、率先垂范，说到的就要做到，承诺的就要兑现，中央政治局同志从我本人做起"。[2]2014年1月14日，在十八届中央纪委第三次全体会议上，习近平指出："党要管党、从严治党怎么抓？就从中央政治局抓起……上面没有先做到，要求下边就没有说服力和号召力。""全党看着中央政治局，要求全党做到的，中央政治局首先要做到。"[3]2015年10月29日，在党的十八届五中全会第二次全体会议上，习近平指出："中央委员会的同志要在党言党、在党忧党、在党为党，带好头、做好表率。大家要清醒认识高级干部岗位对党和国家的特殊重要性，自觉按党提出的标准要求自己、磨练自己、提高自己。职位越高，越要夙兴夜寐工作，越要毫无私心把自己的一切奉献给党和人民，越要按规则正确用权、谨慎用权、干净用权，越要像珍惜生命一样珍惜名节和操守，扎扎实实改造主观世界，诚心诚意接受监

① 中共中央文献研究室编：《习近平关于全面从严治党论述摘编》，中央文献出版社2016年版，第147、148页。

② 中共中央文献研究室编：《习近平关于全面从严治党论述摘编》，中央文献出版社2016年版，第149页。

③ 中共中央纪律检查委员会、中共中央文献研究室编：《习近平关于严明党的纪律和规矩论述摘编》，中央文献出版社2016年版，第98页。

督帮助，努力使自己成为一名党和人民信赖的好干部。"①2016年7月1日，在庆祝中国共产党成立95周年大会上，习近平指出："实践证明，只要真管真严、敢管敢严，党风建设就没有什么解决不了的问题。作风建设永远在路上。'己不正，焉能正人。'我们要从中央政治局常委会、中央政治局、中央委员会抓起，从高级干部抓起，持之以恒加强作风建设，坚持和发扬党的优良传统和作风，坚持抓常、抓细、抓长，使党的作风全面好起来，确保党始终同人民同呼吸、共命运、心连心。"②仅党的十八大后的5年里，习近平就先后主持召开了36次中央政治局常委会会议、21次中央政治局会议，对贯彻执行中央八项规定、加强作风建设进行专门研究部署。他始终从关乎党的兴衰存亡、巩固党的执政地位、实现党的执政使命的政治高度，严肃对待作风问题，高度重视作风建设，在每年召开的党中央全会、中央纪委全会、中央经济工作会议等重要会议上都对作风建设提出明确要求，先后作出51次重要批示，为贯彻落实中央八项规定精神和加强作风建设确定工作思路，提出根本遵循。中央政治局先后召开多次民主生活会，对照检查执行中央八项规定的情况，进行党性分析，开展批评和自我批评，研究加强自身建设和作风建设的措施。行胜于言。从党的十八大到党的十九大，习近平深入农村、社区、学校、工厂车间、港口码头、边关哨所考察调研50次151天，足迹遍及全国各地，在广东考察工作时吃自助餐，在河北调研时吃大盆菜；在河北阜平住16平方米的房间，在四川芦山地震灾区住临时板房；在湘西同村民一起摘柚子，在北京庆丰包子铺排队点餐；在陕北梁家河用自己的钱为乡亲购买年货，在长白山下的田间地头关心农业生产，每次考察调研都轻车简从、察实情、重实效。在此期

---

①　中共中央纪律检查委员会、中共中央文献研究室编：《习近平关于严明党的纪律和规矩论述摘编》，中央文献出版社2016年版，第104—105页。

②　习近平：《在庆祝中国共产党成立95周年大会上的讲话》，《人民日报》2016年7月2日。

间，他出国访问 28 次 191 天，到访五大洲 52 个国家，每次出访都切实精简随行人员，日程安排紧凑合理，活动开展务实高效，带头执行中央八项规定中关于外事活动的要求，严禁随行人员收受驻外使领馆任何馈赠。

中央政治局其他成员也严于律己、以实际行动模范践行中央八项规定。在改进调查研究方面，中央政治局成员深入地方和基层开展调研，坚持轻车简从，减少陪同，简化接待，务求实效。在精简会议活动方面，严格控制以中央名义召开的全国性会议，精简一般性事务性会议活动，持续简化中央领导同志节日活动，不再举办首都春节联欢文艺晚会和元宵晚会，中央全会、全国两会等重要会议会风不断改善，坚持开短会、讲短话，不讲空话套话。在精简文件简报方面，科学编制中央年度发文计划，从严把好发文关，严格实施简报备案制度，地方和部门报送党中央、国务院的简报数量大幅度压减。在规范出访活动方面，紧紧围绕党和国家中心工作和外交战略需要，统筹安排外事活动，科学制订出访计划，严格控制访问次数、天数、国家数、随访人数，按规定乘坐交通工具。在改进警卫工作方面，严格落实不封路不腾道、不清场不闭馆要求，坚持内紧外松、防范在先，使安全措施扎实严密、形式缓和宽松，努力实现政治效果、安全效果和社会效果的有机统一。在改进新闻报道方面，严控一般性会议活动新闻报道，认真执行字数、时长等规定，创新新闻宣传方式，充分发挥全媒体优势。在严格文稿发表方面，除党中央统一安排外，中央政治局成员没有公开出版著作、讲话单行本，没有发贺信贺电，没有题词题字。在规范工作和生活待遇方面，按照"保障工作需要、待遇适当从低"原则，制定出台党和国家领导人有关待遇的系列文件，对办公用房、住房、用车、交通、工作人员配备、休假休息等待遇作出规定，拓展和深化了中央八项规定精神，并从中共十八届中央政治局率先做起，等等。以习近平同志为核心的党中央不打折扣贯彻执行中央八项规定，以行动作无声的号令、以身教作执行的榜样，为全党全社会树立了标杆，形成了巨大的示范效应。

党的作风问题，归根结底是党性问题。抓作风建设，就要返璞归真、固本培元。党的十八大后 5 年间，在党中央统一部署下连续开展的党内教育活动和不断深入的思想政治建设，既为从根子上强党性、转作风，深入贯彻中央八项规定精神打下了坚实思想基础，也是加强党的作风建设的重要抓手。

2013 年 4 月 19 日，为推动全党作风大转变，根据党的十八大的部署，中央政治局会议决定：从 2013 年下半年开始，用一年左右时间，在全党自上而下分批开展以为民务实清廉为主要内容的党的群众路线教育实践活动，以贯彻落实中央八项规定作为切入点，集中解决党内存在的形式主义、官僚主义、享乐主义和奢靡之风问题。2013 年 5 月 9 日，中共中央印发《关于在全党深入开展党的群众路线教育实践活动的意见》，对教育实践活动作出部署。明确教育实践活动的总要求是"照镜子、正衣冠、洗洗澡、治治病"。"照镜子"，就是学习和对照党章，对照廉政准则，对照改进作风要求，对照群众期盼，对照先进典型，查找宗旨意识、工作作风、廉洁自律方面的差距。"正衣冠"，就是按照为民务实清廉的要求，严明党的纪律特别是政治纪律，敢于触及思想，正视矛盾和问题，从自己做起，从现在改起，端正行为，维护良好形象。"洗洗澡"，就是以整风精神开展批评和自我批评，深入分析出现形式主义、官僚主义、享乐主义和奢靡之风的原因，坚持自我净化、自我完善、自我革新、自我提高，既要解决实际问题，更要解决思想问题。"治治病"，就是坚持惩前毖后、治病救人方针，区别情况、对症下药，对作风方面存在问题的党员、干部进行教育提醒，对问题严重的进行查处，对与民争利、损害群众利益的不正之风和突出问题进行专项治理。明确教育实践活动的重点是抓好县处级以上领导机关、领导班子和领导干部；主要任务是教育引导党员、干部树立群众观点，弘扬优良作风，解决突出问题，保持清廉本色，使党员、干部思想进一步提高、作风进一步转变，党群干群关系进一步密切，为民务实清廉形象进一步树立；方法是以整风精神开展批评和自我批评，开好民主生活会，坚持开门搞活动。明确中央政治局带头开展党的群众路线教育实践活动，中央政治局常委建立教育实践活动联系点，对联系点所在地方和分管领域的教育实践活动进行指导；全国从 2013 年下半年开始，自上而下分 2 批开展教育实践活动，第一批为省部级领导机关和副省级城市机关及其直属单位，中管金融企业、中管企业、中管高等学校；第二批为省以下各级机关及其直属单位和基层组织，每批大体安排半年时间，2014 年 7 月基本完成。明确每个单位集中教育时间一般不少于 3 个月，应着力抓好"学习教育、听取意见""查摆问题、开展批评""整改落实、建章立制"等 3 个环节；中央成立党的群众路线教育实践活动领导小组，各级党委（党组）是抓好本地区本部门本单位教育实践活动的责任主体。

2013 年 6 月 18 日，党的群众路线教育实践活动工作会议在北京召开，习近平出席会议并发表重要讲话，强调"面对世情、国情、党情的深刻变化，精神懈怠危险、能力不足危险、脱离群众危险、消极腐败危险更加尖锐地摆在全党面前，党内脱离群众的现象大量存在，集中表现在形式主义、官僚主义、享乐主义和奢靡之风这'四风'上"。我们要"着眼于自我净化、自我完善、自我革新、自我提高"，"对作风之弊、行为之垢来一次大排查、大检修、大扫除"，"'四风'问题解决好了，党内其他一些问题解决起来也就有了更好条件"。①

在党的群众路线教育实践活动整个过程中，党中央先后确定了 21 项专项整治任务；中央政治局常委深入各自联系点，参加专题民主生活会、

---

① 《习近平在党的群众路线教育实践活动工作会议上强调　深入扎实开展党的群众路线教育实践活动　为实现党的十八大目标任务提供坚强保证》，《人民日报》2013 年 6 月 19 日。

全程指导教育实践活动。党的群众路线教育实践活动的深入开展，促使党员、干部得到了党性锻炼，刹住了"四风"蔓延的势头，带动了党风政风和社会风气的整体好转，阶段性成果显著。到 2014 年 10 月教育实践活动收尾之时，相比活动开展前，全国压缩会议 58.6 万多个，下降 24.6%；压缩文件 190.8 万多个，下降 26.7%；压缩评比达标表彰活动 19.2 万多个；13.7 万多项行政审批事项被取消、下放，减少 13.7%，查处"吃拿卡要""庸懒散拖"问题 5 万多起、6 万多人；查处在公务活动和节日期间赠送、接受礼品、礼金和各种有价证券、支付凭证的问题 1.3 万多起 4024 人，查处公款吃喝、参与高消费的问题 3083 起 4144 人；应清理清退公务用车 11.9 万多辆，实际清理清退 11.4 万多辆，占 95.5%，停建楼堂馆所 2580 个，面积 1512.4 万平方米；"三公"经费压缩 530.2 亿元，下降 27.5%，减少因公临时出国（境）2.7 万多个批次 9.6 万多人；叫停"形象工程""政绩工程"663 个，查处弄虚作假的问题 436 起 418 人；查处征地拆迁、涉农利益、涉法涉诉、安全生产、食品药品安全、生态环境、教育、医疗卫生等方面损害群众利益的问题 38.6 万多起；减少收费、罚款项目 3.1 万多个；查处不按标准及时足额发放征地拆迁补偿款、侵占挪用各种补助资金问题 6499 起，处理 3968 人，涉及金额 21.7 亿元，查处对群众欠账不付、欠款不还、"打白条"、耍赖账的问题 1.6 万多起、5 万余人；清理清退"吃空饷"人员 16.2 万多人；查处党员干部参赌涉赌案件 6122 起 7162 人。[①]历时一年多的党的群众路线教育实践活动，对作风之弊、行为之垢进行了一次大排查、大检修、大扫除，解决了一些多年来群众反映强烈、想解决而未能解决的问题，刹住了许多人认为"不可能刹住"的歪风邪气，党风政风为之一新。党要管党、从严治党必须具体地而不是抽象地、认

---

① 《一份实实在在的作风建设成绩单——写在党的群众路线教育实践活动收官之际》，《大众日报》2014 年 10 月 8 日。

真地而不是敷衍地落实到位，是这次活动给改革和加强党的建设提供的最深刻的启示。

2014年3月9日，习近平在参加十二届全国人大二次会议安徽代表团审议时，就进一步深入推进作风建设，对各级领导干部提出"严以修身、严以用权、严以律己""谋事要实、创业要实、做人要实"的"三严三实"要求。严以修身，就是要加强党性修养，坚定理想信念，提升道德境界，追求高尚情操，自觉远离低级趣味，自觉抵制歪风邪气。严以用权，就是要坚持用权为民，按规则、按制度行使权力，把权力关进制度的笼子里，任何时候都不搞特权、不以权谋私。严以律己，就是要心存敬畏、手握戒尺，慎独慎微、勤于自省，遵守党纪国法，做到为政清廉。谋事要实，就是要从实际出发谋划事业和工作，使点子、政策、方案符合实际情况、符合客观规律、符合科学精神，不好高骛远，不脱离实际。创业要实，就是要脚踏实地、真抓实干，敢于担当责任，勇于直面矛盾，善于解决问题，努力创造经得起实践、人民、历史检验的实绩。做人要实，就是要对党、对组织、对人民、对同志忠诚老实，做老实人、说老实话、干老实事，襟怀坦白，公道正派。"三严三实"阐明了党员领导干部的修身之本、为政之道、成事之要，为加强党员干部党性修养、改进工作作风提供了重要遵循。

2015年4月10日，经党中央批准，中央办公厅印发《关于在县处级以上领导干部中开展"三严三实"专题教育方案》，对2015年在全国县处级以上领导干部中开展"三严三实"专题教育作出安排。要求聚焦对党忠诚、个人干净、敢于担当，把思想教育、党性分析、整改落实、立规执纪结合起来，坚持实事求是，改进工作作风，着力解决"不严不实"问题，努力在深化"四风"整治、巩固和拓展党的群众路线教育实践活动成果上见实效，在守纪律讲规矩、营造良好政治生态上见实效，在真抓实干、推动改革发展稳定上见实效。着力解决理想信念动摇、信仰迷茫、精神迷失，宗旨意识淡薄、忽视群众利益、漠视群众疾苦，党性修养缺失，不讲党的原则等问题；着力解决滥用权力、设租寻租，官商勾结、利益输送，不直面问题、不负责任、不敢担当，顶风违纪还在搞"四风"、不收敛不收手等问题；着力解决无视党的政治纪律和政治规矩，对党不忠诚、做人不老实，阳奉阴违、自行其是，心中无党纪、眼里无国法等问题。这次"三严三实"专题教育作为党的群众路线教育实践活动的延展深化，作为持续深入推进党的思想政治建设和作风建设的重要举措，不分批次、不划阶段、不设环节，从 2015 年 4 月底开始，在各级党政机关、人民团体及其内设机构县处级以上领导干部和事业单位、国有企业中层以上领导人员中开展，各级同步进行。主要内容和环节包括：党委（党组）书记带头讲"三严三实"专题党课；在个人自学基础上，以周永康、薄熙来、徐才厚、令计划、苏荣等违纪违法案件为反面典型，党委（党组）中心组和内设机构党组织重点围绕"严以修身，加强党性修养，坚定理想信念，把牢思想和行动的'总开关'""严以律己，严守党的政治纪律和政治规矩，自觉做政治上的'明白人'""严以用权，真抓实干，实实在在谋事创业做人，树立忠诚、干净、担当的新形象"三个专题开展研讨；在 2015 年底召开"三严三实"专题民主生活会和组织生活会，每名县处级以上党员领导干部对照党章党规、对照正反两方面典型，联系个人思想、工作、生活和作风实际，联系个人成长进步经历，联系教育实践活动中个人整改措施落实情况，深入查摆"不严不实"问题，进行党性分析，严肃认真开展批评和自我批评；针对"不严不实"问题，强化整改落实和立规执纪，推动践行"三严三实"要求制度化、常态化、长效化。

从 2015 年 4 月至 2016 年 2 月，在历时近一年的"三严三实"专题教育中，全国有 1.8 万名县级以上党委（党组）书记带头讲党课，两月一专题、一月一研讨，各级党委（党组）采取中心组学习、集中研学、个人自学等方式，认真学习习近平总书记系列重要讲话精神，认真对照正反典型深刻剖析，在思想、作风、党性上又一次集中"补钙""加油"。258个省部级单位党委（党组）及其内设机构和市、县单位领导召开专题民主生活会，基层党组织召开专题组织生活会。①

2015年12月28日至29日，中央政治局召开"三严三实"专题民主生活会，联系党的十八大以来中央抓作风建设的实际，联系自身执行中央八项规定的实际，联系严格教育管理家属子女和身边工作人员的实际，联系周永康、薄熙来、徐才厚、郭伯雄、令计划等人案件的深刻教训，进行党性分析，开展批评和自我批评。会议提出，面向未来，巩固党风廉政建设成效、防止问题反弹的任务仍很重，解决党内作风上深层次问题的任务仍很重，必须继续保持反"四风"、正党风的战略定力，从解决"四风"问题和领导干部不严不实问题延伸开去，努力改进思想作风、学风、工作作风、领导作风、干部生活作风，使党的作风全面好起来。

2016年党中央在全体党员中开展的"学党章党规、学系列讲话，做合格党员"（以下简称"两学一做"）学习教育以及2017年关于推进"两学一做"学习教育常态化制度化的安排和部署，是持续推动全面从严治党从"关键少数"向广大党员拓展、从集中性教育向经常性教育延伸的重要举措，其中都把进一步解决党员队伍中存在的思想、组织、作风、纪律等方面的问题作为学习教育的重要内容。

伴随着各项党内教育活动的深入开展，党中央直面人民群众反映强烈的突出问题，出实招、动真格，从细小处着眼，推动作风建设取得显著成效。

2013年8月，中秋节前夕，中央纪委常委会召开会议，强调纠正"四风"必须抓住重要时间节点，一个阶段一个阶段推进，当前要坚决刹住中

---

① 《从"关键少数"向全体党员拓展》，《人民日报》2017年6月20日。

秋节、国庆节公款送月饼送节礼、公款吃喝和奢侈浪费等不正之风，对顶风违纪者发现一起处理一起，决不姑息。9月3日，中央纪委和中央党的群众路线教育实践活动领导小组发出《关于落实中央八项规定精神坚决刹住中秋国庆期间公款送礼等不正之风的通知》，要求坚决落实中央八项规定精神，坚决反对"四风"，节日期间，严禁用公款送月饼送节礼；严禁用公款大吃大喝或安排与公务无关的宴请；严禁用公款安排旅游、健身和高消费娱乐活动；严禁以各种名义突击花钱和滥发津贴、补贴、奖金、实物。10月31日，中央纪委发出《关于严禁公款购买印制寄送贺年卡等物品的通知》，规定严禁用公款购买、印制、邮寄、赠送贺年卡、明信片、年历等物品。11月21日，中央纪委发出《关于严禁元旦春节期间公款购买赠送烟花爆竹等年货节礼的通知》，明确严禁用公款购买赠送烟花爆竹、烟酒、花卉、食品等年货节礼。之后，中央纪委又就公款旅游、公车私用、违规建设楼堂馆所、大办婚丧喜庆、滥发钱物、出入私人会所等群众反映强烈的12个方面的具体问题发出一系列禁令。中央纪委还以2013年中秋节狠抓公款送月饼为起点，每逢重大节日节点都发出通知，要求狠刹"四风"；中央纪委网站还开设专区通报曝光"四风"典型案例，开通举报平台，起到了有力的震慑作用。

2013年9月，在参加河北省委常委班子专题民主生活会时，习近平指出："我们抓中央八项规定贯彻落实，看起来是小事，但体现的是一种精神。中央八项规定都抓不好、坚持不下去，还搞什么十八项规定、二十八项规定？抓'四风'要首先把中央八项规定抓好，抓党的建设要从'四风'抓起。办好一件事后再办第二件事，让大家感到我们是能办成事的，而且是认真办事的。这样才能取信于民、取信于全党。大家担心防范'四风'的制度能不能建立起来，是不是有用，是不是'稻草人'？行胜于言。比如，今年中秋节中央纪委抓月饼，看起来是小事，其实是抓这后面隐藏的腐败。抓了中秋节抓国庆节，抓了国庆节抓新年，抓了新年抓春节，抓了春节抓清明节、抓端午节，就这么抓下去，总会见效的，使之形成一种习惯、一种风气。"①根据党中央的决策部署，党的十八大以来，贯彻落实中央八项规定精神，狠刹"四风"一个节点一个节点坚守，一个阶段一个阶段推进。中共中央办公厅、国务院办公厅每年元旦春节都要专门印发通知，强调贯彻落实中央八项规定精神，提出具体要求，坚决杜绝"节日腐败"。纪检监察机关端午抓公款购买粽子等节礼、中秋抓公款购买月饼等节礼、春节抓公款购买爆竹等年货节礼，抓早抓小、串点成线，以一个个具体问题的突破，带动面上问题的解决。从群众反映最强烈的公款吃喝、公款送礼、公款旅游三类问题看，截至 2016 年 12 月，全国查处这三类问题共 3.18 万起，违纪行为发生在 2013 年、2014 年的占到 76.1%，发生在 2015 年的占 16.7%，发生在 2016 年的仅为 7.2%，逐年大幅下降。党中央还部署开展专项整治任务，精准发力，刹住了一些曾被认为不可能刹住的歪风邪气，攻克了一些曾被认为司空见惯的顽瘴痼疾。全国共整顿各类会所 512 家、处置 456 家；关停高尔夫球场 187 个；核查清理 625 家驻京办事机构，做到应撤尽撤；停止新建楼堂馆所，全面完成办公用房清理，全国共调整清理办公用房 2227.6 万平方米。②

抓作风建设，必须坚持破立并举，注重建章立制。2013 年 11 月，中共中央、国务院印发施行《党政机关厉行节约反对浪费条例》，对党政机关经费管理、国内差旅、因公临时出国（境）、公务接待、公务用车、会议活动、办公用房等作出全面规范，对监督检查、责任追究等工作提出明确要求，成为从源头上狠刹奢侈浪费之风的综合性、基础性党内法规。与之相配套的包括《党政机关国内公务接待管理规定》《关于严禁党政机关

---

① 中共中央文献研究室编：《习近平关于全面从严治党论述摘编》，中央文献出版社 2016 年版，第 156 页。

② 《八项规定，激浊扬清之剑——党的十八大以来以习近平同志为核心的党中央贯彻执行八项规定、推动作风建设综述》，《人民日报》2017 年 9 月 29 日。

到风景名胜区开会的通知》《关于调整中央和国家机关差旅住宿费标准等有关问题的通知》《中央和国家机关差旅费管理办法》《中央和国家机关外宾接待经费管理办法》《中央和国家机关培训费管理办法》《因公临时出国经费管理办法》《中央和国家机关会议费管理办法》《关于党政机关停止新建楼堂馆所和清理办公用房的通知》等在内的20多个规章制度等先后出台，为贯彻落实中央八项规定精神、从源头上刹住奢侈浪费之风提供了一个可执行、可操作的顶层规范，倡俭禁奢的制度之笼越织越密、越扎越紧。党中央制定出台的党内政治生活准则、廉洁自律准则、党内监督条例、纪律处分条例、问责条例等党内法规都把中央八项规定精神要求纳入其中，各地区各部门也结合实际制定了贯彻落实中央八项规定精神、加强作风建设的实施办法和配套制度。

党的十八大后5年间，以习近平同志为核心的党中央从制定和执行中央八项规定破题，严字当头，锲而不舍推动党的作风建设，取得了令人瞩目的重大战果。截至2017年10月31日，全国累计查处违反中央八项规定精神问题193168起，处理262594人，给予党政纪处分145059人。其中，省部级被处理的24人，受到党政纪处分的22人；地厅级被处理的2329人，受到党政纪处分的1555人；县处级被处理的19619人，受到党政纪处分的11882人；乡科级被处理的240622人，受到党政纪处分的131600人。[①] 国家统计局2017年6月进行的民情民意电话调查显示，94.8%的受调查对象肯定以习近平同志为核心的党中央制定和落实中央八项规定的成效，91.8%对中央八项规定长期执行有信心，85.5%认为中央八项规定实施以来身边党员干部工作作风有明显改进，89.5%认为党员干部工作作风带动社会风气有明显改进。[②]

---

① 《五年来全国查处违反中央八项规定精神问题数据》，《光明日报》2017年12月4日。
② 《八项规定，激浊扬清之剑——党的十八大以来以习近平同志为核心的党中央贯彻执行八项规定、推动作风建设综述》，《人民日报》2017年9月29日。

党的十九大明确要求，要"坚持以上率下，巩固拓展落实中央八项规定精神成果，继续整治'四风'问题"。2017年10月27日，中共十九届中央政治局召开会议，审议《中共中央政治局贯彻落实中央八项规定的实施细则》。修订后的实施细则，根据党的十八大以来中央八项规定实施过程中遇到的新情况新问题，着重对改进调查研究、精简会议活动、精简文件简报、规范出访活动、改进新闻报道、厉行勤俭节约等方面内容作了进一步规范、细化和完善，更加切合工作实际，增强了指导性和操作性。会议指出，作风建设永远在路上。贯彻执行中央八项规定是关系我们党会不会脱离群众，能不能长期执政、能不能很好履行执政使命的大问题。党的十九大对持之以恒正风肃纪作出新部署，我们必须坚持以上率下，巩固和拓展落实中央八项规定精神成果，坚持不懈改作风转作风，让党的作风全面好起来，确保党同人民想在一起、干在一起，始终保持党同人民群众的血肉联系。

党的十九大以来，习近平就重点反对"四风"中的形式主义、官僚主义提出一系列明确要求。2017年12月，他在新华社一篇题为《形式主义、官僚主义新表现值得警惕》的文章上批示指出：文章反映的情况，看似新表现，实则老问题，再次表明"四风"问题具有顽固性反复性。纠正"四风"不能止步，作风建设永远在路上。他要求各地区各部门都要摆摆表现，找找差距，抓住主要矛盾，特别要针对表态多调门高、行动少落实差等突出问题，拿出过硬措施，扎扎实实地改。新华社的文章指出，党的十八大以来，从制定和执行中央八项规定开始，全党上下纠正"四风"取得重大成效，但形式主义、官僚主义在一定程度上仍然存在，主要表现是：一些领导干部调研走过场、搞形式主义，调研现场成了"秀场"；一些单位"门好进、脸好看"，就是"事难办"；一些地方注重打造领导"可视范围"内的项目工程，"不怕群众不满意，就怕领导不注意"；有的地方层层重复开会，用会议落实会议；部分地区写材料、制文件机械照抄，出台制度决策

"依葫芦画瓢";一些干部办事拖沓敷衍、懒政庸政怠政，把责任往上推；一些地方不重实效重包装，把精力放在"材料美化"上，搞"材料出政绩"；有的领导干部热衷于将责任下移，"履责"变"推责"；有的干部知情不报、听之任之，态度漠然；有的干部说一套做一套、台上台下两个样。12月9日，中共中央办公厅就此印发通知，要求各地区各部门迅速传达学习习近平总书记重要指示精神并切实抓好贯彻落实，以永远在路上的坚韧锲而不舍抓好作风建设，把贯彻落实中央八项规定精神、转作风改作风情况作为年底民主生活会和组织生活会对照检查的重要内容，认真查找"四风"突出问题特别是形式主义、官僚主义的新表现，采取过硬措施，坚决加以整改，坚决防止不良风气反弹回潮，不断巩固和拓展落实中央八项规定精神的成果。

2018年4月，习近平在湖北考察时进一步指出，要把力戒形式主义、官僚主义作为加强作风建设的重要任务，大力弘扬真抓实干作风，推进工作要实打实、硬碰硬，解决问题要雷厉风行、见底见效，面对难题要敢抓敢管、敢于担责。9月，中央纪委办公厅印发《关于贯彻落实习近平总书记重要指示精神集中整治形式主义、官僚主义的工作意见》，把整治形式主义、官僚主义作为正风肃纪、反对"四风"的首要任务、长期任务，对不担当、不作为、慢作为、乱作为、假作为等须重点整治的12类问题，提出了具体工作措施。11月，习近平主持召开中共十九届中央政治局第十次集体学习，强调要把干部从一些无谓的事务中解脱出来，"现在，'痕迹管理'比较普遍，但重'痕'不重'绩'、留'迹'不留'心'；检查考核名目繁多、频率过高、多头重复；'文山会海'有所反弹"①，强调以上问题既占用干部大量时间、耗费大量精力，又助长了形

---

① 中共中央党史和文献研究院、中央"不忘初心、牢记使命"主题教育领导小组办公室编：《习近平关于"不忘初心、牢记使命"论述摘编》，中央文献出版社、党建读物出版社2019年版，第196—197页。

式主义、官僚主义，必须改变。2019 年 1 月 11 日，在十九届中央纪委三次全会上，习近平郑重指出，"作风建设关系我们党能不能长期执政、履行好执政使命。中央八项规定不是五年、十年的规定，而是长期有效的铁规矩、硬杠杠。要把刹住'四风'作为巩固党心民心的重要途径，坚决防止产生'疲劳综合征'，对享乐主义、奢靡之风等歪风陋习要露头就打，对'四风'隐形变异新动向要时刻防范，决不允许死灰复燃！决不允许旧弊未除、新弊又生！"①他明确提出，要把力戒形式主义、官僚主义作为重要任务，拿出有效管用的整治措施。党中央把 2019 年确定为"基层减负年"。2019 年 3 月，中共中央办公厅印发《关于解决形式主义突出问题为基层减负的通知》，就此作出具体部署，要求全党认真贯彻落实中央八项规定及其实施细则精神，从中央层面做起，层层大幅度精简文件和会议，确保发给县级以下的文件、召开的会议减少 30%—50%；严禁随意拔高会议规格、扩大会议规模，未经批准不得要求党委和政府主要负责同志以及部门一把手参会，减少陪会；坚决纠正机械式做法，不得随意要求基层填表报数、层层报材料，不得简单将有没有领导批示、开会发文、台账记录、工作笔记等作为工作是否落实的标准；严格控制"一票否决"事项，不能动辄签"责任状"，变相向地方和基层推卸责任等。2020 年 1 月 13 日，在十九届中央纪委四次全会上，习近平发表重要讲话强调，要通过清晰的制度导向，把干部干事创业的手脚从形式主义、官僚主义的桎梏、"套路"中解脱出来，形成求真务实、清正廉洁的新风正气；要坚决贯彻中央八项规定精神，保持定力、寸步不让，防止老问题复燃、新问题萌发、小问题坐大。4 月，中共中央办公厅发出《关于持续解决困扰基层的形式主义问题为决胜全面建成小康社

---

① 中共中央党史和文献研究院、中央"不忘初心、牢记使命"主题教育领导小组办公室编：《习近平关于"不忘初心、牢记使命"论述摘编》，中央文献出版社、党建读物出版社 2019 年版，第 199 页。

会提供坚强作风保证的通知》，就进一步深化拓展基层减负工作进行部署。2021 年 1 月 22 日，在十九届中央纪委五次全会上，习近平强调，要坚持全面从严、一严到底，对群众反映强烈的公款吃喝、餐饮浪费等歪风陋习露头就打、反复敲打；对形式主义、官僚主义要毫不妥协，全面检视、靶向纠治，持续为基层松绑减负。2022 年 1 月 18 日，习近平在十九届中央纪委六次全会上发表讲话再次强调，要发扬钉钉子精神加强作风建设，加固中央八项规定的堤坝，锲而不舍纠"四风"树新风。1 月 24 日，习近平主持召开中央政治局会议强调，要坚持全面从严治党永远在路上，把严的主基调坚持下去，严格执行中央八项规定及其实施细则精神，持之以恒纠治"四风"，毫不手软查处腐败，营造风清气正的政治生态。习近平还多次提出，要精准施治脱贫攻坚中的形式主义、官僚主义；要坚决纠正新冠疫情防控工作中的形式主义、官僚主义做法，让广大基层干部把更多精力投入到抓好疫情防控和复工复产一线工作中去。

在党中央坚强领导下，从 2012 年 12 月到 2021 年 5 月，各级纪检监察机关共查处落实中央八项规定精神不力问题、"四风"问题 62.65 万起。仅 2021 年一年，全国就查处违反中央八项规定精神问题 104223 起，批评教育帮助和处理 150362 人，给予党纪政务处分 101224 人。其中，在履职尽责、服务经济社会发展和生态环境保护方面，查处不担当、不作为、乱作为、假作为，严重影响高质量发展的问题共 41005 起，占查处的形式主义、官僚主义问题总数的 81.3%。查处的违规收送名贵特产和礼品礼金、违规发放津补贴或福利、违规吃喝 3 类问题，分别占享乐主义、奢靡之风问题的 34.3%、21%、19.4%。从查处级别看，共查处省部级领导干部违反中央八项规定精神问题 7 起，查处地厅级领导干部问题 565 起，查处县处级领导干部问题 7490 起，查处乡科级及以下干部问题数 96161 起。其中，县处级及以下查处问题数占查处问题总数的 99.5%。

党的二十大以来，全国纪检监察机关锲而不舍落实中央八项规定精神，把中央八项规定作为长期有效的铁规矩、硬杠杠，持续从严、一抓到底，紧盯重点、靶向施治，推动化风成俗。2023 年，全国共查处享乐主义、奢靡之风问题 6.2 万个，批评教育和处理 8.3 万人。重点纠治形式主义、官僚主义，全国共查处形式主义、官僚主义问题 4.6 万个，批评教育和处理 7.1 万人。①

二、突出政治建设首要地位，严明政治纪律政治规矩

党的十八大以来，全面从严治党的一个鲜明特点，是突出和强化党的政治建设。习近平指出："我们党作为马克思主义政党，讲政治是突出的特点和优势。没有强有力的政治保证，党的团结统一就是一句空话。我国曾经有过政治挂帅、搞'阶级斗争为纲'的时期，那是错误的。但是，我们也不能说政治就不讲了、少讲了，共产党不讲政治还叫共产党吗？……干部在政治上出问题，对党的危害不亚于腐败问题，有的甚至比腐败问题更严重。"②周永康、薄熙来、郭伯雄、徐才厚、令计划等人就是这方面的反面典型。习近平指出，"他们在政治上暴露出来的严重问题，引起我深入思考"，"我多次强调要从政治上认识和抓好全面从严治党"。③围绕加强党的政治建设，习近平就党员领导干部增强政治意识，坚持正确的政治路线、政治立场、政治观点、政治方向、政治道路，严明政治纪律、政治规矩，严格政治言论、政治行为，提高政治鉴别力和政治敏锐性等问题作出了一系列全面深刻的重要论述。

---

① 李希：《深入学习贯彻习近平总书记关于党的自我革命的重要思想　纵深推进新征程纪检监察工作高质量发展——在中国共产党第二十届中央纪律检查委员会第三次全体会议上的工作报告》，《人民日报》2024 年 2 月 26 日。

② 中共中央文献研究室编：《习近平关于全面从严治党论述摘编》，中央文献出版社2016 年版，第 80 页。

③ 习近平：《在党的十八届六中全会第二次全体会议上的讲话（节选）》，《求是》2017年第 1 期。

2012 年 11 月 16 日，新产生的中共十八届中央政治局第一次会议召开。习近平在会上明确要求，"大家要带头遵守党的组织原则和党内政治生活准则，懂规矩，守纪律"。11 月 20 日，习近平在《人民日报》发表文章，强调党员领导干部"要严格执行党章关于党内政治生活的各项规定，敢于坚持原则，勇于开展批评和自我批评，带头弘扬正气、抵制歪风邪气"。①

2013 年 1 月 22 日，在十八届中央纪委二次全会上，习近平着重阐述了严明党的政治纪律问题，指出："严明党的纪律，首要的就是严明政治纪律。党的纪律是多方面的，但政治纪律是最重要、最根本、最关键的纪律，遵守党的政治纪律是遵守党的全部纪律的重要基础。政治纪律是各级党组织和全体党员在政治方向、政治立场、政治言论、政治行为方面必须遵守的规矩，是维护党的团结统一的根本保证。"②他明确指出，现代政党都是有政治纪律要求的，没有政治上的规矩不能成其为政党。他举例说："就是西方国家，主要政党在政治方面也是有严格约束的，政党的重要成员必须拥护本党的政治主张、政策主张，包括本党的意识形态。大家注意看就知道，西方国家议会投票，往往是政党壁垒分明，一个党的议员要不就是都反对，要不就是都支持。这说明了什么？不就是各党对自己的党员有政治上的约束嘛！对那些在政治上行动上与本党离心离德的党员，西方国家政党也是要执行纪律的，甚至给予开除处分。一个政党，不严明政治纪律，就会分崩离析。"他又以苏联为例指出，"苏联解体前，在所谓'公开性'、'民主化'的口号下，苏共放弃了民主集中制原则，允许党员公开发表与组织决议不同的意见，实行所谓各级党组织自治原则，一些苏共党员甚至领导层成员成了否定苏共历史、否定社会主义的急先锋，成了传播

---

①　中共中央文献研究室编：《习近平关于全面从严治党论述摘编》，中央文献出版社 2016 年版，第 23 页。

②　中共中央文献研究室编：《十八大以来重要文献选编》（上），中央文献出版社 2014 年版，第 131—132 页。

西方意识形态的大喇叭，苏共党内从思想混乱演变到组织混乱。最后，这样一个有着九十多年历史、连续执政七十多年的大党老党就哗啦啦轰然倒塌了。人们曾经提出一个问题，苏共早年在有二十万党员时能够夺取政权，在有二百万党员时能够打败法西斯侵略者，而在有近二千万党员时却丢失了政权、丢失了自己，这是为什么？我看，很重要的一个原因是政治纪律被动摇了，谁都可以言所欲言、为所欲为，那还叫什么政党呢？那是乌合之众了。身为党员，铁的纪律就必须执行。毛泽东说过，路线是'王道'，纪律是'霸道'，这两者都不可少。如果党的政治纪律成了摆设，就会形成'破窗效应'，使党的章程、原则、制度、部署丧失严肃性和权威性，党就会沦为各取所需、自行其是的'私人俱乐部'"。①

2013 年 6 月 25 日，中央政治局召开专门会议对照检查中央八项规定落实情况，讨论研究深化改进作风举措，习近平在会上强调："我们要求各级党组织和广大党员、干部特别是主要领导干部自觉遵守党章，自觉按照党的组织原则和党内政治生活准则办事，自觉接受党的纪律约束，决不允许任何个人凌驾于组织之上，中央政治局的同志首先要做到。""坚持正确的政治路线、政治立场、政治方向、政治道路，是坚持党的领导、坚持社会主义制度的头等大事，也是政治局的头等大事。中央政治局强不强，各位政治局委员强不强，首先要看政治上强不强。加强中央政治局建设，必须把思想政治建设放在第一位，坚持以马克思主义政治观对照自己、改造自己、提高自己。"②9 月 23 日至 25 日，在指导河北省委常委班子专题民主生活会时，习近平提出："要增强党内生活的政治性、原则性、战斗性，使各种方式的党内生活都有实质性内容，都能有针对性地解决问题。

---

① 中共中央文献研究室编：《十八大以来重要文献选编》（上），中央文献出版社 2014 年版，第 133—134 页。

② 《中共中央政治局召开专门会议 对照检查中央八项规定落实情况讨论研究深化改进作风举措》，《人民日报》2013 年 6 月 26 日。

党内生活要有一定的庄重性、严肃性、政治性，要坚决反对党内生活庸俗化、随意化、平淡化倾向，坚决反对党内生活中的自由主义、好人主义。党内生活要交心，党内同志要做净友、挚友。"①

2014年1月14日，在十八届中央纪委三次全会上，习近平强调，政治纪律是最重要、最根本、最关键的纪律，遵守党的政治纪律是遵守党的全部纪律的重要基础。10月8日，在党的群众路线教育实践活动总结大会上，习近平说："从严治党，最根本的就是要使全党各级组织和全体党员、干部都按照党内政治生活准则和党的各项规定办事。"他从政治上要求各级党委要"把抓好党建作为最大的政绩。如果我们党弱了、散了、垮了，其他政绩又有什么意义呢？""对各级各部门党组织负责人特别是党委（党组）书记的考核，首先要看抓党建的实效，考核其他党员领导干部工作也要加大这方面的权重。"②

在全面从严治党实践中，习近平从来都把解决党内各种问题高度概括到党的政治建设上来。他把违反政治纪律和政治规矩的现象归纳为"七个有之"，鲜明提出"五个必须""五个决不允许"。2014年10月23日，在党的十八届四中全会第二次全体会议上，习近平列举了一些党员干部违反政治纪律和政治规矩的种种表现，使全党警醒，即"为了自己的所谓仕途，为了自己的所谓影响力，搞任人唯亲、排斥异己的有之，搞团团伙伙、拉帮结派的有之，搞匿名诬告、制造谣言的有之，搞收买人心、拉动选票的有之，搞封官许愿、弹冠相庆的有之，搞自行其是、阳奉阴违的有之，搞尾大不掉、妄议中央的也有之，如此等等"③。这"七个有之"主要是从政

①　中共中央文献研究室编：《习近平关于全面从严治党论述摘编》，中央文献出版社2016年版，第25—26页。

②　习近平：《在党的群众路线教育实践活动总结大会上的讲话》，《人民日报》2014年10月9日。

③　中共中央文献研究室编：《习近平关于全面从严治党论述摘编》，中央文献出版社2016年版，第105—106页。

治上讲的。2015 年 1 月 13 日，在十八届中央纪委五次全会上，习近平进一步提出，遵守政治纪律和政治规矩，重点要做到"五个必须""五个决不允许"，即"必须维护党中央权威，决不允许背离党中央要求另搞一套"；"必须维护党的团结，决不允许在党内培植私人势力"；"必须遵循组织程序，决不允许擅作主张、我行我素"；"必须服从组织决定，决不允许搞非组织活动"；"必须管好亲属和身边工作人员，决不允许他们擅权干政、谋取私利"。① 这些要求也主要是从政治上讲的。

2015 年 3 月 9 日，在参加十二届全国人大三次会议吉林代表团审议时，习近平着重阐述了"良好政治生态"的重要性，指出："政治生态污浊，从政环境就恶劣；政治生态清明，从政环境就优良。政治生态和自然生态一样，稍不注意，就很容易受到污染，一旦出现问题，再想恢复就要付出很大代价。要突出领导干部这个关键，教育引导各级领导干部立正身、讲原则、守纪律、拒腐蚀，形成一级带一级、一级抓一级的示范效应，积极营造风清气正的从政环境。"② 10 月 29 日，在党的十八届五中全会第二次全体会议上，习近平再次强调："现在，确实需要修复政治生态，把我们党的光荣传统和优良作风大大恢复和发扬起来。在这方面，中央委员会的同志要在党言党、在党忧党、在党为党，带好头、做好表率。"③ 12 月 28 日至 29 日，在中央政治局"三严三实"专题民主生活会上，习近平对周永康、薄熙来、徐才厚、郭伯雄、令计划等人严重践踏党的政治纪律和政治规矩、破坏党中央的集中统一领导、政治野心膨胀、政治方向迷失，进行严厉批评，要求中央政治局成员坚定正确的政治方向，提高政治敏锐性

---

① 中共中央文献研究室编：《十八大以来重要文献选编》（中），中央文献出版社 2016 年版，第 350—351 页。

② 中共中央文献研究室编：《习近平关于全面从严治党论述摘编》，中央文献出版社 2016 年版，第 33 页。

③ 习近平：《在党的十八届六中全会第二次全体会议上的讲话（节选）》，《求是》2017 年第 1 期。

和政治鉴别力，努力成为高水平的马克思主义政治家，要"自觉维护党中央权威，共同使中央政治局、中央政治局常委会成为一个团结一心、步调一致、一起实干的领导集体"①。

2016年1月12日，在十八届中央纪委六次全会上，习近平指出："政治问题，任何时候都是根本性的大问题。全面从严治党，必须注重政治上的要求，必须严明政治纪律，特别是各级领导干部要时刻绷紧政治纪律这根弦，坚持党的领导不动摇，贯彻党的路线方针政策不含糊，始终做政治上的明白人。"他强调："对政治隐患就要从政治高度认识。党内存在野心家、阴谋家，从内部侵蚀党的执政基础，我们不能投鼠忌器，王顾左右而言他，采取鸵鸟政策，这个必须说清楚。"②1月29日，中央政治局会议第一次明确提出"四个意识"，强调："中国共产党领导是中国特色社会主义制度的最大优势，加强党的领导关键是坚持党中央集中统一领导。只有增强政治意识、大局意识、核心意识、看齐意识，自觉在思想上政治上行动上同以习近平同志为核心的党中央保持高度一致，才能使我们党更加团结统一、坚强有力，始终成为中国特色社会主义事业的坚强领导核心"③。6月28日，在主持中共十八届中央政治局第三十三次集体学习时，习近平指出，党的十八大以来党中央之所以把严肃党内政治生活、净化党内政治生态摆在更加突出位置反复强调，"主要是一段时间以来，党内政治生活不认真不严肃现象比较普遍，庸俗化、随意化倾向比较突出，少数地方和单位政治生态严重恶化，甚至出现了系统性、塌方式腐败"。他重点摆

---

① 中共中央文献研究室编：《习近平关于全面从严治党论述摘编》，中央文献出版社2016年版，第84页。

② 中共中央文献研究室编：《习近平关于全面从严治党论述摘编》，中央文献出版社2016年版，第87页。

③ 《中共中央政治局召开会议 审议〈中央政治局常委会听取和研究全国人大常委会、国务院、全国政协、最高人民法院、最高人民检察院党组工作汇报和中央书记处工作报告的综合情况报告〉》，《人民日报》2016年1月30日。

出了以下三个方面的主要问题：一是从组织和组织的关系看，有的党组织违背"四个服从"原则，有令不行、有禁不止，对党中央和上级的决策部署合意的就执行、不合意的就不执行；一些上级党组织对下级放弃管党治党责任，甚至发现问题也一味姑息迁就、放任自流。二是从个人和组织的关系看，有的党员、干部党的意识弱化、组织观念淡薄，不相信组织、不服从组织、不依靠组织，把党组织当成了来去自由的"大车店"、各取所需的"大卖场"、自行其是的"私人俱乐部"；有的领导班子成员特别是一把手不正确理解和执行民主集中制，搞家长制、一言堂或自由主义、分散主义、宗派主义，有的甚至把所在地方和分管领域当作"独立王国""私人领地"；有的党组织对党员、干部管理失之于宽、失之于松、失之于软。三是从个人和个人的关系看，有的党员、干部讲利益不讲党性、讲关系不讲原则、讲面子不讲规矩，甚至把党内同志关系异化为人身依附关系，搞小山头、小圈子、小团伙那一套，搞门客、门宦、门附那一套；更为严重的是，党内出现了周永康、薄熙来、郭伯雄、徐才厚、令计划等人，他们结党营私、篡党夺权，骄奢淫逸、贪赃枉法，严重污染了党内政治生态，造成了极为恶劣的政治影响。为此，习近平强调："我们一定要深刻认识到，严肃党内政治生活、净化党内政治生态，是党的建设中带有根本性、基础性的问题，关乎党的团结统一，关乎党的生死存亡"；要"坚持激浊和扬清两手抓，让党内正能量充沛，让歪风邪气无所遁形。激浊，首先要铲除腐败这个最致命的'污染源'，下大气力拔'烂树'、治'病树'、正'歪树'。要深入推进作风建设，对作风之弊进行不间断的排查、检修、扫除，最大限度压缩党内不良行为的生存空间。扬清，关键是要扬选人用人之清，落实好干部标准，坚持正确用人导向，真正让那些忠诚、干净、担当的干部得到褒奖和重用，让那些唱对台戏、身在曹营心在汉、阳奉阴违、阿谀逢迎、弄虚作假、不干实事、会跑会要的干部没市场、受惩戒，纠正'劣币驱逐良币'的逆淘汰，以用人环境的风清气正促进政治生态的

'山清水秀'。"①7月1日，在庆祝中国共产党成立95周年大会上的讲话中，习近平再次强调"四个意识"，同时明确提出："党要管党，首先要从党内政治生活管起；从严治党，首先要从党内政治生活严起。我们要加强和规范党内政治生活，严肃党的政治纪律和政治规矩，增强党内政治生活的政治性、时代性、原则性、战斗性，全面净化党内政治生态。"②

为了把加强和规范党内政治生活的要求进一步落到实处，还在开展党的群众路线教育实践活动和"三严三实"专题教育中，就有不少同志建议党中央结合新的形势，制定一个加强和规范党内政治生活的文件。2014年1月12日，习近平在给刘云山、王岐山的批示中也指出："1980年制定的《关于党内政治生活的若干准则》，对于当时恢复和健全党内民主、维护党的集中统一、严肃党的纪律、促进党的团结，实现政治上、思想上、组织上、作风上的拨乱反正，实现全党工作中心的转移，发挥了重要历史作用。""30多年来，形势任务和党内情况发生了很大变化，党的建设既积累了大量新成果新经验，又面临许多新情况新问题。请你们考虑是否适当时机由中央就新形势下加强和规范党内政治生活作出一个决定，提出新的要求。"③此外，2003年12月31日颁布施行的《中国共产党党内监督条例（试行）》，对加强党内监督发挥了积极作用，但随着形势发展变化，条例与新实践新要求不相适应的问题也日益显现，需要进行修订。基于上述情况，围绕制定准则、修订条例，2014年由有关方面同志参加的工作小组就加强党内政治生活问题进行调查研究，形成了初步成果。2015年和2016年，根据中央纪委五次、六次全会关于健全党内监督制度的要求，

---

① 中共中央文献研究室编：《习近平关于全面从严治党论述摘编》，中央文献出版社2016年版，第37—39、41页。

② 习近平：《在庆祝中国共产党成立95周年大会上的讲话》，《人民日报》2016年7月2日。

③ 习近平：《关于〈关于新形势下党内政治生活的若干准则〉和〈中国共产党党内监督条例〉的说明》，《人民日报》2016年11月3日。

中央纪委机关先后召开 7 次专题会议，研究党内监督条例修订工作。在此基础上，2016 年 2 月中央政治局正式决定：党的十八届六中全会专题研究全面从严治党问题，制定新形势下党内政治生活的若干准则，修订《中国共产党党内监督条例（试行）》。

2016 年 10 月 24 日至 27 日，党的十八届六中全会在北京召开，审议通过《关于新形势下党内政治生活的若干准则》和《中国共产党党内监督条例》。习近平在会上就这两个文件作的说明中指出，加强和规范党内政治生活、加强党内监督，是深化全面从严治党、解决党内存在的突出矛盾和问题的迫切需要。他具体列举了党内政治生活中存在的突出矛盾和问题的若干表现，主要是："在一些党员、干部包括高级干部中，理想信念不坚定、对党不忠诚、纪律松弛、脱离群众、独断专行、弄虚作假、庸懒无为，个人主义、分散主义、自由主义、好人主义、宗派主义、山头主义、拜金主义不同程度存在，形式主义、官僚主义、享乐主义和奢靡之风问题突出，任人唯亲、跑官要官、买官卖官、拉票贿选现象屡禁不止，滥用权力、贪污受贿、腐化堕落、违法乱纪等现象滋生蔓延。特别是高级干部中极少数人政治野心膨胀、权欲熏心，搞阳奉阴违、结党营私、团团伙伙、拉帮结派、谋取权位等政治阴谋活动。"强调"这些问题，严重侵蚀党的思想道德基础，严重破坏党的团结和集中统一，严重损害党内政治生态和党的形象，严重影响党和人民事业发展。周永康、薄熙来、郭伯雄、徐才厚、令计划等人严重违纪违法案件，不仅暴露出他们在经济上存在严重问题，而且暴露出他们在政治上也存在严重问题，……要解决党内存在的一些突出矛盾和问题，必须把党的思想政治建设摆在首位，营造风清气正的政治生态"。他还列举了党内监督中存在的突出矛盾和问题："一些地方和部门党的领导弱化、党的建设缺失、全面从严治党不力，一些党员、干部党的观念淡漠、组织涣散、纪律松弛，一些党组织和党员、干部不严格执行党章，漠视政治纪律、无视组织原则。"强调"一个时期以来党内发生的种种问题，与管党治党宽松软有密切关系。全面从严治党，必须从根本上解决主体责任缺失、监督责任缺位、管党治党宽松软的问题，把强化党内监督作为党的建设重要基础性工程，使监督的制度优势充分释放出来"。①

全会通过的《关于新形势下党内政治生活的若干准则》共 12 个部分，分三大板块。第一板块是序言，阐述了党内政治生活的重大作用和历史经验、存在的突出问题、面临的形势任务以及新形势下加强和规范党内政治生活的重要性紧迫性，提出加强和规范党内政治生活的目标要求。第二板块是分论，是主体部分，围绕坚定理想信念、坚持党的基本路线、坚决维护党中央权威、严明党的政治纪律、保持党同人民群众的血肉联系、坚持民主集中制原则、发扬党内民主和保障党员权利、坚持正确选人用人导向、严格党的组织生活制度、开展批评和自我批评、加强对权力运行的制约和监督、保持清正廉洁的政治本色等 12 个方面对新形势下加强和规范党内政治生活分别提出明确要求、作出具体规定。第三板块是结束语，主要讲加强组织领导和督促检查、高级干部带头示范，确保各项任务落到实处。全会通过的《中国共产党党内监督条例》共 8 章，也分三大板块。第一章是总则，构成第一板块，主要阐述党内监督的指导思想、基本原则、监督内容、监督对象、监督方式以及强化自我监督、构建党内监督体系等问题。第二章至第五章构成第二板块，是条例的主体部分，分别就党的中央组织、党委（党组）、党的纪律检查委员会、基层党组织和党员这四类监督主体的监督职责以及相应监督制度作出规定。其中，将党的中央组织的监督单设一章，用以体现党中央以身作则、以上率下。第六章至第八章构成第三板块，分别就党内监督和外部监督相结合、整改和保障、附则等作出规定。条例没有对中央部委和地方党委制定实施细则作出授权规定，

---

① 习近平：《关于〈关于新形势下党内政治生活的若干准则〉和〈中国共产党党内监督条例〉的说明》，《人民日报》2016 年 11 月 3 日。

意图是体现全党必须一体执行，防止搞变通、打折扣。

加强党的政治建设，加强和规范党内政治生活、加强党内监督，是对全党提出的要求，也是全党的共同任务，但党员领导干部特别是高级干部因为身份地位不同，是重点，抓好中央委员会、中央政治局、中央政治局常委会的组成人员是关键，"把这部分人抓好了，能够在全党作出表率，很多事情就好办了。"① 党的十八届六中全会通过的两个文件，一个极为重要的特点，是着重突出了党的高级干部。比如，《准则》第一部分就强调，新形势下加强和规范党内政治生活，重点是各级领导机关和领导干部，关键是高级干部特别是中央委员会、中央政治局、中央政治局常务委员会的组成人员，高级干部特别是中央领导层组成人员必须以身作则，模范遵守党章党规，严守党的政治纪律和政治规矩，为全党全社会作出示范。《准则》在结尾部分进一步强调，加强和规范党内政治生活，要从中央委员会、中央政治局、中央政治局常务委员会做起。高级干部要清醒认识自己岗位对党和国家的特殊重要性，职位越高越要自觉按照党提出的标准严格要求自己，越要做到党性坚强、党纪严明，做到对党始终忠诚、永不叛党。《条例》也对中央层面提出了专门要求。比如，专门就党的中央组织的监督单设一章，强调中央委员会成员必须严格遵守党的政治纪律和政治规矩，发现其他成员有违反党章、破坏党的纪律、危害党的团结统一的行为应当坚决抵制，并及时向党中央报告；中央政治局每年召开民主生活会，进行对照检查和党性分析，研究加强自身建设措施；中央政治局委员应当严格执行中央八项规定，自觉参加双重组织生活会，如实向党中央报告个人重要事项，带头树立良好家风；等等。

一个国家、一个政党，领导核心至关重要。我们这样的大国、大党，要凝聚全党、团结人民、战胜挑战、破浪前进，保证我们党始终成为坚强

---

① 习近平：《关于〈关于新形势下党内政治生活的若干准则〉和〈中国共产党党内监督条例〉的说明》，《人民日报》2016年11月3日。

有力的马克思主义执政党、始终成为中国特色社会主义的坚强领导力量，党中央、全党必须有一个核心。党的十八大以来，习近平总书记带领全党全军全国各族人民开创了中国特色社会主义伟大事业和党的建设新的伟大工程新局面，在改革发展稳定、内政外交国防、治党治国治军等方面取得了一系列具有重大现实意义和深远历史意义的成就，实现了党和国家事业的继往开来。习近平总书记在新的伟大斗争实践中已经成为党中央的核心、全党的核心。党的十八届六中全会正式提出"以习近平同志为核心的党中央"，反映了全党全军全国各族人民共同心愿，是党和国家根本利益所在，是坚持和加强党的领导的根本保证，是进行具有许多新的历史特点的伟大斗争、坚持和发展中国特色社会主义伟大事业的迫切需要。

2017 年 2 月 13 日，省部级主要领导干部学习贯彻十八届六中全会精神专题研讨班在中央党校开班。习近平在开班式上发表重要讲话，指出："我们党作为马克思主义政党，必须旗帜鲜明讲政治，严肃认真开展党内政治生活。讲政治，是我们党补钙壮骨、强身健体的根本保证，是我们党培养自我革命勇气、增强自我净化能力、提高排毒杀菌政治免疫力的根本途径。什么时候全党讲政治、党内政治生活正常健康，我们党就风清气正、团结统一，充满生机活力，党的事业就蓬勃发展；反之，就弊病丛生、人心涣散、丧失斗志，各种错误思想、错误路线得不到及时纠正，给党的事业造成严重损失。"①

党的十八大以来，我们党愈发深刻认识到，党内存在的很多问题都同政治问题相关联，管党治党上的"宽松软"根子上是政治上的"宽松软"，加强党的政治建设是解决党内各种问题的治本之策。鉴于此，2017 年 10 月，党的十九大第一次把党的政治建设纳入党的建设总体布局，强调"党的政

---

① 中共中央党史和文献研究院、中央"不忘初心、牢记使命"主题教育领导小组办公室编：《习近平关于"不忘初心、牢记使命"论述摘编》，中央文献出版社、党建读物出版社 2019 年版，第 107—108 页。

治建设是党的根本性建设，决定党的建设方向和效果"，要求"以党的政治建设为统领"全面推进党的各项建设。①2018 年 1 月 5 日，习近平在新进中央委员会的委员、候补委员和省部级主要领导干部学习贯彻习近平新时代中国特色社会主义思想和党的十九大精神研讨班上指出："在领导干部的所有能力中，政治能力是第一位的。""讲政治最根本就是要讲党性，在思想政治上讲政治立场、政治方向、政治原则、政治道路，在行动实践上讲维护党中央权威、执行党的政治路线、严格遵守党的政治纪律和政治规矩。党的政治建设的首要任务，就是保证全党服从中央，坚持党中央权威和集中统一领导，绝不能有丝毫含糊和动摇。"领导干部要"坚决杜绝'七个有之'，做到'五个必须'，严格执行民主集中制，在守纪律、讲规矩上作表率，自觉做政治上的明白人、老实人，绝不做两面派、两面人"。②

2018 年 6 月 29 日，在党的 97 岁生日前夕，十九届中共中央政治局就加强党的政治建设进行第六次集体学习。习近平在主持学习时强调，"党的十九大提出党的政治建设这个重大命题，是有很深的考虑的。任何政党都有政治属性，都有自己的政治使命、政治目标、政治追求。马克思主义政党具有崇高政治理想、高尚政治追求、纯洁政治品质、严明政治纪律。如果马克思主义政党政治上的先进性丧失了，党的先进性和纯洁性就无从谈起。这就是我们把党的政治建设作为党的根本性建设的道理所在。"③习近平指出，我们党有 8900 多万名党员和 450 多万个基层党组织，保持和发展马克思主义政党的政治属性不是一件容易的事，不能指望泛泛抓一抓或者集中火力打几个战役就能彻底解决问题。党的政治建设是一个永恒

---

① 习近平：《决胜全面建成小康社会 夺取新时代中国特色社会主义伟大胜利——在中国共产党第十九次全国代表大会上的报告》，人民出版社 2017 年版，第 62 页。

② 习近平：《论坚持党对一切工作的领导》，中央文献出版社 2019 年版，第 219、221 页。

③ 中共中央党史和文献研究院编：《十九大以来重要文献选编》（上），中央文献出版社 2019 年版，第 535 页。

课题，来不得半点松懈。党的十八大以来，在全面从严治党实践中，我们深刻认识到，党内存在的很多问题都同政治问题相关联，都是因为党的政治建设没有抓紧、没有抓实。不从政治上认识问题、解决问题，就会陷入头痛医头、脚痛医脚的被动局面，就无法从根本上解决问题。习近平就进一步抓好党的政治建设提出七点要求。第一，把准政治方向。政治方向是党生存发展第一位的问题，事关党的前途命运和事业兴衰成败。我们党所要坚守的政治方向，就是共产主义远大理想和中国特色社会主义共同理想、"两个一百年"奋斗目标，就是党的基本理论、基本路线、基本方略。第二，坚持党的政治领导。中国特色社会主义最本质的特征是中国共产党领导，中国特色社会主义制度的最大优势是中国共产党领导，党是最高政治领导力量。没有党的领导，民族复兴必然是空想。历史和人民把我们党推到了这样的位置，我们就要以坚强有力的政治领导承担起应该承担的政治责任。坚持党的政治领导，最重要的是坚持党中央权威和集中统一领导，这要作为党的政治建设的首要任务。要引导全党增强"四个意识"，自觉在思想上政治上行动上同党中央保持高度一致，确保党中央一锤定音、定于一尊的权威。第三，夯实政治根基。人民群众拥护和支持是我们党最可靠的力量源泉，要紧扣民心这个最大的政治，把赢得民心民意、汇集民智民力作为重要着力点；站稳人民立场，贯彻党的群众路线，同人民想在一起、干在一起，坚决反对"四风"特别是形式主义、官僚主义，始终保持党同人民群众的血肉联系。第四，涵养政治生态。政治生态好，党内就会正气充盈；政治生态不好，党内就会邪气横生。党的十八大以来，党内政治生态有了明显好转，但党内政治生活随意化、形式化、平淡化、庸俗化的问题没有得到彻底解决。营造良好政治生态是一项长期任务，必须作为党的政治建设的基础性、经常性工作，锲而不舍、久久为功。第五，防范政治风险。全党同志特别是各级领导干部必须增强风险意识，提高防范政治风险能力，对容易诱发政治问题特别是重大突发事件的敏感因素、苗头性倾向性问题，做到眼睛亮、见事早、行动快，及时消除各种政治隐患，坚决防止和克服嗅不出敌情、分不清是非、辨不明方向的政治麻痹症。第六，永葆政治本色。反腐败斗争形势依然严峻复杂，巩固压倒性态势、夺取压倒性胜利的决心必须坚如磐石，必须以永远在路上的坚定和执着，坚决把反腐败斗争进行到底，使我们党永不变质、永不变色。第七，提高政治能力。要不断提高各级领导干部特别是高级干部把握方向、把握大势、把握全局的能力，辨别政治是非、保持政治定力、驾驭政治局面、防范政治风险的能力。各级领导干部特别是高级干部要练就一双政治慧眼，不畏浮云遮望眼，切实担负起党和人民赋予的政治责任。

作为贯彻落实党的十九大精神一个重要举措，2019年2月，中共中央印发《关于加强党的政治建设的意见》，对加强党的政治建设进行系统部署，强调加强党的政治建设，必须坚持以习近平新时代中国特色社会主义思想为指导，坚持党的基本理论、基本路线、基本方略，落实新时代党的建设总要求，增强"四个意识"，坚定"四个自信"，坚决维护习近平总书记党中央的核心、全党的核心地位，坚决维护党中央权威和集中统一领导，把准政治方向，坚持党的政治领导，夯实政治根基，涵养政治生态，防范政治风险，永葆政治本色，提高政治能力，把我们党建设得更加坚强有力，确保我们党始终成为中国特色社会主义事业的坚强领导核心，为实现"两个一百年"奋斗目标和中华民族伟大复兴的中国梦提供坚强政治保证。强调加强党的政治建设，要以党章为根本遵循，把党章明确的党的性质和宗旨、指导思想和奋斗目标、路线和纲领落到实处；要突显党的政治建设的根本性地位，聚焦党的政治属性、政治使命、政治目标、政治追求持续发力；要以党的政治建设为统领，把政治标准和政治要求贯穿党的思想建设、组织建设、作风建设、纪律建设以及制度建设、反腐败斗争始终，以政治上的加强推动全面从严治党向纵深发展，引领带动党的建设质量全面提高；要坚持问题导向，注重"靶向治疗"，针对政治意识不强、政治立场不稳、政治能力不足、政治行为不端等突出问题强弱项补短板；要把党的政治建设融入党和国家重大决策部署的制定和落实全过程，做到党的政治建设与各项业务工作特别是中心工作紧密结合、相互促进。意见通篇贯彻和体现"两个维护"这一根本要求，将其作为加强党的政治建设的首要任务，并重点从坚定政治信仰、强化政治领导、提高政治能力、净化政治生态、强化组织实施等 5 个方面对加强党的政治建设作出具体部署。

2020 年 4 月，在陕西秦岭考察时，习近平强调，各级党委和领导干部要自觉讲政治，对国之大者一定要心中有数，要时刻关注党中央在关心什么、强调什么，深刻领会什么是党和国家最重要的利益、什么是最需要坚定维护的立场，要身体力行"四个意识""四个自信""两个维护"，而不能只停留在口号上。12 月 24 日、25 日，在党的十九届中央政治局民主生活会上，习近平第一次明确提出要"不断提高政治判断力、政治领悟力、政治执行力"，强调"我们党要始终做到不忘初心、牢记使命，把党和人民事业长长久久推进下去，必须增强政治意识，善于从政治上看问题，善于把握政治大局，不断提高政治判断力、政治领悟力、政治执行力"。① 在 2021 年 1 月 11 日召开的省部级主要领导干部学习贯彻党的十九届五中全会精神专题研讨班上，习近平又明确提出："各级领导干部特别是高级干部必须立足中华民族伟大复兴战略全局和世界百年未有之大变局，心怀'国之大者'，不断提高政治判断力、政治领悟力、政治执行力，不断提高把握新发展阶段、贯彻新发展理念、构建新发展格局的政治能力、战略眼光、专业水平，敢于担当、善于作为，把党中央决策部署贯彻落实好。"②1 月 22 日，在十九届中央纪委五次全会上，习近平强调："全

①　《中共中央政治局召开民主生活会强调　加强政治建设提高政治能力坚守人民情怀　不断提高政治判断力政治领悟力政治执行力》，《人民日报》2020 年 12 月 26 日。

②　习近平：《把握新发展阶段，贯彻新发展理念，构建新发展格局》，《求是》2021 年第 9 期。

面从严治党首先要从政治上看，不断提高政治判断力、政治领悟力、政治执行力。""各级领导干部特别是主要负责同志必须切实担负起管党治党政治责任，始终保持'赶考'的清醒，保持对'腐蚀'、'围猎'的警觉，把严的主基调长期坚持下去，以系统施治、标本兼治的理念正风肃纪反腐，不断增强党自我净化、自我完善、自我革新、自我提高能力，跳出治乱兴衰的历史周期率，引领和保障中国特色社会主义巍巍巨轮行稳致远。"①在不到一个月的时间里，习近平三次强调"不断提高政治判断力、政治领悟力、政治执行力"，可见他对这个问题的高度重视。我们党领导人民进行革命、建设、改革的历史进程反复证明了一个道理：政治上的主动是最有利的主动，政治上的被动是最危险的被动。增强政治判断力，就是要求领导干部要以国家政治安全为大、以人民为重、以坚持和发展中国特色社会主义为本，增强科学把握形势变化、精准识别现象本质、清醒明辨行为是非、有效抵御风险挑战的能力。增强政治领悟力，就是要求领导干部特别是高级领导干部对党中央精神深入学习、融会贯通，坚持用党中央精神分析形势、推动工作，对"国之大者"了然于胸，明确自己的职责定位。增强政治执行力，就是要求干事创业要经常同党中央精神对标对表，切实做到党中央提倡的坚决响应，党中央决定的坚决执行，党中央禁止的坚决不做，坚决维护党中央权威和集中统一领导，善于从政治上观察和处理问题，使讲政治的要求从外部要求转化为内在主动，强化责任意识，敢于直面矛盾，做到不掉队、不走偏，不折不扣抓好党中央精神贯彻落实。

开好民主生活会是严肃党内政治生活、加强党的政治建设的重要抓手。党的十八大后，中央政治局结合落实中央八项规定、深入改进作风

---

① 《习近平在十九届中央纪委五次全会上发表重要讲话强调　充分发挥全面从严治党引领保障作用　确保"十四五"时期目标任务落到实处》，《人民日报》2021年1月23日。

以及开展"三严三实"专题教育、深入学习领会党的十八届六中全会精神等主题，率先垂范，分别召开民主生活会。中央政治局成员结合会议主题，联系中央政治局工作，联系党的十八大以来党中央抓作风建设的实际，联系自身执行中央八项规定的实际等，撰写对照检查材料，在会上逐个发言，进行自我检查、党性分析，开展批评和自我批评。习近平在会上对大家的对照检查发言进行总结并提出要求。在"三严三实"专题民主生活会上，习近平特别谈道："这不是开一次两次会的事，要成为制度，不是做做样子，更不是多此一举。""我们给各级干部提要求，不能'马列主义手电筒'只照别人。中央政治局把自身作风建设搞好了，成为全党表率，才能领导好全党的党风廉政建设。"在十八届中央纪委六次全会上，习近平还对召开民主生活会给予明确指导："民主生活会要及时开，遇到重要问题或普遍性问题，需要集体批评和自我批评的，就要召开民主生活会，把事情说清楚、谈透彻。有了群众反映，接到揭发检举，经过查核确有轻微违规违纪行为，就要让犯错误的同志在民主生活会上自我检讨，大家批评帮助，共同敲响警钟。对巡视反馈的领导干部'四风'问题和违反廉洁纪律问题，要在民主生活会上进行剖析批评，提出整改措施。上级党组织要加强对下级领导班子民主生活会的督促指导，提高民主生活会质量和水平。"[①]2017年1月，中共中央印发新修订的《县以上党和国家机关党员领导干部民主生活会若干规定》，对召开民主生活会应遵循的方针、主题的确定、对照检查及开展批评和自我批评的基本内容、会议频次和时间安排、准备工作和会议程序等作出具体规定。民主生活会连同"三会一课"等制度成为加强党的政治建设、规范和严肃党内政治生活的重要载体。

---

① 习近平：《在第十八届中央纪律检查委员会第六次全体会议上的讲话》，人民出版社2016年版，第27页。

三、"靠教育，也靠制度"：坚持思想建党制度治党同向发力

理想因其远大而为理想，信念因其执着而为信念。中国共产党从成立的第一天起，就把对马克思主义的信仰、对社会主义和共产主义的信念作为自己矢志不渝的精神追求，这是共产党人安身立命的根本。但是一段时间里，在一些党员、干部队伍中，信仰缺失成为一个需要引起高度重视的问题。有的干部以批评和嘲讽马克思主义为"时尚"、为噱头，"'真经'没念好，总想着'西天取经'"①；有的对共产主义心存怀疑，认为那是虚无缥缈、难以企及的幻想，从封建迷信中寻找精神寄托，热衷于算命看相、烧香拜佛，遇事"问计于神"；有的向往西方社会制度和价值观念，信奉金钱至上、名利至上、享乐至上，把配偶子女移民到国外、钱存在国外，给自己"留后路"，心为物役，心里没有任何敬畏，行为没有任何底线，随时准备"跳船"；有的是非观念淡薄，正义感退化，在重大原则问题上态度暧昧、消极躲避，甚至故意模糊立场，耍滑头；等等。为此，党的十八大报告把"坚定理想信念，坚守共产党人精神追求"摆在全面提高党的建设科学化水平八大任务之首，强调"对马克思主义的信仰，对社会主义和共产主义的信念，是共产党人的政治灵魂，是共产党人经受住任何考验的精神支柱"，并重点从"抓好思想理论建设""抓好党性教育""抓好道德建设"三个方面提出要求。②党的十八大以来，习近平作出一系列重要论述，进一步深刻阐述了共产党人坚定马克思主义信仰、坚定社会主义和共产主义信念、坚定中国特色社会主义道路自信、理论自信、制度自信、文化自信的极端重要性和基本途径。

关于坚定理想信念的重要性、必要性，2012 年 11 月 17 日，在主持中共十八届中央政治局第一次集体学习时，习近平就明确指出："对马克

---

① 习近平：《在全国党校工作会议上的讲话》，人民出版社 2016 年版，第 15 页。

② 胡锦涛：《坚定不移沿着中国特色社会主义道路前进　为全面建成小康社会而奋斗——在中国共产党第十八次全国代表大会上的报告》，《人民日报》2012 年 11 月 18 日。

思主义的信仰，对社会主义和共产主义的信念，是共产党人的政治灵魂，是共产党人经受住任何考验的精神支柱。形象地说，理想信念就是共产党人精神上的'钙'，没有理想信念，理想信念不坚定，精神上就会'缺钙'，就会得'软骨病'。现实生活中，一些党员、干部出这样那样的问题，说到底是信仰迷茫、精神迷失。"①2013 年 1 月 5 日，在新进中央委员会的委员、候补委员学习贯彻党的十八大精神研讨班开班式上，习近平说："我们既要坚定走中国特色社会主义道路的信念，也要胸怀共产主义的崇高理想"，"革命理想高于天。没有远大理想，不是合格的共产党员；离开现实工作而空谈远大理想，也不是合格的共产党员。"②同年 6 月 28 日，在全国组织工作会议上，习近平警示全党："事实一再表明，理想信念动摇是最危险的动摇，理想信念滑坡是最危险的滑坡。我一直在想，如果哪天在我们眼前发生'颜色革命'那样的复杂局面，我们的干部是不是都能毅然决然站出来捍卫党的领导、捍卫社会主义制度？"③习近平强调："改革开放以来，我们党带领全国各族人民开创和发展中国特色社会主义道路、中国特色社会主义理论体系、中国特色社会主义制度，都源于这个理想信念。立忠诚笃信之志，就是要坚定这个理想信念。"④2014 年 10 月 8 日，在党的群众路线教育实践活动总结大会上，习近平说："思想上的滑坡是最严重的病变，'总开关'没拧紧，不能正确处理公私关系，缺乏正确的是非观、义利观、权力观、事业观，各种出轨越界、跑冒滴漏就在所难免了。

---

①　中共中央文献研究室编：《十八大以来重要文献选编》（上），中央文献出版社 2014 年版，第 80—81 页。

②　中共中央文献研究室编：《十八大以来重要文献选编》（上），中央文献出版社 2014 年版，第 116 页。

③　中共中央文献研究室编：《十八大以来重要文献选编》（上），中央文献出版社 2014 年版，第 339—340 页。

④　中共中央文献研究室编：《习近平关于全面从严治党论述摘编》，中央文献出版社 2016 年版，第 62 页。

思想上松一寸，行动上就会散一尺。"① 在 2015 年底召开的全国党校工作会议上，习近平语重心长地指出："我们干事业不能忘本忘祖、忘记初心。我们共产党人的本，就是对马克思主义的信仰，对中国特色社会主义和共产主义的信念，对党和人民的忠诚。……世界社会主义实践的曲折历程告诉我们，马克思主义政党一旦放弃马克思主义信仰、社会主义和共产主义信念，就会土崩瓦解。""国内外各种敌对势力，总是企图让我们党改旗易帜、改名换姓，其要害就是企图让我们丢掉对马克思主义的信仰，丢掉对社会主义、共产主义的信念。"② 在十八届中央纪委六次全会上，习近平再次强调："全面从严治党，既要注重规范惩戒、严明纪律底线，更要引导人向善向上，发挥理想信念和道德情操引领作用。""对共产党人来讲，动摇了信仰，背离了党性，丢掉了宗旨，就可能在'围猎'中被人捕获。只有在立根固本上下功夫，才能防止歪风邪气近身附体。"③ 他要求"每一名党员、干部特别是各级领导干部，都要把理想信念作为照亮前路的灯、把准航向的舵，转化为对奋斗目标的执着追求、对本职工作的不懈进取、对高尚情操的笃定坚持、对艰难险阻的勇于担当"④。在庆祝中国共产党成立 95 周年大会上，习近平进一步指出："马克思主义是我们立党立国的根本指导思想。背离或放弃马克思主义，我们党就会失去灵魂、迷失方向。在坚持马克思主义指导地位这一根本问题上，我们必须坚定不移，任何时候任何情况下都不能有丝毫动摇。"⑤2019 年 5 月 22 日，在江西考察工作结

①　中共中央文献研究室编：《十八大以来重要文献选编》（中），中央文献出版社 2016 年版，第 94—95 页。

②　习近平：《在全国党校工作会议上的讲话》，人民出版社 2016 年版，第 7—8 页。

③　习近平：《在第十八届中央纪律检查委员会第六次全体会议上的讲话》，人民出版社 2016 年版，第 21 页。

④　《习近平春节前夕赴江西看望慰问广大干部群众　祝全国各族人民健康快乐吉祥　祝改革发展人民生活蒸蒸日上》，《人民日报》2016 年 2 月 4 日。

⑤　习近平：《在庆祝中国共产党成立 95 周年大会上的讲话》，人民出版社 2016 年版，第 9 页。

束时，习近平指出："今天，像战争年代那种血与火的生死考验少了，但具有新的历史特点的伟大斗争仍然在继续……没有坚定的理想信念，就会在乱云飞渡的复杂环境中迷失方向、在泰山压顶的巨大压力下退缩逃避、在糖衣炮弹的轮番轰炸下缴械投降。我们要从红色基因中汲取强大的信仰力量，增强'四个意识'，坚定'四个自信'，做到'两个维护'，自觉做共产主义远大理想和中国特色社会主义共同理想的坚定信仰者和忠实实践者，真正成为百折不挠、终生不悔的马克思主义战士。"①

关于如何坚定理想信念，习近平指出："崇高信仰、坚定信念不会自发产生。要练就'金刚不坏之身'，必须用科学理论武装头脑，不断培植我们的精神家园。对领导干部特别是高级干部来说，要把系统掌握马克思主义基本理论作为看家本领。"②他要求"全党要深入学习马克思列宁主义、毛泽东思想、邓小平理论、'三个代表'重要思想、科学发展观，深入学习党的十八大以来党中央治国理政新理念新思想新战略，不断提高马克思主义思想觉悟和理论水平，保持对远大理想和奋斗目标的清醒认知和执着追求"；"要教育引导广大党员、干部把学习成果转化为提升党性修养、思想境界、道德水平的精神营养，做到真学真懂真信真用，在胜利和顺境时不骄傲不急躁，在困难和逆境时不消沉不动摇，牢牢占据推动人类社会进步、实现人类美好理想的道义制高点"。③坚定理想信念，要抓好思想教育这个根本。在 2013 年 8 月召开的全国宣传思想工作会议上，习近平要求"党校、干部学院、社会科学院、高校、理论学习中心组等都要把马克思主义作为必修课，成为马克思主义学习、研究、宣传的重要阵地。新干

---

① 习近平：《总结党的历史经验，加强党的政治建设》，《求是》2021 年第 16 期。

② 中共中央文献研究室编：《习近平关于全面从严治党论述摘编》，中央文献出版社 2016 年版，第 61 页。

③ 习近平：《在庆祝中国共产党成立 95 周年大会上的讲话》，人民出版社 2016 年版，第 11—12 页。

部、年轻干部尤其要抓好理论学习，通过坚持不懈学习，学会运用马克思主义立场、观点、方法观察和解决问题，坚定理想信念"①。在党的十八届六中全会第二次全体会议上，习近平再次强调："党内政治生活出现这样那样的问题，根子还是一些党员、干部理想信念这个'压舱石'发生了动摇，世界观、人生观、价值观这个'总开关'出现了松动。理想信念，源自坚守，成于磨砺。要坚持不懈强化理论武装，毫不放松加强党性教育，持之以恒加强道德教育，教育引导广大党员、干部筑牢信仰之基、补足精神之钙、把稳思想之舵，坚守真理、坚守正道、坚守原则、坚守规矩，明大德、严公德、守私德，重品行、正操守、养心性，做到以信念、人格、实干立身。"他还特别提出："要注重加强党内政治文化建设，倡导和弘扬忠诚老实、光明坦荡、公道正派、实事求是、艰苦奋斗、清正廉洁等价值观，旗帜鲜明抵制和反对关系学、厚黑学、官场术、'潜规则'等庸俗腐朽的政治文化，不断培厚良好政治生态的土壤。"②习近平强调，领导干部特别是高级干部要带头坚定理想信念，在党的十八届一中全会上，他明确提出："作为党的高级干部，我们必须始终保持对马克思主义的坚定信仰、对共产主义和中国特色社会主义的坚定信念，按照马克思主义政治家的标准严格要求自己，始终把人民放在心中最高位置，把为党和人民事业贡献力量作为自己的最高追求，为坚持和发展中国特色社会主义不懈奋斗，以此来开阔胸襟和眼界，以此来增强政治定力和政治敏锐性，以此来提高抵御各种风险和经受住各种考验的能力。"③

从党的十八大到党的十九大，全党理论学习的重点是习近平总书记围

---

① 习近平：《论坚持党对一切工作的领导》，中央文献出版社 2019 年版，第 24 页。

② 中共中央文献研究室编：《习近平关于全面从严治党论述摘编》，中央文献出版社 2016 年版，第 73—74 页。

③ 中央党的群众路线教育实践活动领导小组办公室：《党的群众路线教育实践活动学习文件选编》，党建读物出版社 2013 年版，第 12 页。

绕坚持和发展中国特色社会主义这个主题所作的关于改革发展稳定、内政外交国防、治党治国治军的一系列重要讲话和重要论述。为了推动学习，中央有关部门先后编写出版了《习近平关于党的群众路线教育实践活动论述摘编》《习近平关于实现中华民族伟大复兴的中国梦论述摘编》《习近平关于全面深化改革论述摘编》《习近平关于党风廉政建设和反腐败斗争论述摘编》《习近平关于全面依法治国论述摘编》《习近平关于培养"四有"新一代革命军人重要论述摘编》《习近平关于协调推进"四个全面"战略布局论述摘编》《习近平关于严明党的纪律和规矩论述摘编》《习近平关于科技创新论述摘编》《习近平关于深化国防和军队改革重要论述摘编》《习近平关于全面建成小康社会论述摘编》《习近平关于全面从严治党论述摘编》《习近平关于社会主义经济建设论述摘编》《习近平关于社会主义政治建设论述摘编》《习近平关于青少年和共青团工作论述摘编》《习近平关于社会主义生态文明建设论述摘编》《习近平关于社会主义社会建设论述摘编》《习近平关于社会主义文化建设论述摘编》等系列"论述摘编"；中央宣传部从 2014 年开始组织编写《习近平总书记系列重要讲话读本》，分专题全面准确阐述习近平总书记系列重要讲话的重大意义、科学内涵、精神实质和实践要求，阐述讲话提出的一系列重大战略思想和重大理论观点，至 2017 年 9 月累计发行近 7000 万册；由国务院新闻办公室会同中央文献研究室、中国外文局编辑的《习近平谈治国理政》收入了习近平自 2012 年 11 月至 2014 年 6 月的讲话、谈话、演讲、答问、批示等共 79 篇，《习近平谈治国理政》第二卷收入了习近平自 2014 年 8 月 18 日至 2017 年 9 月 29 日期间的讲话、谈话、演讲、批示等共 99 篇，两书生动记录了以习近平同志为核心的党中央团结带领全党全国各族人民坚持和发展中国特色社会主义的伟大实践，为全党全社会深入学习领会习近平新时代中国特色社会主义思想提供了权威教材，也为国际社会增进对当代中国和中国共产党的了解提供了最佳读本。为了加强高级干部的理论武装，党的十八大后 5 年间，结合学习贯彻党的十八大精神和十八届三中、四中、五中、六中全会精神，党中央在中央党校分别举办了"新进中央委员会的委员、候补委员学习贯彻党的十八大精神研讨班""省部级主要领导干部学习贯彻十八届三中全会精神全面深化改革专题研讨班""省部级主要领导干部学习贯彻十八届四中全会精神全面推进依法治国专题研讨班""省部级主要领导干部学习贯彻十八届五中全会精神专题研讨班""省部级主要领导干部学习贯彻十八届六中全会精神专题研讨班"，习近平出席历次研讨班开班式并发表重要讲话。

2013 年 10 月，中央组织部印发《关于在干部教育培训中进一步加强和改进党性教育的意见》，对加强党员干部党性教育，保持和发展党的先进性、纯洁性提出明确要求。2014 年 7 月，中共中央办公厅印发《2014—2018 年全国党员教育培训工作规划》，拉开新一轮全国党员教育培训大幕，规划明确提出"坚持以理想信念为重点，开展主题教育培训"，"使广大党员理想信念进一步坚定，党性观念进一步增强"。[①] 从 2013 年 11 月到 2014 年上半年，中央组织部和中央党校举办了 7 期省部级干部学习贯彻习近平总书记系列讲话精神研讨班。党的十八大以来，先后在全党自上而下开展的党的群众路线教育实践活动、在县处级以上领导干部中开展的以"严以修身、严以用权、严以律己，谋事要实、创业要实、做人要实"为主要内容的"三严三实"专题教育、在全体党员中开展的以"学党章党规、学系列讲话，做合格党员"为主要内容的"两学一做"学习教育和常态化制度化要求，都把加强党的思想政治建设，着力解决领导干部"理想信念动摇，宗旨意识淡薄，精神懈怠"等问题作为重要内容纳入整体安排之中。"两学一做"学习教育更明确提出"把思想建设放在首位"。通过大力加强

---

① 《中共中央办公厅印发〈2014—2018 年全国党员教育培训工作规划〉》，《人民日报》2014 年 7 月 3 日。

思想建设，全党特别是党的各级领导干部党性更加坚强，对马克思主义、共产主义的信仰更加执着，中国特色社会主义道路自信、理论自信、制度自信、文化自信更加坚定。

党校是我们党教育培训党员领导干部的主渠道，是加强党的思想政治建设的重要阵地。2015 年 12 月发布的《中共中央关于加强和改进新形势下党校工作的意见》规定："马克思主义理论教育和党性教育是党校的主课，是党校教学最重要的任务，是必须重点抓好的教学内容。这两类课，在中央党校、省（自治区、直辖市）委党校、市（地）委党校教学安排中不低于总课时的 70%。"其中，"党性教育课不低于总课时的 20%"。[①] 全国共有省级党校 34 所，副省级党校 15 所，市地级党校 360 多所，县级党校近 2500 所，拥有近 10 万教职工，另外不少党政部门、国有企业、高等学校、部队等也办了党校，这是一笔宝贵资源。要把党校的地位作用充分利用好、发挥好，关键是要造就一支"政治强、业务精、作风好"的师资队伍。习近平指出，"在党校所有财富中，教师和其他各类人才是最宝贵的财富；在党校所有资源中，优秀教师和优秀人才是最急需的资源"，"党校教师是我们党直接掌握的一支教师队伍，是我们党一支不可多得的理论力量"。[②] 为了增强这支党拥有的"不可多得的理论力量"本身的力量，提高其政治素质、理论水平和教学科研综合能力，经党中央批准，2016 年 6 月在中央党校挂牌成立了全国党校教师进修学院。到 2017 年底，全国党校教师进修学院通过举办省、市、县级党校校长研修班、教研骨干研修班、管理骨干研修班、青年教师培训班等常规班次以及重大专题师资班等大型班次，共培训全国党校系统师资和管理骨干 6500 多人次，较好发挥了全国最具权威的党校教师进修主渠道

---

① 《中共中央关于加强和改进新形势下党校工作的意见》，《人民日报》2015 年 12 月 14 日。

② 习近平：《在全国党校工作会议上的讲话》，人民出版社 2016 年版，第 22—23 页。

作用。

习近平新时代中国特色社会主义思想，是新时代中国共产党的思想旗帜，是国家政治生活和社会生活的根本指针，是当代中国马克思主义、21世纪马克思主义，为实现中华民族伟大复兴提供了行动指南。党的十九大后，全党兴起了学习研究宣传贯彻习近平新时代中国特色社会主义思想的热潮。2018年5月，由中央宣传部组织编写的《习近平新时代中国特色社会主义思想三十讲》出版发行。2019年1月1日，内容丰富、功能强大的习近平新时代中国特色社会主义思想学习平台——"学习强国"全新亮相，上线仅3个月注册用户就突破1亿人。6月，《习近平新时代中国特色社会主义思想学习纲要》正式出版，仅半年时间，发行量就突破7300万册，创造了改革开放以来党的理论读物发行新纪录。《习近平谈治国理政》第一卷、第二卷出版后，在国内外产生了强烈反响。党的十九大以来，习近平在领导推进新时代治国理政的实践中，又发表一系列重要论述，提出许多具有原创性、时代性、指导性的重大思想观点，进一步丰富和发展了党的理论创新成果。经党中央批准，由中央宣传部（国务院新闻办公室）会同中央党史和文献研究院、中国外文局编辑的《习近平谈治国理政》第三卷于2020年6月由外文出版社以中英文版出版。该书收入了习近平2017年10月18日至2020年1月13日期间的报告、讲话、谈话、演讲、批示、指示、贺信等共92篇，分为19个专题，生动记录了党的十九大以来以习近平同志为核心的党中央，着眼中华民族伟大复兴战略全局和世界百年未有之大变局，不忘初心、牢记使命，统揽伟大斗争、伟大工程、伟大事业、伟大梦想，团结带领全党全军全国各族人民推动党和国家各项事业取得新的重大进展的伟大实践，集中展示了马克思主义中国化的最新成果，充分体现了我们党为推动构建人类命运共同体贡献的智慧方案，是全面系统反映习近平新时代中国特色社会主义思想的权威著作。根据党中央要求，中央宣传部还组织编写了《习近平新时代中国特色社会主义思想学习问答》，2021年2月由学习出版社、人民出版社联合出版。这些权威读物的陆续出版，帮助全党全社会更加深刻地领会新时代党的创新理论的精髓要义，系统掌握贯穿其中的马克思主义立场观点方法，教育引导广大党员、干部特别是领导干部从思想上正本清源、固本培元，筑牢信仰之基、补足精神之钙、把稳思想之舵。2019年在全党开展的"不忘初心、牢记使命"主题教育、2021年开展的党史学习教育，学习贯彻习近平新时代中国特色社会主义思想都是其中的重要内容。

习近平强调，"从严治党靠教育，也靠制度"①。在党的十八届中央政治局第一次会议上，习近平就深刻阐述了认真学习党章、严格遵守党章的重要性，强调党章"规定了党的重要制度和体制机制，是全党必须共同遵守的根本行为规范"，"是党的根本大法，是全党必须遵循的总规矩"。②在党的群众路线教育实践活动总结大会上，习近平明确提出要"坚持思想建党和制度治党紧密结合"，"二者一柔一刚，要同向发力、同时发力"。③在党的十八届四中全会第二次全体会议上，他进一步强调，"要完善党内法规制定体制机制，注重党内法规同国家法律的衔接和协调，构建以党章为根本、若干配套党内法规为支撑的党内法规制度体系，提高党内法规执行力"④。2014年12月14日，在江苏调研时，习近平提出，"要认真总结党的建设实践经验，及时把比较成熟、普遍适用的经验提炼上升为制度，同时要加强党内法规制度建设理论研究和宏观设计，形成定期评估、清理、修订机制，该填充的填充，该链接的链接，该替换

---

① 中共中央文献研究室编：《十八大以来重要文献选编》（中），中央文献出版社2016年版，第94页。

② 习近平：《认真学习党章　严格遵守党章》，《人民日报》2012年11月20日。

③ 中共中央文献研究室编：《十八大以来重要文献选编》（中），中央文献出版社2016年版，第94页。

④ 习近平：《加快建设社会主义法治国家》，《求是》2015年第1期。

的替换，使党内各项法规制度便利管用，在全面从严治党中发挥更大作用"①。2015年3月5日，在参加十二届全国人大三次会议上海代表团审议时，习近平指出："要建立健全相关制度，用制度管权管事管人。要突出重点，重在管用有效，全方位扎紧制度笼子，更多用制度治党、管权、治吏。"②6月，在主持中共十八届中央政治局第二十四次集体学习时，习近平指出："领导干部不论职务多高、资历多深、贡献多大，都要严格按法规制度办事，坚持法规制度面前人人平等、遵守法规制度没有特权、执行法规制度没有例外。""法规制度一经建立，就要让铁规发力、让禁令生威，确保各项法规制度落地生根。好的法规制度如果不落实，只是写在纸上、贴在墙上、编在手册里，就会成为'稻草人'、'纸老虎'，不仅不能产生应有作用，反而会损害法规制度的公信力。"③2016年1月12日，在十八届中央纪委六次全会上，习近平指出："加强纪律建设，一是要健全完善制度，以党章为根本遵循，本着于法周延、于事有效的原则，制定新的法规制度，完善已有的法规制度，废止不适应的法规制度，健全党内规则体系，扎紧党纪党规的笼子。二是要深入开展纪律教育，加强学习宣传教育，使党员、干部增强纪律意识，把党章党规党纪刻印在心上，形成尊崇党章、遵守党纪的良好习惯。三是要狠抓执纪监督，以纪律为尺子衡量党员、干部的行为，对违纪问题发现一起就查处一起，提高纪律执行力，维护纪律严肃性。四是要养成纪律自觉，教育引导广大党员、干部特别是领导干部严格按党章标准要求自己，知边界、明底线，把他律要求转化为内在追求，自觉以身作则，发挥表率作

---

① 中共中央文献研究室编：《习近平关于全面从严治党论述摘编》，中央文献出版社2016年版，第107页。

② 中共中央文献研究室编：《习近平关于全面从严治党论述摘编》，中央文献出版社2016年版，第110页。

③ 中共中央文献研究室编：《习近平关于全面从严治党论述摘编》，中央文献出版社2016年版，第111、187—188页。

用。"① 在党的十八届六中全会第二次全体会议上，习近平强调"要强化党内制度约束，扎紧制度的笼子"，"使各项纪律规矩真正成为'带电的高压线'，防止出现'破窗效应'"；要"对现有制度规范进行梳理，该修订的修订，该补充的补充，该新建的新建，让党内政治生活有规可依、有章可循。各级党组织都负有执行纪律和规矩的主体责任，要强化监督问责，对责任落实不力的坚决追究责任，推动管党治党不断从'宽松软'走向'严实硬'"。② 习近平总书记关于制度治党、依规治党的一系列重要论述，丰富和发展了马克思主义建党学说，是习近平新时代中国特色社会主义思想的重要组成部分，为加强新时代党内法规制度建设指明了方向、提供了根本遵循。

党的十八大以来，以习近平同志为核心的党中央为加快构建党内法规制度体系作出一系列决策部署。2013 年 5 月，经中共中央批准，《中国共产党党内法规制定条例》《中国共产党党内法规和规范性文件备案规定》公开发布。这两部党内法规的制定和发布，使中国共产党第一次拥有了正式的党内"立法法"，为党内法规制度体系建设提供了基本依据和规范。11 月，党的历史上第一个党内法规制定工作五年规划《中央党内法规制定工作五年规划纲要（2013—2017 年)》发布，这是加强党的制度建设顶层设计的一项战略工程，明确提出力争经过 5 年努力，基本形成涵盖党的建设和党的工作主要领域、适应管党治党需要的党内法规体系框架，为到建党 100 周年时全面建成内容科学、程序严密、配套完备、运行有效的党内法规体系打下坚实基础。2014 年 10 月，党的十八届四中全会将"形成完善的党内法规体系"纳入全面推进依法治国总目标，作为建设中国

---

① 习近平:《在第十八届中央纪律检查委员会第六次全体会议上的讲话》，人民出版社2016 年版，第 18 页。

② 中共中央文献研究室编:《习近平关于全面从严治党论述摘编》，中央文献出版社2016 年版，第 117 页。

特色社会主义法治体系、建设社会主义法治国家的必然要求。2015年10月，党的十八届五中全会强调，全面提高党依据宪法法律治国理政、依据党内法规管党治党的能力和水平。2016年12月，党的历史上第一次全国党内法规工作会议召开。2017年6月，中共中央印发《关于加强党内法规制度建设的意见》，提出到建党100周年时，形成比较完善的党内法规制度体系、高效的党内法规制度实施体系、有力的党内法规制度建设保障体系，党依据党内法规管党治党的能力和水平显著提高。《意见》明确党内法规制度体系，是以党章为根本，以民主集中制为核心，以准则、条例等中央党内法规为主干，由各领域各层级党内法规制度组成的有机统一整体，确定了以"1+4"为基本框架的党内法规制度体系，即在党章之下分为党的组织法规制度、党的领导法规制度、党的自身建设法规制度、党的监督保障法规制度4大板块。党的十九大明确提出，坚持依法治国和依规治党有机统一，加快形成覆盖党的领导和党的建设各方面的党内法规制度体系。2018年2月，党中央印发《中央党内法规制定工作第二个五年规划（2018—2022年）》，紧紧围绕到建党100周年时形成比较完善的党内法规体系这一目标任务，进一步明确党内法规体系建设的任务书、时间表、路线图。2019年9月新修订的《中国共产党党内法规制定条例》提出，"形成完善的党内法规体系，推进依规治党"。10月，党的十九届四中全会要求"健全总揽全局、协调各方的党的领导制度体系"，"加快形成完善的党内法规体系"。2020年11月，中央全面依法治国工作会议强调，建设中国特色社会主义法治体系，形成完善的党内法规体系。

全面清理党内法规是加强党内法规制度建设的前提。自新中国成立特别是改革开放以来，我们党制定颁布了大量党内法规和规范性文件。但随着世情国情党情变化，党内法规制度中存在的不适应、不协调、不衔接、不一致的"四不"问题日益突出。为了解决"四不"问题，维护党内法规的科学性、权威性、严肃性，党中央启动了党的历史上第一次党内法规和规范性文件集中清理工作。2013 年 7 月，中共中央发布《关于废止和宣布失效一批党内法规和规范性文件的决定》。根据《决定》，1978 年以来制定的党内法规和规范性文件，162 件被废止，138 件被宣布失效，467 件继续有效，其中 42 件将作出修改。2014 年 10 月，中共中央发布《关于再废止和宣布失效一批党内法规和规范性文件的决定》。根据《决定》，新中国成立至 1977 年出台的 411 件党内法规和规范性文件中，160 件被废止，231 件被宣布失效，20 件继续有效。① 通过清理，一揽子解决了党内法规制度中存在的不适应、不协调、不衔接、不一致问题，有力维护了党内法规制度的协调统一，有利于党内法规制度的遵守和执行。2017 年 10 月，在经党中央批准，中央办公厅将清理后的中央党内法规和规范性文件加以汇总，编辑出版了《中央党内法规和规范性文件汇编（1949.10—2016.12)》。《汇编》集中反映了新中国成立 60 多年来我们党加强党内法规制度建设所取得的历史性成就，对于加大中央党内法规和规范性文件公开力度，促进各级党组织和全体党员尊规学规守规用规，严格依据党内法规管党治党具有重要推动作用。

根据党中央的决策部署，党的十八大以来，党内法规制度出台力度空前，党中央及时制定修订 146 部实践急需、务实管用的中央党内法规，实现党的领导和党的建设各方面党内法规制度全覆盖。制定修订的党内法规主要有《关于新形势下党内政治生活的若干准则》《中国共产党廉洁自律准则》《中国共产党中央委员会工作条例》《十八届中央政治局关于改进工作作风密切联系群众的八项规定》《中共中央政治局关于加强和维护党中央集中统一领导的若干规定》《中国共产党地方委员会工作条例》《中国共产党党组工作条例》《中国共产党工作机关条例(试行)》《中国共产党支部工作条例(试行)》《中国共产党组织工作条例》《中国共产党宣传工作条例》《中国共产党统一战线

---

① 《中央党内法规和规范性文件集中清理工作全部完成》，《人民日报》2014 年 11 月 18 日。

工作条例》《中国共产党政法工作条例》《中国共产党机构编制工作条例》《中国共产党领导国家安全工作条例》《中国共产党重大事项请示报告条例》《中国共产党党内监督条例》《中国共产党巡视工作条例》《中国共产党问责条例》《中国共产党纪律处分条例》《中国共产党军队党的建设条例》《军队政治工作条例》《中国共产党党徽党旗条例》等。党中央建立起以党章为根本，以《关于新形势下党内政治生活的若干准则》和《中国共产党党内监督条例》为主干，以《党委（党组）落实全面从严治党主体责任规定》等为支撑的党内监督法规制度体系。中央纪委、中央有关部门和各省区市党委结合本领域本地区工作，有针对性出台配套党内法规。截至 2021 年 5 月，中央党内法规共 210 部，部委党内法规共 162 部，地方党内法规共 3210 部。

2021 年 12 月，中共中央印发《中国共产党纪律检查委员会工作条例》，彰显了我们党勇于进行自我革命的坚强决心。《条例》以习近平新时代中国特色社会主义思想为指导，充分运用党的十八大以来全面从严治党、推进党风廉政建设和反腐败斗争、深化纪检监察体制改革的理论成果、实践成果、制度成果，对党的纪律检查委员会的领导体制、产生运行、任务职责、自身建设等作出全面规范，对于坚持和加强党的全面领导、坚持党中央集中统一领导，推进新时代纪检监察工作高质量发展，充分发挥监督保障执行、促进完善发展作用，具有重要意义。

四、坚持新时代好干部标准，从严从实狠抓"关键少数"

习近平强调："从严治党，关键是要抓住领导干部这个'关键少数'，从严管好各级领导干部。"① 解决中国的问题，关键在党；党要管党、从严

---

① 中共中央纪律检查委员会、中共中央文献研究室编：《习近平关于严明党的纪律和规矩论述摘编》，中央文献出版社、中国方正出版社 2016 年版，第 102 页。

治党，关键在党的各级领导干部。党员领导干部职位越高、权力越大、越是"关键少数"，越应心存敬畏，战战兢兢、如履薄冰，越要干净担当、严格管理、严格要求。

2013 年 6 月 28 日至 29 日，习近平在全国组织工作会议上发表重要讲话，重点阐述了"好干部"标准和干部选拔任用中的几个重要问题。

关于着力培养选拔党和人民需要的好干部。习近平指出："进行具有许多新的历史特点的伟大斗争，实现党的十八大确定的各项目标任务，关键在党，关键在人。关键在党，就要确保党在发展中国特色社会主义历史进程中始终成为坚强领导核心。关键在人，就要建设一支宏大的高素质干部队伍。"[①] 他说，在这方面，现在大家想得比较多、议得比较多的有 3 个问题：怎样是好干部？怎样成长为好干部？怎样把好干部用起来？关于怎样是好干部，习近平指出，概括起来，好干部就是要做到信念坚定、为民服务、勤政务实、敢于担当、清正廉洁。信念坚定，就是党的干部必须坚定共产主义远大理想，真诚信仰马克思主义，矢志不渝为中国特色社会主义而奋斗，坚持党的基本理论、基本路线、基本纲领、基本经验、基本要求不动摇。为民服务，就是党的干部必须做人民公仆，忠诚于人民，以人民忧乐为忧乐，以人民甘苦为甘苦，全心全意为人民服务。勤政务实，就是党的干部必须勤勉敬业、求真务实、真抓实干、精益求精，创造出经得起实践、人民、历史检验的实绩。敢于担当，就是党的干部必须坚持原则、认真负责，面对大是大非敢于亮剑，面对矛盾敢于迎难而上，面对危机敢于挺身而出，面对失误敢于承担责任，面对歪风邪气敢于坚决斗争。清正廉洁，就是党的干部必须敬畏权力、管好权力、慎用权力，守住自己的政治生命，保持拒腐蚀、永不沾的政治本色。他认为理想信念动摇和不敢

---

① 中共中央文献研究室编：《十八大以来重要文献选编》（上），中央文献出版社 2014 年版，第 336 页。

担当是干部队伍中存在的突出问题并提出了批评。关于怎样成长为好干部，习近平指出，成长为一个好干部，一靠自身努力，这是干部成长的内因，也是决定性因素。二靠组织培养。关于怎样把好干部用起来，习近平指出，要坚持党管干部原则，坚持正确用人导向，坚持德才兼备、以德为先，努力做到选贤任能、用当其时，知人善任、人尽其才。首先是知人，"一些干部惯于拍脑袋决策、拍胸脯蛮干，然后拍屁股走人，留下一屁股烂账，最后官照当照升，不负任何责任。这是不行的"①。要树立强烈的人才意识，寻觅人才求贤若渴，发现人才如获至宝，举荐人才不拘一格，使用人才各尽其能。

关于正确认识和处理干部制度改革中出现的新情况。习近平就三个方面的新情况新问题发表意见。一是关于民主推荐、民主测评。习近平指出，一段时间里，一些地方和单位过度依赖票数、唯票取人，致使那些因拉票或当老好人而得票高的人得到提拔重用。更为严重的是，一些地方干部拉票或当老好人的不良风气愈演愈烈，拉票行为花样百出、屡禁不止，败坏了党风和社会风气。习近平强调，在选人用人工作中，民主是手段而不是目的，并且只是把人选准用好的手段之一。干部工作中发扬民主，不是只有投票推荐一种方式，还有个别谈话、实地调查、广泛听取各方面意见等多种方式，还体现在酝酿动议、考察预告、沟通协商、讨论决定、任前公示等各个环节。推荐票只是一个方面，只能作为用人的重要参考，不能作为用人的唯一依据。如果选人用人"都靠票来定，党管干部怎么落实啊？谁最了解干部的德才和实绩啊？那应该是领导班子、分管领导和组织部门，他们在推荐干部方面的权重应该适当加强。如果领导班子、分管领导和组织部门都说不出哪个干部强、哪个干部弱，那就是失职！"②二是关

---

① 中共中央文献研究室编：《习近平关于全面从严治党论述摘编》，中央文献出版社2016年版，第127页。

② 中共中央文献研究室编：《习近平关于全面从严治党论述摘编》，中央文献出版社2016年版，第128—129页。

于干部工作公开。习近平指出，不能把严肃的干部工作搞成"选秀""作秀"，把社会注意力过多吸引到干部选任上，助长干部队伍浮躁情绪。他说，实行竞争性选拔的初衷是扩大选人用人视野，但是有些地方和单位的考试侧重于知识而不是能力，而且笔试成绩作为第一道关卡，这就让那些善考不善干的人占了先，选拔出的人不少"高分低能"，也造就了一批不好好工作的"考试专业户"。有的明明有合适人选，也要搞竞争性选拔，招进女婿气走儿。一些地方和单位甚至科级干部也动辄面向全国选拔，花的人力物力不成比例。他明确要求，公开选拔和竞争上岗的范围和规模要合理，不宜硬性规定竞争性选拔比例，更不能搞什么"凡提必竞"。竞争性选拔的方式方法也要改进，引导干部在实干、实绩上竞争，而不是在考试、分数上竞争，不能搞"一考定音"。三是关于培养选拔年轻干部。习近平批评"一些地方和单位，为了达到领导班子年龄结构要求，降低选人用人标准，或者拔苗助长。更有甚者，为了追求年轻化，一些地方搞领导班子年龄层层递减，到了乡镇，许多主要领导干部过了 40 岁就感到提拔无望、干工作不那么认真负责了，或者干脆做一天和尚撞一天钟了，或者要求调到县城'养老'去了。40 多岁为什么就不能当乡镇主要领导干部了？50 多岁为什么就不能当县市区主要领导干部了？为什么不能让他们感到有干头、有奔头？没有道理嘛！德才表现好的、群众口碑好的还是应该用，不能简单以年龄划线，否则会造成多大的人才浪费啊！"[①]习近平强调，加强和改进年轻干部工作，要下大气力抓好培养工作，要敢于给他们压担子，有计划安排他们去经受锻炼。这种锻炼不是做样子的，而应该是多岗位、长时间的，没有预设晋升路线图的。我们不能唯台阶论，但必要的台阶也是要的，不能今天一来，明天就想走；今天提拔了，板凳还没

---

① 中共中央文献研究室编：《十八大以来重要文献选编》（上），中央文献出版社 2014 年版，第 347 页。

有坐热，又想要升迁。

关于组织工作要落实好党要管党、从严治党方针。习近平指出，党要管党，首先是管好干部；从严治党，关键是从严治吏。要把从严管理干部贯彻落实到干部队伍建设全过程。要坚持从严教育、从严管理、从严监督，让每一个干部都深刻懂得，当干部就必须付出更多辛劳、接受更严格的约束。

习近平的重要讲话具有强烈的问题意识和现实针对性，从全局和战略高度，深刻回答了关系党的建设和组织工作全局的一系列重大理论和现实问题，对培养选拔党和人民需要的好干部作出全面阐述，对组织工作贯彻落实党要管党、从严治党方针提出明确要求，对组织部门改进作风寄予殷切期望，为创新和深入推进新形势下党的组织工作特别是干部工作指明了方向。

此后，习近平就加强党的组织工作又多次作出指示，特别是在从严治吏，培养选拔党和人民需要的好干部方面提出明确要求。继在全国组织工作会议上提出"信念坚定、为民服务、勤政务实、敢于担当、清正廉洁"的好干部"五条标准"后，2014 年 3 月 9 日，在参加十二届全国人大二次会议安徽代表团审议时提出了"各级领导干部都要既严以修身、严以用权、严以律己，又谋事要实、创业要实、做人要实"的"三严三实"要求。10 月，在对云南工作的重要指示中，对党员领导干部提出了"对党忠诚、个人干净、敢于担当"的要求。2015 年 1 月 12 日，在与中央党校第一期县委书记研修班学员座谈时，对县委书记提出了做焦裕禄式的县委书记、始终做到"心中有党、心中有民、心中有责、心中有戒"的"四有"要求。2016 年 10 月 10 日，在全国国有企业党建工作会议上，对国有企业领导人员提出了"对党忠诚、勇于创新、治企有方、兴企有为、清正廉洁"的"二十字"要求。2018 年 1 月 5 日，在新进中央委员会的委员、候补委员和省部级主要领导干部学习贯彻习近平新时代中国特色社会主义思想和党的十九大精神研讨班开班式上，对中央委员会成员和省部级主要领导干部提出了必须做到"信念过硬、政治过硬、责任过硬、能力过硬、作风过硬"的"五个过硬"要求等。这一系列要求和好干部"五条标准"，与我们党历来坚持的好干部标准既一脉相承又与时俱进，是干部加强自我修养的对照标杆，是组织选人用人的衡量尺度，是培养选拔党和人民需要的好干部、建设高素质干部队伍的根本遵循。

根据习近平确定的好干部标准，党的十八大以来，各级党组织坚持党管干部原则，坚持德才兼备、以德为先，坚持五湖四海、任人唯贤，坚持事业为上、公道正派，不拘一格选人用人，深化干部人事制度改革，强化干部管理监督，在推动建立政治坚定、能力过硬、作风优良、奋发有为干部队伍上取得显著成绩。

一是有效破除"四唯"（即"唯票""唯分""唯 GDP""唯年龄"），不拘一格选用干部。在破除"唯票"方面，2014 年 1 月，中共中央印发新修订的《党政领导干部选拔任用工作条例》，改进民主推荐方式，重新定位民主推荐的功能作用，把推荐结果由原来作为选拔任用的"重要依据"改为"重要参考"，[①] 完善参加民主推荐人员范围，强化党组织的领导和把关作用，提高民意表达真实性和民主推荐质量。在破除"唯分"方面，2013 年 10 月，中央组织部印发《关于完善竞争性选拔干部方式的指导意见》，对如何合理确定竞争性选拔的职位、数量和范围等作了规定，合理确定竞争性选拔范围，明确不能将竞争性选拔作为选拔干部的主要方式甚至唯一方式，不能硬性规定竞争性选拔的频次和比例，改进测试测评方法，突出岗位特点，树立实干导向，选拔干部既要看分数更要看实践能力和一贯表现。加强组织把关，规定报名参加公开选拔的应当经所在单位同

---

① 本书编写组编：《中国共产党党内法规选编》，中国方正出版社 2014 年版，第 147 页。

意，防止出现"考试专业户"。严格考察把关，真正把德才表现好、群众口碑好的干部选拔出来。在破除"唯GDP"方面，2013年12月6日，中央组织部印发《关于改进地方党政领导班子和领导干部政绩考核工作的通知》，提出"选人用人不能简单以地区生产总值及增长率论英雄。要按照好干部的标准，根据干部的德才素质、工作需要、群众公认等情况综合评价干部，注重选拔自觉坚持和领导科学发展、成绩突出、群众公认的干部。不能简单地把经济增长速度与干部的德能勤绩廉划等号，将其作为干部提拔任用的依据"；对地方党政领导班子和领导干部的考核考察也"要看全面工作，看经济、政治、文化、社会、生态文明建设和党的建设的实际成效，看解决自身发展中突出矛盾和问题的成效，不能仅仅把地区生产总值及增长率作为考核评价政绩的主要指标，不能搞地区生产总值及增长率排名"；要改进政绩考核方式，"根据不同地区、不同层级领导班子和领导干部的职责要求，设置各有侧重、各有特色的考核指标"；要加强对政绩的综合分析，"辩证地看主观努力与客观条件、前任基础与现任业绩、个人贡献与集体作用，既看发展成果，又看发展成本与代价；既注重考核显绩，更注重考核打基础、利长远的潜绩……注意识别和制止'形象工程''政绩工程'"。① 在破除"唯年龄"方面，优化干部成长路径，2014年6月，中共中央办公厅印发《关于加强和改进优秀年轻干部培养选拔工作的意见》，各地据以制定了具体实施办法，坚持从事业发展需要出发选拔干部，注重在基层一线和艰苦地区培养和考验干部，实行必要台阶和递进式的培养锻炼，注重关键岗位的扎实历练；既积极培养选拔优秀年轻干部，又注重使用其他年龄段的干部，促进了干部资源的优化配置。

前述2014年1月党中央新修订的《党政领导干部选拔任用工作条例》，

---

① 《关于改进地方党政领导班子和领导干部政绩考核工作的通知》，《人民日报》2013年12月10日。

鲜明地将习近平提出的"信念坚定、为民服务、勤政务实、敢于担当、清正廉洁"好干部标准写进"总则"第一条，对干部选拔任用的基本原则、标准条件、程序方法和纪律要求等作了全面修订完善，除了将推荐结果由选拔任用的"重要依据"改为"重要参考"，还突出强调党管干部原则，新增"动议"一章，强调党组织从干部选拔任用的启动环节就发挥领导和把关作用，规定考察对象由党组织集体研究确定，防止简单以票、以分取人。该条例还针对在实际工作中，考察失真失实、干部"带病提拔""带病上岗"等问题，强调加强对政治品质和道德品行、科学发展实绩、作风表现、廉政情况的考察，防止单纯以经济增长速度评定干部工作实绩；改进考察方法，新增了民意调查、延伸考察等方法，为确保考察质量，规定干部考察要保证充足的时间；规定对拟提拔的考察对象，应查阅核实个人有关事项报告情况；规定考察时除听取考察对象所在单位组织（人事）部门、纪检监察机关、机关党组织的意见外，根据需要还可以听取巡视机构和其他相关部门意见。针对"凡提必竞"、简单以分取人、动辄面向全国选拔、"干得好不如考得好"，导致"考试导向"冲击"干事导向"，甚至出现"考试专业户""高分低能"等问题，明确应从实际出发，合理确定选拔职位、数量和范围，并对公开选拔、竞争上岗的适用情形作了限定；本着就近取才原则，规定公开选拔县处级以下领导干部，一般不跨省（自治区、直辖市）进行；明确选拔方案设置的资格条件应符合干部资格条件的规定，突破规定的应当事先报上级组织人事部门审核同意；规定报名参加公开选拔的应经所在单位同意；突出能力和素质测试测评，比选择优，突出岗位特点，突出实绩竞争，注重一贯表现，防止简单以考试分数取人。针对一段时间里干部群众和社会舆论广为关注的干部破格提拔"拼爹""暗箱操作"等问题，规定特别优秀或者工作特殊需要的干部方可破格提拔，并分别明确了具体适用情形；规定选拔任用的基本条件和有关法律、章程规定的资格不能破，任职试用期未满或者提拔任职不满一年的不得破格提拔，不得在任职年限上连续破格，不得越两级提拔等。① 作为该条例的配套措施，中央组织部印发《关于加强干部选拔任用工作监督的意见》，要求严格把好人选廉政关，严查违规用人行为；建立倒查机制，凡出现"带病提拔"、突击提拔、违规破格提拔等情况的，都要对选拔任用过程进行倒查，强化责任追究，大力营造风清气正用人环境。

选人用人专项检查是巡视的重要内容。党的十八大到党的十九大期间，结合中央 12 轮巡视，中央组织部派出 93 个检查组，对 31 个省区市、新疆生产建设兵团和 235 家中央单位党组织选人用人情况进行了检查。检查中，坚持问题导向，紧盯关键少数，深入查找党组织的领导和把关作用发挥不够，党管干部原则、好干部标准坚持不力，存在"四唯"等问题，着力查找违反用人程序、规定和纪律，任人唯亲、跑官要官、买官卖官、拉票贿选等不正之风和腐败现象，累计发现问题 1600 多个，督促制定整改措施 4300 多条，纠正违规任用干部 1603 人，给予党政纪处分或组织处理 4483 人次，移送司法机关 218 人。②

二是深化干部人事制度改革，激发干部干事创业活力。我国不断深化公务员分类管理制度改革、建立公务员职务与职级并行制度，同时完善事业单位领导人员管理制度体系，从制度层面为建设一支高素质的干部队伍提供了坚强保障。2015 年 1 月，中共中央办公厅、国务院办公厅印发《关于县以下机关建立公务员职务与职级并行制度的意见》，明确县以下机关公务员设置 5 个职级，由低到高依次为科员级、副科级、正科级、副处级和正处级；公务员晋升职级，主要依据任职年限和级别。这是干部人事制度的一次重要调整和改革，是公务员制度的创新和完善。根据这个意见，全国 100 多万名基层公务员晋升了职级。自 2005 年 4 月《中华人民共和

---

① 《党政领导干部选拔任用工作条例》，《人民日报》2014 年 1 月 16 日。

② 《从严管理监督干部，促进忠诚干净担当》，《人民日报》2017 年 9 月 19 日。

国公务员法》实施以来，我国所有公务员一直按综合管理类进行管理。这种"大一统"管理方式造成职业发展通道单一、管理针对性不强、基层压职压级等突出问题。2016年7月，中共中央办公厅、国务院办公厅印发《专业技术类公务员管理规定（试行）》和《行政执法类公务员管理规定（试行）》。两个规定明确公务员按专业技术、行政执法两类设定职位，建立"四等十一级"的职务序列，明确各自晋升方式。根据两个规定及配套办法，专业技术类、行政执法类公务员实行分类录用、分类考核、分类培训，从而实现分渠道发展、精细化管理、专业化建设，这极大调动了广大公务员的积极性。党的十八大后5年来，全国党政机关考试录用公务员97.4万人，选调优秀高校毕业生5万多人，公开遴选公务员2.1万人。[①] 事业单位是我国经济社会发展中提供公益服务的主要载体。截至2015年5月底，全国有事业单位110多万个、工作人员3000多万人。长期以来，事业单位领导人员管理沿用党政机关干部的模式，没有形成充分体现事业单位特点和干部成长规律的政策法规。党的十八大和十八届三中全会对事业单位改革作出新部署。2015年6月，中共中央办公厅印发《事业单位领导人员管理暂行规定》，对事业单位领导人员"进、管、出"涉及的任职条件和资格、选拔任用、任期和任期目标责任、考核评价、职业发展和激励保障、监督约束、退出等环节作出明确规范。这是第一个专门规范和加强事业单位领导人员管理的党内法规，对提高事业单位人事管理水平，建设符合好干部标准的高素质事业单位领导人员队伍发挥了重要作用。在这个总领性规定的基础上，中央有关行业主管部门分别研究制定体现行业特点的具体管理办法、各省区市党委制定市以下党委和政府直属以及部门所属事业单位领导人员管理具体办法，提出符合行业和当地实际的针对性强的实

---

① 孟祥夫：《建设一支宏大的高素质干部队伍（砥砺奋进的五年·全面从严治党）》，《人民日报》2017年9月15日。

施细则，形成"1+X"制度体系，填补了制度空白。

三是从严从实加强干部管理。习近平指出，"要坚持以严的标准要求干部、以严的措施管理干部、以严的纪律约束干部，使干部心有所畏、言有所戒、行有所止"①。要"加大治庸治懒力度，严肃查处为官不为的典型人和事，进一步弘扬正气，狠刹歪风邪气"②。党的十八大以来，按照"有权必有责、有责要担当、失责必追究"的原则，党中央紧紧抓住落实主体责任这个"牛鼻子"，把问责作为从严治党利器，先后对一批在党的建设和党的事业中失职失责典型问题严肃问责，强化问责成为管党治党、治国理政的鲜明特色。2015 年 2 月，中央纪委首次对 8 起履行党风廉政建设主体责任和监督责任不力的典型案件专门进行问责通报；对湖南衡阳破坏选举案严肃问责，467 人受到责任追究；对四川南充拉票贿选案涉及的477 人严肃处理；山西发生系统性、塌方式腐败案后，相关党组织被问责；河南新乡市委原书记因对该市连续发生的 3 名厅级领导干部严重违纪违法案件负有主要领导责任被免职；辽宁拉票贿选案共查处 955 人，其中，问责 14 名中管干部；③对民政部原党组、原派驻纪检组管党治党不力严肃问责；对司法部原党组书记在干部工作中严重失察和违纪行为进行问责；严肃查处甘肃祁连山国家级自然保护区生态环境遭到破坏典型案件中的失职失责问题。为规范和强化党的问责工作，2016 年 7 月，党中央制定并印发了《中国共产党问责条例》。《条例》规定对党的领导弱化、党的建设缺失、全面从严治党主体责任监督责任落实不到位、维护党的纪律不力、推进党风廉政建设和反腐败工作不坚决不扎实等 6 个方面失职失责行为，造成严

---

① 中共中央文献研究室编：《十八大以来重要文献选编》（中），中央文献出版社 2016年版，第 98 页。

② 中共中央文献研究室编：《习近平关于全面从严治党论述摘编》，中央文献出版社2016 年版，第 136 页。

③ 江琳：《从严管党治党责任扛在肩上（砥砺奋进的五年·全面从严治党）》，《人民日报》2017 年 9 月 28 日。

重后果或者恶劣影响的，进行严肃问责。这是党的历史上第一部规范党的问责工作的基础性法规。2014 年 1 月至 2017 年 10 月，全国共有 7020 个单位党委（党组）、党总支、党支部，430 个纪委（纪检组）和 6.5 万余名党员领导干部被问责。[①] 问责范围从党风廉政建设和反腐败领域，向党的建设和党的事业各个方面拓展，从严管党治党利器作用得到充分发挥。坚持失责必问，实施精准问责，2020 年、2021 年两年，全国纪检监察机关共问责党组织 11766 个，问责党员领导干部、监察对象 14.1 万人。2021年 6 月，《中共中央关于加强对"一把手"和领导班子监督的意见》公开发布，这是我们党针对"一把手"和领导班子监督制定的首个专门文件，强化对贯彻执行民主集中制、依规依法履职用权、担当作为、廉洁自律等情况的监督，促进"一把手"和领导班子以身作则、担好责任。2021 年，全国纪检监察机关共约谈领导班子成员、重点岗位人员 94.3 万人次，处分县处级以上"一把手"7581 人。[②]

能上不能下，是长期制约干部工作的难点问题。针对这方面问题，习近平明确提出要"建立领导干部能上能下的制度机制"[③]。2015 年 7 月，中共中央办公厅印发《推进领导干部能上能下若干规定（试行）》，为有效解决下的标准不明确、程序不规范、渠道不畅通、责任不落实等问题提供了标准和依据。北京、天津、河北、甘肃等省份相继出台实施细则或实施意见，推动形成能者上、庸者下、劣者汰的用人导向和从政环境。截至 2017 年 5 月底，全国运用《规定》调整县处级以上干部 22355 人。仅

---

① 《十八届中央纪律检查委员会向中国共产党第十九次全国代表大会的工作报告》，《人民日报》2017 年 10 月 30 日。

② 参见赵乐际：《运用党的百年奋斗历史经验　推动纪检监察工作高质量发展　迎接党的二十大胜利召开——在中国共产党第十九届中央纪律检查委员会第六次全体会议上的工作报告》，《人民日报》2022 年 2 月 25 日。

③ 《落实全面从严治党要求的重要举措——中组部负责人就印发〈推进领导干部能上能下若干规定（试行）〉答记者问》，《人民日报》2015 年 7 月 29 日。

天津市就调整干部 1853 人，其中厅局级 108 人、县处级 746 人、乡科级 999 人；问责 294 人、因不适宜担任现职调整 376 人。①

干部"带病提拔"（"带病上岗"）是多年来党内外、各方面反映强烈的选人用人不正之风中的一个突出问题。为破解这一难题，中央全面深化改革领导小组将防止"带病提拔"确定为 2016 年度重点改革任务。2016 年 8 月，中共中央办公厅印发《关于防止干部"带病提拔"的意见》，把"落实工作责任"作为第一条措施，明确规定各级党委（党组）对选人用人负主体责任，党委（党组）书记是第一责任人，组织人事部门承担直接责任，纪检监察机关承担监督责任；党委（党组）在向上级党组织推荐报送拟提拔或进一步使用的人选时，要认真负责地对人选廉洁自律情况提出结论性意见，实行党委（党组）书记、纪委书记（纪检组组长）在意见上签字制度；明确考核评价党委（党组）和组织人事部门、纪检监察机关以及有关领导干部，要把履行选人用人职责情况作为重要内容。《意见》明确提出要"强化任前把关"，对拟提任干部做到"四凡四必"，即干部档案"凡提必审"，个人有关事项报告"凡提必核"，纪检监察机关意见"凡提必听"，反映违规违纪问题线索具体、有可查性的信访举报"凡提必查"；还提出要建立健全干部"带病提拔"问责机制，对因领导不力、把关不严、考察不准、核查不认真，甚至故意隐瞒、执意提拔，造成干部"带病提拔"的，要严肃追究党委（党组）、组织人事部门、纪检监察机关、干部考察组主要负责人和有关领导干部及相关责任人责任。《意见》印发后，各地各部门结合实际细化措施，将防止"带病提拔"要求贯穿到干部选拔任用全过程。②

党中央坚持问题导向，坚持抓细抓小，持续开展一系列专项整治，打出了整饬吏治的"组合拳"，进一步净化了干部队伍风气和从政环境。

---

① 《党的建设制度改革"立柱架梁"》，《人民日报》2017 年 9 月 25 日。
② 参见《建设一支宏大的高素质干部队伍》，《人民日报》2017 年 9 月 15 日。

　　针对一些领导干部以兼职为名，利用个人影响谋取私利甚至领取较高兼职薪酬等问题，2013年10月，中央组织部印发《关于进一步规范党政领导干部在企业兼职（任职）问题的意见》，明确规定"现职和不担任现职但未办理退（离）休手续的党政领导干部不得在企业兼职（任职）"，"对辞去公职或者退（离）休的党政领导干部到企业兼职（任职）必须从严掌握、从严把关，确因工作需要到企业兼职（任职）的，应当按照干部管理权限严格审批"。2014年6月，中央组织部印发《关于规范退（离）休领导干部在社会团体兼职问题的通知》，规定"退（离）休领导干部在社会团体兼任职务（包括领导职务和名誉职务、常务理事、理事等），须按干部管理权限审批或备案后方可兼职。确因工作需要，本人又无其他兼职，且所兼职社会团体的业务与原工作业务或特长相关的，经批准可兼任1个社会团体职务；任期届满拟连任的，必须重新履行有关审批手续，兼职不超过两届；兼职的任职年龄界限为70周岁"。2015年10月新修订的《中国共产党纪律处分条例》规定："违反有关规定在经济实体、社会团体等单位中兼职，或者经批准兼职但获取薪酬、奖金、津贴等额外利益的"，"情节较轻的，给予警告或者严重警告处分；情节较重的，给予撤销党内职务或者留党察看处分；情节严重的，给予开除党籍处分"。[①] 根据这些规定，党的十八大后5年中，全国共清理党政领导干部在企业兼职4万余人次，清理国有企事业单位领导人员在企业兼职2.1万余人次；[②] 清理退（离）休党政领导干部和国有企事业单位领导人员在社团兼职5.6万余人次；改进和完善了高校、科研院所领导人员兼职管理。

　　针对干部人事档案管理中存在的篡改、伪造等各种造假问题，2014年10月至2016年6月，中央有关部门在全国部署开展了干部人事档案专

---

① 《中国共产党纪律处分条例》，《人民日报》2015年10月22日。

② 参见《八项规定，激浊扬清之剑——党的十八大以来以习近平同志为核心的党中央贯彻执行八项规定、推动作风建设综述》，《人民日报》2017年9月29日。

项审核工作，对公务员和参照公务员法管理的机关（单位）工作人员、中央企事业单位中层以上管理人员和地方各级国有企事业单位领导班子成员的档案进行全面审核。中央组织部制定实施方案，明确 9 个工作步骤，确保专项审核工作质量；并会同中央纪委机关、教育部、公安部、人力资源和社会保障部等 7 家单位，就涉及干部出生日期、学历学位等政策问题深入研究，印发《关于干部人事档案审核工作的问答》，编印《干部人事档案工作文件选编》，为专项审核工作提供依据和遵循。《中国共产党纪律处分条例》专门增加了对不如实填报及篡改、伪造个人档案资料行为的处分规定，为惩治档案造假提供了依据和标准。中央组织部于 2015 年 11 月出台《干部人事档案造假问题处理办法（试行）》，严明纪律、细化措施，维护干部人事档案的真实性、严肃性，提升干部工作的公信力。

针对人大代表、政协委员产生和管理工作中存在的拉票贿选、人选把关不严、身份失真失实甚至弄虚作假，部分人大代表、政协委员能力素质不高、品行不端，管理监督和退出机制不健全，一些地方弱化甚至放弃党的领导等突出问题，2016 年 1 月，中共中央印发《关于加强和改进人大代表、政协委员有关工作的通知》，明确提出要旗帜鲜明、理直气壮地加强党对人大代表、政协委员工作的领导，突出政治标准，坚持道德品行要求，注重能力素质，统筹考虑人大代表、政协委员人选结构和数量规模，控制领导干部人选比例；要改进推荐提名，推荐提名人选要听取所在单位或地区党组织意见，在广泛酝酿协商的基础上，由党委集体研究决定，个人向组织推荐人选，必须写出推荐材料并署名，对推荐人选情况负责；要完善组织考察，认真核实人选身份、简历以及是否拥有外国国籍或国（境）外永久居留权、长期居留许可等情况，审查人选是否具备资格条件等；要强化管理监督，落实初任培训制度，督促人大代表、政协委员积极履职尽责，正确处理个人职业活动与履行职责的关系，不准利用人大代表、政协委员身份，通过干预执法、干涉具体司法案件或查收招标投标等牟取个人、小团体和特定关系人的利益；严禁参会期间和参加履职活动时拉关系、办私事、变相从事商业活动等；要建立责任倒查和追究机制，坚持谁推荐谁负责，谁考察谁负责，谁管理谁负责，对人大代表、政协委员推荐提名、选举和管理中出现把控不严、风气不正、监督不力等严重问题的，要追究党委、人大、政协及相关部门主要领导和人员责任。

针对领导干部个人有关事项只报告不核实问题，2017 年 4 月中共中央办公厅、国务院办公厅印发新修订的《领导干部报告个人有关事项规定》和新制定的《领导干部个人有关事项报告查核结果处理办法》，新修订的《规定》进一步突出了党政领导干部这个重点以及与领导干部权力行为关联紧密的家事、家产情况等，并增加了抽查核实相关规定。新制定的《办法》主要明确了认定漏报或者瞒报需要掌握的基本原则，区分了漏报、瞒报的具体情形和处理规定，明确了领导干部因不如实报告个人有关事项受到组织处理和纪律处分的影响期等。习近平对领导干部个人有关事项报告制度高度重视，几次主持召开中央政治局常委会会议、中央全面深化改革领导小组会议进行专题研究，多次作出重要指示、在有关会议上发表重要讲话。这两个党内法规是根据习近平的指示要求和中央的新精神修订和制定的。党的十八大以来，领导干部个人事项报告工作推进力度越来越大：个人有关事项从只报不查到又报又查，从部分查核到"凡提必核"，随机抽查比例提高到 10%，两项合计年查核率达到 25%。个人事项报告查核结果的运用越来越严、越来越实，作用发挥越来越好。截至 2017 年 10 月，全国共查核副处级以上干部 120 多万人次，因不如实报告等问题，被暂缓任用或取消提拔重用资格、后备干部人选资格 1.1 万人，批评教育、责令作出检查 10.38 万人，诫勉 1.98 万人，组织处理 651 人，移交纪检监察机关处理 609 人。[①]

---

① 参见《从严管理监督干部，促进忠诚干净担当》，《人民日报》2017 年 9 月 19 日。

另外，针对各级干部教育培训机构学员管理方面存在的问题，2013年2月19日，中央组织部印发《关于在干部教育培训中进一步加强学员管理的规定》，对加强学员学习、生活管理等作出严格规定，要求"无论什么级别的干部参加学习培训都是普通学员，必须端正学习态度，树立学员意识"，"把精力主要放在学习上"。① 针对一些地方和部门提醒、函询、诫勉制度落实不到位问题，2015年6月中央组织部印发《关于组织人事部门对领导干部进行提醒、函询和诫勉的实施细则》，细化适用情形和操作程序，对干部的苗头性、倾向性问题及时提醒纠正。到2017年9月，全国各级组织部门共提醒、函询、诫勉干部63万多人。② 针对有的领导干部在生态文明建设中不作为、乱作为的问题，2015年8月，中共中央办公厅、国务院办公厅印发《党政领导干部生态环境损害责任追究办法(试行)》，首次对追究党政领导干部生态环境损害责任作出制度性安排。针对高校、科研院所科研项目资金管理不够完善问题，2016年8月，中共中央办公厅、国务院办公厅印发《关于进一步完善中央财政科研项目资金管理等政策的若干意见》，从"放（权）、管（理）、服（务）、落（实）"四个方面提出了务实管用、细化落地的完善中央财政科研项目资金管理的政策措施。针对超职数配备干部、配偶移居国（境）外人员、领导干部因私出国（境）证照等问题开展专项治理，全国共清理消化4万多名超配副处级以上领导职数；共排查出副处级以上配偶移居人员5000多人，对其中1300多人任职岗位作了调整；对违规办理和持有因私出国（境）证件、违规出国（境）的3.5万名领导干部作出处理。

以上这些专项整治，将真管真严、敢管敢严、长管长严要求落到实处，扫除了用人上长期存在的顽症积弊，使用人风气更加清朗。

---

① 《中组部印发〈关于在干部教育培训中进一步加强学员管理的规定〉》，《中国组织人事报》2013年3月20日。

② 参见《党的建设制度改革"立柱架梁"》，《人民日报》2017年9月25日。

党的十九大对"建设高素质专业化干部队伍"作出部署，明确要求"坚持党管干部原则，坚持德才兼备、以德为先，坚持五湖四海、任人唯贤，坚持事业为上、公道正派，把好干部标准落到实处"①。

党的历史表明，什么时候坚持正确组织路线，党的组织就蓬勃发展，党的事业就顺利推进；什么时候组织路线发生偏差，党的组织就遭到破坏，党的事业就出现挫折。2018 年 7 月 3 日，在全国组织工作会议上发表的重要讲话中，习近平紧紧围绕新时代党的组织路线为党的政治路线服务，统揽伟大斗争、伟大工程、伟大事业、伟大梦想，第一次深刻阐明了新时代党的组织路线，这就是：全面贯彻习近平新时代中国特色社会主义思想，以组织体系建设为重点，着力培养忠诚干净担当的高素质干部，着力集聚爱国奉献的各方面优秀人才，坚持德才兼备、以德为先、任人唯贤，为坚持和加强党的全面领导、坚持和发展中国特色社会主义提供坚强组织保证。新时代党的组织路线的确立，是对马克思主义党建学说的开创性贡献，为新时代党的建设和组织工作指明了前进方向，提供了根本遵循。党的力量来自组织，党的全面领导、党的全部工作要靠党的坚强组织体系去实现。习近平强调，党中央是党的组织体系的大脑和中枢，党中央必须有定于一尊、一锤定音的权威；党的地方组织的根本任务是确保党中央决策部署贯彻落实，有令即行、有禁即止；党组在党的组织体系中具有特殊地位，要贯彻落实党中央和上级党组织决策部署；每个党员特别是领导干部都要强化党的意识和组织观念，自觉做到思想上认同组织、政治上依靠组织、工作上服从组织、感情上信赖组织。习近平指出，贯彻新时代党的组织路线，建设忠诚干净担当的高素质干部队伍是关键，重点是要做好干部培育、选拔、管理、使用工作。要建立源头培养、跟踪培养、全程

---

① 习近平：《决胜全面建成小康社会　夺取新时代中国特色社会主义伟大胜利——在中国共产党第十九次全国代表大会上的报告》，《人民日报》2017 年 10 月 28 日。

培养的素质培养体系，教育引导干部加强党性修养、筑牢信仰之基，加强政德修养、打牢从政之基，严守纪律规矩、夯实廉政之基，健全基本知识体系、强化能力之基，增强干部素质培养的系统性、持续性、针对性；要建立日常考核、分类考核、近距离考核的知事识人体系，强化分类考核，近距离接触干部，使选出来的干部组织放心、群众满意、干部服气；要建立以德为先、任人唯贤、人事相宜的选拔任用体系，坚持好干部标准，把政治标准放在第一位，坚持五湖四海、任人唯贤，广开进贤之路，坚持事业为上，以事择人、人岗相适；要建立管思想、管工作、管作风、管纪律的从严管理体系，加强全方位管理，加强党内监督，管好关键人、管到关键处、管住关键事、管在关键时，特别是要把"一把手"管住管好；要建立崇尚实干、带动担当、加油鼓劲的正向激励体系，树立体现讲担当、重担当的鲜明导向；要真情关爱干部，帮助解决实际困难，关注身心健康，对基层干部特别是困难艰苦地区和奋战在脱贫攻坚第一线的干部要给予更多理解和支持。习近平强调，千秋基业，人才为本，要加快实施人才强国战略，确立人才引领发展的战略地位，努力建设一支矢志爱国奉献、勇于创新创造的优秀人才队伍；实现中华民族伟大复兴，坚持和发展中国特色社会主义，关键在党，关键在人，归根到底在培养造就一代又一代可靠接班人，这是党和国家事业发展的百年大计，要建设一支忠实贯彻新时代中国特色社会主义思想、符合新时期好干部标准、忠诚干净担当、数量充足、充满活力的高素质专业化年轻干部队伍。

2019年7月9日，在中央和国家机关党的建设工作会议上，习近平强调，深化全面从严治党、进行自我革命，必须从中央和国家机关严起、从机关党建抓起；要践行新时代好干部标准，不做政治麻木、办事糊涂的昏官，不做饱食终日、无所用心的懒官，不做推诿扯皮、不思进取的庸官，不做以权谋私、蜕化变质的贪官。同年10月，党的十九届四中全会强调，要把提高治理能力作为新时代干部队伍建设的重大任务，要通过加强思想淬炼、政治历练、实践锻炼、专业训练，推动广大干部严格按照制度履行职责、行使权力、开展工作。12 月，中共中央办公厅印发《2019—2023 年全国党政领导班子建设规划纲要》。《纲要》以党的政治建设为统领，适应"两个一百年"奋斗目标历史交汇期的新形势新任务，对 2019—2023 年全国各级党政领导班子建设作出全面规划，是落实新时代党的建设总要求和新时代党的组织路线、加强新时代党政领导班子建设的指导性文件。

2021 年 11 月，党的十九届六中全会明确把"信念坚定、为民服务、勤政务实、敢于担当、清正廉洁"称作"新时代好干部标准"。

五、树立大抓基层鲜明导向，强化基层党组织战斗堡垒作用

组织建设是党的建设的重要基础。严密的组织体系，是马克思主义政党的优势所在、力量所在。习近平强调，中央和国家机关是贯彻落实党中央决策部署的"最初一公里"，不能出现"拦路虎"；地方党委是贯彻落实党中央决策部署的"中间段"，不能出现"中梗阻"；"基层党组织是贯彻落实党中央决策部署的'最后一公里'，不能出现"断头路"，必须"坚持大抓基层的鲜明导向，抓紧补齐基层党组织领导基层治理的各种短板，把各领域基层党组织建设成为实现党的领导的坚强战斗堡垒，充分发挥广大党员在改革发展稳定中的先锋模范作用"。①

党的基层组织是团结带领群众贯彻党的理论和路线方针政策、落实党的任务的战斗堡垒。党的十八大以来，习近平多次主持召开中央政治局会议、中央政治局常委会会议、中央全面深化改革领导小组会议，审议基

---

① 习近平：《贯彻落实新时代党的组织路线，不断把党建得更加坚强有力》，《求是》2020 年第 15 期。

层党建重要文件；从党政机关到农村、社区，从国有企业、高校到非公有制企业和社会组织，从科研院所到基层连队，习近平在考察调研中总要过问基层党建情况，对加强基层党建提出一系列重要论述，强调治国安邦重在基层，党的工作最坚实的力量支撑在基层，最突出的矛盾和问题也在基层，必须把抓基层、打基础作为长远之计和固本之举；强调党的基层组织制度建设改革，着力点是使每个基层党组织都成为坚强战斗堡垒，其政治功能要充分发挥；强调要牢固树立大抓基层的鲜明导向，推动基层建设全面进步、全面过硬，让党的旗帜在每一个基层阵地上都高高飘扬起来；强调必须从最基本的东西抓起，从基本组织、基本队伍、基本制度严起，在打牢基础、补齐短板上下功夫，推进党建工作理念创新、机制创新、手段创新，让支部在基层工作中唱主角；强调各级都要重视基层、关心基层、支持基层，加大投入力度，加强带头人队伍建设，确保基层党组织有资源、有能力为群众服务；强调以党组织功能是否增强、党员干部素质是否提高、党的建设各项部署是否落实、党的建设对经济社会发展的保证作用是否明显、人民是否满意为尺度，全面检验党的建设各项工作；等等。从地位作用到功能定位，从目标要求到方法措施，从工作导向到检验标准，习近平总书记关于基层党建的一系列重要论述，系统回答了基层党建怎么看、抓什么、如何抓等重大理论和实践问题，为新形势下加强基层党建指明了方向、提供了根本遵循。根据这些要求，党的十八大以来，基层党组织和党的工作覆盖面进一步扩大，服务型基层党组织建设进一步加强，党员队伍教育管理和发展工作进一步改进，基层党组织推动发展、服务群众、凝聚人心、促进和谐的作用和党员的先锋模范作用进一步发挥。

——在加强农村基层党建方面。截至 2014 年底，全国有农村基层党组织 128 万个，占全国基层党组织总数的 30%；农村党员 3500 万名，占全国党员总数的 40%。如果农村基层党建抓不好，全面从严治党的要求就难以真正落地。党的十八大以来，中央一号文件始终强调要充分发挥农村基层党组织的战斗堡垒作用和党员的先锋模范作用，不断强化党在农村基层各项建设事业中的领导核心地位。2013 年中央一号文件强调要"扩大农村党组织和党的工作覆盖面"，"加强农民合作社党建工作，完善组织设置，理顺隶属关系"，加强农村党风廉政建设，"坚决查处发生在农民身边的腐败问题"。① 2014 年中央一号文件强调要"进一步加强农民合作社、专业技术协会等的党建工作"，"提升村干部'一定三有'保障水平"，②"建立稳定的村级组织运转经费保障制度"③。2015 年中央一号文件提出要"加强以党组织为核心的农村基层组织建设"，"创新和完善农村基层党组织设置，扩大组织覆盖和工作覆盖"，"严格落实党建工作责任制，全面开展市县乡党委书记抓基层党建工作述职评议考核"。④ 2016 年中央一号文件提出"建立市县乡党委书记抓农村基层党建问题清单、任务清单、责任清单"，"选优配强乡镇领导班子尤其是党委书记"，"选好用好管好农村基层党组织带头人，从严加强农村党员队伍建设，持续整顿软弱涣散村党组织，认真抓好选派'第一书记'工作。创新完善基层党组织设置，确保党的组织和党的工作全面覆盖、有效覆盖。健全以财政投入为主的经费保障制度，落实村级组织运转经费和村干部报酬待遇"，"依法开展村民自治实践，探索村党组织领导的村民自治有效实现形式"。⑤ 2017 年中央一号文

---

① 《中共中央国务院关于加快发展现代农业进一步增强农村发展活力的若干意见》，《人民日报》2013 年 2 月 1 日。

② "一定三有"，即："定权责立规范、工作有合理待遇、干好有发展前途、退岗有一定保障"，是加强村党组织书记队伍建设的一项政策措施，具体可参见 2009 年 4 月中共中央组织部印发的《关于加强村党支部书记队伍建设的意见》。

③ 《中共中央国务院关于全面深化农村改革加快推进农业现代化的若干意见》，《人民日报》2014 年 1 月 20 日。

④ 《中共中央国务院关于加大改革创新力度加快农业现代化建设的若干意见》，《人民日报》2015 年 2 月 2 日。

⑤ 《中共中央国务院关于落实发展新理念加快农业现代化实现全面小康目标的若干意见》，《人民日报》2016 年 1 月 28 日。

件强调要"切实加强农村基层党组织建设，全面规范农村基层党组织生活，持续整顿软弱涣散村党组织，选好管好用好农村基层党组织带头人，实行村党组织书记县级备案管理，强化村级组织运转经费保障，发展壮大村级集体经济。扎实推进抓党建促脱贫攻坚工作，充分发挥村党组织第一书记的重要作用"①。2018 年中央一号文件强调要"强化农村基层党组织领导核心地位，创新组织设置和活动方式，持续整顿软弱涣散村党组织"，要"建立选派第一书记工作长效机制，全面向贫困村、软弱涣散村和集体经济薄弱村党组织派出第一书记"，"加大基层小微权力腐败惩处力度"，"把农村基层党组织建成坚强战斗堡垒"。②

2015 年 6 月，在浙江杭州召开的全国农村基层党建工作座谈会要求围绕发挥党组织战斗堡垒作用和党员先锋模范作用，强化问题导向、抓好责任落实、加大保障力度，全面提升农村基层党建水平。中央组织部向全国推广"浙江经验 20 条"，创新完善基层党组织设置，选好管好用好农村基层党组织带头人，加大抓乡促村力度，强化乡镇抓村的直接责任，全国 55 万个行政村建立健全村务监督委员会。2016 年中央组织部、财政部发布《关于加强村级组织运转经费保障工作的通知》，逐省区市推动落实村级组织建设基础保障政策，全国有 23 个省区市明确按照当地农民人均可支配收入两倍标准落实村党组织书记基本报酬，全国村党组织书记年平均报酬达到 2.1 万元；24 个省区市村级组织年平均办公经费超过 3 万元，70% 的村落实了服务群众专项经费，54% 的村活动场所面积超过 200 平方米。各地还结合乡镇和村"两委"换届，选优配强党组织书记，2016 年新当选的村党组织书记中，致富带头人占 54%，高中以上学历的占 71%，整体素质明显提升。开展基层党组织书记集中轮训，重点培训村、社区党

---

① 《中共中央国务院关于深入推进农业供给侧结构性改革加快培育农业农村发展新动能的若干意见》，《人民日报》2017 年 2 月 6 日。

② 《中共中央国务院关于实施乡村振兴战略的意见》，《人民日报》2018 年 2 月 5 日。

组织书记 60 余万人次。截至 2016 年底,全国在岗大学生村官人数 10.25 万人,其中党员 70902 人,占 69.1%;共青团员 25423 人,占 24.8%,本科生、硕士研究生和博士研究生比例均有增加。在岗大学生村官中,有 5.3 万人进入村"两委"班子,担任村党组织书记的 3841 人,担任村党组织副书记的 28786 人;9020 人进入乡镇领导班子。①

为了强化党员和党组织在农村自治、经济、社团等各类组织中的领导力,各地针对一些新的经济社会服务组织中党组织"空白点"、一些村改社区党组织运行不畅、一些跨村跨乡跨县的经济联合体党组织隶属关系不明等问题,在全面覆盖、有效覆盖上下功夫,加大在农民合作社、农业企业、农业社会化服务组织等建立党组织的力度,加大在农民工聚居地建立党组织的力度,合理调整党组织设置,理顺隶属关系,全面推广"党建 + 电商""党建 + 乡村旅游""党建 + 创业"等一系列行之有效的党建工作方式,使党建工作全面深入到基层角角落落,成为推动基层党组织发展的引擎。截至 2016 年底,全国村民委员会中党员人数约占成员人数的 57.78%;村党组织书记和村民委员会主任"一肩挑"约占村民委员会主任人数的 34.23%。通过抓党建促进脱贫攻坚力度空前。全国调整了 3500 多个贫困乡镇党委书记,选拔 1.4 万名"老乡镇"、专业技术干部进入贫困乡镇领导班子,调整配强 5000 多名贫困村党组织书记,发展壮大薄弱村空壳村集体经济。全国选派 19.5 万名机关优秀干部担任第一书记,在建强基层组织、推动精准扶贫、为民办事服务、提升治理水平中发挥了重要作用。在黑龙江省,组建起来的"驻村第一书记联合会"有效整合各类资源,在脱贫攻坚中发挥了核心作用。至 2017 年 10 月,联合会有成员 185 人,来自省、市、县机关单位,分布在全省各贫困县,引进落实扶贫项目 680 个,帮助销售贫困村农产品 1100 多万元,解决群众实际困难

---

① 参见《全国在岗大学生村官超 10 万》,《人民日报》2017 年 8 月 6 日。

1 万多个。[①] 甘肃省陇西县积极发挥党员在精准扶贫、产业发展中的示范带动作用，探索推行"支部＋党员致富能手＋贫困户""支部＋合作社＋贫困户"等多元扶贫模式，先后在中药材、马铃薯等产业链上建立党组织143 个。截至 2017 年 7 月，该县划分"党员责任区"160 多个、设立"党员示范岗"380 多个，组织 850 名党员与 1960 户贫困户结成产业扶持发展对子，组织 456 名党员致富能人组建产业发展团队 126 个，带动 2100多户贫困户发展特色产业。[②]

——在城市基层党建方面。总结推广上海等地经验，强化街道社区党组织领导核心地位，推进街道社区党建、单位党建、行业党建和各领域党建互联互动，扩大商务楼宇、各类园区、商圈市场、网络媒体等新兴领域党建覆盖，健全市、区、街道、社区党组织四级联动体系，1260 万名在职党员到社区报到为群众服务，基层党建引领基层治理不断深化。2017年 7 月 18 日至 19 日，在上海召开全国城市基层党建工作经验交流座谈会，强调要坚持以人民为中心的发展思想，推进城市基层党建创新发展，为完善城市治理体系、增强城市治理能力、提高人民群众生活质量服务。提出城市基层党建工作要与时俱进、改革创新，更加注重全面统筹，更加注重系统推进，更加注重开放融合，更加注重整体效应；要引导街道社区党组织聚焦教育管理监督党员和组织宣传凝聚服务群众的职责任务，充分发挥领导核心作用；要把加强基层党的建设、巩固党的执政基础作为贯穿社会治理和基层建设的一条红线，积极探索党建引领基层治理的有效路径。这次会议对推进全国城市基层党建工作进行了部署，明确了今后城市党建工作的方向。

——在国有企业党建方面。党的十八大以来，习近平多次就做强做优

①　参见《旗帜遍乡野　堡垒村村强——党的十八大以来农村基层党建综述》，《农民日报》2017 年 10 月 17 日。

②　参见《夯实基层党建助力脱贫攻坚》，《光明日报》2017 年 9 月 28 日。

做大国有企业、坚持党对国有企业的领导、加强国有企业党的建设，作出一系列重要指示。2015年7月，中共中央办公厅印发《关于在深化国有企业改革中坚持党的领导加强党的建设的若干意见》，对在深化国有企业改革中坚持党的领导、加强党的建设提出要求、作出部署，强调要坚持党的建设与国有企业改革同步谋划，充分发挥党组领导核心作用、党委政治核心作用、基层党组织战斗堡垒作用和党员先锋模范作用；坚持党管干部原则，从严选拔国有企业领导人员，建立适应现代企业制度要求和市场竞争需要的选人用人机制；严格落实国有企业党建工作责任制，切实履行党风廉政建设主体责任和监督责任；把加强党的领导和完善公司治理统一起来，明确国有企业党组织在公司法人治理结构中的法定地位；坚持从严教育管理国有企业领导人员，强化对国有企业领导人员特别是主要领导履职行权的监督；适应国有资本授权经营体制改革需要，加强对国有资本投资、运营公司的领导；把建立党的组织、开展党的工作，作为国有企业推进混合所有制改革的必要前提。2015年12月1日，中央组织部会同国务院国资委党委召开中央企业党的建设工作座谈会。2016年10月，全国国有企业党的建设工作会议在北京举行，习近平在会上发表重要讲话强调，坚持党的领导、加强党的建设，是国有企业的"根"和"魂"，是我国国有企业的独特优势。新形势下国有企业坚持党的领导、加强党的建设的总要求是：坚持党要管党、从严治党，紧紧围绕全面解决党的领导、党的建设弱化、淡化、虚化、边缘化问题，坚持党对国有企业的领导不动摇，发挥企业党组织的领导核心和政治核心作用，保证党和国家方针政策、重大部署在国有企业贯彻执行；坚持服务生产经营不偏离，把提高企业效益、增强企业竞争实力、实现国有资产保值增值作为国有企业党组织工作的出发点和落脚点，以企业改革发展成果检验党组织的工作和战斗力；坚持党组织对国有企业选人用人的领导和把关作用不能变，着力培养一支宏大的高素质企业领导人员队伍；坚持建强国有企业基层党组织不放松，确保企业发展到哪里、党的建设就跟进到哪里、党支部的战斗堡垒作用就体现在哪里，为做强做优做大国有企业提供坚强组织保证。习近平强调，坚持党对国有企业的领导是重大政治原则，必须一以贯之；建立现代企业制度是国有企业改革的方向，也必须一以贯之。中国特色现代国有企业制度，"特"就特在把党的领导融入公司治理各环节，把企业党组织内嵌到公司治理结构之中，明确和落实党组织在公司法人治理结构中的法定地位，做到组织落实、干部到位、职责明确、监督严格。党对国有企业的领导是政治领导、思想领导、组织领导的有机统一。国有企业党组织发挥领导核心和政治核心作用，归结到一点，就是把方向、管大局、保落实。要明确党组织在决策、执行、监督各环节的权责和工作方式，使党组织发挥作用组织化、制度化、具体化。要处理好党组织和其他治理主体的关系，明确权责边界，做到无缝衔接，形成各司其职、各负其责、协调运转、有效制衡的公司治理机制。这个重要讲话深刻回答了我国国有企业党的建设面临的一系列重大问题，为做好新形势下国企党建工作提供了根本遵循，也为国有企业深化改革指明了方向。

根据党中央的决策部署，党的十八大以来，国有企业党的建设不断深入。为进一步健全和落实党建工作责任制，中央企业党组（党委）探索实行党建工作年度报告制度，2015年106家中央企业都作了专题报告，近30家中央企业把党建工作要求和机构、人员、经费等写入公司章程，推动落实党组织法定地位。党的领导不断强化，到2016年10月中央企业已选配党组（党委）专职副书记29人；积极探索加强和改进国企党建工作的方法途径，注重规范企业基层党组织设置，按期进行换届，配齐党组织班子成员，16家中央企业开展党组织书记抓基层党建述职评议考核工作。中央企业党建工作的扎实推进，对整个国有企业党建工作起到了示范带动作用。党的十八大以来，浙江、重庆等12个省区市党委常委会专题研究国企党建工作，北京、山东、福建等14个省区市出台指导性文件，河南、四川、贵州、新疆等省区专门召开工作国企党建工作推进会。企业党组（党委）也把党建工作摆上突出位置，中国商飞、国投公司等制定落实全面从严治党实施意见；中国华能、宝钢等编制党建工作规划；中船重工等多年来第一次召开全系统党建工作会议；天津、山西等地和工商银行、中航工业等企业集中整治基层党组织软弱涣散、不按期换届、不按规定交纳党费等问题；中国国电、东风公司等企业建立党建工作考核评价体系；中信集团、中国移动等许多企业党委书记定期主持研究党建工作。随着严抓严管力度不断加大，党的领导、党的建设在国有企业改革中得到充分体现和切实加强。不断加强国有企业党的建设既是深化国有企业改革重要内容和保证，也直接关系着国有企业改革总目标的实现。截至 2015 年底，国有企业在岗职工 4162 万名，其中党员 1014.3 万名，建立党组织 79.5 万个。各地在深化国有企业改革中同步建立健全党的组织，2015 年全国新增国有企业党组织 2.1 万个。国有企业党组织围绕推动供给侧结构性改革、维护经济安全和金融稳定，主动担当、积极作为。适应国有企业深化改革，党的建设工作及时跟进。在深化改革中，国有企业认真落实中央"四同步""四对接"等要求①，力求党的建设同步推进、同步加强。中国银行在设立新的一级分行时，均同步设置党委办公室、党委组织部；上海上港集团 80% 以上的二级公司配备了专职书记。② 在健全完善与公司法人治理结构相适应的党建工作体制机制方面，把党建工作总体要求纳入国有企业章程，明确党组织的职责权限，保证党组织在公司治理结构中的工作空间

---

① "四同步""四对接"，即党的建设和国有企业改革同步谋划、党的组织及工作机构同步设置、党组织负责人及党务工作人员同步配备、党的工作同步开展，实现体制对接、机制对接、制度对接和工作对接。这一要求在 2015 年中共中央办公厅印发的《关于在深化国有企业改革中坚持党的领导加强党的建设的若干意见》中首次提出。2016 年 10 月，习近平总书记在全国国有企业党的建设工作会议上再次强调。

② 参见《将全面从严治党要求落到实处——党的十八大以来国有企业党建工作取得明显成效》，《人民日报》2016 年 10 月 10 日。

和话语权，坚持把党组织的工作制度同公司法人治理结构的工作规则相结合，健全党组织发挥政治核心作用的领导体制和工作机制，解决党组织参与重大问题决策、落实党管干部原则两个关键问题；企业重大决策必须先由党委（党组）研究提出意见建议，涉及国家宏观调控、国家战略、国家安全等重大经营管理事项，必须经党委（党组）研究讨论后，再由董事会、经理班子作出决定；坚持和完善"双向进入、交叉任职"的领导体制，坚持把党管干部原则与董事会依法产生、董事会依法选择经营管理者以及经营管理者依法行使用人权相结合，不断创新有效实现形式，保证和落实国有企业党组织在企业选人用人中的主导作用。在以习近平同志为核心的党中央坚强领导下，党的十八大以来，国有企业党的领导和党的建设不断加强，国有企业的制度优势和竞争力不断提升，国有企业党的领导、党的建设弱化淡化虚化边缘化问题得到有效解决。

——高等院校、党政机关、科研院所、社会组织、中小学校、民办学校以及非公有制企业等基层党建工作也适应新的形势要求，在不断探索和创新中全面加强、整体提升。为了切实加强党对社会组织的领导，促进社会组织党的建设工作，2015年9月，中共中央办公厅印发《关于加强社会组织党的建设工作的意见（试行）》，明确了加强社会组织党建工作的总体要求、社会组织党组织的功能定位、六大职责；要求健全社会组织党建工作管理体制和工作机制、推进社会组织党的组织和党的工作有效覆盖、拓展社会组织党组织和党员发挥作用的途径、加强社会组织党务工作者队伍建设等。到2017年9月，社会组织党组织应建已建率达到99.23%。比如，针对民办学校中党组织覆盖率比较低、隶属关系不顺畅、党组织书记队伍不强、党员教育管理松散、党组织保证监督作用发挥不到位、思想政治工作薄弱等问题，经党中央同意，2016年12月29日中共中央办公厅印发《关于加强民办学校党的建设工作的意见（试行）》，就加大民办学校党组织组建力度、选好管好民办学校党组织书记、建立健全党组织参与决策和监督机制、做好发展党员和党员教育管理工作、抓好思想政治教育和德育工作等作出部署。陕西省认真贯彻落实中央《关于加强民办学校党的建设工作的意见（试行）》，集中推进民办中小学"两个覆盖"，组织覆盖率从不足 50% 提升到 69.7%。①

为了进一步落实党建工作责任制，推动党委书记切实履行抓基层党建工作第一责任人的职责，2014 年 6 月，中央组织部、中央党的群众路线教育实践活动领导小组印发《关于在第二批党的群众路线教育实践活动中进一步加强基层党组织建设的通知》，提出要建立健全市、县、乡党委书记基层党建工作述职评议考核制度，在群众路线教育实践活动基本结束时，普遍开展一次述职评议考核。2014 年 9 月 22 日，中共中央组织部、中央党的群众路线教育实践活动领导小组印发《关于开展市县乡党委书记抓基层党建工作述职述评考核的通知》，就开展市（地、州、盟）、县（市、区、旗）和乡镇、街道党（工）委书记（简称"市、县、乡党委书记"）基层党建工作述职评议考核进行部署，明确述职评议考核的重点内容是：履行第一责任人职责，研究部署基层党建重要工作、重大活动，协调解决重点、难点问题，特别是对查摆剖析的党建工作突出问题整改落实情况；整顿软弱涣散基层党组织，加强对村、社区"两委"换届的领导和指导，选好、用好、管好基层党组织带头人，落实"四议两公开"等民主管理制度②，加强村务监督委员会建设，严肃查处基层干部不正之风和违法违纪行为情况；加强基层服务型党组织建设，推行驻村联户、结对帮扶，开展在职党员到社区报到为群众服务，发挥基层党组织战斗堡垒作用情况；严格党员教育管理，落实党员组织生活制

---

① 参见《党的建设制度改革"立柱架梁"》，《人民日报》2017 年 9 月 25 日。

② "四议两公开"是在村党组织领导下对村级事务进行民主决策的一套基本工作程序。"四议"是指村党支部会提议、村"两委"会商议、党员大会审议、村民代表会议或村民会议决议；"两公开"是指决议公开、实施结果公开。

度，发挥党员先锋模范作用情况；加大基层党建工作投入力度，强化基层基础保障，落实基层干部报酬待遇、基层党组织工作经费、活动场所和服务群众专项经费情况；进一步加强基层党组织建设的思路、重点和措施等。强调要严格考核并强化结果运用，对思想上不重视、工作上不研究、投入精力少、不真抓实干、不解决实际问题，甚至喊空口号、摆花架子，造"盆景"作秀，评议考核中基层党员群众反映差的书记要限期整改，情况严重的要严肃问责。这项述职评议考核自 2014 年开展以来持续进行，到 2017 年 9 月，全国先后有 70.8 万名党组织书记参加、375.1 万名党员群众代表参与述职评议考核相关活动。① 通过严格的述职评议考核，有力促进了各级党组织书记管党治党意识的增强和管党治党责任制的落实。

党员是党的活动的主体，党的先进性和纯洁性要靠千千万万党员的先进性和纯洁性来体现，党的执政使命要靠千千万万党员卓有成效的工作来完成。党员队伍建设是党的建设基础工程，党的十八大以来，习近平鲜明提出"四个合格"（政治合格、执行纪律合格、品德合格、发挥作用合格）的党员标准，特别是鲜明提出"马克思主义政党的力量和作用，既取决于党员数量，更取决于党员质量"的科学论断，成为新形势下加强党员队伍建设的根本指引。

针对党员队伍数量越来越壮大，有的党组织对发展党员把关不严、党员队伍结构不尽合理、党员管理方式手段单一、少数党员理想信念动摇、组织纪律不强，有的党员质量不高等问题，2013 年 1 月 28 日中央政治局会议专题研究部署加强新形势下党员发展和管理工作，明确提出要按照"控制总量、优化结构、提高质量、发挥作用"总要求，"不断提高党员发展和管理工作科学化水平，着力把各方面先进分子和优秀人才更多吸收到

---

① 《党的建设制度改革"立柱架梁"》，《人民日报》2017 年 9 月 25 日。

我们党内，努力建设一支规模适度、结构合理、素质优良、纪律严明、作用突出的党员队伍，夯实党执政的组织基础，为全面建成小康社会、夺取中国特色社会主义新胜利提供坚强组织保证"①。同年 2 月 24 日，中共中央办公厅印发《关于加强新形势下发展党员和党员管理工作的意见》，对加强发展党员和党员管理工作作出具体部署，强调要"严格坚持标准，提高发展党员质量"；要"重视从青年工人、农民、知识分子中发展党员，优化党员队伍结构"；要"加强发展党员工作宏观指导，保持党员队伍适度规模"，实行总量调控，"未来 10 年，全国党员数量年均净增 1.5%左右"；要"强化党员管理，增强党员队伍生机活力"，"及时处置不合格党员"。2014 年 6 月，中共中央办公厅印发新修订的《中国共产党发展党员工作细则》，主要修订内容是：依据党章对发展党员工作有关内容进行了补充和完善，将党中央提出的"控制总量、优化结构、提高质量、发挥作用"总要求写入总则，对入党积极分子和发展对象的培养教育考察提出了新要求，细化了在流动人员中发展党员的要求，进一步严格了预备党员审批权限，对追认党员的标准和程序作出规定，强化了党组织的领导责任和把关作用。修订后的《细则》的主要特点是：坚持以党章为依据，充分体现党章对发展党员工作的新要求；强化政治标准，体现从严要求，对入党积极分子、发展对象、预备党员严格标准、严格考察、严格培养、严格管理、严格程序；突出问题导向，针对在流动人员中发展党员等新情况新问题作出明确规定；强化党组织责任，严肃工作纪律，切实发挥党组织把关作用等。② 根据以上要求，各级党组织严把党员队伍入口关，2013 年至 2016 年，全国党员数量年均增长保持适当速度，党员队伍保持适度规

---

① 《中共中央政治局召开会议　研究部署加强新形势下党员发展和管理工作》，《人民日报》2013 年 1 月 29 日。

② 参见《不断提高新发展党员的质量——中组部负责人就印发〈中国共产党发展党员工作细则〉答记者问》，《人民日报》2014 年 6 月 12 日。

模，党员总数净增幅从 2012 年的 3.1% 下降到 2014 年的 1.28%；[①] 严格培养教育，严格政治审查，严格发展党员工作程序、责任和纪律，2016年入党申请人、入党积极分子、新党员比例为 11：5：1，优于 2012 年的 7：3：1，发展党员择优率不断提升；着眼增强党的阶级基础、扩大党的社会基础，通过计划统筹、分类指导、政策倾斜等办法，不断优化党员队伍结构，与 2012 年底相比，2016 年底全国大专及以上学历、女性、少数民族、生产工作一线党员占比分别提高 5.9、1.9、0.2、5.7 个百分点。

党员只有在严格的党内生活中反复锻炼，才能坚强党性、百炼成钢。党的十八大以来，各级党组织以严格的组织生活制度为抓手，通过各种形式实现对全部党员的有效有序管理。根据中央组织部《关于开展党员组织关系集中排查的通知》精神，从 2016 年 1 月开始，各地制定实施方案，在全国范围开展党员组织关系集中排查，解决"口袋党员"问题[②]，理顺党员组织关系，对与党组织失去联系党员进行规范管理和组织处置，90% 的失联党员重新回归了组织的怀抱。根据《关于新形势下党内政治生活的若干准则》等的规定，各级党组织积极用好党的组织生活这一经常性手段，严格落实"三会一课"、民主生活会和组织生活会、谈心谈话、民主评议党员等基本制度，积极推行主题党日、领导干部讲党课等活动，使组织生活在基层正常起来、认真起来、活跃起来。根据全面从严治党要求，抓住农村流动党员和大中专毕业生中的流动党员这两个重点，推动落实流出地党组织跟踪管理、流入地党组织主体管理、有关部门党组织协同管理、街道社区党组织托底管理责任，使他们"安家"、安心、安业。根据中央组织部等

---

① 参见《"十二五"以来特别是党的十八大以来全面从严治党提到前所未有高度》，《人民日报》2015 年 10 月 14 日。

② "口袋党员"，也叫"隐形党员"，是指某地的流出党员未按规定到流入地报到，将党员身份隐藏起来，将组织关系介绍信装进口袋，自行留存，使流出地、流入地党组织无法掌握其自然情况的党员。

2014 年 8 月印发的《关于做好处置不合格党员工作的通知》，结合党的群众路线教育实践活动，至 2015 年 10 月，全国稳妥处置了一批不合格党员，各地共认定不合格党员 7.9 万多名，其中作出组织处置的有 6.2 万多名。[①]

2018 年 7 月，在全国组织工作会议上，习近平强调，加强党的基层组织建设，关键是从严抓好落实。要以提升组织力为重点，突出政治功能，健全基层组织，优化组织设置，理顺隶属关系，创新活动方式，扩大基层党的组织覆盖和工作覆盖。要加强企业、农村、机关、事业单位、社区等各领域党建工作，推动基层党组织全面进步、全面过硬。要加强社会组织党的建设，探索加强新兴业态和互联网党建工作。要加强支部标准化、规范化建设。基层党组织要在贯彻落实中发挥领导作用，强化政治引领，发挥党的群众工作优势和党员先锋模范作用，引领基层各类组织自觉贯彻党的主张，确保基层治理正确方向。

六、"输不起也决不能输"：反腐败斗争取得压倒性胜利并全面巩固

"腐败是党长期执政的最大威胁，反腐败是一场输不起也决不能输的重大政治斗争"[②]。党的十八大以来，以习近平同志为核心的党中央从关系党和国家生死存亡的战略高度，以强烈的历史责任感、深沉的使命忧患感、顽强的意志品质，以刮骨疗毒、重典治乱的决心勇气，坚定不移"打虎""拍蝇""猎狐"，坚决整治群众身边腐败问题，深入开展国际追逃追赃，清除一切腐败分子，强化监督执纪问责，夯实反腐倡廉制度体系，着

[①] 《"十二五"以来特别是党的十八大以来全面从严治党提到前所未有高度》，《人民日报》2015 年 10 月 14 日。

[②] 《中共中央关于党的百年奋斗重大成就和历史经验的决议》，《人民日报》2021 年 11 月 17 日。

力构建不敢腐、不能腐、不想腐的机制体制，推动反腐败斗争取得压倒性胜利，党心民心为之大振，党风政风为之一新。

在领导和深入推进党的建设新的伟大工程的过程中，习近平就开展反腐败斗争的重大意义、反腐败斗争面临的严峻形势、以零容忍态度惩治腐败、加强党内监督充分利用好巡视这把反腐"利剑"作用等重大问题作出深刻阐述，为深入扎实持久开展反腐败斗争提供了有力理论和政策指导。

2013年1月22日，在十八届中央纪委二次全会上，习近平指出："腐败是社会毒瘤。如果任凭腐败问题愈演愈烈，最终必然亡党亡国"，"中国历史上因为统治集团严重腐败导致人亡政息的例子比比皆是，当今世界上由于执政党腐化堕落、严重脱离群众导致失去政权的例子也不胜枚举啊！"2014年1月14日，习近平在十八届中央纪委三次全会上发表重要讲话强调，全党"要深刻认识反腐败斗争的长期性、复杂性、艰巨性，以猛药去疴、重典治乱的决心，以刮骨疗毒、壮士断腕的勇气，坚决把党风廉政建设和反腐败斗争进行到底"。"反腐败高压态势必须继续保持，坚持以零容忍态度惩治腐败。对腐败分子，发现一个就要坚决查处一个。"[①]2014年10月23日，在党的十八届四中全会第二次全体会议上，习近平指出："党的十八大以后，我们面临的反腐败斗争形势复杂严峻，一些领域腐败现象易发多发，一些腐败分子一意孤行，仍然没有收手，甚至变本加厉。从已经查处的案件和掌握的问题线索来看，一些腐败分子胃口之大、数额之巨、时间之长、情节之恶劣，令人触目惊心！有的地方甚至出现了'塌方式腐败'！""不反腐败确实要亡党，真反腐败不仅不会亡党，而且能增强党自我净化、自我完善、自我革新、自我提高能力，保持

---

① 《习近平在十八届中央纪委三次全会上发表重要讲话强调　强化反腐败体制机制创新和制度保障　深入推进党风廉政建设和反腐败斗争》，《人民日报》2014年1月15日。

党同人民群众的血肉联系，使我们党更加坚强、更有力量。"①2015年1月13日，在十八届中央纪委五次全会上，习近平指出，"对现阶段党风廉政建设和反腐败斗争形势，党中央的总体判断是依然严峻复杂"，要"坚持无禁区、全覆盖、零容忍，严肃查处腐败分子，坚决遏制腐败现象蔓延势头，着力营造不敢腐、不能腐、不想腐的政治氛围"；"人民把权力交给我们，我们就必须以身许党许国、报党报国，该做的事就要做，该得罪的人就得得罪。不得罪腐败分子，就必然会辜负党、得罪人民。是怕得罪成百上千的腐败分子，还是怕得罪十三亿人民？不得罪成百上千的腐败分子，就要得罪十三亿人民。这是一笔再明白不过的政治账、人心向背的账！""开弓没有回头箭，党风廉政建设和反腐败斗争是一场输不起的斗争，必须决战决胜"，"必须坚持零容忍的态度不变、猛药去疴的决心不减、刮骨疗毒的勇气不泄、严厉惩处的尺度不松，发现一起查处一起，发现多少查处多少，不定指标、上不封顶，让那些想搞腐败的人断了念头、搞了腐败的人付出代价"，"无论皇亲国戚还是高官小吏，谁敢以身试法，都毫不留情"。② 同年底，在中央政治局"三严三实"专题民主生活会上，习近平语重心长强调："干部子弟也要遵纪守法，不要以为是干部子弟就谁都奈何不了了，触犯了党纪国法都要处理，而且要从严处理，做给老百姓看。"③2016年1月12日，在十八届中央纪委六次全会上，习近平指出："民心是最大的政治，正义是最强的力量"，"党中央坚定不移反对腐败的决心没有变，坚决遏制腐败现象蔓延势头的目标没有变"。"只要我们管党治党不放松、正风肃纪不停步、反腐惩恶不手软，就一定能赢得这

---

① 中共中央文献研究室编：《习近平关于全面从严治党论述摘编》，中央文献出版社2016年版，第182、183页。

② 中共中央文献研究室编：《习近平关于全面从严治党论述摘编》，中央文献出版社2016年版，第185—187页。

③ 中共中央文献研究室编：《习近平关于全面从严治党论述摘编》，中央文献出版社2016年版，第182、190页。

场输不起也决不能输的斗争！"①

权力导致腐败，绝对权力导致绝对腐败。要保证人民赋予的权力始终用来为人民谋利益，必须"健全权力运行制约和监督体系，有权必有责，用权受监督，失职要问责，违法要追究"②。巡视是加强党内监督的重要形式。我们党在成立初期就探索建立党的巡视制度。1928 年，党中央制定巡视条例，以中共中央通告形式下发。在革命战争年代，巡视制度为保证党的集中统一，领导人民夺取革命胜利提供了重要保障。改革开放新时期，我们党把历史上的巡视制度再次提出来。1990 年，党的十三届六中全会提出，中央和省区市党委可以根据需要派出巡视工作小组。落实这一部署，经党中央批准，1996 年中央纪委第一次派出巡视组。2001 年，中央纪委、中央组织部联合派出巡视组开展巡视。党的十六大报告提出建立和完善巡视制度。党的十七大把巡视制度写入党章。2009 年 7 月，党中央颁布《中国共产党巡视工作条例（试行）》，成立中央巡视工作领导小组，将中央纪委、中央组织部巡视组提升更名为中央巡视组，体现了巡视组的权威。党的十八大报告更是明确提出，要"更好发挥巡视制度监督作用"。党的十八大以来，以习近平同志为核心的党中央着眼于严峻复杂的反腐败斗争形势，从坚持党的领导、加强党的建设和全面从严治党大局出发，把巡视工作摆在更加突出的位置。

中央政治局常委会会议审议通过《中央巡视工作规划（2013—2017年)》。每轮中央巡视之后，中央政治局常委会都要听取中央巡视工作领导小组的情况汇报。习近平每次听取汇报都详细审阅巡视报告，对巡视中发现的问题有针对性地评判，对重要的整改、处置工作作出指示，对巡视

---

① 习近平：《在第十八届中央纪律检查委员会第六次全体会议上的讲话》，人民出版社 2016 年版，第 6—7 页。

② 中共中央文献研究室编：《十八大以来重要文献选编》（上），中央文献出版社 2014 年版，第 92 页。

的目标任务、方式方法、成果运用、队伍建设和制度建设提出明确要求。2013 年 4 月 25 日，在主持审议《关于中央巡视工作领导小组第一次会议研究部署巡视工作情况的报告》的中央政治局常委会上，习近平指出，"巡视是党章赋予的重要职责，是加强党的建设的重要举措"，"无论是谁，都在巡视监督的范围之内"；巡视工作就是要发现和反映问题，"要着力发现是否存在形式主义、官僚主义、享乐主义和奢靡之风等违反中央八项规定的问题，着力发现领导干部是否存在权钱交易、以权谋私、贪污贿赂、腐化堕落等违纪违法问题，着力发现领导干部是否公开发表违背中央决定的言论、散布违背党的理论和路线方针政策的意见、搞'上有政策、下有对策'等违反政治纪律的问题，着力发现是否存在买官卖官、拉票贿选、突击提拔干部等选人用人上的不正之风和腐败行为"；中央巡视组"要当好中央的'千里眼'，找出'老虎'、'苍蝇'，抓住违纪违法问题线索"。同年 9 月 26 日，在主持中央政治局常委会审议《关于 2013 年上半年中央巡视组巡视情况的综合报告》时，习近平明确指出："巡视发现的问题线索，凡是违纪违法的都要严肃查处。不要怕问题多，问题多的单位可以把握节奏。要一网打尽，有多少就处理多少。中央给了巡视组尚方宝剑，是'钦差大臣'，是'八府巡按'，就要尽职履责，不能大事拖小，小事拖了，对腐败问题要零容忍。"2014 年 1 月 23 日，在中央政治局常委会听取 2013 年下半年中央巡视组巡视情况汇报时，习近平提出，要结合"党风廉政建设的新要求，加强对主体责任、监督责任落实情况和组织纪律执行情况的检查监督，促进各级党委（党组）的责任担当。第一次巡视提出的问题，到现在还没有整改，要找省委书记说事，加强对省委书记的问责"；要"增强巡视的机动性和灵活性，落实全覆盖要求，形成更大震慑力"；"要以问题为导向，派出'侦察兵'，哪里反映声音大、问题多，就派到哪里去侦察，就像公安系统的 110、路面巡警制度"。同年 6 月 26 日，在中央政治局常委会听取中央巡视工作领导小组 2014 年中央巡视组首轮巡视情况汇报时，习近平指出："巡视作为党内监督的战略性制度安排，不是权宜之计"；"对巡视发现的问题，要抓住重点。对群众反映强烈的党员领导干部，党的十八大以后不收手，为所欲为、自鸣得意的，还有现在重要岗位、可能进一步提拔重用的年轻干部等干部问题线索，要重点查处"。10月16日，在中央政治局常委会听取2014年中央巡视组第二轮巡视情况汇报时，习近平强调："巡视过的31个省区市，不是一巡视了就完事，要出其不意，杀个'回马枪'，让心存侥幸的感到震慑常在。"此后，在2015年2月审议《关于巡视31个省区市和新疆生产建设兵团情况的专题报告》、2015年11月听取关于巡视55家国有重要骨干企业有关情况的专题报告、2017年2月审议《关于巡视中央和国家机关全覆盖情况的专题报告》、2017年4月审议《关于巡视中央政法单位情况的专题报告》、2017年审议《关于巡视中央意识形态单位情况的专题报告》等中央政治局会议上，以及在中央全会、中央纪委全会等重要会议上，习近平也多次就巡视工作发表重要讲话，亲自指导推动巡视工作定位越来越清晰，方向越来越明确，内容越来越聚焦，以有力事实充分证明：巡视作为党内监督的"利剑"，不是权宜之计，而是着眼长远的战略性制度安排。

为适应党的十八大后全面从严治党的新形势新要求，进一步推动巡视工作制度化、规范化、科学化，经党中央批准，2013年10月启动对《中国共产党巡视工作条例（试行）》的修改工作。经近2年调研、论证、反复修改和不断完善，中共中央于2015年8月颁布实施新修订的《中国共产党巡视工作条例》。新条例明确规定"开展巡视工作的党组织承担巡视工作的主体责任"；明确要求"中央巡视工作领导小组应当加强对省、自治区、直辖市巡视工作的领导"；明确规定"巡视工作领导小组组长由同级党的纪律检查委员会书记担任"、"省、自治区、直辖市党委巡视工作领导小组办公室为党委工作部门"，强调"巡视组组长根据每次巡视任务确定并授权"；明确提出将"对所管理的地方、部门、企事业单位党组织进行巡视监督，实现巡视全覆盖、全国一盘棋"作为中央和省区市党委以及巡视机构总的目标和任务，在中央巡视组对省区市四套班子开展巡视的基础上，将"省、自治区、直辖市高级人民法院、人民检察院党组主要负责人，副省级城市党委和人大常委会、政府、政协委员会党组主要负责人"以及"中央部委领导班子及其成员，中央国家机关、人民团体党组（党委）领导班子及其成员；中央管理的国有重要骨干企业、金融企业、事业单位党委（党组）领导班子及其成员"纳入中央巡视范围，对省一级巡视对象和范围也作了相应规范。新条例还对巡视监督的内容、开展巡视工作的方式和权限、巡视成果的运用等作出新的规定。2017 年 7 月，为贯彻落实党的十八届六中全会精神，深化政治巡视，进一步发挥巡视监督全面从严治党"利剑"作用，党中央对《中国共产党巡视工作条例》再次作了修改，主要包括五个方面内容：一是要求"牢固树立政治意识、大局意识、核心意识、看齐意识，坚定不移维护以习近平同志为核心的党中央权威和集中统一领导"，进一步明确政治巡视定位；二是提出党的中央和省、自治区、直辖市委员会"在一届任期内对所管理的地方、部门、企事业单位党组织全面巡视"，巡视全覆盖的要求更加明确；三是根据党内监督条例规定，进一步明确巡视监督的具体内容；四是增加"中央有关部委、中央国家机关部门党组（党委）可以实行巡视制度，设立巡视机构，对所管理的党组织进行巡视监督"条款；五是根据全面从严治党向基层延伸的要求，明确"党的市（地、州、盟）和县（市、区、旗）委员会建立巡察制度，设立巡察机构，对所管理的党组织进行巡察监督"等。①

　　在充分发挥巡视监督作用的同时，习近平还就发挥纪检监察派出机构的监督作用、建立领导干部谈话制度、畅通人民群众举报和监督渠道、发

---

① 《中共中央关于修改〈中国共产党巡视工作条例〉的决定》，《人民日报》2017 年 7 月 15 日。

挥舆论监督包括互联网监督作用等提出明确要求。2014 年 1 月 14 日，在十八届中央纪委三次全会上，他明确肯定实行纪律检查工作双重领导体制，以"保证各级纪委监督权的相对独立性和权威性"①。2015 年 1 月 13 日，在十八届中央纪委五次全会上，他提出要"实现对中央一级党和国家机关派驻纪检机构全覆盖，使党内监督不留死角、没有空白"，所有派驻机构"都要聚焦党风廉政建设和反腐败主业，强化监督执纪问责，瞪大眼睛，发现问题"。②2016 年 1 月 12 日，在十八届中央纪委六次全会上，他强调要"抓住'关键少数'，破解一把手监督难题"；"要坚持党对党风廉政建设和反腐败工作的统一领导，扩大监察范围，整合监察力量，健全国家监察组织架构，形成全面覆盖国家机关及其公务员的国家监察体系"。③在修订通过《中国共产党党内监督条例》的党的十八届六中全会第二次全体会议上，他特别提示"全党要深刻认识到，党内监督是永葆党的肌体健康的生命之源，要不断增强向体内病灶开刀的自觉性，使积极开展监督、主动接受监督成为全党的自觉行动"，"全党同志要习惯于在同志间相互提醒和督促中修正错误、共同进步"，④ 等等。

以习近平同志为核心的党中央对深入开展反腐败斗争提出一系列要求，作出一系列部署，各级党委和纪检监察机关把党中央的决策部署创造性地付诸实施，推动党风廉政建设和反腐败斗争不断向纵深发展。

2013 年 8 月 27 日中央政治局会议审议通过，12 月中共中央正式印

---

① 中共中央文献研究室编：《习近平关于全面从严治党论述摘编》，中央文献出版社 2016 年版，第 213、201 页。

② 中共中央文献研究室编：《习近平关于全面从严治党论述摘编》，中央文献出版社 2016 年版，第 203 页。

③ 习近平：《在第十八届中央纪律检查委员会第六次全体会议上的讲话》，人民出版社 2016 年版，第 22—28 页。

④ 中共中央文献研究室编：《习近平关于全面从严治党论述摘编》，中央文献出版社 2016 年版，第 213、215 页。

发《建立健全惩治和预防腐败体系2013—2017年工作规划》（以下简称《工作规划》）。这是规划2013年至2017年5年反腐败工作的指导性文件。《工作规划》明确提出，"全面推进惩治和预防腐败体系建设是全党的重大政治任务和全社会的共同责任"，要"紧紧围绕全面推进中国特色社会主义伟大事业和党的建设新的伟大工程，紧紧围绕全面深化改革的总体部署，坚持标本兼治、综合治理、惩防并举、注重预防，以改革精神加强反腐败体制机制创新和制度保障，坚定不移转变作风，坚定不移反对腐败"，"健全反腐败领导体制和工作机制，严格落实党风廉政建设责任制，党委负主体责任，纪委负监督责任"，"各级党委和政府要把贯彻落实本工作规划列入重要议事日程，与经济社会发展同部署、同落实、同检查；支持和保证纪委认真履行职责，发挥监督执纪作用。各级领导班子主要负责同志要履行党风廉政建设和反腐败工作第一责任人职责，做到重要工作亲自部署、重大问题亲自过问、重点环节亲自协调、重要案件亲自督办。领导班子其他成员要坚持'一岗双责'，根据分工抓好职责范围内的党风廉政建设和反腐败工作。各级党组织要动员和组织人民群众有序参与，发挥社会各有关方面的积极作用"。①

在党中央的统一部署下，巡视作为全面从严治党"利剑"作用得到充分彰显。仅党的十八大后5年间，中央政治局会议、中央政治局常委会会议23次研究巡视工作，中央巡视工作领导小组召开115次会议，组织开展12轮巡视，共巡视277个党组织，完成对省区市、中央和国家机关、中管企事业单位和金融机构、中管高校等的巡视，在党的历史上首次实现一届任期内巡视全覆盖；对16个省区市开展"回头看"，对4个中央单位进行"机动式"巡视。中央纪委审查的案件中，超过60%的线索来自巡

①《中共中央印发〈建立健全惩治和预防腐败体系2013—2017年工作规划〉》，《人民日报》2013年12月26日。

视。中央巡视组受理信访 159 万件，与干部群众谈话 5.3 万人次。中央巡视组加强对省区市、中央单位巡视工作的领导，各省区市党委完成巡视全覆盖，全部开展市县巡察，67 家中央单位探索开展巡视工作，形成巡视巡察上下联动的格局。严明政治纪律和政治规矩，把违反政治纪律问题作为巡视和派驻监督重点，执纪审查首先检查对党是否忠诚。5 年间，共立案审查违反政治纪律案件 1.5 万件，处分 1.5 万人，其中中管干部 112 人。运用好监督执纪"四种形态"①，2015 年至 2017 年 10 月，全国纪检监察机关实践"四种形态"，用严明的纪律管全党治全党，共处理 204.8 万人次。其中，运用第一种形态批评教育、谈话函询 95.5 万人次、占 46.7%；第二种形态纪律轻处分、组织调整 81.8 万人次、占 39.9%；第三种形态纪律重处分、重大职务调整 15.6 万人次、占 7.6%；第四种形态严重违纪涉嫌违法立案审查 11.9 万人次、占 5.8%。

党的十九大以后，政治巡视持续深化，巡视巡察战略格局不断完善，推进巡视巡察高质量全覆盖。2018 年 2 月，党中央颁布《中央巡视工作规划（2018—2022 年）》，确定十九届中央巡视工作路线图和任务书。到 2022 年 1 月，已组织开展中央八轮巡视，十九届中央巡视覆盖率超过 90%。各省区市党委完成对 2284 个党组织的巡视，覆盖率达到 99%；市县两级巡察党组织 13.5 万个，覆盖率达到 100%。深化运用监督执纪"四种形态"力度不减，十九届中央纪委二次全会到六次全会期间，全国纪检监察机关运用"四种形态"批评教育帮助和处理共 766.5 万人次。其中，运用第一种形态，约谈函询、批评教育共 516.7 人次；运用第二种形态，给予轻处分、组织调整共 193.7 万人次；运用第三种形态，给予重处

---

① 监督执纪"四种形态"：1.经常开展批评和自我批评、约谈函询，让"红红脸、出出汗"成为常态；2.党纪轻处分、组织调整成为违纪处理的大多数；3.党纪重处分、重大职务调整的成为少数；4.严重违纪涉嫌违法立案审查的成为极少数。可参见 2016 年 10 月党的十八届六中全会通过的《中国共产党党内监督条例》第一章第七条相关规定。

分、重大职务调整共 29.5 万人次；运用第四种形态，处理严重违纪违法涉嫌职务犯罪以及给予因其他犯罪被判刑人员开除党籍、开除公职共计 26.5 万人次。党的二十大以来，巡视工作深化发展，巡视震慑力和穿透力不断增强。2023 年，组织开展了两轮中央巡视，共巡视 57 家中管企业、5 家中管金融企业、7 家中央和国家机关单位党组织，高质量完成对中管企业党组织巡视全覆盖。中央纪委加强对地方和中央单位巡视巡察工作指导，省、市、县三级共巡视巡察 23.1 万个党组织，182 家中央单位对 2.7 万个党组织开展内部巡视巡察。坚决维护纪律刚性，准确运用"四种形态"。2023 年，全国纪检监察机关运用"四种形态"批评教育和处理 171.8 万人次。其中，运用第一种形态 109.6 万人次，占总人次的 63.8%；运用第二种形态 49.2 万人次，占 28.6%；运用第三种形态 6.4 万人次，占 3.7%；运用第四种形态 6.6 万人次，占 3.9%，其中涉嫌职务犯罪、移送检察机关的 2 万人。落实"三个区分开来"要求，为担当者担当、为负责者负责。[①]

习近平强调，在新的历史条件下，要永葆党的马克思主义政党本色，关键还得靠我们党自己；不论谁在党纪国法上出问题，党纪国法决不饶恕。党领导完善党和国家监督体系，推动设立国家监察委员会和地方各级监察委员会，构建以党内监督为主导、各类监督贯通协调的机制，加强对权力运行的制约和监督。2016 年 12 月 25 日，十二届全国人大常委会第二十五次会议通过《关于在北京市、山西省、浙江省开展国家监察体制改革试点工作的决定》，授权在北京市、山西省、浙江省及所辖县、市、市辖区设立监察委员会，行使监察职权。根据党的十九大提出的"深化国家监察体制改革，将试点工作在全国推开"的要求，中共中央办公厅于 2017 年 10 月 29 日印发《关于在全国各地推开国家监察体制改革试点方

---

① 李希：《深入学习贯彻习近平总书记关于党的自我革命的重要思想　纵深推进新征程纪检监察工作高质量发展——在中国共产党第二十届中央纪律检查委员会第三次全体会议上的工作报告》，《人民日报》2024 年 2 月 26 日。

案》，决定北京市、山西省、浙江省继续深化改革试点，其他28个省（自治区、直辖市）在2017年底2018年初召开的省、市、县人民代表大会上产生三级监察委员会，整合反腐败资源力量，完成相关机构、职能、人员转隶，明确监察委员会职能职责，赋予惩治腐败、调查职务违法犯罪行为的权限手段，建立与执法机关、司法机关的协调衔接机制，实现对所有行使公权力的公职人员监察全覆盖。2017年11月4日，十二届全国人大常委会第三十次会议通过《关于在全国各地推开国家监察体制改革试点工作的决定》。2018年3月，十三届全国人大第一次会议审议通过我国反腐败领域的基础性法律《中华人民共和国监察法》、决定设立中华人民共和国国家监察委员会。2018年10月，中共中央办公厅印发《关于深化中央纪委国家监委派驻机构改革的意见》，进一步明确了派驻机构的职能定位，健全了派驻机构的领导体制和工作机制，提高了派驻全覆盖的质量，具有较强的针对性和实效性，有利于推进治理体系和治理能力现代化。

坚定不移"打虎""拍蝇""猎狐"，反腐败斗争取得压倒性胜利并全面巩固。仅党的十八大以后5年中，经党中央批准立案审查的省军级以上党员干部及其他中管干部就有440人。其中，十八届中央委员、候补委员43人，中央纪委委员9人。全国纪检监察机关共接受信访举报1218.6万件（次），处置问题线索267.4万件，立案154.5万件，处分153.7万人，其中厅局级干部8900余人，县处级干部6.3万人，涉嫌犯罪被移送司法机关处理5.8万人。党中央及时察觉、果断处置周永康、孙政才、令计划等人严重违反党的政治纪律和政治规矩问题，坚决铲除这些野心家、阴谋家，消除重大政治隐患；中央纪委严肃准确查明其重大政治腐败和经济腐败问题，深刻剖析周永康、薄熙来、郭伯雄、徐才厚、孙政才、令计划等严重违纪案件的教训，全面肃清流毒影响。加强纪检监察系统自身建设，中央纪委机关立案查处22人，组织调整24人；全国纪检系统处分1万余人，组织处理7600余人，谈话函询1.1万人。惩治群众身边的腐败，中央纪委开展专题调研，召开扶贫领域监督执纪问责工作电视电话会议，部署专项整治，重点对 25 个省区市 263 个问题督查督办，通报曝光 42 起典型案例；加大对"小官大贪"惩处力度，严肃查处贪污挪用、截留私分、优亲厚友、虚报冒领，"雁过拔毛"、强占掠夺问题。党的十九大以后，整治群众身边腐败和不正之风持续深化，2021 年，全国纪检监察机关共查处巩固拓展脱贫攻坚成果同乡村振兴有效衔接方面腐败和作风问题 1.9 万个，其中给予党纪政务处分 1.7 万人；查处民生领域腐败和作风问题 12.5 万个，其中给予党纪政务处分 11.5 万人；立案查处涉黑涉恶腐败和"保护伞"问题 9931 个，给予党纪政务处分 9569 人，移送检察机关 1037 人。

从党的十八大到党的二十大，全国纪检监察机关共立案审查调查 464.8 万余件、处分 457.3 万人，其中立案审查调查中管干部 553 人，处分厅局级干部 2.5 万多人、县处级干部 18.2 万多人。"天网行动"共从 120 多个国家和地区追回外逃人员 10668 人，追回赃款 447.9 亿元。在高压震慑和政策感召下，有 8.1 万人主动投案，反腐败斗争减存量、遏增量成效不断彰显。①

党的二十大对坚定不移全面从严治党、解决大党独有难题、深入推进新时代党的建设新的伟大工程作出全面部署。2022 年 10 月 25 日，习近平主持召开中央政治局会议，审议《中共中央政治局贯彻落实中央八项规定实施细则》。10 月 27 日，习近平带领新当选的二十届中共中央政治局常委来到延安，强调要"勇于推进党的自我革命，坚定不移推进全面从严治党，始终保持党的先进性和纯洁性"。2023 年 1 月 9 日，习近平在二十届中央纪委第二次全体会议上发表重要讲话，深刻分析大党独有难题的形成原因、主要表现和破解之道，深刻阐述健全全面从严治党体系的目标任务、实践要求，对坚定不移深入推进全面从严治党作出战略部署。

---

① 《党的二十大报告辅导读本》，人民出版社 2022 年版，第 582—583 页。

习近平强调，如何始终不忘初心、牢记使命，如何始终统一思想、统一意志、统一行动，如何始终具备强大的执政能力和领导水平，如何始终保持干事创业精神状态，如何始终能够及时发现和解决自身存在的问题，如何始终保持风清气正的政治生态，都是我们这个大党必须解决的独有难题。解决这些难题，是全面从严治党适应新形势新要求必须啃下的硬骨头。要站在事关党长期执政、国家长治久安、人民幸福安康的高度，把全面从严治党作为党的长期战略、永恒课题，始终坚持问题导向，保持战略定力，发扬彻底的自我革命精神，永远吹冲锋号，把严的基调、严的措施、严的氛围长期坚持下去，把党的伟大自我革命进行到底。

根据党中央的部署，2023年，全国纪检机关坚持无禁区、全覆盖、零容忍，紧盯重点问题、重点领域、重点对象，紧盯新型腐败和隐性腐败，一体推进不敢腐、不能腐、不想腐，全面巩固来之不易的压倒性胜利。中央纪委国家监委立案审查调查中管干部87人，全国纪检监察机关共立案62.6万件，留置2.6万人，给予党纪政务处分61万人。着力查处群众身边"蝇贪蚁腐"，共查处民生领域腐败和作风问题7.7万起，给予党纪政务处分7.5万人。推动巡视工作深化发展，组织开展两轮中央巡视，共巡视57家中管企业、5家中管金融企业、7家中央和国家机关单位党组织，高质量完成对中管企业党组织巡视全覆盖。[①]

2024年1月8日，习近平在二十届中央纪委三次全会上发表重要讲话，深刻总结了全面从严治党的新进展、新成效，深刻阐述党的自我革命的重要思想，科学回答我们党为什么要自我革命、为什么能自我革命、怎样推进自我革命等重大问题，明确提出"九个以"——以坚持党中央集中统一领导为根本保证，以引领伟大社会革命为根本目的，以新时代中国特

---

① 李希：《深入学习贯彻习近平总书记关于党的自我革命的重要思想 纵深推进新征程纪检监察工作高质量发展——在中国共产党第二十届中央纪律检查委员会第三次全体会议上的工作报告》，《人民日报》2024年2月26日。

色社会主义思想为根本遵循，以跳出历史周期率为战略目标，以解决大党独有难题为主攻方向，以健全全面从严治党体系为有效途径，以锻造坚强组织、建设过硬队伍为重要着力点，以正风肃纪反腐为重要抓手，以自我监督和人民监督相结合为强大动力——的实践要求，对持续发力、纵深推进反腐败斗争作出新的战略部署。

综上所述，党的十八大以来，经过驰而不息的坚决斗争，全面从严治党的政治引领和政治保障作用充分发挥，党内政治生态明显好转，党的作风深度转变，领导干部忠诚干净担当的价值导向牢固树立，纪律建设全面加强，管党治党宽松软状况得到根本扭转，反腐败斗争取得压倒性胜利并全面巩固，消除了党、国家、军队内部存在的严重隐患，党的面貌焕然一新，党心民心更加凝聚，党执政的政治基础更加牢固，党在革命性锻造中更加坚强，焕发出新的强大生机活力。与此同时，必须清醒看到，反腐败斗争形势依然严峻复杂，遏制增量、清除存量的任务依然艰巨。必须深化标本兼治、系统治理，一体推进不敢腐、不能腐、不想腐。要在不敢腐上持续加压，始终保持零容忍震慑不变、高压惩治力量常在，坚决惩治不收敛不收手、胆大妄为者，坚决查处政治问题和经济问题交织的腐败，坚决防止领导干部成为利益集团和权势团体的代言人、代理人，坚决防止政商勾连、资本向政治领域渗透等破坏政治生态和经济发展环境。要对比较突出的行业性、系统性、地域性腐败问题进行专项整治。要在不能腐上深化拓展，前移反腐关口，深化源头治理，加强重点领域监督机制改革和制度建设，健全防治腐败滋生蔓延的体制机制。要在不想腐上巩固提升，更加注重正本清源、固本培元，加强新时代廉洁文化建设，涵养求真务实、团结奋斗的时代新风。要不断拓展反腐败斗争深度广度，对症下药、精准施治、多措并举。要以永远在路上的坚韧和执着，精准发力、持续发力，坚决打赢反腐败斗争攻坚战持久战。

后　记

　　本书初稿完成于 2022 年初，后根据有关方面的意见，在维持全书总体框架结构基本不变的情况下，在章节摆布上有个别调整，篇幅内容上进行了必要的增删完善，特别是新增了党的二十大、党的二十届三中全会等重要内容；书中的一些重要表述和重要数据也尽可能参照权威文献作了更新调整。

　　吴继平同志为本书的编辑出版做了大量工作，这里特致谢意。

　　书中错讹之处难免，敬请读者批评指正。

作　者

2024 年 9 月

责任编辑：吴继平　吴广庆

封面设计：汪　莹

版式设计：吴　桐

图书在版编目（CIP）数据

辉煌新时代：十八大以来的中国 / 曹普著 .

北京：人民出版社，2024. 11. -- ISBN 978 - 7 - 01 - 026915 - 3

I. D619

中国国家版本馆 CIP 数据核字第 20245NW069 号

辉煌新时代

HUIHUANG XINSHIDAI

——十八大以来的中国

曹　普　著

人民出版社 出版发行

（100706　北京市东城区隆福寺街 99 号）

北京汇林印务有限公司印刷　新华书店经销

2024 年 11 月第 1 版　2024 年 11 月北京第 1 次印刷

开本：710 毫米 ×1000 毫米 1/16　印张：41.25

字数：540 千字

ISBN 978 - 7 - 01 - 026915 - 3　定价：128.00 元

邮购地址 100706　北京市东城区隆福寺街 99 号

人民东方图书销售中心　电话（010）65250042　65289539